CHÂTEAUX
DE LA LOIRE

Directeur	David Brabis
Rédactrice en chef	Nadia Bosquès
Responsable éditorial	Amaury de Valroger
Édition	Sybille d'Oiron
Rédaction	Christine Gelot-Bray, Cécile Bouché-Gall
Informations pratiques	Catherine Rossignol, Michel Chaput, Danielle Leroyer Eugenia Gallese, Yvette Vargas ; www.insee.fr *(chiffres population)*
Cartographie	Philippe Cochard, Évelyne Girard, Thierry Lemasson, Patrick Matyja, Jean-Pierre Michel, Jean-Michel Perreau, Jean-Daniel Spies, Michèle Cana, Alain Baldet, DzMap Algérie
Iconographie	Cécile Koroleff, Stéphane Sauvignier, Stéphanie Quillon
Préparation de copie	Pascal Grougon, Jacqueline Pavageau, Danièle Jazeron, Anne Duquénoy
Correction	Sophie Jilet
Pré-presse/fabrication	Didier Hée, Jean-Paul Josset, Frédéric Sardin Renaud Leblanc, Sandrine Combeau, Cécile Lisiecki
Maquette intérieure	Agence Rampazzo
Création couverture	Laurent Muller
Marketing	Ana Gonzalez, Flora Libercier
Ventes	Gilles Maucout (France), Charles Van de Perre (Belgique), Fernando Rubiato (Espagne, Portugal), Philippe Orain (Italie), Jack Haugh (Canada), Stéphane Coiffet (Grand Export)
Relations publiques	Gonzague de Jarnac
Régie pub et partenariats	michelin-cartesetguides-btob@fr.michelin.com *Le contenu des pages de publicité insérées dans ce guide n'engage que la responsabilité des annonceurs.*

Pour nous contacter	Le Guide Vert Michelin Cartes et Guides 46, avenue de Breteuil 75324 Paris Cedex 07 ℰ 01 45 66 12 34 – Fax 01 45 66 13 75 LeGuideVert@fr.michelin.com www.ViaMichelin.fr

Parution 2007

Note au lecteur

L'équipe éditoriale a apporté le plus grand soin à la rédaction de ce guide et à sa vérification. Toutefois, les informations pratiques (prix, adresses, conditions de visite, numéros de téléphone, sites et adresses Internet…) doivent être considérées comme des indications du fait de l'évolution constante des données. Il n'est pas totalement exclu que certaines d'entre elles ne soient plus, à la date de parution du guide, tout à fait exactes ou exhaustives. Elles ne sauraient de ce fait engager notre responsabilité.

Le Guide Vert,

la culture en mouvement

Vous avez envie de bouger pendant vos vacances, le week-end ou simplement quelques heures pour changer d'air ? Le Guide Vert vous apporte des idées, des conseils et une connaissance récente, indispensable, de votre destination.

Tout d'abord, **sachez que tout change**. Toutes les informations pratiques du voyage évoluent rapidement : nouveaux hôtels et restaurants, nouveaux tarifs, nouveaux horaires d'ouverture… Le patrimoine aussi est en perpétuelle évolution, qu'il soit artistique, industriel ou artisanal… Des initiatives surgissent partout pour rénover, améliorer, surprendre, instruire, divertir. Même les lieux les plus connus innovent : nouveaux aménagements, nouvelles acquisitions ou animations, nouvelles découvertes enrichissent les circuits de visite.

Le Guide Vert **recense** et **présente ces changements** ; il réévalue en permanence le niveau d'intérêt de chaque curiosité afin de bien mesurer ce qui aujourd'hui vaut le voyage (distingué par ses fameuses 3 étoiles), mérite un détour (2 étoiles), est intéressant (1 étoile). Actualisation, sélection et appréciation sur le terrain sont les maîtres mots de la collection, afin que Le Guide Vert soit à chaque édition le reflet de la réalité touristique du moment.

Créé dès l'origine pour **faciliter et enrichir vos déplacements**, Le Guide Vert s'adresse encore aujourd'hui à tous ceux qui aiment connaître et comprendre ce qui fait l'identité d'une région. Simple, clair et facile à utiliser, il est aussi idéal pour voyager en famille. Le symbole 🚹🚺 signale tout ce qui est intéressant pour les enfants : zoos, parcs d'attractions, musées insolites, mais également animations pédagogiques pour découvrir les grands sites.

Ce guide vit pour vous et par vous. N'hésitez pas à nous faire part de vos remarques, suggestions ou découvertes ; elles viendront enrichir la prochaine édition de ce guide.

L'ÉQUIPE DU GUIDE VERT MICHELIN
LeGuideVert@fr.michelin.com

ORGANISER SON VOYAGE

COMPRENDRE LA RÉGION

VILLES ET SITES

À l'intérieur du premier rabat de couverture, la carte générale intitulée
« **Les plus beaux sites** » donne :
- une **vision synthétique** de tous les lieux traités ;
- les **sites étoilés** visibles en un coup d'œil ;
- les **circuits de découverte**, dessinés en vert, aux environs des destinations principales.

Dans la partie « **Découvrir les sites** » :
- les **destinations principales** sont classées par ordre alphabétique ;
- les **destinations moins importantes** leur sont rattachées sous les rubriques « Aux alentours » ou « Circuits de découverte » ;
- les **informations pratiques** sont présentées dans un encadré vert dans chaque chapitre.

L'**index** permet de retrouver rapidement la description de chaque lieu.

SOMMAIRE

DÉCOUVRIR LES SITES

Terrasse de restaurant,
place du Château de Blois.

S. Sauvignier / MICHELIN

OÙ ET QUAND PARTIR

Nos conseils de lieux de séjour

Mondialement connu pour ses châteaux prestigieux, le Val de Loire ne limite pas ses attraits à ce patrimoine exceptionnel. Comme les perles d'un même collier, c'est à la Loire, dernier fleuve sauvage d'Europe, dont la vallée est inscrite au Patrimoine mondial de l'Unesco, qu'ils sont tous liés. Aussi, les visiter c'est découvrir également l'écrin naturel et culturel qui les a portés jusqu'à nous… aujourd'hui. Qu'il soit culturel, familial, sportif ou les trois à la fois, votre séjour sédentaire ou itinérant se doit d'être une détente, l'occasion de goûter la douceur de ce pays où « l'art de vivre » est roi. Peu de contrastes entre les différentes zones de cette vaste région : toutes sont touristiques, il ne sera pas utile ici de vous préoccuper sérieusement de savoir dans quelle « ville ressource » vous trouverez de l'essence, un restaurant ou un hôtel. De plus, l'attrait des châteaux ne se ramassant pas à la pelle avec les feuilles mortes, la saison touristique est longue, couramment de mars à novembre, voire couvrant l'année entière.

Bruyère et bouleau blanc en Sologne.

S. Sauvignier / MICHELIN

DE LA SOLOGNE À LA TOURAINE DES ROIS

Épris d'art et d'histoire, votre séjour se veut d'abord **culturel** ? De Chambord à Chinon, les plus importants châteaux royaux sont rassemblés. Orléans, Blois, Tours, Chinon, sont une concentration d'art et d'histoire. Une quinzaine de maisons d'écrivains célèbres invitent à pénétrer dans leur intimité. Églises et abbayes, sur les chemins de Saint-Jacques ou de Saint-Martin, jalonnent

les routes. Les savoir-faire traditionnels s'exposent avec fierté… c'est à ne plus savoir choisir ! Heureusement, les formules d'hébergement les plus variées (de courte ou longue durée) y sont possibles : du camping à la chambre d'hôte… dans un château (privé celui-ci !), tous les goûts et toutes les bourses y trouvent leur compte, à condition de vous y prendre à l'avance pour juillet et août. Il est souvent plus économique de choisir un point d'ancrage pour plusieurs jours et de rayonner alentour durant la journée.

Ne prévoyez pas la visite de plus d'un château par demi-journée, le nombre d'escaliers à monter et descendre peut rendre l'exercice assez sportif. Lorsque le temps le permet, profitez aussi de leurs parcs et jardins *(voir tableau p. 40)*. Vos jeunes enfants vous accompagnent ? Plus de 50 sites (châteaux, musées, jardins) en Touraine (et jusqu'en Anjou) ont prévu à leur intention une visite ludique et pédagogique « Sur la piste de l'enfant Roy ». Des forfaits famille, des billets combinés vous permettront des économies *(voir p. 26)*. De nombreux sites sont très prisés des plus jeunes *(voir tableau p. 47)*. Les activités « nature » (balade en forêt de Sologne, observation des animaux, Maison de la Loire, Maison du cerf…) ou sportives (bases de loisirs, locations de canoës, golfs) ne manquent pas. Et en été, pour joindre l'utile à l'agréable et goûter la beauté des bords de Loire, choisissez la Route des châteaux à vélo (80 km d'itinéraires balisés pour découvrir la Touraine), comprenant points de location, hébergements affiliés et topoguides.

LES RIANTES VALLÉES DE L'ANJOU

Quoique moins connus, (hormis **Brissac** et **Serrant**), les châteaux, églises et abbayes presque millénaires fleurissent aussi en Anjou. Le fleurissement (végétal) y est d'ailleurs une spécialité faisant d'**Angers** une véritable capitale de l'horticulture ! Oubliez votre montre et goûtez à la quiétude et à l'harmonie de ses nombreux parcs et jardins. Des clochers tors du Baugeois à **Saumur**, ville du cheval, de **Fontevraud** et sa célèbre abbaye aux vins dorés des coteaux du Layon, des musées d'Angers aux vitraux historiques des églises des Mauges et à **Cholet**… une étonnante diversité de centres d'intérêt s'offre à vous. Les forêts de Chandelais, Chambiers et du massif de Monnaie Pontménard vous promettent de belles randonnées. Plus de 100 km de cours d'eau navigables, des locations de canoës et de bateaux habitables (sans permis) vous permettent tous les dépaysements (à la journée, à la semaine ou plus). Des bateaux promenade vous initient à la faune et à la flore ligériennes ou au monde des bateliers d'Anjou *(voir tableau p. 35)*. Les très nombreux centres équestres, golfs, bases de loisirs, points de location de vélos garantissent pour tous des vacances doucement sportives dans des paysages paisibles. En repartant, vous ne pourrez que faire vôtre la nostalgie de Joachim Du Bellay qui aimait mieux son « […] petit Liré que le mont Palatin, et plus que l'air marin la douceur Angevine ».

SARTHE, PERCHE-SARTHOIS, BEAUCE

Plus excentrées du cœur touristique de la vallée de la Loire, ces régions, pourtant bien distinctes, offrent les conditions d'un **séjour familial** en toute quiétude dans des paysages ravissants. Des charmes de la vallée de la Sarthe : 86 km de voies navigables, un riche patrimoine artisanal (faïencerie d'art de Malicorne), artistique et religieux (**Asnières-sur-Vègre**, **Solesmes**), aux rues médiévales de la Cité Plantagenêt du vieux **Mans**, toutes vos activités sont sous le signe de la détente. Les randonneurs (à pied, à vélo ou à cheval) peuvent apprécier les 5 000 km de chemins balisés, et les pêcheurs ont le choix de nombreux plans d'eau, rivières et ruisseaux.

La cité médiévale de **La Ferté-Bernard** vous fait entrer en Perche-Sarthois, cette région vallonnée où forêts, bocages et cours d'eau composent un paysage soigné, écrin également idéal pour de superbes randonnées à pied, à cheval, en roulotte attelée de percherons, ou à vélo. Villages, châteaux, églises romanes ou Renaissance vous plongent dans l'histoire et les arts. Passé **Châteaudun**, et jusqu'à **Pithiviers**, la Beauce déroule ses étendues de champs de blé, ponctuées çà et là de fermes fortifiées, d'antiques moulins à vent et de touffus bosquets masquant ses châteaux. « La Beauce, verte et jolie… » qui marqua Zola, Proust ou Péguy, témoigne de son histoire laborieuse et des savoir-faire paysans. De très belles promenades et découvertes vous y attendent.

Nos propositions d'itinéraires

Voici quelques itinéraires qui, bien sûr, ne prétendent pas couvrir tous les sites dignes d'intérêt de la région. Ils visent néanmoins à en faciliter la découverte et à vous permettre de profiter au mieux de vos vacances !

👁 **Bon à savoir** – Attention ! Châteaux, musées, églises ne sont pas tous ouverts toute l'année, aussi est-il prudent d'en vérifier les horaires de visite.
En haute saison, pensez aussi à réserver vos hébergements.

Vieille ville d'Amboise.

E. Larribère / MICHELIN

AMBOISE ET SES ENVIRONS

▶ **Circuit de 4 jours au départ de Tours (37 km)**

1er et 2e jours – Deux jours ne seront pas de trop pour découvrir la capitale de la Touraine. 🚶 Description p. 17.

3e jour – Partez pour une aimable promenade à travers le vieil **Amboise**. Prenez votre temps pour visiter le majestueux château et la délicieuse chapelle St-Hubert. À midi, de fort bons restaurants vous attendent en bord de Loire et, tout en dégustant un sandre accompagné d'un cru local, vous observerez le vol léger des sternes et le mouvement incessant de la Loire placide et puissante. À deux pas, vous rendrez visite au Clos-Lucé, la demeure de Léonard de Vinci dont les fabuleuses machines ne laissent pas d'étonner les plus blasés. Le soir, le spectacle « À la cour du roy François » évoquera pour vous tous les fastes de la Cour… dans la cour du château.

4e jour – Après une bonne nuit réparatrice, choisissez d'emporter votre pique-nique si vous souhaitez encore découvrir en un seul coup d'œil la totalité des châteaux de la Loire dans le Parc des Mini-Châteaux, grimper au sommet de la pagode de Chanteloup pour contempler toute la vallée de Tours à Amboise, et si le temps vous le permet, canoter sur la grande pièce d'eau de l'ancien domaine du duc de Choiseul. Vous pouvez terminer par la visite de l'aquarium du Val de Loire, à Lussault-sur-Loire, pour compter les poissons d'Europe et réaliser « comment c'est au fond de l'eau » sans avoir à vous mouiller les pieds…

ANJOU ET SAUMUROIS

▶ **Circuit de 4 jours au départ d'Angers (62 km)**

1er et 2e jours – Vos deux premières journées sont consacrées à la visite d'Angers. Description p. 14.

3e jour – Aujourd'hui, vous pouvez remonter la Loire ; d'abord par la rive droite pour vous rendre au château de **Montgeoffroy**, puis par la rive gauche, à **Gennes**, pour visiter l'église de Cunault et peut-être assister à une partie de boules de fort.
Vous arrivez à Saumur par **St-Hilaire-St-Florent**, où vous pouvez vous arrêter, le temps d'une visite-dégustation des caves champignonnières.
Après le déjeuner, prévoyez aussi une visite de l'École nationale d'équitation pour, qui sait, assister à l'une des reprises du Cadre noir (il est recommandé de réserver).

4e jour – La dernière journée de votre séjour se déroule à **Saumur**, ville aussi célèbre pour sa cavalerie et ses vins pétillants ou tranquilles que pour ses champignons. Mille choses à découvrir (le château, les musées, les vieilles maisons) et mille choses à goûter occupent amplement cette dernière journée qui vous paraîtra bien courte. Profitez-en pour déguster des mets inattendus : pommes tapées, galipettes (plat à base de champignon) ou alors carrément une canette fermière rôtie au saumur-champigny. Ici, la table est divine !

BLOIS ET GRANDS CHÂTEAUX EN SOLOGNE DU SUD

▶ **Circuit de 4 jours au départ de Blois (83 km)**

1er et 2e jours – Consacrez-les à Blois, son château, ses musées. Description p. 14.

3e jour – Rejoignez **Chambord** de préférence tôt le matin en faisant un petit détour par **St-Dyé-sur-Loire**, port historique de Chambord, et remarquez les postes d'observation pour guetter les animaux qui vont au gagnage. À la visite du château, vous pouvez adjoindre une balade en attelage dans le parc *(45mn)*, le spectacle équestre aux écuries du maréchal de Saxe *(45mn)* ou même une partie de canotage sur le Cosson. Après le déjeuner, découvrez en chemin le château de **Villesavin**, intéressante demeure du surintendant des travaux de Chambord, avant de terminer la journée par la visite extérieure et intérieure du château de **Cheverny**. Prenez le temps de visiter les communs (chenil d'une meute de chasse à courre) et le parc (à pied ou en voiture électrique). Faites étape à Cour-Cheverny ou dans les environs.

4e jour – Bien beau début de matinée au château et jardins de **Beauregard**, que l'on poursuivra (*via* Cellettes et Cormeray) par la visite de l'élégant château médiéval de **Fougères-sur-Bièvre**. Après le déjeuner à **Pontlevoy**, jetez un coup d'œil aux extérieurs de son ancienne abbaye, en prévoyant de vous rendre suffisamment tôt à **Chaumont-sur-Loire** pour une visite guidée du château, de ses écuries, et profiter de ses jardins (notamment pendant le Festival des jardins) jusqu'à la tombée de la nuit… À l'issue de ce séjour, vous repartirez ébloui des richesses qui ont fait le « jardin de la France ».

ORLÉANS ET LA SOLOGNE DU NORD

▶ **Circuit de 5 jours au départ d'Orléans (149 km)**

1er et 2e jours – La découverte d'Orléans et de ses environs remplit vos deux premières journées. Description p. 16.

3e jour – Ce matin, quittez les sources du Loiret à Olivet pour descendre vers la Sologne, paradis des randonneurs, des chasseurs et des pêcheurs. Après

Les châteaux de la Loire
à 2 pas de chez vous.

Avec TGV, évadez-vous sans encombre ni stress, et découvrez toute la région en réservant à des conditions avantageuses votre voiture de location AVIS en même temps que votre billet de train. *Organisez votre voyage sur tgv.com*

 Prenez le temps d'aller vite

avoir goûté aux charmes de la vie de château à **La Ferté-St-Aubin**, prenez le temps de déjeuner dans la petite ville. Vous pouvez ensuite effectuer le parcours de découverte du domaine du Ciran (Conservatoire de la faune sauvage de Sologne) tout proche. Retournez sur vos pas à La Ferté-St-Aubin et rejoignez **Lamotte-Beuvron**, petite capitale de la chasse (occasion de déguster sa fameuse tarte Tatin !). Le soir, faites étape à **Gien**, après avoir traversé les pittoresques villages de **Souvigny-en-Sologne** et de **Cerdon**.

4ᵉ jour – Commencez la matinée par la visite du musée de la célèbre faïencerie de **Gien**, et poursuivez par celle du château et de son remarquable musée de la Chasse. Après avoir déjeuné sur place, reprenez la route sur la rive droite de la Loire, direction **Briare**. À l'entrée de la ville, deux intéressants musées se font face : le musée des Deux Marines et du Pont-Canal, et celui de la Mosaïque et des Émaux. En traversant Briare, vous pouvez aussi admirer les mosaïques qui décorent l'église de la place centrale. Enfin, le voici devant vous : le célèbre pont-canal de Briare, majestueux ouvrage d'art du 19ᵉ s., où une promenade s'impose à pied ou en bateau… Les soirs d'été, vous pourrez prolonger l'escapade jusqu'à **Châtillon-sur-Loire** (gare et écluse de Mantelot), avant de terminer la journée à **Sully-sur-Loire**.

5ᵉ jour – Le matin, découvrez la petite ville de Sully et son château (réouverture prévue mi-août 2007). Traversez le pont et poursuivez votre itinéraire sur la rive droite de la Loire jusqu'à **St-Benoît-sur-Loire** et sa célèbre abbatiale romane. Vous pouvez y déjeuner sans oublier la visite de l'exceptionnelle église de **Germigny-des-Prés**. Une promenade le long du canal d'Orléans à **Châteauneuf-sur-Loire** peut conclure ce trop rapide séjour.

👁 **Bon à savoir** – En fonction de l'affluence il peut être prudent de réserver votre déjeuner à St-Benoît !

À LA RECHERCHE DE LA DOUCEUR ANGEVINE

▶ **Circuit de 6 jours au départ d'Angers (225 km)**

1ᵉʳ et 2ᵉ jours – Découvrez Angers, son château et sa splendide tapisserie, sa vieille ville, ses jardins et ses terrasses de café. ♿ Description p. 14.

3ᵉ jour – Ce matin, cap au nord, en direction du **Plessis-Macé** pour admirer l'étonnante galerie suspendue du château. Rendez-vous ensuite au **Lion-d'Angers** pour y déjeuner, puis visiter son Haras national… S'il fait beau, faites escale aux jardins de Montriou en vous rendant (D 74) au blanc château « toituré de bleu » du **Plessis-Bourré**. Rentrez à Angers pour la soirée.

Château d'Angers.

B. Kaufmann / MICHELIN

4ᵉ jour – Ce matin, pour une plus grande liberté dans vos visites, prévoyez de quoi pique-niquer. Quittez la capitale angevine par l'est. Arrêtez-vous à l'élégant **château de Montgeoffroy**, « quintessence ligérienne du goût français au 18ᵉ s. ». À **Beaufort-en-Vallée**, prenez la direction des Rosiers-sur-Loire ; traversez la Loire et passez par Gennes pour vous rendre au **prieuré de Cunault**. L'étape du soir peut se faire à **Saumur**.

5ᵉ jour – L'élégante « cité du cheval », et du vin qui porte son nom, mérite qu'on lui consacre une bonne partie de la journée… En milieu d'après-midi, vous pouvez choisir de partir plus tôt pour une visite de Montsoreau et Candes-St-Martin ; sinon quittez Saumur en début de soirée, pour vous rendre à l'**abbaye de Fontevraud**. Outre son prestige (c'est le plus vaste ensemble monastique de France), l'abbaye est également réputée pour ses concerts et spectacles qui vous inciteront, sans doute, à y passer la soirée. Choisissez de loger sur place *(voir Fontevraud pratique)* ou de retourner à Saumur (12 km).

6ᵉ jour – En partant de bonne heure, vous pouvez visiter le matin l'impressionnant **château de Brézé**, de façon à vous trouver à **Doué-la-Fontaine** suffisamment tôt dans la journée pour y déjeuner et profiter pleinement du magnifique parc zoologique installé dans un site troglodytique remarquable. Prévoyez de le quitter à temps pour ne pas manquer la dernière visite du château de **Brissac-Quincé** avant de rentrer à **Angers**.

DU LOIR À LA SARTHE

▶ **Circuit de 7 jours au départ de Châteaudun (340 km)**

1ᵉʳ jour – Comptez un bon début de matinée à **Châteaudun**, fief du beau Dunois dont vous pouvez visiter l'imposant château. Suivez ensuite le cours du Loir en passant par **Montigny-le-Gannelon** dominé par son château Renaissance, puis **Areines** (fresques), tout près de **Vendôme** qui peut être l'étape de votre déjeuner. L'après-midi n'est pas de trop pour visiter la vieille ville, notamment l'ancienne abbaye de la Trinité et, si le temps le permet, pour vous offrir le plaisir d'une promenade en barque sur le Loir, avant de poser vos valises.

2ᵉ jour – Faites connaissance avec vos premiers gîtes troglodytiques aux Roches-l'Évêque le long du Loir à l'ouest, puis continuez vers **Montoire-sur-le-Loir** et le beau village de **Lavardin** pour y déjeuner. Ne manquez pas **Troo** et son « Puits qui parle », avant de rendre visite à **la Possonnière**, le manoir des Ronsard, et au château de **Poncé-sur-le-Loir**. Revenez sur vos pas pour loger à Troo.

3ᵉ jour – De bon matin, passant par la jolie bourgade de Vaas, gagnez **Le Lude** (arrêt incontournable aux magnifiques château et jardins). Après le déjeuner, direction **La Flèche** où vous commencez l'après-midi. Le zoo du **Tertre-Rouge** ravira petits et grands (n'y manquez pas les loutres !). Terminez la journée par une découverte de la ville, où vous faites étape.

4ᵉ jour – *Via* la jolie bourgade de Bazouges-sur-le-Loir, cap sur **Durtal** (château), d'où l'on quitte le Loir pour rattraper la vallée de la Sarthe à **Sablé-sur-Sarthe**. Là, vous pouvez déjeuner en ville ou même sur l'eau si vous louez une pénichette ou choisissez une croisière sur la rivière (qui passe au pied de l'impressionante abbaye de Solesmes). Après une promenade dans la ville ou aux alentours, il sera temps de vous loger, non sans avoir croqué quelques savoureux sablés.

5ᵉ et 6ᵉ jours – Toujours en suivant le cours de la Sarthe et après un détour à Asnières-sur-Vègre, vous pouvez découvrir Malicorne et ses faïenceries d'art, avant de rejoindre **Le Mans** pour le déjeuner. Ses multiples attraits vous retiennent bien une journée et demie, soit deux nuits. 🕯 Description p. 16.

7ᵉ jour – Déjà la fin de ce beau circuit… En passant par **Connerré** (il faut goûter ses rillettes !) rendez-vous à **La Ferté-Bernard**, « la Venise de l'Ouest ». Après une visite de ses vieux quartiers prenez le temps de vous y restaurer avant d'opter pour une bien jolie promenade en Perche-Gouët.

AU JARDIN DE TOURAINE

▶ **Circuit de 8 jours au départ de Tours (430 km)**

1ᵉʳ et 2ᵉ jours – Deux jours ne sont pas de trop pour découvrir la capitale de la Touraine. 🕯 Description p. 17.

3ᵉ jour – Quittez **Tours** par l'ouest, sur la rive droite de la Loire. Vous pouvez visiter **Luynes** et **Cinq-Mars-la-Pile** avant l'incontournable château de **Langeais**. Vous apprécierez d'y déjeuner, avant de continuer à longer la Loire pour atteindre **Bourgueil** et ses vignobles, sympathique étape sur la route de **Chinon**.

Jardins de Villandry.

Studio 3bis / MICHELIN

4ᵉ jour – Commencez par la visite du château et de la ville historique, où vous pourrez vous restaurer avant de poursuivre la journée en Chinonnais : avis aux amateurs de Rabelais ! Visitez la Devinière (sa maison natale) et les alentours qui ont inspiré ses œuvres. Vous arrivez le soir à **Azay-le-Rideau**, pour profiter en été de ses illuminations nocturnes et être prêt à visiter le château de bon matin.

5e jour – Après la visite de ce « joyau de la Loire », vous devez choisir entre **Ussé** (château « de la Belle au bois dormant ») et l'étonnant musée Maurice-Dufresne à Marnay avant de déjeuner à Villandry (aire de pique-nique ombragée derrière l'office de tourisme, sur les bords du Cher). Les remarquables jardins et château de **Villandry** vous attendent pour une bonne partie de l'après-midi. Vous pouvez terminer la journée à Tours (visite possible du prieuré de St-Côme) et y faire étape à nouveau, à moins de préférer une chambre d'hôte près d'Azay-le-Rideau.

6e jour – Gagnant le sud via Azay-le-Rideau puis la D 757, vous serez charmé par la **vallée de la Manse**, notamment par le ravissant village de Crissay-sur-Manse. Déjeunez à **Ste-Maure-de-Touraine** (l'occasion de goûter son célèbre fromage *in situ* !), et partez à l'assaut de la cité médiévale, du château, des logis royaux et du donjon de **Loches**, où vous vous établissez pour la soirée.

7e jour – Rejoignez **Montrésor** et découvrez la verdoyante **vallée de l'Indrois**. Ensuite, profitez du cadre exceptionnel de **Chenonceaux** pour y déjeuner avant d'en visiter le château et les jardins. En fin de journée, suivez le Cher pour vous reposer dans la jolie ville médiévale de **Montrichard**.

8e jour – Pour terminer en beauté cette magnifique semaine, ce dernier jour est réservé à **Amboise** avec visite du château royal et du château du Clos-Lucé (machines de Léonard de Vinci). Quittant la vieille ville après le déjeuner, vous pouvez découvrir aussi le Parc des Mini-Châteaux, la pagode de Chanteloup ou l'aquarium du Val de Loire…

Nos idées de week-end

ANGERS

Que vous arriviez de Nantes ou de Paris, vous passez au pied de l'énorme forteresse noire et blanche, et c'est donc par elle qu'il convient de commencer la découverte de la ville du bon roi René. À l'intérieur du château, vous voici devant la tenture de l'Apocalypse dont vous ne pouvez manquer d'admirer la composition et la fraîcheur des coloris. Face au château, une visite s'impose à la Maison du vin de l'Anjou ; conseils, dégustations et vente vous sont proposés. Pour déjeuner, vous trouverez, aux alentours, tout ce qu'il faut sans trop vous écarter. La vieille ville (n'oubliez pas qu'Angers est Ville d'art et d'histoire) mérite bien que vous lui consacriez une bonne demi-journée pour visiter la cathédrale, le logis Pincé, le logis Barrault (musée des Beaux-Arts) ou la galerie David-d'Angers. Vos pas vous conduisent, par des rues animées, vers les commerces nombreux, les boutiques chic et les antiquaires. Après une nuit paisible dans un hôtel calme du centre-ville, vous pouvez, suivant la saison, vous rendre au Salon des vins de Loire, au printemps ou en automne, et faire vos choix de cave ; en été, profitez des beaux parcs et jardins qui font d'Angers la vitrine de l'horticulture angevine et, en soirée, des « Heures musicales du Haut-Anjou », à moins que vous ne préfériez le Festival d'Anjou (théâtre) ; en octobre, c'est le « Mondial du Lion », concours hippique international au Lion-d'Angers (à 28 km au nord). Une manière agréable de visiter la ville est de combiner une promenade en train touristique avec une minicroisière sur la Maine. À 8 km au nord-est, par la route du Mans, à St-Barthélemy-d'Anjou, le château de Pignerolle et son remarquable musée européen de la Communication vous attendent au milieu d'un agréable parc.

BLOIS

Commencez la journée par la visite guidée du château. De l'autre côté de l'esplanade des spectacles d'illusions vous attendent à la Maison de la magie Robert-Houdin. Ville royale, **Blois** a conservé nombre de ruelles et de rues escarpées du Moyen Âge. Il fait bon s'y promener après avoir déjeuné. Une promenade en calèche, attelée de deux magnifiques percherons gris pommelé, peut aussi vous faire découvrir agréablement le vieux Blois. Pour le repas du soir, un marbré d'asperges vertes de Sologne au foie gras et un poisson de Loire s'imposent tout naturellement dans un restaurant au bord du fleuve. Bien entendu, n'oubliez pas d'assister au spectacle « Ainsi Blois vous est conté » dans la cour du château. Si le lendemain est le deuxième dimanche du mois, vous pourrez chiner à la brocante du mail avant de continuer votre visite

Toyota Prius.
La première berline dont la motorisation électrique
se recharge toute seule.

TOYOTA FRANCE - 92420 VAUCRESSON - SAATCHI & SAATCHI

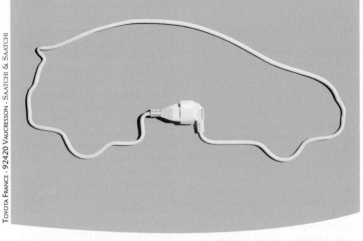

Toyota Prius. Technologie HSD hybride essence/électricité.

Grâce à sa technologie hybride, la TOYOTA PRIUS est une voiture dont la motorisation électrique est entièrement autonome. Alliance d'un moteur essence et d'un moteur électrique, la TOYOTA PRIUS permet de combiner les performances d'une berline familiale et les consommations d'une petite citadine (**4,3 L/100 km** en cycle mixte). De plus, en produisant **une tonne de CO_2 en moins par an** [1], la TOYOTA PRIUS vous permet de faire un véritable geste pour l'environnement qui vous fera bénéficier **de 2 000 € de crédit d'impôt** [2].

TODAY **TOMORROW** **TOYOTA**
Aujourd'hui, demain.

  (1) Une tonne de CO_2 de moins qu'une berline familiale à moteur Diesel. Moyenne calculée sur 20 000 km/an.
(2) 2000 € de crédit d'impôt pour les particuliers conformément à l'art. 110 de la loi n° 2005-1720 du 30 décembre 2005 de finances rectificative pour 2005. Consommations L/100km (Normes CE) : cycle urbain, extra-urbain, mixte : 5,0/4,2/4,3. Emissions de CO_2 (Normes CE) : 104 g/km en cycle mixte. *Garantie 3 ans ou 100 000 km. La première des deux limites atteinte.

du vieux Blois. Restaurez-vous avant de partir pour un petit tour au jardin en terrasses de l'évêché (derrière la cathédrale St-Louis), d'où vous pouvez prendre encore quelques photos sur la Loire. Pour terminer sur une note insolite, arrêtez-vous au musée de l'Objet, rue Franciade.

CHINONNAIS, RABELAISIE ET VÉRON

Au fertile pays du Véron et de la forêt de Chinon, c'est en compagnie de Rabelais qu'il vous faut célébrer toute la ville en commençant par une flânerie dans le vieux Chinon. Le quartier est riche en maisons médiévales aux détails savoureux. C'est un foisonnement de façades richement ornées, de fenêtres à meneaux et tourelles de pierre. À midi, rien ne peut autant vous réjouir qu'une table chargée de rillettes et de chapons, d'andouillettes et de canetons, de pruneaux et de macarons, et vous chantez, verre en main, tout autant le vouvray, que le bourgueil et le… chinon ! Pour vous faire digérer, rien ne vaut mieux que de grimper aux ruines imposantes du château où la petite et la grande Histoire vous attendent aux logis royaux. Le lendemain, un voyage en Rabelaisie, *Quart Livre* en main, vous conduit à **la Devinière** et à **Lerné**, puis au **château du Rivau**. **L'Île-Bouchard** (où vous pouvez déjeuner), mais aussi **Crouzilles** et **Cravant-les-Coteaux** sont les étapes qui vous feront découvrir les crus du Chinonnais.

Le Mans : projection sur les murailles de la Cité lors de la Nuit des Chimères.

SKERTZO

LE MANS

Vingt-quatre heures au Mans ? Tout de suite, le vrombissement des moteurs, les cris de la foule, le crissement des pneus, l'odeur d'huile vous viennent à l'esprit… mais non, Le Mans ce n'est pas uniquement le sport mécanique. On l'oublie parfois, Le Mans est d'abord une Ville d'art et d'histoire, et il y a ici bien des choses à voir, à humer ou à goûter. Avant de pénétrer dans la cathédrale St-Julien, faites une balade dans la Cité Plantagenêt riche de ruelles tortueuses coupées d'escaliers, de maisons à pans de bois, de logis Renaissance et même de gracieux hôtels du 18e s. N'oubliez pas de descendre sur les quais voir l'enceinte romaine au ton rose si caractéristique. La Cité Plantagenêt est animée de nombreux restaurants et boutiques variées qui vous permettent de faire votre choix pour le déjeuner. L'après-midi plonge dans le riche passé de la ville avec la visite du musée d'Histoire et d'Ethnographie (maison de la Reine Bérengère) et le musée de Tessé. L'été, profitez de l'animation des spectacles de rue du « Mans fait son cirque » (juillet) et le soir des projections de « La Nuit des Chimères », qui animent la Cité Plantagenêt. Dimanche matin, vous pouvez flâner au marché des Jacobins, histoire de vous mettre en appétit. Un déjeuner à bord du bateau *Le Mans* peut vous faire découvrir la Sarthe. L'après-midi pourrait s'achever par une visite à l'abbaye de l'Épau (4 km à l'est) ou la découverte du circuit automobile de vitesse et de son musée de l'Automobile de la Sarthe.

ORLÉANS

Il faut entamer un séjour orléanais par la place du Martroi qui est un peu le symbole de la ville avec sa statue de Jeanne d'Arc. Bien sûr, la célébrité historique de la cité est due surtout à Jeanne (les Fêtes johanniques ont lieu en mai) et dépasse de loin la notoriété architecturale de la ville. Mais, puisque nous sommes samedi matin, vous traînerez agréablement aux halles de la Charpenterie, au marché à la brocante (boulevard Alexandre-Martin) ou au marché aux fleurs avant d'aller faire une petite visite à la cathédrale Ste-Croix. Après avoir déjeuné, consacrez une partie de votre après-midi au musée des Beaux-Arts (il présente un remarquable panorama de l'art en Europe du 16e au 20e s.). Une visite à la maison de Jeanne-d'Arc ou au Musée historique et archéologique vous laisse un peu de temps pour faire une balade en calèche. Le lendemain, dimanche, quittez Orléans de bonne heure pour assister au grand spectacle de la nature au parc floral de la Source. Suivant les saisons, tulipes, narcisses, dahlias ou fuchsias se mettent en quatre pour votre plaisir. La journée se poursuivra à Olivet où, après le déjeuner, vous pouvez suivre la jolie promenade des moulins (dépliant à l'office de tourisme). Si le cœur vous en dit, allez à la pêche ou faites du canotage… ou faites un détour par la basilique de Cléry-St-André (à 24 km).

Terrasse de café de la place Plumereau à Tours.

TOURS

Tours est aux portes de Paris (55mn par le TGV). Si vous voulez connaître l'âme de la ville, commencez par flâner du côté de la place Plum' (c'est ainsi que les Tourangeaux désignent la place Plumereau).
C'est le quartier où se côtoient les plus belles façades romanes, les plus remarquables maisons à pignon du 15e s. (maison de Tristan). Profitez-en pour admirer le travail des maîtres verriers au musée du Gemmail.
C'est aussi un quartier commerçant où vous êtes confronté à toutes sortes de tentations néfastes à votre portefeuille ! Vous avez ici de quoi vous restaurer avant d'aller à la rencontre des souvenirs martiniens (tour Charlemagne, basilique St-Martin, musée St-Martin). La fin de l'après-midi est réservée à l'hôtel Gouin et au musée du Compagnonnage. Plus loin, les rues Colbert et de la Scellerie, peuplées d'antiquaires, n'attendent que votre visite.
Cette soirée à Tours pourrait être l'occasion d'un repas typiquement tourangeau, et vous vous rappellerez alors du « bel appétit de Monsieur de Balzac ». Le lendemain, le quartier de

la cathédrale St-Gatien et le cloître de la Psalette sauront vous séduire avant que vous n'alliez admirer les collections du musée des Beaux-Arts et les jardins de l'ancien archevêché. L'heure du départ arrivera trop vite, mais, si vous êtes en voiture, passez par le musée des Équipages militaires et du Train ou par le prieuré de St-Cosme, situés à quelques kilomètres à l'ouest de la ville. Si le temps vous est compté, alors vous direz : je reviendrai.

Les atouts de la région au fil des saisons

La douceur de vivre en Val de Loire, célébrée par les poètes et si appréciée des princes et des rois, est bien sûr d'abord liée à son climat. De l'ouest, les masses d'air provenant de l'océan Atlantique évoluent au fur et à mesure de leur entrée sur le continent. Le climat, océanique en Anjou, devient ainsi progressivement plus contrasté en Saumurois, où les premières collines freinent son avancée, jusqu'à devenir semi-continental en région Centre. La Loire et ses affluents y engendrent de nombreux microclimats qui favorisent, notamment, la culture de la vigne. Et si le ciel semble hésiter constamment entre soleil et nuages, il ne s'obscurcit jamais bien longtemps, car le vent de nord-ouest (la galerne) chasse bien vite les nuages pour ramener le beau temps. Les averses (souvent apportées par le vent du sud-ouest, le soulaire, qui vient du côté ensoleillé de la vallée) sont régulières et franches, mais pas trop abondantes (650 à 700 mm par an), juste ce qu'il faut pour arroser le jardin de la France. Ce climat modéré (température moyenne annuelle 11 °C) et cette exceptionnelle luminosité font ainsi tout le charme des paysages du Val de Loire.

L'été

Toute la région du Val de Loire fait preuve généralement d'un bon ensoleillement en été. En Anjou, on remarque même que certains microclimats très secs y favorisent une flore méditerranéenne. La température moyenne en juillet et août s'élève à 18 °C et le record extrême absolu de 41,4 °C remonte à juillet 1947 (source Météo France). Principale période touristique, c'est celle que vous choisirez pour profiter de l'ouverture maximale des sites.

Beaucoup de musées et châteaux ne ferment pas ou plus leurs portes à l'heure du déjeuner, ce qui permet de vivre au rythme souvent décalé des vacances (attention toutefois aux horaires des restaurants qui, eux, ne se décalent pas !). Dans les villes, les animations de rue, marchés et fêtes médiévales fleurissent, spécialement les jours de fête. La rançon de leur succès est souvent l'affluence, et les ralentissements de circulation qu'elle peut entraîner. De nombreux châteaux permettent aussi une visite plus tardive de leurs jardins, voire des spectacles « son et lumière » ou des visites aux chandelles ! Avant de partir, même si la météo annonce un temps beau et sec, n'oubliez pas que les microclimats et les caprices météorologiques de ces dernières années n'ont pas davantage épargné la région que le reste de la France. Prévoyez donc de quoi parer les éventuelles ondées et la fraîcheur du soir. Et surtout, avant de repartir, ne manquez pas les couchers de soleil sur les bords de Loire… inoubliables !

Quel temps pour demain ?

Services téléphoniques de Météo France – Taper **3250** suivi de :

1 – toutes les prévisions météo départementales jusqu'à 7 jours (DOM-TOM compris) ;

2 – météo des villes ;

Accès direct aux prévisions du département – ☎ 892 680 2 suivi du numéro du département *(0,34 €/mn)*.

Prévisions pour l'aviation ultralégère (vol libre et vol à voile) – ☎ 892 681 014 *(0,34 €/mn)*.

Toutes ces informations sont également disponibles sur **3615 météo** et **www. meteo.fr**

L'automne

Il faut découvrir la vallée de la Loire lorsque la nature la pare de mille feux, de l'or au brun, en passant par toute la palette des roux… comme autant de joyaux sertis dans un magnifique écrin, ses châteaux n'en paraissent

que plus beaux. Il est grand temps d'organiser de belles promenades en forêt d'Orléans ou en Sologne par exemple, d'y écouter le brame du cerf (fin sept.-mi-oct.), ou d'y débusquer les champignons. Les cucurbitacées envahissent les jardins (Villandry, Montriou…), les vignes sont à la fête et la lumière d'automne n'a pas son pareil pour les photographes. Moins de monde lors des visites, plus d'espace dans les pièces des châteaux, et des tarifs qui redescendent et permettent parfois de s'offrir un séjour plus confortable à moindre frais. La fraîcheur se fait sentir mais elle reste toute relative avec des moyennes encore douces (sept. : 16 °C, oct. : 11 °C, nov. : 7 °C)

L'hiver

« Hiver, vous n'êtes qu'un vilain… », la description de la saison par Charles d'Orléans au 15e s. ne laisse augurer rien de bon… et pourtant, sans mentir, l'hiver en Val de Loire est normalement peu rigoureux (températures moyennes déc. et janv. : 4 °C, en fév. : 5 °C, et 7 °C en mars). La neige ne s'y montre même pas tous les ans. En revanche, comme à l'automne, les brouillards matinaux ou en soirée ne sont pas rares (prudence sur les bords de la Loire et de ses affluents). Les paysages plus épurés n'empêchent pas de fort belles promenades et si le choix est plus restreint, de nombreux châteaux et musées restent ouverts dans des créneaux horaires plus courts.

Le printemps

Avril marque l'ouverture de la saison touristique et une explosion de couleurs dans les jardins. Jusqu'au début de l'été, les fêtes des plantes (notamment des roses !) se multiplient et le « jardin de la France » ne porte jamais si bien son nom. Amoureux de la nature, ne manquez-pas ce rendez-vous et profitez des beaux jours et des longs week-ends pour visiter aussi châteaux et musées sans trop grande affluence. Et si une averse peut toujours vous surprendre, les températures moyennes (avril : 10 °C, mai : 13 °C, juin : 17 °C) confirment encore la légendaire douceur du Val de Loire.

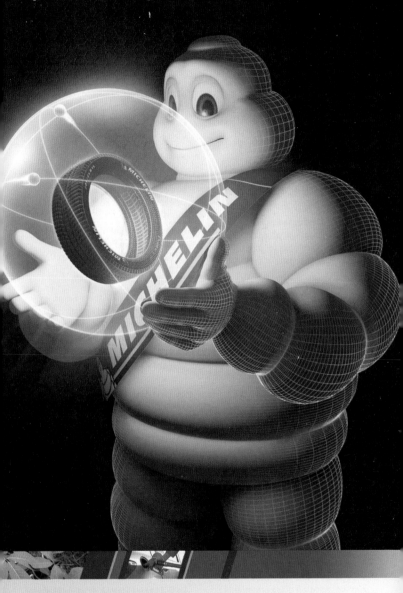

L'innovation a de l'avenir
quand elle est toujours plus propre,
plus sûre et plus performante.

S'Y RENDRE ET CHOISIR SES ADRESSES

Où s'informer avant de partir

LES ADRESSES UTILES

Ceux qui aiment préparer leur voyage dans le détail peuvent rassembler toute la documentation utile auprès des professionnels du tourisme de la région. Outre les adresses indiquées ci-dessous, sachez que les coordonnées des offices de tourisme ou syndicats d'initiative des villes et sites décrits dans le corps de ce guide sont précisées au début de chaque encadré pratique (sur fond vert).

Un numéro pour la France, le 3265 – Un nouvel accès facile a été mis en place pour joindre tous les offices de tourisme et syndicats d'initiative en France. Il suffit de composer le 3265 (0,34 €/mn) et prononcer distinctement le nom de la commune. Vous serez alors directement mis en relation avec l'organisme souhaité.

Organismes de tourisme

Comités régionaux de tourisme

Pays-de-la-Loire (Loire-Atlantique, Maine-et-Loire, Mayenne, Sarthe, Vendée) – 2 r. de la Loire - BP 20411 - 44204 Nantes Cedex 2 - ℘ 02 40 48 24 20 - www.enpaysdelaloire.com.

Centre-Val de Loire (Cher, Eure-et-Loir, Indre, Indre-et-Loire, Loir-et-Cher, Loiret) – 37 av. de Paris - 45000 Orléans - ℘ 02 38 79 95 00 ou 02 38 79 95 28 - www.visaloire.com.

Comités départementaux de tourisme

Eure-et-Loir – 10 r. du Dr-Maunoury - BP 67 - 28002 Chartres Cedex - ℘ 02 37 84 01 00 - www.tourisme28. com - réservation d'hébergement (Gîtes de France et Clévacances).

Indre – 1 r. St-Martin - BP 141 - 36003 Châteauroux Cedex - ℘ 02 54 07 36 36 - www.berrylindre.com.

Touraine-Val de Loire (département de l'Indre-et-Loire) – 30 r. de la Préfecture - BP 3217 - 37032 Tours Cedex - ℘ 02 47 31 47 48 - www. tourism-touraine.com. Pour vous aider à préparer vos vacances en famille, le comité départemental édite diverses brochures dont « Sur la piste de l'enfant Roy » (label accordé à la cinquantaine de sites touristiques qui portent une attention particulière aux enfants) et « Escapades en Touraine » (courts séjours clés en main répertoriés par thème : grands châteaux, jardins, demeures d'écrivains, vins du Val de Loire…).

Loir-et-Cher – Maison du Loir-et-Cher - 5 r. de la Voûte-du-Château - BP 149 - 41005 Blois Cedex - ℘ 02 54 57 00 41 - www.tourismeloir-et-cher. com.

Loiret – 8 r. d'Escures - 45000 Orléans - ℘ 02 38 78 04 04 - www. tourismeloiret.com.

Anjou (département du Maine-et-Loire) – Pl. du Prés.-Kennedy - BP 32147 - 49021 Angers Cedex 02 - ℘ 02 41 23 51 51 - www.anjou-tourisme.com.

Mayenne – 84 av. Robert-Buron - BP 0325 - 53003 Laval Cedex - ℘ 02 43 53 18 18 - www.tourisme-mayenne.com et www.reservation-mayenne.com.

Sarthe – 19 bis r. de l'Étoile - 72000 Le Mans - ℘ 02 43 40 22 50 - www. tourisme.sarthe.com.

TOURISME DES PERSONNES HANDICAPÉES

Un certain nombre de curiosités décrites dans ce guide sont accessibles aux personnes à mobilité réduite, elles sont signalées par le symbole &. Le degré d'accessibilité et les conditions d'accueil variant toutefois d'un site à l'autre, nous vous recommandons de vous renseigner auprès de ces sites avant tout déplacement.

Accessibilité des infrastructures touristiques

Lancé en 2001, le label national Tourisme et Handicap est délivré en fonction de l'accessibilité des équipements touristiques et de loisirs au regard des quatre grands handicaps : auditif, mental, moteur ou visuel. À ce jour, un millier de sites labellisés (hébergement, restauration, musées, équipements sportifs, salles de spectacles, etc.) ont été répertoriés en France. Vous pourrez en consulter la liste sur le site Internet de Maison de France à l'adresse suivante : www.franceguide.com

Le magazine *Faire Face* publie chaque année, à l'intention des personnes en situation de handicap moteur, un hors-série intitulé Guide vacances. Cette sélection de lieux et offres de loisirs est disponible sur demande (4,70 €, frais de port non compris) auprès de l'Association des paralysés de France : APF - Direction de la Communication - 17 bd Auguste-Blanqui - 75013 Paris - faire-face@apf.asso.fr - www. apf.asso.fr/.

Pour de plus amples renseignements au sujet de l'accessibilité des musées aux personnes atteintes de handicaps moteurs ou sensoriels, consultez le site http://museofile.culture.fr qui répertorie nombre de musées français.

Accessibilité des transports

Train – Disponible gratuitement dans les gares et boutiques SNCF ou sur le site www.voyages-sncf.com, le *Mémento du voyageur handicapé* donne des renseignements sur l'assistance à l'embarquement et au débarquement, la réservation de places spéciales, etc.

À retenir aussi, le numéro vert SNCF Accessibilité Service ☏ 0 800 15 47 53.

Avion – Air France propose aux personnes handicapées le service d'assistance Saphir, avec un numéro spécial : ☏ 0 820 01 24 24 (0,12 €/mn). Pour plus de détails, consulter le site www. airfrance.fr

Publié chaque année par Aéroguide Éditions (47 av. Léon-Gambetta, 92120 Montrouge ; ☏ 01 46 55 93 43 ; infos@ aeroguide.fr), l'*Aéroguide France : aéroports mode d'emploi* (59 €, frais de port non compris) donne quant à lui de précieux renseignements sur les services et assistances aux personnes handicapées dans les aéroports et aérodromes français.

Pour venir en France

Voici quelques informations pour les voyageurs étrangers en provenance de pays francophones comme la Suisse, la Belgique ou le Canada.

♿ Pour en savoir plus, consultez le site de la Maison de la France **www.franceguide.com**.

En cas de problème, voici les coordonnées des ambassades :

Ambassade de Suisse – 142 r. de Grenelle - 75007 Paris - ☏ 01 49 55 67 00 - www.eda.admin.ch/paris.

Ambassade du Canada – 35-37 av. Montaigne - 75008 Paris - ☏ 01 44 43 29 00 - www.amb-canada.fr.

Ambassade de Belgique – 9 r. de Tilsitt - 75017 Paris - ☏ 01 44 09 39 39 (en cas d'urgence seulement) - www.diplomatie.be/paris.

Promenade en barque à Chambord.

S. Sauvignier / MICHELIN

FORMALITÉS

Pièces d'identité

La carte nationale d'identité en cours de validité ou le passeport (même périmé depuis moins de 5 ans) sont valables pour les ressortissants des pays de l'Union européenne, d'Andorre, du Liechtenstein, de Monaco et de Suisse. Pour les Canadiens il n'y a pas besoin de visa mais d'un passeport valide.

Santé

Les ressortissants de l'Union européenne bénéficient de la gratuité des soins avec la **carte européenne d'assurance maladie**. Comptez un délai d'au moins deux semaines avant le départ (fabrication et envoi par la poste) pour obtenir la carte auprès de votre caisse d'assurance maladie. Nominative et individuelle, elle remplace le formulaire E 111 ; chaque membre d'une même famille doit en posséder une, y compris les enfants de moins de 16 ans.

Véhicules

Pour le conducteur : permis de conduire à trois volets ou permis international. Outre les papiers du véhicule, il est nécessaire de posséder la carte verte d'assurance.

Distances	Bordeaux	Lille	Lyon	Marseille	Paris	Strasbourg
Angers	384	513	589	920	297	775
Blois	397	401	421	751	185	637
Le Mans	427	425	628	887	209	687
Orléans	448	349	450	759	133	572
Saumur	335	538	533	864	322	800
Tours	335	456	465	795	240	692

QUELQUES RAPPELS

Code de la route

Sachez que la **vitesse** est généralement limitée à 50 km/h dans les villes et agglomérations, à 90 km/h sur le réseau courant, à 110 km/h sur les voies rapides et à 130 km/h sur les autoroutes.

Le port de la **ceinture** de sécurité est obligatoire à l'avant comme à l'arrière.

Le taux d'**alcoolémie** maximum toléré est de 0,5 g/l.

Argent

La monnaie est l'**euro**. Les chèques de voyage, les principales **cartes de crédit** internationales sont acceptées dans presque tous les commerces, hôtels, restaurants et par les distributeurs de billets.

Téléphone

En France tous les numéros sont à 10 chiffres.

Pour appeler la France depuis l'étranger composez le **00 33** et les neuf chiffres de votre correspondant français (sans le zéro qui commence tous les numéros).

Pour téléphoner à l'étranger depuis la France composez le **00** + l'indicatif du pays + le numéro de votre correspondant.

Numéros d'urgence – Le **112** (numéro européen), le **18** (pompiers) ou le **17** (police, gendarmerie), le **15** (urgences médicales).

Transports

PAR ROUTE

Les grand axes

La région est particulièrement bien reliée aux réseaux routiers et autoroutiers. L'autoroute A 10, l'Aquitaine (A 11-E 501 puis E 60), Paris-Bordeaux, dessert Orléans, Blois et Tours et mène à Angers en un peu plus de 3h30 ; l'autoroute Océane Paris-Rennes (A 11-E 50, puis A 81) conduit de Paris au Mans en 2h10.
Entre Tours et Angers l'A 85 est réalisée sur plus de la moitié de son parcours.

La **carte Michelin n° 726** au 1/1 000 000 donne les grands itinéraires, le temps de parcours, les itinéraires de dégagement et les prévisions de circulation.

Les cartes Michelin

Les cartes **Local**, au 1/150 000 ou au 1/175 000, ont été conçues pour ceux qui aiment prendre le temps de découvrir une zone géographique plus réduite (un ou deux départements) lors de leurs déplacements en voiture. Elles disposent d'un index complet des localités et proposent les plans des préfectures. Pour ce guide, procurez-vous les **n⁰ˢ 310, 317 et 318**.

Distances	Angers	Blois	Le Mans	Orléans	Saumur	Tours
Angers		195	96	246	67	
Blois	195		139	61	139	65
Le Mans	96	139		141	121	95
Orléans	246	61	141		190	116
Saumur	67	139	121	190		68
Tours	124	65	95	116	68	

Les **cartes Regional** couvrent le réseau routier secondaire et donnent de nombreuses indications touristiques. Elles sont pratiques lorsqu'on aborde un vaste territoire ou pour relier des villes distantes de plus de cent kilomètres. Elles disposent également d'un index complet des localités et proposent les plans des préfectures.
Pour ce guide, utilisez les cartes **n⁰ˢ 517 et 518**.

Et n'oubliez pas, la **carte National n° 721** vous offre la vue d'ensemble du Val de Loire au 1/1 000 000, avec les grandes voies d'accès d'où que vous veniez.

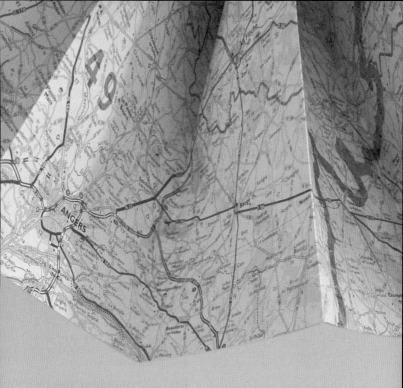

Découvrez
la France

Avec

Jean-Patrick Boutet
«Au cœur des régions»

Frédérick Gersal
«Routes de France»

france info, prenez de l'avance

Les informations sur Internet et Minitel

Le site Internet **www.ViaMichelin. fr** offre une multitude de services et d'informations pratiques d'aide à la mobilité (calcul d'itinéraires, cartographie, sélection des hôtels et restaurants du Guide Michelin) sur la France et d'autres pays d'Europe. Les calculs d'itinéraires sont également accessibles sur **Minitel** (3615 ViaMichelin) et peuvent être envoyés par **fax** (3617 ou 3623 Michelin).

Changement de numérotation routière

Sur de nombreux tronçons, les routes nationales passent sous la direction des départements. Leur numérotation est en cours de modification.
La mise en place sur le terrain a commencé en 2006 mais devrait se poursuivre sur plusieurs années. De plus, certaines routes n'ont pas encore définitivement trouvé leur statut au moment où nous bouclons la rédaction de ce guide. Nous n'avons donc pas pu reporter systématiquement les changements de numéros sur l'ensemble de nos cartes et de nos textes.
👁 **Bon à savoir** – Dans la majorité des cas, on retrouve le n° de la nationale dans les derniers chiffres du n° de la départementale qui la remplace. Exemple : N 16 devient D 1016 ou N 51 devient D 951.

PAR RAIL

Les grandes lignes

Se renseigner et réserver : ☎ 3635 (0,34 €/mn) - minitel 3615 SNCF - www.voyages-sncf.com - depuis Paris (gare Montparnasse), le TGV permet de rejoindre très rapidement non seulement les grandes villes du Val de Loire que sont Angers (1h46), Le Mans (55mn), Tours (1h), mais aussi Vendôme (42mn) ou Saumur (TGV puis TER à partir de St-Pierre-des-Corps, 1h47). Orléans est à 1h05 de Paris au départ de la gare d'Austerlitz (train Corail intercités).

Le réseau régional

Des TER (trains express régionaux) et cars SNCF composent un réseau régional ramifié vers et à partir des grandes villes du Val de Loire. Entre Paris-Austerlitz et Tours, la ligne dessert principalement Orléans, Blois et Amboise (Corail intercités). Tours rayonne en TER sur Angers (*via* Langeais et Saumur) et sur Chinon (*via* Azay-le-Rideau), sur Loches (par car TER), Vendôme (par TGV ou par TER) et Le Mans… Angers rallie Cholet, Le Mans (*via* Sablé-sur-Sarthe) et Saumur en TER, et dispose aussi d'un réseau de cars SNCF.

Informations et réservations sur le réseau régional – Ligne directe : ☎ 3635 (0,34 €/mn) - 3615 TER - ☎ 0 891 705 555 (0,23 €/mn) www.ter-sncf.com/centre ou ☎ 0 891 705 805 (0,23 €/mn) www.ter-sncf.com/pays_de_la_loire

Les bons plans

Les tarifs de la SNCF varient selon les périodes : −50 % en période bleue, −25 % en période blanche, plein tarif en période rouge (calendriers disponibles dans les gares et boutiques SNCF). Tarifs réduits et promotions sur : www.voyages-sncf.com

Les cartes de réduction

Différentes réductions sont offertes grâce aux cartes suivantes, valables un an, en vente dans les gares et boutiques SNCF :
– **carte enfant** pour les moins de 12 ans ;
– **carte 12-25** pour les 12-25 ans, qui peut être achetée la veille de ses 26 ans pour l'année suivante ;
– **carte senior** à partir de 60 ans. Ces différentes cartes vous accordent une réduction de 50 % sur tous les trains dans la limite des places disponibles et, sinon, de 25 %. La SNCF vous offre la possibilité de les essayer une fois gratuitement en prenant la carte Découverte appropriée. Familles composées d'au moins 3 enfants mineurs, vous pouvez bénéficier d'une **carte famille nombreuse** (16 € pour l'ensemble des cartes, valables trois ans) permettant une réduction individuelle de 30 à 75 % selon le nombre d'enfants (la réduction est toujours calculée sur le prix plein tarif de 2e classe, même si la carte permet de voyager également en 1re). Elle ouvre droit à d'autres réductions hors SNCF *(voir p. 26)*. La **carte Grand Voyageur**, valable trois ans, vous permet de gagner des points et d'avoir des réductions exclusives. Elle donne aussi accès à certains services comme le transport des bagages.
La **carte Escapade** permet une réduction de 25 % sur tous les trains

Autoroute A 10.

pour des allers-retours d'au moins 200 km, comprenant une nuit sur place du samedi au dimanche.

Les réductions sans carte

Sans disposer d'aucune carte, vous pouvez bénéficier de certains tarifs réduits.

Sur Internet, profitez des **billets Prem's** : très avantageux pourvu que vous réserviez suffisamment à l'avance, ils s'achètent uniquement en ligne mais ne sont ni échangeables ni remboursables.

Les **billets Découverte** offrent quant à eux des réductions de 25 % pour les moins de 25 ans, les plus de 60 ans, et sous certaines conditions entre 25 et 60 ans. Si vous effectuez un aller-retour d'au moins 200 km et si votre séjour comprend une nuit du samedi au dimanche, vous pouvez profiter du tarif **Découverte Séjour**. Si vous êtes de 2 à 9 personnes à effectuer un aller-retour, que vous ayez ou non un lien de parenté, et si votre voyage comprend au moins une nuit entre l'aller et le retour, vous pouvez bénéficier du tarif **Découverte à deux**.

PAR AVION

Le Val de Loire est accessible par la voie des airs aux visiteurs du monde entier principalement depuis les deux aéroports parisiens : **Roissy-Charles-de-Gaulle** (au nord-est) et **Orly** (au sud). La gare TGV (train à grande vitesse) de l'aéroport de Roissy Charles-de-Gaulle 2 vous permet de rallier directement le Val de Loire (en 1h41 pour St-Pierre-des-Corps/Tours, 1h38 pour Le Mans, 2h13 pour Angers). Depuis l'aéroport d'Orly, les cars Air France vous conduisent à la gare TGV de Paris-Montparnasse (1h).

En Val de Loire, Angers-Loire-Aéroport et l'aéroport international Tours-Val-

de-Loire assurent également quelques liaisons aériennes directes avec la Grande-Bretagne.

Les compagnies aériennes

Air France – La compagnie dessert les aéroports de Roissy et d'Orly. Pour les vols internationaux, vous pouvez demander un pré ou post-acheminement **TGV Air**. Votre billet d'avion comprendra ainsi à moindre frais la correspondance directe (à Roissy 2) en TGV jusqu'à (ou depuis) Angers, Le Mans ou Tours. Renseignez-vous et réservez au ☎ 3654 - www.airfrance.fr (www.airfrance.com depuis l'étranger).

Ryanair – Pour rejoindre l'aéroport de Tours directement depuis Londres-Stansted (et inversement), consultez www.ryanair.com, ou (en France) ☎ 0 892 232 375 (0,34 € /mn).

Flybe – La compagnie anglaise assure la liaison Angers-Southampton. Informations et réservations sur flybe.com

Les aéroports

Deux aéroports relient directement la vallée de la Loire à la Grande-Bretagne. Celui de Tours assure également une liaison avec la Corse en été.

Angers-Loire-Aéroport – 49140 Marcé - ☎ 02 41 33 50 20 - www.angersloireaeroport.fr - (25 km au nord-est d'Angers) - de fin mars à fin oct. : 2 vols par sem. (mar., jeu.) vers Southampton. Un vol suppl. (sam.) de fin mai à fin sept.

Aéroport international Tours-Val-de-Loire – 40 rte de l'Aéroport - 37100 Tours - ☎ 02 47 49 37 00 - www.tours.aeroport.fr - (7 km au nord-est de Tours). Vols réguliers directs vers Londres-Stansted (quotidiens en été, 5j./7 en hiver) et vers Figari-Sud-Corse (1 vol hebdo. de juin à sept.). Vols ponctuels et vols privés.

Les bons plans

N'hésitez pas à surfer sur le Net pour bénéficier des meilleures offres (promos, vols de dernière minute). Voici quelques sites donnant accès à ces billets à bas coût :

www.airfrance.fr (offres spéciales, coup de cœur du mercredi, tarifs réduits évasion jeune, couple, famille, senior).

www.opodo.fr (promos)

www.govoyages.fr

www.easyjet.com

Budget

FORFAITS TOURISTIQUES

Selon votre budget et vos préférences des forfaits touristiques incluant visites, restauration et hébergement vous sont proposés clés en main.

Loisirs-Accueil Touraine – 38 r. Augustin-Fresnel - BP 50139 - 37171 Chambray-lès-Tours - ✆ 02 47 27 56 10 - www.welcometouraine.com. Une centrale de réservation pour votre hébergement et vos séjours en Touraine, notamment **La Loire à vélo** (sur les quatre itinéraires aménagés, louez votre gîte et réservez vos vélos en même temps).

Club Destination Anjou – CCI - 8 bd du Roi-René - BP 60626 - 49006 Angers Cedex 01 - ✆ 02 41 20 54 20 - www.destination-anjou.com. Forfaits séjour à la carte pour les particuliers incluant visite de sites au choix, nuit d'hôtel et restauration à des tarifs concurrentiels.

LES BONS PLANS

Vous pouvez obtenir des réductions grâce aux solutions suivantes :
Vous souhaitez visiter une des principales villes de la vallée de la Loire ? (voir « Idées de week-end » p. 14). Renseignez-vous auprès de l'office de tourisme de la ville choisie, car presque toutes proposent des réductions sous forme de **city pass'**, **cartes multivisites** ou de **billets combinés** pour les divers sites touristiques de l'agglomération et des environs.
Vous voulez découvrir plusieurs châteaux et sites du Val de Loire ? Réalisez des économies grâce aux formules « passeport » suivantes :

La Clé des Temps – Pour 25 € visitez les châteaux à Angers, Azay-le-Rideau, Chambord, Châteaudun, Chaumont-sur-Loire, Fougères-sur-Bièvre, Oiron et Talcy, l'abbaye de Fontevraud et le cloître de la Psalette (Tours). Non nominatif, valable un an, ce passeport est vendu dans ces dix monuments nationaux (-18 ans gratuit).

Le Passeport Découverte – Pour 10 € obtenez un carnet (non nominatif) de 10 coupons, dont chacun vous permet l'entrée à tarif réduit de 5 adultes (maximum) dans plus de 60 sites partenaires, de Chambord à Angers. Disponible dans les principaux offices de tourisme de la région Centre et sur www.france-valdeloire.com.

Le Pass'Découverte Ouest Touraine – Dans 60 lieux partenaires bénéficiez d'un tarif réduit dès le deuxième site visité. Valable jusqu'à 2 adultes du 1er Mai à mi-nov. Pass non nominatif délivré dans les offices de tourisme d'Azay-le-Rideau, Chinon, Langeais et de leurs environs.

Le Pass'Châteaux – Évitez de faire la queue et visitez les châteaux de Blois, Chambord et Cheverny à tarif réduit. Pass vendu dans les offices de tourisme de Blois et des communes voisines. Vous pourrez y ajouter la visite d'un quatrième château (Beauregard, Fougères-sur-Bièvre, Troussay ou Villesavin).

Les chèques vacances

Ce sont des titres de paiement permettant d'optimiser le budget vacances/loisirs des salariés grâce à une participation de l'employeur. Les salariés du privé peuvent se les procurer auprès de leur employeur ou de leur comité d'entreprise ; les fonctionnaires auprès des organismes sociaux dont ils dépendent.
Vous pouvez les utiliser pour régler toutes vos dépenses liées à l'hébergement, à la restauration, aux transports ainsi qu'aux loisirs. Il existe aujourd'hui plus de 135 000 points d'accueil.

La carte famille nombreuse

Vous pouvez vous la procurer auprès de la SCNF (voir p. 24). Elle vous donne droit, outre les billets de train à prix réduits, à des réductions très diverses auprès de la RATP et du RER, des musées nationaux, de certains sites privés, parcs d'attractions, loisirs et équipements sportifs, cinémas et même certaines boutiques. Mieux vaut la garder sur vous et demander systématiquement s'il existe un tarif préférentiel famille nombreuse.

NOS ADRESSES D'HÉBERGEMENT ET DE RESTAURATION

Au fil des pages, vous découvrirez nos encadrés pratiques, sur fond vert. Ils présentent une sélection d'établissements dans et à proximité des villes ou des sites touristiques remarquables auxquels ils sont rattachés. Pour repérer facilement ces adresses sur nos plans, nous leur avons attribué des pastilles numérotées.

ViaMichelin

Votre meilleur souvenir de voyage

Avant de partir en vacances, en week-end ou en déplacement professionnel, préparez votre itinéraire détaillé sur www.ViaMichelin.com. Vous pouvez comparer les parcours proposés, sélectionner vos étapes gourmandes, afficher les cartes et les plans de ville le long de votre trajet et même réserver un hôtel en ligne.
Complément idéal des cartes et guides MICHELIN, ViaMichelin vous accompagne également tout au long de votre voyage en France et en Europe grâce à ses solutions de navigation portable GPS.

Pour découvrir tous les produits et services :
www.viamichelin.com

NOS CATÉGORIES DE PRIX				
	Se restaurer (prix déjeuner)		Se loger (prix de la chambre double)	
	Province	Grandes villes Stations	Province	Grandes villes Stations
☺	jusqu'à 14 €	jusqu'à 16 €	jusqu'à 45 €	jusqu'à 65 €
☺☺	plus de 14 € à 25 €	plus de 16 € à 30 €	plus de 45 € à 80 €	plus de 65 € à 100 €
☺☺☺	plus de 25 € à 40 €	plus de 30 € à 50 €	plus de 80 € à 100 €	plus de 100 € à 160 €
☺☺☺☺	plus de 40 €	plus de 50 €	plus de 100 €	plus de 160 €

Nos catégories de prix

Pour vous aider dans votre choix, nous vous communiquons une fourchette de prix : pour l'hébergement, le premier prix correspond au tarif d'une chambre simple et le second à celui d'une chambre double ; pour la restauration, ces prix indiquent les tarifs minimum et maximum des menus proposés sur place. Les mentions « **Astuce prix** » et « **bc** » signalent : pour la première les formules repas à prix attractif, servies généralement au déjeuner par certains établissements de standing, pour la seconde les menus avec boisson comprise (verre de vin ou eau minérale au choix).

Les prix que nous indiquons sont ceux pratiqués en haute saison ; hors saison, de nombreux établissements proposent des tarifs plus avantageux, renseignez-vous… Dans chaque encadré, les adresses sont classées en quatre catégories de prix pour répondre à toutes les attentes *(voir le tableau ci-dessus)*.

Petit budget – Choisissez vos adresses parmi celles de la catégorie ☺ : vous trouverez là des hôtels, des chambres d'hôte simples et conviviales et des tables souvent gourmandes, toujours honnêtes.

Budget moyen – Votre budget est un peu plus large. Piochez vos étapes dans les adresses ☺☺. Dans cette catégorie, vous trouverez des maisons, souvent de charme, de meilleur confort et plus agréablement aménagées, animées par des passionnés, ravis de vous faire découvrir leur demeure et leur table. Là encore, chambres et tables d'hôte sont au rendez-vous, avec également des hôtels et des restaurants plus traditionnels, bien sûr.

Budgets confortable et haut de gamme – Vous souhaitez vous faire plaisir, vous aimez voyager dans des conditions très confortables ? Les catégories ☺☺☺ et ☺☺☺☺ sont pour vous… La vie de château dans de luxueuses chambres d'hôte pas si chères que cela ou dans les palaces et les grands hôtels : à vous de choisir ! Vous pouvez aussi profiter des décors de rêve de lieux mythiques à moindres frais, le temps d'un brunch ou d'une tasse de thé…

À moins que vous ne préfériez casser votre tirelire pour un repas gastronomique dans un restaurant renommé. Sans oublier que la traditionnelle formule « tenue correcte exigée » est toujours d'actualité dans ces établissements !

Enseigne d'un établissement B & B.

Se loger

NOS CRITÈRES DE CHOIX

Les hôtels

Nous vous proposons, dans chaque encadré pratique un choix très large en termes de confort. La location se fait à la nuit et le petit-déjeuner est facturé en supplément. Certains établissements assurent un service de restauration également accessible à la clientèle extérieure.

Pour un choix plus étoffé et actualisé, **Le Guide Michelin France** recommande des hôtels sur toute la France. Pour chaque établissement, le niveau de confort et de prix est indiqué, en plus de nombreux renseignements pratiques. Le symbole « Bib Hôtel » signale des hôtels pratiques et accueillants offrant une prestation de qualité à prix raisonnable : moins de 72 € en province (88 € grandes villes et stations balnéaires).

Les chambres d'hôte

Vous êtes reçu directement par les habitants qui vous ouvrent leur demeure. L'atmosphère est plus conviviale qu'à l'hôtel, et l'envie de communiquer doit être réciproque : misanthropes, s'abstenir ! Les prix, mentionnés à la nuit, incluent le petit-déjeuner. Certains propriétaires proposent aussi une table d'hôte, ouverte uniquement le soir, et toujours réservée aux résidents de la maison. Il est très vivement conseillé de réserver votre étape, en raison du grand succès de ce type d'hébergement.

👁 **Bon à savoir** – Certains établissements ne peuvent pas recevoir vos compagnons à quatre pattes ou les accueillent moyennant un supplément, pensez à le demander lors de votre réservation.

Hébergement en châteaux

Château de Jallanges – 37210 Vouvray - 📞 02 47 52 06 66 - Chantal et Stéphane Ferry-Balin- 3 ch. et 3 suites - tte l'année - www.jallanges.com.

Château de Nazelles – 16 r. Tue-la-Soif - 37530 Nazelles-Négron - 📞 02 47 30 53 79 - M. et Mme Fructus - 5 ch. - tte l'année - www.chateau-nazelles.com.

Château des Ormeaux – Rte de Noizay-Nazelles - 37530 Amboise - 📞 02 47 23 26 51 - M. Guénot - 8 ch. - tte l'année - www.chateaudesormeaux.fr.

Château du Vau – 37510 Ballan-Miré - 📞 02 47 67 84 04 - M. et Mme Clément - 7 ch. - tte l'année.

Château de la Bourdaisière – 35 r. de la Bourdaisière - 37270 Montlouis-sur-Loire - 📞 02 47 45 16 31 - prince de Broglie - 20 ch. - fermé 28 nov.-1er mars - www.chateaulabourdaisiere.com.

Château de la Voûte – 41800 Troo - 📞 02 54 72 52 52 - M. et Mme Roussel - 4 ch. et 1 suite - tte l'année - www.chateaudelavoute.com.

Château de Colliers – 41500 Muides-sur-Loire - 📞 02 54 87 50 75 - Marie-France et Christian de Gélis - 4 ch. et 1 suite - tte l'année - www.bienvenueauchateau.com.

Château de Montliard – 3 rte de Nesploy - 45340 Montliard - 📞 02 38 33 71 40 - Mme Galizia - 3 ch. - tte l'année.

Château de Plessis-Loiret – 45530 Vitry-aux-Loges - 📞 02 38 59 47 24 - Chantal et Jean Sourdeau de Beauregard - 3 ch. - tte l'année.

Château de Brissac – 49320 Brissac-Quincié - 📞 02 41 91 22 21 - marquis et marquise Charles-André de Brissac - 2 ch., 1 suite et 1 appartement - avr. à oct. - www.chateau-brissac.fr.

Château de Verrières – 53 r. d'Alsace - 49400 Saumur - 📞 02 41 38 05 15 - Yolaine de Valbray-Auger - 10 ch. - tte l'année - www.chateau-verrieres.com.

Château des Briottières – 49330 Champigné - 📞 02 41 42 00 02 - Hedwige et François de Valbray - 17 ch. et 3 suites - tte l'année - www.briottieres.com.

Château de la Montchevalleraie – 49500 Aviré - 📞 02 41 61 32 24 - Christian Boulmant-Nomballais - 1 ch. et 1 suite - mai-sept.

Château de la Morinière – 49600 Andrezé - 📞 06 03 02 55 16 - Pascal Pringarbe - 4 ch. - tte l'année - www.chateau-de-la-moriniere.com.

Château de Craon – 53400 Craon - 📞 02 43 06 11 02 - comte et comtesse Loïk de Guébriant - 2 ch. et 2 suites - de mi-mars à mi-nov. - www.chateaudecraon.com.

Château de Mirvault – 53200 Château-Gontier - 📞 02 43 07 10 82 - Brigitte et François d'Ambrières - 1 ch. et 1 suite - tte l'année.

Château de Saint-Paterne – 72610 Saint-Paterne - 📞 02 33 27 54 71 - Ségolène et Charles-Henry de Valbray - 9 ch. et 1 suite - d'avr. à déb. janv. - www.chateau-saintpaterne.com.

Château de la Volonière – 49 r. Principale - 72340 Poncé-sur-Loire - 📞 02 43 79 68 16 - Claude Becquelin - 5 ch. - tte l'année - http://chateaudelavoloniere.com.

Château de Beauchamps – 72400 Villaines-la-Gonais - 📞 02 43 71 78 23 - Jacqueline et Roger Bodiguian - 3 ch. et 4 suites - tte l'année - www.chateau-de-beauchamps.com.

Château de Monhoudou – 72260 Monhoudou - 📞 02 43 97 40 05 - vicomte et vicomtesse Michel de Monhoudou - 5 ch. - tte l'année - www.monhoudou.com.

Château de Vaulogé – 72430 Fercé-sur-Sarthe - 📞 02 43 77 32 81 - Marisa Radini - 6 ch. et 1 suite - tte l'année - www.vauloge.com.

Le camping

Le **Guide Camping Michelin France** propose tous les ans une sélection de terrains visités régulièrement par nos inspecteurs. Renseignements pratiques, niveau de confort, prix, agrément, location de bungalows, de mobil-homes ou de chalets y sont mentionnés.

LES BONS PLANS

Les services de réservation

Fédération nationale des services de réservation Loisirs-Accueil – 280 bd St-Germain - 75007 Paris - ℘ 01 44 11 10 44 - www. resinfrance. com ou www.loisirsaccueilfrance.com. Elle propose un large choix d'hébergements et d'activités de qualité, édite un annuaire regroupant les coordonnées des 62 services Loisirs-Accueil et, pour tous les départements, une brochure détaillée.

Fédération nationale Clévacances – 54 bd de l'Embouchure - BP 52166 - 31022 Toulouse Cedex - ℘ 05 61 13 55 66 - www.clevacances.com. Elle propose près de 23 500 locations de vacances (appartements, chalets, villas, demeures de caractère, pavillons en résidence) et 2 800 chambres sur 79 départements en France et outre-mer, et publie un catalogue par département (passer commande auprès des représentants départementaux Clévacances).

Les locations de maisons

La formule à la semaine, ou au mois, s'avère économique au-delà de 3 personnes. Vous en trouverez, à des prix variables, sur de nombreux sites Internet, certains particulièrement fournis :

www.abritel.fr
www.anjou-tourisme.com (séjours)
www.bertrandvacances.com
www.clevacances.fr.

L'hébergement rural

Fédération des Stations vertes de vacances et Villages de neige – BP 71698 - 21016 Dijon Cedex - ℘ 03 80 54 10 50 - www. stationsvertes.com. Situées à la campagne et à la montagne, les 588 Stations vertes sont des destinations de vacances familiales reconnues pour leur qualité de vie (produits du terroir, loisirs variés, cadre agréable) et pour la qualité de leurs structures d'accueil et d'hébergement.

Bienvenue à la ferme – Le guide *Bienvenue à la ferme*, édité par l'assemblée permanente des chambres d'agriculture (service Agriculture et Tourisme - 9 av. George-V - 75008 Paris - ℘ 01 53 57 11 44), est aussi en vente en librairie ou sur www. bienvenue-a-la-ferme.com. Il propose par région et par département des fermes-auberges, campings à la ferme, fermes de séjour, mais aussi des loisirs variés : chasse, équitation, approches pédagogiques pour enfants, découverte de la gastronomie des terroirs en ferme-auberge, dégustation et vente de produits de la ferme.

Maison des Gîtes de France et du Tourisme vert – 59 r. St-Lazare - 75439 Paris Cedex 09 - ℘ 01 49 70 75 75 - www.gites-de-france.com Cet organisme donne les adresses des relais départementaux et publie des guides sur les différentes possibilités d'hébergement en milieu rural (gîtes ruraux, chambres et tables d'hôte, gîtes d'étape, chambres d'hôte de charme, gîtes de neige, gîtes de pêche, gîtes d'enfants, camping à la ferme, gîtes Panda).

« Au pays des caves demeurantes… » – Jusqu'à ces dernières années, les habitations troglodytiques de certains villages de l'Anjou, de la Touraine et du Vendômois étaient perçues comme une image du passé. Aujourd'hui, un certain nombre de ces demeures creusées dans le tuffeau ou les faluns sont recherchées comme résidences secondaires ou réaménagées pour l'hébergement et la restauration. Outre de nombreuses caves à vin où vieillissent lentement les cuvées les meilleures, on trouvera des hôtels, des gîtes d'étape (troglo-gîtes) ou des restaurants aménagés avec ingéniosité voire élégance.

Relais des gîtes du Maine-et-Loire – BP 52425 - 49024 Angers Cedex 02 - ℘ 02 41 23 51 42.

L'hébergement pour randonneurs

Guide et site Internet – Les randonneurs peuvent consulter le guide *Gîtes d'étapes, refuges*, par A. et S. Mouraret (Rando Éditions La Cadole - 74 r. A.-Perdreaux - 78140 Vélizy - ℘ 01 34 65 11 89), et www.gites-refuges.com. Cet ouvrage et ce site sont principalement destinés aux amateurs de randonnées, d'alpinisme, d'escalade, de ski, de cyclotourisme et de canoë-kayak.

Label Saint-Jacques – Il concerne les gîtes et chambres d'hôte situés à proximité des chemins de St-Jacques s'étant engagés à valoriser ce thème : mise à disposition de documentation, décoration intérieure, accueil, etc. Renseignements : Gîtes de France des Pyrénées-Atlantiques - 20 r. Gassion - 64000 Pau - ℘ 05 59 22 20 64 - www. gites64.com.

Les auberges de jeunesse

Ligue française pour les auberges de la jeunesse – 67 r. Vergniaud - bât. K - 75013 Paris - ℘ 01 44 16 78 78 - www.auberges-de-jeunesse.com La carte LFAJ est délivrée moyennant une cotisation annuelle de 10,70 € pour les moins de 26 ans et de 15,25 € au-delà de cet âge.

POUR DÉPANNER

Les chaînes hôtelières

L'hôtellerie dite « économique » peut éventuellement vous rendre service. Sachez que vous y trouverez un équipement complet (sanitaire privé et télévision), mais un confort très simple. Souvent à proximité de grands axes routiers, ces établissements n'assurent pas de restauration. Toutefois, leurs tarifs restent difficiles à concurrencer (moins de 45 € la chambre double). En dépannage, voici donc les centrales de réservation de quelques chaînes :

Akena, ℘ 01 69 84 85 17
B & B, ℘ 0 892 78 29 29
Etap Hôtel, ℘ 0 892 68 89 00
Mister Bed, ℘ 01 46 14 38 00
Villages Hôtel, ℘ 03 80 60 92 70

Enfin, les hôtels suivants, un peu plus chers (à partir de 60 € la chambre), offrent un meilleur confort et quelques services complémentaires :

Campanile ℘ 01 64 62 46 46
Kyriad ℘ 0 825 003 003
Ibis ℘ 0 825 882 222

Se restaurer

NOS CRITÈRES DE CHOIX

Pour répondre à toutes les envies, nous avons sélectionné des **restaurants** régionaux bien sûr, mais aussi classiques, exotiques ou à thème… Et des lieux plus simples, où vous pourrez grignoter une salade composée, une tarte salée, une pâtisserie ou déguster des produits régionaux sur le pouce.

S. Sauvignier / MICHELIN

Les savoureux vins des coteaux du Layon.

Pour un choix plus étoffé et actualisé, **Le Guide Michelin France** recommande des restaurants sur toute la France. Pour chaque établissement, le niveau de confort et de prix est indiqué, en plus de nombreux renseignements pratiques. Le symbole « **Bib Gourmand** » signale les tables qui proposent une cuisine soignée à moins de 28 € en province (36 € grandes villes et stations balnéaires). Quelques **fermes-auberges** vous permettront de découvrir les saveurs de la France profonde. Vous y goûterez des produits authentiques provenant de l'exploitation agricole, préparés dans la tradition et généralement servis en menu unique. Le service et l'ambiance sont bon enfant. Réservation obligatoire !

« SITES REMARQUABLES DU GOÛT »

Ce label est attribué à des sites dont la richesse gastronomique s'appuie sur des produits de qualité dans un environnement culturel et touristique intéressant. À ces sites sont associés des visites de jardins, musées, unités de production, des dégustations, des marchés réputés, des manifestations. Dans ce guide se distingue la distillerie Cointreau à St-Barthélemy-d'Anjou, pour sa liqueur d'orange.
⚓ Pour en savoir plus, consultez le site Internet **www. sitesremarquablesdugout.com**.

LES GRANDS CHEFS DE LA RÉGION

À Tours

Si l'on peut dire, Jean Bardet est « tombé dans la marmite » très jeune puisque ses parents étaient restaurateurs à Confolens en Charente ! Bien qu'il fasse ses débuts dans des restaurants de bon niveau à Paris et à

Londres, il peut être presque qualifié de chef autodidacte, n'ayant été en fait l'élève de personne. Établi en premier lieu à Châteauroux où il a gravi rapidement les échelons, gagnant une puis deux étoiles, c'est à Tours, capitale du « jardin de la France », qu'il a pris toute sa dimension. Installé dans une demeure du 19e s. au cœur d'un parc qui lui sert d'écrin, Jean Bardet régale ses clients d'une cuisine personnalisée, arrosée des meilleurs crus du Val de Loire, où les légumes et les herbes de son potager tiennent une grande place. Sa cuisine, jugée comme créative à ses débuts, s'est progressivement posée tout en laissant des sensations inoubliables aux gastronomes les plus exigeants. Il faut bien sûr associer dans cette réussite, Sophie, l'épouse, parfaite maîtresse de maison.

👁 *Jean Bardet*, 📞 02 47 41 41 11.

Fromage de chèvre de Ste-Maure-de-Touraine et bouteille de chinon.

À Blois

Marchez 100 m depuis la levée de la Loire et vous allez trouver une charmante petite adresse d'allure simple et engageante au cœur du vieux quartier St-Nicolas. C'est là que Christophe Cosme a posé ses valises un jour de novembre 1999 après avoir effectué un parcours volontaire et besogneux. Cela débute dès sa tendre enfance avec un père restaurateur en Normandie, continue par différentes places dans des adresses honorables mais sans grande prétention gastronomique, puis finit par aboutir dans les cuisines de Bernard Loiseau à Saulieu avant de continuer dans celles de Christian Willer à la Palme d'Or à Cannes. Christophe se sent désormais prêt à voler de ses propres ailes et reprend le Rendez-Vous des Pêcheurs où il regagne bien vite l'étoile. Son style de cuisine qui au début respecte l'enseigne, évolue petit à petit vers une carte plus éclectique où les viandes trouvent leur place tandis que la créativité monte en puissance ainsi que le talent du chef. Servir des plats inventifs dans un cadre traditionnel, voilà qui surprend favorablement la clientèle et… amuse bigrement son propriétaire-chef !

👁 *Au Rendez-Vous des Pêcheurs*,
📞 02 54 74 67 48.

À Orléans

Philippe Bardau a été formé dès son enfance aux plaisirs de la table, grâce à des grands-parents bouchers-charcutiers qui lui font découvrir les tables les plus renommées de l'Hexagone. De là naît sa vocation de cuisinier et la chance lui sourit à 18 ans, le jour où après s'être attablé à l'Oasis de la Napoule, alors triplement étoilée, il se paye de culot, écrit à son célèbre chef Louis Outhier, qui l'engage. C'est le début de la voie royale ! Suivent les cuisines du Negresco où il apprend vite au côté du grand chef Jacques Maximin qui lui inculque la rigueur et lui communique le goût de la créativité. Entré commis sur la promenade des Anglais, il en sort chef de partie. Après un long passage comme chef d'un restaurant parisien étoilé, il reprend les Antiquaires à Orléans en 1997. Sa cuisine personnalisée sur de solides bases classiques privilégie les meilleurs produits qu'il déniche aux quatre coins de la France. Fréquenter le restaurant feutré et cossu de Philippe Bardau est un bonheur dont les Orléanais peuvent vous témoigner !

👁 *Les Antiquaires*, 📞 02 38 53 63 48.

À Azay-le-Rideau

Xavier Aubrun et Thierry Jimenez se connaissent par cœur ! Voici plus de 25 ans qu'ils œuvrent ensemble derrière le piano ! Associés depuis 1998 pour le meilleur… de la cuisine et de leurs clients, ils concoctent des « recettes à quatre mains » d'un rigoureux classicisme où les produits sont choisis avec un maximum de soin. Le souvenir de Balzac hante toujours cette auberge où l'écrivain avait pour habitude d'y « siffler sa fillette » (demi-bouteille en langage local). C'est dans un cadre préservé que l'on peut encore admirer la table en bois massif où l'auteur du *Père Goriot*, du *Lys dans la vallée* et de bien d'autres œuvres aimait à s'attarder. Quand l'histoire rejoint la gastronomie… Les deux chefs poursuivent avec brio la tradition gourmande des lieux !

👁 *Auberge du XIIe Siècle*,
📞 02 47 26 88 77.

Dans la même collection, découvrez aussi :

France

- Alpes du Nord
- Alpes du Sud
- Alsace Lorraine
- Aquitaine
- Auvergne
- Bourgogne
- Bretagne
- Champagne Ardenne
- Châteaux de la Loire
- Corse
- Côte d'Azur
- France
- Franche-Comté Jura
- Île-de-France
- Languedoc Roussillon
- Limousin Berry
- Lyon Drôme Ardèche
- Midi-Pyrénées
- Nord Pas-de-Calais Picardie
- Normandie Cotentin
- Normandie Vallée de la Seine
- Paris
- Pays Basque et Navarre
- Périgord Quercy
- Poitou Charentes Vendée
- Provence

Europe

- Allemagne
- Amsterdam
- Andalousie
- Autriche
- Barcelone et la Catalogne
- Belgique Luxembourg
- Berlin
- Bruxelles
- Budapest et la Hongrie
- Bulgarie
- Croatie
- Écosse
- Espagne
- Florence et la Toscane
- Grande Bretagne
- Grèce
- Hollande
- Irlande
- Italie
- Londres
- Moscou Saint-Pétersbourg
- Pologne
- Portugal
- Prague
- Rome
- Scandinavie
- Sicile
- Suisse
- Venise
- Vienne

Thématiques

- La France sauvage
- Les plus belles îles du littoral français
- Paris Enfants
- Promenades à Paris
- Week-ends aux environs de Paris
- Week-ends dans les vignobles
- Week-ends en Provence

Monde

- Canada
- Égypte
- Maroc
- New York

À FAIRE ET À VOIR

Activités et loisirs de A à Z

Les **comités départementaux** et **comités régionaux de tourisme** *(voir p. 20)* disposent de nombreuses documentations et répondront à vos demandes d'informations quant aux activités proposées dans leur secteur. Pour trouver d'autres adresses de prestataires, reportez-vous aux rubriques « Visite » et « Sports & Loisirs » dans l'encadré pratique des villes et sites.

AÉRIENS

Toute l'année, en fonction des conditions météorologiques, on peut visiter les Pays-de-la-Loire par la voie des airs : ULM, planeurs, hélicoptères, monomoteurs à ailes hautes survolent les sites de Chinon, Chambord, Chenonceau, Azay-le-Rideau au départ de Tours-St-Symphorien, les sites d'Amboise, Cheverny, Beaugency au départ de Blois-Le-Breuil ou Orléans.

ULM

Fédération française de planeur ultraléger motorisé – 96 bis r. Marc-Sangnier - BP 341 - 94709 Maisons-Alfort Cedex - ✆ 01 49 81 74 43 - www.ffplum.com.

♿ Voir Amboise, Tours.

Vol à voile

Les écoles de pilotage, généralement situées sur les aérodromes, proposent des baptêmes de l'air, des vols et des cours de pilotage (vols en biplace, planeur, vol à voile, etc.).
Fédération française de vol à voile – 29 r. de Sèvres - 75006 Paris - ✆ 01 45 44 04 78 - www.ffvv.org.

Hélicoptère

L'hélicoptère est un moyen de transport particulièrement bien adapté pour admirer les châteaux dans leur ensemble architectural et pour faire de belles prises de vue. Les compagnies d'hélicoptères proposent des circuits aériens qui varient entre 10mn et 2h de vol. Les prix varient en conséquence (à partir de 55 €/pers.).

Indre-et-Loire – Jet Systems Hélicoptères Val-de-Loire - aérodrome d'Amboise-Dierre - 37150 Dierre - ✆ 02 47 30 20 21 - www.jet-systems.

fr - survols des châteaux de la Loire à partir de 60 €/pers. (vols sur demande) - haltes gastronomiques.

Air Touraine Hélicoptère – Héliport de Belleville - 37370 Neuvy-le-Roi - ✆ 02 47 24 81 44 - www.a-t-h.com.

Loir-et-Cher – Blois Hélistation - Levée de Chailles - pont Mitterrand - D 951, direction Montrichard - réserver au ✆ 02 54 90 41 41 (office de tourisme).

Loire-Atlantique – Nantes Aérosystèmes Héliocéan - 44340 Bouguenais - ✆ 02 40 05 22 11 ou 02 43 72 07 70 (centrale réservation) - circuits touristiques et transport.

Sarthe – Jet Systems Hélicoptères - aérodrome Le Mans-Arnage - ✆ 02 43 72 07 70 - www.jet-systems.fr.

Départ de montgolfières au petit matin.

Ballons et montgolfières

Le charme suranné des voyages en ballon s'ajoute indéniablement au plaisir de découvrir d'en haut la vallée de la Loire. Si les aérostiers peuvent décoller d'à peu près n'importe où (sauf des villes bien entendu), en revanche, le vent, selon sa force et sa direction, rend le lieu d'atterrissage plus incertain. Le décollage a lieu, en général, au petit matin ou en fin de soirée. Les vols proprement dits durent de 1h à 1h30, mais il faut pratiquement tripler ce temps pour tenir compte de la préparation du vol, des aléas du vent, du temps de rapatriement par le véhicule de récupération qui suit en permanence la progression de l'engin. Suivant les prestations, le coût d'un vol est d'environ 145 à 250 € par personne.

Loiret – Se renseigner auprès du comité départemental de tourisme.

Aérocom – 36 rte de Chouzy - 41150 Onzain - ℘ 02 54 33 55 00 - www. aerocom.fr - vols (2 à 12 pl.) sur demande à partir de Chaumont-sur-Loire, Blois, Amboise et d'autres sites.

Découverte de la **vallée de la Sarthe** en montgolfière (1h30) - se rens. à l'Office du tourisme du pays de Sablé - ℘ 02 43 95 07 36 ou 02 43 95 00 60.

👁 Voir aussi Montrichard.

EN BATEAU

Comité départemental de tourisme, Tourisme fluvial Pays-de-la-Loire, 1 pl. du Président-Kennedy, 49100 Angers, ℘ 02 41 23 51 30.
Pour le tourisme fluvial en Pays-de-la-Loire, s'adresser directement aux loueurs.

Tourisme fluvial en Pays-de-la-Loire

Calme, sérénité, découverte inédite d'un monument, parfum de forêts… prenez le temps de vivre au rythme de la nature.

La navigation en **bateau habitable** se pratique sur les cours d'eau suivants :
la **Loire** : 84 km entre Angers et Nantes ;
la **Maine** : 8 km (au confluent de la Mayenne et de la Sarthe) ;
la **Mayenne** : 131 km entre Mayenne (la ville) et la Maine ;
l'**Oudon** : 18 km entre Segré et Le Lion-d'Angers ;
la **Sarthe** : 136 km entre Le Mans et la Maine ;
ainsi que sur le **Cher** canalisé et le canal de Berry.

Le tableau ci-dessous indique quelques possibilités de location de bateaux habitables – à piloter sans permis – permettant de découvrir, à son rythme, en une ou plusieurs journées, l'Anjou au fil de ses rivières. Sur certaines rivières (Maine, Mayenne, Oudon), des minicroisières sont organisées à bord de « vieux gréements » : fûtreau, chaland, gabare, caravelle ou toue.

Il est possible de naviguer toute l'année. Toutefois, au moment de choisir son itinéraire et de décider de la période pendant laquelle on souhaite louer un bateau, il est indispensable de se renseigner sur les « écourues » *(voir ci-après)*, sur les écluses (elles peuvent être fermées à certaines heures), de savoir que la vitesse de croisière est de 6 à 8 km/h et, enfin d'être averti que la navigation de nuit est interdite.

Lors des **écourues**, périodes pendant lesquelles le niveau d'eau des rivières est abaissé afin de permettre les travaux nécessaires à leur entretien, les sections de rivières ou canaux concernés sont fermés à la navigation.

Bases de départ	Rivières, canaux	Compagnies de navigation
Châtillon-sur-Loire	Canal latéral à la Loire	Le Grand Bassin - BP 1201 - 11492 Castelnaudary Cedex - ℘ 04 68 94 09 75 - www.ConnoisseurAfloat.com - pour naviguer du côté de Briare - location de bateaux sans permis (de 2 à 12 pers.).
Angers, Châteauneuf-sur-Sarthe, Chenillé-Changé, Mayenne	Maine Mayenne Oudon Sarthe	Maine-Anjou Rivières - Le Moulin - 49220 Chenillé-Changé - ℘ 02 41 95 10 83 - www.maine-anjou-rivieres.com.
Daon	Mayenne Oudon Sarthe	Le Port - 53200 Daon - ℘ 02 43 70 13 94 - www.aquaplaisance.com - France Mayenne Fluviale propose des locations de bateaux habitables (de 2 à 12 pers.), sans permis - location à la semaine ou au w.-end.
Grez-Neuville	Maine Mayenne Oudon Sarthe	Anjou Plaisance - r. de l'Écluse - 49220 Grez-Neuville - ℘ 02 43 95 14 42 - www.anjou-navigation.com.
Sablé-sur-Sarthe	Mayenne Oudon Sarthe	Anjou Navigation - quai National - 72300 Sablé-sur-Sarthe - ℘ 02 43 95 14 42 - www.anjou-navigation.com Les Croisières Saboliennes - quai National - 72300 Sablé-sur-Sarthe - ℘ 02 43 95 93 13. SARL Croisières Saboliennes - BP 56 - quai National - 72302 Sablé-sur-Sarthe - ℘ 02 43 95 93 13 - www.sablesien.com.

Ces travaux ont généralement lieu en arrière-saison *(15 sept.-30 oct.)*. Sur le bassin de la Maine, les écourues, ou « chômages », ont lieu de façon alternative entre la Sarthe et la Mayenne ; les bateaux de plaisance doivent alors changer pendant quelque temps de port d'attache, les sociétés situées sur la rivière en chômage exploitant sur l'autre rivière pendant cette période.

Bateau de croisière à Chenonceau.

© La Bélandre

Bateaux-mouches

De mi-avril à mi-octobre, les promenades sur ce type de bateau ont lieu à heures fixes (souvent à 15h et à 17h).

De **Briare** *(voir ce nom)* – Croisière sur le canal avec les Bateaux touristiques.

De **Chisseaux** – Croisière commentée avec passage sous le château de Chenonceau *(voir ce nom)*.

Canal d'Orléans – Croisière (2h1/2) à bord du bateau-promenade l'*Oussance*. ♿ Voir Châteauneuf-sur-Loire.

De **Montrichard** *(voir ce nom)* – Croisière-promenade (1h1/2) sur le Cher à bord du *Léonard de Vinci*.

D'**Olivet** – Croisière-promenade (1h1/2) sur le Loiret, à bord du *Sologne*. ♿ Voir Orléans.

Coches de plaisance sur le Cher

Location de bateaux sans permis, à la journée, à la semaine, le week-end, etc. Circuit libre ; bateaux habitables équipés pour 4 ou 6 personnes.

De **Montrichard**, sur le Cher canalisé (uniquement pendant la période d'ouverture à la navigation), possibilité de passage sous les arches du château de Chenonceau.

De **Noyers-sur-Cher** à Selles-sur-Cher, sur le canal de Berry (toute l'année) - ☎ 02 54 71 77 23.

Sur les rivières d'Anjou et du Maine

Batellerie Promenade – ☎ 02 41 42 12 12 - www. bateau-croisiere-union. com. Départ de promenades fluviales sur la Maine et la Sarthe de mi-juillet à fin août au départ d'Angers et de Châteauneuf-sur-Sarthe. ♿ Voir aussi Château-Gontier et Le Mans.

BOULES DE FORT

Le jeu de boules de fort est typiquement angevin (avec quelques incursions en Indre-et-Loire, Loire-Atlantique, Mayenne et Sarthe). Autrefois, lorsque le vent était nul ou mauvais, aux arrêts le long des rives, les matelots jouaient dans leur barque avec de grosses boules lestées. La boule telle qu'elle existe actuellement remonte au début du 19e s. Mi-plate, ferrée sur son diamètre et possédant un côté « faible » et un côté « fort » – d'où le nom du jeu –, elle est roulée et non jetée ; à l'origine en bois, elle est à présent en matière synthétique. La partie se joue à deux contre deux, ou trois contre trois ; comme dans tous les jeux de boules, il faut approcher le plus possible le « maître » (la petite boule qui sert de but). Autrefois, les « challenges » se jouaient sur des pistes dont la terre provenait de la commune de Guédeniau (une argile savonneuse et douce qui avait la particularité d'absorber l'eau sans coller) ; de nos jours, ces pistes, toujours incurvées sur les bords, sont réalisées en résine ou en *flint cot*. Les terrains de jeu mesurent entre 21,50 et 24 m de longueur et environ 6 m de largeur ; le poids de chaque boule varie entre 1,2 et 1,5 kg.

CANOË-KAYAK

Le « monde de l'eau vive » n'est pas exclusivement celui des kayakistes de haut niveau ; M. et Mme Tout-le-Monde peuvent aussi avoir le plaisir de découvrir des sites souvent inaccessibles autrement que par la voie des eaux. La région se prête particulièrement bien à ces mini-aventures. On navigue ici au pays des caves pétillantes, des églises éternelles et des villages en dentelle de tuffeau. On peut se lancer, seul ou en groupe (avec un minimum de formation et de précautions), en randonnée d'une demi-journée, d'une journée complète ou plus. À propos connaissez-vous la différence essentielle entre canoë et kayak ? Le **canoë** se manie avec une pagaie simple ; le **kayak** avec une pagaie double.

Les rivières les plus appropriées sont l'Authion, la Cisse, la Conie, le Cosson, l'Huisne, l'Indre, le Loir, la Sauldre, le Thouet, la Vienne et, bien sûr, la Loire. Contacts aux services Loisirs-Accueil du département concerné.

Fédération française de canoë-kayak (FFCK) – 87 quai de la Marne - BP 58 - 94344 Joinville-le-Pont - ✆ 01 45 11 08 50 - www.ffcanoe.asso.fr. La Fédération édite un livre, *France canoë-kayak et sports d'eaux vives,* et avec le concours de l'IGN une carte, « Les rivières de France », avec tous les cours d'eau praticables.

Comité régional de canoë-kayak du Centre – Maison des sports - 1240 r. de la Bergeresse - 45160 Olivet - ✆ 02 38 49 88 80 - centre@ffcanoe.asso.fr - www.canoe-regioncentre.org.

Ligue canoë-kayak des Pays de Loire – Rte d'Angers - 49080 Bouchemaine - ✆ 02 41 73 86 10.

Consulter aussi l'ouvrage, *Guide-Itinéraires, 700 rivières de France,* Éd. La Pirogue, 78670 Villennes-sur-Seine.

CHASSE

Les Pays-de-la-Loire sont très recherchés par le chasseur qui trouve de larges possibilités : chasse à l'affût ou en battue, à tire ou à courre. Les plaines beauceronnes, les prairies tourangelles et angevines permettent de lever des compagnies de perdreaux ainsi que des cailles, grives et alouettes. Dans les champs de maïs ou de betteraves et les boqueteaux se cache le lièvre. Dans les gâtines sont mêlés perdreaux et garennes tandis que le faisan recherche les points d'eau. Les chevreuils et les cerfs préfèrent les bois épais du Baugeois, les forêts de Château-la-Vallière, de Loches et des environs de Valençay. Le sanglier fréquente les forêts d'Orléans, d'Amboise et de Chambord. Dans les îles et les bords de la Loire se nichent les sarcelles et les cols-verts.

La Sologne, très giboyeuse, abrite dans ses étangs et rivières canards, sarcelles, bécassines, tandis que les faisans traversent les routes, que dans les fourrés marécageux se vautrent les sangliers et que les cervidés vivent dans les bois.

Renseignements : 48 r. d'Alésia - 75014 Paris - ✆ 01 43 27 85 76 - www.unfdc.com.

De mi-septembre à mi-octobre a lieu la période du brame pendant laquelle le comportement du cerf à la nuit tombante est extrêmement curieux à observer, mais aussi dangereux : gardez vos distances, prenez garde au sens du vent ou restez en voiture. On peut assister à ce phénomène, en forêt de Chambord, accompagné d'un

Principaux châteaux de la Loire	Forteresse, châteaux forts, donjons	Palais Renaissance	Château classique	Intérêt majeur du mobilier	Intérêt majeur de l'architecture	Collection de tapisseries	Son et lumière, nocturnes
Amboise		●			●		●
Angers	●				●	●	
Azay-le-Rideau		●	●		●		
Beauregard		●		●			
Blois		●	●		●		●
Brézé	●				●		●
Brissac	●		●	●		●	
Chambord		●			●		●

Principaux châteaux de la Loire	Forteresse, châteaux forts, donjons	Palais Renaissance	Château classique	Intérêt majeur du mobilier	Intérêt majeur de l'architecture	Collection de tapisseries	Son et lumière, nocturnes
Champ-chevrier			●			●	
Châteaudun	●	●			●	●	
Chaumont-sur-Loire		●		●	●		
Chenonceau		●		●	●		●
Cheverny			●	●	●		
Chinon	●				●		
Fougères-sur-Bièvre	●	●			●		
Langeais	●	●		●		●	
Loches	●	●		●			
La Lorie			●		●		
Lude		●	●		●		
Meung/Loire	●				●		
Montrésor	●	●		●			
Montreuil-Bellay	●	●		●	●		
Montrichard	●						
Le Moulin	●				●		
Pignerolle			●		●		
Plessis-Bourré	●	●		●	●		
Plessis-Macé		●			●		
Saumur	●				●		
Serrant			●	●			
Sully-sur-Loire	●				●	●	
Talcy	●				●	●	
Ussé		●		●	●	●	
Valençay		●		●	●		●
Villandry	●	●		●	●		
Villesavin		●			●		

spécialiste de l'ONF (Office national des forêts). Renseignements : 📞 02 54 78 55 50.

À CHEVAL

Célèbre pour ses haras et son École nationale d'équitation à St-Hilaire-St-Florent, près de Saumur, la région offre de nombreux centres équestres ouverts aux amateurs. Certains font gîte d'étape pour les randonneurs à cheval.

Des associations régionales ou nationales éditent également des topoguides pour la randonnée équestre, indiquant parcours et gîtes d'étape.

Les offices de tourisme fournissent également tout renseignement sur les centres équestres de la région.

Comité national de tourisme équestre – 9 bd Macdonald - 75019 Paris - 📞 01 53 26 15 50 - cnte@ffe.com. Le comité édite une brochure annuelle, *Cheval nature, l'officiel du tourisme équestre*, répertoriant les possibilités en équitation de loisir et les hébergements accueillant cavaliers et chevaux.

Pour les départements du Cher, de l'Indre, de l'Indre-et-Loire, du Loir-et-Cher et du Loiret :

Comité régional de tourisme équestre Centre-Val de Loire – 34 r. de Villebrême - BP 50 - 41914 Blois Cedex 9 - 📞 02 54 42 95 60 - mar.-jeu. 13h30-17h.

Pour les départements du Maine-et-Loire, Mayenne et Sarthe :

Comité régional de tourisme équestre des Pays-de-la-Loire – 3 r. Bossuet - 44000 Nantes - 📞 02 40 48 12 27 - www.crte-paysdelaloire.com.

GOLF

Les équipements en Pays-de-la-Loire et en région Centre en matière de golf sont nombreux, variés et souvent installés sur des sites ravissants. Les amateurs consulteront la carte « Golfs, les parcours français », établie à partir de la **carte Michelin nº 721**. Elle fournit une localisation précise des terrains avec le nombre de trous, le nom du parcours et le numéro de téléphone. Les comités régionaux du tourisme éditent une plaquette répertoriant la plupart des clubs à travers les départements de la région. Le *Peugeot Golf Guide* (Éditions D. et G. Motte, Suisse) donne une sélection de 750 terrains dans 12 pays d'Europe. Chaque domaine (un par page) est présenté avec toutes les informations nécessaires (situation sur la carte Michelin, prix, club-house, environnement hôtelier, niveau de jeu recommandé) et une appréciation.

Fédération française de golf – 68 r. Anatole-France - 92309 Levallois-Perret Cedex - 📞 01 41 49 77 00 ou 0 892 691 818 - www.ffgolf.org.

Ligue de golf des Pays-de-la-Loire – 9 r. du Couëdic - 44000 Nantes - 📞 02 40 08 05 06 - www.ligue-golf-paysdelaloire.asso.fr.

INDUSTRIE, CULTURE ET ARTISANAT

Voici quelques industries ou artisanats, liés au tourisme industriel et technique, parmi les plus inattendus de la région couverte par le guide. Ouverts au public, ces centres actifs font partie intégrante de la vie de la région et de son patrimoine.

Centre nucléaire de production d'électricité de **Chinon**, p. 217.

Champignonnières du Saut-aux-Loups à la sortie de **Montsoreau**, p. 222.

Cave de champagnisation J.-M. Monmousseau (SA) à **Montrichard**, p. 320.

Distillerie Cointreau à **St-Barthélemy-d'Anjou**, p. 120.

Cave des vignerons de Saumur à **St-Cyr-en-Bourg**, p. 376.

Vins effervescents de Saumur, Bouvet-Ladubay à **St-Hilaire-St-Florent**, p. 376.

Production de pommes tapées, le Troglo des pommes tapées à **Turquant**, p. 222.

Coopérative agricole de vannerie à **Villaines-les-Rochers**, p. 130.

Moulin à blé de Rotrou à **Vaas**, p. 432.

JARDINS ET PARCS

C'est à l'aube du 16ᵉ s. que l'art du jardin français est né dans le Val de Loire. Les jardins sont les compléments inséparables des châteaux et manoirs. Outre un bon bol d'air, une escapade botanique est toujours l'occasion de réveiller agréablement ses cinq sens : la vue avant tout, bien sûr, mais aussi l'odorat (les fruits et légumes y sont merveilleux), le goût (souvent les jardiniers proposent leurs produits à la vente ou à la dégustation), le toucher et l'ouïe (le vent, l'eau, les

Principaux jardins du Val de Loire (voir classification des styles de jardins p. 82 et numéros de page dans l'index)	jardin historique	j. ordonné ou « à la française »	j. romantique ou « à l'anglaise »	création contemporaine	jardin exotique	potager	jardin de château	jardin public	intérêt botanique	périodes majeures floraison/coloration
Angers, j. botanique			●	●				●	arbres, créations horticoles	été
Angers, parc Balzac				●			●	●	arbres, arbustes	toutes
Beauregard, j. des Portraits				●			●			été
Blois, j. des simples et des fleurs royales	●	●		●			●			printemps, été
Potager de la Bourdaisière						●			tomates	été
J. du château de Chamerolles	●	●								toutes
Parc du château de Châteauneuf-sur-Loire			●				●		rhododendrons	fin mai-juin
Festival des jardins de Chaumont				●						été
J. des plantes de Chemillé									plantes médicinales	été
J. du château de Chenonceau	●	●				●				toutes
Chemins de la Rose à Doué				●				●	roses	mai-déc.
Arboretum des Grandes Bruyères				●					magnolias, roses, cornus, bruyères	avr.-oct.
Le Mans, j. d'horticulture		●	●					●		été
J. du manoir de la Massonnière			●		●					toutes
Parc oriental de Maulévrier					●					printemps, automne
J. du château de Montriou			●			●	●		cucurbitacées	été

J. botanique du prieuré d'Orchaise							arbres, arbustes	toutes
J. du Plessis-Sasnières			●	●				été
Pré de Culands							houx	automne, hiver
Parc du château de St-Mars-la-Pile	●		●			●	arbres	toutes
Parc floral de la Source			●	●			iris, clématites	mai
J. du château du Rivau				●		●	plantes vivaces	printemps, été
J. de Valmer	●		●	●			légumes anciens, cucurbitacées	avr.-nov.
Villandry	●	●		●	●			toutes

oiseaux…). La nature se met en quatre pour contribuer à votre bien-être.

MOULINS D'ANJOU ET DE BEAUCE

Les conditions géographiques et climatiques particulières de l'Anjou expliquent le grand nombre et la diversité des moulins.

L'Association des amis des moulins de l'Anjou (AMA) donne la liste des moulins et leurs conditions de visite - se renseigner 17 r. de la Madeleine - BP 70725 - 49007 Angers Cedex 01 - ✆ 02 41 59 23 77.

La Maison de la Beauce vous renseigne sur la quinzaine de moulins à vent visitables en Beauce. Place de la Beauce - 28140 Orgères-en-Beauce - ✆ 02 37 99 75 58 - www.terre-de-beauce.com.

OISEAUX

De l'hirondelle de rivage au grand cormoran, du martin-pêcheur à la plus petite sterne d'Europe, de très nombreux oiseaux apprécient le Val de Loire. Et si vous profitiez de votre séjour pour les observer ? ✆ Voir p. 58. Plusieurs organismes et Maisons de la nature vous fourniront de précieux conseils :

La Ligue pour la protection des oiseaux sauvages et de leur environnement. La LPO propose toute l'année visites guidées, séjours-conférences, expositions, croisières sur la Loire et sur l'Erdre - LPO Touraine, ✆ 02 47 51 81 84 - LPO Anjou, ✆ 02 41 44 44 22 - LPO Loire-Atlantique, ✆ 02 51 82 02 97 - LPO Sarthe, ✆ 02 43 85 96 65 - si vous découvrez un oiseau blessé, contactez la LPO, qui vous orientera vers le centre de sauvegarde de la faune sauvage le plus proche.

✆ Voir aussi Blois, Orléans et Tours.

Consultez aussi, par exemple, le *Guide d'observation des oiseaux en Anjou et dans les environs*, par J.-P. Gislard (Éd. de la Nouvelle République).

PÊCHE EN EAU DOUCE

La passion de la pêche en eau douce est, selon de récentes statistiques relevées par le ministère des Sports, la deuxième activité de loisir des Français, juste derrière le football ! Les eaux vives ou dormantes du Val de Loire offrent à l'amateur de pêche des ressources aussi attrayantes que variées. L'art de la pêche, ou **halieutique**, prend ici toute sa valeur. Le débutant ou le passionné, le traqueur sportif ou le bucolique (canne à pêche et sac à dos), chacun trouvera la pêche qui lui convient. Qu'on taquine l'ablette, le goujon, le gardon, la vandoise, qu'on s'attaque, dans la Loire, au brochet ou même au mulet de mer remontant le fleuve en été jusqu'à Amboise, qu'on traque le poisson-chat, la tanche et la carpe dans les trous de la Loire, de l'Indre et du Loir ou dans les étangs solognots riches également en perches, on peut pratiquer tous les types de pêche réglementée.

Pêcheur à la mouche.

S. Sauvignier / MICHELIN

Le sportif, en parcourant les rives de la Creuse, des Sauldres, des ruisseaux angevins ou des affluents du Loir, sollicitera la truite. Dans les canaux du Berry, de Briare, d'Orléans, on trouve des anguilles et parfois des écrevisses que l'on attrape à la balance. Le saumon et l'alose nécessitent des bateaux plats et les professionnels ont des installations importantes, telles que les filets-barrages tendus en travers du fleuve et maintenus par des perches fixées dans le fond.

La **carte jeune**, destinée aux moins de 16 ans (au 1er janvier de l'année en cours), autorise tout mode de pêche réglementaire, en 1re et 2e catégorie piscicole.

La **carte vacances** permet de pêcher pendant une période de quinze jours consécutifs comprise entre le 1er juin et le 30 septembre. Cette carte est valable pour tout mode de pêche réglementaire, en 1re comme en 2e catégorie piscicole.

Longueur minimale des prises – Réglementation nationale : le pêcheur est tenu de rejeter à l'eau tout poisson n'atteignant pas la taille minimale requise : 50 cm pour le brochet, 40 cm pour le sandre, 23 cm pour la truite (cette taille peut être portée à 25 cm par le préfet), 50 cm pour le saumon, 9 cm pour l'écrevisse.

Conseil supérieur de la pêche – Immeuble Le Péricentre - 16 av. Louison-Bobet - 94132 Fontenay-sous-Bois Cedex - ☎ 01 45 14 36 00.

Délégation régionale du Conseil supérieur de la pêche – 112 fg de la Cueille-Mirebalaise - 86000 Poitiers - ☎ 05 49 41 29 88 - www.csp.ecologie. gouv.fr.

Fédérations départementales pour la pêche et la protection du milieu aquatique :

Indre-et-Loire – 25 r. Charles-Gille - BP 70835 - 37008 Tours Cedex 1.

Loir-et-Cher – 11 r. Robert-Nau - Vallée Maillard - 41000 Blois - ☎ 02 54 90 25 60 - www.unpf.fr/41

Loiret – 49 rte d'Olivet - BP 8157 - 45081 Orléans Cedex 2 - ☎ 02 38 56 62 69.

Maine-et-Loire – Montayer - 49320 Brissac-Quincé - ☎ 02 41 91 24 25 - www.fedepeche49.fr - juil.-août : lun.-vend. 14h-18h.

Mayenne – 78 r. Émile-Brault - 53000 Laval - ☎ 02 43 69 12 13 - www. fedepeche53.com.

Sarthe – 40 r. Bary - 72000 Le Mans Cedex - ☎ 02 43 85 66 01 - fdppma72@ club-internet.fr - www.unpf.fr/72

Aquariums et centres piscicoles
• Aquarium du Val de Loire à **Lussault-sur-Loire**, Indre-et-Loire
• Aquarium de Sologne, Aliotis, à **Villeherviers**, Loir-et-Cher
• Centre piscicole de **Brissac-Quincé**, Maine-et-Loire
• Observatoire de la Loire à **Rochecorbon**, Indre-et-Loire
• Observatoire fédéral à **Champigny-sur-Veude**, Indre-et-Loire

RANDONNÉES PÉDESTRES

De nombreux sentiers de grande randonnée permettent de découvrir la région décrite dans ce guide :

le **GR 3**, qui longe la vallée de la Loire, parcourt les forêts d'Orléans, de Russy et de Chinon ;

le **GR 3c** traverse la Sologne de Gien à Mont-près-Chambord ;

APPORTEZ VOTRE PIERRE
À L'ÉDIFICE DE LA SAUVEGARDE ICCROM
DU PATRIMOINE
NE L'EMPORTEZ PAS DANS VOS BAGAGES

Un cœur transpercé d'une flèche et deux prénoms se jurant l'amour éternel, le tout gravé dans la pierre d'un monument historique ; emballages de pellicules, mégots de cigarettes ou bouteilles vides abandonnés sur un site archéologique. Comment confondre notre patrimoine culturel avec un carnet mondain ou une poubelle ? Pour la plupart d'entre nous, ces agissements sont de toute évidence condamnables, mais d'autres comportements, en apparence inoffensifs, peuvent également avoir un impact négatif.

Au cours de nos visites, gardons à l'esprit que chaque élément du patrimoine culturel d'un pays est singulier, vulnérable et irremplaçable. Or, les phénomènes naturels et humains sont à l'origine de sa détérioration, lente ou immédiate. Si la dégradation est un processus inéluctable, un comportement adéquat peut toutefois le retarder. Chacun de nous peut ainsi contribuer à la sauvegarde de ce patrimoine pour notre génération et les suivantes.

Ne considérez jamais une action de façon isolée, mais envisagez sa répétition mille fois par jour

- Chaque micro-secousse, même la plus inoffensive, chaque toucher devient nuisible quand il est multiplié par 1 000, 10 000, 100 000 personnes.

- Acceptez de bon gré les interdictions (ne pas toucher, ne pas photographier, ne pas courir) ou restrictions (fermeture de certains lieux, circuits obligatoires, présentation d'œuvres d'art par roulement, gestion de l'affluence des visiteurs, éclairage réduit, etc). Ces dispositions sont établies uniquement pour limiter l'impact négatif de la foule sur un bien ancien et donc beaucoup plus fragile qu'il ne paraît.

- Évitez de grimper sur les statues, les monuments, les vieux murs qui ont survécu aux siècles : ils sont anciens et fragiles et pourraient s'altérer sous l'effet du poids et des frottements.

- Aimeriez-vous emporter en souvenir une tesselle de la mosaïque que vous avez tant admirée ? Combien de visiteurs avec ce même désir faudra-t-il pour que toute la mosaïque disparaisse à jamais ?

Faites preuve d'attention et de respect

- Dans un lieu étroit et rempli de visiteurs tel qu'une tombe ou une chapelle décorées de fresques, faites attention à votre sac à dos : vous risquez de heurter la paroi et de l'abîmer.

- Les pierres sur lesquelles vous marchez ont parfois plus de 1 000 ans. Chaussez-vous de façon appropriée et laissez pour d'autres occasions les talons aiguilles ou les semelles cloutées.

N'enfreignez pas les lois internationales

- L'atmosphère de certains lieux invite à la contemplation et/ou à la méditation. Évitez donc toute pollution acoustique (cris, radio, téléphone mobile, klaxon, etc.).

- En vous appropriant une partie, si infime soit-elle, du patrimoine (un fragment de marbre, un petit vase en terre cuite, une monnaie, etc.), vous ouvrez la voie au vol systématique et au trafic illicite d'œuvres d'art.

- N'achetez pas d'objets de provenance inconnue et ne tentez pas de les sortir du pays ; dans la majorité des nations, vous risquez de vous exposer à de graves condamnations.

Message élaboré en partenariat avec l'ICCROM (Centre international d'études pour la conservation et la restauration des biens culturels) et l'UNESCO.

Pour plus d'informations, voir les sites :

http://www.unesco.org

http://www.iccrom.org

http://www.international.icomos.org

le **GR 3d** traverse le vignoble du Layon ;

le **GR 31** relie Mont-près-Chambord, en bordure de la forêt de Boulogne, à Souesmes, à travers les bois de Sologne ;

le **GR 32** traverse la forêt d'Orléans ;

le **GR 335** « de la Loire au Loir » relie Vouvray à Lavardin ;

le **GR 35** suit la vallée du Loir ;

le **GR 36**, ou sentier Manche-Pyrénées, traverse la région entre Le Mans et Montreuil-Bellay ;

le **GR 46** suit la vallée de l'Indre.

Fédération française de la randonnée pédestre – 14 r. Riquet - 75019 Paris - ℘ 01 44 89 93 93 - www. ffrp.asso.fr. La Fédération donne le tracé détaillé des GR, GRP et PR ainsi que d'utiles conseils.

Parmi les titres de la collection « Les sentiers de promenade et randonnée » : *De l'Anjou au Pays nantais à pied, La Touraine à pied, L'Anjou à pied, La Vallée du Loir à pied, Pays de Loire : Mayenne, Pays de Loire : Sarthe.*

Comité de Touraine pour la randonnée pédestre – Office du tourisme de Tours - 78/82 r. Bernard-Palissy - 37000 Tours - ℘ 02 47 70 37 35.

ROUTES HISTORIQUES

Pour découvrir le patrimoine architectural de la région les collectivités locales ont élaboré de nombreux itinéraires à thème. Des panneaux jalonnent les routes historiques. Chacune d'elles fait l'objet d'une brochure disponible dans les offices de tourisme. Renseignements : www.routes-historiques.com

Route historique de la Vallée des Rois – La carte thématique n° 266 « La Vallée des Rois », éditée par Michelin, est une invitation permanente au voyage en Val de Loire. Abbaye royale de Fontevraud - 49590 Fontevraud - ℘ 02 41 51 30 71.

Route historique des Dames de Touraine – Dédiée aux grandes dames qui surent par leur ténacité et leur génie construire, embellir, rénover ou aimer leurs belles propriétés, cette route serpente entre Le Lude, Champchevrier, Amboise, Beauregard, Montpoupon, Grand-Pressigny, Valençay, Chenonceau, etc. Château de Montpoupon - 37460 Céré-la-Ronde - ℘ 02 47 94 21 15 - journée de la Route des Dames : fête des Mères.

Routes François-Ier – Les parcours rappellent les séjours que firent François Ier et sa cour dans le Val de Loire. Se renseigner : 250 bd Raspail - 75014 Paris - ℘ 01 43 29 48 44 - www. routesfrancois1.com.

Route historique du patrimoine culturel québécois en France – Comité Chomedey-de-Maisonneuve - centre culturel Maisonneuve - 10190 Neuville-sur-Vanne - ℘ 03 25 40 68 33 - http://perso.wanadoo. fr/comite.maisonneuve. Itinéraire : Pays-de-la-Loire, Centre-Val de Loire, Poitou-Charentes. Cette route relie les lieux évoquant le souvenir des Canadiens-Français, ancêtres des Québécois d'aujourd'hui.

Routes de Jeanne d'Arc – L'Association des villes johanniques a créé quatre routes concernant les épreuves de Jeanne. Elles ont pour noms : les débuts, la campagne de Loire, la campagne du sacre, les dernières campagnes et la capture. Dans le présent guide, cela concerne les villes suivantes : Beaugency, Chinon, Chécy, Gien, Jargeau, Loches, Orléans, Patay, Ste-Catherine-de-Fierbois.- Association des villes johanniques : bureau : hôtel-mairie de Jargeau - 45150 Jargeau ; secrétariat : mairie d'Orléans - 45000 Orléans.

Société historique des Plantagenêts – Elle se propose de favoriser une meilleure connaissance de la civilisation européenne du 12e s. par une approche originale, comprenant la découverte de sites et de monuments témoins de la dynastie anglo-angevine des rois plantagenêts - 60 r. des Francs-Bourgeois - 75141 Paris Cedex 03 - ℘ 01 44 78 99 28 (répondeur).

Chemins de randonnée Saint-Martin – Dans le cadre de la reconnaissance par le Conseil de l'Europe de saint Martin « personnage européen, symbole du partage, valeur commune », le conseil général d'Indre-et-Loire a souhaité mettre en valeur cet élément de son patrimoine culturel. Trois chemins ont ainsi été créés pour permettre la découverte du patrimoine martinien en Touraine. Renseignements à l'office de tourisme de Tours - ℘ 02 47 70 37 37.

TRAINS HISTORIQUES ET TOURISTIQUES

Ces petits trains au charme d'antan, souvent animés par des bénévoles, ne revivent que l'espace de quelques heures, en général le samedi et le

Locomotive à vapeur Mikado 1922 à Chinon.

dimanche. Il est donc prudent de se renseigner pour organiser votre excursion. ♿ Voir Brou, Gizeux, Le Mans, Pithiviers, Romorantin-Lanthenay, Troo.

UNESCO

Le Val de Loire, de Sully-sur-Loire à Chalonnes-sur-Loire (280 km), est inscrit sur la Liste du **patrimoine mondial de l'Unesco** depuis le 30 novembre 2000 au titre des paysages culturels vivants. Haut lieu d'art et d'histoire, le Val de Loire démontre de manière exemplaire comment l'homme, au fil du temps, a su prendre sa place tout au long du fleuve, en l'utilisant, en l'aménageant. ♿ Voir le site www.valdeloire.org.

À VÉLO

Le pays semble modelé pour la pratique du vélo. Le relief ne présente pas de difficultés particulières. La vallée de l'Indre, la Sologne, les routes forestières, et surtout les bords de la Loire, notamment hors des routes classées à grande circulation, sont particulièrement attrayantes. Des paysages renouvelés et la richesse du patrimoine du Val de Loire donnent tout leur intérêt aux randonnées à vélo.

Et si vous découvriez « **La Loire à vélo** » ? Plus de 300 km signalisés et sécurisés ont été aménagés entre le Loiret et l'Anjou. Cartographie avec hébergements et loueurs de vélo dans les offices de tourisme et sur www. loire-a-velo.fr. Formules train + vélo (www.velo.sncf.com) possibles.

Circuits VTT dans le Layon : informations au CDT d'Anjou.

Fédération française de cyclotourisme – 12 r. Louis-Bertrand - 94207 Ivry-sur-Seine Cedex - ✆ 01 56 20 88 87 - www.ffct.org. La Fédération et ses comités départementaux proposent nombre de circuits touristiques de longueurs variées.

VINS

Visites et promenades dans le monde vinicole

« *Dis-moi si ton vin est gai que je me réjouisse avec toi !* ». Le pays de Rabelais est assidûment fréquenté par nombre de gourmets en quête de « dives bouteilles ». Saumur-champigny, chinon, bourgueil, vouvray, coteaux-du-layon, anjou-villages… voilà une bien belle litanie souvent « entonnée » avec entrain dans les dynamiques confréries. Les vignerons des Pays-de-la-Loire, comme d'ailleurs tous les vignerons, sont d'un naturel accueillant, et c'est bien volontiers qu'ils aiment recevoir en leurs caves et chais pour faire goûter leurs productions, parler de leur métier, montrer leurs outils, expliquer leurs techniques et… vendre leur vin.

Les offices de tourisme (spécialement à Amboise, Angers, Bourgueil, Chinon, Montlouis-sur-Loire, Saumur, Vouvray) et les « Maisons du vin » peuvent donner tous les renseignements :

Maison du vin de l'Anjou – 5 bis pl. Kennedy - 49100 Angers - ✆ 02 41 88 81 13 - mdesvins-angers@ vinsvaldeloire.fr - www.vinsvaldeloire. fr. Accueil, découverte du vignoble Anjou-Saumur et des AOC, documentation.

Comité interprofessionnel des vins du Val de Loire (Interloire) – Bureau d'Angers - hôtel des Vins - La Godeline - 73 r. Plantagenêt - 49100 Angers - ✆ 02 41 87 62 57. Pour l'accueil du public et la découverte du vignoble, se reporter aux Maisons du vin d'Angers et de Saumur.

Maison des vins de Nantes – Bellevue - BP 33 - 44690 La Haye-Fouassière - ✆ 02 40 36 90 10 - www. muscadet.org - tlj sf dim. et j. fériés 8h30-12h30, 14h-17h45 (juil.-août : sam. 11h-18h).

La Maison du vin de Saumur – Quai Lucien-Gautier (près de l'office de tourisme) - 49400 Saumur - ✆ 02 41 38 45 83 - mdesvins-saumur@ vinsvaldeloire.fr.

Interprofession des vins du Val de Loire – Bureau des vins de la Touraine - 12 r. Étienne-Pallu - BP 1921 - 37019 Tours Cedex 1 - ✆ 02 47 60 55 10 - www.vinsvaldeloire.com.

La destination en famille

Dans la partie « Villes et sites », le pictogramme 🚸 signale les parcs, musées et autres attractions susceptibles d'intéresser vos chères têtes blondes. *Voir tableau p.47.*

LABELS

Stations vertes

Le label « Stations vertes » est attribué à des communes touristiques de l'espace rural et de la montagne répondant à une charte de qualité. Les critères sont : attrait naturel, environnement préservé, qualité de l'accueil et loisirs de pleine nature. ww.stationsvertes.com

Stations vertes
Eure-et-Loir (28)
Bonneval, Brou, Cloyes-sur-le-Loir.
Indre-et-Loire (37)
Azay-le-Rideau, Bléré, Bourgueil, Château-la-Vallière, Chemillé-sur-Indrois, Chinon, Descartes, La-Croix-en-Touraine, Ligueil, Montbazon, Montrésor, Yzeures-sur-Creuse.
Loiret (45)
Briare-le-Canal, Jargeau, La-Ferté-St-Aubin.
Loir-et-Cher (41)
Bracieux, Montrichard, Nouan-le-Fuzelier, St-Aignan.
Maine-et-Loire (49)
Le Lion-d'Angers, Montreuil-Bellay.
Sarthe (72)
Beaumont-sur-Sarthe, Besse-sur-Braye, Château-du-Loir, Écommoy, Fresnay-sur-Sarthe, Mamers, Mansigné, Vibraye.

Villes et Pays d'art et d'histoire

Le réseau des Villes et Pays d'art et d'histoire *(voir la rubrique « Visite guidée »)* propose des visites-découverte et des ateliers du patrimoine aux enfants, les mercredis, samedis et pendant les vacances scolaires. Munis de livrets-jeux et d'outils pédagogiques adaptés à leur âge, ces derniers s'initient à l'histoire et à l'architecture, et participent activement à la découverte de la ville. En atelier, ils s'expriment à partir de multiples supports (maquettes, gravures, vidéos) et au contact d'intervenants de tous horizons :
architectes, tailleurs de pierre, conteurs, comédiens, etc.

👁 Ces activités sont également proposées pendant la visite des adultes – en juillet-août, dans le cadre de l'opération « L'Été des 6-12 ans ».

♿ Les villes et pays concernés dans ce guide sont Angers, Blois, Chinon, Loches, Le Mans, le Perche-Sarthois, Tours, la vallée du Loir et Vendôme.

Que rapporter ?

Vous n'aurez pas de mal à trouver par vous-même les rues commerçantes des villes que vous parcourrez. Sachez néanmoins que les **encadrés pratiques** des sites décrits dans ce guide vous présentent quelques bonnes adresses.

À DÉGUSTER

Des boissons

L'étonnante diversité du vignoble du Val de Loire, de Gien à Ancenis, déconcertera plus d'une papille de sommelier amateur. Ici, la richesse du vin n'a d'égale que sa variété. Le choix n'est pas facile, mais les producteurs, au fond de leurs caves, vous conseilleront volontiers avec compétence et avec l'amour du travail bien fait. « Dégustation », au bord de la route, est le mot magique. De St-Barthélemy-d'Anjou, il faut rapporter la fameuse (et délicieuse) bouteille carrée de Cointreau, liqueur à l'orange. Base de cocktails, d'apéritifs ou de préparations pâtissières savoureuses, vous la dégusterez volontiers comme digestif (en dry)… avec modération.

👁 **Bon à savoir** – Transporter le vin est toujours délicat : faites-le livrer si possible (achat minimum obligé), sinon prenez soin de ne pas le laisser dans une voiture trop chaude et rangez-le au frais dès votre arrivée.

Des charcuteries

À proximité des zones giboyeuses, on peut acheter des terrines et pâtés des grands animaux de nos forêts. Parfois, on peut trouver des charcuteries plus inattendues : du bison (à Cerqueux-sous-Passavant) ou de l'autruche par exemple. À Angers, Blois, Tours, Vendôme et Vouvray, le cochon est roi ; les rilles, rillauds, rillons et rillettes sont déclinés à l'infini. À vous de faire la différence… chez le bon traiteur !

👥 SITES OU ACTIVITÉS À FAIRE EN FAMILLE			
Bloc	**Nature**	**Musée**	**Loisirs**
Amboise	Pagode de Chanteloup	Son et lumière du château, parcours-découverte du château et du Clos-Lucé, Parc des Mini-Châteaux, aquarium du Val de Loire	
Angers	Maison de l'environnement	Parcours-découverte du château, musée de l'Air, musée de la Communication	Lac de Maine
Château d'Azay-le-Rideau		Visite ludique, parcours-découverte, musée des Jouets, musée Maurice-Dufresne, vallée troglodytique des Goupillières	
Baugé		Parcours-découverte du château, apothicairerie	
Beaugency			Randonnées, sports nautiques
Forêt de Bercé	Sentier pédagogique de la fontaine de la Coudre		Circuits à VTT
Blois		Maison de la magie, son et lumière du château	La ville en attelage
Bonneval			Promenade en bateau
Château de Brézé		Parcours-découverte, cathédrales d'images	
Briare			Petit train, activités nautiques et aquatiques
Château de Brissac		Parcours-découverte	Animations
Brou	Jardins de Thiron-Gardais		Parc de loisirs de Brou
Château de Chambord	Observation des animaux (en saison)	Visite ludique	Parc à vélo
Château-Gontier	Promenade sur le chemin de halage, jardins de Montriou	Refuge de l'Arche, Haras national du Lion-d'Angers	
Châteaudun		Parcours-découverte du château, moulin de Frouville	Centre équestre, canoë-kayak
Châteauneuf-sur-Loire	Promenade sur les chemins de halage du canal	Musée de la Marine de Loire	Étang de la Vallée
Château de Chaumont-sur-Loire		Cuisines odorantes et « vivantes » du château	
Château de Cheverny		Exposition « Les secrets de Moulinsart », repas des chiens	
Chinon		Parcours-découverte du château, Maison de la rivière, écomusée du Véron, musée du Vin, jardins du Rivau, champignonnière du Saut-aux-Loups.	
Cholet	Parc de Maulévrier	Musée du Textile, Maison du potier, Cité des métiers de tradition	Sports de plein air
Craon	Randonnée en sites protégés		Sorties « vélo-famille »
Doué-la-Fontaine		Musée aux anciens commerces, zoo, maisons troglodytiques de Forges, cave aux sculptures de Dénezé	

👥 SITES OU ACTIVITÉS À FAIRE EN FAMILLE (SUITE)			
Bloc	**Nature**	**Musée**	**Loisirs**
La Ferté-Bernard			Découverte de la ville en bateau
La Ferté-St-Aubin		Gare des années 1930 dans le parc du château	
La Flèche		Zoo du Tertre Rouge	Lac de Monnerie
Château de Fougères-sur-Bièvre		Expositions, jardin, volière et poulailler	
Gien		Parcours-découverte du château, musée du Cirque et de l'Illusion	Ateliers de la fauconnerie, animations
Gizeux		Visite contée ou parcours-découverte du château	
Château de Langeais		Pont-levis, parcours-découverte	
Vallée du Layon		Musée de la Vigne et du Vin d'Anjou	Bisonland
Loches			Jeu de piste de la cité médiévale, ateliers pédagogiques
Le Mans	L'Arche de la nature	Spaycific'Zoo	
Meung-sur-Loire		Château	
Mondoubleau		Commanderie d'Arville	
Montrésor			Lac de Chemillé
Montreuil-Bellay		Musée de la Soie vivante	
Montrichard		La ville souterraine de Bourré, parcours-découverte du château de Montpoupon	
Orléans		Musée des Beaux-Arts, Maison de Jeanne d'Arc	Île Charlemagne
Pithiviers		Animations du château de Chamerolles	Train à vapeur du musée des Transports
Château du Plessis-Macé		Parcours-découverte	
Pouancé		Châteaux de Pouancé et de la Motte-Glain	
Richelieu	Parc du château à vélo		
Romorantin-Lanthenay	Randonnées en Sologne	Musée de la Sologne	
St-Aignan		Zoo-parc de Beauval	
St-Paterne-Racan			Étang de Val-Joyeux
Saumur	La Loire de lumière	Parcours-découverte de l'École nationale d'équitation, musée du Champignon, Pierre et Lumière	La Loire en bateau traditionnel, spectacles équestres
Segré			Domaine de la Petite Couère
Château de Talcy		Visites ludiques	
Tours	Grottes pétrifiantes de Semblançay	Parcours-découverte du musée du Compagnonnage, son et lumière de Semblançay	Vélo en bord de Loire
Troo	Grotte pétrifiante		
Château d'Ussé		Parcours-découverte	
Château de Valençay	Parc du château	Animations du château	
Vendôme	Ville en canaux		Visite aux flambeaux
Jardins et château de Villandry		Visite ludique des jardins	Aire de jeux

Des fromages

Parmi l'incroyable variété de formes et de couleurs, vous choisirez parmi le sainte-maure-de-touraine, les valençays ou les selles-sur-cher.

👁 **Bon à savoir** – Les fromages n'apprécieront pas beaucoup la voiture, mais bien enroulés dans une feuille d'aluminium et si votre coffre n'affiche pas 50 °C en permanence, n'hésitez pas, les fromages de chèvre supportent le voyage !

Des douceurs

La vallée de la Loire est renommée pour sa confiserie, elle-même justifiée par l'abondance d'un pays producteur de fleurs, de fruits, d'alcools et de vins. Les douceurs les plus réputées sont les petits **pruneaux** de Tours. Fourrés ou farcis avec des abricots, ils enchantent les palais tourangeaux depuis la fin du 19ᵉ s. Les « vrais » sont fourrés d'un mélange de pulpe d'abricot et de pomme et flambés au rhum.
Le **muscadin** de Langeais est un bigarreau macéré dans du kirsch, enrobé de pâte de marron confit, et trempé dans un « bain » de chocolat noir.
Depuis le 15ᵉ s. existe à Orléans le **cotignac** : c'est une gelée de coing délicieuse et… astringente, dit-on. Achetez-le en petite boîte ronde, en épicéa.
À côté de Montargis, vous trouverez certains producteurs qui vous céderont volontiers leur miel dont la finesse et l'onctuosité ont séduit bien des gourmets. Ce miel est butiné dans les champs et les prairies du Gâtinais.

Enfin, n'oubliez pas que le Val de Loire est le pays des fruits. Qui vous empêchera de rapporter un cageot de pommes (golden, granny, jonagold ou reine des reinettes) ou de poires (conférence, doyenné-du-comice, williams, passe-crassane ou beurré-hardy) qui seront autrement meilleures que celles de vos grandes surfaces habituelles.

Des confiseries

La **livre tournois** de Tours est (comme son nom l'indique) une magnifique pièce en chocolat noir à 65 % de cacao pur, non garnie à l'intérieur.
Les **moinillons** sont des bonbons de sucre cuits sous forme de petits moines, aromatisés et colorés selon cinq variétés de parfum. Vous pourrez les trouver (au milieu de bien d'autres produits d'origine monastique)

dans la boutique de la communauté bénédictine de St-Benoît-sur-Loire.
À Blois, ville natale de Poulain, le créateur du chocolat du même nom, on peut se faire le plaisir d'acheter quelques tablettes. Les **quernons d'ardoise**, fabriqués à Angers, sont des plaquettes de nougatine présentées sous une couverture de chocolat bleu. Symbole de la ville de Sablé-sur-Sarthe, les **sablés** sont des galettes de 5 cm de diamètre, pur beurre, craquantes et fondantes à la fois.

👁 **Bon à savoir** – Idéales à transporter, faciles à conserver, les pommes ou poires tapées de Rivarennes constitueront un souvenir de votre séjour ou un cadeau original apprécié.

Confection de paniers en osier.

POUR LA MAISON

L'artisanat

Une certaine activité traditionnelle se maintient tout au long de la vallée de la Loire. Quelques créations sont de réputation internationale. La plus connue est la **faïence de Gien**, qui se décline sous toutes les formes : vaisselle individuelle (assiette, tasse, sous-tasse) ou collective (soucoupe, plat, soupière), objets décoratifs ou utilitaires. Un beau souvenir que vous aurez peut-être la chance d'avoir à prix réduit.
À Villaines-les-Rochers, les **vanniers** maintiennent (devant vous) la tradition de la fabrication des paniers en osier. Un objet en vannerie de Villaines est beau, pratique et résistant : une bonne idée de souvenir ou de cadeau !
De Cholet, on peut rapporter des **mouchoirs** ; c'est un achat utile et un cadeau souvent apprécié.

La chine

Comme partout en France, les antiquaires sérieux ont en général pignon sur rue. Mais si vous aimez chiner, on trouve dans toute la région des brocantes et des marchés aux puces régulièrement organisés aussi bien dans les petits villages que dans les grandes villes.

Événements

Janvier

Angers – Festival 1ers plans : compétition des premiers films de cinéastes européens.

Avril

Saumur – Le Cadre noir de Saumur, Printemps des écuyers. ☏ 02 41 53 50 60.

St-Benoît-sur-Loire – Grande vigile pascale Sam. saint 22h. ☏ 02 38 35 72 43.

Cholet – Festival des arlequins, rencontres francophones de théâtre amateur. ☏ 02 41 49 26 00. www.ville-cholet.fr/arlequins

Carnaval (fin du mois) : défilé de nuit. ☏ 02 41 62 28 09 - www.ville-cholet.fr/carnaval.

Onzain – Salon des vins (15 j. après Pâques). ☏ 02 54 70 25 47.

Saumur – Concours international de voltige. ☏ 02 41 67 36 37.

Le Mans – « 24 Heures moto ». ☏ 02 43 40 24 24 - www.lemans.org.

Mai

Touraine – Jour de Loire (4 j fin mai, pour célébrer la Loire et ses paysages d'exception. D'Amboise à Candes-St-Martin, rendez-vous festifs et animations dans les communes du bord de Loire). www.jourdeloire.com.

Saumur – Concours complet international (fin du mois). ☏ 02 41 67 36 37.

Le Mans (abbaye de l'Épau) – Festival de l'Épau. ☏ 02 43 54 73 45.

Orléans – Fêtes de Jeanne d'Arc (les 7 et 8). ☏ 02 38 24 05 05 - www.tourisme-orleans.fr.

Château-Gontier – Manifestations hippiques au château de la Maroutière. ☏ 02 41 21 18 28.

De mi-mai à mi-octobre

Chaumont-sur-Loire – Festival international des jardins. ☏ 02 54 20 99 20. www.chaumont-jardins.com.

Festival des jardins de Chaumont-sur-Loire.

Pentecôte

Tours – Florilège vocal de Tours. Rencontres nationales et concours international de chant choral. ☏ 02 47 21 65 26 - www.florilegevocal.com.

Châteauneuf-sur-Loire – Fête des rhododendrons au parc du château. ☏ 02 38 58 41 18 - sam. et dim.

Juin

Le Mans – Le Mans fait son cirque (fin du mois). ☏ 02 43 28 17 22.

Le Mans – Course des 24 Heures : course automobile sur le circuit des 24 Heures. ☏ 02 43 40 24 24.

Chambord – Game Fair : Journées nationales de la chasse et de la pêche (3e w.-end du mois). ☏ 01 41 40 32 32.

Loches – Loches en jazz (2e w.-end du mois). ☏ 02 47 38 29 34.

Sully-sur-Loire – Festival international de musique classique de Sully-sur-Loire. ☏ 02 38 36 29 46.

Juin-juillet

Tours – Le festival d'été des Fêtes musicales en Touraine. ☏ 02 47 21 65 08.

Orléans – Festival de jazz. ☏ 02 38 24 05 05 - www.tourisme-orleans.fr.

Anjou – Festival d'Anjou : théâtre en plein air dans le cadre prestigieux des belles demeures et monuments historiques du département (de mi-juin à mi-juil.). ☏ 02 41 88 14 14 - www.festivaldanjou.com.

Juillet

Loches – Festival d'art lyrique Opéra nomade (déb. du mois). ℘ 02 47 91 82 82 - www.loches-tourainecotesud.com. Fête des fous (fête médiévale ; mi-juillet) ℘ 02 47 91 82 82.

Blois – Les Montgolfiades (1re quinz. si météo favorable). ℘ 02 54 33 55 00 - www.aerocom.fr.

Doué-la-Fontaine – Journées de la rose et concours d'art floral, dans les arènes (sem. autour du 14). ℘ 02 41 59 20 49.

St-Lambert-du-Lattay – Fête des vins et de l'andouillette (2e w.-end du mois). ℘ 02 41 78 49 07.

St-Aubin-de-Luigné – Fête des vins millésimés (3e w.-end du mois). ℘ 02 41 78 59 38.

La Ménitré – Assemblée des coiffes et costumes anciens, à laquelle participent tous les groupes folkloriques de la région (4e dim. du mois). ℘ 02 41 45 63 63.

Saumur – Carrousel de Saumur : festival des arts équestres. ℘ 02 41 40 20 60.

Juillet-septembre

Le Mans – Dans la Cité Plantagenêt : La Nuit des Chimères (théâtre d'images et espaces sonores, chaque soir à la tombée de la nuit) ; Les Chimériques : promenade théâtralisée et musicale, les merc. et sam. soir. ℘ 02 43 28 17 22.

Août

Loches – « Le Sablier magique », spectacle nocturne dans toute la citadelle.

Molineuf – Foire au bric-à-brac ; participation importante d'antiquaires, d'amateurs d'ancien et de chalands (le 15) - ℘ 02 54 70 05 23.

Bourgueil – Foire aux vins (le 15). ℘ 02 47 97 91 39.

Sablé-sur-Sarthe – Festival de musique baroque de Sablé. ℘ 02 43 62 22 22 - www.sable-sur-sarthe.fr.

Septembre

Angers – Festival « Les Accroche-cœurs » : fête et spectacles dans les rues. ℘ 02 41 23 50 00.

Orléans – Festival de Loire : escale musicale et culturelle sur les quais d'Orléans (rive droite) et rassemblement de vieux gréements de la marine de Loire. (les années impaires). ℘ 02 38 24 05 05 - www.tourisme-orleans.fr

Varrains – Fête des ifs (2e w.-end du mois). ℘ 02 41 87 62 57.

Château-Gontier – Manifestations hippiques au château de la Maroutière. ℘ 02 41 21 18 28.

Octobre

Saumur – Musicales du Cadre noir. ℘ 02 41 53 50 60.

Le Lion-d'Angers – « Mondial du Lion » au Haras national de l'Isle-Briand : concours complet international d'équitation avec les meilleurs cavaliers mondiaux représentant 20 nations (av.-dernier w.-end du mois). ℘ 02 41 95 82 46.

Novembre

St-Aignan – Foire. ℘ 02 38 24 05 05.

Angers – Festival international du scoop et du journalisme.

Montrichard – Rendez-vous du touraine primeur (3e w.-end du mois). ℘ 02 54 32 05 10.

Tours – « Les Soirées d'automne » des fêtes musicales en Touraine (musique classique). ℘ 02 47 21 65 08.

Une voiture dans les stands aux 24 Heures du Mans.

Décembre

St-Benoît-sur-Loire – Veillée et messe de la nuit de Noël (le 24 à 23h). ℘ 02 38 35 - www.abbaye-fleury.com

Nos conseils de lecture

OUVRAGES GÉNÉRAUX – TOURISME

Les Châteaux du Val de Loire, J.-M. Pérouse de Montclos, Place des Victoires, 2000.

Le Cœur de France, CLD, 1997.

Loiret – Loir-et-Cher – Maine – Touraine, par divers auteurs, Bonneton.

Hymne à la Loire : au pays des châteaux, C. Hel, J. Asklund, CPE, 2005.

Les Châteaux de la Loire, P. Miquel, J.-B. Leroux, Le Chêne, 1998.

ART ET ARCHITECTURE

Anjou roman, M. Deyres, Zodiaque, « La Nuit des temps ».

Carnet de Loire, P. Laurendeau, aquarelles de P. Proust, « Le Polygraphe », Angers.

La Direction du patrimoine et le Centre des monuments nationaux proposent de nombreux ouvrages traitant d'architecture, d'archéologie, d'ethnologie, du patrimoine mobilier ou architectural.

Un catalogue est en vente à la Librairie du Patrimoine, 62 r. St-Antoine, 75004 **Paris**, ☏ 01 44 61 21 75, ou à l'Association pour le développement de l'Inventaire général en Pays-de-la-Loire, 1 r. Stanislas-Baudry, 44000 **Nantes**, ☏ 02 40 14 23 52. Ce catalogue est disponible sur Internet : www.monuments-france.fr ou www.culture.fr.

HISTOIRE – BIOGRAPHIES – TRADITIONS

Les Châteaux de la Loire au temps de la Renaissance, I. Cloulas, Hachette-Littératures, « Vie quotidienne », 1999.

Mille et une nuits de Chambord, G.-M. Tanguy, CLD, Chambray-lès-Tours, 1998.

Orléans, une ville, une histoire, J. Debal, X-Nova, Orléans, 1998.

Saint Martin de Tours, XVIe centenaire, J. Honoré, G.-M. Oury, M. Laurencin, CLD, 1996.

Dictionnaire du français régional de Touraine, J.-P. Simon, C. Bonneton, 1995.

J'ai nom Jeanne la Pucelle, R. Pernoud, Gallimard, « Découvertes », 1994.

Contes et légendes de Touraine : histoires merveilleuses, R. Vivier, J.-M. Rougé, E. Millet, Royer, 1993.

Aliénor d'Aquitaine, R. Pernoud, LGF, 1983.

Les Troglodytes en Val de Loire, M. Nagels, H. Hughes, Ouest-France, « Itinéraires de découvertes », 2006.

Guide historique des guerres de Vendée, les itinéraires de la mémoire 1793-1832, Anjou, Vendée, Deux-Sèvres, Loire-Atlantique, N. Delahaye, J.-C. Mênard, Pays et Terroirs, Cholet, 2005.

Charles VII, Louis XI, François Ier, Henri II, Henri III, G. Bordonove, Gérard Watelet, Pygmalion. Ces ouvrages sont plus particulièrement consacrés aux rois qui ont fait bâtir les châteaux du Val de Loire ou qui y ont séjourné.

Journal du Val de Loire : Orléanais, Touraine, Anjou, F. Lebrun, A. Jacobzone, Larousse, 2005.

LITTÉRATURE – ROMAN

Eugénie Grandet, Le Curé de Tours, Le Lys dans la vallée, L'Illustre Gaudissart…, H. de Balzac.

Alain-Fournier, les demeures du rêve, J. Lacarrière, C. Pirot, 2003.

Romans et récits de la Loire, M. Genevoix, Omnibus, 2001.

Sur les pas de Rabelais en Touraine et à Paris, M. Hubert-Pellier, CLD, 2001.

Le Docteur François Rabelais, E. Aron, CLD, 1994 : l'auteur, médecin, invite à consulter son auguste confrère.

Les Meilleures Nouvelles des Pays-de-la-Loire, par une quinzaine d'auteurs du 19e s. et du 20e s., coffret de 3 volumes de récits historiques, romantiques ou réalistes, Siloë, 1997.

Médard, paysan solognot, A. Vigner, Royer, 1998 : divers récits font revivre la campagne solognote de naguère.

Cendrine, Y. Cormerais, Corsaire, 1997 : à travers un récit biographique, la vie orléanaise du début du siècle.

Poètes de la Loire : anthologie, J. et C.-J. Launay, La Table Ronde, 2000.

Les Fillettes chantantes, R. Sabatier, LGF, 1985 : récit plus ou moins autobiographique d'un été 1939 à Montrichard et dans la vallée du Cher.

FAUNE ET JARDIN

Guide de charme des parcs et jardins de France, Rivages, 2005.

L'hermine, emblème d'Anne de Bretagne, au château de Blois.

Chenonceau, des jardins de la Renaissance, S. Lesot, H. Gaud, éd. Gaud, 2005.

Jardins des bords de Loire, L. Deschamps, A. Marroussy, Ouest-France, 2005.

Guide des traces d'animaux, Preben Bang, Delachaux et Niestlé, 1999.

GASTRONOMIE – VIN

Meilleures recettes de Touraine, R. Charlon, Ouest-France, 1998.

Cuisine en Val de Loire, B. Grellier, CLD, 1996.

Découvertes en terroir Anjou-Saumur : route touristique des vignobles, Val de Loire, M. Pateau, Ouest-France, 1997.

La Dégustation des vins, un art de vivre en Val de Loire, J.-M. Monnier, P. Joly, Siloë, 2003.

MAGAZINES ET PÉRIODIQUES

Parmi plusieurs publications régionales, nous avons particulièrement apprécié la qualité des textes et l'iconographie de ces quelques magazines.

L'Anjou – Journal de la Sologne et de ses environs – Le Magazine de la Touraine – Éd. Scoop, 563 r. de la Juine, 45160 Olivet, ℰ 02 38 63 90 00.

Maine-Découvertes – Éd. de la Reinette, 9 r. des Frères-Gréban, BP 392, 72009 Le Mans Cedex, ℰ 02 43 87 58 63.

CÉDÉROM

Jeanne d'Arc, histoire et vie quotidienne au Moyen Âge *(coproduction Intelligeré/Notre Histoire),* par R. Pernoud et M.-V. Clin.

Château de Chenonceau.

NATURE

Si le Val de Loire présente une apparente monotonie de paysages, ce n'est qu'une impression… L'altitude n'y excède jamais les 200 m, mais la Loire et ses affluents ont dessiné des reliefs en creux qui présentent une belle diversité. Le sous-sol est également varié, il alterne les zones propices ou peu favorables à l'agriculture : plaines fertiles, vignobles réputés, forêts, étangs, landes se partagent ainsi le terrain…

Quai de Loire et gabares.

Terres et paysages

La région des châteaux de la Loire symbolise pour beaucoup la douceur de vivre, la grâce paisible, la modération. Cependant, il ne faut pas croire que le « jardin de la France » constitue tout entier un éden. Michelet l'a défini comme une « robe de bure frangée d'or » : ses vallées, d'une exceptionnelle richesse, enserrent des plateaux d'une sévérité à peine tempérée par quelques belles futaies.

UN RELIEF FAÇONNÉ PAR LA MER ET LES FLEUVES

Encastré entre les formations anciennes (ère primaire, de -540 à -250 millions d'années) du Morvan, du Massif armoricain et du Massif central, le Val de Loire occupe le sud du Bassin parisien. Pendant l'ère secondaire (de -250 à -65 millions d'années), la mer recouvre à plusieurs reprises la région. Elle dépose sur le socle rocheux une couverture de sédiments marins : d'abord le **tuffeau** du turonien, craie tendre que l'on retrouve aux flancs des coteaux, puis le calcaire des **gâtines** (« terre gaste » : peu fertile), parsemées de plaques de sable et d'argile imperméables portant des landes et des forêts.

Durant l'ère tertiaire (de 65 à 1,75 million d'années), époque des grands plissements, le Bassin parisien commence par voir la mer se retirer.

De grands lacs d'eau douce se forment où s'accumulent d'autres couches calcaires : ce sont les **champagnes**, ou **champeignes**. Ces vastes plaines découvertes et peu fertiles présentent un soubassement affleurant de calcaire ou de craie.

Le tuffeau

Le tuffeau est une roche sédimentaire marine constituée de restes d'organismes, de particules fossiles et de roches. Tassement, pression et exposition à l'air ont cimenté et lentement transformé les sédiments en roche. Le tuffeau exploité (dit tuffeau blanc) se présente en bancs réguliers pouvant atteindre 40 m d'épaisseur.

Des fleuves torrentiels descendent du Massif central, surélevé par le plissement alpin, et étalent des nappes argilo-sableuses qui donneront naissance à la Sologne et à la forêt d'Orléans. En Sologne, ces dépôts de sable peuvent atteindre une épaisseur de 60 m !

Dans la seconde moitié de l'ère tertiaire, un affaissement de la partie ouest du pays détourne les cours d'eau qui se dirigeaient vers le nord, ce qui explique le coude que fait la Loire à Orléans. Dans le même temps, il amène jusque vers Blois la mer, baptisée **mer des Faluns** en référence aux sédiments riches en coquillages (faluns) qu'elle a laissé derrière elle. Les « falunières » se trouvent en lisière du plateau de Ste-Maure et des collines bordant la Loire au nord.

La mer évacue enfin définitivement la région, laissant un relief en creux dont les vallées constituent l'élément primordial. Les alluvions du fleuve et de ses affluents forment alors les **varennes**, terres légères formées d'un sable gras d'une grande fertilité.

TERROIRS AU FIL DU FLEUVE

En suivant le cours de la Loire, vous traverserez des paysages très divers. Le **Pays-Fort** dans le nord du Berry, transition entre le Massif central et les Pays de la Loire, est couvert d'un bocage à l'atmosphère mélancolique.

En aval de Gien, le Val de Loire est large. Plutôt dévolu aux prés dans la région de St-Benoît, il est ensuite réservé à l'horticulture, aux pépinières et aux roseraies sur des alluvions nommées **layes**. Les serres se multiplient ; quelques sols bien exposés portent des vergers et des vignobles. L'**Orléanais** englobe les paysages variés du Blésois, de la Sologne, du Dunois, du Vendômois et de la Beauce. Bois impénétrables où les rois chassaient, étangs et maigres cultures alternent dans le **Gâtinais orléanais**, dans la **forêt d'Orléans** et en **Sologne**. Ici, les sables granitiques arrachés au Massif central par la Loire sont le domaine de l'asperge et des primeurs.

Passé la Loire, le **Dunois**, est un pays de bocage où l'on pratique l'élevage bovin,

tandis que le **Vendômois** annonce trois régions naturelles : la Beauce au sud-est, le Perche au nord et la Gâtine tourangelle à l'ouest. Le contraste est frappant entre la **Beauce** et le reste de l'Orléanais. Ce vaste plateau calcaire, dénué d'arbres, recouvert d'une couche de limons fertiles (1 à 2 m) accueille des cultures intensives (blé, orge, maïs, colza, tournesol), et mérite bien son surnom de « grenier à blé de la France ».

À l'ouest de la Beauce, le **Perche-Gouët** est une terre vallonnée, où coulent de nombreuses rivières. C'est le domaine de l'élevage (bovins, volailles et agneaux) mais c'est le cheval de trait – le percheron – qui a fait la réputation de la région. S'il a perdu son rôle essentiel pour les cultures, son élevage perdure néanmoins grâce à quelques amateurs.

Plus au sud, entre le Loir et la Loire, la **Gâtine tourangelle** a été mise en culture, mais brandes et bois survivent par vastes lambeaux (forêts de Chandelais et de Bercé, célèbre pour ses chênes).

Les vignobles de la vallée du Loir produisent les coteaux-du-loir et coteaux-du-vendômois (AOC).

En **Touraine**, l'opulence du Val enchante le voyageur, déjà séduit par la douceur d'une atmosphère lumineuse. La Loire, qui coule lentement entre les bancs de sable, a creusé son lit dans la craie tendre. D'Amboise à Tours, les coteaux portent les fameux vignobles de Vouvray et de Montlouis.

Le Cher, l'Indre, la Vienne et la Cisse, scindés en biefs nommés **boires**, empruntent les bras parallèles que le grand fleuve a abandonnés. La **Champeigne**, trouée d'excavations appelées **mardelles**, déroule d'immenses étendues. La demeure paysanne s'entoure ici fréquemment de bosquets de noyers ou de châtaigniers. De la Loire à la Vienne s'étend le pays fertile de **Véron** où,

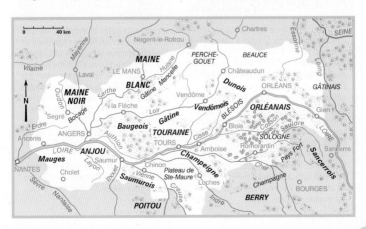

entre champs et jardins, jaillissent les peupliers.

Le **Saumurois** s'étend, au sud de la Loire, de Fontevraud et Montsoreau jusqu'à la vallée du Layon. Il montre trois visages : bois, plaines, coteaux couverts de vignes produisant d'excellents vins. Vers le nord, ce sont les sables du **Baugeois**, couverts de bois de chênes, de pins, de châtaigniers et de guérets, mais connus aussi pour leurs vergers.

Si l'Anjou, comme la Touraine, n'a guère d'unité physique, la « douceur angevine » que vanta Du Bellay n'a rien d'un mythe. Sur la rive droite de la Loire s'étend la fertile **varenne de Bourgueil** où foisonnent les primeurs, cultivées au milieu de vignes célèbres. Celles-ci s'étendent au pied de collines sablonneuses que couvrent des bois de pins. Entre la rivière d'Authion, bordée de saules, et la Loire alternent pâturages, champs de légumes, de fleurs ou d'arbres fruitiers. Autour d'Angers, la floriculture est omniprésente ; la vigne (Savennières) réapparaît en aval de la ville.

L'empire du bocage a laissé quelques traces en **Anjou**, mais a beaucoup perdu de son hégémonie. À l'ouest, dans l'Anjou noir, le Segréen, le Craonnais et les Mauges sont coupés de haies. Ils étaient traditionnellement sillonnés de chemins creux conduisant à de petites fermes basses, cachées dans la verdure. On y pratique l'élevage (bovins, porc).

Les vallées de la Mayenne et de l'Oudon arrosent le bas Maine, ou **Maine noir**, pays de bocage qui fait partie, géographiquement et par ses maisons de granit ou de schiste, du Massif armoricain. Le haut Maine, constitué par les bassins de la Sarthe et de l'Huisne, est appelé **Maine blanc** à cause de son sol calcaire utilisé dans les murs des maisons.

La Loire

Célébrée par les poètes et les écrivains, la Loire traverse des paysages qu'elle rehausse de ses longues perspectives et de ses courbes harmonieuses. Mais ne vous y méprenez pas, la Loire est loin d'être un long fleuve tranquille…

LES OISEAUX DE LA LOIRE

Souvent considérée comme le « dernier fleuve sauvage d'Europe », la Loire a la particularité de développer sur certaines de ses grèves, en été, une ambiance climatique proche des fleuves africains. Ce phénomène, connu sous le nom de *topoclimat*, favorise la croissance de nombreuses plantes adaptées aux milieux intertropicaux. En débordant de son lit, en inondant les prairies, en remplissant d'eau les fossés, puis en se retirant, asséchant ainsi les gravières et les bancs de sable, la Loire cisèle aussi des abris naturels où de nombreuses espèces végétales et animales trouvent un biotope idéal. Les rives accueillent donc une avifaune exceptionnellement variée attirée par ses eaux tempérées et riches en nourritures diverses : insectes aquatiques, larves, petits mollusques, petits invertébrés, etc.

Sont répertoriées plus de 220 espèces d'oiseaux qui vivent, nidifient ou migrent chaque année dans le « Val aux eaux sauvages ». Pour bien observer les oiseaux (sans les déranger et en respectant leurs lieux de vie), il faut savoir reconnaître l'habitat propre à chaque espèce.

Les îles et gravières

Au milieu du chenal, les îles, longs bancs de sable et hautes herbes, constituent des dortoirs tranquilles où peuvent se

Le dernier fleuve sauvage ?

Creusant ses gorges, puis lèchant les sables qu'elle a déposés et mordant dans le calcaire de Beauce, la craie à silex ou le tuffeau, la Loire reste un fleuve capricieux et violent, celui de France qui présente les écarts de débit les plus accentués. Les hautes eaux surviennent avec les pluies d'automne et la fonte des neiges au printemps. La majeure partie des eaux vient du Massif central. Le danger des crues est accentué par l'imperméabilité des terrains, la forte inclinaison des pentes et la concentration des affluents à la hauteur de Tours. Contrairement à tous les autres fleuves d'Occident, le cours de la Loire reste libre. Cette liberté permet tout au long de l'axe ligérien la permanence d'une grande variété de milieux semi-humides, en voie de disparition sur notre planète, et une diversité remarquable d'espèces animales et végétales. Dernier fleuve sauvage d'Europe, donc ? Et pourtant… Deux barrages, très en amont – les barrages de Villerest (près de Roanne) sur la Loire, et de Naussac, sur l'Allier (près de Langogne, au nord de la Lozère) – régulent son débit. Leur rôle est crucial : maintenir un débit suffisant pour assurer le refroidissement de ses quatre centrales nucléaires. En amont de Villerest, l'effet de prolifération des algues vertes, visibles en surface, est indéniable l'été.

Les oiseaux de la Loire

Petit gravelot

Héron cendré

Barge à queue noire

Foulque macroule

Sterne pierregarin

Tarier des prés

M. Guillou / MICHELIN

reposer en toute quiétude, protégés des intrus par une barrière d'eau, le héron cendré, le grèbe huppé, le grand cormoran ou le martin-pêcheur.

La reproduction de ces oiseaux est liée au régime irrégulier du fleuve qui, par ses crues, maintient un réseau important de grèves dégagées, propices à l'édification de leurs nids.

L'île de Parnay, en aval de Montsoreau, héberge de mars à fin juin plus de 750 couples de **mouettes rieuses** et **mélanocéphales**, des **goélands leucophées et cendrés**, des **sternes pierregarins** (sorte de mouette d'eau douce, à la silhouette élégante, symbole du Val de Loire), ainsi que le charmant **petit gravelot**. L'île de Sandillon, à 15 km en amont d'Orléans, abrite 2 500 couples de mouettes rieuses ainsi que des goélands et des sternes.

Les boires

De part et d'autre du lit du fleuve, les boires forment un réseau de fossés remplis d'eau stagnante qui communiquent avec le fleuve au moment des crues. Certains oiseaux apprécient beaucoup ces lieux discrets où viennent frayer les gardons, les tanches et les perches ; c'est le cas du **butor étoilé**, de la **gallinule poule-d'eau**, de la **foulque macroule**, de la **sarcelle d'été**, et des petits passereaux comme la **rousserolle turdoïde** ou l'**effarvatte** qui suspendent leur nid à 50 cm au-dessus de l'eau, solidement fixé à 3 ou 4 tiges de roseaux.

Les plaines alluviales

Tantôt pâturages, tantôt terres inondées par les crues, les plaines alluviales hébergent des oiseaux migrateurs, comme le solitaire **tarier des prés** ou la grégaire **barge à queue noire**, parfois rarissimes, comme le **râle des genêts** (de mars à octobre).

Les marais et les étangs

Parmi les nombreux migrateurs, le **balbuzard pêcheur**, qui avait quasiment disparu de France dans les années 1940, voit maintenant sa population augmenter, et c'est un spectacle unique que de le voir plonger serres en avant, après un vol d'observation stationnaire, et capturer des poissons de 30 à 40 cm.

Le **râle d'eau** aime la végétation haute des roselières et des joncs.

Mortelle baignade

Tourbillons, sables mouvants, siphons : ne plaisantez pas avec les dangers de la Loire. Limitez vos baignades aux plages sécurisées.

UN FLEUVE AU LONG COURS

Le plus long fleuve de France – 1 020 km – naît au pied du mont Gerbier-de-Jonc, dans le Vivarais. Son cours est capricieux. En été, c'est un véritable « fleuve de sable » ; quelques filets d'eau striés de « luisettes » (osier garni de petites feuilles d'un vert pâle argenté) se traînent au milieu des « grèves ». Surviennent les grosses pluies d'automne ou, à la fin de l'hiver, la fonte des neiges : la Loire est en crue. Il lui arrive de crever les digues, appelées « levées » ou « turcies ». Bien des murs de village portent les dates des grandes inondations : 1846, 1856, 1866, 1910.

Pour observer les oiseaux, voir p. 41.

Les bateaux de la Loire

Les **toues**, longues barques sans gréement, furent utilisées pour le transport du foin et du bétail. D'une jauge plus importante (15 t environ), la **sapine**, embarcation peu coûteuse en sapin, était détruite au terme du voyage. La **gabare**, bateau de fort tonnage, portait une voile de près de 20 m de hauteur.

MARINE ET MARINIERS

La Loire fut, jusqu'à la fin du 19e s., un « chemin qui marche ». Malgré les bancs de sable, les tourbillons, les crues et les péages, les bateaux à fond plat et à voile carrée (héritage des Vikings) sillonnaient le fleuve et ses affluents, surtout le Cher. À la remontée, le franchissement des ponts constituait une opération très délicate. Vêtus de bleu, munis d'un foulard et d'une ceinture rouges, des anneaux d'or aux oreilles, les « chalandoux » étaient de rudes gaillards.

La « Communauté des marchans fréquentant la rivière de Loyre et les fleuves descendant en icelle », fondée au 14e s., siégeait à Orléans. Aux marchandises s'ajoutait un intense mouvement de voyageurs. Les carrosses pouvaient être placés sur des radeaux ; Mme de Sévigné se rendait en Bretagne dans cet équipage.

En 1832, le premier service à vapeur entre Orléans et Nantes fait sensation, mais des accidents se produisent ; des chaudières explosent.

La construction de nouveaux bateaux à vapeur et à roue, les « inexplosibles », ramène la confiance. Hélas ! La concurrence du chemin de fer allait porter un coup mortel à la batellerie.

HISTOIRE

Longtemps divisé par les grands féodaux qui se disputent ses terres, le Val de Loire ne connaît l'unité qu'au début du 13ᵉ s., lorsqu'il entre dans le royaume de France. Il est un enjeu majeur durant la guerre de Cent Ans ; nombre de ses villes – Orléans la première – célèbrent encore Jeanne la Pucelle, qui les libéra du joug anglais. Centre du royaume pendant plus de 150 ans, la région se pare de magnifiques châteaux, au grand plaisir du visiteur qui vient aujourd'hui du monde entier les admirer…

Galerie des Illustres au château de Beauregard.

A. Cassaigne / MICHELIN

Chronologie

ANTIQUITÉ

Âge du fer – Les Cénomans occupent une région allant de la Bretagne à la Beauce et de la Normandie à l'Aquitaine.

5ᵉ s. av. J.-C. – La tribu celte des Turons, venue d'Allemagne, s'implante dans la région, d'où le nom de Touraine.

52 av. J.-C. – Dès le début de la conquête de la Gaule, les Carnutes, installés entre Chartres et Orléans, donnent, à l'instigation des druides, le signal de la révolte contre César. En représaille à l'assassinat de Romains, César incendie *Genabum* (Orléans).

1ᵉʳ av. J.-C. -3ᵉ s. apr. J.-C. – Le règne d'Auguste (27-14 av. J.-C.) ouvre une ère durable de prospérité. Les villes déjà existantes (Angers, Le Mans, Tours, Orléans) s'urbanisent selon le modèle romain ; l'agriculture prospère. L'apogée est atteint au 2ᵉ s., mais l'instabilité de la fin du siècle suivant conduit les villes à s'entourer de remparts.

4ᵉ s. – Le christianisme s'implante avec saint Gatien, premier évêque de Tours, et triomphe avec saint Martin, dont le tombeau deviendra un lieu de pèlerinage majeur. La communauté qu'il établit à Marmoutier est un des berceaux du monachisme en Europe.

HAUT MOYEN ÂGE

5ᵉ s. – En 451, l'évêque Aignan parvient à retenir les Huns devant Orléans. Wisigoths et Francs se disputent ensuite le pays jusqu'à la victoire définitive de Clovis, en 507.

7ᵉ s. – Fondation de l'abbaye de Fleury qui prendra le nom de St-Benoît.

732 – Charles Martel empêche les Sarrasins, venus d'Espagne, de franchir la Loire.

Fin du 8ᵉ s. – Charlemagne favorise les savants et les religieux : **Alcuin** fonde une école dans l'abbaye St-Martin-de-Tours tandis que l'évêque d'Orléans **Théodulfe** réforme localement l'enseignement et la justice.

Milieu du 9ᵉ s. – Les Normands remontent le fleuve et ravagent tout sur leur passage, particulièrement les monastères. Robert le Fort, comte de Blois et de Tours, les défait ; la féodalité émerge.

LE TEMPS DES PRINCIPAUTÉS

987-1040 – Si l'Orléanais relève du domaine capétien, Touraine, Blésois, Anjou et Maine constituent des principautés autonomes et rivales. Le comte de Blois a pour ennemi le redoutable Foulques Nerra, comte d'Anjou, qui lui ravit une partie de ses domaines. L'abbaye de Solesmes est fondée en 1010.

12ᵉ s. – La dynastie des comtes d'Anjou atteint son apogée avec Henri II Plantagenêt, roi d'Angleterre en 1154, et son épouse Aliénor d'Aquitaine, qui comblent de bienfaits l'abbaye de Fontevraud, fondée en 1101. Les Capétiens n'hésitent pas à lutter contre leurs puissants voisins en faisant valoir leurs droits de suzerains. C'est ainsi que Jean sans Terre se fait dépouiller de ses fiefs français par Philippe Auguste au début du 13ᵉ s.

1226-1270 – Saint Louis laisse le Maine et l'Anjou à son frère Charles.

GUERRE DE CENT ANS (1337-1453)

1392 – Première crise de folie du roi Charles VI, dans la forêt du Mans.

1409 – Dernier duc d'Anjou, le roi René, artiste et mécène, naît à Angers.

1415 – Victoire des Anglais contre les Français à Azincourt.

1427 – Le roi Charles VII s'installe à Chinon avec sa cour.

1429 – Maîtres de la moitié du pays, les Anglais assiègent Orléans. Jeanne d'Arc persuade Charles VII de lui confier un commandement. Avec une petite armée, elle entre dans Orléans assiégée et délivre la ville. L'ennemi pourchassé est battu à Patay le 18 juin *(voir p. 67 et p. 325)*.

1431 – Sequestrée par les Anglais, convaincue de sorcellerie par l'évêque Cochon et l'université de Paris, Jeanne d'Arc est brûlée vive à Rouen. Une fois les troubles passés, elle sera réhabilitée en 1456.

1461-1483 – Louis XI lutte contre les grands féodaux ; il meurt au château de Plessis-lès-Tours.

1470 – Premiers ateliers de tissage de la soie à Tours.

1477 – L'université d'Orléans attire nombre d'humanistes. La première imprimerie ligérienne s'établit à Angers en 1477.

1491 – Mariage de Charles VIII et d'Anne de Bretagne, à Langeais.

1498 – Charles VIII décède après s'être assommé en heurtant une porte du château d'Amboise. Son successeur, Louis XII, épouse également Anne de Bretagne pour assurer le maintien de son duché dans le domaine royal.

MUNIFICENCE ROYALE ET TROUBLES RELIGIEUX (16ᵉ S.)

1494-1559 – Entre deux expéditions en Italie, les rois choisissent la Touraine pour lieu de résidence et contribuent au renouveau artistique de la région.

1515-1547 – Règne de François Iᵉʳ. Les idées de Luther et de Calvin (qui séjourne à Orléans entre 1528 et 1533) conquièrent les milieux aisés. À partir de 1540, l'Église riposte en organisant la répression, mais le mouvement réformateur s'amplifie.

1560 – La conjuration d'Amboise *(voir ce nom)* est noyée dans le sang. Catherine de Médicis essaie de promouvoir une politique de conciliation, mais, en avril 1562, les huguenots se soulèvent et commettent maintes déprédations (pillage de St-Benoît).

1568-1598 – À partir de 1568, armées protestantes et catholiques sèment périodiquement la terreur. À Orléans, la Saint-Barthélemy fait près d'un millier de victimes. Durant le dernier quart de siècle, la lutte d'Henri III contre la Sainte Ligue, fondée en 1576 par les Guises, passe au premier plan. Le duc Henri de Guise et son frère, le cardinal, conspirent contre le roi qui les fait assassiner, à Blois *(voir ce nom)*, en décembre 1588. Replié à Tours, Henri III s'allie à Henri de Navarre et marche sur Paris quand il est à son tour assassiné (2 août 1589). Henri IV mettra près de dix ans à pacifier la région.

RETOUR AU CALME SOUS LES BOURBONS (17ᵉ-18ᵉ S.)

1598 – L'édit de Nantes ramène le calme. Maximilien de Béthune s'attèle à la reconstruction du royaume et achète la baronnie de Sully en 1602.

1619 – Richelieu attend son heure dans l'ombre de Marie de Médicis, reléguée à Blois par son fils, Louis XIII. Devenu cardinal ministre, il se fait construire une demeure et la ville qui porte aujourd'hui son nom.

1626 – Gaston d'Orléans reçoit le comté de Blois et entreprend la reconstruction du château. Éternel conspirateur,

Les grandes dates du Val de Loire

52 av. J.-C. – *Genabum* (Orléans) est incendiée par César en représaille de la révolte des Carnutes.

4ᵉ s. – Le christianisme s'implante et triomphe dans la région.

8ᵉ s. – « Renaissance carolingienne » : Alcuin, à Tours et Théodulfe, à Orléans.

Milieu du 9ᵉ s. – Saccages normands.

1154 – Le comte d'Anjou Henri II Plantagenêt devient roi d'Angleterre.

1214 – Philippe Auguste défait Jean sans Terre et se rend maître du Val de Loire.

1392 – Première crise de folie du roi Charles VI, dans la forêt du Mans.

1429 – Jeanne d'Arc délivre Orléans, les Anglais sont battus à Patay.

1494-1559 – Le Val de Loire, résidence des rois de France.

1560 – Conjuration d'Amboise, noyée dans le sang.

1568-1598 – Armées protestantes et catholiques sèment la terreur.

Décembre 1588 – Assassinat du duc de Guise et de son frère, le cardinal, à Blois.

1793 – Guerres de Vendée.

1923 – Première course des « 24 Heures du Mans ».

10 juin 1940 – Reculant devant les Allemands, le gouvernement s'installe à Tours. Du 18 au 20 juin, 2 000 cadets de l'École de cavalerie de Saumur repoussent les Allemands.

1952 – Premiers spectacles « son et lumière » à Chambord et au Lude.

1963 – Première centrale nucléaire française à Avoine, près de Chinon.

2000 – Le Val de Loire (de Sully-sur-Loire à Chalonnes-sur-Loire) est classé au Patrimoine mondial de l'Unesco.

---

il prend une part active à la Fronde (1648-1653) qui oblige Mazarin, Anne d'Autriche et le jeune Louis XIV à se réfugier à Gien en 1651.

1643-1715 – Sous le règne de Louis XIV, la centralisation monarchique étouffe toute velléité d'autonomie. Le protestantisme survit difficilement à Saumur, grâce à l'Académie, et reçoit un coup fatal lors de la révocation de l'édit de Nantes, en 1685.

18ᵉ s. – Le déclin est aussi bien économique (les soieries de Tours sont concurrencées par celles de Lyon) que démographique. Pourtant, la Loire draine un important trafic, facilité par l'utilisation des canaux (canal de Briare, canal d'Orléans à Montargis, construits au 17ᵉ s.). Le commerce de produits exotiques (Orléans se spécialise dans le raffinage du sucre distribué ensuite dans tout le royaume) trouve un prolongement, au 19ᵉ s., avec le cacao rapporté en bateau à vapeur de Nantes jusqu'à la chocolaterie Poulain de Blois.

GUERRES DE VENDÉE ET PREMIER EMPIRE (1789-1815)

1793 – Alors que la Touraine et l'Orléanais acceptent la Révolution, le Maine et l'Anjou – malgré les émeutes révolutionnaires d'Angers – la rejettent. Le décret de levée en masse, en mars 1793, est reçu comme une provocation. Les armées « vendéennes », fidèles à la foi et au roi, s'emparent de Cholet, de Saumur, puis d'Angers en juin. La Convention riposte en

envoyant les généraux Kléber et Marceau. Les « blancs » sont défaits à Cholet (le 17 octobre) et les débris de la « grande armée catholique et royale » exterminés dans les marais de Savenay. La chouannerie, guérilla sporadique menée par Jean Cottereau, dit Jean Chouan, succède à la guerre organisée. La pacification s'achève sous le Consulat.

1803 – Talleyrand, ministre des Affaires étrangères, acquiert Valençay.

D'UNE GUERRE À L'AUTRE (1870-1940)

1870-1871 – Guerre franco-prussienne. Après la chute de l'Empire, sous l'impulsion de Gambetta, une armée de la Loire s'organise. Les Français reprennent Orléans, mais sont battus à Beaune-la-Rolande, Patay et Loigny, où s'illustrent les zouaves du lieutenant-colonel de Charette, petit-neveu du célèbre Vendéen. Le gouvernement se replie à Bordeaux. Une 2ᵉ armée de la Loire se constitue. La bataille décisive s'engage du 10 au 12 janvier sur le plateau d'Auvours, à l'est du Mans ; Tours est occupé. L'armistice est signée le 28 janvier 1871.

1873 – Amédée Bollée achève, au Mans, sa première voiture à traction vapeur : *L'Obéissante*.

1914-1918 – Première Guerre mondiale. Le quartier général américain est établi à Tours ; les premiers « Sammies » débarquent à St-Nazaire en 1917.

1939-1945 – Le 10 juin 1940, le gouvernement s'installe à Tours, avant de se replier à Bordeaux. Deux mille cadets de l'École de cavalerie de Saumur réussissent à contenir l'avance allemande, du 18 au 20 juin, sur un front de 25 km. Le 24 octobre 1940, à Montoire-sur-le-Loir, le maréchal Pétain rencontre Hitler et cède à ses exigences : la collaboration est née. La ligne de démarcation longe le Cher (la galerie du château de Chenonceau sert de lieu de passage), et passe entre Tours et Loches. En août et septembre 1944, l'armée américaine et les forces de la Résistance se rendent maîtresses du terrain au prix de lourds dégâts.

ÉPOQUE CONTEMPORAINE

Années 1950 – Premiers spectacles « son et lumière », à Chambord en 1952, et au Lude, en 1957.

1963 – Première centrale nucléaire française à Avoine, près de Chinon.

1972 – Création des régions Centre (qui regroupe l'Orléanais, le Blésois, la Touraine) et Pays-de-la-Loire (qui englobe l'Anjou).

1989 – Mise en service du TGV Atlantique.

1996 – Le pape Jean-Paul II vient à Tours à l'occasion du 1 600ᵉ anniversaire de la mort de saint Martin.

2000 – Le Val de Loire (de Sully-sur-Loire à Chalonnes-sur-Loire) est classé au Patrimoine mondial de l'Unesco.

Décembre 2005 – Mise en service de l'A 28, qui relie Le Mans à Tours.

Les comtes d'Anjou

Puissants seigneurs autour de l'an 1000, les comtes d'Anjou atteignent l'apogée de leur gloire lorsque Henri II Plantagenêt devient roi d'Angleterre en 1154. L'ombre portée sur le roi de France est immense…

INSTAURATION D'UNE DYNASTIE

Après la conquête d'une partie de la Gaule par **Clovis**, roi des Francs (481-511), le Val de Loire encore romain est rattaché à la Neustrie. Pays frontière avec la Bretagne indépendante, il est souvent menacé, d'abord par les Bretons, puis par les invasions normandes du milieu du 9ᵉ s. Ces invasions ont pour conséquence l'établissement du système féodal : les

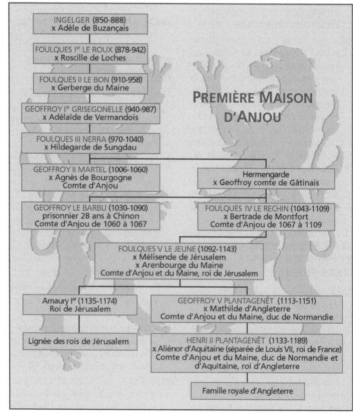

chefs les plus forts deviennent les suzerains et, en échange de l'hommage (serment de fidélité) au seigneur, le vassal, personnage moins fort, reçoit une terre. C'est à ce moment que se constituent les seigneuries et que l'on voit apparaître la première dynastie des comtes d'Anjou. **Charles le Chauve**, roi de France, nomma **Ingelger** préfet de Tours. Il lui remit l'année suivante une partie du comté d'Anjou et le maria à la fille du comte du Gâtinais (dont Orléans est la capitale). **Foulques le Roux**, leur fils, prit le premier le titre de comte d'Anjou et entra en possession de Loches par son mariage en 886. Son fils, **Foulques II le Bon**, releva les ruines et laissa, en 960, un territoire rebâti à **Geoffroy Ier**, dit Grise-Gonnelle, qui aida Hugues Capet à s'emparer de la couronne de France en 987. Car, quand **Hugues Capet** fut élu roi en 987, son domaine était réduit et une grande partie de la France était entre les mains d'hommes plus puissants que lui, comme les comtes d'Anjou ou de Blois. Tous deux d'ailleurs étaient de grands rivaux. Chacune des maisons de Blois et d'Anjou avait ses positions avancées : les Blois à Chinon et à Saumur, les Anjou à Langeais, Loches et Amboise. Cette longue rivalité laissera des traces dans le paysage, occasionnant la construction des nombreux postes de défense que sont les premiers donjons.

Geoffroy Ier mourut peu après l'élection d'Hugues Capet et **Foulques III Nerra** lui succéda jusqu'en 1040. Durant 53 ans, celui-ci régna sur l'Anjou. Seigneur puissant et redouté, c'est le plus célèbre des comtes d'Anjou et un personnage important du Moyen Âge. Il repousse définitivement les Bretons (vainqueur du comte Conan de Rennes en 992) et étend sa domination à l'est avec la conquête de Saumur et de la Touraine. Guerrier brutal, il fit quatre fois le pèlerinage en Terre sainte pour se repentir de ses méfaits. Grand bâtisseur de châteaux forts mais aussi d'abbayes, il inaugure le donjon carré en pierre dont Langeais (994) est l'exemple le plus ancien.

PLUS PUISSANT QUE SON ROI

Un siècle plus tard, **Geoffroi V le Bel**, dit **Plantagenêt** car il porte une branche de genêt à son casque, hérite de son père (choisi pour être roi de Jérusalem) l'Anjou, le Maine et la Touraine. Son mariage avec Mathilde, la fille du roi d'Angleterre, étend son influence sur la Normandie et l'Angleterre. Leur fils, Henri, par son mariage en 1152 avec Aliénor d'Aquitaine s'allie tout l'Ouest de la France. Lorsqu'il succède en 1154 au roi d'Angleterre, le couple étend sa domination de l'Écosse aux Pyrénées. Vassal du roi de France, Henri est beaucoup plus puissant que Louis VII et doit bientôt se défendre contre lui et son successeur Philippe Auguste. **Richard Cœur de Lion**, fils d'Henri II, lui succède. La lutte entre Capétiens et Plantagenêts se poursuit et se déroule plusieurs fois en Anjou et Touraine où se situe la frontière des deux royaumes. À la mort de Richard, en 1199, **Jean sans Terre**, son frère, assassine son neveu, Arthur de Bretagne, et prend la succession. Utilisant ce prétexte, **Philippe Auguste** confisque ses terres du nord de la Loire, qui échappent à l'emprise de l'Angleterre. Le 18 septembre 1214, le traité de Chinon consacre le retour du Berry et de la Touraine, avec le Maine et l'Anjou, dans le domaine royal français.

Les chemins de Jeanne

« Je durerai un an, guère plus » aurait dit Jeanne d'Arc en arrivant à Chinon, au début du mois de mars 1429… C'est effectivement un peu plus d'un an que dura la formidable épopée de la Pucelle. Durant ce court laps de temps, elle aura réussi l'inimaginable : libérer de nombreuses villes du joug anglais et faire sacrer son « gentil dauphin » dans la ville de Reims.

VERS LE GENTIL DAUPHIN

Jeanne d'Arc ne pouvait arriver à une période plus désespérée… D'après le chroniqueur Georges Chastellain, la France est alors « Sens dessus dessous, scabeau des pieds des hommes, foulure des Anglais et le torchepied des sacquemans [brigands] ! » Depuis la mort de Charles VI, dit le Fol, en 1422, son fils Charles n'a pu être sacré et vit retranché outre Loire, à Bourges, Chinon ou Loches. Une bonne partie du nord du pays est aux mains des Anglais, dirigés par le duc de Bedford. Celui-ci assure la régence pour son neveu, le jeune Henri VI, « roi de France et d'Angleterre ». Depuis octobre 1428, les Anglais assiègent Orléans, clef de la Loire dont le contrôle assurerait la liaison avec la Guyenne anglaise, et la capture de Charles VII est envisagée… La guerre de Cent Ans (1338 à 1453) est dans une phase des plus critiques pour les Français, divisés entre bourguignons (contrôlant Paris et alliés aux Anglais) et armagnacs (soutenant Charles VII).

Jeanne d'Arc, « Poésies de Charles d'Orléans ».

Née vers 1412 à Domrémy, village de la marche de Lorraine, Jeanne, pressée depuis 4 ans par des voix divines, se rend en 1428, puis en 1429, dans la place forte voisine de Vaucouleurs pour essayer d'obtenir de son capitaine, Robert de Baudricourt, un soutien : « N'avez-vous pas entendu dire qu'il a été prophétisé que la France serait perdue par une femme et restaurée par une vierge des marches de Lorraine ? ». D'abord sceptique, il lui accorde, à la troisième entrevue, une escorte de 4 personnes pour rejoindre le roi à Chinon, qu'il prévient en outre par un messager. Départ le 22 février 1429 pour une chevauchée de 11 jours, en pleine région bourgui-

gnonne. **Le 1er mars**, Jeanne franchit la Loire à **Gien** ; la rumeur de son arrivée parvient jusqu'à Orléans assiégée. Le **2 mars**, la troupe fait halte au sanctuaire **Ste-Catherine-de-Fierbois**, fréquenté par les hommes d'armes qui y déposent des ex-voto militaires : armes, béquilles, médailles... Jeanne fait prévenir le roi de l'imminence de son arrivée.

La première entrevue entre Jeanne et son « gentil Dauphin » (elle ne l'appelera roi qu'après son sacre) a lieu le **6 mars**, à **Chinon** *(voir ce nom)*. « Après l'avoir entendue, le roi paraissait radieux » ; il la soumet cependant durant 3 semaines aux questions d'examinateurs ecclésiastiques, à Poitiers, qui ne voient en elle rien de contraire à la foi catholique.

LA RECONQUÊTE

C'est au cours de son séjour à Poitiers, le 22 mars 1429, qu'elle écrit sa première lettre de sommation aux Anglais qui assiègent Orléans (comme les deux suivantes, la réponse qu'elle en eut fut des plus injurieuses) : « Jésus Maria, Roi d'Angleterre, et vous, duc de Bedford, qui vous dites régent du royaume de France, [...]. Rendez à la Pucelle, qui est ici envoyée de par Dieu, le Roi du Ciel, les clefs de toutes les bonnes villes que vous avez prises et violées en France. Elle est ici venue pour proclamer le sang royal. Elle est toute prête de faire paix, si vous lui voulez faire raison, pourvu que France vous rendiez, et payez pour l'avoir tenue. [...] Et si ainsi ne le faites, attendez les nouvelles de la Pucelle qui vous ira voir brièvement, à vos bien grands dommages. Roi d'Angleterre,

L'ÉPOPÉE DE JEANNE D'ARC AU PAYS DE LA LOIRE
(DU 1er MARS AU 1er JUILLET 1429)

18 juin - Patay
Victoire de Jeanne sur les Anglais

22 Juin - Abbaye de St-Benoît
Jeanne et Charles VII
prient devant le reliquaire
de St-Benoît

8 Mai - Orléans
Délivrance de la ville

Fin Juin - Sully-s-Loire
Jeanne décide Charles VII
à se faire sacrer à Reims

28 Avril - Chécy
Jeanne franchit la Loire

16 Juin - Beaugency
Délivrance de la ville

1er Juillet
Vers Reims pour
le Sacre du Roi

26 Avril - Blois
Jeanne fait bénir son étendard

1er Mars
Jeanne arrive
de Vaucouleurs

24 Avril - Tours
Jeanne marche sur Orléans

12 Juin - Jargeau
Victoire de Jeanne sur les Anglais

6 Mars - Chinon
1re Entrevue de Jeanne avec Charles VII
Fin Mars - Jeanne est interrogée à Poitiers
20 Avril - Départ de Chinon pour Tours et Orléans

Itinéraire de Gien à Orléans
Après la délivrance d'Orléans, Jeanne se rend
à Tours et à Loches, puis se dirige vers Jargeau.

Itinéraire de Jargeau à Gien

Vers Poitiers

Patay · ORLÉANS · Chécy · St-Benoît · Beaugency · Jargeau · Sully · Gien · Ligny-le-Ribault · Blois · Mennetou-sur-Cher · TOURS · CHINON · Loches · LOIRE · Vienne · Cher · Indre

si ainsi ne le faites, je suis chef de guerre, et en quelque lieu que j'atteindrai vos gens de France, je les ferai en aller, qu'ils le veuillent ou ne le veuillent ; et s'ils ne veulent obéir, je les ferai tous occire. Je suis envoyée de par Dieu, le Roi du Ciel, corps pour corps, pour vous bouter hors de toute France […] ».

Après un passage à Chinon, Jeanne séjourne du **5 au 21 avril** à **Tours**. Là, le roi lui fait faire une armure à sa taille. Pour son épée, elle déclara : « Allez à Sainte-Catherine-de-Fierbois, dans la chapelle de pèlerinage. Vous creuserez derrière l'autel, vous enlèverez une dalle, des pierres, et à peu de profondeur, vous trouverez l'épée qu'il me faut. » Ainsi fut fait, et l'on trouva une grande épée antique à la garde marquée de cinq petites croix qui aurait, aux dires de certains, été celle de Charles Martel *(voir p. 370)*. Elle se fait également réaliser un étendard « sur lequel était peinte l'image de Notre Sauveur, assis au jugement dans les nuées du ciel, et il y avait un ange peint, tenant en ses mains une fleur de lys que l'image bénissait ». C'est à Tours également que le roi lui constitue sa maison militaire : 2 pages, 2 hérauts, 5 coursiers (chevaux de bataille) et au moins 7 trottiers (chevaux de transport).

Le **21 avril**, Jeanne quitte Tours pour **Blois**, où sont rassemblés renforts et vivres pour Orléans. Jeanne s'y fait faire une bannière ornée de la Crucifixion.

Le **29 avril**, Jeanne est à **Orléans** *(voir ce nom)* et réussit à libérer la ville en quelques jours seulement… Formidable exploit qui eut un retentissement dans l'Europe entière.

LE SACRE

Dès le **11**, elle retrouve le dauphin à **Loches** : « Noble Dauphin, ne tenez plus tant et si longuement conseil, mais venez le plus tôt possible à Reims pour recevoir une digne couronne. » Les troupes royales entreprennent d'abord de libérer les villes de la Loire, sous le commandement du duc d'Alençon.

Le **12 juin**, l'attaque se porte sur **Jargeau**, toujours sous l'impulsion de Jeanne : « Avant, gentil duc, à l'assaut ! […] Ah, gentil duc, craindrais-tu ? Ne sais tu pas que j'ai promis à ta femme de te ramener sain et sauf ? ».

Le **16** et le **17 juin**, **Meung** et **Beaugency** sont reprises.

La victoire la plus éclatante a lieu le **18 juin**, à **Patay**. Providence ? Un cerf se jette dans les rangs des Anglais, qui poussent un cri et signalent leur position aux Français. La bataille est une véritable débandade des Anglais qui comptent 2 000 morts, contre 3 du côté français.

Le 29 juin, après 11 jours qui sembleront interminables à la Pucelle, l'armée royale quitte Gien et se met en route pour Reims. Après une chevauchée en plein pays bourguignon, Charles VII, que l'on appelait avec mépris le « petit roi de Bourges », est sacré roi de France le **17 juillet**, dans la cathédrale de Reims. L'épopée de Jeanne touche à sa fin : le 23 mai 1430, après l'abandon des sièges de Paris et de La Charité-sur-Loire, Jeanne est faite prisonnière par les bourguignons et, 6 mois plus tard, vendue aux Anglais. Le parti Anglais s'allie l'évêque de Beauvais et l'université de Paris pour la faire déclarer « idolâtre, apostate et relaps ». Elle sera brûlée vive à Rouen, le 31 mai 1431. Elle avait 19 ans.

La vallée des rois

Les rives de la Loire se transforment à la Renaissance lorsqu'une nouvelle civilisation, celle d'une cour itinérante aux demeures féeriques, s'y épanouit. Nouveau code de courtoisie, humanisme, joutes poétiques et intrigues amoureuses s'épanouissent sur ce territoire. Les séjours réguliers de la Cour dans le Val de Loire commencent avec Charles VII et se terminent avec le dernier des Valois, Henri III. Ils font de la Touraine une terre de palais.

DE PARIS AU VAL DE LOIRE

Les rois capétiens avaient longtemps été itinérants mais, à partir du 12e s., ils orientent leurs faveurs vers Paris qui devient la capitale du royaume. Retournement avec **Charles VII (1403-1461)** qui naît à Paris mais en est chassé par les bourguignons, soutenus par une partie de l'université. Charles VII est donc à Bourges lorsque, à la mort de son père, il se proclame roi de France. Il séjourne fréquemment à Loches et à Chinon, où Jeanne d'Arc vient le chercher. Il a également confisqué la forteresse de Louis d'Amboise et l'agrandit pour en faire un séjour royal. La Cour revient à Paris en 1438, mais pour une courte durée : la semi-trahison parisienne a déçu la royauté, le Val de Loire devient le cœur du royaume.

Ce n'est d'ailleurs pas à Paris que naît **Louis XI (1423-1483)** mais à Bourges, qu'il quitte, enfant, pour Loches, puis Amboise. Après un bref séjour à Paris, il se marie à Tours en 1436 (avec Marguerite d'Écosse, qui meurt 9 ans plus tard sans enfant), puis avec Charlotte de

Savoie, qui réside à Amboise : Louis XI a ajouté au château un corps de bâtiment pour recevoir dignement sa famille. Charlotte y tient une cour d'un faste modeste tandis que son époux prouve son exceptionnel talent de diplomate, d'abord aux côtés de son père, puis en conflit avec lui. Lorsqu'il devient roi, Louis XI s'installe à Tours : c'est de là qu'il mène son long combat contre le duc de Bourgogne. Il meurt à Plessis-lès-Tours, où il s'était fait aménager un manoir. Il demandera à être enterré à N.-D.-de-Cléry *(voir ce nom)*, son lieu de pèlerinage favori, et non à St-Denis, comme ses prédécesseurs.

LA RENAISSANCE À AMBOISE

Fils de Louis XI, **Charles VIII** (1470-1498) naît et meurt à Amboise (en se cognant la tête au linteau d'une porte)… On lui doit les gigantesques tours de Minimes et Hurtault. Il revient de sa campagne d'Italie accompagné d'artisans et d'artistes italiens, notamment Pacello de Mercogliano qui réalise les jardins du château. Il fait des achats considérables pour meubler Amboise. C'est par centaines que l'on compte alors les tapis persans, les « tapis velus » de Turquie et les tapis de Syrie. Les pièces du château sont décorées de tapisseries de Flandres ou de Paris. L'argenterie est aussi abondante que délicate et les œuvres d'art, en grand nombre, proviennent pour la plupart d'Italie.

À BLOIS, LA VIE DE COUR

Son successeur, **Louis XII** (1462-1515), s'installe à Blois qui devient ville royale. Son château natal devient la capitale politique du royaume. Avec **François Ier**, son gendre, la Cour devient une école d'élégance, de culture et de goût. Il aime les savants, les poètes, les artistes. Les femmes, jusque-là cantonnées dans le service de la souveraine, deviennent les reines d'une société nouvelle. François Ier exige d'elles une élégance sans défaut, leur offre des toilettes qui mettent leur beauté en valeur. Il veille à ce qu'on fasse preuve de respect à leur égard. Un nouveau code de courtoisie se met en place et la Cour donne l'exemple des bonnes manières. Brantôme dépeint le souverain « … courtois et galant enfin ; car n'est-ce pas lui qui, considérant qu'une cour sans dames est un jardin sans aucunes belles fleurs, a introduit en la Cour les grandes assemblées ordinaires d'icelles qui en sont

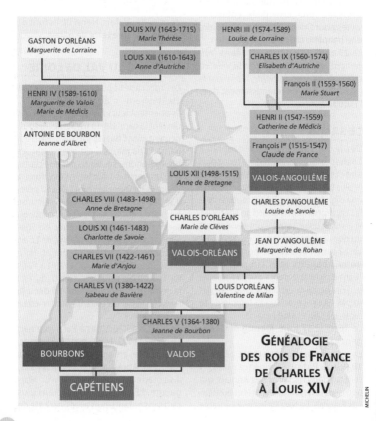

GÉNÉALOGIE DES ROIS DE FRANCE DE CHARLES V À LOUIS XIV

MICHELIN

toute la décoration ? » La vie amoureuse de François Ier compte nombre d'héroïnes, dont Françoise de Châteaubriant et la duchesse d'Étampes qui règne sur la Cour jusqu'à la mort du roi. François Ier se partage entre Amboise, où il passe sa jeunesse et les premières années de son règne, et Blois. À partir de 1527, il se réinstalle en partie à Paris où il fait modifier le Louvre, déserté depuis plus d'un siècle.

Festivités royales

Les fêtes que François Ier donne à Amboise sont somptueuses. Lors de la reconstitution d'une opération de siège en pleine campagne, une ville provisoire est élevée, attaquée et prise par le roi. Pour mieux donner l'illusion d'un combat réel, les bombardes lancent de gros ballons. La chasse reste à l'honneur.

DERNIERS ÉCLATS LIGÉRIENS À CHAMBORD

C'est dans un coin perdu, au cœur d'une vaste forêt marécageuse, que François Ier entreprend la construction de son chef-d'œuvre. Il n'y passera pourtant que 72 jours au total et mourra peu après l'achèvement des appartements royaux… Proche de Blois, inséré dans un vaste domaine de chasse, Chambord est l'expression-même de la puissance royale, et ce n'est pas un hasard si François Ier y reçut son plus illustre rival, l'empereur Charles-Quint.

Henri II (1519-1559) en poursuivra quelques temps les travaux, mais ceux-ci ne seront achevés que sous Louis XIV (1638-1715), qui aimait ce lieu, symbole prophétique de la monarchie absolue.

LE VAL DE LOIRE DÉLAISSÉ

Sous Henri II et ses fils, Blois continue d'être le siège habituel de la Cour lorsqu'elle n'est pas au Louvre. La conjuration d'Amboise et sa terrible répression (1560) ternissent l'attrait du château qui ne connaîtra plus les fastes royaux. De même, l'assassinat du duc de Guise et de son frère, le cardinal de Lorraine (1588), jette un voile endeuillé sur le château de Blois, qu'Henri III délaisse un temps pour Tours, à nouveau capitale du royaume.

C'est le règne d'**Henri III** (1574-1589) qui établit à Blois le premier code d'étiquette et introduit le titre « Sa Majesté ». La reine mère et la reine ont une centaine de dames d'honneur. La suite du roi comprend 200 gentilshommes, plus d'un millier d'archers et de suisses. Une multitude de serviteurs s'affairent dans le château. Les princes de sang, les grands seigneurs ont aussi leur « maison ». Environ 15 000 personnes gravitent ainsi autour du roi et, quand la Cour se déplace, il lui faut 12 000 chevaux ! Rappelons qu'au milieu du 16e s., seules 25 villes dépassent 10 000 habitants : c'est dire l'importance de la caravane royale…

Henri IV commence son règne (1589-1610) par des temps difficiles. N'ayant pu s'emparer de Paris, il installe son gouvernement à Tours. Après bien des vicissitudes, le 22 mars 1594, il fait une entrée triomphale dans Paris, qui redevient alors la capitale incontestée du royaume. Le Val de Loire continuera d'accueillir les grands de ce monde, mais c'en est fini de son rôle politique…

Les dames et leur château

Le déploiement de grâce des châteaux de la Renaissance a souvent été l'œuvre de femmes ou celles-ci ont été l'âme de ces demeures. À la Cour, leur rôle politique devient primordial, tandis que le faste parfois tapageur dont elles s'entourent contribue au rayonnement artistique du royaume.

Portrait d'Agnès Sorel.

LES FAVORITES

Née en Touraine, **Agnès Sorel** (vers 1420 ?-1450) est officiellement la favorite en titre du roi, et cela pour la première fois dans l'histoire de France. Délaissée, la reine Marie d'Anjou, dont la si belle Agnès fut la suivante, se morfond… Pendant cinq ans, Agnès Sorel a une grande emprise sur le roi jusqu'en politique ; elle le guérit de ses dépressions, lui donne quatre filles, l'entoure de conseillers de valeur qui contribuent à la relève du pays. Mais elle scandalise tant la Cour que le peuple par ses tenues et son goût du luxe et, malgré une réelle charité, est détestée, tout particulièrement du fils de sa rivale, le futur Louis XI. En 1449, lasse des vexations de ses ennemis, elle abandonne Chinon et la Cour pour Loches. Enceinte, elle tente de rejoindre Charles VII qui guerroie en Normandie en 1449. Le 9 février elle est prise d'un « flux de ventre » à Jumièges et rend l'âme dans de terribles souffrances quelques jours plus tard. Son cœur reste à Jumièges, son corps repose à Loches *(voir ce nom)*.

Un siècle plus tard, une autre belle allie son destin au Val de Loire : la célèbre **Diane de Poitiers** (1499-1566) reçoit le château de Chenonceau d'Henri II. Elle s'y attache et charge Philibert Delorme de bâtir le pont qui relie le château à l'autre rive du Cher. Jusqu'à son extrême vieillesse, Diane garde une vigueur de corps et d'esprit qui émerveille ses contemporains. Prenant elle-même des décisions d'État, elle négocie avec les protestants, distribue magistratures et dignités, et, à la grande humiliation de la reine Catherine de Médicis, se charge de l'éducation des enfants royaux. Sa personnalité est telle qu'il n'est guère d'artistes de ce temps qui ne nous en aient laissé un portrait.

LES RÉGENTES ET LES REINES

Ce n'est pas toujours la beauté qui propulse les femmes sur le devant de la scène. Avant de mourir, Louis XI confie à sa fille, qui a hérité de lui un grand sens politique, la régence du royaume lors de la minorité du roi Charles VIII, son frère. **Anne de Beaujeu** (1460-1522) gouverne d'une main ferme, méritant son surnom de « Madame la Grande », et fait agrandir le château de Gien qui se pare d'un bel appareil de briques polychromes disposées en losanges tout en gardant des lignes gothiques.

Catherine de Médicis figure à la Cour pendant 55 ans, sous cinq rois. Éclipsée un temps par sa rivale Diane de Poitiers, elle prend sa revanche à partir de 1559 en lui imposant perfidement Chaumont en échange de Chenonceau. Son goût du faste lui fait construire la galerie à deux étages au-dessus du pont sur le Cher, toujours par Philibert Delorme, et le château est le cadre de fêtes somptueuses. Régente à l'avènement de Charles IX, qui succède à l'éphémère François II, elle s'efforce

Catherine de Médicis.

de maintenir l'autorité de la monarchie dans le difficile contexte des guerres de Religion, louvoyant habilement entre les Guises et les Bourbons, et usant de diplomatie, de manœuvres matrimoniales et d'intrigues familiales. Sous Henri III, son influence recule progressivement devant celle des « mignons ».

LES RICHES CHÂTELAINES

D'autres femmes s'illustrent loin de la Cour. Au temps de François Ier, **Philippa Lesbahy** et **Catherine Briçonnet**, épouses de grands financiers souvent en voyage, supervisent respectivement la construction et l'aménagement de deux des plus beaux châteaux de la Loire : Azay et Chenonceau.

Chenonceau restera un château habité par des femmes : **Louise de Lorraine**, la « reine blanche » (couleur de deuil), s'y retire après la mort de son époux Henri III ; **Mme Dupin** (1733-1799), fille et femme de financier, y accueille les philosophes du Siècle des lumières (J.-J. Rousseau est le précepteur de son fils). **Mme Pelouze** fera restaurer Chenonceau à la fin du 19e s.

Chaumont et Villandry le seront grâce à la fortune de deux riches héritières. Le château de Chaumont-sur-Loire est acheté en 1875 par **mademoiselle Say**, fille de riche industriels. Devenue princesse de Broglie, elle redonne vie au château, mais se lance dans des fêtes si fastueuses qu'elle meurt ruinée à Paris. Également réputé pour ses jardins, Villandry doit son essor à la passion de Joachim Carvallo (1869-1936) qui épouse une riche américaine, **Anne Coleman**.

ART ET CULTURE

Si l'architecture religieuse est ici connue pour les audacieuses voûtes angevines, l'ensemble de la région compte bien d'autres trésors, notamment des églises romanes parées de fresques extraordinaires. Les châteaux, d'abord sévères donjons, puis luxueuses demeures de plaisance dotées de somptueux jardins, sont à eux seuls des buts de visite dans le Val de Loire. Les rois et grands seigneurs qui les ont habités ont attiré de nombreux artistes dont le pays garde la trace…

A. Cassaigne / MICHELIN

Anges musiciens de la cathédrale du Mans, 13ᵉ s.

L'architecture et ses atours

L'architecture, embellie par les peintures murales, le vitrail et la tapisserie, évolue vers les formes les plus séduisantes. Princes, financiers, riches marchands et artistes font du Val de Loire une terre de génies.

VESTIGES CAROLINGIENS

Il ne reste que peu de vestiges de l'architecture antérieure à la période romane, mais non des moindres ! L'église de **Germigny-des-Prés**, l'une des plus anciennes de France, est en effet un magnifique sanctuaire carolingien, doté d'un plan en croix grecque et dont la voûte est ornée d'une splendide mosaïque.

Après les invasions normandes (9ᵉ s.), le Val de Loire entre dans une phase de construction et de reconstruction intense, alliée à une grande ferveur religieuse. Du 10ᵉ s., la **collégiale St-Martin d'Angers** garde les piliers bicolores de la croisée, le transept et les proportions de la nef.

L'ART ROMAN (11ᵉ-12ᵉ S.)

Terre de contacts, le Val de Loire est marqué par des influences venues d'Aquitaine, du Poitou, de Bourgogne

Couleurs et perspectives des vitraux

Le vitrail est un assemblage de panneaux de verre coloré, sertis de plomb, fixés à une armature de fer. Le verre est teinté dans la masse, quand la pâte est en fusion, au moyen d'oxydes métalliques. Il est découpé suivant un modèle, au fer chaud, puis, à partir du 14ᵉ s., au diamant. L'artiste précise les détails au pinceau avec une peinture bistre (grisaille). Les nuances varient à l'infini, suivant le degré de cuisson au four.

Les premiers vitraux connus, dont le vitrail de l'Ascension de la cathédrale du Mans, datent des 11ᵉ-12ᵉ s. Aux 12ᵉ et 13ᵉ s., les sujets, disposés dans des médaillons superposés, sont teintés de coloris francs à dominantes bleue et rouge. Les cisterciens utilisent des verrières d'un vert pâle nacré, avec parfois un décor végétal sur fond quadrillé donnant une apparence de gris, d'où leur nom de « grisailles ». Aux 14ᵉ et 15ᵉ s., les maîtres verriers découvrent le jaune d'argent ; les tonalités s'éclaircissent. Au 16ᵉ s., les vitraux reproduisent les peintures de la Renaissance, avec un souci du détail et de la perspective (Champigny-sur-Veude, Montrésor et Sully-sur-Loire).

et du Berry. Néanmoins, les clochers de Touraine présentent une architecture propre, avec une base flanquée de clochetons qui se prolonge par une flèche. Le clocher de l'abbatiale de Cunault en est un exemple ; la nef, avec ses vastes bas-côtés, montre des traits caractéristiques de l'architecture du Poitou.

La basilique bénédictine de **St-Benoît-sur-Loire** présente un plan à déambulatoire avec chapelles rayonnantes mais se distingue par la présence d'une sorte de second transept formé par deux chapelles. Son chevet révèle, par son étagement, une influence bourguignonne.

Les coupoles sur pendentifs qui coiffent en enfilade la vaste nef unique de l'**abbatiale de Fontevraud** sont à rapprocher de celles que l'on trouve en Aquitaine. Parmi les autres témoignages remarquables des 11e-12e s., citons les sanctuaires qui jalonnent la vallée du Cher (St-Aignan, Selles) et les édifices de la région de Baugé et de Saumur.

L'architecture romane pouvait offrir une belle place aux **fresques**, puis aux **peintures murales** : les parois intérieures ne sont pas encore évidées par les grandes ouvertures gothiques. La douceur du climat les ayant préservées, elles sont particulièrement nombreuses et de belle qualité dans le Val de Loire. Ainsi, de splendides œuvres instruisent les fidèles le long de la vallée du Loir (chapelle St-Gilles à Montoire), du Cher (St-Aignan) et de la Vienne (crypte de l'église de Tavant), le cloître St-Aubin d'Angers et, dans le Baugeois, l'église de Pontigné. Les figures à l'ocre rouge, se détachant sur des fonds clairs (la barbe et les yeux, exécutés à la détrempe, moins durable, ont souvent disparu), sont relevées de touches de noir, de vert et de ce bleu céleste caractéristique de la région.

Vitrail de la cathédrale d'Angers.

S. Sauvignier / MICHELIN

DU STYLE ANGEVIN AU GOTHIQUE (12e-15e S.)

Le **style Plantagenêt**, dit aussi **angevin**, tient son nom d'Henri II Plantagenêt. Il se caractérise par des voûtes ogivales bombées, des chapiteaux richement sculptés et de vastes baies en plein cintre. Il atteint son apogée au début du 13e s. et s'éteint avant la fin du siècle : la meilleure illustration en est, à Angers, la cathédrale, la nef unique de St-Serge, la salle de l'hôpital St-Jean (musée Jean-Lurçat) et, au Mans, N.-D.-de-la-Couture.

L'élégance des châteaux bâtis au 14e s. pour les ducs d'Anjou (Saumur, château du roi René à Baugé) imprègne ceux qui se multiplient au siècle suivant (château de Moulin à Lassay), mais aussi les manoirs (Clos-Lucé à Amboise) et les hôtels urbains à tourelle d'escalier en saillie et hautes lucarnes. Les plus beaux ensembles de maisons en brique à pans de bois se trouvent au Mans, à Chinon et à Tours. L'architecture gothique flamboyante orne les façades de la Trinité de Vendôme et de St-Gatien de Tours, de N.-D.-de-Cléry et de la Ste-Chapelle de Châteaudun.

Il faut attendre le 15e s. et la fin de la guerre de Cent Ans pour retrouver des peintures murales. Miroir des souffrances endurées (entre 1348 et 1350, la peste a emporté près de 40 % de la population), un sujet récurrent s'ajoute aux scènes traditionnelles : le *Dict des Trois Morts et des Trois Vifs*, où trois chasseurs rencontrent trois squelettes, illustrant la vanité et la brièveté de l'existence humaine. À noter dans la vallée du Loir, deux ensembles étonnants dans les églises voisines d'Asnières-sur-Vègre et d'Auvers-le-Hamon.

LA RENAISSANCE

Avant les guerres d'Italie, des artistes italiens avaient déjà été appelés à la cour d'Anjou et de France. La Renaissance n'a donc pas surgi d'un coup de baguette magique à la suite des expéditions d'Italie. Cependant, l'arrivée d'artistes amenés de Naples par Charles VIII, fin 1495, renouvela l'art local. À commencer par la **sculpture** : après Michel Colombe (vers 1430-1514) qui allie les traditions gothiques et les nouveautés italiennes, Guido Mazzoni (vers 1450-1518) est l'auteur du tombeau de Charles VIII et de la statue de Louis XII à Blois. Le tombeau de ce dernier et d'Anne de Bretagne (ces tombeaux sont conservés dans la basilique St-Denis, près de Paris) est l'œuvre d'Antoine Juste (1479-1519), d'origine florentine, fixé à Tours en 1515. Fra Giocondo (vers 1433-1515), célèbre moine

Les tapisseries

Destinées à parer les églises et autres vastes salles, les tentures brodées, déjà connues au 8ᵉ s., se multiplient au 14ᵉ s. Parallèlement, les tapisseries de haute ou de basse lisse deviennent, par leur valeur, pur investissement ou cadeau diplomatique et quittent les résidences pour pavoiser les rues. La plus fameuse et la plus ancienne de ce type est celle de l'Apocalypse, conservée à Angers et tissée au 14ᵉ s. Celle-ci fut tissée à Paris, qui reste la capitale de cet art en France (il n'y eut qu'un lissier en Val de Loire, cela au début du 16ᵉ s.). À la fin du 15ᵉ s. se développent des tapisseries profanes aux mille-fleurs, retraçant des scènes de la vie seigneuriale ou champêtre sur fond semé de fleurs, de plantes variées et de petits animaux. Il s'en trouve de fort belles à Saumur, Langeais et Angers.

véronais, humaniste et ingénieur, enseigne à Vitruve lors de son séjour en France (1495-1506). De nombreux châteaux sont élevés en Val de Loire (*voir p. 80*).

La Renaissance est aussi prodigue en **hôtels de ville** (Orléans, Beaugency, Loches, Saumur) et en hôtels construits pour des bourgeois enrichis dans le négoce et la finance : hôtel Toutin à Orléans, hôtel Gouin à Tours, hôtel Pincé à Angers. Les façades des églises Renaissance s'inspirent de modèles italiens : arc en anse de panier ou en plein cintre, nombreuses niches abritant des statues. Les églises de Montrésor (1519-1541), les chapelles d'Ussé (1520-1538), de Champigny-sur-Veude (entre 1508 et 1543) et de La Bourgonnière (1508-1523) sont particulièrement intéressantes.

Le célèbre Clément Janequin (1480-1565), maître de la musique religieuse et profane, angevin d'adoption, fut longtemps directeur de l'école de musique de la cathédrale – psalette –, à Angers.

L'**école française de peinture** s'affirme avec Jean Fouquet (vers 1420-1480), portraitiste et miniaturiste né à Tours (et qui a fait le voyage d'Italie), et le Maître de Moulins (fin 15ᵉ s.), parfois identifié à Jean Perréal (vers 1455-1530). Le Flamand Jean Clouet, attaché à Louis XII et à François Iᵉʳ, et son fils François Clouet (1520-1572), né à Tours, s'illustrent comme portraitistes des Valois. Léonard de Vinci (1452-1519), appelé par François Iᵉʳ, séjourne dans le Val de Loire à partir de 1516 et meurt à Amboise. Au 16ᵉ s., les peintures deviennent plus rares sur les murs des églises. Deux exemples subsistent de cette époque : la Mise au tombeau de l'église de Jarzé et les peintures de la salle capitulaire de l'abbaye de Fontevraud.

ÉPOQUE CLASSIQUE (17ᵉ ET 18ᵉ S.)

Le classicisme est caractérisé par un rigoureux équilibre des formes, sensible dans l'aile Gaston-d'Orléans du château de Blois (1635-1638), chef-d'œuvre de François Mansart. L'architecture religieuse classique aspire à la majesté : à Saumur, N.-D.-des-Ardilliers porte une vaste coupole ; à Blois, les ordres superposés de St-Vincent sont marqués par des volutes. Le 18ᵉ s. fait surtout œuvre d'urbanisme : de longues perspectives sont tracées à Orléans et à Tours dans l'axe des magnifiques ponts à tabliers horizontaux (Blois, Angers).

LE 19ᵉ ET LE 20ᵉ S.

Au 19ᵉ s., le graveur-sculpteur **David d'Angers** (1788-1856) accède à la notoriété pour ses centaines de médaillons, qui nous font découvrir les profils des personnalités de son temps, et ses statues, comme le tombeau de Bonchamps (1825) dans l'église de St-Florent-le-Vieil.

Au 19ᵉ s., l'architecture se libère du carcan classique et s'inspire de toutes les époques en donnant libre cours à son imagination : néoclassique pour les mairies et écoles, néogothique ou néobyzantine pour les églises (St-Martin de Tours) mais aussi pour les châteaux (*voir p. 80*).

Au 20ᵉ s., un rénovateur de la tapisserie, **Jean Lurçat**, relève la tradition avec son œuvre monumentale *Le Chant du monde* (1957-1966). Dans le même temps, un regain d'intérêt se manifeste pour le vitrail : figuratifs ou abstraits, des panneaux sortent des ateliers des peintres verriers, dont Max Ingrand (cathédrale et église St-Julien de Tours, chapelles des châteaux d'Amboise et de Blois). Cousin du vitrail, le **gemmail** superpose des fragments de verre colorés sans nervure de plomb. Le procédé, initié par le peintre Jean Crotti et le physicien Emmanuel Malherbe Navarre, deviendra un art à part entière dans les mains du frère de ce dernier, Roger Malherbe Navarre (1908-2006), installé à Tours.

Parmi les édifices du 20ᵉ s., il faut mentionner le Centre international de congrès Vinci de Tours (1991-1993) réalisé par Jean Nouvel, concepteur de l'Institut du monde arabe à Paris ou de l'Opéra de Lyon.

Par ailleurs, la Bibliothèque universitaire des sciences du campus Orléans-La Source, œuvre des architectes Florence Lipsky et Pascal Rollet, a été élue meilleur bâtiment de l'année 2005.

ABC d'architecture

Les dessins présentés dans les planches qui suivent offrent un aperçu visuel de l'histoire de l'architecture dans la région et de ses particularités. Les définitions des termes d'art permettent de se familiariser avec un vocabulaire spécifique et de profiter au mieux des visites des monuments religieux, militaires ou civils.

Architecture religieuse

LE MANS – Plan de la cathédrale St-Julien (12ᵉ au 15ᵉ s.)

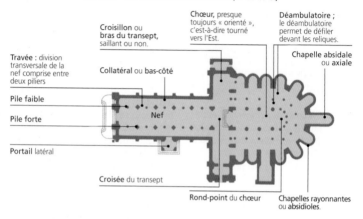

Croisillon ou bras du transept, saillant ou non.

Chœur, presque toujours « orienté », c'est-à-dire tourné vers l'Est.

Déambulatoire ; le déambulatoire permet de défiler devant les reliques.

Travée : division transversale de la nef comprise entre deux piliers

Collatéral ou bas-côté

Chapelle absidale ou axiale

Pile faible

Pile forte

Nef

Portail latéral

Croisée du transept

Rond-point du chœur

Chapelles rayonnantes ou absidioles.

ST-AIGNAN – Coupe longitudinale de la Collégiale (11ᵉ-12ᵉ s.), transept et chœur

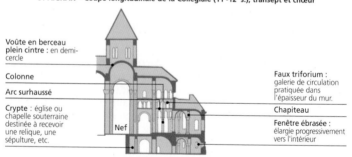

Voûte en berceau plein cintre : en demi-cercle

Colonne

Arc surhaussé

Crypte : église ou chapelle souterraine destinée à recevoir une relique, une sépulture, etc.

Nef

Faux triforium : galerie de circulation pratiquée dans l'épaisseur du mur.

Chapiteau

Fenêtre ébrasée : élargie progressivement vers l'intérieur

ANGERS – Voûtes de l'église St-Serge (début du 13ᵉ s.)

À la fin du 12ᵉ s., les voûtes angevines s'allègent ; les nervures plus nombreuses et plus gracieuses retombent sur de sveltes colonnes rondes. Au début du 13ᵉ s. s'élèvent des vaisseaux dont les hautes voûtes à liernes s'ornent d'élégantes sculptures.

Clé de voûte

Voûtain ou quartier, en brique.

Lierne : nervure auxiliaire d'une voûte d'ogives

Nervure

Voûte sur croisée d'ogives

Chapiteau

Fût ou colonne

R. Corbel / MICHELIN

ST-BENOÎT-SUR-LOIRE – Basilique Ste-Marie (11ᵉ-12ᵉ s.)

Église romane. Plan à double transept, rare en France ; le petit transept, ou faux transept, se déploie de part et d'autre du chœur.

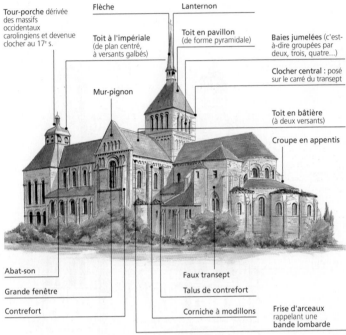

Tour-porche dérivée des massifs occidentaux carolingiens et devenue clocher au 17ᵉ s.

Flèche

Lanternon

Toit à l'impériale (de plan centré, à versants galbés)

Toit en pavillon (de forme pyramidale)

Baies jumelées (c'est-à-dire groupées par deux, trois, quatre...)

Mur-pignon

Clocher central : posé sur le carré du transept

Toit en bâtière (à deux versants)

Croupe en appentis

Abat-son

Grande fenêtre

Contrefort

Faux transept

Talus de contrefort

Corniche à modillons

Frise d'arceaux rappelant une bande lombarde

LE MANS – Chevet de la cathédrale St-Julien (13ᵉ s.)

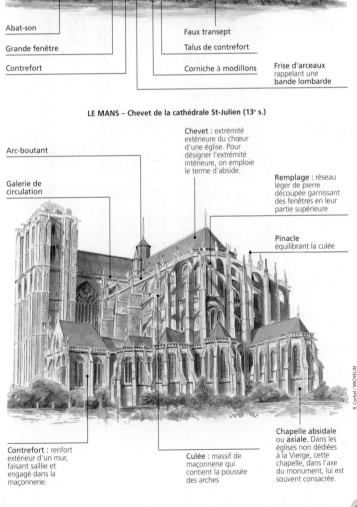

Arc-boutant

Galerie de circulation

Chevet : extrémité extérieure du chœur d'une église. Pour désigner l'extrémité intérieure, on emploie le terme d'abside.

Remplage : réseau léger de pierre découpée garnissant des fenêtres en leur partie supérieure

Pinacle équilibrant la culée

Contrefort : renfort extérieur d'un mur, faisant saillie et engagé dans la maçonnerie.

Culée : massif de maçonnerie qui contient la poussée des arches

Chapelle absidale ou **axiale.** Dans les églises non dédiées à la Vierge, cette chapelle, dans l'axe du monument, lui est souvent consacrée.

R. Corbel / MICHELIN

TOURS – Façade de la cathédrale St-Gatien (13ᵉ au 16ᵉ s.)

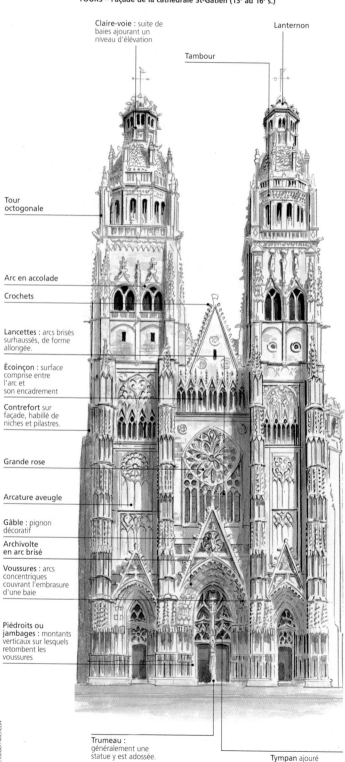

Claire-voie : suite de baies ajourant un niveau d'élévation

Lanternon

Tambour

Tour octogonale

Arc en accolade

Crochets

Lancettes : arcs brisés surhaussés, de forme allongée.

Écoinçon : surface comprise entre l'arc et son encadrement

Contrefort sur façade, habillé de niches et pilastres.

Grande rose

Arcature aveugle

Gâble : pignon décoratif

Archivolte en arc brisé

Voussures : arcs concentriques couvrant l'embrasure d'une baie

Piédroits ou jambages : montants verticaux sur lesquels retombent les voussures

Trumeau : généralement une statue y est adossée.

Tympan ajouré

R. Corbel / MICHELIN

LORRIS – Buffet d'orgues de l'église (15ᵉ s.)

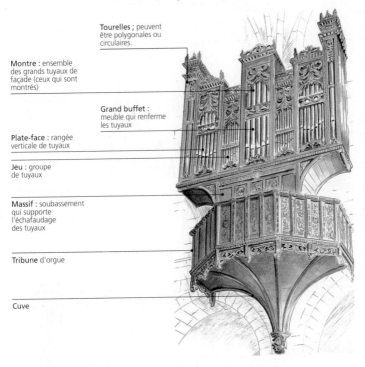

Tourelles ; peuvent être polygonales ou circulaires.

Montre : ensemble des grands tuyaux de façade (ceux qui sont montrés)

Grand buffet : meuble qui renferme les tuyaux

Plate-face : rangée verticale de tuyaux

Jeu : groupe de tuyaux

Massif : soubassement qui supporte l'échafaudage des tuyaux

Tribune d'orgue

Cuve

ANGERS – Chaire à prêcher de la cathédrale St-Maurice (19ᵉ s.)

Cette œuvre (1855) de l'abbé René Choyer est un pastiche de l'art gothique du 13ᵉ s. ; l'ensemble de la chaire résume toute la connaissance de l'architecture et de la sculpture médiévales.

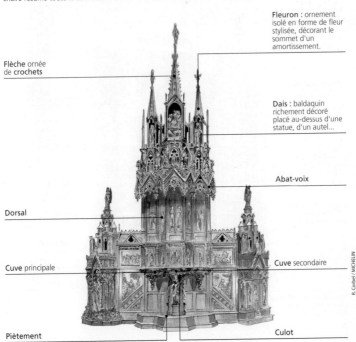

Fleuron : ornement isolé en forme de fleur stylisée, décorant le sommet d'un amortissement.

Flèche ornée de crochets

Dais : baldaquin richement décoré placé au-dessus d'une statue, d'un autel...

Abat-voix

Dorsal

Cuve principale

Cuve secondaire

Piètement

Culot

R. Corbel / MICHELIN

Architecture militaire

LOCHES – Porte des Cordeliers (11ᵉ et 13ᵉ s.)

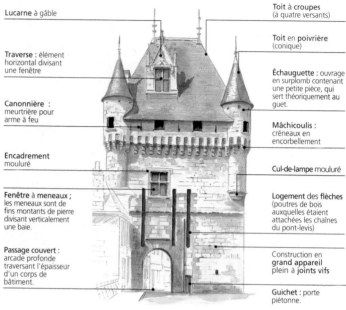

Lucarne à gâble

Traverse : élément horizontal divisant une fenêtre

Canonnière : meurtrière pour arme à feu

Encadrement mouluré

Fenêtre à meneaux ; les meneaux sont de fins montants de pierre divisant verticalement une baie.

Passage couvert : arcade profonde traversant l'épaisseur d'un corps de bâtiment.

Toit à croupes (à quatre versants)

Toit en poivrière (conique)

Échauguette : ouvrage en surplomb contenant une petite pièce, qui sert théoriquement au guet.

Mâchicoulis : créneaux en encorbellement

Cul-de-lampe mouluré

Logement des flèches (poutres de bois auxquelles étaient attachées les chaînes du pont-levis)

Construction en grand appareil plein à joints vifs

Guichet : porte piétonne.

Architecture civile

BLOIS – Château, escalier François-Iᵉʳ (16ᵉ s.)

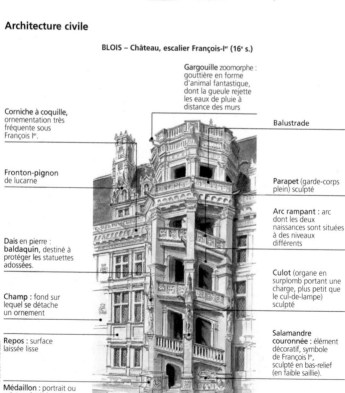

Gargouille zoomorphe : gouttière en forme d'animal fantastique, dont la gueule rejette les eaux de pluie à distance des murs

Corniche à coquille, ornementation très fréquente sous François Iᵉʳ.

Fronton-pignon de lucarne

Dais en pierre : baldaquin, destiné à protéger les statuettes adossées.

Champ : fond sur lequel se détache un ornement

Repos : surface laissée lisse

Médaillon : portrait ou sujet sculpté, inscrit dans un cercle.

Balustrade

Parapet (garde-corps plein) sculpté

Arc rampant : arc dont les deux naissances sont situées à des niveaux différents

Culot (organe en surplomb portant une charge, plus petit que le cul-de-lampe) sculpté

Salamandre couronnée : élément décoratif, symbole de François Iᵉʳ, sculpté en bas-relief (en faible saillie).

R. Corbel / MICHELIN

SERRANT – Château (16ᵉ-17ᵉ s.)

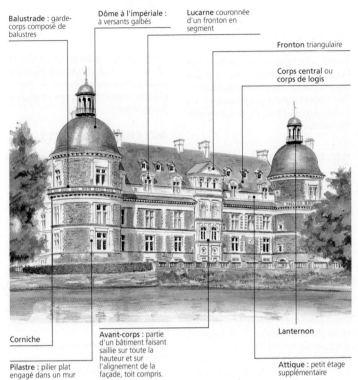

Balustrade : garde-corps composé de balustres

Dôme à l'impériale : à versants galbés

Lucarne couronnée d'un fronton en segment

Fronton triangulaire

Corps central ou corps de logis

Corniche

Avant-corps : partie d'un bâtiment faisant saillie sur toute la hauteur et sur l'alignement de la façade, toit compris.

Lanternon

Pilastre : pilier plat engagé dans un mur

Attique : petit étage supplémentaire

VILLANDRY – Architecture des jardins d'Amour (style Renaissance)

Charmille : allée de charmes taillés en palissade

Belvédère : construction d'où l'on peut contempler une perspective ou un paysage

Banquette : palissade formée d'arbustes taillés

Buffet d'eau : fontaine monumentale adossée

Mur d'espalier

Mail : allée bordée d'arbres

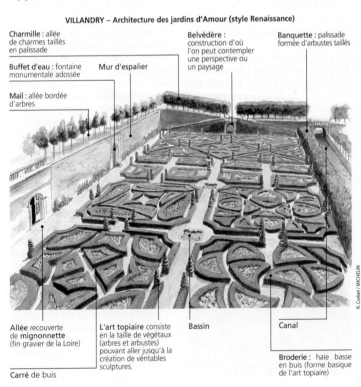

Allée recouverte de mignonnette (fin gravier de la Loire)

L'art topiaire consiste en la taille de végétaux (arbres et arbustes) pouvant aller jusqu'à la création de véritables sculptures.

Bassin

Canal

Carré de buis

Broderie : haie basse en buis (forme basique de l'art topiaire)

R. Corbel / MICHELIN

Les châteaux de la Loire

Si le Val de Loire évoque de premier abord les magnifiques et luxueux châteaux de plaisance que se sont bâtis les rois de France et leurs courtisans, il ne faudrait pas oublier que la région s'est distinguée bien avant dans la construction de donjons et de forteresses réputés imprenables. Du Moyen Âge au 19e s., il y en a pour tous les goûts…

DES DONJONS…

À l'**époque mérovingienne**, les forteresses rurales résultent souvent de la mise en défense d'anciennes *villae* gallo-romaines ou de la réoccupation de sites de hauteur (Loches, Chinon). Ce type de construction subsiste sous les Carolingiens, mais la menace normande entraîne une vague de fortification.

Le **château à motte** (10e s.) est une tour de bois de plan quadrangulaire bâtie au sommet d'une levée de terre, entourée d'une palissade et précédée d'un fossé. Le seigneur, sa famille, le chapelain et quelques gardes habitaient la tour. Dans les maisons de la basse cour (délimitée par un fossé et par une levée de terre surmontée d'une palissade) vivait la garnison, les artisans, les valets ; étables, écuries, granges, fours et parfois un oratoire venaient s'y ajouter. La reconstitution de St-Sylvain-d'Anjou permet de se faire une excellente idée de ce qu'étaient ces premiers châteaux. Le **11e s.** voit apparaître les premiers châteaux en maçonnerie. Les **donjons**

À Beaugency, le donjon de pierre date du 11e s.

S. Sauvignier / MICHELIN

de Loches, de Langeais, de Montbazon, de Chinon (Coudray), de Beaugency en sont de remarquables spécimens. La rivalité des comtes de Blois et d'Anjou a multiplié les constructions de donjons en pierre dans la région. Le comte d'Anjou Foulques Nerra en a été un grand bâtisseur. Le donjon du **12e s.** domine une basse cour protégée par une enceinte extérieure en pierre, progressivement flanquée de tours et de tourelles.

AUX CHÂTEAUX FORTS

Au **13e s.**, sous l'influence des croisades et du perfectionnement des techniques d'attaque, d'importantes innovations apparaissent. Le château se rétrécit et multiplie les organes défensifs en s'efforçant de supprimer les angles morts. L'enceinte se hérisse de tours, et le donjon est étroitement incorporé à l'ensemble. Donjons et tours adoptent un plan circulaire. La base des murs s'élargit ; la profondeur et la largeur des fossés augmentent ; les dispositifs de tir s'améliorent : archères de type nouveau, mâchicoulis en pierre, plates-formes, bretèches, etc.

Les églises et les monastères, les villes et certains villages n'ont pas échappé au mouvement général de fortification, surtout pendant la guerre de Cent Ans.

Sur le plan militaire, le **14e s.** apporte des améliorations de détail : le donjon s'engage dans la masse des bâtiments ; parfois il disparaît, l'ensemble se réduisant alors à un grand corps de logis rectangulaire défendu par de grosses tours d'angle. L'entrée, ouverte entre deux tours semi-circulaires, est protégée par un ouvrage avancé (barbacane) ou par un châtelet autonome. Les courtines se haussent désormais jusqu'à la hauteur des tours.

Au **15e s.**, un toit pointu, en poivrière, coiffe le dernier étage. Vers le milieu du siècle, l'artillerie royale devient la première du monde. Aucune forteresse ne résiste à la bombarde et l'architecture militaire subit une complète transformation : les tours deviennent des bastions bas et très épais, les courtines s'abaissent et s'élargissent jusqu'à 12 m d'épaisseur.

La région présente un cas assez exceptionnel avec le château de Brézé. Un remarquable ensemble troglodytique, protégé par de profondes douves sèches, a été créé au 15e s. pour accueillir une garnison de 500 hommes. Il a été utilisé par les troupes du Grand Condé.

Château de Cheverny.

PALAIS RENAISSANCE

Au **16ᵉ s.**, les préoccupations esthétiques et de bien-être atténuent l'aspect militaire des châteaux. Fossés, donjons, tourelles ne sont conservés qu'à des fins de prestige. Le toit très aigu, hérissé de cheminées sculptées, couvre des combles spacieux, éclairés par de hautes lucarnes monumentales. Alors qu'auparavant on réduisait les ouvertures, points vulnérables par excellence, les fenêtres se font désormais larges et sont encadrées de pilastres.

L'escalier monumental à rampes droites, voûté en caissons et axé au centre de la façade, se substitue à la tourelle d'un escalier à vis masqué. Les artistes italiens en créent de nouveaux modèles, à vis superposées (Chambord), à volées droites et plafonds à caissons (Chenonceau, Azay-le-Rideau, Poncé).

Dans la vaste cour d'honneur, une galerie – nouveauté venue d'Italie à la fin du 15ᵉ s. – apporte une touche d'élégance. Seule construction traditionnelle, la chapelle continue à utiliser la voûte d'ogives et le décor flamboyant. L'apport italien apparaît surtout dans l'ornementation en faible relief.

À la façade extérieure François Iᵉʳ du château de Blois, Dominique de Cortone (1470-1549), dit le Boccador (« Bouche d'Or »), a cherché à imiter la « travée rythmique », alternance de baies, de niches et de pilastres, inventée par Bramante. À Chambord et au Lude, le décor s'épure sous l'impulsion de maîtres locaux, tel Pierre Trinqueau.

DU CLASSIQUE 17ᵉ S. AUX FANTAISIES DU 19ᵉ S.

Après le départ de la Cour pour l'Île-de-France, de hauts personnages continuent d'élever de beaux édifices, comme le château de Brissac (ajouts du 17ᵉ s. sur une forteresse médiévale), marqué par l'alternance des matériaux, ou la ville et le château de Richelieu (détruit), qui annoncent Versailles. Les artistes viennent désormais de Paris. Cheverny est l'exemple même de la belle demeure classique, assez sévère extérieurement, avec une symétrie rigoureuse. Citons aussi l'aile Gaston-d'Orléans du château de Blois, le château de Craon.

Le 19ᵉ s. est une période particulièrement propice à la construction de châteaux tant dans les Pays-de-la-Loire qu'en Sologne : les classes dirigeantes s'y font bâtir ou rebâtir châteaux et manoirs, autour desquels elles viennent chasser. Néo-Renaissance, néogothique, néoclassique ou totales réinterprétations sont les styles adoptés pour ces milliers de constructions, au confort plus adapté à la vie moderne, ce qui explique que beaucoup restent habitées aujourd'hui.

Un style ou des styles ?

Rares sont les châteaux qui ont gardé intacte leur architecture d'origine. Nombre d'entre eux ont été remaniés au cours des siècles avec des évolutions plus ou moins faciles à identifier. Plutôt que de modifier leur précédent château certains propriétaires ont fait le choix de juxtaposer des ailes aux façades très différentes. C'est en particulier le cas aux châteaux de Blois et du Lude.

Repères dans l'art des jardins

La région, surnommée au 16e s. « le jardin de la France » par l'ambassadeur florentin Francesco Florio, offre un heureux prétexte à évoquer l'histoire et les styles de cet art indissociable des châteaux. Privilégiée par la présence d'importantes abbayes, de puissants seigneurs puis des rois de France, elle s'est vue fleurie et cultivée au gré des modes. Jardins médiévaux, inspirés de la Renaissance italienne, « à la française », « à l'anglaise » ou contemporains se sont succédé en Val de Loire. Quelques principes permettent de repérer à quelles périodes rattacher ces sources de plaisirs raffinés ou de pieuse méditation.

LE JARDIN DES ORIGINES

Comparée à celle des monuments ou des objets, l'histoire des jardins se heurte à un obstacle majeur : le jardin est par essence éphémère. À part l'olivier qui peut collectionner les millénaires, les arbres vivent cent, cinq cents, exceptionnellement mille ans pour les ifs puis

De mots et de pierre

Sur quoi s'appuie l'histoire pour reconstituer ce que furent les jardins ? En **Égypte**, les tombeaux sont ornés de peintures idéalisées de jardins, avec leur technique d'irrigation et dans lesquelles les plantes ont une signification symbolique. Au palais de Cyrus à Ispahan (**Perse**, 6e s. av. J.-C.), des fouilles ont mis au jour un de ces jardins clos, avec ses canaux et sa salle à colonnes tandis que les tapis en reproduisent souvent le plan. De la même époque, les célèbres **jardins suspendus de Babylone** furent décrits par des voyageurs romains quelques cinq siècles après leur abandon. Archéologie des monuments et des plantes (les graines fossiles ont permis de reconstituer quelques jardins de Pompéi), poésie, première classification des plantes : les sources se multiplient pour les Grecs et les Romains, alors qu'on ne sait rien des jardins celtes. Les **jardins médiévaux** sont, eux, connus par le capitulaire *De Villis*, dans lequel Charlemagne préconise la culture de 88 plantes et arbres, ainsi que par quelques plans de jardins d'abbaye, par les enluminures, les tapisseries, les décors sculptés. Toutes ces sources excluent malheureusement les petits jardins privés, forcément très nombreux.

meurent. Et que dire des arbustes, des fleurs ou les légumes ? Reste-t-il quelque part dans le monde un jardin intact, un jardin des origines, ne serait-ce qu'un jardin romain, médiéval ou de la Renaissance ? Non. Ni en Val de Loire, ni ailleurs. Justement, où les jardins sont-ils nés ? Étonnamment, l'étymologie, l'histoire et la Bible nous mènent vers une source plus ou moins commune des jardins d'Occident, qui est… un paradis ! Le mot paradis vient en effet du persan *pairidaeza* qui signifie jardin, enclos. Avec l'exil des Hébreux, ce mot donna *pardes* dans la Bible, puis *paradeisos* (notre paradis) en grec. Rappelons aussi que, dans la Bible, l'homme et la femme sont créés dans un jardin merveilleux, le paradis, planté d'arbres à fruits, abritant les animaux et d'où un fleuve, divisé en quatre bras (dont peut-être l'Euphrate), irrigue les quatre points cardinaux.

Le plan du paradis

Au-delà du mot, les origines de l'art des jardins se trouvent justement, *via* la Grèce antique et Rome, dans ces régions proches du Tigre et de l'Euphrate : elle passe par l'influence fondatrice de l'Égypte sur ces grands empires, puis par la découverte du *pairidaeza*, décrit pour la première fois par le Grec Lysandre au 5e s. av. J.-C. Ce visiteur émerveillé a pour guide le roi perse lui-même, **Cyrus**, présenté comme un roi jardinier, qui se préoccupe en personne de semer et de soigner ses arbres. Son jardin abrite entre ses murs des arbres fruitiers, baignés du parfum de multiples fleurs. Quel lien le jardin occidental a-t-il avec cette lointaine description ? Protégés dans un espace clos, les arbres et les fleurs, dont la vie en zone aride est conditionnée par l'irrigation, s'ordonnent le long de deux allées en croix bordées de canaux qui partagent l'espace du jardin en quatre. Ce plan traverse siècles et contrées de manière exemplaire : c'était vraisemblablement celui des Égyptiens, ce sera celui des jardins perses, babyloniens, grecs, romains, des jardins dits musulmans et des cloîtres monastiques !

Jardins des sens et sens du jardin

Ces jardins qui émerveillent les visiteurs naissent à la frange du désert et affirment dès l'origine toutes leurs fonctions actuelles. Leur mur protège des bêtes sauvages des arbres parfois rapportés de fort loin, portant des fruits comestibles. L'eau qui y coule avec un bruit charmant proclame une victoire de l'intelligence humaine sur la nature, l'ombre de ses

Plantes voyageuses et jardins botaniques

Très tôt, les plantes font l'objet d'expédition et d'échanges : dès le 15e s. av. J.-C., une reine égyptienne fait venir des arbres à encens de Somalie ; plus tard, un roi assyrien s'enorgueillit d'avoir rapporté de ses conquêtes cèdres, chênes, buis et arbres fruitiers. Le lis de la Madone a tant voyagé avant l'Empire grec qu'on ne sait plus d'où il vient. Au Moyen Âge, les monastères échangent plantes (la giroflée, l'ancolie, la pensée gagnent l'Angleterre) et connaissances. L'invention de l'imprimerie rend les savoirs plus accessibles et accroît la tendance. Du 16e au 20e s., les plantes circulent successivement au départ du Bassin méditerranéen, d'Amérique du Nord, d'Amérique du Sud et d'Extrême-Orient. Le mouvement, qui passe par les expéditions scientifiques, débouche sur les premiers jardins botaniques en Europe. Premier en France, celui de Montpellier naît à la fin du 16e s., suivi par celui de Paris. À Angers, les professeurs de la faculté de médecine en ouvrent un vers 1740. Il déménage en 1789 à son emplacement actuel, est réaménagé en 1905, dans un style anglais, puis agrandi en 1967.

arbres protège du soleil autant le visiteur qu'un second étage de végétation, qui compte des herbes aromatiques ou médicinales, des fleurs pour leur couleur et leur parfum, parfois aussi de beaux oiseaux. Bien-être, beauté, nourriture, soin, mais aussi science, pouvoir et prestige s'unissent dans ces lieux qui comblent les cinq sens de l'homme.

JARDIN CLOS DU MOYEN ÂGE

« J'ai un jardin rempli de plantes parfumées où fleurissent la rose, la violette, le thym et le crocus, le lis, le narcisse, le serpolet, le romarin, le jaune souci, le daphné et l'anis. D'autres fleurs s'y épanouissent à leur tour de sorte qu'à Bourgueil le printemps est éternel… » écrit, en l'an 1100, l'historien et poète Baudry de Bourgueil à propos de son abbaye. Les sources en Val de Loire ne nous permettent pas de remonter au-delà du Moyen Âge, mais les abbayes de Bourgueil, Marmoutier ou Cormery possèdent un jardin. Traditionnellement, ces jardins monastiques sont divisés en parcelles carrées ou rectangulaires comprenant le potager (hortulus), le verger (pomarius), le jardin médicinal (herbularius), et le cloître pour la méditation. S'y ajoute vers la fin du Moyen Âge un jardin clos (hortus conclusus), image de la Vierge. Les fleurs – aux vertus symboliques – servent à fleurir les lieux saints. Les nobles possèdent aussi des jardins d'agrément, clôturés et divisés selon les même principes, auxquels s'ajoutent de vastes parcs, avec bois et étangs.

Les méthodes de culture utilisent le plessis (tressage du bois surélevant, drainant et réchauffant le sol), la taille, le tressage des végétaux vivants. Les jardins comptent des banquettes de verdure où s'asseoir, des tonnelles, des prairies fleuries.

Quelques créations contemporaines permettent d'imaginer ces lieux. Le jardin en terrasses du **château de Blois** a été aménagé par Gilles Clément en un jardin des fleurs royales (lis, iris et hémérocalles) et un jardin des simples (plantes aromatiques et médicinales). À **St-Cosme**, où Ronsard fut prieur, la rose est omniprésente : huit espaces y déclinent l'art du jardinage du Moyen Âge à la Renaissance.

Reconstitué au 20e s., le jardin de Villandry reprend les principes de la Renaissance.

RENAISSANCE ET PERSPECTIVE

Avec la Renaissance, les jardins comme les autres arts s'imprègnent d'influence italienne, qui passe d'abord par les récits admiratifs des voyageurs puis par la traduction d'ouvrages. Au 15e s., les « carreaux » fleuris, installés par le **roi René** dans ses manoirs d'Anjou et par **Louis XI** au Plessis-lès-Tours, présentent des berceaux de feuillage et des fontaines à l'intersection des allées qui dispensent une douce fraîcheur au promeneur, distrait en outre par des animaux élevés en liberté ou gardés dans des ménageries et des volières. Charles VIII, enthousiasmé par les jardins qu'il découvre lors de sa campagne en Italie (1495), fait venir le jardinier napolitain **Pacello de Mercogliano**, qui aménage les jardins d'Amboise puis, plus grands et plus modernes, ceux de Blois. Entre 1553 et 1557, **Diane de Poitiers** fait réaliser les premiers jardins de Chenonceau (11 000 jours de travail, 7 000 tombereaux de terre transportée) qui mélangent arbres fruitiers, légumes et fleurs.

Si les techniques (tressage, taille) et la division des espaces restent les mêmes qu'au Moyen Âge, la distribution dans le plan s'ordonne et s'imprègne peu à peu de symétrie. Plus vaste que celui des jardins clos, il s'articule autour d'un axe principal incluant les bâtiments. Les jardins s'affirment en effet comme un prolongement de l'architecture des châteaux, dans une **mise en scène toute théâtrale** recélant des statues antiques. L'**eau**, qui s'anime de canaux, jets, bassins, miroirs et cascades (à partir du 16e s.) devient un élément central… Dans le même temps, l'art se veut plus proche de la nature et les jardins intègrent progressivement l'idée de perspective : même s'ils restent composés d'espaces clos, les jardins, de préférence étagés à flanc de coteau, ouvrent par quelques percées sur le paysage alentour. Les espèces cultivées restent les ifs, buis et charmes qui se prêtent à la taille sculpturale des jardiniers. S'y ajoutent

des plantes nouvelles : un des premiers bigaradiers (oranges amères) français est offert en cadeau de mariage à Louis XII, la tulipe venue de Turquie éblouit les Flandres pour provoquer, un siècle plus tard, un fantastique mouvement de spéculation financière. Ces plantes exotiques sont alignées dans les parterres, et font l'objet de l'admiration au même titre que les statues ou bassins.

Au château d'Angers, l'actuel petit jardin méditerranéen fait mémoire de ce goût des **plantes exotiques**, tandis que les jardins de Chenonceau, de Villandry, de Chamerolles et ceux en terrasses de Valmer donnent une belle idée de ces jardins Renaissance.

JARDIN « À LA FRANÇAISE »

En France, le 17e et le 18e s. poussent à leur paroxysme les principes et techniques de la Renaissance. Le plan d'ensemble du jardin dégage de vastes **perspectives**. Les bosquets et parterres ne sont plus seulement symétriques, ils sont aussi redistribués suivant leur fonction : le potager est caché voire relégué, le verger aussi sauf si ses arbres sont conduits en espalier (les techniques de taille atteignent un summum à Versailles). Les **parterres** dessinés sont bordés de bosquets boisés, percés de larges allées en étoiles. L'**art topiaire**, déjà présent dans les galeries, les haies, les pergolas, les charmilles, trouve une scène de choix dans les parterres de broderies, dont les arabesques de végétaux taillés se détachent sur fond de sable ou de gravier. Canaux, fontaines, bassins s'intègrent dans cette symétrie, de même que les fleurs exotiques, toujours présentes et mises en valeur dans des parterres légèrement surélevés. La rigueur triomphe, la nature est contrôlée, dominée, architecte et maître jardinier travaillent de concert. La mode des jardins « à la française » gagnera l'ensemble de l'Europe, du Portugal à la Russie, en passant par l'Angleterre, l'Autriche et la Hongrie.

Gaston d'Orléans, frère de Louis XIII, livre un atout horticole majeur au Val de Loire. Installé à Blois, celui-ci possède en effet le palais du Luxembourg et sa collection botanique. Par lui, les nouvelles introductions arrivent à Blois, dans un jardin hélas disparu aujourd'hui.

JARDIN « À L'ANGLAISE »

Promis à la même expansion que les jardins « à la française », les premiers parcs paysagers font leur apparition dans les

Le labyrinthe végétal

Généralement dessiné par des ifs, il apparaît dans les jardins à la Renaissance. Si au 16e s. il s'élève au niveau du genou, il se fait beaucoup plus haut à partir du 17e s., cachant dans ses méandres des jeux galants, une grotte… On en retrouve dans de nombreux jardins : Villandry, Chenonceau, Chamerolles…

années 1710 en Angleterre. Rompant avec l'accentuation perpétuelle de la géométrie, le plan simule au contraire un **naturel trompeur** fait de pittoresques allées tortueuses, de pelouses ondulées, de ruisseaux sinueux, de pièces d'eau, ruines, bancs, rochers, statues, bosquets… dont l'agencement très étudié semble l'œuvre du hasard. Les acclimatations d'arbres et de plantes exotiques continuent, bien sûr, mais doivent elles aussi s'intégrer de manière naturelle au site.

Les **jardins romantiques** ou « anglo-chinois » connaissent en France une grande vogue à la fin du 18e s., stoppée par les troubles révolutionnaires. Des « **fabriques** » ou « **folies** » agrémentent ces parcs : imitations de ruines antiques, pyramides égyptiennes, pagodes chinoises, kiosques ottomans… La **pagode de Chanteloup** (1775-1778), imitation de celle des jardins royaux de Kew, à côté de Londres, et la rotonde de l'Abondance, construite par Soufflot pour faire la jonction entre l'orangerie et le château de Ménars, en sont de beaux exemples.

La mode des potagers

L'apparition de nouveaux légumes en provenance des Amériques intensifia l'intérêt pour le potager à la Renaissance. Celui de Villandry a été reconstitué au début du 20e s. par Joachim Carvallo (1869-1936) à partir de documents du 16e s. Il conjugue la tradition monastique du potager au dessin géométrique et celle des jardins d'ornement italiens. Le potager est également à l'honneur à la Bourdaisière (collection de quelque 400 tomates), à Valmer (fruits et légumes oubliés) et à Montriou (courges, citrouilles et autres cucurbitacées).

Le 19e s. voit aussi la naissance des **parcs urbains** et un engouement pour les jardins de fleurs, favorisés par la production en serres. Le Jardin du mail d'Angers (1859) est un jardin public de style néo-classique, exceptionnellement fleuri à la belle saison ; un kiosque à musique et des statues animent ses allées de verdure. Citons également le jardin d'horticulture du Mans, créé au 19e s. par Jean-Charles Alphand, auteur des parcs parisiens des Buttes-Chaumont, Montsouris et Monceau.

L'éclectisme et l'exotisme sont à la mode à la Belle Époque, comme en témoigne le **parc de Maulévrier** (1899-1913), le plus grand **jardin japonais** d'Europe, œuvre d'Alexandre Marcel.

LES CRÉATIONS CONTEMPORAINES

Peut-être parce qu'il reste trop proche, le 20e s. donne l'impression d'avoir nourri de multiples tendances parmi lesquelles il est difficile de reconnaître un axe majeur. Par le thème de ses expositions (« Acclimatations », « Jardin des curiosités » « Potager », « Mosaïculture », etc.) le **Festival international des jardins à Chaumont-sur-Loire**, créé en 1992, offre un bon reflet de cette multiplicité. Avec plus de 150 000 visiteurs chaque été, c'est aussi la première manifestation française dans l'art des jardins et l'une des plus importantes d'Europe.

Le jardin du 20e s. en Val de Loire s'est beaucoup tourné vers les **reconstitutions** de jardins historiques, déjà évoquées dans ce chapitre, et dont **Villandry** est le précurseur (1906).

Les **collections** de plantes s'avèrent un axe important pour les jardins contemporains. Retenons pour la région les collections nationales du Pré de Culands (houx), du parc floral de la Source, à Orléans (iris, clématites), ou des Grandes Bruyères (roses à parfum, magnolias, cornouillers de Chine et d'Amérique).

Le paysagiste Gilles Clément (jardins du château de Blois et du musée du Quai-Branly à Paris) met en avant une autre tendance contemporaine, qui est comme une prolongation très radicale du tournant pris au 18e s. par les parcs à l'anglaise. Ce principe, baptisé par lui « **jardin en mouvement** », prône une intervention minimale dans le jardin : les plantes meurent et se ressèment naturellement, le jardinier n'intervient

« Jardin mobile » à Chaumont-sur-Loire.

que pour les contrôler ou favoriser leur croissance. Ce principe, qui requiert du jardinier la capacité à identifier toutes les plantes et une conception du site sans cesse en évolution, est appliqué dans quelques rares jardins (une partie du parc André-Citroën à Paris, parc Matisse à Lille, quelques lycées horticoles dont celui de St-Herblain près de Nantes). Mais la tendance, écologique et dans l'air du temps, est sensible dans de nombreux lieux.

Voir tableau des jardins p. 40

Architecture rurale

L'habitat rural reflète la diversité du sous-sol du Val de Loire, les matériaux employés étant ceux que l'on trouve sur place. La richesse en pierre de taille fait que celle-ci n'est pas réservée aux habitations les plus riches, mais est également employée pour des constructions plus modestes.

L'HABITAT TRADITIONNEL

En aval de **Gien**, la vigne, très présente, s'associe à la « maison de vigneron » desservie par un escalier extérieur sous lequel se trouve l'entrée de la cave. Le sol change de nature à la hauteur d'Orléans et, en **Sologne**, la vigne laisse place aux pins et étangs. Les logis s'allongent sous des toits de tuiles plates (avant le 19e s., la couverture était en chaume ou en joncs et roseaux). Les plus anciennes maisons sont en torchis et pans de bois, les plus récentes en brique rose peu épaisses formant parfois un décor polychrome. Aux confins de la Sologne et du Val (Sologne viticole), on fit parfois bâtir en brique rouge à

parements de tuffeau blanc. La brique permettait des motifs décoratifs en façade, inspirés de ceux utilisés pour les manoirs à partir du 15e s.

Plus au sud, entre le Cher, l'Indre, la Vienne et la Cisse, la tuile plate domine en campagne, l'ardoise en ville ; la maison de maître se reconnaît à son toit à quatre pans. Dans le **Richelais**, les tuiles creuses, absentes partout ailleurs, révèlent la proximité du Poitou.

En remontant le long de la Loire, la maison de vigneron du **Blésois** ne possède que deux pièces d'habitation, auxquelles s'ajoutent un cellier, un four à pain et une grange. Elle est en pierre alors que, sur l'autre rive, dans le **Dunois** et le **Vendômois**, apparaît l'appareil en damier de pierre et silex alternés. De même, de ce côté de la Loire jusqu'en Beauce, l'exploitation agricole se développe autour d'un cour fermée à laquelle on accède par un imposant portail, alors qu'elle est ouverte en Touraine, en Sologne et dans le Perche.

Dans le Vendômois, en Touraine et en Anjou, caves et logements étaient creusés à moindres frais dans les coteaux ou les plateaux calcaires. Ces **habitations troglodytiques** sont nombreuses aux abords de la Loire et de ses affluents (Loir, Cher, Vienne) et autour de Doué-la-Fontaine (Saumurois). À l'abri des vents, elles sont fraîches l'été et tempérées en hiver ; leur température est régulière et oscille entre 9 et 15 °C. Nombre d'entre elles sont toujours habitées.

Jusqu'au 19e s., la ferme tourangelle se compose d'une seule pièce ou de deux pièces (la salle commune, à la fois cuisine et salle à manger, et la chambre). De petite dimension, il s'agit d'une

Habitation troglodytique dans le Saumurois.

construction basse et allongée, dotée d'un rez-de-chaussée et d'un comble. Au 18e s., témoignant du développement de l'élevage et du matériel agricole, les dépendances se sont multipliées et agrandies (étables, granges…).

Dans les zones de polyculture de la **Gâtine**, les loges rudimentaires comportant une charpente en bois couverte de bruyères abritent les outils. Dans le reste de la Gâtine, les maisons rurales sont en moellons, enduits de chaux et de sable avec des chaînages et encadrements en pierre de taille. Les enduits se colorent des nuances du sable local. La cheminée comprend un four qui forme sur le mur extérieur une structure en hémicycle. Les maisons les plus aisées s'ornent parfois de motifs obtenus par l'alternance de pierre et de brique. L'utilisation de cette dernière se fait plus fréquente à proximité du Perche, mais elle reste souvent associée à la pierre de taille, avec laquelle elle forme de nombreux motifs décoratifs du plus bel effet.

Les constructions en calcaire de l'**Anjou blanc**, à l'est, se distinguent de celles de schiste de l'**Anjou noir**. L'ensemble de la province, sauf dans les Mauges, se pare de fine ardoise bleutée, toujours exploitée à Trélazé *(voir p. 121).*

LES MOULINS

Comment imaginer l'Anjou et le Val de Loire sans moulins ? Le réseau hydraulique important a donné très tôt naissance à de nombreux **moulins à eau** de tous types, et la province, balayée une grande partie de l'année par des vents de sud-ouest à nord-ouest, a favorisé l'installation d'une multitude de **moulins à vent** qui font aujourd'hui partie du paysage. La région a conservé de nombreuses installations parfois ouvertes aux visites. Les moulins à vent sont répartis en trois types principaux.

Le moulin **cavier** : c'est le plus caractéristique de l'Anjou, il est composé d'une tour habituellement cylindrique se terminant en cône qui supporte la cabine de bois, ou « hucherolle ». Dans le pied, ou « massereau », se trouve la chambre des meules. Le massereau s'élève au-dessus de la « masse » formée d'un remblai contenu par des murs de soutènement. Une salle voûtée permet d'accéder à la chambre des meules. Dans les moulins semi-troglodytiques, la cave et la salle des meules sont en partie creusées dans le calcaire. Les caves servaient d'entrepôt (grain, farine), de magasin (pièces de rechange) et, parfois, d'écurie et de remise.

Le moulin **pivot**, parfois appelé « moulin de plaine » ou « chandelier », est fait uniquement d'une grande cage en bois supportant tout à la fois les ailes, les meules et tout le mécanisme. La matière première de cette construction – le bois – est une des causes de sa rapide disparition, car l'axe se détériore dès que l'entretien n'est plus assuré.

Moulin d'Anjou.

S. Sauvignier / MICHELIN

Le moulin **tour** reste le plus répandu et le mieux conservé jusqu'à nos jours. Le toit conique, à calotte tournante, reçoit les ailes. L'ensemble est en maçonnerie.

Le pays du « beau parler »

La langue française, toute de mesure et de clarté, a conquis ses lettres de noblesse dans le Val de Loire. « Leur langage est le plus pur français, sans lenteur, sans vitesse, sans accent ; le berceau de la langue est là, près du berceau de la monarchie » écrit Alfred de Vigny à propos des Tourangeaux. La terre natale de Rabelais, de Balzac, de Péguy, mais aussi de Maurice Genevoix, d'Hervé Bazin et de Julien Gracq est une succession de « pays » auxquels chaque écrivain est attaché et rend hommage.

ÉRUDITS ET POÈTES DU MOYEN ÂGE

À la suite de **saint Martin**, Tours est un grand centre intellectuel : **Grégoire de Tours**, premier historien des Gaules, rédige au cours de son épiscopat (573-594), son *Histoire des Francs* ; Charlemagne y fait fonder par **Alcuin** une célèbre école de calligraphie ; les poèmes latins de **Baudri de Bourgueil** annoncent, au 11e s., l'art courtois.

À Orléans, au début du 13e s., le lyrisme en langue vulgaire triomphe grâce au *Roman de la Rose*. Œuvre didactique de deux auteurs successifs – le précieux **Guillaume de Lorris**, auteur des 4 000 premiers vers, et le satirique **Jean de Meung** –, ce poème de 22 000 vers sera abondamment traduit et exercera une immense influence en Europe.

LA GRANDE ÉPOQUE

Charles d'Orléans (1394-1465) découvre ses dons de poète dans les prisons d'Angleterre. Il organise, dans sa cour de Blois, des joutes poétiques, dont **François Villon** sera vainqueur en 1457. Jeu de princes, la poésie est pratiquée, en Anjou, par **René Ier le Bon** (1409-1480). Fils du duc Louis II d'Anjou, il est duc de Lorraine, comte de Provence et roi titulaire de Naples, mais s'illustre surtout comme mécène éclairé des arts ; il est souvent connu sous le nom de « bon roi René ».

À Angers même, le médecin érudit **Jean Michel** fait jouer son monumental *Mystère de la Passion*, dont les 65 000 vers représentent pas moins de quatre jours de spectacle.

Renaissance et humanisme

L'université d'Orléans fondée en 1305 et celle d'Angers en 1364 jouissent très tôt d'une vaste audience, devenant de hauts lieux de l'humanisme européen. Les érudits **Érasme** et **Guillaume Budé**, les réformateurs **Calvin** et **Théodore de Bèze** y enseignent ou y étudient ; l'Orléanais **Étienne Dolet** prêche ses doctrines athées pour lesquelles il se fera pendre et brûler à Paris.

François Rabelais (1494-1553), né à la Devinière *(voir p. 218)* près de Chinon, expose, à travers les aventures de Gargantua et de Pantagruel, ses idées pédagogiques, religieuses et philosophiques. On lui doit les premiers écrits français en prose. Très attaché à son pays natal, il en fait le théâtre de la « guerre picrocholine ». Aux grand regrets de certains l'abbaye utopique de Thélème n'a pas vu le jour mais un amphithéâtre de l'université de Tours a pris son nom…

Le berceau de la Pléiade

Pour cultiver et développer leur langue maternelle à partir de l'imitation d'Horace et des Anciens, sept poètes fondent en Val de Loire une école qui va dominer tout le 16e s. poétique : la Pléiade. Le chef incontesté en est le Vendômois **Pierre de Ronsard** (1524-1585), né au manoir de la Possonnière *(voir p. 431)* et sacré « prince des poètes ». Mais c'est l'Angevin **Joachim Du Bellay** (1522-1560) qui rédige, en 1549, le manifeste de leur groupe : *Défense et illustration de la langue française.*

Joachim Du Bellay.

PHILOSOPHIE ET SIÈCLE DES LUMIÈRES

À l'aube du classicisme, le **marquis de Racan** (1589-1670) versifie au bord du Loir ; l'Académie protestante de Saumur appuie les premiers travaux de **René Descartes**. Au siècle suivant, un Tourangeau, **Néricault-Destouches**, succède à Molière dans le genre de la comédie de caractère. Voltaire séjourne à Sully, Rousseau à Chenonceau ; Beaumarchais se fixe à Vouvray et fréquente la société brillante du duc de Choiseul, en exil à Chanteloup.

LA PASSION ROMANTIQUE

Le pamphlétaire **Paul-Louis Courier** et le chansonnier **Pierre-Jean de Béranger** mettent, sous la Restauration, leur esprit sceptique au service d'idées libérales. **Alfred de Vigny** (1797-1863), fils ingrat de Loches, trace, dans son roman historique *Cinq-Mars*, le tableau d'une Touraine idyllique : « Connaissez-vous cette contrée que l'on a surnommée le jardin de la France, ce pays où l'on respire un air si pur dans les plaines verdoyantes arrosées par un grand fleuve ? »…

Mais la grande gloire tourangelle du 19e s. reste **Honoré de Balzac** (1799-1850). « Ne me demandez pas pourquoi j'aime la Touraine. Je ne l'aime ni comme on aime son berceau, ni comme on aime une oasis dans le désert. Je l'aime comme un artiste aime l'art » fait-il dire au héros du *Lys dans la vallée*. Né à Tours, élevé à Vendôme, il aime de tout son cœur ce Val dont il fait le cadre de plusieurs titres de *La Comédie humaine*. Dans « L'Apostrophe » des *Contes drolatiques*, il décrit Tours « toujours les pieds dedans la Loire, comme une jolie fille qui se baigne et joue avecque l'eaue, faisant flic flac en fouettant les ondes avecque ses mains blalnches, car cette ville est rieuse, rigolleuse, amoureuse, fresche, fleurie, perfumée mieux que toutes les autres villes du monde qui ne sont pas tant seullement dignes de lui paigner les cheveulx, ni de luy nouer sa saincture ».

TERRE D'ÉCRIVAINS CONTEMPORAINS

Poète de l'action et de la prière, l'Orléanais **Charles Péguy** (1873-1914) célèbre sa concitoyenne Jeanne d'Arc et sa chère Beauce, où le romancier **Marcel Proust** (1871-1922) part aussi *À la recherche du temps perdu*.

À l'abbaye de St-Benoît-sur-Loire, le poète **Max Jacob** (1876-1944) travaille et médite de longues années.

La Sologne est inséparable d'**Alain-Fournier** (1886-1914), immortalisé par *Le Grand Meaulnes*, adolescent parti en quête de l'enfance, du bonheur impossible, à travers les brumes irréelles des marais solognots.

Le personnage du braconnier Raboliot évoque avec pittoresque le pays natal de son créateur, l'académicien **Maurice Genevoix** (1890-1980).

La Touraine, qui a vu naître l'humoriste **Georges Courteline** (1858-1929), abrita aussi la retraite de plusieurs prosateurs de renommée internationale : **Anatole France**, **Henri Bergson**.

Les châteaux selon Péguy

« […] Et moi j'en connais un
    dans les châteaux de Loire
Qui s'élève plus haut
    que le château de Blois […]
La moulure est plus fine
    et l'arceau plus léger.
La dentelle de pierre est plus dure
    et plus grave.
La décence et l'honneur
    et la mort qui s'y grave
Ont inscrit leur histoire
    au cœur de ce verger. »
Charles Péguy, *Châteaux de la Loire*.

Angers est la patrie de l'académicien catholique **René Bazin** (1853-1932), attaché aux vertus traditionnelles et à la terre ancestrale, et de son petit-neveu **Hervé Bazin** (1911-1996), dont la violente attaque contre la bourgeoisie est directement inspirée par sa ville d'origine (*Vipère au poing*, 1948).

St-Florent-le-Vieil est la localité natale de Louis Poirier, dit **Julien Gracq**, auteur d'une œuvre considérable, dans laquelle il souligne l'importance des paysages sur l'homme (*Carnets du grand chemin*, 1992).

Manuscrits de Balzac sur son bureau.

J.B. Darrasse / MICHELIN

LE VAL DE LOIRE AUJOURD'HUI

Pays de cultures, de vergers, de maraîchage, d'horticulture et d'élevage, le Val de Loire, à cheval sur la région Centre et sur les Pays-de-la-Loire, est également dotée d'une industrie de pointe. Les villes qui s'égrènent le long de la Loire, du Loir et de la Sarthe séduisent par leur qualité de vie, leur accueil et leur environnement. Une région qui surprend par sa diversité, pas forcément apparente. C'est un coin de France où il fait bon vivre, en savourant l'un des ses vins ou l'une de ses nombreuses douceurs…

E. Larribère / MICHELIN

Le TGV Atlantique, un bel atout pour la région.

Une économie variée et performante

CROISSANCE EN VILLE ET À LA CAMPAGNE

Stimulée par la proximité de Paris pour sa partie nord et de Nantes pour sa partie ouest, le Val de Loire bénéficie d'un accroissement régulier de sa population, dont la densité oscille entre 34 et 102 habitants au km² (moyenne nationale : 108). La région Centre est la première de l'Union européenne pour la décentralisation industrielle. L'industrie et les villes (notamment Tours et surtout Orléans) y ont connu une des croissances les plus fortes de la France de ces trente dernières années. En outre, les industries non polluantes de haute technologie (recherche, électronique, pharmacie, cosmétiques, industries de la mode…) et l'essor très important des industries de transformation des produits agricoles et laitiers ont permis de dynamiser de petites villes et des zones rurales, dont le Choletais est un bon exemple. Mis à part Châteaudun, Pithiviers et Vendôme, les principaux centres se trouvent le long de

la Loire. Les plus grands établissements industriels sont en zone urbaine ; pour exemple, le pôle de Tours regroupe la moitié des salariés et 39,3 % des établissements du département de l'Indre-et-Loire.

INDUSTRIE ET TERTIAIRE DYNAMIQUES

Du pneu aux moteurs

Parmi des activités diversifiées, les secteurs les plus importants de la région Centre sont les équipements mécaniques, la métallurgie (Trigano Jardin, dans le Loir-et-Cher, nᵒ 1 français du portique de jardin), le secteur chimie-caoutchouc-plastiques (Manufacture française des pneumatiques Michelin à Tours et Cholet, Plastivaloire à Chinon et Langeais, Tupperware à Joué-les-Tours, Hutchinson à Joué-lès-Tours, Chambray et Châlette-sur-Loing) et l'agroalimentaire *(voir plus loin)*.

La filière automobile (équipementiers et sous-traitants) est dynamique et bien représentée : elle compte, outre Michelin, le nᵒ 1 européen de la colonne de direction (ZF Systèmes de direction Nacam SAS), le nᵒ 2 européen de la pompe à injection (Delphi Diesel Systems), mais aussi John Deere, Bosch Système freinage, Valeo…

Électricité et électronique

Dépourvu de matières premières, le Centre est pourtant aujourd'hui la 2e région énergétique française, grâce aux 4 centrales nucléaires de production d'électricité sur la Loire à Avoine-Chinon, Belleville-sur-Loire, Dampierre-en-Burly et St-Laurent-des-Eaux. EDF fait partie des principaux employeurs du Val de Loire.

Le secteur des équipements électriques et électroniques connaît aussi une belle croissance, notamment en Indre-et-Loire, où il occupe la 3e place des secteurs industriels, avant la filière matériel de transport, également en croissance (la SNCF est présente à St-Pierre-des-Corps, avec une activité de réparation et de maintenance ; Faivelay Transports, à St-Pierre-des-Corps et à La-Ville-aux-Dames, produit du matériel ferroviaire).

Pharmacie et cosmétique

Parmi les industries phares de la pharmacie-parapharmacie et du cosmétique citons à Blois le n° 2 français des produits capillaires (Procter & Gamble), les laboratoires Pfizer (Indre-et-Loire), Sanofi Winthrop Industrie (Tours), les Parfums Christian Dior, Gemey-Maybelline, Shiseido, Sephora, Boiron (Orléans)… Le Centre se situe au 2e rang national pour l'industrie pharmaceutique et, depuis juillet 2005, le Val de Loire est le cœur d'un pôle de compétitivité sciences de la beauté et du bien-être, la **Cosmetic Valley**, dont l'épicentre est l'Eure-et-Loir et le Loiret.

Fioles de chimie.

MICHELIN

Textile et mode

Le Maine-et-Loire s'est taillé une réputation internationale dans les secteurs du textile (New Man, One Step, Thierry Mugler, Georges Rech…) ainsi que de la maroquinerie et la fabrication de chaussures (Longchamp) pour laquelle elle obtient le 1er rang national : une paire de chaussures françaises sur deux est fabriquée dans le Choletais, avec des marques telles qu'Éram.

En 1900, le succès de la chanson rappelant les guerres de Vendée *Le Mouchoir rouge de Cholet* donna l'idée à un fabricant choletais avisé, Léon Maret, de produire l'objet en question…

Le Mouchoir rouge de Cholet

« J'avais acheté pour ta fête
Trois petits mouchoirs de Cholet
Rouges comme la cerisette
Tous les trois, ma mie Annette
Ah ! qu'ils étaient donc joliets
Les petits mouchoirs de Cholet [...]
Les a vus Monsieur de Charette
Les voulut : je les lui donnai… [...]
Ont visé le cœur de Charette
Ont troué… celui qui t'aimait
Et je vas mourir, ma pauvrette
Pour mon Roy, ma mie Annette
Et tu ne recevras jamais
Tes petits mouchoirs de Cholet. »
Théodore Botrel

Aujourd'hui, la région de Cholet occupe une place de leader européen dans la mode enfantine (Bébé Confort, Génération Y2K – alliance de Catimini et d'IKKS/Jean Bourget, Sucre d'Orge…).

Signalons également la présence de Quelle La Source, à Fleury-les-Aubrais, dans le domaine de la vente par correspondance.

Imprimerie et édition

Très présentes vers Tours, imprimeries et maisons d'édition place la région Centre au 3e rang national pour les arts graphiques (515 entreprises, près de 10 000 emplois, un nombre d'impressions annuelles de livres qui se chiffre en centaines de millions). La filière papier-carton-imprimerie-édition est représentée par des maisons telles que Maury Imprimeur et Vendôme Impressions, qui impriment respectivement une partie des *Guides Verts* et les *Que sais-je ?*, mais aussi l'Institut géographique national, la Nouvelle République et Mame à Tours, Vivendi Universal Publishing Service…

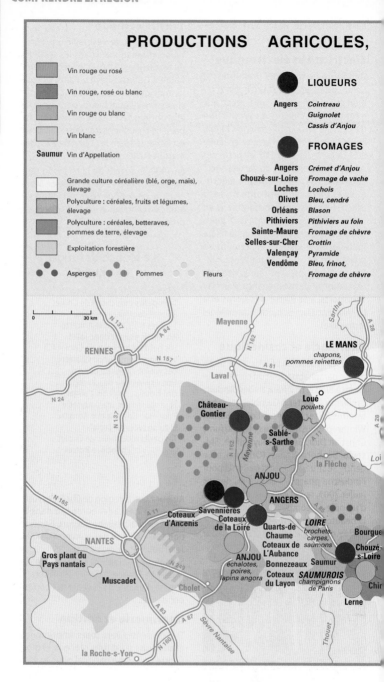

PRODUCTIONS AGRICOLES,

Vin rouge ou rosé

Vin rouge, rosé ou blanc

Vin rouge ou blanc

Vin blanc

Saumur Vin d'Appellation

Grande culture céréalière (blé, orge, maïs), élevage

Polyculture : céréales, fruits et légumes, élevage

Polyculture : céréales, betteraves, pommes de terre, élevage

Exploitation forestière

Asperges   Pommes   Fleurs

LIQUEURS

Angers	Cointreau
	Guignolet
	Cassis d'Anjou

FROMAGES

Angers	Crémet d'Anjou
Chouzé-sur-Loire	Fromage de vache
Loches	Lochois
Olivet	Bleu, cendré
Orléans	Blason
Pithiviers	Pithiviers au foin
Sainte-Maure	Fromage de chèvre
Selles-sur-Cher	Crottin
Valençay	Pyramide
Vendôme	Bleu, frinot,
	Fromage de chèvre

Finance, assurance

Fort d'une longue tradition, le secteur tertiaire des banques, assurances, retraites connaît un développement constant. Les assurances du Mans, l'activité de congrès de Tours et d'Orléans, la décentralisation d'organismes financiers, de services de santé, de grandes écoles et d'universités (à Orléans, Tours et Angers) sont des facteurs d'attraction pour ces activités.

DIVERSITÉ AGRICOLE

Vastes plaines céréalières de la Beauce et de la Champagne berrichonne, collines et plateaux de polyculture et d'élevage bovin (lait et viande) du Perche et des Gâtines, bocage herbager en Anjou, vignobles des vallées : aux paysages répondent des productions diversifiées. ⚓ Voir aussi « Au pays des dives bouteilles » p. 96.

SPÉCIALITÉS ET VIGNOBLES

FRIANDISES

Angers	*Quernons d'ardoise*
Beaugency	*Réglisse*
Blois	*Chocolats, pistoles*
Château-Gontier	*Croquets*
Cormery	*Macarons*
Gâtinais	*Miel*
Le Mans	*Bugattises*
Orléans	*Cotignac*
Pithiviers	*Pithiviers aux amandes*
Romorantin-Lanthenay	*Croquets*
Sablé-sur-Sarthe	*Sablés*
Saint-Benoît-sur-Loire	*Moinillons*
Sologne	*Tarte Tatin, palet solognot*
Tours	*Livre tournois, Sucres d'orge, Pruneaux fourrés, Muscadines*

AUTRES SPÉCIALITÉS

Angers	*Crêpes, cul de veau, rillettes, rillons*
Blois	*Pâtés, rillettes, rillons*
Chinon	*Fouace, matelote d'anguilles*
Jargeau	*Andouille*
Lerné	*Fouace*
Le Mans	*Fricassée de poulet, rillettes, rillons*
Orléans	*Moutarde, Vinaigre*
Tours	*Rillettes, rillons*
Vendôme	*Andouille, poulet à la ficelle, rillettes, rillons*
Vouvray	*Andouillettes, rillettes, rillons*

Le grenier à blé de la France

Les cultures extensives couvrent la plus grande partie des surfaces, avec en première place, le blé, mais aussi l'orge, le colza, le tournesol, le maïs et le pois protéagineux, auxquels s'ajoute la betterave à sucre, à plus forte valeur ajoutée, aux confins du Bassin parisien. La région Centre arrive au 1er rang de production française de colza diester (utilisé comme substitut du gazole) tandis que les riches étendues de la Beauce et de la Champagne berrichonne propulsent la région au 1er rang national pour la production de blé et d'oléagineux, au 2e rang pour le maïs.

Alors que les Pays-de-la-Loire sont au 2e rang national pour la production agricole, près de 90 000 actifs du Centre travaillent dans la « sphère agricole et agroalimentaire », soit près de 10 % de l'emploi régional et la 4e place des secteurs industriels. Ces chiffres n'incluent pas les entreprises de négoce de produits agricoles (organismes stockeurs de céréales, groupements d'éleveurs ou de producteurs de fruits et légumes), qui totalisent plus de 3 000 emplois.

Du grain à l'assiette

Le travail du grain occupe le plus de salariés agricoles ; il comprend la meunerie, la malterie, la fabrication d'aliments pour animaux (de compagnie et d'élevage) ainsi que la boulangerie et la pâtisserie industrielle, biscotterie, biscuiterie, fabrication de pâtes alimentaires. Parmi ses entreprises phares, citons la société Brossard à Pithiviers, les Brioches Pasquier dans le Maine-et-Loire, le n° 1 européen de l'aliment sec pour chiens et chats (Affinity, à La Chapelle) et le n° 1 français de la madeleine (Morina Pâtissier, à Contres)… Mentionnons aussi Le Dunois-Valbeauce, en Eure-et-Loir, qui s'enorgueillit d'une rare réussite : la coopérative agricole s'est lancée dans l'agroalimentaire, en produisant des grains de blé précuits sous le nom d'Ébly. Après s'être imposée sur les tables françaises, cette innovation fait une percée à l'international avec l'aide du groupe Mars.

Sucre et sucreries

Le secteur du sucre et des produits sucrés tient la 4e place dans l'agroalimentaire régional ; il regroupe des industries sucrières et les entreprises du secteur chocolaterie et confiserie, très présents avec le chocolat Poulain (Blois) ou Cadbury France (n° 1 français de la confiserie).

VERGERS ET MARAÎCHAGE

Le sol alluvionnaire et le climat tempéré font du Val de Loire une terre d'élection pour l'arboriculture et le maraîchage.

Fruits de la célébrité

Le Florentin Francesco Florio, auteur de l'expression « jardin de la France », affirmait également que les **poires bons-chrétiens**, issues d'un pied que saint François de Paule planta dans le verger du roi Louis XI au Plessis-lès-Tours, donnaient « une idée de la bonté des fruits du paradis ». Les **prunes reine-claude** doivent leur nom à Claude de France, épouse de François Ier ; « **Messieurs les melons** » sont introduits dans le Val par Pacello de Mercogliano. Bien plus tard, quand la France ne se connaît plus de roi, les **poires doyenné du comice** sont obtenues à Angers.

La transformation des **légumes**, au 5e rang du secteur agroalimentaire, concerne les petits pois, haricots verts, flageolets, poireaux, asperges… Les légumes sont cultivés principalement dans la vallée Angers-Saumur et l'Orléanais, où les cultures sous serres sont nombreuses (concombres…). Les cultures de plein champ – asperges de Sologne près de Vineuil, Contres et Romorantin, pommes de terre de Saumur, haricots verts de Touraine, oignons et échalotes d'Anjou et du Loiret, artichauts d'Angers –, mûres 15 jours avant la région parisienne, sont expédiées en grande quantité vers les halles de Rungis. Retenons entre autres l'entreprise Fruidor-les Crudettes (salade et légumes en sachet, dans le Loiret) et Gillet-Contres (conserve de légumes haut de gamme, dans le Loir-et-Cher).

Les carrières de tuffeau près de Montrichard, Montoire, Montsoreau, Tours, et surtout dans le Saumurois, abritent plus de 60 % de la production française de **champignons de couche**, dits « de Paris », car ils étaient cultivés dans les caves de la capitale sous Napoléon Ier.

Les **pommes** (la traditionnelle reinette du Mans a laissé la place à des variétés plus productives) sont, avec les poires et, plus récemment, le cassis, l'essentiel des fruits récoltés.

Un tiers des pommes du Val de Loire est produit dans la région Centre, avec un développement marqué de la « production fruitière intégrée », respectant l'environnement. Ce souci de préserver l'environnement est aussi perceptible dans l'essor de l'agriculture biologique, dont la ferme de Ste-Marthe, en Sologne, a été un précurseur.

Le secteur des **boissons**, à la 6e place, est présent dans la vinification, la champagnisation (vins effervescents), les eaux de table, les sirops, les spiritueux. Cointreau est l'entreprise la plus réputée de ce secteur (voir p. 120).

GRAINES, BULBES ET PLANTS

S'il est un secteur typique de la région, c'est bien celui-là. Le Maine-et-Loire est le 1er département horticole de France et la première zone semencière d'Europe. Quatre mille cinq cents agriculteurs-multiplicateurs produisent des graines (céréales, fourragères, maïs, ainsi que florales et potagères) et des plants sur plus de 22 000 ha. Le département collectionne les trophées : 1er rang mondial des producteurs de la filière végétale, 1er rang en matière de semences potagères, 2e pour les semences florales, 1er producteur d'Europe d'hortensias et 1er de France en matière de plantes médicinales, bulbes et plantes en pots.

Le **pôle de physiologie végétale d'Angers** regroupe 140 chercheurs, de nombreuses entreprises fleurons de ce secteur, l'Institut national d'horticulture, l'Institut national de la recherche agronomique (Inra) et l'Office européen des variétés végétales chargé de gérer la protection des obtentions végétales.

La tradition horticole régionale, qui s'enracine dans les introductions de fleurs du roi René d'Anjou au 15e s., a engendré de grands noms : le semencier Louis de Vilmorin, le pépiniériste André Leroy, les spécialistes des bulbes de la famille Turc…

Le département travaille en outre à un projet de parc du Végétal, vitrine internationale de l'horticulture angevine (ouverture prévue pour 2009).

Les différentes espèces profitent de **terrains et microclimats variés**. Les roseraies d'Orléans-la-Source, d'Olivet et de Doué-la-Fontaine sont célèbres. Tulipes, glaïeuls et lis sont sélectionnés dans les sols sableux du Blésois, vers Soings-en-Sologne ; les plantes médicinales croissent dans la région de Chemillé et les pépinières se multiplient sur les alluvions de la Loire.

Le marché aux fleurs du boulevard Béranger, à Tours, est le second de France après celui de Nice, tandis que les horticulteurs angevins sont bien souvent élus pour représenter la France dans les expositions internationales.

Enfin, de nombreuses manifestations prennent les jardins pour thème, notamment à Chaumont-sur-Loire, Orléans, au Lude et à Villandry.

UN ÉLEVAGE DE QUALITÉ

L'élevage est très diversifié dans le Val de Loire. Les bêtes de boucherie, majoritairement de race charolaise, et les bovins laitiers vivent des herbages la plus grande partie de l'année. L'aire du mouton couvre les plateaux calcaires du haut Maine.

Dans l'ouest, les marchés aux bestiaux de Château-Gontier, pour les veaux, et de Cholet, le premier de France pour les gros bovins, constituent un spectacle haut en couleur.

La production avicole se caractérise par un haut niveau de qualité, grâce à la présence de nombreux **labels** (volailles fermières de Mayenne et de Loué élevées en liberté, poulet de Touraine, géline de Touraine) et à une grande diversité : poulets, dindes, canards, pintades, mais aussi oies, chapons, poulardes, cailles, pigeons, et l'ensemble des espèces de gibier à plumes.

Viandes et rillettes

Le secteur des viandes est le deuxième en importance dans l'agroalimentaire de la région. Il concerne l'abattage (bétail, volailles), la charcuterie, les salaisons et la fabrication de pâtés. Des sociétés se distinguent comme Mc Key et Cargill Foods France (fournisseurs respectifs en steaks hachés et volailles de McDonald's, dans le Loiret), mais aussi Charal (2e groupe d'abattage en France, siège en Maine-et-Loire). Rillettes et rillons de Vouvray et de Tours, d'Angers et du Mans témoignent de l'élevage de porcs, pour lequel il existe un label rouge dans la Sarthe. Mentionnons bien sûr les célèbres rillettes du Mans, le plus souvent fabriquées à Connerré (Bordeaux-Chesnel à Champagné et Changé).

Laits et fromages

Le secteur laitier occupe le 3e rang du secteur agroalimentaire régional. L'élevage de la chèvre est lié à une production fromagère renommée avec les AOC sainte-maure, selles-sur-cher, saint-aignan, valençay et vendôme. Il est aussi représenté par les fromageries Bel dans le Loir-et-Cher.

Chevaux de monte et d'attelage

De nombreux **haras** continuent l'élevage de chevaux de sang, de course et de trait, le Haras national du Lion-d'Angers étant sans nul doute le plus prestigieux d'entre eux. L'Anjou reste une terre de savoir-faire en matière d'équitation. Les activités et manifestations qui y sont liées lui procurent un apport économique non négligeable. Plus de 20 compétitions internationales et nationales sont organisées sur ses 13 champs de course et 1 000 éleveurs y travaillent. Célèbre pour son École nationale d'équitation autour du prestigieux **Cadre noir**, Saumur est également réputée bien au-delà de nos frontières pour ses bottiers et ses selliers.

Dans le Maine et le Perche, l'élevage du percheron – cheval de trait qui tient son nom du Perche – perdure et se développe grâce à l'attelage.

L'ARTISANAT

Exploité dès le 8e s., le schiste de Trélazé, « or noir » de l'Anjou, affleure dans le Bassin d'Angers, notamment dans la ville de Trélazé. Il est extrait jusqu'à 480 m de profondeur.

Désormais très limitées, la fabrication et la commercialisation sont axées sur des **ardoises** de couverture haut de gamme. Filiale du groupe industriel IMERYS, les Ardoisières d'Angers emploient près de 240 personnes et fabriquent plus de 15 000 tonnes d'ardoise Angers-Trélazé®.

L'osier est cultivé et travaillé dans le village troglodytique de Villaines-les-Rochers depuis plusieurs siècles. Avec ses 70 vanniers, soit plus d'un tiers de la profession nationale, il constitue le plus grand groupement de vanniers de France. La Coopérative de **vannerie** de Villaines réalise plus de la moitié de la production française.

Fondée en 1821 par l'Anglais Thomas Hall, la **Faïencerie de Gien** emploie de nos jours 220 personnes et est une entreprise de faïence de premier plan en France.

Au milieu du 19e s., l'ingénieur Jean-Félix Bapterosse créa la manufacture de Briare, destinée à la fabrication de **boutons** et de **perles** ; à la fin de ce siècle s'ajoute la production de la mosaïque, ou **émaux**, qui fait toujours la réputation de l'entreprise Les Émaux de Briare, à laquelle quelque 100 personnes sont encore attachées.

LE TOURISME

Pas étonnant dans une région aussi riche que le tourisme occupe une place économique importante… Il regroupe en effet 4,5 % des salariés du Loir-et-Cher, 3,9 % de l'Indre-et-Loire et 2,9 % du Loiret et connaît, depuis plusieurs années, une importante croissance.

Ainsi, en Touraine, les dépenses des touristes ont augmenté de 13 % de 2001 à 2005, alors que la moyenne nationale est de 7,12 %.

Autre exemple, le tourisme en Maine-et-Loire génère un chiffre d'affaires de 1,5 milliard d'euros et 30 000 emplois directs ou indirects.

Le poids économique en nombre d'emplois du tourisme en Pays-de-la-Loire (3,7 %) est équivalent à celui du Languedoc-Roussillon, celui de la région Centre (2,8 %) dépasse le taux bourguignon, tandis que le revenu des taxes de séjour est particulièrement faible dans le Centre (seules 3 communes la perçoivent).

Les **emplois** sont principalement localisés dans la vallée de la Loire et près des sites touristiques. L'hôtellerie traditionnelle et les villages de vacances sont particulièrement présents en région Centre (6e et 5e rang national, chaque fois juste derrière le Languedoc-Roussillon), alors que les résidences de tourisme y sont très peu développées (20e rang national). Les campings sont moyennement implantés en région Centre (12e rang) à l'inverse des Pays-de-la-Loire, en particulier ceux de luxe (2e rang national des campings quatre étoiles).

Les **spectacles**, manifestations et festivals ont lieu essentiellement l'été ; les emplois qui y sont affectés quadruplent pendant la saison alors qu'ils doublent pour le personnel des sites touristiques. Le Val de Loire possède une richesse unique en demeures seigneuriales, pour certaines d'entre elles encore habitées. Ce **patrimoine** revit grâce à des expositions à thème, des évocations de personnages historiques ou légendaires qui culminent dans les spectacles renouvelés de « son et lumière », dont celui du château de Chambord fut le précurseur. Parcs et jardins, parfois illuminés (Villandry, Chenonceau), complètent la visite.

Au pays des « dives bouteilles »

Au fil de la Loire, se concentre une diversité d'appellations extraordinaire. Sancerre, pouilly-fumé, vouvray, montlouis, savennières, chinon, bourgueil sont des noms bien connus des amateurs… Vins rouges, blancs, rosés, vins secs, effervescents, moelleux ou liquoreux, apportent le meilleur de leurs cépages et de leurs arômes aux spécialités régionales.

UNE ORIGINE ANCIENNE

La découverte à Cheille, près d'Azay-le-Rideau, des restes d'un vieux pressoir en pierre témoigne de la culture de la vigne en Val de Loire dès l'époque romaine, vers le 2e s. Au 4e s., saint Martin aurait fait planter les premières vignes sur les côtes de Vouvray et les « filles » de l'abbaye ont répandu la culture de la vigne en Anjou. Du 12e s. au 17e s., le commerce hollandais joua un grand rôle et les Anglais importaient le vin de la Loire avant de se replier sur l'Aquitaine. Depuis… ce n'est qu'une longue histoire d'amour entre le vignoble et le Val de Loire. Aujourd'hui, d'après une étude de l'Association de la presse du vin, les vins de Loire sont les plus vendus dans les restaurants français, devant les bordeaux.

LES CÉPAGES

Environ 60 % de la production est en blanc, 30 % en rouge et 10 % en rosé. L'influence océanique et le millésime déterminent le caractère du vin qui, grâce au climat tempéré, possède en général une bonne acidité. L'Anjou, la Touraine et l'Orléanais ont accueilli au cours des siècles des plants de vigne de différentes régions, ce qui explique la variété des cépages. Le cépage blanc le plus fameux est le **pineau de la Loire**, nom local donné au chenin blanc. C'est celui, en Touraine, du **vouvray**, vin à saveur de raisin mûr, tantôt sec, tantôt moelleux, et du montlouis, toujours délicatement fruité, ainsi que des plus grands moelleux et liquoreux d'Anjou-Saumur : **coteaux-du-layon**, **quarts-de-chaume**, **bonnezeaux** (qui font intervenir la « pourriture noble »), **coteaux-de-l'aubance**, et, de l'autre côté de la Loire, les vins secs et nerveux de **savennières** (qui englobent la coulée de Serrant et la Roche-aux-Moines). **Saumur** est également un centre de production de vin effervescent de grande classe, sans compter le **crémant de Loire**, fabriqué selon la méthode traditionnelle, mais dont l'élevage est moins long.

Le cépage rouge le plus renommé est le « **breton** » (parce qu'arrivé par le port de Nantes), cabernet franc d'origine bordelaise, qui donne les **bourgueils** tourangeaux, au parfum de framboise ou de fraise des bois, les **saint-nicolas-de-bourgueil**, à la fois fins et légers, et le **chinon**, plus parfumé. Issus d'un cépage un peu rustique, ces vins nécessitent une garde prolongée pour s'assouplir. Parmi les vins d'Anjou, le **saumur-champigny**,

La Dive Bouteille

« Ô Bouteille
Pleine toute
De mystères
D'une oreille
Je t'écoute :
Ne différes,
Et le mot profères
Auquel pend mon cœur.
En la tant divine liqueur,
Qui est dedans tes flancs reclose [...]
Ainsi ne perde une goutte
De toi, soit blanche, ou soit vermeille.
Ô Bouteille
Pleine toute
De mystères
D'une oreille
Je t'écoute :
Ne différes. »

François Rabelais

de longue garde, a une belle robe rubis et un goût léger de framboise. Le **rosé sec de Saumur** ne manque pas d'élégance.

LES APPELLATIONS

Les multiples appellations du Val de Loire prêtent parfois à confusion : l'**anjou blanc** et le **saumur blanc** sont fruités et fermes ; l'**anjou rouge**, produit autour de Brissac, est léger, aux arômes de framboise ; sur les trois **anjous rosés**, le rosé de Loire est sec, le rosé d'Anjou, vif et fruité, et le délicat cabernet d'Anjou, demi-sec. Les vins de Touraine se regroupent (dans les trois couleurs) sous les appellations **touraine** (qui peut aussi être pétillant en blanc), **touraine-amboise**, **touraine-mesland**, **touraine-azay-le-rideau**.

À la lisière du pays des châteaux de la Loire, les **coteaux-du-giennois** sont

Vignoble de la Loire.

INTERLOIRE

Principaux crus ligériens

Bonnezeaux
Bourgueil
Chinon
Coteaux-du-layon
Montlouis
Pouilly-fumé
Quarts-de-chaume
Saint-nicolas-de-bourgueil
Sancerre
Savennières
Saumur-champigny
Touraine
Vouvray

légers et fruités. Jouxtant la Bourgogne, les **sancerres** et **pouilly-fumés** sont pour beaucoup les meilleurs vins blancs de la Loire. Ils sont issus, eux, du sauvignon blanc, dont le goût de « pierre à fusil » est réputé ; les rouges et rosés, comme leurs célèbres voisins, viennent du pinot noir.

Les **coteaux-du-loir** offrent un rouge (à base de pinot d'Aunis et de gamay) et un rosé à la saveur rustique, et le jasnières, blanc sec de longue garde. En Sologne, le cépage romorantin donne le **cour-cheverny**, le plus prisé. Le **valençay** provient du gamay principalement. Moins connu que le gros-plant du pays nantais, parce que produit en plus petite quantité, le **coteaux-d'ancenis** a pour cépage le gamay (pour les rouges). Ce vin léger, sec et fruité, qui s'associe volontiers aux charcuteries, est récolté sur un site d'environ 350 ha autour d'Ancenis.

Le choix des douceurs

Le visiteur en quête de spécialités locales n'a que l'embarras du choix ; il risque de succomber tôt ou tard aux charmes d'une région qui est une corne d'abondance remplie de délices. Pour savante et variée qu'elle soit, la cuisine du Val de Loire n'en oublie pas d'être simple et naturelle, utilisant toutes les ressources du gibier, des poissons de rivière ou d'étang, des fruits, de l'élevage… en un rare mélange de saveurs du terroir et de raffinement.

« L'artichaut et la salade, l'asperge et la pastenade, et les pépons [melons] tourangeaux me sont herbes plus friandes que les royales viandes qui se servent à monceaux », déclare Ronsard de sa retraite de St-Cosme. Le Val de Loire dispense à ses visiteurs une cuisine

fidèle au vieil adage : « À bon plat, courte sauce », dont Maurice Edmond Sailland, critique gastronomique redouté sous le pseudonyme de Curnonsky (1872-1956), originaire d'Angers, fut le défenseur.

POISSONS EN SAUCE

La **matelote d'anguilles** est composée d'anguilles tronçonnées, cuites dans une sauce au vin rouge de Chinon, avec champignons et petits oignons ; en Anjou, on ajoute parfois des pruneaux et on la déguste avec un rosé d'Anjou. Le **beurre blanc**, qui serait à l'origine une sauce ratée, est la spécialité des « mères », de Montsoreau à Nantes. Émulsion de beurre fondu à feu très doux, d'échalotes hachées menu et d'un filet de vinaigre (ou de vin blanc), cette crème onctueuse, servie en saucière tiède, accompagne brochet ou alose avec un saumur ou un montlouis. Dans l'Orléanais, on savoure la carpe « à la Chambord » et la friture de Loire.

VIANDES ET CHARCUTAILLES

Rillauds, **rillons**, **rillettes** sont dérivés de « rille » (16e s.) qui désignait des petits morceaux de porc. Les rillons sont cuits longuement jusqu'à ce qu'ils soient dorés (on dit parfois « grillons »). Les rillettes sont des rillons hachés finement, remis au feu et doucement mijotés ; on les met en pot et la graisse qui remonte en surface se fige, assurant une longue conservation. Il existe aussi de savoureuses rillettes d'oie. Rillons et rillettes se dégustent avec un vouvray ou un montlouis sec ou demi-sec.

Les rillauds d'Anjou sont des morceaux de poitrine de porc cuits dans un bouillon de légumes parfumé d'herbes aromatiques. La cuisson dure des heures. Lorsque le bouillon a bien réduit,

La « dame noire »

La géline de Touraine, poule rustique noire descendante de races très anciennes (noire du Berry, courtes pattes) jouissait d'une excellente réputation au 18e s. mais finit par sombrer dans un long oubli… Dans les années 1980, elle est redécouverte par quelques grands chefs locaux et obtient même un Label rouge en 2001. La délicatesse de sa chair en fait un mets de choix. La « dame noire » se prépare en demi-deuil, « à la lochoise », en fricassée, en croûte de sel, rôtie, à l'estragon…

on ajoute du saindoux ou de la graisse de porc pour achever la cuisson. À servir avec un vouvray.

En Orléanais, les **andouillettes de Jargeau** se dégustent avec une purée d'oseille. Au chapitre des viandes, le **gibier** de Sologne est à l'honneur : faisans, sangliers, terrines accompagnées de cèpes et de girolles.

Le prix de la succulence est férocement disputé entre les **chapons** du Mans et les **poulardes** de La Flèche.

En Anjou, le **cul-de-veau** est une viande réduite pendant des heures, assez fondante pour être coupée à la cuillère. La **fricassée de poulet** est une volaille découpée en morceaux accompagnée d'une sauce au vin blanc, à la crème, aux petits oignons et aux champignons, servie avec un bourgueil, un chinon ou un saumur-champigny.

FROMAGES

Les fromages de chèvre sont nombreux et réputés, en particulier la bûche de **sainte-maure** ou le **selles-sur-cher**, protégés par l'appellation d'origine contrôlée (AOC), mais aussi le **saint-aignan**, le **valençay** en pyramide (AOC), le **vendôme** cendré que l'on dégustera avec un blanc sec de Loire (cheverny, vouvray, saumur).

En Anjou, on découvre le **chouzé** de Saumur, le **caillebotte d'Anjou**, le **saint-paulin** ; en Orléanais, le **saint-benoît**, le **cendré d'Olivet**, le **fromage de Patet**.

CONFISERIE, BISCUITS ET DESSERTS

Les douceurs sont légion : **pithiviers** et **croquets** aux amandes, **macarons** de Cormery, **sablés**, **pistoles** de Blois. Imaginée par les demoiselles Tatin, d'origine solognote, la **tarte Tatin** aux pommes caramélisées est cuite à l'envers. On la déguste avec un vouvray moelleux, un vin rouge léger de Touraine, un saumur, un coteaux-du-layon ou un montlouis. La confiserie n'est pas en reste avec les **pruneaux** de Tours, les **fruits confits** ou le **cotignac** d'Orléans, gelée de coing vendue dans des boîtes faites en copeaux d'épicéa à l'effigie de la Pucelle.

Le village de Rivarennes s'est forgé une belle réputation dans la fabrication des **poires tapées**. Épluchés puis mis à sécher pendant plusieurs jours dans des fours à bois, les fruits sont ensuite aplatis à l'aide d'une « platissoire » ; à

l'origine on les tapait avec un maillet, d'où leur nom. On les consomme après les avoir réhydratés dans du vin, de l'eau-de-vie ou cuits dans un sirop de sucre et de cannelle.

Vin et fromage sainte-maure.

LIQUEURS ET GRAND VINAIGRE

Deux frères confiseurs, alsaciens d'origine, sont à l'origine de la maison Cointreau, fondée à Angers en 1849. Adolphe invente le **guignolet** d'Anjou, liqueur curative confectionnée avec les fruits de la région, et Édouard crée, en 1875, une liqueur résultant de la macération d'écorces d'oranges douces et amères dans de l'alcool neutre. Le **Cointreau** parfume nombre de desserts, comme les crêpes angevines, garnies de marmelade de pommes reinettes du Mans, roulées, dressées sur un plat beurré, servies chaudes après un léger passage au four. Le pavé d'Anjou, pâte de fruits au Cointreau, est une création de la maison.

Autre spécialité, plus inattendue : le **vinaigre**. Les vins qui remontaient la Loire, après de longs séjours sur les quais, étaient souvent atteints de piqûre acétique lorsqu'ils arrivaient à Orléans, or « il faut un grand vin pour faire un grand vinaigre ». Pendant trois semaines, les vins de Chinon ou de Bourgueil étaient mis dans les « vaisseaux », fûts de 220 l, puis vieillissaient pendant six mois dans des foudres de chêne. Le vinaigre de la maison Martin-Pourret est encore fabriqué « à l'ancienne ».

Splendeur des toits de Chambord.

Amboise★★

11 457 AMBOISIENS
CARTE GÉNÉRALE C3 – CARTE MICHELIN LOCAL 317 O4 – INDRE-ET-LOIRE (37)

Située entre Blois et Tours, et répartie de part et d'autre de la Loire, Amboise se laisse aborder aussi bien par la rive droite (N 152) que gauche (D 751), toutes deux plutôt jolies. Toutefois, la vieille ville féodale s'est construite sur la rive gauche et c'est depuis le pont que vous aurez la meilleure vue sur le château qui la domine.

- **Se repérer** – Entre Blois (36 km) au nord-est et Tours (27 km) à l'ouest, Amboise est à 10 km seulement au nord de Chenonceau.

- **À ne pas manquer** – La terrasse du château dominant la Loire ; les maquettes de Léonard de Vinci au Clos-Lucé.

- **Organiser son temps** – Comptez 1/2 journée pour la ville, 2h pour les environs.

- **Avec les enfants** – Le son et lumière du château, le parcours-découverte « Sur la piste de l'enfant Roy » au château et au Clos-Lucé, le Parc des Mini-Châteaux, les jeux de la pagode de Chanteloup et l'aquarium du Val de Loire.

- **Pour poursuivre la visite** – Voir aussi Château-Renault, le château de Chaumont-sur-Loire, le château de Chenonceau, Montrichard, Pontlevoy et Tours.

Comprendre

Les fastes de Charles VIII – C'est au 15e s. qu'Amboise connaît son âge d'or. Charles VIII, qui a passé son enfance dans le vieux château, songe, dès 1489, à le rénover et à l'agrandir pour en faire une résidence luxueuse. En 1492, le chantier s'ouvre et, en cinq ans, deux corps de bâtiment viennent prolonger les constructions anciennes. Mais 1496 marque un tournant : à cette date, le roi s'est rendu en Italie. Ébloui par le raffinement artistique de la péninsule, il rapporte à Amboise un butin considérable : mobilier, œuvres d'art, étoffes, etc. En outre, il ramène à son service toute une équipe d'érudits, d'architectes, de sculpteurs, d'ornemanistes, de jardiniers, de tailleurs d'habits… Les jardins italiens surtout l'ont émerveillé : « Il semble qu'il ne manque qu'Adam et Ève pour en faire un paradis terrestre. » Dès son retour, il fait tracer, par Pacello, un jardin d'ornement sur la terrasse. Parmi les architectes, se trouvent Fra Giocondo et le Boccador, qui a collaboré à Blois et à Chambord et commencé l'Hôtel de Ville de Paris. Débute alors le début de l'influence italienne sur l'art français. Encore peu sensible à Amboise, mais présente depuis quatre ans, elle s'accentue sous Louis XII et triomphe à l'époque de François Ier.

Le saviez-vous ?

- Il faut chercher l'origine du nom d'Amboise du côté des Ambarienses, qui occupaient le territoire au 6e s.
- Louis XI, Charles VIII (né à Amboise même), puis François Ier et sa mère occupèrent la résidence royale. Passionné par les arts, ce dernier fait venir Léonard de Vinci et l'installe au Clos-Lucé. Et c'est encore à Amboise qu'il reçoit en grande pompe, le 8 décembre 1539, son vieil adversaire Charles Quint.

La conjuration d'Amboise (1560)

Dans les années troublées qui précèdent les guerres de Religion, un gentilhomme protestant, La Renaudie, réunit en Bretagne des réformés qui doivent se rendre à Blois par petits groupes. Ils demandent au jeune roi François II la liberté de pratiquer leur culte et, sans doute aussi, tentent-ils de mettre la main sur les Guises, adversaires acharnés des huguenots. Mais le complot est éventé. La Cour abandonne Blois qui n'est pas défendable et se réfugie à Amboise où le roi signe un édit de pacification. Cependant, les conjurés persistent. La répression est implacable : le 17 mars, ils sont arrêtés et tués à mesure qu'ils arrivent. Certains sont pendus au grand balcon du château, d'autres aux créneaux, ou encore jetés à la Loire dans des sacs ; les gentilshommes sont décapités et écartelés. En 1563, une paix suivie d'un édit de tolérance, signés à Amboise, mettent fin à la première guerre de Religion ; le pays y gagnera quatre ans de répit.

Le démantèlement – Passé en même temps que Blois aux mains de Gaston d'Orléans, frère de Louis XIII et grand conspirateur, le château, au cours d'une des nombreuses rébellions, est pris par les troupes royales, et les fortifications extérieures sont rasées en 1631. Revenu à la Couronne, il sert de prison d'État : Louis XIV y envoie le surintendant Fouquet, puis Lauzun, le bourreau des cœurs. Plus tard, Napoléon l'accorde à Roger Ducos, ancien membre du Directoire. Faute de subsides pour l'entretien des bâtiments, il en fait abattre une grande partie.

Le château conserve d'imposants vestiges de sa splendeur passée.

Découvrir

Le château★★

Comptez 45mn - 📞 *0 820 20 50 50 - www.chateau-amboise.com - juil.-août : 9h-19h ; avr.-juin : 9h-18h30 ; de mi-mars à fin mars et sept.-oct. : 9h-18h ; de déb. nov. à mi-nov. : 9h-17h30 ; de mi-nov. à fin janv. : 9h-12h, 14h-16h45 ; de déb. fév. à mi-mars : 9h-12h, 13h30-17h30 - fermé 1er janv., 25 déc. - 8 € (7-14 ans 4,80 €).*

Terrasse – Sur un promontoire rocheux qui domine la ville, le château a succédé à des fortifications édifiées dès l'époque gallo-romaine. Après avoir franchi la porte du château, une longue rampe d'accès débouche sur la vaste terrasse qui domine le fleuve. De ce belvédère, on découvre une très belle **vue★★** sur la Loire, sa vallée verdoyante et les toits pointus de la ville, d'où émergent, non loin des murs, la **tour de l'Horloge** (beffroi du 15e s.) et, plus loin vers l'ouest, la silhouette massive de l'**église St-Denis** ; au sud-est, on aperçoit le manoir de brique du Clos-Lucé. Au temps de Charles VIII, la terrasse formait une cour, bordée de bâtiments sur toutes ses faces, où se déroulaient les fêtes. Des centaines de tapisseries ornaient alors les murailles, tandis qu'un grand dais couleur d'azur, où étaient représentés le Soleil, la Lune et les planètes, protégeait des intempéries.

Chapelle St-Hubert – Bâtie en 1491, en porte-à-faux sur la muraille, elle demeure le seul vestige des bâtiments qui longeaient le rempart. Dans le transept se trouve la tombe où sont ensevelis les restes présumés de Léonard de Vinci, mort à Amboise. À l'extérieur, admirables vantaux de style gothique flamboyant et linteau de porte finement sculpté. Dans la partie droite du linteau figure la légende de saint Hubert et à gauche, l'histoire de saint Christophe.

Le logis du roi – C'est la seule partie du château qui ait échappé aux démolitions ordonnées entre 1806 et 1810. L'aile gothique fut construite par Charles VIII, comme la tour des Minimes qui s'y adosse ; l'aile Renaissance en équerre, due à Louis XII, fut surélevée par François Ier.

Dans la **salle des Gardes nobles**, une seule colonne porte toutes les sections de voûtes : c'est le palmier gothique.

Un escalier à vis mène à la **salle des Tambourineurs** (musiciens qui accompagnaient le roi dans ses déplacements) où Charles VIII vivait en « petit comité », c'est-à-dire qu'il ne se montrait pas en public. La pièce est agréablement meublée (chaire du cardinal Georges d'Amboise) et décorée (belle **tapisserie** de Bruxelles, *Hommage à*

MICHELIN

Le château d'Amboise au 16ᵉ s. s'étendait bien au-delà des vestiges actuels, dessinés en noir.

Alexandre le Grand, 16ᵉ s.). Dans le prolongement, la **salle du Conseil** (appelée aussi salle des États) s'élève sur deux vaisseaux de voûte et une file de colonnes centrales. Elle est ornée de la fleur de lis et de la queue d'hermine, symboles du royaume de France et du duché de Bretagne.

La deuxième aile, érigée au début du 16ᵉ s., est meublée dans le goût de la première Renaissance française : buffet de l'échanson, meuble gothique reconnaissable par l'ornement en pli de serviette, coffres en noyer sculptés. Dans la **chambre Henri II**, voyez les décors en trompe l'œil sur les meubles et les tapisseries.

À l'étage supérieur, les trois salons en enfilade aménagés pour Louis-Philippe comportent meubles et portraits de la famille d'Orléans : piano à queue (1842), fauteuils estampillés Jacob, portrait d'Adélaïde de Bourbon-Penthièvre par Mme Vigée-Lebrun (1789) et tableaux de l'atelier du maître allemand Winterhalter.

Tour des Minimes (ou Cavalière) – Contiguë au logis du roi, cette énorme tour ronde renferme une large rampe que pouvaient gravir aisément cavaliers et attelages, pour l'approvisionnement du château. La rampe s'enroule autour d'un noyau central vide qui apporte à la fois aération et éclairage.

Jardins – D'agréables jardins, réaménagés au siècle dernier pour Louis-Philippe, ont remplacé, à l'intérieur de l'enceinte, les bâtiments disparus. Un parc anglais en occupe la majeure partie, tandis qu'un parterre de tilleuls supplante le jardin italien de la Renaissance dessiné au 16ᵉ s. Un buste de Léonard de Vinci se dresse à l'emplacement de la collégiale où il se trouvait enterré à l'origine.

Tour Heurtault – Comportant une montée en spirale, comme dans la tour des Minimes dont elle forme le pendant sur la muraille sud, cette tour voûtée d'ogives donne directement accès à la ville.

Château du Clos-Lucé, parc Leonardo-da-Vinci★

À 500 m du château royal d'Amboise - ☎ *02 47 57 00 73 - www.vinci-closluce.com - juil.-août : 9h-20h ; avr.-juin et sept.-oct. : 9h-19h ; fév.-mars et nov.-déc. : 9h-18h ; janv. : 10h-17h - fermé 1ᵉʳ janv., 25 déc. - dernière entrée 1h av. fermeture - 12 € (enf. 7 €) - basse saison 9 € (enf. 6 €).*

De la construction médiévale bâtie sous Louis XI, seul a subsisté le corps de logis, ravissant édifice de brique rose souligné de tuffeau. Le Clos-Lucé avait été acquis par Charles VIII pour Anne de Bretagne. Il abrita ensuite François Iᵉʳ, sa sœur Marguerite de Navarre et Louise de Savoie. En 1516, François Iᵉʳ installe Léonard de Vinci au Clos-Lucé, où l'artiste organise les fêtes de la Cour. Il y demeure jusqu'à sa mort, le 2 mai 1519, à l'âge de 67 ans.

La visite commence en montant par la tour de guet pour emprunter la gracieuse galerie qui mène à l'étage, où l'on visite la chambre, restaurée et meublée, où mourut le maître (1519). On y découvre aussi le cabinet de travail où il aurait tracé les plans d'un palais pour Louise de Savoie à **Romorantin** et étudié un projet d'assèchement de la Sologne.

Au rez-de-chaussée, l'oratoire commandé par Charles VIII pour son épouse, la reine Anne de Bretagne, abrite trois belles fresques de l'atelier de Léonard ; lui succèdent les salons aux lambris du 18ᵉ s., la pièce de réception, meublée dans le style Renaissance, et la cuisine (cheminée monumentale).

Le sous-sol est consacré aux « **fabuleuses machines** » de Léonard de Vinci.

Depuis les jardins Renaissance qui couvrent la terrasse, vous apercevrez le château. Pour saisir le génie éclectique de l'artiste-ingénieur-architecte, ses créations et ses inventions sont mises en scène au fil d'une promenade initiatique visuelle et sonore à travers le parc (15 machines géantes, 8 points sonores et 32 toiles translucides présentant des croquis et des détails de ses tableaux : *de mi-avr. à mi-nov.*).

Enfin, vous vivrez une rencontre expliquée dans la halle Eiffel située en bordure du parc : spectacle-images géant, machine volante grandeur nature et kiosques thématiques.

L'ensemble constitue une plongée originale au cœur de l'univers de Léonard de Vinci. Le visiteur pourra ainsi comprendre les sources de son inspiration, sa pluridisciplinarité et le phénomène civilisateur de la Renaissance en Europe.

Visiter

Musée de l'Hôtel-de-Ville

Entrez par la rue François-Ier - ℘ 02 47 23 47 42 - www.ville-amboise.fr - juil.-sept. : tlj sf sam. 10h-12h30, 14h-18h - possibilité de visite guidée (1h) sur demande - gratuit.

Installé dans l'ancien hôtel de ville construit au début du 16e s. pour Pierre Morin, trésorier du roi de France, il retrace l'histoire d'Amboise. Il abrite des signatures royales, une belle Vierge sculptée du 14e s., mais aussi des tapisseries d'Aubusson, quelques portraits du duc de Choiseul et six rares gouaches du 18e s. représentant le château de Chanteloup.

À proximité, sur les remparts, s'élève l'**église St-Florentin**, construite sur l'ordre de Louis XI.

Tour de l'Horloge

Également appelée beffroi d'Amboise, cette tour fut élevée au 15e s., aux frais des habitants, sur une ancienne porte dite de l'Amasse. Elle est traversée par une rue piétonne très fréquentée.

Église St-Denis

En majeure partie du 12e s., l'église vaut le détour surtout pour ses belles voûtes angevines et ses chapiteaux romans. Le bas-côté droit recèle aussi une Mise au tombeau du 16e s., le gisant de la « Femme noyée » et un intéressant tableau du 17e s., *Charles VIII accueillant à Amboise saint François de Paule*.

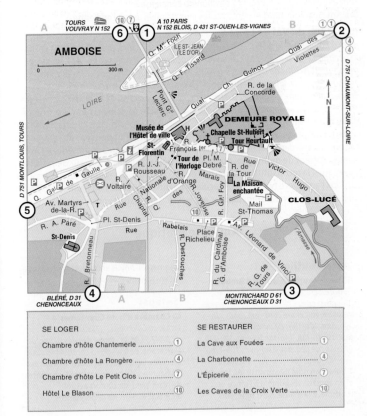

SE LOGER		SE RESTAURER	
Chambre d'hôte Chantemerle	①	La Cave aux Fouées	①
Chambre d'hôte La Rongère	④	La Charbonnette	④
Chambre d'hôte Le Petit Clos	⑦	L'Épicerie	⑦
Hôtel Le Blason	⑩	Les Caves de la Croix Verte	⑩

Aux alentours

Parc des Mini-Châteaux

Accès au sud, par la route de Chenonceaux (D 81) - ☎ 0 825 082 522 - www.mini-chateaux. com - ♿ - de mi-juil. à mi-août : 10h-20h ; de déb. juin à mi-juil. et de mi-août à fin août : 10h-19h ; déb. vac. de Pâques-mai : 10h30-19h ; sept.- w.-end du 11 Nov. : 10h30-18h (dernière entrée 1h av. fermeture) - 12,75 €, 21 € billet combiné avec l'aquarium (4-14 ans 8,75 €, 16 €).

Dans un parc de 2 ha, une cinquantaine de maquettes au 1/25, représentant grands châteaux, belles demeures ou petits manoirs de la vallée de la Loire, s'inscrivent dans un environnement à leur taille (bonsaïs, TGV et bateaux miniatures…). Venir le soir si possible : le spectacle des monuments miniatures illuminés est féerique.

Pagode de Chanteloup★

3 km au sud par la D 31, rte de Bléré - ☎ 02 47 57 20 97 - www.pagode-chanteloup. com - juil.-août : 9h30-19h30 ; juin : 10h-19h ; mai et sept. : 10h-18h30 ; avr. : 10h-12h, 14h-18h, w.-end et j. fériés 10h-18h ; de déb. oct. à mi-nov. : vac. scol., w.-end et j. fériés 10h-17h - dernière entrée 30mn av. fermeture - 6,90 € (enf. 4,70 €).

À l'orée de la forêt d'Amboise, la pagode demeure le seul vestige de la splendide imitation de Versailles élevée par le **duc de Choiseul**, ministre de Louis XV. Lorsque, à l'instigation de Mᵐᵉ du Barry, Choiseul fut exilé dans ses terres, il fit en effet de Chanteloup un véritable centre intellectuel et artistique. C'est pour ses amis, en témoignage de reconnaissance pour leur fidélité, qu'il commanda la construction de la pagode (1775-1778) à l'architecte Louis-Denis Le Camus. Cette curieuse « chinoiserie », tout à fait dans le goût de l'époque, surprend sur les bords de la Loire et ne manque pas de charme. Les autres bâtiments, laissés à l'abandon, furent détruits en 1823 par des marchands de biens.

Le **cadre★** de la pagode, avec son large bassin en demi-lune *(promenades en barque)*, et le tracé en éventail des allées du parc, encore bien visible des balcons de la pagode, évoque la somptuosité de la résidence d'exil de Choiseul. Le sommet *(149 marches)* offre un beau **panorama** sur la vallée de la Loire et la forêt d'Amboise, jusqu'à Tours. Le plan d'ensemble ainsi que de nombreux documents relatifs au château et au jardin sont exposés dans le curieux « pavillon du concierge ».

Amusez-vous dans le parc avec les jeux de plein air « à l'ancienne ».

Aquarium du Val de Loire★

8 km à l'ouest par la D 751. À la sortie de Lussault-sur-Loire, prenez la D 283 et suivez le fléchage - ☎ 0 825 082 522 - www.aquariumduvaldeloire.com - ♿ - de mi-juil. à mi-août : 10h-20h ; de déb. juin à mi-juil. et de mi-août à fin août : 10h-19h ; avr.-mai : 10h30-19h ; janv.-mars et sept.-déc. : 10h30-18h (dernière entrée 1h av. fermeture) - fermé 3 dern. sem. de janv. et 2 dern. sem. de nov. - 12,75 €, 21 € billet combiné avec Mini-Châteaux (4-14 ans 8,75 €, 16 €). Consacré principalement aux poissons d'eau douce européens, cet aquarium conserve 70 espèces dans des bassins à ciel ouvert. L'avantage de cette technique est de laisser vivre les poissons au rythme des saisons comme dans leur milieu naturel. Chacun des 38 aquariums présente un milieu donné : torrent de montagne, ruisseaux et rivières du cours supérieur de la Loire… Voyez aussi la reconstitution d'une rive de la Loire, où évoluent sandres et carassins. Et, dans l'aquarium n° 20, le spectaculaire bassin de 400 000 l où nagent l'*Acipenser baeri* et l'*Acipenser transmontanus*, c'est-à-dire… des esturgeons.

Amboise pratique

Adresse utile

Office de tourisme du Val d'Amboise – *Quai du Gén.-de-Gaulle - BP 233 - 37402 Amboise Cedex - ☎ 02 47 57 09 28 - www. amboise-valdeloire.com - juil.-août : 9h-20h, dim. 10h-18h ; de mi-avr. à fin juin et en sept. : 9h30-13h, 14h-18h30, dim. 10h-13h, 14h-17h ; de déb. oct. à mi-avr. : 10h-13h, 14h-18h, dim. 10h-13h - fermé 25 déc., 1ᵉʳ janv. Parcours découverte (en français et en anglais), disponible à l'office de tourisme, à la mairie, dans différents* commerces, hôtels et restaurants ainsi que sur *www.ville-amboise.fr.*

Se loger

⌬ **Chambre d'hôte Chantemerle** – *1 imp. du Colombier - 37530 Chargé - ☎ 02 47 57 06 33 - fermé déc.-fév. sf vac. de Noël et vac. de fév. - ☰ - 5 ch. 38/44 € ☐.* De construction récente, cette maison sur les hauteurs du bourg compte 5 chambres de plain-pied, de confort actuel, aménagées dans les dépendances.

Chacune offre un accès direct sur l'extérieur fleuri ainsi qu'un petit salon d'été privatif. Kitchenette à disposition. Une adresse agréable, à un prix très intéressant.

🍴🛏 **Hôtel Le Blason** – *11 pl. Richelieu -* 🕿 *02 47 23 22 41 - www.leblacon.fr - fermé 15 janv.-1ᵉʳ fév. - 25 ch. 56 € - ☐ 6,50 €.* À proximité du centre-ville, vieux murs d'une maison à colombages du 15ᵉ s. abritant des chambres fraîchement rénovées. Poutres et tons pastel sont de rigueur ; certaines sont mansardées.

🛏 **Chambre d'hôte Le Petit Clos** – *7 r. Balzac -* 🕿 *02 47 57 43 52 - fermé 15 oct.-15 mars sf réserv. -* 🍴 *- 3 ch. 50/60 € ☐.* Les chambres de cette maison située sur la rive droite de la Loire ouvrent toutes sur l'agréable jardin où l'on sert, aux beaux jours, un petit-déjeuner gastronomique (charcuterie, produits régionaux, pâtisseries…). L'hôtesse fait le pain et vous invitera volontiers à mettre la main à la pâte.

🛏🍴 **Chambre d'hôte La Rongère** – *17 r. de la Résistance - 37530 Chargé - 4 km à l'E d'Amboise par D 751 -* 🕿 *02 47 30 60 54 - www.amboise-larongere.com - 4 ch. 70/90 € ☐.* Les chambres, spacieuses et lumineuses, occupent les dépendances d'une demeure du 18ᵉ s. et mélangent avec goût les styles contemporain, ancien et ethnique. Calme et beau parc, piscine chauffée et sauna. Possibilité de louer des vélos avec livraison sur place.

Se restaurer

🍴 **La Charbonnette** – *11 pl. de l'Église - 41150 Onzain - 21 km au NE d'Amboise par N 152, rte de Blois -* 🕿 *02 54 20 79 51 - mrichsoph@aol.com - fermé dim. soir et merc. - 12,50/30 €.* Les deux salles de ce restaurant installé dans une ancienne quincaillerie sont très conviviales : poutres, nappes bordeaux et rose, chaises drapées de tissus fleuris… Le menu et la carte, proposés sur l'ardoise, mettent à l'honneur les produits locaux.

🍴 **Les Caves de la Croix Verte** – *20 rte d'Amboise - 37530 Pocé-sur-Cisse - 3,5 km au NE d'Amboise par N 152 et D 431 -* 🕿 *02 47 57 39 98 - lescavesdelacroixverte@wanadoo .fr - fermé dim. soir et lun. - réserv. conseillée - 13/33 €.* Cadre insolite pour ce restaurant troglodyte qui abritait jadis une cave viticole. Aujourd'hui, l'animation se fait autour de la cheminée où rôtissent les viandes. Au menu, restauration traditionnelle, foie gras et saumon fumé.

🍴🍴 **L'Épicerie** – *46 pl. Michel-Debré -* 🕿 *02 47 57 08 94 - fermé 27 oct.-17 déc., lun. et mar. - 11 € déj. - 20/37 €.* Bien situé au pied du château, ce restaurant a bonne réputation. Les couleurs chaudes du décor et le grand miroir mural donnent une belle luminosité à sa salle à manger. Cuisine régionale et accueil sympathique.

🍴🍴 **La Cave aux Fouées** – *476 quai des Violettes - la Croix-Douillard -* 🕿 *02 47 30 56 80 - www.lacaveauxfouees.com - réserv. obligatoire - 25 €.* L'endroit, logé dans une immense cave troglodyte, abrite une collection de vieux outils. Vous y dégusterez rillauds, rillettes et autres spécialités régionales accompagnés des fameuses fouées, ces petits pains minute cuits au feu de bois sous les yeux des clients. Bar musical attenant animé par un DJ (samedi soir).

Faire une pause

Morel – *18 r. Nationale -* 🕿 *02 47 57 21 07 - tlj sf lun. 7h30-19h30 - fermé 2 sem. en juin, 2 sem. en nov.* Après la visite du célèbre château, faites donc une pause dans cette chaleureuse pâtisserie-salon de thé proposant une trentaine de sortes de thés et de délicieux gâteaux. Essayez les spécialités comme le Yoyo, deux petites meringues rondes enserrant une couche de crème, le Soleillon, un sablé aux amandes, aux pommes et au miel, le croquet tourangeau ou les 15 variétés de chocolats maison.

En soirée

Son et lumière – *9 rampe du Château -* 🕿 *02 47 57 14 47 - www.renaissance-amboise.com - spectacle (1h30) juin-juil. : 22h30 ; août : 22h - 6 à 16 €.* « À la cour du Roy François » : ce spectacle conçu et réalisé par des bénévoles, joué certains soirs par près de 400 figurants, est servi par d'importants moyens techniques (effets pyrotechniques, jeux d'eau, images géantes sur les murs du château). Ce divertissement est une évocation très vivante de la construction du château, de l'arrivée de Louise de Savoie, de l'enfance et de l'adolescence de François Iᵉʳ, des guerres d'Italie, de la vie quotidienne et des réjouissances à Amboise en l'honneur du roi et de sa cour.

Sports & Loisirs

ULM, VOL À MOTEUR

Les Ailes Tourangelles – *Aérodrome d'Amboise-Dierre -* 🕿 *02 47 57 93 91.*

Événements

Actualité des manifestations à Amboise sur www.amboise-valdeloire.com.

W.-ends de Pâques et du 15 août : Foire aux vins dans le tunnel du château.

Juin : Festival vins et châteaux au Parc des Mini-Châteaux, Festival de brass band à Amboise.

Juil. : Festival de musique contemporaine « Les Courants » sur l'île d'Or, entre les deux ponts.

Juil.-août : Marché (artisanat, produits régionaux, animations) à la belle étoile, Festival de musique classique à l'église St-Denis. Spectacle nocturne « À la cour du Roy François » (*voir plus haut* Son et lumière). Soirées italiennes au château (animations et mises en lumière).

Nov. : Au château, fête de la Saint-Hubert 1ᵉʳ dim., Fête du touraine primeur 3ᵉ vend.

Angers★★

152 500 ANGEVINS (AGGLOMÉRATION : 226 843)
CARTE GÉNÉRALE B3 – CARTE MICHELIN LOCAL 317 F4 – MAINE-ET-LOIRE (49)

Les murailles colossales de la forteresse médiévale du Val de Loire se mirant dans la Maine rappellent qu'Angers fut capitale d'un véritable royaume, comprenant même l'Angleterre et, plus tard, la Sicile. Patrie des formidables Foulques, puis des Plantagenêts, à l'origine de la guerre de Cent Ans, la cité garde la célèbre tenture de l'Apocalypse, chef-d'œuvre universel, qui attire des milliers de visiteurs. Cette terre d'Histoire, si magnifiquement chantée par Joachim Du Bellay, conserve aujourd'hui encore tout le charme de sa « douceur angevine », avec ses vins frais, ses fleurs, ses primeurs et son dynamisme culturel.

- ▶ **Se repérer** – À un peu plus de 60 km au nord-ouest de Saumur et à 50 km au sud de Château-Gontier, Angers ouvre la porte ouest de la vallée des châteaux de la Loire.

- 👁 **À ne pas manquer** – Les tapisseries anciennes et contemporaines ; l'architecture de la forteresse ; les collections du musée des Beaux-Arts et de la galerie David-d'Angers ; la vieille ville et les jardins.

- 🕐 **Organiser son temps** – Comptez 1 journée pour la ville, 1/2 pour les environs.

- 👪 **Avec les enfants** – Le parcours-découverte du château *Sur la piste de l'enfant Roy*, les loisirs du lac de Maine, les avions et baptêmes de l'air (le dimanche) du musée de l'Air ou les machines du musée de la Communication.

- 👌 **Pour poursuivre la visite** – Voir aussi le château de Brissac, Baugé, Cholet, Douéla-Fontaine, les châteaux du Plessis-Bourré, du Plessis-Macé et le château de Serrant.

Château… de la Loire ?

Contrairement à Tours, Blois ou Orléans, Angers ne borde pas la Loire, mais s'étend sur les deux rives de la Maine, à quelques kilomètres de son confluent avec la Loire.

Comprendre

Des Gaulois aux Normands

Capitale de la tribu des Andécaves, *Juliomagus* (de Jules, le Romain, et *magos*, le marché gaulois) atteint son apogée au 2e s. ; sa superficie couvre 80 ha. Malheureusement, peu de traces archéologiques ont subsisté de ce brillant passé. Avec la décadence de l'Empire romain, la cité se dépeuple sous l'effet conjugué de la menace germanique et de l'appauvrissement général. De son côté, le christianisme ne cesse de progresser : Angers abrite un concile en 453. L'évêque Thalaise, lettré, protecteur et défenseur de la cité, apparaît alors comme une des figures majeures de l'épiscopat de l'époque. Aux 6e et 7e s., s'installent les abbayes de St-Aubin et de St-Serge. Sous les Carolin-

Château et jardins.

giens, la ville connaît un nouvel essor, vite compromis pourtant par l'instabilité due aux révoltes des grands et par les incursions normandes. En décembre 854, les Vikings (ou, plus exactement, les Northmen) pillent Angers et se retirent. Ils reviennent en 872 et gardent la ville plus d'un an. Charles le Chauve, aidé par le duc de Bretagne, les assiège alors et parvient à les déloger : selon un récit plus ou moins légendaire, il aurait fait détourner les eaux de la Maine, ce qui paniqua les navigateurs vikings et précipita leur fuite.

Foulques III Nerra.

S. Sauvignier / MICHELIN

La première maison d'Anjou (10e-13e s.)

Avec les comtes Foulques, Angers vécut une période particulièrement brillante *(voir généalogie p. 64).*

Les fondateurs – La décadence du pouvoir royal carolingien facilite, dès la fin du 9e s., l'émergence de principautés territoriales indépendantes. La première dynastie angevine apparaît ainsi en 898 avec **Foulques le Roux**, vicomte puis comte d'Angers – titre qu'il transmet à ses descendants. Foulques II le Bon agrandit l'héritage en direction du Maine sans se soucier de l'existence du roi de France, le pâle Louis IV d'Outre-Mer.

Aux 11e et 12e s., la dynastie angevine parvient au faîte de sa puissance : une remarquable habileté politique, dépourvue de scrupules et servie par un exceptionnel dynamisme guerrier, ainsi qu'un sens aigu des alliances matrimoniales, concourent à cet apogée. **Foulques III Nerra** (987-1040) fut le plus redoutable de cette lignée de puissants féodaux.

Foulques le Terrible

Turbulent, féroce, **Foulques III Nerra** ne cesse de guerroyer pour agrandir son domaine : tour à tour, il obtient la Saintonge, annexe les Mauges, pousse jusqu'à Blois et Châteaudun, s'empare de Langeais, de Tours, intervient en Vendômois, puis prend Saumur et de nombreuses autres places fortes.

Ambitieux, cruel, violent, rapace et cupide, Nerra (le Noir, car il avait le teint très brun) est le type même du grand féodal de l'an 1000. Il a parfois des retours soudains d'humilité chrétienne et des crises de repentir ; il comble alors de largesses les églises et les abbayes, ou prend le bâton de pèlerin et part pour Jérusalem. Il est également un grand bâtisseur de forteresses, points d'ancrage de ses conquêtes, éparpillées à travers tout le Val de Loire.

Son fils Geoffroi II (1040-1060) poursuit l'œuvre paternelle en s'assurant du Maine et de la Touraine. Ses neveux se partagent la succession.

Foulques IV le Réchin (le Chagrin) finit par l'emporter sur Geoffroi III, au prix du recul des possessions angevines : perte de la Saintonge, du Maine et du Gâtinais. En 1092, le roi Philippe Ier séduit sa seconde femme, la jeune et ravissante Bertrade de Monfort, l'enlève et l'épouse. Ce scandale a pour sanction l'excommunication majeure prononcée contre le roi.

Geoffroi IV Martel, tué en 1106, et surtout **Foulques V le Jeune** (1109-1131) redressent la situation. Foulques V use de la stratégie des alliances matrimoniales en tirant le meilleur parti de la rivalité franco-anglaise. Lui-même récupère le Maine, par son mariage en 1109. Il marie plus tard ses deux filles au gré de ses relations avec les rois de France et d'Angleterre. Mais sa plus belle réussite, en 1128, est l'union de son fils Geoffroi avec Mathilde d'Angleterre, fille héritière du roi Henri Ier et veuve de l'empereur germanique Henri V. Ultime consécration personnelle : devenu veuf, Foulques épouse en 1129 l'héritière du royaume de Jérusalem, Mélisende, fille de Baudouin II. Il fonde là-bas une nouvelle dynastie angevine et, en fin diplomate, consolide la position des États latins en Palestine.

Henri II, le lion

« Homme au poil roussâtre, de stature moyenne, il a une face léonine, carrée, des yeux à fleur de tête, naïfs et doux lorsqu'il est de bonne humeur, et qui jettent des éclairs lorsqu'il est irrité. Du matin au soir, sans arrêt, il s'occupe des affaires du royaume. Sauf quand il monte à cheval ou prend ses repas, il ne s'assoit jamais. Quand il n'a pas en main un arc ou une épée, il est au Conseil ou en train de lire. Nul n'est plus ingénieux ni plus éloquent, et, quand il peut se libérer de ses soucis, il aime à discuter avec les lettrés. » (M. Pacaut).

Geoffroi V (1131-1151) gouverne d'une main de fer le « Grand Anjou » (Anjou, Touraine, Maine) et tente de faire valoir les droits de sa femme sur l'Angleterre (dont le roi est, depuis 1135, Étienne de Blois) et la Normandie qu'il annexe en 1144. L'original Geoffroi V ornait sa coiffure d'une branche de genêt, d'où le surnom de **Plantagenêt** qui lui survécut.

Plantagenêts et Capétiens

Fils de Geoffroi V et de Mathilde, **Henri Plantagenêt** épouse en 1152 Aliénor d'Aquitaine, dont le mariage avec le roi de France Louis VII vient d'être annulé. À ses domaines, qui comprennent l'Anjou, le Maine, la Touraine et la Normandie, il ajoute ainsi le Poitou, le Périgord, le Limousin, l'Angoumois, la Saintonge, la Gascogne, la suzeraineté sur l'Auvergne et le comté de Toulouse. En 1153, il contraint Étienne de Blois à le reconnaître comme héritier et lui succède l'année suivante sur le trône d'Angleterre. Sa puissance dépasse désormais celle du Capétien. Henri II réside le plus souvent dans ses terres de France, notamment à Angers.

Les 2e et 3e maisons d'Anjou (13e-15e s.)

En 1231, profitant d'une trêve, Blanche de Castille et son fils Louis entreprennent la construction de l'impressionnante forteresse d'Angers. L'Anjou revient dans la mouvance capétienne et, en 1246, Saint Louis le donne, avec le Maine, en apanage à son jeune frère Charles. En 1258, le traité de Paris en confirme la possession au roi de France. En 1360, l'Anjou est élevé au titre de duché par Jean le Bon en faveur de son fils Louis. Du 13e au 15e s., des princes capétiens directs, puis des Valois, gouvernent l'Anjou. Aux deux extrémités de cette lignée se détachent les figures hautes en couleur de Charles Ier et du roi René.

Charles d'Anjou – Ce curieux personnage, confit en dévotion mais d'une folle ambition, est appelé par le pape ; il en profite pour conquérir la Sicile et le royaume de Naples, étendant son influence sur tout le reste de la péninsule. Grisé d'orgueil, il rêve d'y ajouter la Terre sainte, l'Égypte et Constantinople. Les **Vêpres siciliennes** le rappellent durement à la réalité : le lundi de Pâques 1282, à l'heure des vêpres, les Siciliens massacrent 6 000 Français dont la moitié d'Angevins.

Le bon roi René – Dernier des ducs, le roi René, roi titulaire de Sicile, sait le latin, le grec, l'italien, l'hébreu, le catalan, joue et compose de la musique, peint, fait des vers, connaît les mathématiques, la géologie, la jurisprudence ; c'est un des esprits les plus complets de son temps. Amateur de parfums et de jardins fleuris, il introduit l'œillet et la rose de Provins. À 12 ans, il a épousé Isabelle de Lorraine et lui reste tendrement attaché pendant les trente-trois ans que dure leur union. Après la mort d'Isabelle, à 47 ans, il épouse Jeanne de Laval qui en a 21. Ce second mariage est aussi heureux que le premier. Vers la fin de sa vie, René voit avec philosophie Louis XI mettre la main sur l'Anjou. Comme il est aussi comte de Provence, il délaisse Angers qu'il a embellie pour Aix où il termine ses jours à 72 ans (1480).
Sous les ducs, une université florissante a été créée à Angers : 4 000 à 5 000 étudiants, appartenant à dix « nations », y apportent une joyeuse animation.

D'Henri IV à nos jours

Les guerres de Religion prennent une âpre tournure à Angers où existait une

Duc d'Anjou et roi de Sicile, le bon roi René.

S. Sauvignier / MICHELIN

forte Église calviniste ; le 14 octobre 1560, la journée des Mouchoirs fait de nombreuses victimes. Les affrontements redoubleront par la suite et, en 1572, la ville connaîtra sa Saint-Barthélemy.

C'est au château d'Angers qu'Henri IV met fin, en 1598, aux troubles de la Ligue en promettant son fils César à Françoise de Lorraine, fille du duc de Mercœur, dernier espoir des ligueurs. La promesse de mariage est signée le 5 avril : les futurs époux ont alors 3 et 6 ans. Huit jours après, l'édit de Nantes entre en vigueur : les protestants obtiennent la liberté de culte.

En 1652, Angers, tenu par les frondeurs, doit capituler devant Mazarin ; en 1657, la ville perd le droit d'élire ses échevins. Après son arrestation à Nantes, le surintendant **Fouquet**, gardé par d'Artagnan, séjourne trois semaines au château, dans l'appartement du gouverneur. À cette époque, la ville compte environ 25 000 habitants, elle est peu industrialisée.

Dès le début de la révolution de 1789, Angers se prononce avec enthousiasme pour les réformes. La cathédrale, mise à sac, est transformée en temple de la Raison.

En 1793, la défection de la municipalité girondine permet aux Vendéens de s'emparer de la ville entre le 20 juin et le 4 juillet. Les républicains ne tardent pas à la reprendre, et la Terreur fait de nombreuses victimes.

Entrée en somnolence au début du 19e s., Angers se réveille lors de l'arrivée du chemin de fer de Paris à Nantes ; en 1849, Louis Napoléon inaugure la gare. Le développement moderne commence ; après une pause pendant la première moitié du 20e s., il a repris son essor durant ces dernières décennies.

Le saviez-vous ?

Curnonsky, de son vrai nom Maurice Edmond Sailland (1872-1956), né à Angers, se distingue au début du 20e s. par ses chroniques gastronomiques. Sous le nom de Bibendum, il collabore avec André Michelin aux « Lundis de Michelin » de l'*Auto Journal*. Sous son second pseudonyme de Curnonsky, il publie de nombreux articles et livres, et fonde l'Académie des gastronomes. Il reste célèbre pour sa stature (120 kg), pour le titre de « prince des gastronomes » que lui décernent 5 000 experts, gourmets et chefs en 1927, et pour la stimulation bénéfique qu'il exerça sur la cuisine de terroir française.

Découvrir

LA TENTURE DE L'APOCALYPSE★★★

Au sein de la forteresse - ℘ 02 41 86 48 77 - www.monum.fr - de déb. mai à déb. sept. : 9h30-18h30 ; reste de l'année : 10h-17h30 (dernière entrée 45mn av. fermeture) - possibilité de visite guidée du château et de la tapisserie (2h) - fermé 1er janv., 1er Mai, 1er et 11 Nov., 25 déc. - 7,50 € (-18 ans gratuit, 18-25 ans 4,80 €), gratuit 1er dim. du mois (oct.-mars). La tapisserie étant conservée à température constante, prévoyez un chandail l'été.

Abritée dans une galerie spécialement conçue pour elle, cette tenture mondialement célèbre est la plus ancienne de cette dimension qui nous soit parvenue, après la « tapisserie » de Bayeux. Elle fut commandée pour le duc Louis Ier d'Anjou, et vraisemblablement exécutée à Paris entre 1373 et 1383, sur des cartons de Hennequin de Bruges, d'après les enluminures d'un manuscrit du roi Charles V. En 1400, elle fut tendue dans la cour de l'évêché d'Arles lors du mariage de Louis II d'Anjou avec Yolande d'Aragon. Léguée par le roi René à la cathédrale d'Angers, elle y était exposée lors des fêtes religieuses, avant de sombrer dans l'oubli à la fin du 18e s. Dans les temps troublés de la Révolution, la décision fut prise de découper les tapisseries et d'en disperser les morceaux, pour les protéger. Leur valeur tombe parfois dans l'oubli, 16 scènes sont perdues, plusieurs sont retaillées, une sert un temps à faire blanchir les salades ! Le chanoine Joubert réunit les pièces, tente de reconstituer leur succession et les fait restaurer de 1843 à 1870.

Longue à l'origine de 133 m et haute de 6 m, la tenture était composée de 6 pièces de dimensions égales, comprenant chacune un grand personnage assis sous un dais, le regard tourné vers deux rangées de 7 tableaux dont le fond, alternativement rouge et bleu, forme un damier. Ce personnage lit les « révélations » – c'est ce que le terme apocalypse signifie – et invite à en observer l'accomplissement qui suit. En haut et en bas, deux longues bordures représentent le Ciel, peuplé d'anges musiciens, et la Terre, jonchée de plantes (disparue dans la première partie). Les 76 tableaux qui nous sont parvenus forment un ensemble magnifique. La tenture interprète au plus près le dernier livre du Nouveau Testament, l'**Apocalypse**, écrit par saint Jean. Selon ce livre, le retour du Christ, sa victoire sur le mal et la fin du monde actuel s'accompagneront de signes dans le ciel et de persécutions. Pour ranimer l'espérance des chrétiens, l'auteur présente, sous forme de visions prophétiques, la victoire du Christ et, après maintes épreuves, le triomphe de son Église. Notez que l'illustration fournie par la tapisserie d'Angers est fortement influencée par le contexte des guerres franco-anglaises. Ainsi, le monstre aux sept têtes de l'Apocalypse… a un faciès de léopard, emblème de l'Angleterre. Repérez aussi dans le siège de la ville du 6e « chapitre », parmi les troupes de Satan, le Prince Noir, un casque rouge bourguignon et un Sarrasin !

C. Rose / CMN

Dans la tapisserie de l'Apocalypse, la Bête aux sept têtes de léopard, symbolisant l'ennemi anglais, s'est unie au dragon de Satan.

Des rectangles blancs délimitent **6 « chapitres »** et se lisent un peu comme une bande dessinée, de gauche à droite et de haut en bas. Même si certaines, dès le 14e s., n'ont pas été tissées au bon endroit et si d'autres ont disparu ! Voici quelques points de repères.

Chapitre 1 (4 scènes manquantes) – Saint Jean, toujours représenté vêtu de rouge, se prosterne devant le Christ tenant dans sa bouche le glaive à double tranchant (la parole qui sauve et qui juge), les 24 rois voient la Gloire de Dieu. Il faut ouvrir le livre des révélations, mais qui en sera digne ? Au désespoir, Jean pleure, alors que voici bientôt l'agneau immolé. Les 6 premiers sceaux sont ouverts : le premier s'accompagne de la victoire du cavalier blanc, les autres de guerre, famine, mort, martyr, tremblement de terre, tempête.

Chapitre 2 (3 scènes manquantes) – Les élus arrivent, l'ouverture du 7e sceau déclanche 7 nouvelles étapes, annoncées par des trompettes : la grêle et le feu, le naufrage, une étoile empoisonnant les eaux, un aigle de malheur, l'invasion des sauterelles puis des cavaliers. Jean mange le livre de la bonne nouvelle pour pouvoir la proclamer.

Chapitre 3 (complet) – Deux témoins envoyés convertir le monde sont combattus, puis tués par la Bête. Ces témoins ressucitent, la septième trompette annonce la victoire du bien sur le mal. La Femme revêtue du Soleil (Marie) vient, elle va enfanter ; l'archange Michel et ses anges combattent le Dragon (Satan) qui veut dévorer l'enfant. Le Dragon, précipité sur la terre, fait alliance avec la Bête.

Chapitre 4 (complet) – La Bête obtient le pouvoir et les hommes se divisent : certains l'adorent, ceux qui lui résistent sont persécutés. L'Agneau apparaît sur la montagne de Sion, ses fidèles portent au front le signe de la croix. Trois anges annoncent 3 bonnes nouvelles : la condamnation du Dragon, la chute de Babylone, le Jugement. Viendront la moisson des élus et la vendange de la colère de Dieu.

Chapitre 5 (3 scènes manquantes) – Après un temps de paix, c'est maintenant la colère de Dieu, confiée aux anges sous forme de 7 flacons, qui est déversée sur la terre : maladie, empoisonnement des eaux, soleil brûlant, invasions des grenouilles puis tonnerre se succèdent. La chute de Babylone, la Grande Prostituée, « mère des fornications et des abominations de la terre », est annoncée. La voici se mirant avec coquetterie, alliée à la Bête. Babylone est envahie par les démons.

Chapitre 6 (8 scènes manquantes) – De nombreuses pièces manquent pour la fin du livre. Dans les derniers combats, on reconnaît pourtant Le verbe de Dieu (Cavalier blanc) chargeant les bêtes, la venue de la Jérusalem nouvelle et le fleuve coulant du trône de Dieu. Le dragon enchaîné pour mille ans et le Jugement dernier font partie des pièces disparues.

La forteresse★★★ (A1-2)

Promenade du Bout-du-Monde - 📞 *02 41 86 48 77 - mêmes conditions que la tapisserie.*

👥 Élevée à partir de 1231 par Blanche de Castille, mère et régente de Saint Louis, la construction constitue un magnifique spécimen d'architecture féodale, englobant 25 000 m² entre des remparts, bordés de douves sèches ou surplombant une falaise, qui relient 17 tours. Il s'agit donc bien d'une forteresse, dont la fonction est d'abriter une garnison, plus que d'un château. Pendant les guerres de Religion, le roi Henri III ordonna la démolition du monument, mais le gouverneur Donadieu de Puycharic imagina un habile subterfuge : il décoiffa toutes les tours, autrefois coiffées de toits en poivrière, et les aménagea en terrasse. Elles perdirent environ 10 m de hauteur mais, dans le même temps, le gouverneur adaptait la forteresse aux évolutions de l'artillerie, en renforçant les murs et en ajoutant des canons. La forteresse devient une enceinte militaire et une prison.

Châtelet et chapelle – Ces bâtiments du 15e s. se dressent à l'intérieur de l'enceinte. Pour bien comprendre l'évolution architecturale du site, commencez votre visite par le rez-de-chaussée du logis royal qui abrite un ensemble de maquettes. Remarquez au passage la modeste taille de cet élégant logis, qui abrita pourtant la fastueuse vie de cour des rois d'Anjou.

Par l'escalier contigu, que fit construire le roi René, on accède à l'étage *(expositions tournantes de tapisseries)*.

Dans la chapelle, vaste et claire, admirez les vantaux gothiques sculptés de la porte, l'oratoire doté d'une cheminée, et, à une clef de voûte, la représentation de la croix d'Anjou.

Les « cachots » – De nombreux espaces, de taille et de confort très variés, servirent de lieu d'enfermement. Ainsi, le surintendant des Finances Fouquet séjourna trois mois au château après que Louis XIV l'eut fait arrêter. *Possibilité de visite guidée. Se renseigner.*

Tours, remparts et jardins – De la plus haute des tours, la **tour du Moulin**, à l'angle nord, **vues★** étendues sur la cathédrale et St-Aubin, les rives de la Maine, ainsi que l'intérieur de l'édifice, la muraille, le dessin soigné des jardins, la chapelle et le logis royal.

Poursuivre le **tour des remparts** du côté est pour traverser le charmant **jardin médiéval** planté sur une des anciennes terrasses d'artillerie, près d'une vigne, comme aimait à en planter le roi René, tandis que les jardins en contrebas abritent bignones, lauriers et roses.

Se promener

DANS LA VIEILLE VILLE★

Comptez une demi-journée pour la visite.

Se promener à travers les rues du vieil Angers, c'est un peu visiter les galeries d'un musée en plein air. La vie et l'animation ne font pas défaut, et vous pourrez, si le cœur vous en dit, couper la journée par un pique-nique au Jardin des plantes.

Partez de l'entrée du château, puis engagez-vous dans la petite rue St-Aignan.

Quartier de la cathédrale

Rues étroites et habitations peu élevées rappellent l'ancienneté de ce charmant quartier.

Remarquez l'**hôtel du Croissant** (A1) du 15e s., à fenêtres à meneaux et arcs en accolade, qui abritait le greffier de l'ordre du Croissant, ordre de chevalerie militaire et religieux fondé par le roi René.

En face, intéressantes maisons à pans de bois. Sur le blason de la façade figurent les armes de **saint Maurice**, le patron de l'ordre du Croissant, légionnaire chrétien du 4e s., mis à mort parce qu'il refusait de tuer ses coreligionnaires.

Continuez jusqu'à la montée St-Maurice, longue volée d'escaliers qui mène au parvis de la cathédrale.

Cathédrale St-Maurice★ (B1)

La **façade** de ce bel édifice des 12ᵉ et 13ᵉ s. est surmontée de trois tours, deux sont coiffées de flèches de 70 m de haut (15ᵉ s.) ; celle du milieu fut ajoutée au 16ᵉ s., de même que la galerie de huit chevaliers en costume Renaissance figurant saint Maurice et ses compagnons martyrs. Au rez-de-chaussée s'ouvre le **portail** : mutilé par les protestants et par les révolutionnaires, il a subi aussi les atteintes des chanoines qui, au 18ᵉ s., supprimèrent le trumeau et le linteau pour faciliter le passage des processions ; remarquez la finesse des statues, la grâce des plissés : dans les ébrasements et au **tympan★**, Christ en majesté entouré des symboles des évangélistes (traces de polychromie).

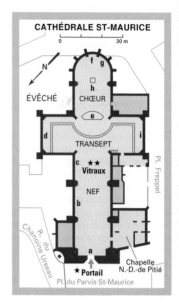

Intérieur – *Tapisseries exposées du 21 juin au 22 sept.* Le vaisseau unique est couvert d'une des premières voûtes gothiques nées en Anjou (milieu du 12ᵉ s.). D'un type particulier, la clef des ogives est située à plus de 3 m au-dessus des clefs des formerets et des doubleaux, alors que dans les autres voûtes gothiques toutes ces clefs sont sensiblement à la même hauteur. Cette forme bombée a reçu le nom de **voûte angevine**. Celles de St-Maurice couvrent la plus large nef qui ait été élevée à l'époque : 16,38 m, alors que la largeur normale était de 9 à 12 m. Les chapiteaux et les modillons, sculptés de frises végétales, supportent une galerie à rampe de fer forgé.

Dans le transept, les voûtes angevines sont d'une époque plus avancée que celles de la nef : les nervures, plus nombreuses, sont aussi plus légères et gracieuses.

Des **vitraux★★** illuminent le chœur (13ᵉ s.), le transept et la nef. Remarquez les plus anciens (**b**, 12ᵉ s.) à gauche en entrant, puis les rosaces de l'Apocalypse (**d**, 1453) et les belles tonalités bleues et rouges des verrières du chœur (**g**, 13ᵉ s.). Dans le chœur, des peintures murales du 13ᵉ s. et les tombeaux des ducs d'Anjou, dont les fragments de celui du roi René, ont été découverts derrière les stalles. L'ensemble n'est pas accessible mais quelques unes sont visibles au-dessus des boiseries. Le mobilier est de grande qualité : grandes orgues (**a**) du 18ᵉ s. soutenues par des atlantes, chaire monumentale (**c**) du 19ᵉ s., maître-autel (**e**) surmonté de colonnes de marbre et d'un baldaquin de bois doré (18ᵉ s.), tapisseries (en saison), stalles sculptées du 18ᵉ s. (**f**) et statue de sainte Cécile en marbre, par David d'Angers (**h**).

En longeant l'évêché, gagnez la rue de l'Oisellerie.

Aux nᵒˢ 5 et 7, deux jolies maisons à colombages du 16ᵉ s.

Prenez la première rue à droite.

Maison d'Adam★ (B1-2)

Demeure du 16ᵉ s. à pans de bois, aux poteaux ornés de nombreux personnages sculptés. Elle devrait son nom au pommier qui semble soutenir la tourelle d'angle, encadré, jusqu'à la Révolution, des deux statues d'Adam et d'Ève. Mais il se trouve aussi qu'au 18ᵉ s. cette maison fut habitée par un juge du nom de Michel Adam…

Poursuivez par la rue Toussaint.

Au nᵒ 37, le portail classique de l'**ancienne abbaye Toussaint** s'ouvre sur une élégante courette flanquée d'une tourelle sur trompe.

Revenez en arrière et prenez la rue du Musée. La description de la galerie David-d'Angers (église devenue musée) et du musée des Beaux-Arts se trouve dans la partie « visiter ».

Logis Barrault (musée des Beaux-Arts) (B2)

Donnant sur une charmante placette, cette belle demeure de la fin du 15ᵉ s., construite par Olivier Barrault, secrétaire du roi, trésorier des états de Bretagne et maire d'Angers, fut occupée au 17ᵉ s. par le séminaire. Celui-ci comptait **Talleyrand** parmi ses élèves.

Tour St-Aubin (B2)

Beffroi (12ᵉ s.) de l'ancienne abbaye St-Aubin, riche monastère bénédictin fondé au 6ᵉ s., où saint Aubin, évêque d'Angers (538-550), fut inhumé.

Anciens bâtiments conventuels★ (B2)

Pl. Michel-Debré - ℘ 02 41 81 49 49 - www.cg49.fr - lun.-vend. 9h-17h30 (sf événements à l'hôtel du département) sur présentation d'une pièce d'identité - gratuit.

Les bâtiments de l'abbaye St-Aubin, reconstruits en grande partie aux 17e et 18e s., sont actuellement occupés par l'hôtel du département et la préfecture.

À gauche de la cour, et visible au travers de baies vitrées, la **galerie romane★★** du cloître présente des sculptures d'une finesse remarquable. La porte aux voussures sculptées menait à la salle capitulaire, dont les arcatures voisines permettaient aux frères qui n'avaient pas « voix au chapitre » d'assister aux débats depuis la galerie. Décorant la baie géminée, à droite de la porte, une Vierge en majesté est encensée par deux anges ; plus bas, on reconnaît l'épisode des Rois mages : à gauche, Hérode envoie ses soldats massacrer les enfants innocents, tandis que, à droite, l'étoile guide les Mages. La dernière arcature à droite porte la scène la mieux conservée de l'ensemble : au centre se prépare le combat inégal de David armé de sa fronde contre le géant Goliath en cotte de mailles ; à droite, David vainqueur tranche la tête du vaincu ; à gauche, il présente son trophée au roi Saül. La salle capitulaire abrite une copie de la **porte de bronze du Castel Nuovo** à Naples : la ville fut en effet la capitale du royaume d'Anjou de 1266 à 1460 ; cette porte commémore la défaite des Angevins au profit des rois d'Aragon. Un boulet a percé un des panneaux, souvenir d'une bataille navale durant laquelle Charles VIII, qui la rapportait en France comme butin de guerre, fut battu par les Génois.

Prenez la rue St-Martin.

Collégiale St-Martin (B2)

Juin-sept. 10h-19h, oct.-mai, tlj sf lun. 13h-18h - 3 € - audioguide compris dans le prix de la visite. La première église construite ici le fut au 5e s. hors les murs de la cité (la crypte en révèle les fondations). Le transept, la croisée du transept alternant brique et tuffeau, et le tracé de la nef sont un des rares vestiges d'architecture carolingienne en France, d'une exceptionnelle ampleur. Au 11e s., Foulques Nerra fait voûter la croisée du transept et, au siècle suivant, le chœur de style gothique angevin double la longueur de l'édifice. Quarante œuvres religieuses illustrent particulièrement l'école angevine et mancelle de terre cuite du 17e s.

Par la rue St-Denis, rejoignez la place du Ralliement.

Place du Ralliement (B1)

Avec ses commerces, ses terrasses de cafés et la façade monumentale de son théâtre, elle constitue le centre vivant de la ville.

Dans la rue Lenepveu, prenez la première à gauche, rue de l'Espine. Vous passez devant l'hôtel Pincé dont la description est donnée dans la partie « visiter ».

Quartier St-Laud (B1)

La petite rue St-Laud traverse un agréable quartier piéton et commerçant, avec quelques vieilles façades : voir en particulier le n° 21 de la rue St-Laud (15e s.) et le n° 9, rue des Poëliers (16e s.). Continuez par la rue du Pilori ombragée par un grand catalpa, puis prenez à droite la rue Pocquet-de-Livonnières. Au n° 14, remarquez le décor classique de l'**hôtel de Livois** (17e s.) (C1). Observez en face, en dépit de la dégradation du tuffeau, le style romano-byzantin de l'église **N.-D.-des-Victoires** (fin 19e s.) (C1) à laquelle ne manque que le clocher, jamais édifié.

Traversez en diagonale la place Louis-Imbach pour emprunter la rue St-Étienne et la rue du Commerce. Traversez le boulevard Carnot.

Église St-Serge★ (C1)

Pl. du Chanoine-Bachelot - ℘ 02 41 43 66 76. Elle fut jusqu'en 1802 l'église de l'abbaye bénédictine du même nom, fondée au 7e s. La nef (15e s.) contraste avec le chœur, car ses piliers massifs la font apparaître plus étroite. Remarquablement large, élégant et lumineux, le **chœur★★** du 13e s. offre un parfait exemple du style angevin à son apogée, avec ses 13 voûtes qui retombent en faisceaux de nervures sur de fines colonnes. De gracieux vitraux (15e s.) au fond en grisaille garnissent ses fenêtres hautes : ils représentent les prophètes, côté nord, et les apôtres, côté sud. Sur le mur du fond du chœur, *sacrarium* – armoire à reliques – de style flamboyant.

Jardin des plantes (C1)

Situé sur l'arrière du centre des congrès et face aux anciens bâtiments conventuels (18e s.) de l'abbatiale St-Serge, ce jardin paysager est planté de beaux arbres aux essences rares (notamment, à l'entrée, l'orme de Sibérie de plus de 30 m). Bassin, chèvres et volière distrairont les promeneurs, ainsi que la petite chapelle romane St-Samson, remaniée aux 16e et 17e s.

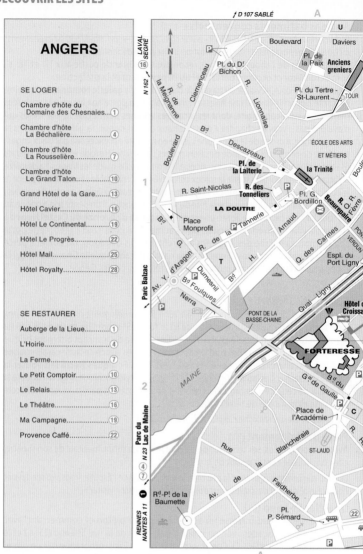

ANGERS

SE LOGER

Chambre d'hôte du
Domaine des Chesnaies... ①

Chambre d'hôte
La Béchalière.................. ④

Chambre d'hôte
La Rousselière................ ⑦

Chambre d'hôte
Le Grand Talon.............. ⑩

Grand Hôtel de la Gare...... ⑬

Hôtel Cavier................... ⑯

Hôtel Le Continental.......... ⑲

Hôtel Le Progrès............. ㉒

Hôtel Mail....................... ㉕

Hôtel Royalty.................. ㉘

SE RESTAURER

Auberge de la Lieue........... ①

L'Hoirie........................... ④

La Ferme.......................... ⑦

Le Petit Comptoir.............. ⑩

Le Relais.......................... ⑬

Le Théâtre........................ ⑯

Ma Campagne................... ⑲

Provence Caffé.................. ㉒

LES JARDINS★ (hors plan)

Agrémentée par les grands espaces verts de l'île St-Aubin au nord, des parcs St-Nicolas et du parc du lac de Maine au sud, Angers affiche le taux record d'un peu plus d'un tiers de sa surface en espaces verts, une proportion comparable (pour une taille moindre, bien sûr) à celle de Londres ! Forte d'une réputation prestigieuse dans le domaine de la production de graines, plantes, arbres et arbustes *(voir p. 94)*, la capitale de l'Anjou affiche une identité originale dans l'entretien de ces espaces verts. En effet, outre les espaces boisés semi-sauvages et dévolus aux loisirs que sont les deux poumons verts précédemment cités, elle opte pour un fleurissement à la fois massif et diversifié : des 400 000 plants annuels produits et mis en place par le service des espaces verts les « couleurs criardes » sont officiellement exclues « sauf en automne ». Le choix des plantes à fleurs fait l'objet d'une recherche et d'un renouvellement notable tandis que, en toute saison, les alignements d'arbres se distinguent par leurs couleurs de feuillage, d'écorce ou de

Jardins pratiques

Le circuit « **Maine, fontaines et jardins** » permet de découvrir à vélo des fontaines et des jardins de caractère, puis de longer la Maine à partir du parc Balzac, en direction de l'île St-Aubin. Brochure *Itinéraires découvertes* disponible, en français et en anglais, à Angers Loire Tourisme.

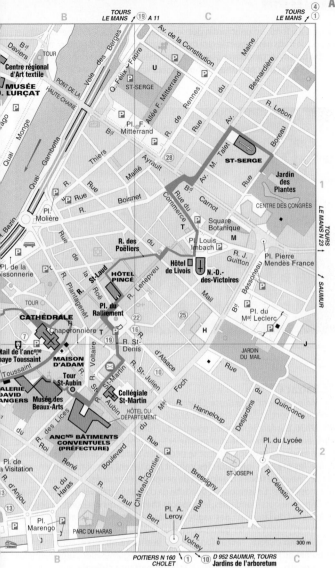

floraison : 188 essences sont utilisées, soit presque quatre fois plus qu'à Paris. Ainsi, au printemps, vous apprécierez le boulevard Foch bordé de magnolias à grandes fleurs blanches, les azalées qui font face au musée des Beaux-Arts, l'été, les fleurs blanches du grand catalpa rue Plantagenêt, le foisonnement du jardin du Mail (40 000 fleurs estivales), les innovations du jardin de l'arboretum, etc. Cet effort, qui fait de la ville – et plus particulièrement de certains de ses jardins – la vitrine de l'horticulture angevine, est presque chaque année récompensé par un des grands prix nationaux du fleurissement.

Nouveaux jardins de l'arboretum★

7 r. du Château-d'Orgement - ℘ 02 41 22 53 26 - ouvert tlj sf merc. 14h-20h, l'hiver 14h-17h30. Au sud-est du centre-ville, voici le rendez-vous des innovations en matière de jardinage, abrité par les grands et beaux arbres de collection de l'arboretum Gaston-Allard (7 ha ; chênes, conifères et arbustes). Une superbe allée de chênes de diverses variétés mène à la maison du premier concepteur du lieu, le botaniste Gaston Allard (1838-1918). Depuis quelques années, les 7 500 m² aux abords du bâtiment sont consacrés à un choix de plantes vivaces ou annuelles, de bulbes et d'arbustes, parmi lesquels les nouveautés de l'horticulture régionale, associés par couleurs ou textures et renouvelés fréquemment. Le lieu, qui accueille aussi des sculptures contemporaines et de beaux arbustes en pots (tercidiphyllum aux feuilles sentant le caramel en automne, fruits et fleurs des cornus kousa, amélanchiers, arbousiers…), s'avère idéal pour apprécier le port et la robustesse

117

des espèces. Au fond, un petit jardin des sens décline senteurs, touchers, couleurs d'écorces ou de fruits (remarquez le rare mûrier à papier portant des fruits orange l'été) autour d'un bassin rectangulaire planté de nymphéas. Un oculus dans le mur laisse apercevoir la **Collection nationale d'hortensias** voisine *(Visite sur RV)*.

Dans les nouveaux jardins de l'arboretum Gaston-Allard, un espace est réservé aux dahlias.

Parc de Balzac★

Passez la Maine au pont de la Basse-Chaîne et garez-vous soit au parking Yolande-d'Aragon, soit au parking Farcy-Balzac (ombragé) - ℰ 02 41 22 53 26 - ouvert tlj 8h-20h, l'hiver 8h-17h30. Bordant le nouveau quartier du Front de Maine, les 50 ha de ce parc font le lien entre le centre-ville tout proche et le parc de loisirs du lac de Maine. De conception moderne, le parc de Balzac se décline en territoires différenciés. Le long de la Maine, les **prairies innondables** imitent résolument le marais poitevin, avec ses haies de saules, de frênes, d'aulnes et de peupliers, ses baudets et ses vaches (ici des Highlands Cattle). L'ensemble est quadrillé de chemins surélevés. Légèrement en retrait quoique toujours inondables, les **espaces thématiques★** laissent un peu plus paraître le travail du jardinier : des vagues successives (le terrain en adopte parfois le mouvement) jouent sur les gammes de graminées, champs fleuris, écorces de couleur, arbres aux oiseaux. Tout au fond, les 120 **jardins familiaux★**, agrémentés de cabanes bleues ou roses, sont le domaine des fleurs et légumes, ponctués de grands rosiers grimpants. Terminez votre visite par la prometteuse **chênaie**, avec son allée de 1 100 chênes hybrides ou originaires d'Amérique, de Chine et d'ailleurs, dont vous observerez la variété dans la forme des feuilles ou des glands !

Parcs St-Nicolas

Passez la Maine au pont de la Basse-Chaîne et garez-vous au parking Farcy-Balzac. Formant une sorte de chapelet le long de l'étang St-Nicolas, ils alternent de planes allées de promenade sur les rives et une végétation plus sauvage le long de chemins escarpés dans les anciennes carrières d'ardoise.

Parc du lac de Maine

Accès par la voie des Berges, direction Nantes. Deux cents hectares de bois et de pelouses entourent le lac de Maine. Le parc de loisirs (baignade, planche à voile, canoë, vélo, randonnée, tennis, swing golf…) attire de nombreux Angevins le week-end.

Visiter

Galerie David-d'Angers★ (B2)

33 bis r. Toussaint - ℰ 02 41 05 38 00 - www.angers.fr - juin-sept. : 10h-19h (vend. 21h) ; oct.-mai : tlj sf lun. 10h-12h, 14h-18h (1er vend. du mois 20h) - possibilité de visite guidée (1h30) sur demande au ℰ 02 41 05 38 38 - fermé 1er janv., 1er Mai, 1er et 11 Nov., 25 déc. - 4 € (-18 ans gratuit). L'ancienne église abbatiale Toussaint (13e s.), dont les voûtes angevines effondrées en 1815 ont été remplacées par une vaste verrière à armature métallique, abrite la quasi-totalité des œuvres d'atelier que le sculpteur **David d'Angers** (1788-1856) légua de son vivant à sa ville natale.

La collection présente des statues monumentales (le roi René, Gutenberg, Jean Bart, Larrey), des monuments funéraires (comme la copie du tombeau du général Bonchamps, célèbre général vendéen qui sauva le père de l'artiste à St-Florent-le-Vieil), un ensemble de bustes de personnages célèbres (Chateaubriand, Victor Hugo, Balzac) et des médaillons en bronze aux effigies des contemporains de l'artiste. Remarquez aussi, dans un renfoncement vitré, le *Jeune Berger* qui s'intègre parfaitement dans le jardin de la très moderne bibliothèque municipale.

En sortant du musée, à gauche, on peut voir le cloître du 18e s. dont les deux galeries ont été restaurées.

Hôtel Pincé★ (B1)

32 bis r. Lenepveu - fermé pour travaux - ℘ 02 41 05 38 00 - www.angers.fr - (sinon mêmes conditions de visite que la galerie David-d'Angers). Ce gracieux hôtel Renaissance, élevé pour un maire d'Angers et légué à la ville en 1861, abrite le **musée Turpin-de-Crissé**. Peintre natif d'Angers, **Turpin de Crissé** (1772-1859), chambellan de l'impératrice Joséphine et membre de l'Institut, a légué à sa ville une superbe collection d'objets d'art exotiques, à l'origine du musée. Celui-ci présente des vases grecs et étrusques au rez-de-chaussée, des pièces égyptiennes au 1er étage. Mais ne manquez surtout pas, au 2e étage, le très bel ensemble de céramiques, les masques et estampes japonaises, ainsi que la collection chinoise (céramiques, bronzes, tissus).

Musée des Beaux-Arts★★ (Logis Barrault) (B2)

14 r. du Musée - ℘ 02 41 05 38 00 - www.angers.fr - &. - juin-oct. : 10h-19h (vend. 21h) ; oct.-mai : tlj sf lun. 13h-18h (1er vend. du mois 20h) - possibilité de visite guidée (1h30) sur demande au ℘ 02 41 05 38 38 - fermé 1er janv., 1er Mai, 1er et 11 Nov., 25 déc. - 4 € (-18 ans gratuit). Plan et liste des immanquables disponibles à l'entrée.

Le musée des Beaux-Arts d'Angers a fait peau neuve en 2004. Cinq années de travaux de rénovation et d'extension ont permis de conférer à ses remarquables collections l'écrin qu'elles méritaient. Au rez-de-chaussée, le parcours Histoire d'Angers évoque l'histoire de la ville depuis le Néolithique jusqu'à nos jours à travers une collection d'objets d'art et archéologiques auxquels s'ajoutent des plans, photographies et portraits. Remarquez l'oliphant en ivoire de la cathédrale et un fragment du tombeau du roi René, qui laisse imaginer ce qu'il fut avant d'être brisé au temps des guerres de Religion. Au **1er étage**, on découvrira le cabinet d'arts graphiques regroupant 10 000 dessins, photographies et gravures exposés par cycle trimestriel. Les collections de peintures rassemblées à ce niveau offrent un large panorama de l'art européen depuis les primitifs (impressionnant *Jugement dernier* de Segna di Buonaventura) jusqu'à l'Italie du 18e s. Remarquez, dans la section « Le portrait en Europe », celui de Catherine de Médicis (vers 1565-1570) par François Clouet et l'autoportrait de Jordaens (1650), dans lequel l'artiste se représente en amateur d'art tenant une statuette de Vénus et Cupidon. Dans le cabinet des Collectionneurs sont exposés de remarquables ivoires dont *L'Attaque du château d'Amour* (1350). Le 18e s. français est particulièrement à l'honneur au **2e étage** qui présente des œuvres de Fragonard, Watteau, Van Loo et surtout de superbes natures mortes de Chardin. Parmi les toiles du 19e s., prêtez attention au remarquable *Paolo et Francesca* d'Ingres dont le sujet est emprunté à la *Divine Comédie* de Dante. Cette partie du musée offre aussi l'occasion de se familiariser avec des œuvres de peintres angevins du 19e s. comme Lenepveu et Bodinier. La dernière salle du 2e étage rassemble quelques œuvres impressionnistes dont le *Train dans la campagne* de Monet.

Enfin, un espace situé au 1er étage est consacré à des œuvres d'artistes du 20e s. (dont l'Angevin Alexis Mérodack-Jeaneau) tandis qu'une galerie, au rez-de-chaussée, présente des sculptures et peintures académiques du 19e s.

LA RIVE DROITE DE LA MAINE

Musée Jean-Lurçat et de la Tapisserie contemporaine★★ (B1)

4 bd Arago - ℘ 02 41 05 38 00 - www.angers.fr - &. - juin-sept. : 10h-19h ; oct.-mai : tlj sf lun. 10h-12h, 14h-18h - possibilité de visite guidée (1h30) sur demande au ℘ 02 41 05 38 38 - fermé 1er janv., 1er Mai, 1er et 11 Nov., 25 déc. - 4 € (-18 ans gratuit).

Le musée occupe l'**hôpital St-Jean★**, fondé en 1174 par Étienne de Marçay, sénéchal d'Henri II Plantagenêt. La vaste salle des Malades, remarquable par ses voûtes angevines reposant sur de fines colonnes, conserve, à droite de l'entrée, la **pharmacie★** de l'hôpital (17e s.), dont les boiseries sont garnies de pots et de chevrettes (supports) en faïence. Dans la niche centrale, voyez le somptueux vase à thériaque (préparation

« Le Chant du monde »

Jean Lurçat (1892-1966), rénovateur de l'art de la tapisserie, avait découvert avec admiration, en 1938, la tenture de l'Apocalypse et en avait été profondément marqué ; 19 ans plus tard, il entreprit sa plus belle pièce, exposée ici. Ces dix compositions symboliques sont l'aboutissement de ses recherches : conception monumentale, absence quasi totale de perspective, travail à gros points, réduction du nombre des teintes. L'ensemble illustre les joies et les angoisses de l'homme face à l'Univers, et enchevêtre formes, rythmes et couleurs avec un rare dynamisme.

pharmaceutique antipoison) en étain, de 1720. Accrochée sur 80 m de long, la série de tapisseries de Lurçat intitulée **Le Chant du monde**★★.

Par la porte du mur ouest, on accède au cloître roman qui s'ouvre sur un jardinet et abrite de nombreux fragments lapidaires.

Plus à l'ouest, les **anciens greniers** sont ornés de baies géminées.

La donation Simone Lurçat rassemble des peintures, des céramiques et d'autres tapisseries de son époux. Une salle est réservée aux tapisseries de la donation Thomas Gleb, le reste du bâtiment étant affecté aux expositions temporaires.

La Doutre★ (A1)

Ce quartier « d'outre »-Maine conserve de vieilles maisons à pans de bois mises en valeur : sur la jolie **place de la Laiterie**, dans la rue Beaurepaire qui relie cette place au pont (en particulier, au n° 67, la demeure datée de 1582 de l'apothicaire Simon Poisson, ornée de statues), et le long de la rue des Tonneliers. Voir également l'**église de La Trinité** (12ᵉ s.) (A1), surmontée d'un clocher du 16ᵉ s.

Aux alentours

Musée régional de l'Air★

👥 *Aéroport d'Angers-Marcé ; 18 km depuis Angers, prenez l'autoroute à péage de Paris -* ☎ 02 41 33 04 10 - www.musee-aviation-angers.com - ♿ -juil.-août : tlj sf lun. 10h-12h, 14h-18h, dim. 10h-12h, 15h-19h ; de mi-avr. à juin et de sept. à mi-oct. : tlj sf lun. 14h-18h, dim. 15h-19h ; de mi-oct. à mi-avr. : w.-end et j. fériés 14h-18h - fermé 1ᵉʳ janv., 1ᵉʳ Mai et 25 déc. - 5 € (enf. 2 €). Patrie des Garnier, célèbres pionniers de l'aviation, Angers se devait de faire revivre le patrimoine des ailes anciennes, l'aviation légère et le vol à voile. Dans un local conçu à cet effet, une cinquantaine d'aéronefs sont présentés en état de vol, dont le biplan de René Garnier (1908), l'autogire (1930) ou voiture de l'air, le *Cri-cri* (1970) plus petit bimoteur du monde et le Starck, ancêtre de l'ULM.

Musée Cointreau à St-Barthélemy-d'Anjou

À l'est, bd des Bretonnières - ☎ 02 41 31 50 50 - www.cointreau.com - juin-août : 10h30-19h30 ; mai et sept.-oct. : 10h30-18h ; nov.-avr. : tlj sf dim. et lun. 10h30-18h - possibilité de visite guidée (1h30) - fermé 25 déc. et janv. - 6 €. Fondée en 1849 par les frères Cointreau, inventeurs de la liqueur cristalline à saveur d'orange (symbolisée par un Pierrot), cette entreprise angevine, située dans la zone industrielle St-Barthélemy-Croix-Blanche, propose la visite de ses installations en quatre espaces.

Celui du « produit » s'ouvre sur le monde des arômes et lève un coin de voile sur les secrets de fabrication, les étapes d'élaboration et les fabuleux alambics ; l'« entreprise » raconte 150 ans de traditions et d'innovations ; le secteur « communication » (dès la fin du 19ᵉ s., la Maison Cointreau a fait travailler pour sa « réclame » de célèbres affichistes, parmi lesquels Tamagno, Jossot, Ogé, Loupot et Mercier) suit une longue passerelle au-dessus de la chaîne d'embouteillage ; enfin, le moment convivial attendu est celui de la « dégustation » qui est une découverte œnologique car le barman vous fera apprécier des arômes au nez et des saveurs en bouche… tout un programme !

Château de Pignerolle★

8 km à l'est par la D 61, à la sortie de St-Barthélemy-d'Anjou. Dans un grand parc public de plus de 70 ha, ce château, réplique du Petit Trianon de Versailles, fut construit au 18ᵉ s. par l'architecte angevin Bardoul de La Bigottière pour Marcel Avril, écuyer du roi et directeur de l'Académie d'équitation d'Angers. Durant la Seconde Guerre mondiale, il a successivement abrité le gouvernement polonais en exil, le quartier général de l'amiral Doenitz qui en avait fait son centre de communication radio avec les sous-marins et, après la Libération, des unités américaines sous les ordres du général Patton.

Le château abrite le musée européen de la Communication★★ – ☎ 02 41 93 38 38 - www.musee-communication.com - de mi-juil. à fin août : 10h-12h30, 14h30-19h ; d'avr. à mi-juil. et en sept. : 10h-12h30, 14h30-18h ; oct.-mars : sam. 14h30-18h, dim. 10h-12h30, 14h30-18h ; fermé janv., 1ᵉʳ Mai, 11 Nov., 25 déc. - 5,50 € (-12 ans gratuit).

👤🗲 Cette riche collection d'appareils scientifiques retrace l'histoire des communications, les grandes étapes qui l'ont marquée et les différents moyens ou modes d'expression utilisés. Le rez-de-chaussée, dédié à Léonard de Vinci, évoque l'origine de la communication. Le 1er étage présente une grande rétrospective, de la TSF (une salle est consacrée à l'évolution des postes de radio de 1898 à 1960) à la télévision (reconstitution d'un studio des années 1950). Au second étage, reconstitutions du salon du *Nautilus* d'après Jules Verne et de l'arrivée d'Armstrong sur la Lune. Dans le parc, vous retrouverez un autre mode de communication, plus naturel : celui des oiseaux…

St-Sylvain-d'Anjou
9 km au nord-est d'Angers, par la N 23. Une coopération étroite entre archéologues et compagnons charpentiers du Devoir a permis la reconstitution précise d'un **château à motte** (*voir p. 80*) et de sa basse cour. *Visite réservée aux groupes.*

Les Ponts-de-Cé
7 km au sud par la N 160. Traversés par le canal de l'Authion et les bras de la Loire, les Ponts-de-Cé (avec ses quatre ponts) auront vu couler maints ruisseaux de sang… Sous Charles IX, un corps de troupes, commandé par Strozzi, veut passer de Vendée en Anjou. Embarrassé par les 800 ribaudes qui accompagnent les soldats, le rude capitaine les fait jeter à la Loire. En 1562, les huguenots s'emparent du château mais ils en sont chassés, et ceux qui n'ont pas péri au cours du combat sont précipités dans le fleuve. En 1793, de nombreux Vendéens sont fusillés dans l'île qui entoure le château. De style gothique, ravagée par un incendie en 1973, l'**église St-Aubin** conserve quelques éléments de mobilier intéressants : retables et statues, notamment un beau Christ aux liens. Les vestiges du château, couronnés de mâchicoulis, abritent un charmant petit **musée des Coiffes et des Traditions**. 𝄇 *02 41 44 68 64 - juil-août : 10h-12h30, 14h30-18h30, reste de l'annnée : dimanche et j. fériés 14h30-18h30 - vidéo 7mn - 3 €.*

Trélazé
7 km à l'est d'Angers, par la D 4. Trélazé est connu pour ses ardoises, dont l'exploitation a débuté au 12e s. Au temps de la navigation sur la Loire, elles remontaient son cours par bateau pour aller couvrir de leur chape bleutée les églises, châteaux, manoirs ou simples maisons qui bordaient le fleuve et ses alentours.
Près d'une carrière désaffectée à ciel ouvert, sur un site de 3 ha, le **musée de l'Ardoise** présente des éléments de géologie, les anciennes techniques d'extraction de l'ardoise, la vie des ardoisiers, et enfin des procédés d'exploitation plus récents. Une démonstration de fente à l'ancienne est assurée par d'anciens « perreyeux ». 𝄇 *02 41 69 04 71 - ♿ - de déb. juil. à mi-sept. : tlj sf lun. 14h-18h ; de mi-fév. à fin juin et de mi-sept. à fin nov. : dim. et j. fériés 14h-18h - possibilité de visite guidée (2h), démonstration de fente d'ardoise à 15h - fermé de déc. à mi-fév.- 5,50 € (6-18 ans 2,50 €).*

Circuit de découverte

LA LOIRE MAUGEOISE★

83 km – environ 4h. Quittez Angers par le boulevard du Bon-Pasteur et prenez à gauche la D 111, vers Bouchemaine.
Au-delà de La Pointe, la route s'éloigne de la rive du fleuve et court à travers les vignes. Dans la descente qui s'amorce après Épiré, elle domine le vallon profond d'un petit affluent de la Loire.

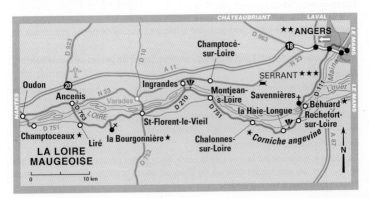

Savennières

L'**église** du village présente un joli chevet roman aux modillons sculptés et un portail sud de la même époque. Remarquez le décor de briques en « arêtes de poisson » qui orne le mur en schiste (10e s.) de la nef.

Les vins blancs secs de Savennières proposent deux appellations particulièrement réputées : coulée-de-serrant et roche-aux-moines.

Béhuard★

La charmante île de Béhuard s'est constituée autour d'un rocher où campe sa petite église. Le long du calvaire, un court chemin mène vers la Loire et sa large plage de sable.

Église Notre-Dame – *Visite guidée sur demande* : ✆ 02 41 72 21 15. En face de l'ancien **logis du roi** (15e s.) bâti, selon la tradition, pour les visites de Louis XI, un petit escalier donne accès à l'église. À l'époque païenne, il existait déjà un sanctuaire dédié à une déesse marine, qui fit place au 5e s. à un oratoire ; on y priait pour les mariniers « au péril de la Loire ». Au 15e s., Louis XI, sauvé d'un naufrage, fit élever l'église actuelle qui devint un but de pèlerinage populaire à la Vierge, protectrice des voyageurs : n'avait-elle pas connu la fuite en Égypte ?

La nef principale est en partie formée par le rocher ; au mur du chœur sont suspendues des chaînes, offertes en ex-voto par un galérien, revenu des prisons barbaresques ; les miséricordes des stalles (16e s.) sont malicieusement historiées ; et dans une niche, se trouve la statue de N.-D.-de-Béhuard. Dans la nef latérale, vous verrez un intéressant vitrail (fin 15e s.) où figure une Crucifixion, avec Louis XI à gauche en donateur.

En sortant, offrez-vous une promenade dans le vieux **village★** et ses maisons des 15e et 16e s.

Rochefort-sur-Loire

Rochefort est situé dans un cadre agreste au bord du Louet, bras de la Loire. Plusieurs maisons anciennes, à tourelles ou à échauguettes, se dressent sur la place en contrebas de la D 751. Les coteaux voisins produisent le célèbre **quarts-de-chaume**, vin blanc parfumé et long en bouche.

La corniche angevine★

Cette route (D 751) taillée dans la falaise jusqu'à Chalonnes offre, à partir de la Haie-Longue, des vues plongeantes sur toute la largeur du Val et sur les petites localités qui bordent la Loire.

La Haie-Longue

En arrivant à la Haie-Longue, vous apercevrez dans un virage une chapelle dédiée à **N.-D.-de-Lorette**. En face se dresse un monument élevé à la mémoire de René Gasnier, pionnier de l'aviation. **Vue★** remarquable sur la Loire et ses « boires », nappes paresseusement étalées sous une lumière argentée ; prairies, manoirs à tourelles, arbres et coteaux ponctuent ce paysage empreint d'une douceur musicale.

N.-D.-de-Lorette

Notre-Dame de Lorette, honorée à la Haie-Longue, est patronne des aviateurs. Pourquoi ? À Loreto, sur la côte italienne, une maison est vénérée sous le nom de Santa Casa. Selon la légende, c'est en effet la maison de la Vierge qui se trouve là, parce qu'elle fut transportée dans les airs par les anges, de Nazareth en Yougoslavie, puis jusqu'ici. Ce qui valait bien au lieu le parrainage de l'ensemble des métiers aériens…

Chalonnes-sur-Loire

Saint Maurille, évêque d'Angers au 5e s., y vit le jour. Du quai sur la Loire, jolie vue sur le fleuve. Le vieux port accueille quelques barques de pêche et bateaux de plaisance.

Après Chalonnes, la D 751 suit le bord du plateau, coupé de petites vallées affluentes.

Montjean-sur-Loire

Montjean (prononcer : Montejan) serre ses rues étroites sur un promontoire rocheux qui domine la Loire.

De la terrasse proche de l'église, **vue** étendue sur le Val, le pont suspendu franchissant la Loire et les nombreux villages aux toits d'ardoise.

De Montjean à St-Florent, suivez la D 210.

La **route★**, empruntant la levée de la Loire, dégage des perspectives, au nord, sur le fleuve et, au sud, sur les coteaux du Thau, un de ses anciens affluents. Belle **vue** encore en arrivant sur Ingrandes.

Ingrandes

Face à la Loire, Ingrandes était aux 17e et 18e s. un port important, dont on appréciera mieux le caractère de la rive sud du fleuve, en voyant l'ensemble des murailles basses qui protègent la ville des crues. Sa situation à la lisière de la Bretagne en faisait aussi un lieu idéal de contrebande du sel : l'Anjou en effet était soumis à la gabelle, impôt sur le sel d'autant plus impopulaire que la salaison était le seul mode de conservation des aliments, tandis que la Bretagne en était exonérée.

Son **église** moderne (1956) est illuminée par d'immenses verrières, exécutées par les ateliers Loire d'après Bertrand.

Barbe bleue

Compagnon de Jeanne d'Arc pendant tout son périple militaire, **Gille de Rais** est fait maréchal de France à 25 ans. Mais, deux ans plus tard, Jeanne, prisonnière des Anglais, est brûlée vive pour hérésie (elle sera réhabilitée, puis canonisée). La vie de guerrier de Gilles de Rais se mue alors en débauche : il quitte la Cour en 1435 et dilapide sa fortune. Un nécromancien lui aurait affirmé que le diable lui fournirait de l'or s'il consentait à « donner en offrande, main, cœur, œil et sang prélevés sur de jeunes et beaux enfants ». Pendant des années, les disparitions d'enfants font régner la terreur dans la région : cent quarante seront officiellement recensés ! Gilles de Rais, seigneur des lieux, est soupçonné, mais il faudra qu'il profane une église pour être livré à la justice. Il avoue alors sous la torture meurtres, sévices sexuels, alchimie et sorcellerie. À 36 ans, il est pendu et brûlé à Nantes le 26 octobre 1440, devant une foule immense. On raconte souvent qu'il aurait servi de modèle au Barbe bleue des contes de Perrault. Il est aussi le héros poignant du roman de Michel Tournier : *Gilles et Jeanne.*

Champtocé-sur-Loire

6 km à l'est, sur la N 23. À la sortie est du village se dressent les ruines du château de **Gilles de Rais** (1404-1440), personnage inquiétant qui aurait inspiré à Charles Perrault son conte *Barbe bleue.*

St-Florent-le-Vieil

St-Florent et sa colline s'aperçoivent de loin. Du pont de la Loire, on découvre l'église dans une masse de verdure, au sommet de son rocher, et les maisons en schiste dévalant jusqu'aux quais.

Église – Cette ancienne abbatiale du monastère bénédictin qui couronne le mont Glonne présente une façade et une tour classiques (début 18e s.). Dans la crypte, restaurée comme le chœur à la fin du 19e s., Vierge du « Bien mourir », statue en pierre polychrome du 15e s.

Dans une chapelle à gauche, **tombeau de Bonchamps★**, en marbre blanc (1825), où **David d'Angers** a représenté le chef vendéen en héros antique pour commémorer sa clémence. En effet, le soulèvement de la Vendée avait pris naissance à St-Florent le 12 mars 1793. Mais, le 18 octobre, les blancs, vaincus devant Cholet, épuisés, refluèrent sur St-Florent. Parmi ces derniers, figurait Bonchamps, près d'expirer. Exaspérés par les représailles républicaines de Westermann et de l'armée de Mayence, les royalistes se préparèrent à venger leur chef en massacrant leurs prisonniers républicains entassés dans l'église. Prévenu du sort qui attendait les malheureux, Bonchamps, à l'article de la mort, supplia son cousin Autichamps d'obtenir la grâce des prisonniers. Autichamps accourut alors vers l'église et cria : « Grâce aux prisonniers, Bonchamps le veut, Bonchamps l'ordonne ! » Et les blancs épargnèrent leurs captifs. Ceux-ci comptaient dans leurs rangs le père du sculpteur David d'Angers qui, en reconnaissance, exécuta l'émouvant monument placé dans l'église.

Dans le chœur, côté nord, des vitraux historiques racontent les événements de la guerre de Vendée qui ont marqué ce lieu. *Voir p. 229.*

Dans la crypte, sont rassemblés un reliquaire de St-Florent, un dépôt lapidaire et une exposition sur Cathelineau.

Sur l'**esplanade**, ombragée, s'élève une colonne en l'honneur de la duchesse d'Angoulême, fille de Louis XVI. Des terrasses, **vue★** étendue sur le Val de Loire.

Musée d'Histoire locale et des Guerres de Vendée – ✆ 02 41 72 62 32 - *possibilité de visite guidée (45mn) de déb. avr. à mi-sept. : 14h30-18h30 ; de mi-sept. à déb. avr. : sur demande uniquement 3 j. à l'avance* ✆ *02 41 72 62 32 -* 3 € *(enf.* 2 €).

S. Sauvignier / MICHELIN

Tombeau de Bonchamps à St-Florent-le-Vieil.

Aménagé dans l'ancienne chapelle du Sacré-Cœur (17e s.), il rassemble des documents, des costumes (coiffes et « affûtiaux » des Angevines d'antan) et des armes ayant trait au mouvement vendéen et à ses chefs.

Plus bas, dans la rue qui porte son nom, une plaque indique la maison où mourut Cathelineau, le 14 juillet 1793. La chapelle St-Charles (1858), aujourd'hui dans la cour d'une école, contient son tombeau ainsi que celui de son fils.

Après St-Florent-le-Vieil, la D 751 serpente parmi les collines.

Chapelle de la Bourgonnière★

Au sud de la D 751, entre Le Marillais et Bouzillé. ℘ 02 40 98 10 18 (Mme de Saint-Pern) - ♿ - *de déb. juil. à mi-août : 9h-12h, 14h-18h, dim. et j. fériés 14h-18h - reste de l'année : sur demande - 5 € (-12 ans gratuit).* Cette belle chapelle seigneuriale, au portail délicatement sculpté (rinceaux et cornes d'abondance), appartenait à un château qui brûla pendant la Révolution. Les tours, tourelles et contreforts qui renforcent l'édifice sont ornés de coquilles, d'initiales LC, et de tau (T grec), emblèmes des antonins, ordre hospitalier protégé par Charles du Plessis et Louise de Montfaucon, les bâtisseurs du sanctuaire de 1508 à 1523. Les antonins soignaient le mal des ardents, fièvre violente, dite aussi « feu de saint Antoine ». La nef supporte de belles voûtes en étoile, ornementées de blasons et de clefs pendantes. À droite, un rare banc seigneurial orné de grotesques à l'italienne (16e s.) ; au centre, le retable du maître-autel est surmonté d'une remarquable statue de la Vierge, attribuée à Michel Colombe, entre saint Sébastien et saint Antoine ermite. Le **retable★** de gauche, couvert de rinceaux et d'angelots, est dû, comme celui du maître-autel, à un artiste italien. Un admirable Christ en majesté se détache sur un fond peint où figurent les anges portant les instruments de la Passion, ainsi que Charlemagne et Saint Louis, patrons des donateurs.

Liré

Ce village doit sa célébrité au poète **Joachim Du Bellay** qui naquit à 1,5 km de Liré, au domaine de la Turmelière, où ne subsistent que les ruines du château natal.

Musée Joachim-Du-Bellay – ℘ 02 40 09 04 13 - www.museedubellay.com - *juil.-août : 10h30-12h30, 14h30-18h ; avr.-juin et sept.-oct. : 10h30-12h30, 14h30-18h, sam. 14h30-18h ; mars : dim. 14h30-18h - possibilité de visite guidée (1h) - fermé lun. et mar. - 4,40 € (10-16 ans 2,80 €).*

Installé dans un logis du 16e s., au décor moderne, il propose un voyage à la rencontre du poète et de son temps. À l'entrée, petit jardin contemporain d'inspiration Renaissance.

Ancenis

Les maisons d'Ancenis, bâties en schiste et couvertes d'ardoise, s'étagent face à la Loire que franchit un pont suspendu, long de 500 m. Les fortifications de la cité et les remparts du château, dont les restes sont encore visibles, en faisaient une « clef de la Bretagne ».

Port très actif dans le trafic des vins – sur les coteaux alentour sont produits de bons vins comme les muscadets – Ancenis fabriquait également des toiles à voile pour la batellerie. Aujourd'hui, la coopérative agricole La Noëlle, aux activités très diversifiées,

Joachim Du Bellay (1522-1560)

Nourri de poésie grecque et latine, il veut donner à sa langue maternelle une littérature aussi noble que celle qu'il admire chez les Anciens ; c'est lui qui rédige le manifeste du groupe de la Pléiade, *Défense et illustration de la langue française*, paru à Paris en 1549. Il l'a signé d'un « I.D.B.A. », pour Ioachim Du Bellay Angevin, qui marque son attachement à sa province. En 1553, ayant accompagné à Rome le cardinal Du Bellay, son cousin, il écrivit le recueil des *Regrets*, dans lequel un sonnet resté fameux chante son village natal :
« … Plus me plaist le séiour qu'ont basty mes ayeux,
Que des palais romains le front audacieux :
Plus que le marbre dur me plaist l'ardoise fine,
Plus mon Loire Gaulois, que le Tibre latin,
Plus mon petit Lyré, que le mont Palatin,
Et plus que l'air marin la doulceur Angevine… »

est l'une des plus importantes coopératives de France. Le groupement de producteurs « les Vignerons de La Noëlle » cultive 350 ha de vignes et produit du gros-plant et du coteaux-d'ancenis.

Oudon

Un beau **donjon médiéval**, élevé entre 1392 et 1415, domine la localité. Du sommet de la tour, belle vue sur la vallée. ℘ 02 40 83 60 00 - www.champtoceaux.fr - juil.-août : 10h-12h30, 14h-19h30 ; avr.-juin et sept. : 10h-12h30, 14h-18h30 ; de déb. oct. à mi-nov. et en mars : w.-end et j. fériés 10h-12h30, 14h-18h ; fermé 1er janv., 1er nov., 11 Nov., 25 déc. - 5,80 € (5-15 ans 3,20 €).

Champtoceaux★

Site★ admirable, juché au faîte d'un piton dominant le Val de Loire. Derrière l'église, la **promenade de Champalud★★** offre un balcon panoramique sur la Loire, divisée en bras et en vastes îles sablonneuses ; elle vous permettra également de visiter les ruines de la citadelle démolie en 1420, ainsi qu'un ancien péage fluvial. Les vins blancs locaux ont acquis une réputation justifiée.

Angers pratique

Adresse utile

Office de tourisme d'Angers – 7 pl. du Président-Kennedy - ℘ 02 41 23 50 00 - www. angersloiretourisme.com - mai-sept. : 9h-19h, dim. et j. fériés 10h-18h ; reste de l'année : mar.-sam. 9h-18h, lun. 14h-18h, dim. et j. fériés 10h-13h - fermé 1er janv., 1er Mai, 25 déc.

Visite

Visite guidée – Angers « Ville d'art et d'histoire » - Angers Loire Tourisme propose toute l'année des visites à thème accompagnées par des guides conférenciers agréés par le ministère de la Culture et de la Communication.

Le **City Pass** qui donne libre accès à plus de 15 sites et visites, permet de participer à une visite guidée « Angers Ville d'art et d'histoire » et de découvrir la ville en petit train touristique - s'adresser au ℘ 02 41 23 50 00 (accueil).

Sans guide ni rendez-vous, **Allovisit** est un système de visites audioguidées par téléphone mobile - ℘ 0 892 682 511 (0,34 €/mn) suivi du code de la ville 01 1003.

Se loger

⊖ **Chambre d'hôte La Béchalière** – 49480 St-Sylvain-d'Anjou - 5 km au NE d'Angers par N 23 - ℘ 02 41 76 72 22 - ⊁ - 5 ch. 40 € ⊑ - repas 20 €. Proche du centre-ville grâce au bus, cette exploitation agricole partiellement reconvertie trouve sa place dans un espace verdoyant et fleuri. Ses 5 chambres aux noms évocateurs de destinations exotiques sont aménagées de façon simple mais coquette. Table d'hôte (en semaine uniquement) conviviale et familiale.

⊖⊖ **Hôtel Le Continental** – 14 r. Louis-de-Romain - ℘ 02 41 86 94 94 - www. hotelcontinental.com - 25 ch. 60 € - ⊑ 8,50 €. Une situation centrale, des chambres lumineuses et régulièrement entretenues, et une bonne insonorisation font l'estime de cet hôtel aménagé dans un immeuble ancien.

⊖⊖ **Hôtel Le Progrès** – 26 r. Denis-Papin - ℘ 02 41 88 10 14 - info@hotelleprogres. com - fermé 7-15 août et 24 déc.-1er janv. - 41 ch. 54/62 € - ⊑ 7,50 €. À deux pas de la gare, adresse accueillante mettant à votre disposition ses chambres actuelles, claires et pratiques. Avant de visiter le château, requinquez-vous grâce au copieux buffet des petits-déjeuners.

⊖⊖ **Grand Hôtel de la Gare** – 5 pl. de la Gare - ℘ 02 41 88 40 69 - www. grandhoteldelagare-angers.com - fermé 1er-

20 août et 23 déc.-2 janv. - 52 ch. 55/65 € -
☐ 7 €. L'enseigne indique l'emplacement
de l'hôtel. Décor très sobre, bonne
isolation phonique et vue sur le jet d'eau
qui occupe le centre de la place
caractérisent les chambres.

🛏🍴 **Hôtel Mail** – 8 r. des Ursules - 📞 02 41
25 05 25 - www.hotel-du-mail.com - 🅿 -
26 ch. 55/70 € - ☐ 10 €. Les murs de cet
ancien couvent d'ursulines vous
préserveront des bruits du centre-ville
pourtant tout proche. Les chambres,
personnalisées et assez spacieuses, offrent
un confort douillet ; celles du dernier
étage sont mansardées. L'été, petits-
déjeuners servis en terrasse sous un tilleul.

🛏🍴 **Hôtel Royalty** – 21 bd Ayrault -
📞 02 41 43 78 76 - le.royalty@wanadoo.fr -
fermé 26 déc.-2 janv. - 20 ch. 55/60 € -
☐ 7 €. Hôtel exclusivement réservé aux
clients non-fumeurs. Les chambres,
petites, sont bien insonorisées et
pratiques. Hall égayé par un aquarium.

🛏🍴 **Hôtel Cavier** – La Croix-Cadeau -
49240 Avrillé - 8 km au NO d'Angers par
N 162 - 📞 02 41 42 30 45 - www.
lacroixcadeau.fr - 🅿 - 43 ch. 60/68 € -
☐ 10 € - rest. 19/36 €. Les ailes de ce
moulin du 18ᵉ s. peuvent encore tourner !
Ses vieilles pierres abritent les salles à
manger, près de la machinerie d'origine.
Les chambres sont aménagées dans une
construction récente. Terrasse au bord de la
piscine d'été.

🛏🍴 **Chambre d'hôte La Rousselière** –
49170 La Possonnière - 18 km au SO d'Angers
par D 111 - 📞 02 41 39 13 21 - www.anjou-
et-loire.com/rousseliere - fermé 20 nov.-
15 déc. - 🍴 - 5 ch. 55/80 € ☐ - repas 29 €.
Belle demeure du 18ᵉ s. et son parc de 4 ha
comprenant une chapelle du 17ᵉ s. et une
piscine. Les chambres raffinées, décorées en
fonction du nom qu'elles portent
(« Arlequin », « Toscane », etc.), sont
garnies de meubles anciens. Légumes du
potager en saison, volailles de ferme et
poissons de la Loire à la table d'hôte.

🛏🍴 **Chambre d'hôte Le Grand Talon** –
3 rte des Chapelles - 49800 Andard - 11 km à
l'E d'Angers par N 147 dir. Saumur puis D 4 -
📞 02 41 80 42 85 - 🍴 - 3 ch. 57/65 € ☐.
Élégante demeure du 18ᵉ s. tapissée de
vigne vierge et précédée d'une plaisante
cour carrée. Ses chambres, décorées avec
beaucoup de goût, sont agréables à vivre.
Aux beaux jours, vous prendrez le petit-
déjeuner sous les parasols du joli jardin.
Accueil charmant.

🛏🍴 **Chambre d'hôte du Domaine des
Chesnaies** – La Noue - 49190 Denée -
📞 02 41 78 79 80 ou 06 84 00 77 89 - www.
domainedeschesnaies.com - 4 ch. 70 € ☐.
Les chambres sont aménagées dans les
dépendances de cette belle
gentilhommière du 16ᵉ s. Elles sont
spacieuses, joliment contemporaines et
ouvrent toutes sur le magnifique jardin
créé au 19ᵉ s. et inscrit à l'ISMH. À
découvrir également, les vins du domaine.

Se restaurer

🍴 **La Ferme** – 2 pl. Freppel - 📞 02 41 87
09 90 - www.la-ferme.fr - fermé 20 juil.-
12 août, dim. soir et merc. - réserv.
obligatoire - formule déj. 12 € - 17/33 €.
Dans ce restaurant bien connu situé au
pied de la cathédrale, vous dégusterez
une cuisine du terroir traditionnelle dans
un décor simple. Sa terrasse est l'une des
plus agréables de la ville.

🍴 **Provence Caffé** – 9 pl. du
Ralliement - 📞 02 41 87 44 15 - fermé 1ᵉʳ -
24 août, 19 déc. -3 janv., dim. et lun. - réserv.
obligatoire - 17/30 €. Jouxtant l'hôtel St-
Julien, ce restaurant a la cote et affiche
complet midi et soir. Le patron vient du
Midi et a parfumé sa carte de saveurs
méditerranéennes. La salle à manger a
elle aussi un air provençal. On entendrait
presque les cigales…

🍴 **Le Théâtre** – 7 pl. du Ralliement -
📞 02 41 24 15 15 - 18/26 €. Cette brasserie
haut de gamme est située, comme le
suggère l'enseigne, face au théâtre. Trois
belles salles réparties sur deux niveaux et
décorées sur le thème comédien : buste
de Molière, tons rouges, bibliothèque
spécialisée… Goûteuse cuisine élaborée
avec des produits très frais.

🍴 **Ma Campagne** – 14 prom. de la
Reculée - 📞 02 41 48 38 06 - fermé 16 août-
8 sept., dim. soir, mar. soir et lun. - 17 € déj. -
21/37 €. Selon la météo, le repas est servi
dans une confortable salle à manger
agrandie par une véranda ou sur la paisible
terrasse, toutes deux offrant le même coup
d'œil sur la rivière. Le chef vous proposera
une cuisine classique soignée, déclinée
autour de deux menus enrichis
d'appétissantes suggestions saisonnières.

🍴 **Le Relais** – 9 r. de la Gare - 📞 02 41 88
42 51 - le.relais@libertysurf.fr - fermé 22 août-
13 sept., 24 déc.-4 janv., dim. et lun. - 21/36 €.
Banquettes rouges, boiseries, comptoir en
bois et fresques murales sur le thème du
vin caractérisent le sobre décor
contemporain de ce sympathique
restaurant apprécié des gourmets. On y
propose une appétissante cuisine actuelle
et une carte des vins bien composée.

🍴 **Auberge de la Lieue** – Rte de Paris -
49480 St-Sylvain-d'Anjou - 📞 02 41 43
84 71 - fermé 1ᵉʳ-8 janv., 1ᵉʳ-21 août, dim. et
lun. - 19/48 €. Des automobilistes juste
sortis de l'autoroute et surtout une
clientèle d'habitués se retrouvent avec un
plaisir non dissimulé dans les salles à
manger de ce restaurant qui propose
depuis plus de 20 ans une cuisine
traditionnelle bien tournée et une carte
de desserts où figure l'incontournable
clafoutis aux griottes.

🍴 **L'Hoirie** – R. Henri-Faris - 49070
Beaucouzé - 📞 02 41 72 06 09 - fermé dim.
soir et lun. - 21/41 €. Malgré une situation
peu avantageuse en bordure de rocade,
cette table mérite le détour. On y goûte
une appétissante cuisine actuelle, dans une
salle sobre, moderne, bien isolée de la rue.

⊜⊜⊜ **Le Petit Comptoir** – *40 r. David-d'Angers* - ℘ *02 41 88 81 57* - *fermé 16-25 janv., 30 juil.-21 août, dim. et lun.* - *26/28 €*. La façade rouge carmin de ce bistrot angevin dissimule une salle à manger exiguë mais chaleureuse. Ambiance décontractée et généreuse cuisine exprimant une belle inventivité.

Que rapporter

Maison Jouis – *49 r. Jules-Guitton* - ℘ *02 41 87 46 79* - *tlj sf dim. et lun. 8h-13h et 15h-19h30* - *fermé 20 juil.-15 août*. La maison Jouis est une institution locale et une référence incontestable en matière de rillettes. Le produit phare de la boutique a en effet reçu quatre médailles d'or en 1993, 1995, 1996 et 2001. Les autres produits (terrines, saucisses fraîches, viandes, etc.) et le rayon traiteur mettent également l'eau à la bouche.

La Petite Marquise – *22 r. des Lices* - ℘ *02 41 87 43 01* - *15 août*. Les Quernons d'Ardoise, ça vous dit quelque chose ? Si vous ne connaissez pas encore cette spécialité angevine composée de nougatine et de chocolat bleuté imitant les ardoises qui couvrent les toits de la ville, rendez-vous dans cette boutique cossue, car c'est ici que ces douceurs sont nées.

Le Trianon – *7 r. Lenepveu* - ℘ *02 41 87 44 39* - *www.galloyer.com* - *tlj sf lun. 8h30-19h30, dim. 8h30-13h*. Cette pâtisserie a opté pour un luxueux décor gréco-romain. Une manière comme une autre de mettre en valeur les créations maison que sont, entre autres, le Carroussel au chocolat et à l'orange, le Vivaldi ou encore le Métis dont le parfum chocolaté se marie fort bien avec la crème brûlée à la vanille.

Maison du vin de l'Anjou – *5 bis pl. Kennedy* - ℘ *02 41 88 81 13* - *www.vinsvaldeloire.fr* - *mai-sept. : tlj sf dim. apr.-midi et lun. 9h-13h, 15h-18h30 ; oct.-avr. : tlj sf dim. et lun. 9h30-13h, 15h-18h30* - *fermé janv.-fév., 1er Mai, 8 Mai, 1er nov. et 25 déc.* Située au centre d'Angers, près du château, cette maison au cadre lumineux vous présente une large palette de vins d'Anjou et de Saumur, à déguster sur place, ainsi que de la documentation. Pour commencer idéalement la route touristique du vignoble de l'Anjou.

Musée et boutique Cointreau – *Bd des Brétonnières, Croix-Blanche, ZI St-Barthélemy-d'Anjou* - ℘ *02 41 31 50 50* - *boutique : se renseigner pour les horaires* - *fermé janv.* Ce lieu unique, fondé en 1849 par les frères Cointreau, a vu naître la célèbre liqueur symbolisée par un Pierrot. Il propose aujourd'hui une visite des installations et lève un coin de voile sur les secrets de fabrication toujours bien gardés par la maison. Bouteilles carrées, coffrets et reproductions d'objets publicitaires sont en vente à la boutique ; dégustations au bar.

Maison d'Adam – *1 pl. Ste-Croix* - ℘ *02 41 88 06 27* - *tlj sf dim. 9h30-19h, lun. 14h-19h*. Cette grande demeure de la fin du 15e s. derrière la cathédrale abrite les plus belles pièces d'artisanat des Pays de la Loire. Plus de 50 créateurs y exposent leurs œuvres : sculptures, verre soufflé, bois tourné, mais aussi une importante collection de tapisseries, réalisées sur métier Jacquard.

Sports & Loisirs

Maison de l'environnement – *Av. du Lac de Maine* - *49000 Angers* - ℘ *02 41 22 32 30*. Installée dans une belle maison du 15e s., elle organise des expositions, des conférences, des journées de sensibilisation à l'environnement, ainsi que des stages d'initiation et de découverte.

Baptême de l'air – ℘ *02 41 33 50 61* - *www.aeroclubangersmarce.com* - *dim. après-midi* - *69 €*. Aéroport d'Angers-Marcé. Pour compléter la visite du musée régional de l'Air, présentez-vous à l'accueil du bâtiment à gauche de la tour de contrôle : l'aéroclub d'Angers-Marcé vous propose baptême de l'air (20mn) ou vol de 15 à 20mn vers la destination de votre choix.

PROMENADES EN BATEAU

Batellerie-promenade l'Union – *Cale de la Savatte* - ℘ *02 41 42 12 12* - *www.bateau-croisiere-union.com*. Une manière agréable de découvrir la ville d'Angers et les vallées qui s'unissent pour former la Maine (patrimoine et environnement).

Événements

Janv. – Festival 1ers Plans : compétition des premiers films de cinéastes européens.

Fév. – Made in Angers : le mois des visites d'entreprises et w.-ends-découverte des métiers d'art, de la gastronomie et des musées insolites.

Avr. – Rendez-vous du végétal.

Juin-juil. – Festival d'Anjou : représentations théâtrales en extérieur dans des sites prestigieux - *de mi-juin à mi-juillet* - ℘ *02 41 88 14 14* - *www.festivaldanjou.com*.

Juil.-août – Les Visites de l'été d'Angers Loire Tourisme (visites-spectacles, visites en anglais, visites des jardins, les Rendez-vous gourmands).

Sept. – Les Accroche-cœurs : 3 j. de festivités de rue.

Nov. – Festival international du scoop et du journalisme.

Château d'**Azay-le-Rideau**★★★

CARTE GÉNÉRALE C3 – CARTE MICHELIN LOCAL 317 L5
INDRE-ET-LOIRE (37)

Rêve matinal émergeant d'une brume dorée, « diamant taillé à facettes, serti par l'Indre », ce petit palais posé comme en équilibre sur son miroir liquide semble issu d'un conte de fées : on imaginerait sans peine quelque belle princesse endormie, dans le silence de ces eaux calmes, et bercée seulement par le bruissement des grands sycomores. Architecture, décors et proportions suscitent l'émerveillement.

- **Se repérer** – À mi-chemin entre Tours (25 km au nord-est) et Chinon (21 km au sud-ouest, par la D 751 qui traverse une très belle forêt). Venant de Chinon, on accède au village, puis au château en franchissant l'Indre, étroite et ombragée.

- **À ne pas manquer** – L'escalier ; les tapisseries du château ; une promenade dans le parc pour admirer ce château-vaisseau sous tous ses angles.

- **Organiser son temps** – Comptez 45mn pour la simple visite du château, 1h30 pour profiter aussi du parc.

- **Avec les enfants** – En juillet-août, la visite ludique « Le génie des eaux », le parcours-découverte « Sur la piste de l'enfant Roy », les jouets du musée d'Azay, les véhicules du musée Maurice-Dufresne et la découverte de l'ancienne vie paysanne troglodytique aux Goupillières.

- **Pour poursuivre la visite** – Voir aussi le château de Langeais, le château d'Ussé, le château et les jardins de Villandry.

Comprendre

L'œuvre d'un financier – Le grand financier **Gilles Berthelot**, contrôleur général des finances et trésorier de France, relève Azay de ses ruines et fait édifier le ravissant édifice actuel, de 1518 à 1527. Comme c'est le cas pour Chenonceau, c'est l'épouse du propriétaire (ici Philippa Lesbahy) qui supervise les travaux. Mais les temps s'avèrent difficiles pour les financiers : François Ier a découvert brutalement que des fonds ont manqué à son armée. Bien que l'enquête diligentée ait conclu à l'honnêteté du surintendant des Finances le baron de Semblançay, celui-ci, à qui le roi est reconnu devoir une somme colossale, est arrêté et injustement pendu en 1527. Le même sort menace Gilles Berthelot, qui s'enfuit. En 1528, François Ier confisque donc Azay et l'offre à l'un de ses compagnons d'armes des campagnes d'Italie, **Antoine Raffin**. Ses héritiers, qui posséderont le château jusqu'au 18e s., le laisseront progressivement dépérir. Aussi, lorsqu'en 1791, Charles de Biencourt achète la propriété, il se lance avec passion dans la restauration du « joyau de la Loire », œuvre que ses descendants poursuivront jusqu'au rachat de la propriété par l'État, en 1905, pour 200 000 F (approximativement 640 000 € actuels).

Visiter

Château★★★

Comptez 45mn (promenade dans le parc non comprise) - ☎ 02 47 45 42 04 - www.monum. fr - juil.-août : 9h30-19h ; avr.-juin et sept. : 9h30-18h ; oct.-mars : 10h-12h30, 14h-17h30 (dernière entrée 45mn av. fermeture) - possibilité de visite guidée (45mn) ou audioguidée (+ 4 €) - fermé 1er janv., 1er Mai, 25 déc. - 7,50 € (-18 ans gratuit), gratuit 1er dim. du mois (nov.-mars). En partie sur l'Indre, le château construit sur des calculs précis se compose d'un grand corps de logis et d'une aile en équerre. Il se mire dans des plans d'eau qui imprègnent l'endroit d'une douce mélancolie.

Le saviez-vous ?

- Le village tient son nom d'un de ses seigneurs, Ridel ou Rideau d'Azay, armé chevalier par Philippe Auguste et bâtisseur d'un château puissant. Mais, en 1418, Charles VII, de passage à Azay, est insulté par la garnison bourguignonne. La répression est immédiate : la place est enlevée et brûlée, le capitaine et ses 350 soldats exécutés. Et jusqu'au 18e s., le village s'appellera Azay-le-Brûlé.
- En 1870, le prince Frédéric-Charles de Prusse loge à Azay. Un jour, le lustre tombe sur la table où il dîne. Le prince croit à un attentat, et Azay échappe de justesse à une nouvelle destruction.

A. Cassaigne / MICHELIN

Le château d'Azay, joyau de la première Renaissance.

La partie la plus remarquable du logis est l'**escalier★** d'honneur avec, sur la cour, ses trois étages de baies jumelées formant loggias et son fronton richement ouvragé. À Blois, l'escalier est encore à vis et en saillie sur la façade ; à Azay, il est devenu intérieur et à rampes droites – à l'italienne. Il dessert salle d'apparat et appartements privés. Décor et mobilier d'une grande richesse se distinguent par leur exceptionnelle qualité : chaire à dais en chêne de la fin du 15e s., lit brodé de la fin du 17e s., crédences, cabinets incrustés d'ivoire, portrait de la belle Diane de Poitiers, de l'inquiétante Marie de Médicis…

Également remarquable, un magnifique ensemble de **tapisseries★** des 16e et 17e s. : verdures d'Anvers et Tournai, compositions tissées à Audenarde (scènes de l'Ancien Testament) ou Bruxelles (suite de l'*Histoire de Psyché*), tenture de *Renaud et Armide* (exécutée dans les ateliers du faubourg St-Marcel à Paris d'après des cartons de Simon Vouet) et superbes scènes de chasse du 17e s., aux coloris bien conservés.

Le **parc** à l'anglaise (8 ha) qui entoure le château fut réalisé à partir de 1810 par le marquis de Biencourt. Après en avoir drainé les terres, il aménage deux miroirs d'eau, au sud et à l'ouest, trace les allées et disperse cèdres de l'Atlas, cyprès chauves, séquoias et arbre aux quarante écus d'Asie.

Église St-Symphorien

Cette curieuse église (11e s.) qui communiquait avec le parc du château, rebâtie au 12e s., agrandie au 16e s., présente, sur sa **façade★** à pignons, des sculptures du Christ et de saints dans des niches qui datent du première édifice. Dans la chapelle sud, la seigneurie d'Azay (1603), reposent les membres de la famille de Biencourt, propriétaire du château au 19e s.

Jouets d'autrefois, rêves d'aujourd'hui

31 r. Nationale - ℰ 02 47 45 97 65 - www.jouetsdautrefois.com - ♿ - de mi-juil. à mi-sept. : tlj sf mar. 15h-18h - toute l'année : 9h-19h sur demande - possibilité de visite guidée (30mn) - 5,50 € (-12 ans gratuit, offre limitée à 2 enfants par famille).

👥 « En voiture les voyageurs ! » De 1890 à nos jours, intéressante collection de trains miniatures (JEP), de soldats de plomb et de Meccano, exposée dans ce musée du jouet ancien pour le bonheur des petits et des grands !

Aux alentours

Jardins du château de la Chatonnière

3 km au nord-ouest du centre d'Azay-le-Rideau par la D 57, direction Langeais puis accès indiqué sur la gauche. La Chatonnière - 37190 Azay-le-Rideau - ℰ 02 47 45 40 29 - de mi-mars à mi-nov. : 10h-19h. - en saison (16 mai- 31 août) 6 € (-12 ans 4 €), hors sais. 5 € (-12 ans 3 €). Entourant un petit château Renaissance, neuf espaces de verdure en terrasses, conçus par Béatrice de Andia et réalisés par Ahmed Azéroual (des jardins de Villandry), se disputent la vedette. Chacun d'eux relève d'une inspiration particulière dont les noms riment infailliblement : jardins de l'élégance, de l'intelligence, des romances, mais aussi de l'abondance, des fragrances, de l'exubérance ou tout simplement des sens… Du parterre à la française, aux pergolas, des plantes médicinales aux pavots, plantes sauvages, légumes ou vivaces colorées, des centaines de variétés embaument ce domaine de 12 ha.

Musée Maurice-Dufresne à Marnay★

6 km au nord-ouest d'Azay-le-Rideau par la D 57, puis la D 120. 📞 *02 47 45 36 18 - &. - avr.-sept. : 9h15-19h ; fév.-mars et oct.-nov. : 10h-18h - 10 € (6-15 ans 5 €).*

👥 Aménagé dans un ancien moulin papetier, ce musée prioritairement voué à la locomotion expose en fait, sur 10 000 m², toutes sortes d'engins patiemment réunis puis restaurés dans leurs rutilantes couleurs d'origine, ici présentés par des panneaux explicatifs.

C'est une sorte de bric-à-brac merveilleux, à la limite du surréalisme : véhicules militaires américains, allemands ou français des deux guerres transformés en machines agricoles, roulottes foraines du début du siècle, première machine de mise en pression de la bière utilisée en France, monoplan Blériot, frère jumeau de celui qui traversa la Manche en juillet 1909…

À chaque détour s'offre l'occasion de revivre l'Histoire : avec ce petit tracteur Bauche retrouvé dans un grenier, entièrement démonté afin d'échapper à la réquisition ; avec l'extracteur-enfouisseur de mines *Hanomag* qui contribua à dresser le mur de l'Atlantique, ou encore l'un des quelque cent Fordson débarqués le 6 juin 1944 à Arromanches.

Vallée troglodytique des Goupillières

À 3 km sur la D 84, route d'Artannes - 📞 *02 47 96 60 84 ou 02 47 45 46 89 - www.troglodyte-desgoupillieres.fr - de fin mars à mi-nov. : 10h-19h, w.-end : 11h-19h, j. fériés 10h-19h - visites guidées en permanence (1h) - 5 € (5-12 ans 4 €).*

👥 Un étonnant ensemble de fermes troglodytiques révèle le mode de vie des paysans de cette vallée. La visite guidée présente étables, puits, fours à pain, silo à grain et souterrain-refuge du Moyen Âge. On se promène librement ensuite à la rencontre des animaux de la ferme : cochons noirs, volailles, chèvres, ânes, chevaux…

Circuit de découverte

VALLÉE DE L'INDRE

Circuit de 26 km à l'est – comptez 2h.

Quittez Azay au sud par le pont sur l'Indre : vous pourrez jeter un dernier coup d'œil sur la silhouette blanche du château, à travers les arbres du parc.

Prenez aussitôt à gauche la D 17, puis à droite la D 57.

Villaines-les-Rochers

Le travail de l'osier tient traditionnellement une place essentielle dans les activités de ce village étiré au confluent de deux petites rivières, en bordure de la forêt de Chinon. Restes d'habitations troglodytiques dans le coteau.

Confection d'un panier en osier à Villaines.

S. Sauvignier / MICHELIN

La **coopérative Vannerie de Villaines**, fondée en 1849 par le curé du village, compte aujourd'hui environ 70 vanniers ; elle a créé des ateliers qui accueillent des jeunes et assure une formation professionnelle sur place. On peut visiter et acheter les produits des artisans : du panier à la nacelle de montgolfière… 📞 *02 47 45 43 03 - www.vannerie.com - &. - juil.-août : 9h-19h ; reste de l'année : 9h-12h, 14h-19h, dim. et j. fériés 10h-12h, 14h-19h - fermé 1er janv., 25 déc. - gratuit.*

Rejoignez la D 17 par la D 217 qui longe la Villaine.

De l'osier, rien que de l'osier

L'osier noir, l'osier jaune et la « gravange » verte sont coupés en hiver, bottelés et plongés dans l'eau des « rutoères » d'où ils sont retirés en mai, puis décortiqués et façonnés. Balzac, du château voisin de Saché, écrivait : « Nous étions allés à Villaines, où se fabriquent les paniers du pays, nous en avons commandé de fort jolis. » Autrefois, cet artisanat se transmettait de père en fils et se pratiquait à domicile dans des ateliers troglodytiques.

Saché

Balzac a résidé à multiples reprises à Saché. Plus récemment, le sculpteur américain Alexander Calder (1898-1976), génial créateur de mobiles et de stabiles aux formes abstraites, y avait installé maison et atelier ; on peut voir, sur la place du village, l'un de ses mobiles.

Château de Saché – ℘ 02 47 26 86 50 - juil.-août : 10h-19h ; avr.-juin et sept. : 10h-18h ; oct.-mars : tlj sf mar. 10h-12h30, 14h-17h (dernière entrée 1h av. fermeture) - possibilité de visite guidée (1h) - fermé 1er janv. et 25 déc. - 4,50 € (12-18 ans 3 €).

Cette demeure des 16e et 18e s., entourée d'un beau parc imprégné d'un vrai charme romantique, appartenait au siècle dernier à M. de Margonne, ami de Balzac. Des portraits, des manuscrits, des épreuves corrigées, des éditions originales et divers souvenirs liés aux séjours de l'écrivain sont exposés dans les différentes pièces.

Pont-de-Ruan

À la traversée de l'Indre, deux moulins campent sur des îles couronnées de bouquets d'arbres : ce site plein de fraîcheur est abondamment décrit dans *Le Lys dans la vallée*.

Regagnez Azay par la D 84.

Balzac à Saché

L'écrivain aimait venir en Touraine oublier l'agitation parisienne et… les poursuites de ses créanciers (il y vint chaque année de 1828 à 1838). Il trouvait là non seulement une sérénité, un isolement propices au travail, mais aussi le modèle de certains cadres champêtres reproduits dans les *Scènes de la vie de province*. Il y écrivit, entre autres, *Le Père Goriot*, *La Recherche de l'absolu*, et, en partie, *Le Lys dans la vallée*, dont l'action se déroule dans la vallée de l'Indre, entre Saché et Pont-de-Ruan.

Château d'Azay-le-Rideau pratique

Adresse utile

Office de tourisme du pays d'Azay-le-Rideau – 4 r. du Château - BP 5 - 37190 Azay-le-Rideau - ℘ 02 47 45 44 40 - www.ot-paysazaylerideau.fr - juil.-août : 9h-19h, dim. et j. fériés 10h-18h ; mai-juin et sept. : 9h-13h, 14h-18h, dim. et j. fériés 10h-13h, 14h-17h ; oct.-avr. : tlj sf dim. et j. fériés 9h-13h, 14h-18h - fermé 1er janv. ; 1er Mai, 25 déc.

Se loger

Chambre d'hôte La Petite Loge – 15 rte de Tours, par la D 751 - 37190 Azay-le-Rideau - ℘ 02 47 45 26 05 - http://lapetiteloge.free.fr - fermé déc.-fév. - 5 ch. 45/55 € . Malgré la proximité de la route, cette maison tourangelle jouit d'un certain calme. Les chambres, simples mais décorées avec goût, bénéficient d'une entrée indépendante. Cuisine équipée mise à disposition des hôtes. En été, profitez du jardin et du barbecue.

Hôtel de Biencourt – 7 r. Balzac - 37190 Azay-le-Rideau - ℘ 02 47 45 20 75 - www.hotelbiencourt.com - fermé 16 nov.-17 mars - 15 ch. 47/53 € - 7 €. Maison du 18e s. proche du château. Chambres égayées de tons pastel et garnies de meubles rustiques ou de style Directoire. Petit-déjeuner servi sous une véranda.

Hôtel des Châteaux – 2 rte de Villandry - 37190 Azay-le-Rideau - ℘ 02 47 45 68 00 - www.hoteldeschateaux.com - P - 27 ch. 53/69 € - 7,50 € - rest. 16/31 €. De prestigieux châteaux jalonnent encore votre itinéraire touristique ; prenez le temps de vous reposer dans l'une de ces petites chambres coquettes. Sobre salle à manger agrémentée de casseroles en guise… d'appliques ! Cuisine de type brasserie.

Chambre d'hôte Troglododo – 9 chemin des Caves - 37190 Azay-le-Rideau - ℘ 02 47 45 31 25 - www.troglododo.fr - 3 ch. 56/68 € . Une adresse insolite que cette maison proposant trois chambres dont deux, troglodytiques, s'avèrent particulièrement séduisantes. Toutes, dotées de meubles anciens, sont décorées avec goût. Jardins et terrasses offrent une jolie vue sur la vallée de l'Indre. Calme et dépaysement garantis.

Chambre d'hôte Château de l'Aulée – 37190 Azay-le-Rideau - ℘ 02 47 45 44 24 - www.likhom.com - 3 ch. 65 € . Au cœur d'un magnifique domaine, entouré de vignes, ce château datant de 1856 compte 3 chambres au 2e étage, aux noms des différents cépages cultivés dans la propriété. Après une partie de billard dans le salon, vous pourrez vous initier à l'œnologie, ou déguster en grand amateur quelques productions locales.

Se restaurer

⊖ **La Ridelloise** – *34-36 r. Nationale - 37190 Azay-le-Rideau - ☎ 02 47 45 46 53 - fermé le soir du 15 nov. à fin mars - 8,60/30 €.* Murs en pierres apparentes, poutres, escalier en bois et petite cheminée président au décor rustique de ces deux salles de restaurant situées en plein centre-ville. La cuisine mise sur des recettes simples. Le rapport qualité-prix est excellent.

⊖⊖ **L'Aigle d'Or** – *10 av. Adélaïde-Riché - 37190 Azay-le-Rideau - ☎ 02 47 45 24 58 - aigle-dor@wanadoo.fr - fermé fév., 1er- 7 sept., 17-30 nov., lun. soir de nov. à mars, mar. soir sf juil.-août, dim. soir et merc. - 25/60 €.* Il ne faut pas hésiter à pousser la porte de cette belle maison en tuffeau séparée du château par quelques centaines de mètres seulement. La salle à manger aux tons pastel est élégante et la cuisine traditionnelle, préparée avec de bons produits frais, est simple et goûteuse.

⊖⊖ **La Cave St-Antoine** – *12 Les Perruches - 37130 Lignières-de-Touraine - 6 km au NO d'Azay-le-Rideau par D 57 - ☎ 02 47 96 39 87 - www.la-cave-saint-antoine.com - fermé dim. soir-mar. sf j. fériés - 28/39 €.* Une petite adresse inattendue que ce restaurant aménagé dans une ancienne champignonnière creusée dans le tuffeau. Décor simple dont l'élément principal est la pierre naturelle mise en valeur par un éclairage judicieux. Cuisine traditionnelle.

En soirée

Son et lumière – *37190 Azay-le-Rideau - ☎ 02 47 45 42 04 ou 02 47 45 44 40 - juil. : accueil prélude 21h30, spectacle 22h ; août : 21h ; sept. : vend. et sam. 21h (dernière entrée 23h15).* Entrez dans le parc alors que le soleil déclinant illumine les grands arbres, la pierre patinée du château et ses miroirs d'eau. La nuit s'installe, les voix du crépuscule montent crescendo pour vous conduire de découverte en découverte, de surprise en surprise, tandis que le château s'illumine et se transforme dans un tourbillon de jeux de lumières, d'images et d'eau.

Baugé

3 663 BAUGEOIS
CARTE GÉNÉRALE B2 – CARTE MICHELIN LOCAL 317 I3 – MAINE-ET-LOIRE (49)

Le roi René, qui aimait chasser dans les forêts avoisinantes, s'y fit construire une demeure ; le seigneur de Jarzé y introduisit la culture des poires… Ici et là, vallons, cours d'eau, chapelles, églises romanes ou Renaissance ponctuent un paysage tranquille de « brandes », de bois profonds, de prairies lumineuses et de bocages. Le charme de la petite ville à l'architecture préservée invite à flâner dans ses rues pittoresques.

- ▶ **Se repérer** – Situé entre La Flèche (18 km au nord) et Saumur (40 km au sud), Angers (42 km au sud-ouest) et Tours (68 km au sud-est), Baugé est à la lisière de la belle forêt de Chandelais, sur la rive droite du Couasnon.

- 👁 **À ne pas manquer** – L'apothicairerie de l'hôtel-Dieu ; la découverte de la croix d'Anjou ; les façades des hôtels particuliers du centre historique ; le merveilleux clocher du Vieil-Baugé.

- 🕐 **Organiser son temps** – Comptez 2h30 pour la ville, 1/2 journée pour les environs.

- 👥 **Avec les enfants** – Le parcours-découverte du château, l'apothicairerie et l'exposition « Du soin du corps au soin de l'âme » à l'hôtel-Dieu.

- 🕯 **Pour poursuivre la visite** – Voir aussi La Flèche, Gizeux, le château du Lude et Saumur.

Comprendre

Fondé vers l'an 1000 par Foulques III Nerra, Baugé fut au 15e s. une des résidences préférées de **Yolande d'Aragon**, reine de Sicile, et de son fils, le roi René.
Yolande d'Aragon, fidèle soutien de Charles VII et de Jeanne d'Arc, détourna les Anglais de l'Anjou par la bataille du Vieil-Baugé (1421) où s'illustra sire Guérin de Fontaines, à la tête des Angevins et des mercenaires écossais. Le bon **roi René**, plus pacifique, peignait, versifiait, faisait ses dévotions à la relique de la vraie Croix à l'abbaye de la Boissière… et chassait le sanglier « baugé » dans les forêts voisines. C'est de là d'ailleurs, que vient le nom de la ville : de la « bauge » ou gîte du sanglier qui peuplait en abondance cette forêt giboyeuse. Après la mainmise de Louis XI – neveu du roi René – sur l'Anjou qu'il rattacha à la Couronne en 1471, Baugé s'appauvrit : le dicton « je vous baille ma rente de Baugé » signifiait alors « je ne peux rien vous donner ». Au 17e s., cinq juridictions royales seront établies à Baugé et les conseillers du roi y feront construire près d'une cinquantaine d'hôtels particuliers. Avec le monumental hôtel-Dieu fondé à la même époque et le château, ils constituent aujourd'hui le principal intérêt architectural de la ville.

Visiter

Château

Pl. de l'Europe - 📞 *02 41 84 00 74 - www.chateau-bauge.com -* ♿ *- départ de visite toutes les heures de mi-avr. à mi-sept. : 10h-12h30, 13h30-18h ; de déb. mars à mi-avr. : w.-end 13h30-18h ; de mi-sept. au 1er nov. : merc.-dim. 13h30-18h ; vac. Noël : w.-end 13h30-18h ; de mi-fév. à déb. mars : 14h-18h - fermé w.-end de Pâques, 1er janv., 24-25 et 31 déc. - 7 € (6-10 ans 3 €) - possibilité de billet combiné avec le musée d'Art et d'Histoire et l'hôtel-Dieu 9 € (enf. 5 €).*

👥 Cette demeure du 15e s. abrite l'office de tourisme et le musée d'Art et d'Histoire. Le roi René dirigea lui-même, en 1455, la construction de ses tourelles, des lucarnes à gâbles, de l'oratoire *(aile droite)* et de l'amusante échauguette de la façade postérieure où les maçons se sont représentés. Une élégante porte en accolade donne accès à l'**escalier à vis** qui se déroule jusqu'à une magnifique voûte en palmier, richement ornée. Remarquez les blasons Anjou-Sicile et emblèmes, anges, tau (T grec), symboles de la croix du Christ, ou étoiles qui, dans l'Apocalypse, désignent les bienheureux. Poursuivez la visite en vous laissant guider par la muséographie qui fait parler la pierre et revivre la personnalité du « bon roi » d'Anjou. Par la magie des images et du son, les combles du château vous racontent les péripéties de son histoire, celles de ses hôtes, et l'avènement de la Renaissance. L'art du tournoi et de la fauconnerie mais aussi la chasse au sanglier sont évoqués dans la grande salle d'honneur.

Musée d'Art et d'Histoire – *Dans le château du roi René, pl. de l'Europe -* 📞 *02 41 82 68 11 - de mi-juin à mi-sept. : tlj sf lun. 11h-13h, 14h30-18h ; horaires basse saison, se renseigner - fermé de mi-déc. à mi-janv. - 4 € (enf. gratuit). Possibilité de billet combiné avec le château et l'hôtel-Dieu.*

Le musée renferme de belles collections d'armes, de monnaies anciennes, de faïences et céramiques rares des 15e et 16e s.

Chapelle des Filles-du-Cœur-de-Marie

8 r. de la Girouardière - 📞 *02 41 89 12 20 - visite guidée : tlj sf mar. 14h30-16h30 - fermeture exceptionnelle selon nécessités de la communauté, se renseigner.*

Élément d'un hospice du 18e s., elle abrite la précieuse **croix d'Anjou**★★ taillée, selon la tradition, dans le bois de la vraie Croix. Rapportée de Terre sainte par un croisé en 1241, cette merveille d'orfèvrerie, enrichie de pierres précieuses et de perles fines, fut exécutée à la fin du 14e s. pour Louis Ier duc d'Anjou par l'orfèvre parisien de son frère, le roi Charles V. Caractéristique singulière : elle porte le Christ sur chaque face.

La fameuse croix d'Anjou.

Ph. Gajic / MICHELIN

Hôtel-Dieu

R. Anne-de-Melun - 📞 *02 41 84 00 74 - de mi-avr. à mi-sept. : tlj sf lun. 10h-12h, 14h-18h départ de visite ttes les heures, dernier départ à 17h ; horaires basse saison, se renseigner - 5 € (11-16 ans 2,50 €), possibilité de billet combiné avec le château et le musée d'Art et d'Histoire.*

👥 Seule une modeste partie du monumental ensemble se visite. L'hôtel-Dieu fondé en 1639 par Marthe de la Beausse, aidée de la princesse Anne de Melun et des Sœurs hospitalières de La Flèche, contient une **apothicairerie**★ intacte depuis sa création en 1675. Soigneusement rangés dans un mobilier Louis XIII en noyer et en chêne, plus de 600 contenants (boîtes peintes, faïences de Nevers, albarelles italo-mauresques du 16e s.) abritent encore yeux d'écrevisses, cornes de cerf ou poudre de cloportes…

Avant de rejoindre la chapelle de style baroque, ouvrant pendant les offices sur le grand dortoir des malades, on traverse celui-ci pour découvrir l'exposition permanente « Des soins du corps aux soins de l'âme », ses reconstitutions et sa collection d'objets appartenant à l'hôtel-Dieu.

Hôtels particuliers

Les hauts portails des hôtels particuliers des 17e s. et 18e s. jalonnent les rues tranquilles du vieux Baugé : rues de l'Église, de la Girouardière et surtout place de la Croix-Orée. Partant de la place de l'Europe, devant le château, un circuit pédestre balisé de pupitres explicatifs est proposé à travers la ville.

Église St-Laurent

R. de l'Église. Fin 16e s.-début 17e s. Les orgues, inaugurées en 1644, ont été restaurées en 1975.

De Jérusalem à la Libération

Cette croix à double traverse – la traverse supérieure figurant l'écriteau – ou « croix de Jérusalem » était vénérée comme un morceau de la croix du Christ par les ducs d'Anjou et en particulier par le roi René. L'insigne devint « croix de Lorraine » à la fin du 15e s. après la bataille de Nancy, remportée par René II duc de Lorraine, descendant des ducs d'Anjou, sur Charles le Téméraire : les troupes de Lorraine avaient adopté le symbole sacré comme marque de reconnaissance. Ultime rebondissement, la croix de Lorraine est devenue en 1941 par décision des Forces françaises libres la croix de la Libération, reprise ensuite comme emblème du RPR (parti gaulliste).

Circuit de découverte

LE BAUGEOIS

Circuit de 95 km – comptez environ 4h. Quittez Baugé vers l'est par la D 141 qui suit la vallée du Couasnon.

Pourquoi ces clochers voient-ils leur toit se vriller ? Étonnamment, aucune théorie n'imagine que cet élégant mouvement leur ait été imprimé à dessein. Selon les sourciers, les clochers tors suivraient les détours des eaux passant sous l'église. Selon les poètes, ils offriraient toutes leurs faces au vent. Selon les marins, ils seraient le fruit des essais des charpentiers de marine. Selon les menuisiers, le bois, trop vert au moment de la construction, aurait bougé avec le temps.

Dolmen de la Pierre couverte

Laissez la voiture sur le bas-côté de la route à 3,5 km de Baugé. Quelques marches sur la gauche mènent au dolmen, isolé dans une clairière.

Reprenez la voiture et gagnez Pontigné par la D 141 qui offre de jolies vues à droite sur le Couasnon et le massif forestier de Chandelais.

Pontigné

Dédiée à saint Denis dont l'effigie se voit au-dessus du portail roman, l'**église** est surmontée d'un clocher en hélice. La nef porte de larges voûtes Plantagenêt ; au transept, remarquez les chapiteaux romans à feuilles d'eau et têtes de monstres ; la charmante abside centrale est soutenue par un réseau complexe de boudins rayonnants. Dans les absidioles, **les peintures murales★** d'une grande fraîcheur de coloris (13e-14e s.) représentent, au sud, le Christ en majesté entouré du tétramorphe (symboles des quatre évangélistes) avec la Résurrection de Lazare, au nord, la Vierge à l'Enfant entourée de deux anges thuriféraires et des scènes de l'enfance du Christ.

Prenez la route derrière l'église, puis à droite vers la D 766. Belle vue sur la vallée plantée de vergers. *Sur la D 766, tournez à gauche, puis tout de suite à droite vers Bocé.*

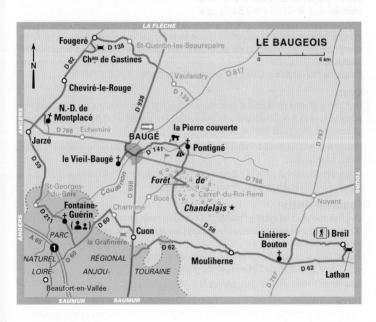

Forêt de Chandelais★

Belle forêt domaniale (10 000 ha) de chênes rouvres et de hêtres, renouvelée tous les… 210 ans. Prenez votre temps !
Suivez une allée forestière jusqu'au rond-point central, puis à droite vers Bocé. Vous arrivez à la D 58 que vous prenez à gauche.

Mouliherne

Bâti sur un roc, Mouliherne domine le vallon verdoyant du Riverolle, en pays baugeois. Son **église**, ancienne chapelle et seul vestige d'une forteresse des comtes d'Anjou, possède un beau clocher carré du 13e s. avec baies ébrasées et flèche hélicoïdale.

Observez d'abord la voûte du chœur, en berceau brisé, puis celle du croisillon sud renforcée par des nervures qui comptent parmi les premiers exemples de croisées d'ogives. À la croisée du transept, elles retombent sur de beaux chapiteaux romans à feuilles d'eau et animaux fantastiques. Les voûtes gothiques (12e-13e s.) de la nef, très larges, ont un profil plus raffiné. Dans le chœur, derrière le maître-autel, vous verrez des sarcophages carolingiens (9e et 10e s.) taillés dans la pierre coquillière, sans décoration.

Linières-Bouton

5 km à l'est par la D 62. Dans ce village tranquille, à l'écart de la route, l'**église** présente un beau **chœur**, d'architecture Plantagenêt. Remarquez le tableau figurant l'Annonciation (1677), la crosse monumentale en bois doré de style baroque et le groupe sculpté de la sainte Famille, probablement du 17e s.

Prenez la D 767 à gauche, puis une route sur la droite qui mène à Breil.

Breil

Dans les bois du Baugeois, Breil offre un excellent prétexte à promenade. L'**église** est romane à l'extérieur par son abside circulaire et sa nef que surmonte un haut clocher à flèche de pierre ; de jolies voûtes Plantagenêt couvrent son chœur.

Parc et château de Lathan

02 41 82 31 00 - & - tlj sf mar. 10h-18h - fermé du 1er nov. à Pâques - 3 € (enf. gratuit).

Le parc du 17e s. fait face à l'église. Des charmilles, puis un long tapis vert orné d'ifs taillés précèdent une double rangée de tilleuls. Le grand canal, parallèle, découvre une remarquable perspective, qui se termine par une gloriette du 18e s. Âmes sentimentales ou esprits curieux, ne manquez pas l'île d'Amour et le labyrinthe souterrain…

Prenez la D 62 jusqu'à la D 938, où vous tournez à droite.

> ## Églises ouvertes ?
>
> Les « **églises accueillantes** » du Baugeois mettent à disposition des visiteurs un document sur le monument, veillent au bon éclairage, à la sonorisation et au fleurissement du lieu et s'efforcent d'en faciliter l'ouverture, notamment l'été.
> Il est toutefois conseillé de téléphoner à la mairie afin de s'assurer des horaires d'ouverture.
> *Mairie de Cheviré-le-Rouge :* 02 41 82 18 21 ;
> *Mairie de Fougeré :* 02 41 76 53 54 ;
> *Mairie du Vieil-Baugé :* 02 41 89 20 37.

Cuon

Un curieux clocher conique à imbrications coiffe l'église (en face, une ancienne auberge porte encore gravée l'enseigne *« Au Soleil d'Or. On y loge à pied et à cheval »*). En retrait, observez le charmant manoir du 15e s.

Prenez la direction de Chartrené. On longe le parc du château de la Grafinière et ses belles frondaisons.

Peu après Chartrené, prenez à gauche la D 60. À 4,5 km suivez à droite la D 211 qui, à travers des bois et des landes, rejoint Fontaine-Guérin.

Fontaine-Guérin

L'**église** romane au clocher massif, couronné d'une flèche d'ardoise hélicoïdale, comporte une remarquable voûte de 126 panneaux peints, des 15e et 16e s., d'inspiration profane.

Un plan d'eau aménagé pour la baignade et la planche à voile est accessible par la D 211 en direction de St-Georges-du-Bois.

À partir de St-Georges-du-Bois, prenez la D 59 jusqu'à Jarzé.

Jarzé

Cultures, bois et prairies encadrent Jarzé. Le château, construit en 1500, incendié en 1794, fut restauré au 19e s.

Église – Ancienne collégiale de style flamboyant bâtie sur les restes d'un édifice du 11e s. Dans le chœur, dix stalles canoniales (16e s.) à jouées historiées offrent leurs profils capricieux. Dans la niche d'un pilier à droite dans le sanctuaire, une statuette (fin 15e s.) représenterait saint Cyr, en robe et en bonnet, tenant une poire à la main : fils de sainte Juliette de Tarse, il subit le martyre à l'âge de 3 ans. Plus probablement, ce petit enfant ne serait autre que le fils de Jean Bourré, seigneur du lieu, et son geste rappellerait son père introduisit en Anjou la culture des « poyres de bon chrestien ». Au fond de l'abside, restes d'une belle **peinture murale** du début du 16e s., représentant une Mise au tombeau à demi effacée.

Chapelle N.-D.-de-Montplacé

2 km par la D 82 vers La Flèche et le premier chemin à droite. ℰ 02 41 95 40 03 (mairie) - visite guidée sur demande juil.-août : dim. 14h30-18h30. Isolée sur une butte, la chapelle se repère de loin. Entourée de quelques bâtiments de ferme, très simple, elle dégage pourtant une réelle noblesse, en particulier lorsqu'on observe le beau portail occidental (17ᵉ s.) dédié à la Vierge. L'intérieur est orné de trois grands autels du plus pur style baroque ; dans la niche de celui de gauche, se trouve la statue vénérée : belle Pietà sculptée dans une bille de noyer, où subsistent quelques traces de polychromie. Le long des murs sont accrochés de nombreux ex-voto.

Regagnez la D 82 en direction de La Flèche.

> ### La Vierge et la bergère
>
> Au début du 17ᵉ s., une bergerie occupait l'ancienne chapelle de Montplacé, où demeurait oubliée une antique statue de la Vierge. Un jour, alors que la bergère rentrait ses moutons, la statue s'illumina. Tout le voisinage accourut ; des guérisons furent constatées. Bientôt, grâce aux offrandes, on fit construire une nouvelle chapelle achevée à la fin du 17ᵉ s. Une tradition de pèlerinage s'établit.

Cheviré-le-Rouge

Au cœur du village, l'**église St-Médard** est dotée d'un clocher du 11ᵉ s. et d'un chœur du 12ᵉ s., dont la voûte est un remarquable exemple du style Plantagenêt. Dans le transept, des vitrines présentent vêtements sacerdotaux, de communion et de baptême, échantillons de dentelle et de coiffes. L'été, le clocher abrite une très belle exposition de vêtements et ornements liturgiques ainsi que des pièces d'orfèvrerie. *Visite accompagnée - juin-sept. : sam. et dim. 14h-18h.*

Continuez sur la D 82 en direction de La Flèche.

Jardins du château de Gastines

Avant d'entrer dans le bourg de Fougeré, sur la droite. ℰ 02 41 90 17 57 ou 02 41 89 18 07 (office de tourisme de Baugé) - de mi-juil. à fin août : tlj sf mar. 13h-19h - 4 € (-18 ans gratuit). Autour du château (16ᵉ-18ᵉ s.), les jardins réalisés par Louis Benech se déroulent majestueusement en une terrasse de buis accueillant aussi les ifs, roses, lavandes et anémones du Japon. De nombreuses essences (bergénias, iris, litrums, ruscus, saules…) ont pris possession d'une douve sèche. Étang et fontaines, charmilles taillées ou carré de bambous nains se découvrent au fil de la promenade.

Reprenez la D 82 sur la droite pour entrer dans le bourg de Fougeré.

Fougeré

C'est à la fougère que la commune doit son nom, mais c'est à son clocher vrillé, légèrement penché, qu'on l'identifie. L'**église St-Étienne** (11ᵉ s.) comprend un des plus beaux chevets de l'Anjou et son chœur (13ᵉ s.) est de style Plantagenêt. La voûte en carène de bateau (16ᵉ s) de la nef a été repeinte par Grandin de Tours en 1871. Ne pas manquer d'observer les monstres des engoulants (16ᵉ s.) et à l'extérieur (place de la mairie), les graffitis (11ᵉ-12ᵉ s.).

Quittez Fougeré par la D 138 jusqu'à St-Quentin-lès-Beaurepaire. Prenez à droite la direction Vaulandry. Au croisement avec la D 938, tournez à droite pour regagner Baugé. En arrivant à Baugé, prenez la direction Le Vieil-Baugé.

Le Vieil-Baugé

Ce vieux village couronne une colline au-dessus de la vallée du Couasnon. L'**église St-Symphorien**, outre son remarquable clocher vrillé (un chef-d'œuvre de couverture), dont l'inclinaison est due au travail du bois, conserve une nef en partie du 11ᵉ s. et un admirable **chœur★** du 13ᵉ s. à voûtes angevines. D'époque Renaissance, la façade et le croisillon sud sont dus à l'architecte angevin Jean de Lespine.

Beau spécimen de clocher tors au Vieil-Baugé.

Studio 3bis / MICHELIN

Baugé pratique

♿ Voir aussi l'encadré pratique de Blois.

Adresse utile

Office du tourisme de Baugé – Pl. de l'Europe - BP 56 - 49150 Baugé - ℘ 02 41 89 18 07 - www.tourisme-bauge.fr.st. De mi-juin à mi-sept. : tlj 10h-12h30, 13h30-18h30 ; reste de l'année : lun.-sam. 11h30-12h30, 13h30-18h (vend. 17h30), fermé j. fériés.

Se loger

⌂ **Chambre d'hôte Les Bouchets - Mme Bignon** – 49150 Le Vieil-Baugé - 4 km du Vieil-Baugé par D 144, dir. Chaitrené et petit chemin à droite sur 300 m - ℘ 02 41 82 34 48 ou 06 71 60 66 05 - www.lesbouchets. com - ⟋ - 3 ch. 48 € ⎓ - repas 23 €. En

pleine campagne, cette maison typiquement baugeoise, très bien rénovée, offre une tranquillité appréciable. Chambres au confort douillet et salle de séjour agréable avec cheminée. Anciens restaurateurs, les propriétaires mettent leur savoir-faire au service de la table d'hôte, forcément réputée.

En soirée

Opéra de Baugé – John Grimmet, Les Capucins, 49150 Baugé - ℘ 02 41 89 75 40. www.operadebaugé.org. En juillet et août, des œuvres du répertoire classique sont interprétées dans le cadre de « thé à l'anglaise » ou de pique-nique dans le parc.

Beaugency ★

7 106 BALGENTIENS
CARTE GÉNÉRALE D2 – CARTE MICHELIN LOCAL 318 G5 – LOIRET (45)

Arrêtez-vous à Beaugency, au moins le temps d'écouter sonner l'angélus… Vous y reconnaîtrez un air connu de votre enfance, et son vieux pont, ses monuments et ses demeures médiévales, tel un livre d'images, se laisseront parcourir en toute quiétude dans ce cadre historique enchanteur.

- ▶ **Se repérer** – À 20 km au sud d'Orléans et 29 km au nord de Blois, Beaugency s'est établi sur la rive droite de la Loire que franchit son célèbre vieux **pont**, dont les parties les plus anciennes remontent au 14e s.

- 👁 **À ne pas manquer** – La façade de l'hôtel de ville et l'église Notre-Dame ; les maisons médiévales du centre ; le fleurissement du quartier du Rû.

- 🕐 **Organiser son temps** – Prenez rendez-vous auprès de l'office de tourisme pour admirer les tentures brodées de l'hôtel de ville. Comptez 1h pour la ville.

- 👥 **Avec les enfants** – En été, l'office de tourisme propose de nombreuses activités : randonnées, sports nautiques, labyrinthe de verdure, équitation, bassin pataugeoire et jeux de sable.

- ♿ **Pour poursuivre la visite** – Voir aussi le château de Chambord, la basilique de Cléry-St-André, La Ferté-St-Aubin, Meung-sur-Loire et le château de Talcy.

Comprendre

Les deux conciles de Beaugency (12e s.) – Tous deux eurent à trancher les problèmes conjugaux des rois.

Reçu à Tours par Foulques le Réchin, Philippe Ier séduisit la comtesse Bertrade et répudia la reine Berthe peu après. Invoquant un vague prétexte de consanguinité, le roi pensait faire constater facilement l'invalidité de son mariage. Mais le pape Urbain II le débouta et, devant l'obstination du monarque, l'excommunia. Finalement, en **1104**, le concile de Beaugency leva l'excommunication et, quatre ans plus tard, le roi put mourir l'âme en paix. Il fut inhumé à St-Benoît-sur-Loire.

Bien plus important, le concile de **1152** déclara nul le mariage de Louis VII avec Aliénor d'Aquitaine. Fille et héritière du duc d'Aquitaine, la belle et séduisante Aliénor avait épousé Louis en 1137. Pendant dix ans, le ménage royal vécut en harmonie. En 1147, tous deux partirent en croisade, mais, une fois sur place, en Palestine, leurs rapports se détériorèrent. La rupture devint inévitable et, le 20 mars 1152, le concile de Beaugency l'officialisa en dénouant les liens unissant Louis et Aliénor pour cause de parenté : tous deux descendaient en effet de Robert le Pieux… Elle se remaria presque aussitôt avec Henri Plantagenêt, futur roi d'Angleterre, et emportait avec elle tout le Sud-Ouest de la France. Cet événement, lourd de conséquences, contenait en germe plusieurs siècles de rivalités franco-anglaises.

Une ville bien disputée – Beaugency commandait un des rares ponts qui, jusqu'aux temps modernes, traversaient la Loire entre Blois et Orléans. Pendant la guerre de Cent Ans, la ville tomba quatre fois aux mains des Anglais puis, en 1429, elle fut délivrée par Jeanne d'Arc. La place entra ensuite dans le tourbillon des guerres de Religion, avec leur lot de massacres et de pillages, lorsque ligueurs et protestants se la disputèrent tour à tour.

Se promener

Petit mail

Planté de grands arbres, il domine la Loire, offrant une belle vue sur la vallée. La **porte Tavers** (12e s.) faisait partie de la 3e enceinte de la ville.

La rue de la Porte-Tavers conduit à la place St-Firmin.

Clocher St-Firmin

Vestige d'une église du 15e s. détruite pendant la Révolution. Une rue passait sous la tour de ce clocher. Aux heures de l'angelus (8h, 12h et 19h), le carillon sonne la vieille complainte des bords de Loire, d'abord raillerie du parti bourguignon contre le roi Charles VII, puis chanson populaire : « … que reste-t-il À ce dauphin si gentil, De son royaume ? Orléans, Beaugency, Notre-Dame-de-Cléry, Vendôme, Vendôme… »

Traversez la place St-Firmin pour gagner la petite rue de la Sirène.

Maison des Templiers

Observez les baies romanes de cette maison du 12e s. à l'angle de la rue du Puits-de-l'Ange et de la rue du Traîneau.

Par la rue du Traîneau, rejoignez la place du Dr-Hyvernaud et sur la gauche, la rue des Chevaliers.

Tour de l'Horloge

Ancienne tour du Change, porte de la ville au 12e s.

La rue du Change vous ramène place du Dr-Hyvernaud, au pied de l'hôtel de ville sur votre gauche.

Studio 3bs / MICHELIN

La gracieuse façade Renaissance de l'hôtel de ville, place du Dr-Hyvernaud.

Hôtel de ville

R. du Change - ℰ 02 38 44 54 42 - www.beaugency.fr - visite commentée par l'office de tourisme, sur demande (durée 20mn, sous réserve d'occupation de la salle) mar.-jeu. : 15h, 16h et 16h30, lun., vend. et sam. selon possibilités - fermé dim. et j. fériés - 1,70 €.

La façade de l'hôtel de ville construit en 1526 assemble éléments d'architecture médiévale et décors Renaissance. Parmi ceux-ci, retrouvez la salamandre de François Ier… Dans la grande salle du 1er étage, vous verrez huit belles **tentures★** brodées au point passé empiétant, d'une finesse incomparable. Quatre d'entre elles représentent les continents reconnus au 17e s.; les autres (cueillette du gui et sacrifices païens) datent du 18e s.

Empruntez la rue du Pouët-de-Chaumont jusqu'à la charmante rue du Pont. Tournez à droite et flânez le long du Rû, ruisseau fleuri qui s'écoule jusqu'à la Loire. Montant sur la droite, passez sous la **voûte St-Georges***, autrefois « porte de la Barrière » et unique accès de la 1ʳᵉ enceinte de la cité, comprenant le château et l'abbatiale.*

Château Dunois
Fermé pour travaux jusqu'en 2008.
Dans la forteresse médiévale, Jean de Dunois, seigneur de Beaugency et compagnon de Jeanne d'Arc, se fit aménager cette résidence au 15ᵉ s.
Musée Daniel-Vannier★ – Dans les salles du château, il présente les arts, traditions et activités artisanales de l'Orléanais. L'accès aux combles permet d'admirer la charpente du 15ᵉ s.

Église Notre-Dame★
Cette abbatiale romane (12ᵉ s.), qui brûla pendant les guerres de Religion, a été restaurée. Dans le chœur, les arcades géminées s'intercalent entre fenêtres et grandes arcades. À voir, l'Assomption de Michel Corneille. À côté de l'église subsistent les bâtiments (18ᵉ s.) de l'ancienne abbaye Notre-Dame.
Le soir, de vieilles lanternes éclairent la charmante **place Dunois**, devant l'église et le donjon, ainsi que la **place St-Firmin**.

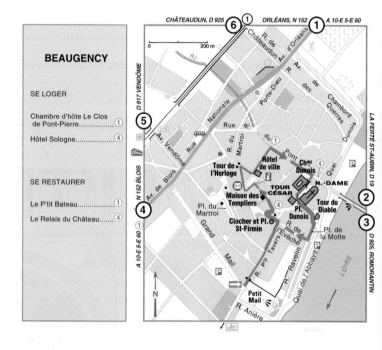

Tour César★
Haut de 36 m, ce donjon rectangulaire et soutenu par des contreforts est un beau spécimen de l'art militaire du 11ᵉ s. L'intérieur, qui comptait cinq étages, est ruiné.

Tour du Diable
Au bas de la rue de l'Abbaye, la tour du Diable faisait partie des fortifications défendant la tête du pont dont la légende dit qu'il fut construit par le Diable. Au Moyen Âge, la Loire en baignait le pied.

Traversez la place de la Motte, ancien port de la cité. Avant de monter la rue de l'Évêché – par laquelle on acheminait les marchandises vers le centre-ville – remarquez sur votre gauche la jolie rue Ravelin, autrefois rue des Pêcheurs.

Place St-Firmin, la rue de la Porte-Tavers vous ramène au Petit Mail.

Beaugency pratique

Adresse utile

Office de tourisme – 3 pl. Dr-Hyvernaud, BP 44 - 45190 Beaugency - ℰ 02 38 44 54 42 - www.beaugency.fr - juin-sept. : tlj sf dim. apr.-midi 9h30-12h30, 14h30-18h30 ; reste de l'année : tlj sf dim. 9h30-12h, 14h30-18h - fermé 1er janv., dim. et lun. Pâques, 1er nov., 11 Nov., 25 déc.

Se loger

⊖⊗ **Hôtel Sologne** – Pl. St-Firmin - ℰ 02 38 44 50 27 - www.hoteldelasologne. com - fermé 23 déc.-11 janv. - 16 ch. 55/65 € - ⊑ 7,50 €. Vous ne pourrez pas manquer cette maison régionale en pierre et son joli perron fleuri à deux escaliers, entre la tour St-Firmin et le donjon. Les chambres personnalisées sont charmantes. En saison, petit-déjeuner sous la véranda.

⊖⊗ **Chambre d'hôte Le Clos de Pont-Pierre** – 115 r. des Eaux-Bleues - 45190 Tavers - 2 km au SO de Beaugency dir. Blois - ℰ 02 38 44 56 85 - www.clos-de-pontpierre. com - ⊅ - réserv. conseillée le soir - 4 ch. 61/76 € ⊒ - repas 23 €. Ne vous laissez pas effrayer par la proximité de la route, derrière cette ancienne fermette se cache une ravissante piscine bordée d'un vaste jardin. Les chambres, récemment refaites, s'orientent côté verdure et profitent ainsi d'une certaine quiétude. À la belle saison, dîners servis sous un marronnier centenaire.

Se restaurer

⊖ **Le Relais du Château** – 8 r. du Pont - ℰ 02 38 44 55 10 - relaischateau@aol.com - fermé vac. de fév., vac. de Toussaint, mar. soir, jeu. soir de sept. à juin et merc. - 14/32 €. Pendant la visite de cette jolie ville médiévale, vous pourrez vous offrir une petite halte dans ce restaurant du centre-ville. Cuisine bien tournée et bon choix de menus à des prix raisonnables.

⊖⊗ **Le P'tit Bateau** – 54 r. du Pont - ℰ 02 38 44 56 38 - www.le-petit-bateau. com - fermé 28 oct.-5 nov., 24 fév.-4 mars, dim. soir, mar. soir et lun. - 21/36 €. Embarquez sans crainte pour une croisière gourmande à bord de ce P'tit Bateau. Dans les deux salles à manger rustiques ou sur la terrasse, vous vous régalerez à prix modéré d'une délicieuse cuisine traditionnelle : tête de veau sauce ravigote, demi-faisan rôti aux choux, lotte poêlée au coulis de langoustines, etc.

Château de **Beauregard**★

CARTE GÉNÉRALE C3 – CARTE MICHELIN LOCAL 318 F6 – LOIR-ET-CHER (41)

Au sud de la Loire, en bordure de la forêt de Russy, le château, encadré d'un parc paisible, domine la vallée du Beuvron. Cet ancien rendez-vous de chasse de François Ier suscite bien plus qu'une simple curiosité. Le château et sa galerie « des Illustres » offrent un exemple saisissant d'art et de fantaisie, une petite merveille unique au monde, et une occasion en or pour réviser son histoire d'Europe…

- ▶ **Se repérer** – L'entrée principale se détache de la D 765 entre Blois (9 km) et Cour-Cheverny (7 km).

- ◉ **À ne pas manquer** – La collection de portraits de l'exceptionnelle galerie des Illustres ; son pendant végétal dans le jardin ; le décor du cabinet des Grelots.

- ◕ **Organiser son temps** – Comptez 1h30 pour l'ensemble du site.

- ◔ **Pour poursuivre la visite** – Voir aussi Blois, les châteaux de Chambord, Cheverny, Chaumont-sur-Loire et Fougères-sur-Bièvre.

Visiter

Sur la commune de Cellettes - comptez 45mn - ℰ 02 54 70 36 74 - www.beauregard-loire.com - juil.-août : 9h30-18h30 ; avr.-juin et sept. : 9h30-12h, 14h-18h30 ; oct.-mars : tlj sf merc. 9h30-12h, 14h-17h - fermé de déb. déc. aux vac. Noël. et de déb. janv. à déb. fév., 1er janv., 25 déc. - 6,50 € (-7 ans gratuit) - parc seul 4,50 €.

Le saviez-vous ?

Les galeries historiques, venues d'Italie, étaient un genre très à la mode au 17e s. En France, on en dénombrait une dizaine, mais celle de Beauregard est considérée comme la plus importante. Elle représente les acteurs majeurs de la politique pendant trois siècles de l'histoire de France (1328-1643).

Après l'antichambre (à la mâchoire de baleine) et l'ancienne cuisine au rez-de-chaussée, l'escalier conduit à la galerie sud (beau mobilier des 16ᵉ et 17ᵉ s.) qui donne sur le cabinet des Grelots.

Cabinet des Grelots★ – Œuvre de Scibec de Carpi, qui travailla à Fontainebleau et à Anet, cette pièce charmante fut aménagée au milieu du 16ᵉ s. pour Jean Du Thier. Son blason, d'azur à trois grelots d'or, orne le plafond à caissons, tandis que les grelots se répètent en motif décoratif, agrémentés de tableaux sur les boiseries de chêne qui couvrent entièrement les murs, masquant les placards où sont déposées les archives du château.

Galerie des Illustres.

A. Cassaigne / MICHELIN

Galerie des Illustres★★ – Elle surmonte les sobres arcades italianisantes du rez-de-chaussée. Décorée pour Paul Ardier, châtelain de Beauregard au début du 17ᵉ s. et trésorier de l'Épargne sous Louis XIII, cette longue salle a gardé son magnifique **carrelage bleu et blanc de Delft** représentant toute une armée en marche : cavalerie, artillerie, infanterie, mousquetaires… Les boiseries des murs et le plafond ont conservé les peintures de Pierre Mosnier, dont quelques superbes paysages en camaïeu bleu.

Le **plafond**, daté de 1624, est peint en poudre de lapis-lazuli (pierre bleu azur). Lorsqu'on sait qu'au 17ᵉ s. cette matière coûtait bien plus cher que l'or, la surface décorée donne le vertige !

Mais l'intérêt majeur de cette salle réside dans une exceptionnelle collection de **327 portraits de personnages historiques** : les Illustres.

Pour suivre l'ordre chronologique, partez du fond de la salle, à gauche du grand portrait de Louis XIII, et faire le tour dans le sens inverse des aiguilles d'une montre.

Ordonnée en travées consacrées chacune à un règne, la galerie représente la succession complète des rois de France de 1328 à 1643, soit du premier Valois, Philippe VI, jusqu'à Louis XIII. Autour du portrait de chaque roi de France, figurent ceux de la reine, des principales figures de la Cour et des grands personnages étrangers contemporains. Une importante campagne de restauration redonne peu à peu à ces tableaux leur lustre d'origine.

Jardin des Portraits – Sur une idée du paysagiste contemporain Gilles Clément *(voir p. 85)*, ce jardin de 5 000 m² (réalisé dans l'ancien potager, au milieu du beau parc à l'anglaise de 70 ha) offre une habile et poétique évocation végétale de la galerie des Illustres. Douze « chambres », ou petits jardins fleuris chacun selon une couleur et entourés de charmilles, sont traversées par un chemin qui serpente de l'une à l'autre. Tout autour de l'ensemble, s'épanouissent rosiers et plantes grimpantes.

Forêt de **Bercé**★

CARTE GÉNÉRALE C2 – CARTE MICHELIN LOCAL 310 L8 – SARTHE (72)

Sillonnée d'allées, la forêt en arc de cercle de Bercé est le vestige de l'immense forêt du Mans, qui s'étendait jadis entre la Sarthe et le Loir. Dans l'armée serrée de sa superbe futaie, les chênes rouvres, alternant avec des hêtres élancés et des châtaigniers tortueux, dépassent parfois 45 m de haut. Dans l'ombrage d'un des plus beaux exemples de notre patrimoine sylvestre, vallons obscurs, frais ruisseaux et sources cristallines promettent de très belles promenades.

▶ **Se repérer** – Aux confins du Maine et de la Touraine, ce vaste arc de cercle de 5 377 ha est à 30 km au sud-est du Mans, et à 11 km au nord de Château-du-Loir. La région avoisinante offre un véritable réseau de rivières et de ravissantes petites routes.

👁 **À ne pas manquer** – Les sources de l'Hermitière.

👪 **Avec les enfants** – Le sentier pédagogique de la fontaine de la Coudre et un des circuits à VTT adaptés aux capacités des enfants *(voir l'encadré Forêt de Bercé pratique)*.

🖐 **Pour poursuivre la visite** – Voir aussi La Flèche, le château du Lude, Le Mans et St-Calais.

Comprendre

Rendez-vous druidique – Fragment de l'antique *silva carnuta*, la forêt des Carnutes (forêt mythique qui s'étendait entre Chartres et Orléans, lieu de réunion annuelle des druides du peuple carnute, célèbre dans la Gaule celtique du 1er s. av. J.-C.) fut appelée « Burçay », du nom d'un fief des comtes d'Anjou.

Rattachée à la Couronne au 16e s., elle fournit longtemps les chênes utilisés pour la charpente de marine, tandis que les hêtres profitaient à la saboterie. Aujourd'hui, la forêt de Bercé est traitée rationnellement par l'ONF pour la production de chênes de qualité. Ceux-ci, abattus entre 200 et 240 ans d'âge, fournissent un bois jaune clair, au grain fin, apprécié dans l'ébénisterie (en placage) et exporté dans toute l'Europe. Sur les sols pauvres, à l'ouest de la forêt, le pin prédomine (maritime, sylvestre ou laricio).

Découvrir

Fontaine de la Coudre

Au creux d'un vallon perdu dans la futaie des Forges, la fontaine, source du Dinan, s'écoule doucement sous les vieux chênes.

👪 Un sentier pédagogique explique aux enfants le rôle et le fonctionnement de la forêt. En forêt, on pratique le martelage : les arbres prêts à être abattus sont marqués à l'aide du marteau forestier entamant l'écorce jusqu'à l'aubier (partie jeune du bois)

S. Sauvignier / MICHELIN

Forêt de Bercé.

et d'un poinçon (marque du propriétaire), tandis que les « arbres réservés » (chênes ou hêtres) sont numérotés.

Sources de l'Hermitière★

Nichées dans une petite gorge, ses eaux pures sourdent parmi chênes et hêtres dont les fûts presque rectilignes s'élancent et se perdent très haut dans les feuillages.

Futaie des Clos★

C'était la plus belle futaie de la forêt ; les violentes tempêtes de 1967 et 1999 ont ouvert des brèches importantes dans sa frondaison. Pourtant, malgré la décrépitude des vieux chênes géants (300 à 350 ans), quelques-uns ont conservé toute leur splendeur.

🚗 *Laissez la voiture au parc de stationnement aménagé sous les arbres.* Un chemin conduit au chêne Boppe, ou plutôt à sa souche, que protège un petit toit à pans, car ce vénérable patriarche a été foudroyé en 1934 (circonférence à 1,30 m du sol : 4,77 m) ; il avait 262 ans et portait le nom d'un directeur de l'École des eaux et forêts de Nancy. Non loin, le chêne Roulleau de La Roussière (estimé à plus de 350 ans) est resté droit et vigoureux, atteignant 43 m de haut.

Forêt de Bercé pratique

♿ Voir aussi l'encadré pratique du Mans.

Se restaurer

😋🍽️🛏️ **L'Hermitière** – *Aux Sources de l'Hermitière - 72150 St-Vincent-du-Loroüer - ℘ 02 43 44 84 45 - www.lhermitiere.fr - fermé déc., janv., mar. et merc. - 26/44 €.* Les flonflons de l'orchestre de cette ancienne guinguette se sont éteints, pour laisser place à un restaurant à l'atmosphère campagnarde. Admirez le tronc du poirier quadricentenaire, soutien de la maison, la belle terrasse au bord du jardin et son étang. Calme et simplicité…

Sports & Loisirs

À VTT – 315 km de circuits sont balisés en forêt domaniale de Bercé. Nombreux parcours (de 8 à 41 km), ne comportant pas de dénivelés excédant 100 m, pour débutants ou pratiquants confirmés. Carte disponible sur demande – ℘ 02 43 38 16 60 - www.vallee-du-loir.com.

Blois★★

48 600 BLAISOIS OU BLÉSOIS (AGGLOMÉRATION : 116 544)
CARTE GÉNÉRALE C2 – CARTE MICHELIN LOCAL 318 E6 – LOIR-ET-CHER (41)

Façades blanches, toits bleutés et cheminées de brique révèlent le charme souriant de la vieille ville étirée en bord de Loire. Ses ruelles escarpées et tortueuses, reliées ici et là par des volées d'escaliers, grimpent à l'assaut du coteau qui domine le fleuve. Sur cette hauteur se dresse le château royal que Louis XII, François Ier et Gaston d'Orléans ont façonné à l'image de leur époque.

- **Se repérer** – À mi-chemin entre Orléans (62 km) et Tours (65 km), Blois occupe la rive droite de la Loire.
- **À ne pas manquer** – La conception novatrice de l'escalier du château ; le décor originel du cabinet de Catherine de Médicis ; les paysages de bord de Loire.
- **Organiser son temps** – Comptez 1/2 journée pour la ville, autant pour les environs.
- **Avec les enfants** – La visite commentée de la ville en attelage (25mn d'avril à septembre), la Maison de la magie, le son et lumière du château.
- **Pour poursuivre la visite** – Voir aussi les châteaux de Beauregard, Chambord, Chaumont, Cheverny, et Fougères-sur-Bièvre.

Le saviez-vous ?

Une théorie rapproche Blois du mot celtique *blaye* ou *bleiz*, encore fréquent en Bretagne et qui signifie « loup ». Des meutes peuplaient-elles les forêts voisines ? En tout cas, si vous examinez avec attention certaines façades anciennes, vous devriez bien rencontrer, par-ci par-là, quelques faces de loup…

Comprendre

LA VILLE AU FIL DU TEMPS

Des comtes de Blois aux ducs d'Orléans – Puissants féodaux, les comtes de Blois régnaient au Moyen Âge sur un vaste ensemble à deux têtes, comprenant, d'une part, la région de Blois et de Chartres et, d'autre part, la Champagne.

Un comte de Blois épousa la fille de Guillaume le Conquérant, et leur fils, Étienne, devint roi d'Angleterre en 1135. À cette époque, la maison de Blois atteint son apogée avec Thibaud IV. À la mort de ce dernier, en 1152, elle privilégie la Champagne et délaisse quelque peu les Pays de Loire et l'Angleterre où les Plantagenêts la supplantent en 1154.

En 1392, le dernier des comtes, Guy de Châtillon, vend tous ses domaines au duc Louis d'Orléans, frère de Charles VI. Désormais, la Cour se tient à Blois. Quinze ans plus tard, Louis d'Orléans est assassiné à Paris sur ordre du duc de Bourgogne, Jean sans Peur. Valentine Visconti, sa veuve, se retire à Blois et grave sur les murs cette devise désenchantée : « Rien ne m'est plus, plus ne m'est rien. » Elle meurt, inconsolée, l'année suivante.

Depuis la Loire, on aperçoit la vieille ville, les toits du château et l'église St-Nicolas.

Charles d'Orléans, l'aîné de Louis d'Orléans, hérite du château de Blois. Il épouse à 15 ans la fille de Charles VI qui meurt en couches. Remarié à 20 ans, il part combattre les Anglais, mais est fait prisonnier à Azincourt (1415). Sa veine poétique lui permet de résister à 25 ans de captivité. Revenu en France en 1440 et veuf de nouveau, il épouse, à 50 ans, Marie de Clèves âgée de 14 ans. Charles s'entoure d'une cour d'artistes et de poètes, comme François Villon. Lui-même compose d'admirables rondeaux. À 71 ans, il a enfin un fils, le futur Louis XII, et meurt à Amboise en 1465.

L'âge d'or de la Renaissance – Né à Blois en 1462, **Louis XII** succède à Charles VIII en 1498. Blois devient résidence royale au détriment d'Amboise. Le roi et sa femme, **Anne de Bretagne**, font procéder à d'importants aménagements : la construction d'une aile et l'établissement de vastes jardins en terrasses aujourd'hui disparus. En 1515, **François Ier** succède à Louis XII et s'installe à son tour à Blois, qui partage sa faveur avec Amboise, et fait reconstruire l'aile qui porte son nom, la plus belle partie de l'édifice.

Une évasion spectaculaire – En 1617, **Marie de Médicis** est reléguée à Blois par son fils Louis XIII. Mais, le 22 février 1619, elle s'évade ; et, en dépit de son embonpoint, elle serait descendue de nuit dans le fossé par une échelle de corde. Après cette prouesse, la mère et le fils se réconcilient…

Un conspirateur : Gaston d'Orléans (17e s.) – En 1626, Louis XIII, pour éloigner son frère **Gaston d'Orléans**, en lutte contre le tout-puissant cardinal, lui donne le comté de Blois, les duchés d'Orléans et de Chartres. Réconcilié avec le roi en 1634, il peut enfin se consacrer à sa résidence de Blois : dans son ambition d'accéder au trône, il fait appel à Mansart et lui commande le plan d'un très vaste édifice qui ferait table rase de l'ancien. De 1635 à 1638, un nouveau corps de logis s'élève, mais, faute de subsides, les travaux doivent s'arrêter. Le conspirateur reprend alors du service ; il trempe, en 1642, dans le complot du duc de Bouillon et de Cinq-Mars. Il échappe à la condamnation mais est déchu de ses droits au trône. De 1650 à 1653, il prend une part active à la Fronde contre Mazarin. Définitivement exilé sur ses terres, il s'assagit enfin, habite l'aile François-Ier, embellit les jardins, et meurt en 1660, au milieu de sa cour.

L'ASSASSINAT DU DUC DE GUISE

Le mobile – En 1588, **Henri de Guise**, lieutenant général du royaume, chef de la Ligue, tout-puissant à Paris, appuyé

Blois vue par…

« Je vis mille fenêtres à la fois, un entassement irrégulier et confus de maisons, un château et […] une rangée de façades aiguës à pignon de pierre au bord de l'eau, toute une ville en amphithéâtre… » **Victor Hugo**, 1825.

par le roi d'Espagne, oblige Henri III à convoquer pour la deuxième fois les états généraux à Blois. Cinq cents députés y prennent part, presque tous acquis aux Guises, qui comptent obtenir d'eux la déchéance du roi. Henri III ne voit plus que l'assassinat pour se débarrasser de son rival.

Il est 8h du matin ce 23 décembre 1588. Parmi les 45 gentilshommes sans fortune, dernier carré des fidèles d'Henri III, 20 ont été choisis pour abattre le duc ; 8 d'entre eux dissimulent des poignards sous leurs manteaux et se tiennent dans la chambre du roi. Assis sur des coffres, ils semblent deviser paisiblement. Les 12 autres, armés d'épées, sont dans le cabinet vieux. Deux prêtres sont dans l'oratoire du cabinet neuf : le roi les fait prier pour la réussite de l'entreprise. Guise se trouve dans la salle du Conseil en compagnie de quelques hauts personnages. Levé à 6h après avoir passé une partie de la nuit chez une dame de « **l'escadron volant** », le duc de Guise se réchauffe d'abord devant la cheminée et grignotte quelques prunes de Brignoles qui garnissent son drageoir. Puis le Conseil commence. Le secrétaire d'Henri III prévient alors Guise que le roi le mande dans le cabinet vieux. Pour gagner ce cabinet, il faut traverser la chambre du roi car deux jours plus tôt la porte avec laquelle il communiquait avec la salle du Conseil a été murée. Le duc y pénètre et les spadassins le saluent. Il se dirige vers la gauche. Un couloir précède le cabinet. Guise ouvre la porte et aperçoit, au fond du boyau, les gens qui l'attendent, l'épée à la main. Il veut reculer mais les 8 hommes de la chambre lui coupent la retraite. Ils se jettent sur leur victime, la saisissant aux bras et aux jambes, et enroulent son manteau autour de son épée. Le duc, dont la force est prodigieuse, renverse quatre des agresseurs et en blesse un cinquième avec son drageoir. Il entraîne la meute jusqu'au bout de la chambre et, criblé de blessures, revient tomber près du lit du roi en gémissant : « *Miserere mei Deus* », « Mon Dieu, prends pitié de moi. »

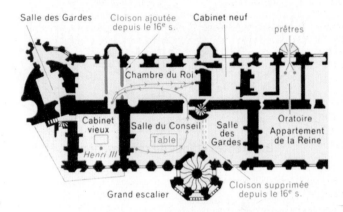

CHÂTEAU DE BLOIS : LE 2ᵉ ÉTAGE EN 1588

À qui profite le crime ? – Henri III, écartant la tenture derrière laquelle il s'était dissimulé, s'avance vers son rival. Il l'aurait souffleté (ou simplement touché du pied) en s'écriant : « Mon Dieu ! Qu'il est grand ! Il paraît encore plus grand mort que vivant. » En fouillant le cadavre, on découvre une lettre contenant ces mots : « Pour entretenir la guerre civile en France, il faut 700 000 livres tous les mois. »

Le roi descend chez sa mère, Catherine de Médicis, et lui dit joyeusement : « Je n'ai plus de compagnon, le roi de Paris est mort. » La conscience en paix, il va entendre une messe d'action de grâces dans la chapelle St-Calais. Le lendemain, le cardinal de Lorraine, frère du duc, enfermé aussitôt après le meurtre dans un cachot, est assassiné à son tour. Son corps va rejoindre celui de Guise dans une salle du château dont la localisation reste incertaine. Ils sont ensuite brûlés et leurs cendres jetées à la Loire. La reine mère ne survivra pas longtemps : elle meurt douze jours après le drame. Quant à Henri III, huit mois plus tard, il tombera sous le poignard de Jacques Clément.

Découvrir

LE CHÂTEAU★★★

☏ *02 54 90 33 33 - www.ville-blois.fr - avr.-sept. : 9h-18h30 ; oct.-mars. : 9h-12h30, 14h-17h30 (dernière entrée 30mn av. fermeture) - possibilité de visite guidée (1h15) - fermé 1ᵉʳ janv., 25 déc. - 6,50 € (enf. 3 €), gratuit 1ᵉʳ dim. du mois d'oct. à mars.*

Place du Château

Cette vaste esplanade occupe l'ancienne basse cour du château. Légèrement en contrebas, des jardins en terrasses offrent une large **vue** sur les toits (en arrière-plan, le pont et la Loire). Au pied du mur de soutènement, sur la place Louis-XII, vers la droite pointent les flèches de l'église St-Nicolas, et à l'extrême gauche on aperçoit la cathédrale avec sa tour Renaissance. La **façade** du château sur la place comporte deux parties principales : à droite, le pignon pointu de la salle des États généraux **(1)**, vestige du château féodal (13ᵉ s.) ; et le gracieux bâtiment **(5)** construit en brique et pierre par Louis XII, avec ses galeries et ses lucarnes. Au premier étage, deux fenêtres à balcon : celui de gauche desservait la chambre de Louis XII. Son ministre, le cardinal d'Amboise, habitait un hôtel contigu (détruit en 1940 et médiocrement reconstruit). Quand le roi et le cardinal prenaient le frais, ils pouvaient y bavarder à leur aise.

Le **grand portail** flamboyant est surmonté d'une niche contenant la **statue équestre de Louis XII★** (1857) par Seurre. Aux fenêtres, culs-de-lampe sculptés avec beaucoup de verve, où la grivoiserie naturelle du temps se manifeste sans réserve *(1ʳᵉ et 4ᵉ fenêtres à gauche du portail)*.

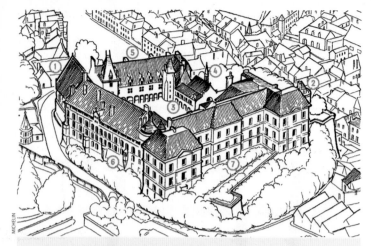

Différentes étapes de construction

Époque féodale
1 Salle des États généraux (13e s.)
2 Tour du Foix (13e s.)
Époque de transition gothique-Renaissance
3 Galerie Charles-d'Orléans (fin 15e s.-début 16e s.).
4 Chapelle St-Calais (1498-1508)
5 Aile Louis-XII (1498-1503)
Époque Renaissance
6 Aile François-Ier : façade des Loges (1515-1524)
Époque classique
7 Aile Gaston-d'Orléans (1635-1638).

Cour intérieure

La traverser pour atteindre la charmante terrasse (belle vue sur l'église St-Nicolas et la Loire) sur laquelle s'élève la **tour du Foix** (2) qui faisait partie de l'enceinte féodale. Revenir dans la cour entourée des constructions successives qui constituent le château. Ses quatre ailes forment un remarquable exemple de l'évolution de l'architecture française du 15e au 17e s.

Chapelle St-Calais – De la chapelle St-Calais (4), chapelle privée du roi reconstruite par Louis XII à l'emplacement d'une plus ancienne, il ne subsiste que le chœur gothique, Mansart ayant détruit la nef quand il éleva l'aile Gaston-d'Orléans. Les vitraux modernes de Max Ingrand relatent la vie de saint Calais.

Galerie Charles-d'Orléans (3) – Cette galerie daterait de l'époque de Louis XII. Jusqu'au 19e s., elle était deux fois plus longue et rejoignait les bâtiments du fond de la cour. Elle est soutenue par des arcades en anse de panier très surbaissées.

Aile Louis-XII (5) – Elle comporte une galerie qui desservait les différentes salles du logis, progrès notable pour l'époque : jusqu'alors, dans les châteaux, les pièces se commandaient l'une à l'autre. À chaque extrémité, un escalier à vis, logé dans une tour, permet d'accéder à l'étage. Remarquez le riche décor gothique flamboyant, avec panneaux d'arabesques à la mode italienne sur les piliers.

Aile François-Ier (6) – Le bâtiment relie l'aile Gaston-d'Orléans (17e s.) à la salle des États généraux (13e s.) (1). Douze ans seulement se sont écoulés entre la fin de l'aile Louis-XII et le commencement de l'aile François-Ier, mais l'étape franchie est importante : c'est le triomphe de la mode italienne dans la décoration. Cependant, la fantaisie française a conservé quelques droits : les fenêtres répondent à la disposition intérieure des pièces, sans souci de symétrie, tantôt serrées, tantôt écartées ; leurs croisées sont doubles ou simples ; les pilastres montés sur piédestaux qui scandent la façade introduisent une régularité nouvelle dans le décor. Le magnifique **escalier★★** *(voir p. 78 « ABC d'architecture »)* encore gothique dans sa structure **hors œuvre** constitue un véritable aboutissement de l'architecture de cette période. Modèle de sculpture italianisante, cet escalier a une fonction d'apparat. La cage est évidée entre les contreforts et forme une série de balcons d'où la Cour assistait à l'arrivée des grands personnages. Son décor – candélabres, initiales, couronne – glorifie le roi et la reine. Mansart ayant démoli une partie de l'aile pour loger le bâtiment de Gaston d'Orléans, il n'est plus au centre de la façade.

Aile Gaston-d'Orléans (7) – L'œuvre, inachevée, est un très bel exemple du style classique. Réalisée de 1635 à 1638 par François Mansart pour le duc Gaston d'Orléans, frère de Louis XIII, elle contraste avec le reste de l'édifice. Pour la juger équitablement, il faut la voir de l'extérieur de l'enceinte et imaginer dans son ensemble l'édifice projeté.

Appartements et musées

Depuis la mort de Gaston d'Orléans, le château est abandonné. Aussi, en 1788, Louis XVI décide-t-il de le transformer en caserne, ce qui sauve le bâtiment de la destruction, mais entraîne des dégradations. En 1840, devant l'indignation de plusieurs écrivains et artistes, Prosper Mérimée classe le château Monument historique. Sa restauration est confiée à Félix Duban, dont le souci de réalisme historique contraste avec l'inspiration romantique propre au 19e s.

À l'intérieur de l'aile Gaston-d'Orléans, la coupole couronnant l'**escalier d'honneur★** apparaît à travers une galerie en encorbellement, qui accentue l'effet d'élévation. Elle présente, sauf dans les parties basses, un décor sculpté de trophées d'armes, de guirlandes et de mascarons. Au rez-de-chaussée, de nombreux plans illustrent les projets et transformations du château.

Musée archéologique – *Au rez-de-chaussée de l'aile François-Ier, à gauche du grand escalier.* Installé dans les anciennes cuisines de François Ier, ce musée présente le produit des fouilles du Loir-et-Cher, des objets provenant du promontoire du château à l'époque médiévale et un exceptionnel ensemble daté de la période carolingienne.

Les appartements de l'aile François-Ier – Les cheminées splendides (en particulier celle de la salle d'honneur, somptueuse), les tapisseries, bustes et portraits, ornent les pièces. La décoration a été refaite par **Duban** au 19e s. : autrefois, la fumée qui se dégageait des cheminées, des chandelles et des torches servant à l'éclairage noircissait rapidement murs et décors.

Au **premier étage**, la pièce la plus intéressante est le **cabinet de Catherine de Médicis★** ou *studiolo*, seule pièce du château ayant conservé son décor d'origine. Il a gardé ses 237 panneaux de bois sculpté qui dissimulent des armoires secrètes : à poisons selon Alexandre Dumas, en fait plutôt pour abriter des bijoux, des papiers d'État ou simplement par goût des placards muraux, fréquents dans les cabinets italiens. On les manœuvre en pressant du pied une pédale, cachée dans la plinthe.

Les pièces du **deuxième étage** ne peuvent se défaire de leur passé sanglant ; la salle des Guises regroupe plusieurs œuvres traitant des événements de 1588 : assassinat du duc de Guise, d'Henri III…

Pourtant les lieux ont été modifiés depuis : le cabinet du roi a été absorbé par l'aile Gaston-d'Orléans, des cloisons ont été supprimées, d'autres élevées. Il est donc assez difficile de suivre, sur place, les péripéties du meurtre, illustré par de nombreux tableaux.

Redescendez au 1er étage par le grand escalier et retraversez la salle des Gardes.

A. Cassaigne / MICHELIN

La chambre d'Henri III où vint mourir le duc de Guise.

Salle des États généraux – Cette vaste salle seigneuriale du château des comtes de Blois est la partie la plus ancienne (début 13ᵉ s.) de l'édifice. Ici se tinrent les états généraux de 1576 et de 1588. Au centre, une rangée de colonnes supporte les deux voûtes en berceau juxtaposées à la superbe charpente en chêne.

Musée des Beaux-Arts★ – *1ᵉʳ étage de l'aile Louis-XII.* Voyez dans la galerie une exceptionnelle collection de tapisseries (16ᵉ -17ᵉ s.). **Le cabinet des Portraits** contient des tableaux (16ᵉ et 17ᵉ s.) provenant des châteaux de St-Germain-Beaupré (Creuse) et de Beauregard. Dans la salle des 17ᵉ et 18ᵉ s., est conservée une remarquable série de cinquante **médaillons** en terre cuite de Jean-Baptiste Nini. Dans la salle de ferronnerie et de serrurerie, vous verrez notamment une superbe garniture de cheminée destinée au comte de Chambord, œuvre d'un serrurier blésois : Louis Delcros.

Se promener

LE VIEUX BLOIS★

Visite : 2h. Le château n'est pas tout à Blois, loin de là, et il faudra même de bonnes jambes aux promeneurs qui ne veulent rien manquer de la ville et de ses richesses, déployées à chaque coin de rue ou presque.

Pavillon Anne-de-Bretagne

À l'origine belvédère des jardins royaux, ce gracieux édifice (16ᵉ s.) de pierre et de brique coiffé d'un haut toit d'ardoise héberge l'office de tourisme.

Sur la droite, le long de l'avenue Jean-Laigret, le pavillon se prolonge par une longue aile à pans de bois, construite sous Louis XII, et qui servit plus tard d'**orangerie** *(abrite un restaurant)*. Remarquez les cordelières qui soulignent les angles de l'édifice, et la balustrade de pierre sculptée à jour où apparaissent les initiales de Louis XII et d'Anne de Bretagne.

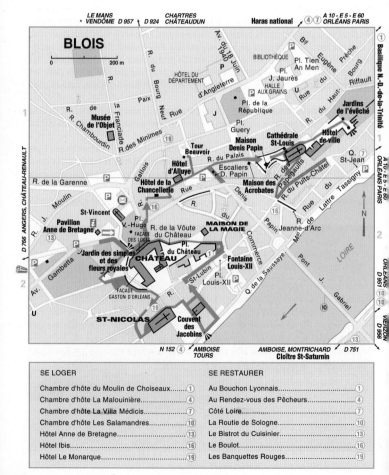

SE LOGER		SE RESTAURER	
Chambre d'hôte du Moulin de Choiseaux	①	Au Bouchon Lyonnais	①
Chambre d'hôte La Malouinière	④	Au Rendez-vous des Pêcheurs	④
Chambre d'hôte La Villa Médicis	⑦	Côté Loire	⑦
Chambre d'hôte Les Salamandres	⑩	La Routie de Sologne	⑩
Hôtel Anne de Bretagne	⑬	Le Bistrot du Cuisinier	⑬
Hôtel Ibis	⑯	Le Boulot	⑯
Hôtel Le Monarque	⑲	Les Banquettes Rouges	⑲

Longez la place Victor-Hugo, bordée au nord par la façade de l'**église St-Vincent** (17ᵉ s.) et au sud par la belle **façade des Loges** du château.

Jardin des simples et des fleurs royales

Ce jardin en terrasses est le seul vestige des vastes jardins du château. Près de la balustrade, belle **vue★**, à gauche, sur le pavillon Anne-de-Bretagne, l'église St-Vincent et la place Victor-Hugo ; à droite, s'allonge la façade des Loges, ou aile François-Iᵉʳ, et le retour de l'aile Gaston-d'Orléans. En contrebas, apparaît le jardin (1992) créé par Gilles Clément dans l'esprit de la Renaissance.

Façade des Loges★

La partie intérieure de la première construction de François Iᵉʳ s'adossait au mur de l'enceinte féodale et n'offrait aucune vue sur le dehors. Le roi en souffrait et décida de plaquer contre le mur un second bâtiment abondamment percé d'ouvertures. Comme à cet endroit on domine à pic le ravin, il fallut étayer l'édifice par un soubassement de maçonnerie. Cette façade, inspirée de la cour du Belvédère au Vatican, montre la volonté royale de copier les modèles romains les plus récents. Malheureusement, incompréhension ou maladresse de l'architecte, les loggias sont devenues des loges réparties irrégulièrement et qui ne communiquent pas entre elles. Et la présence d'échauguettes leur donne un cachet quelque peu… médiéval. Belles gargouilles en haut.

De retour sur la place des Lices, on embrasse du regard la majestueuse **façade Gaston-d'Orléans** qui domine les fossés.

Église St-Nicolas★

Ce bel édifice (12ᵉ et 13ᵉ s.) appartenait à l'abbaye bénédictine St-Laumer dont les sobres bâtiments conventuels, de style classique, s'étendent jusqu'à la Loire.

L'église est dotée d'un vaste chœur entouré d'un déambulatoire et de chapelles rayonnantes, avec de beaux chapiteaux historiés… À gauche du chœur, un curieux retable d'autel de sainte Marie l'Égyptienne (15ᵉ s.).

Couvent des Jacobins

R. Anne-de-Bretagne. Il abrite le **musée d'Art religieux** au 1ᵉʳ étage et le **Muséum d'histoire naturelle** *(voir section « visiter »).*

Du bord de la Loire, jolie vue sur le pont Jacques-Gabriel.

Regagnez le square Augustin-Thierry par les rues St-Lubin (maisons 15ᵉ-16ᵉ s.) et la rue de la Voûte-du-Château.

Fontaine Louis-XII

De style gothique flamboyant, elle est la copie du monument érigé par le roi Louis XII ; l'original, très mutilé, est conservé au château.

Hôtel de la Chancellerie

Au coin de la rue Chemonton et de la rue du Lion, cet hôtel de la fin du 16ᵉ s. est l'un des plus vastes de Blois. Derrière la porte cochère (17ᵉ s.), voyez le superbe escalier à rampe droite dans la cour.

Hôtel d'Alluye

Au 8 r. St-Honoré. Bel édifice particulier, construit en 1508, pourvu en façade de délicates sculptures gothico-Renaissance *(voir section « visiter »).*

Tour Beauvoir

Visite uniquement pour les groupes. Ancien donjon carré (11ᵉ s.) d'un fief à l'origine distinct de celui du château, la tour fut plus tard englobée dans les défenses de la ville. Après une brève carrière militaire, la tour fut aménagée dès le 13ᵉ s. en prison ; les cachots ont été utilisés jusqu'en 1945. La terrasse panoramique, comme l'indique le nom « Beauvoir », offre une très belle vue sur Blois et ses environs.

De vieilles façades à colombages s'alignent rue Beauvoir (nᵒˢ 3, 15 et 21), entourant une maison de pierre du 15ᵉ s. (nᵒ 19).

Escaliers Denis-Papin

Ils ouvrent une longue perspective vers le sud. Dominant l'escalier, se dresse la statue de **Denis Papin** (1647-1712), reconnu (tardivement) père de la machine à vapeur.

Maison des Acrobates

Au 3 pl. St-Louis. Maison typique du Moyen Âge, avec sa façade à colombages, ses deux étages en encorbellement et ses poteaux sculptés d'acrobates, jongleurs et autres saltimbanques, et son décor de feuillages.

Cathédrale St-Louis

Rebâtie au début du 16e s. et flanquée d'une haute tour Renaissance à lanternon, la cathédrale fut presque entièrement démolie en 1678 par un ouragan ; l'intervention de Colbert, dont la femme était blésoise, permit sa reconstruction rapide, dans le style gothique. Les vitraux contemporains de la nef et des bas-côtés, créés par l'artiste hollandais Jan Dibbets, offrent un contraste saisissant par leur sobriété avec la richesse de ceux du chœur réalisés en 1860. L'étage inférieur du clocher (12e s.) est un vestige de la première collégiale. La vaste **crypte St-Solenne** *(accès à droite du chœur)* du 10e s., agrandie au 11e s. devant l'affluence des pèlerins, contenait à l'époque le tombeau de saint Comblée. Évêque de Chartres au 5e s., saint Solenne assista saint Remi au baptême de Clovis, dont il fut catéchiste. Mais il semble que le roi ne fut pas très bon élève… Les reliques de Blois ne seraient pas celles de l'évêque de Chartres, mais proviendraient d'un homonyme, « Solennis », qui fut inhumé près de Luynes.

Hôtel de ville et jardins de l'évêché

Accès par la grille à gauche de la cathédrale.
Situé derrière la cathédrale, l'hôtel de ville occupe le bâtiment de l'évêché, édifié au début du 18e s. par Jacques V Gabriel, père de l'architecte de la place de la Concorde à Paris. Au-delà, vers l'est, les jardins de l'évêché se composent aujourd'hui d'une roseraie *(en contrebas)*, d'un jardin des sens et d'un jardin aromatique. Ils forment une terrasse dominant la Loire et offrent une belle **vue★** *(quand on se place près de la statue de Jeanne d'Arc)* sur le fleuve, ses coteaux boisés et les toits de la ville : on découvre, au sud, le clocheton de l'église St-Saturnin et, à droite, sur la rive nord, les flèches pures de l'église St-Nicolas. Jolie vue sur le chevet de la cathédrale.

Denis Papin, l'incompris

Né à Chitenay (12 km au sud de Blois) en 1647, assistant de Huygens à Paris, il publie en Angleterre son mémoire sur « la manière d'amollir les os et de faire cuire la viande en peu de temps et à peu de frais » et met au point son « digesteur », ou « marmite de Papin », qui est l'ancêtre de nos cocottes-minute. Mais il doit quitter définitivement la France lors de la révocation de l'édit de Nantes. Nommé à la chaire de mathématiques à l'université de Marburg, Papin découvre « la nouvelle manière de lever l'eau par la force du feu » ; il effectue à Kassel, en 1706, des essais publics démontrant la force motrice de la vapeur d'eau. Mais à la mort de son protecteur, l'Électeur de Hesse-Cassel, il tombe dans la misère et meurt en 1714.

Maison Denis-Papin

Encore appelée hôtel de Villebresme, cette maison gothique, tout en haut de la rue Pierre-de-Blois, enjambe la rue d'une passerelle à pans de bois.

Tout en bas de la rue Pierre-de-Blois se détache sur la gauche une jolie porte Renaissance avec l'inscription latine « *Usu vetera nova* », qui peut se traduire par « à l'usage, le neuf devient vieux » ou au contraire « le vieux redevient neuf ».

Rue des Papegaults

Elle tire son nom des perroquets en bois qui servaient de cible aux archers de la ville ; bel ensemble de maisons Renaissance : nos 15, 13, 10, 8, 4.

Rue du Puits-Châtel

Un portail entrebâillé ? N'hésitez pas à jeter un coup d'œil : au no 3, l'escalier est garni d'un balcon à colombages (16e s.) ; au no 5, tourelle d'escalier en pierre et galeries aux balcons sculptés desservent les étages (début 16e s.) ; à côté, au no 7, dans l'hôtel Sardini, cour à arcades Renaissance ; au-dessus de la porte de la tourelle d'escalier, le porc-épic de Louis XII.

Visiter

La Maison de la magie Robert-Houdin

1 pl. du Château - ☏ 02 54 55 26 26 - www.maisondelamagie.fr - ♿ - juil.-août et vac. scol. Toussaint : 10h-12h30, 14h-18h30 ; de fin mars à fin juin et de fin oct. à déb. nov. : tlj sf lun. 10h-12h30, 14h-18h - fermé oct.-mars (sf vac. Toussaint et lun. de j. fériés) - 7,50 € (6-11 ans 5 €).
👨‍👧 Installée dans un hôtel particulier du 19e s., en face du château, la Maison de la magie initie à l'histoire de la magie et sert de Conservatoire national aux arts de la magie et de l'illusion *(réservé aux chercheurs et professionnels de la prestidigitation)*. Le lieu est naturellement dédié à **Robert-Houdin**.
Une des attractions majeures de la Maison de la magie est son terrifiant dragon qui sort ses six têtes par les fenêtres de la belle demeure de tuffeau et de briques vernissées. *Sortie ttes les heures de 10h à 12h et de 14h à 18h, sf si pluie ou vent.*

Le roi des magiciens : Robert-Houdin (1805-1871)

Fils d'un horloger blésois, Jean Eugène Robert, puis Robert-Houdin, fut un prodigieux manipulateur, un prestidigitateur hors pair, ainsi qu'un scientifique doublé d'un inventeur de talent. Tout en créant des tours d'illusionnistes et des automates, il mit au point (quinze ans avant Edison) la lampe électrique à filament végétal, le compteur électrique et bien d'autres machines étonnantes (dont des appareils d'ophtalmologie). Dans sa maison, le Prieuré, qu'il surnomma *l'abbaye de l'Attrape*, il stupéfiait voisins ou invités par ses inventions. Il donnait libre cours à son imagination pour améliorer sa « domotique » (bien avant que le mot n'existe) : les portes s'ouvraient toutes seules, les sonnettes carillonnaient au passage des gens, un robot jardinier ratissait le jardin ; et, tandis qu'un ermite électromécanique lisait la Bible, des manettes permettaient la télédistribution de l'avoine aux chevaux dans les écuries…

Le **parcours-découverte dans le monde de l'illusion** met en scène les grandes étapes de l'histoire de la magie. Le visiteur traverse ensuite le kaléidoscope géant et le cabinet des images avant de descendre vers le foyer des grands magiciens : l'espace Georges-Méliès (précurseur des trucages et effets spéciaux dans l'art cinématographique). Au 2e étage, le **cabinet fantastique Robert-Houdin** expose ses collections d'art magique : affiches, gravures, manuscrits et accessoires rappelant ses tournées. Au dernier étage, l'**Hallucinoscope** transporte 20 000 lieues sous les mers grâce à une illusion d'optique.

Enfin, le **théâtre des Magiciens**★ (400 places), tout entier conçu pour la « grande illusion », propose vingt minutes d'un spectacle présenté par des prestidigitateurs de haut niveau.

Musée de l'Objet

6 r. Franciade - 📞 *02 54 55 37 40 -* ♿ *- juil.-août : tlj sf lun. et mar. 13h30-18h30 ; mars-juin et sept.-nov. : w.-end 13h30-18h30, sem. sur RV - fermé j. fériés (sf 14 Juil. et 15 août) - 4 €* (enf. 2 €).

Les créations rassemblées dans l'ancien couvent des Minimes sont l'œuvre d'artistes contemporains qui se sont emparés d'objets à usage quotidien pour les métamorphoser. Parmi ces « manipulations de la structure » : un *ready-made* du pionnier Marcel Duchamp (1887-1968) et des réalisations de César, Christo, Isou…

Au coin des rues Franciade et de la Paix, un des murs du Conservatoire est couvert de graffitis qui promulguent axiomes et proverbes.

Musée d'Art religieux

Au 1er étage du couvent des Jacobins, rue Anne-de-Bretagne - 📞 *02 54 78 17 14 -* ♿ *- tlj sf lun., dim. et j. fériés 14h-18h - gratuit.*

Belle collection d'objets liturgiques (calices, ciboires, habits sacerdotaux…), de statues et de tableaux religieux.

Muséum d'histoire naturelle

6 r. des Jacobins, au 2e étage - 📞 *02 54 90 21 00 - www.ville-blois.fr -* ♿ *- juil.-août : tlj sf lun. 10h-12h, 14h-18h, w.-end et j. fériés 14h-18h ; reste de l'année : tlj sf lun. 14h-18h - fermé 1er janv., 1er Mai, 1er nov. et 25 déc. - 2,80 € (-12 ans gratuit), gratuit 1er dim. du mois (nov.-mars).*

👥 Collections zoologiques, présentation de la faune régionale et sensibilisation au respect de l'environnement.

Hôtel d'Alluye

Au 8 r. St-Honoré. Bel édifice particulier, construit en 1508 pour **Florimond Robertet**. Successivement trésorier de Charles VIII, Louis XII et François Ier, Florimond Robertet avait pris goût à l'art italien en accompagnant Charles VIII lors de son expédition à Naples. Derrière la façade de l'hôtel aux délicates sculptures gothico-Renaissance s'ouvre une vaste **cour** avec **galeries**★ à l'italienne purement Renaissance.

Haras national

Sortie est, 62 av. du Maréchal-Maunoury - 📞 *0 811 90 21 31 - www.haras-nationaux. fr - visite guidée uniquement pour les groupes.*

Aménagé dans le couvent des Carmélites en 1810, le haras héberge une trentaine d'étalons de sang, notamment des selles français, et une vingtaine d'étalons de trait, dont une majorité de percherons. La visite des bâtiments (belle architecture du 19e s.) permet de rencontrer des techniciens et des agents nationaux.

Aître St-Saturnin

R. Munier, accès signalé sur le quai Villebois-Mareuil - ℘ *02 54 90 33 32 - www.ville-blois.fr -* ⏺ *- visite guidée sur demande - fermé 1ᵉʳ janv. et 25 déc. - billet combiné avec le château.*

Cet ancien cimetière à galeries couvertes en charpente, élevé sous François Iᵉʳ, abrite un dépôt lapidaire (fragments de sculptures provenant de maisons détruites en 1940).

Basilique N.-D.-de-la-Trinité

Au nord-est du plan par la rue du Prêche. L'édifice en béton, réalisé par l'architecte Paul Rouvière de 1937 à 1949, abrite de beaux vitraux et un chemin de croix coffré dans le ciment par Lambert-Rucki. Le campanile, haut de 60 m, offre une vue étendue sur la région *(240 marches)*. Son **carillon**, composé de 48 cloches, dont la plus grosse pèse 5 300 kg, compte parmi les meilleurs d'Europe.

Aux alentours

Ménars

6 km au nord-est par la N 152. Dans ce village, château de la marquise de Pompadour dans un beau site.

Suèvres★

11 km au nord-est par la N 152. Cette petite ville cache ses façades attrayantes en contrebas de la bruyante nationale. Au bord de la route, l'église St-Christophe, précédée d'une galerie couverte, le « caquetoire », présente divers appareils en arêtes de poisson et chevrons, caractéristiques de l'époque mérovingienne.

> **Images de Loire**
>
> « […] ce que la Loire a de plus pittoresque et de plus grandiose, c'est une immense muraille calcaire mêlée de grès, de pierre meulière et d'argile à potier, qui borde et encaisse la rive droite, et qui se développe au regard, de Blois à Tours, avec une variété et une gaieté inexprimable, tantôt roche sauvage, tantôt jardin anglais, couverte d'arbres et de fleurs… » **Victor Hugo**, *En voyage.*

Au nº 9 et, en face, au nº 14 bis de la rue Pierre-Pouteau, maisons du 15ᵉ s. À droite, l'impasse de la rue des Moulins vous conduit le long d'un ruisseau, avec ses multiples passerelles, ses saules pleureurs et ses tamaris.

Revenez sur vos pas pour franchir le pont de pierre.

On passe devant le lavoir, au coin de la rue St-Simon ; de part et d'autre de la voie subsistent les traces d'une porte fortifiée. Plus loin à gauche, le clocher roman à deux étages de l'**église St-Lubin** émerge de la verdure ; joli portail sud (15ᵉ s.).

℘*/fax 02 54 87 85 27 (syndicat d'initiative) ou 02 54 87 80 83 (Mᵐᵉ Jacqmin) - visite guidée sur demande.*

Mulsans

14 km au nord par la D 50. Petit village agricole à la lisière de la Beauce, comme le révèlent ses fermes à cour fermée. La charmante **église** aux baies flamboyantes est surmontée d'un beau clocher roman décoré d'arcatures et de baies géminées en plein cintre. Abritant largement le porche, une galerie Renaissance, dite « caquetoire » (fréquente dans la région), à colonnettes de bois sculpté encadre tout le bas de la nef. *Sur demande au* ℘ *02 54 87 34 73 (mairie) - mar. et vend. apr.-midi.*

Orchaise

9 km à l'ouest par la D 766.

Dominant la vallée de la Cisse, le **jardin botanique du prieuré** rassemble sur 3,5 ha plus de 2 400 plantes et arbustes rapportés du monde entier, dont quantité d'espèces rares. Du printemps à l'automne, couleurs, formes et parfums des riches collections de rhododendrons, d'azalées, de camélias, de roses et de pivoines (arbustives et herbacées) enchantent le visiteur. Prunus, cornus, sorbiers, pommiers, chênes, érables, conifères et nombre de végétaux à feuillage persistant rythment également la promenade.

℘ *02 54 70 01 02 - http://prieure.orchaise.free.fr - avr.-oct. : tlj sf vend. 15h-19h (dernière entrée 30mn av. fermeture) - possibilité de visite guidée (1h30) sur demande - 6 € (-12 ans gratuit).*

L'**église** d'Orchaise, dotée d'un clocher roman du 11ᵉ s., jouxte le jardin. Elle abrite une étonnante fresque de 80 m², œuvre de Denys de Solere, qui évoque le retour glorieux du Christ à la fin des temps (Parousie). *Tlj 10h-18h, 2 commentaires audiovisuels gratuits (10mn environ).*

Circuit de découverte

LA LOIRE TOURANGELLE★★★

89 km – environ 4h. Quittez Blois par la N 152 en direction de Tours.

Nombreuses vues sur la Loire, souvent encombrée de bancs de sable dorés, par endroits plantés de saules ou de trembles, plus ou moins découverts selon la saison. Le pont de Chaumont apparaît bientôt, précédant le château, sur la rive gauche.

Château de Chaumont-sur-Loire★★ *(voir ce nom)*

Revenez sur la rive droite. Peu après le Haut-Chantier apparaît au loin le château d'Amboise.

Amboise★★ *(voir ce nom)*

Quittez Amboise par la D 81 à Civray-de-Touraine puis prenez à gauche.

Château de Chenonceau★★★ *(voir ce nom)*

Revenez par la D 40 ; à La Croix-en-Touraine, tournez à droite vers Amboise.

Pagode de Chanteloup★ *(voir Amboise)*

De retour à Amboise, retraversez la Loire et prenez de nouveau la N 152 en direction de Tours.

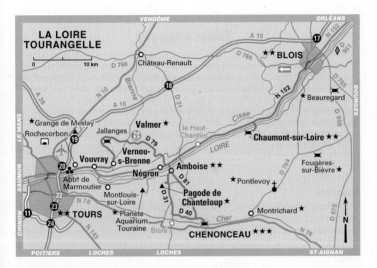

Négron

En contrebas de la route, séduisante petite place où donnent l'église et une maison gothique à façade Renaissance.

À droite, par la D 79, gagnez les jardins de Valmer.

Jardins du château de Valmer★

℘ 02 47 52 93 12 - www.chateaudevalmer.com - juil.-sept. : tlj sf lun. 10h-19h ; mai-juin : tlj sf lun. 10h-12h30, 14h-19h ; de fin sept. au 1ᵉʳ dim. oct. : tlj sf lun. 10h-12h30, 14h-18h - 7,50 € (-16 ans gratuit) ; mai-juin : w.-end et j. fériés 10h-12h30, 14h-19h. Parking ombragé. Le château est aussi producteur de vouvray.

À flanc de coteau, dans un site remarquable dominant la vallée de la Brenne, se déploient le parc (80 ha) et les jardins de Valmer. Il ne reste rien du château, dévasté par un incendie en 1948.

Mais le parc percé d'allées et de ronds-points, clos de murs, a gardé les terrasses et le dessin des beaux **jardins à l'italienne★** reliés par de larges allées. Les fontaines florentines, les putti (angelots), la rare chapelle troglodytique (16ᵉ s.) et le dessin au sol du château matérialisé par des ifs taillés évoquent dès la première terrasse la vocation initiale du parc. Au-dessus, la terrasse haute offre les entrelacs de sa charmille du 18ᵉ s. aux expositions saisonnières. Revenez sur vos pas pour gagner en contrebas la terrasse de Léda, au sobre dessin classique, celle des vases d'Anduze, puis le **potager conservatoire★★**. Créé en 2001, il réunit sur 1 ha un millier de variétés de légumes d'hier ou d'aujourd'hui. Appréciez leur agencement, le choix des couleurs et n'hésitez pas à sentir, toucher, voire goûter (une gestion écologique du site est privilégiée) quand on vous y invite !

L'ancien verger trouve son intérêt en fin d'été et en automne, lorsque la pergola se couvre de cucurbitacées (famille des courges, gourdes, citrouilles).

Traversez de nouveau la terrasse des vases d'Anduze et celle de Léda pour gagner à droite l'if taillé cachant un escalier.

Terminez votre visite par la fraîcheur ombragée des **douves★** et les multiples fleurs de sa collection d'hydrangeas (famille des hortensias) montant à l'assaut des parois.

Prenez la D 46 à gauche, tournez à droite après Chançay dans la D 62 vers le château de Jallanges.

Château de Jallanges

Cette construction Renaissance en brique et pierre apparaît sur une petite crête, émergeant du vignoble, et est entourée d'un très beau parc aux cèdres tricentenaires. La chapelle date du 17e s. ℘ 02 47 52 06 66 - www.chateaudejallanges.fr - ♿ - mars-oct. : 10h-12h, 14h-18h - possibilité de visite guidée (1h) - 7,50 € (enf. 5,50 €).

Reprenez la D 46, après le passage sous la ligne du TGV.

Vernou-sur-Brenne

On voit de nombreuses caves creusées dans le coteau auquel s'adosse ce village, avec ses charmantes maisons anciennes, au cœur du vignoble de Vouvray.

Balzac à Vouvray

Né à Tours, **Balzac** s'était rendu plusieurs fois à Vouvray, chez des amis. Voici comment il décrivait la ville au détour du pont de Cisse : « Les effrayantes anfractuosités de cette colline déchirée, les maisons creusées dans le roc, la fumée d'une cheminée s'élevant entre les pampres naissants d'une vigne, des closiers labourant des champs perpendiculaires… »

L'atmosphère et les personnages de 1830 ont disparu, mais le charme des paysages décrits dans l'ouvrage demeure, et l'empreinte du génie tourangeau sur notre littérature reste toujours aussi marquante ; à Vouvray une statue de « l'illustre Gaudissart » en offre le témoignage naïf.

Vouvray

Au sein d'un vignoble réputé, Vouvray s'étage sur les coteaux qui dominent la rive droite de la Loire, en amont de Tours. La cité conserve des maisons troglodytiques. Ses vins blancs, qu'ils soient tranquilles ou effervescents, comptent parmi les plus fameux de Touraine. On peut visiter des **caves** de propriétaires viticulteurs et négociants en vins.

En approchant de **Rochecorbon**, petit bourg collé au pied de falaises creusées de maisons troglodytiques, remarquez sur la crête du coteau une fine tour de guet, appelée la **Lanterne**.

Un peu plus loin, après un long mur, voyez à droite l'imposant portail du 13e s., reste de l'**abbaye de Marmoutier**, fondée en 372 par saint Martin et fortifiée aux 13e et 14e s.

Entrez à Tours par la N 152 à l'est.

Blois pratique

Adresse utile

Office du tourisme de Blois-Pays de Chambord – 23 pl. du Château - 41006 Blois - *℘* 02 54 90 41 41 - www. loiredeschateaux.com - avr.-sept. : 9h-19h, dim. et j. fériés 10h-19h ; oct.-mars : tlj sf dim. 9h30-12h30, 14h-18h, dim. et j. fériés pendant vac. scolaires 10h-16h - fermé 25 déc., 1ᵉʳ janv.

Visite

Visite guidée – Blois, qui porte le label Ville d'art et d'histoire, propose des visites-découverte (2h) animées par des guides-conférenciers agréés par le ministère de la Culture et de la Communication, *en été : mar. et jeu. 10h30.*

Visite par audioguide en 4 langues – Circuits balisés par des clous de bronze, notice en 5 langues.

Visite à la découverte des vitraux, du 19ᵉ s. à nos jours - *juin-août.*
Se renseigner au ℘ 02 54 90 33 32 (château) - www.vpah.culture.fr et loiredescha-teaux.com.

Se loger

⌂ **Hôtel Ibis** – 3 r. Porte-Côté - *℘ 02 54 74 01 17* - www.ibishotels.com - 56 ch. 43/67 € - 🍴 7 €. Adresse centrale alliant le cachet d'un ancien hôtel particulier (mosaïque d'entrée, stucs, moulures) et la fonctionnalité de chambres rajeunies et bien insonorisées.

⌂ **Chambre d'hôte Les Salamandres** – 1 r. de St-Dyé - 41350 Montlivault - 10 km au SE de Blois - *℘ 02 54 20 69 55* - www. salamandres.fr - ✉ - réserv. conseillée - 5 ch. 48/57 € - repas 22 €. Cette exploitation viticole a été restaurée avec beaucoup de goût : les styles ancien, rustique et contemporain se marient harmonieusement dans l'ensemble des pièces. Les ex-granges abritent les chambres, coquettes et personnalisées. Prêt de vélos et tennis gratuit situé à 300 m.

⌂⌂ **Hôtel Anne de Bretagne** – 31 av. Jean-Laigret - *℘ 02 54 78 05 38* - annedebretagne@free.fr - fermé 4 janv.-6 fév. - 28 ch. 52/58 € - 🍴 6 €. Ce petit hôtel familial est à deux pas du château et du jardin du Roi en terrasses. Chambres aux couleurs harmonieuses et bien insonorisées. Côté sud, elles permettent de jeter un œil sur le jardin des Lices.

⌂⌂ **Hôtel Le Monarque** – 61 r. Porte-Chartraine - *℘ 02 54 78 02 35* - lemonarque@free.fr - fermé 6 déc.-2 janv. - 22 ch. 52/54 € - 🍴 6 € - rest. 11/25 €. Moquette épaisse, literie de qualité, bonne insonorisation, couleurs tendres, etc. : vous ne serez pas déçu par le confort des chambres de cet hôtel entièrement rénové. La salle de restaurant, décorée de lithographies sur la batellerie, est agréable. Plats du terroir.

⌂⌂ **Chambre d'hôte du Moulin de Choiseaux** – 8 r. de Choiseaux, Diziers - 41500 Suèvres - 13 km au NE de Blois par N 152 - *℘ 02 54 87 85 01* - www.choiseaux. com - 5 ch. 57/80 € 🍴. Les propriétaires ont restauré eux-mêmes ce moulin à eau datant du 18ᵉ s. Les chambres, personnalisées et dotées de meubles anciens et familiaux, ont beaucoup de cachet. Très beau parc arboré avec une pièce d'eau, une piscine et une rivière. Copieux petit-déjeuner maison et accueil charmant.

⌂⌂ **Chambre d'hôte La Villa Médicis** – 1 r. Médicis, Macé - 41000 St-Denis-sur-Loire - 4 km au NE de Blois par N 152 dir. Orléans - *℘ 02 54 74 46 38* - medicis. bienvenue@wanadoo.fr - ✉ - réserv. obligatoire en hiver - 6 ch. 68/98 € 🍴 - repas 32 €. Marie de Médicis venait prendre les eaux aux sources du parc dans lequel fut construite cette villa au 19ᵉ s., hôtel thermal pour les curistes de l'époque. Séjour au calme dans une des chambres ou dans la suite. En été, petits-déjeuners dans le parc.

⌂⌂⌂ **Chambre d'hôte La Malouinière** – 41000 St-Denis-sur-Loire - *℘ 02 54 74 62 56* - www.la-malouiniere.com - fermé nov.-14 mars - ✉ 🅿 - 4 ch. 100/125 € 🍴. Cette demeure des 17ᵉ et 19ᵉ s., naguère propriété du peintre contemporain Bernard Lorjou, a gardé l'esprit d'une maison d'artiste. Les chambres, baptisées chacune du nom d'un château de la Loire, sont splendides. Le parc paysager et le verger vous charmeront.

Se restaurer

🍴 **Le Boulot** – 9 r. Henri-Drussy - *℘ 02 54 74 20 20* - ouv. tlj sf dim. 12h-14h et à partir de 18h - 8,50/20 €. Bar à vin situé sur la rive droite de la Loire. Une grande ardoise y annonce les propositions du moment que vous pourrez déguster avec une assiette froide, une tartine garnie ou le plat du jour. Sympathique décor de bistrot.

🍴 **Les Banquettes Rouges** – 16 r. des Trois-Marchands - *℘ 02 54 78 74 92* - fermé dim., lun. et vac. de Noël - 13,50/28 €. D'entrée, on éprouve de la sympathie pour ce petit restaurant à la jolie devanture rouge. Le cadre est très chaleureux : murs jaunes, chaises bistrot, tables au coude à coude et, bien sûr, banquettes rouges. Dans l'assiette, tout est fait maison.

🍴 **La Routie de Sologne** – 8 pl. du 11-Novembre - 41350 Vineuil - *℘ 02 54 50 05 03* - 11 € déj. - 20/30 €. Ce restaurant de conception contemporaine ne cherche pas à berner le touriste avec du clinquant. Donc, si la décoration se veut simple et fonctionnelle, c'est parce qu'on préfère soigner le contenu des assiettes. Mission accomplie avec une carte à la fois classique et recherchée, d'un bon rapport qualité-prix.

☺☺ Au Bouchon Lyonnais – *25 r. Violettes - ☎ 02 54 74 12 87 - fermé 24 déc.-22 janv., dim. et lun. sf juil.-août et sept. - réserv. conseillée - 19/30 €.* Au pied du château, les Blésois se pressent dans ce « bouchon » au cadre rustique avec pierres et poutres apparentes. La carte fait honneur aux spécialités de la capitale des Gaules.

☺☺ Côté Loire – *2 pl. de la Grève - ☎ 02 54 78 07 86 - www.coteloire.com - fermé 2-30 janv., 31 août-7 sept., dim. et lun. - 23 €.* Chaleureuse auberge du 16ᵉ s. située à proximité des quais de la Loire. Intérieur rénové avec beaucoup de goût et cuisine traditionnelle (brochet au beurre blanc, coq au vin, blanquette de veau, etc.) proposée sous la forme d'un menu unique qui change chaque jour. Terrasse et chambres douillettes en sus.

☺☺ Le Bistrot du Cuisinier – *20 quai Villebois-Mareuil - ☎ 02 54 78 06 70 - fermé 24 sept.-4 oct. et 21 déc.-4 janv. - 23/32 €.* Ce restaurant des bords de Loire mise sur la simplicité et la décontraction. Vous y dégusterez des petits plats traditionnels et des recettes inédites, composées selon le marché et les inspirations du moment. Belle carte des vins (plus de 200 références), particulièrement riche en crus régionaux.

Place du Château.

S. Sauvignier / MICHELIN

☺☺☺ Au Rendez-vous des Pêcheurs – *27 r. Foix - ☎ 02 54 74 67 48 - christophe. cosme@wanadoo.fr - fermé 2-10 janv., 1ᵉʳ-23 août, lun. midi et dim. sf j. fériés - réserv. conseillée - 28/74 €.* Tel un bistrot de province, ce restaurant est situé dans le vieux Blois. Des vitraux tamisent la lumière dans la salle à manger au cadre sobre. Les poissons tiennent une belle place dans sa cuisine inventive.

Faire une pause

Éric Saguez – *74 r. du Commerce - ☎ 02 54 78 20 73 - tlj sf lun. 8h30-19h15, sam. 8h-19h15, dim. 8h30-13h, 15h30-18h30 - fermé 2 sem. en janv. et 2 sem. fin sept.* La pâtisserie-chocolaterie d'Éric Saguez, consacré Meilleur Ouvrier de France en 1989 et ancien chef au Ritz, promet de vrais bonheurs. Découvrez ses gâteaux au chocolat et aux fruits, ses desserts glacés, les pavés de Blois et les Malices du loup ou encore ses bonbons au chocolat aux saveurs intenses (60 parfums différents). Agréable salon de thé aux tons roses.

Pâtissier-chocolatier Stéphane Buret – *20 r. du Commerce - ☎ 02 54 78 02 96 - oct.-mai : mar.-vend. 8h30-14h, 15h-19h15, sam. 8h30-19h15, dim. 9h-13h ; juin-sept. : 8h30-19h15, dim. 9h-13h - fermé 2 sem. en fév. et 3 sem. en sept., 1ᵉʳ Mai et 1ᵉʳ nov..* En entrant dans cette grande et belle boutique, vous découvrirez d'appétissantes pâtisseries, dont la feuillantine, et une trentaine de sortes de bonbons au chocolat. Le pavé de Blois et la Malice du loup y tiennent la vedette. Joli salon de thé climatisé, dans son nouveau décor habillé de coloris framboise et pistache et terrasse d'été installée sur la rue piétonne.

En soirée

Spectacle-balade nocturne dans la ville – *De mi-juil. à fin août : merc. 21h - rens. ☎ 02 54 90 41 41.*

Rue Foulerie – Au fil de cette étroite rue qui borde le vieux quartier, on croise une discothèque, un piano-bar, une paire de pubs…

Son et lumière – *www.ville-blois.fr - renseignements et réservation au 02 54 90 33 32 - de Pâques à fin mai et de déb. août à fin sept. : 22h ; juin-juil. : 22h30 - merc. séance en anglais - 7 € (enf. 3 €).* Sur un texte d'Alain Decaux, les voix de comédiens prestigieux (Pierre Arditi, Robert Hossein, Fabrice Luchini, Michaël Lonsdale, Henri Virlojeux) retracent l'histoire du château dans « Mille ans d'Histoire en dix siècles de beauté », un spectacle riche en couleurs et en effets spéciaux.

Que rapporter

☺ Bon à savoir – La rue du Commerce et les rues adjacentes de cet agréable quartier piétonnier (rue du Rebrousse-Pénil, rue St-Martin) regroupent toutes sortes de commerces.

Brocante – *Sur le mail et r. Jeanne-d'Arc, le 2ᵉ dim. de chaque mois.*

La Bourriche aux Appétits – *65 r. Nationale - 41500 St-Dyé-sur-Loire - 15 km au NE de Blois par D 951 - ☎ 02 54 81 65 25 - www.bourriche-aux-appetits.com - tlj sf lun. 10h-12h, 16h-19h, dim. 10h-12h ; rest. vend., sam., dim. et j. fériés sur réservation.* Installée dans une jolie maison du 16ᵉ s., boutique-restaurant proposant des spécialités maison à base de poissons de Loire ou de gibiers de Sologne ainsi que quelques recettes ligériennes. Intérieur sympathique, décoré sur le thème de la pêche.

La Maison du vin de Loir-et-Cher – *11 pl. du Château - ☎ 02 54 74 76 66 - tlj sf w.-end 9h-12h, 14h-17h (18h en été) - fermé 25 déc.,*

1er janv., 1er et 11 Nov. Cette maison créée par la Fédération des syndicats viticoles du Loir-et-Cher est une étape idéale pour découvrir les vins de la région. Les crus vendus ici bénéficient des appellations d'origine contrôlée coteaux-du-vendômois, crémant de Loire, touraine-mesland, touraine, cheverny, cour-cheverny ou valençay, ou de la dénomination « vins de pays du jardin de la France », de moindre notoriété.

Cave des producteurs de Vouvray – *« La Vallée Coquette » - RN 152 entre Tours et Amboise - 37210 Vouvray - ☏ 02 47 52 75 03 - www.cp-vouvray.com - 9h-12h30, 14h-19h ; 15 mai-15 sept. : 9h-19h - fermé 1er janv. et 25 déc.* La visite de ces caves viticoles creusées dans le tuffeau est passionnante : vous pourrez découvrir toutes les étapes de l'élaboration du vouvray, effervescent ou tranquille. Dégustation et vente des vins de la coopérative et d'autres producteurs du Val de Loire. Également, vente d'articles de cave et de produits locaux.

Domaine du Clos de l'Épinay – *À l'Épinay - 37210 Vouvray - ☏ 02 47 52 61 90 - www.vinvouvray.com - Pâques-1er nov. : 14h-18h - fermé fév. et nov., 15 août, et dim. sf juil.-août.* Ce domaine, tenu par la famille Dumange depuis trois générations, produit des crus issus du seul cépage chenin. La cuvée Marcus, un demi-sec « tendre », constitue le grand succès de la maison dont la gamme complète, riche de 17 références, possède de nombreux adeptes. Spacieuses chambres d'hôte au milieu des vignes.

Sports & Loisirs

En autocar « Circuits des châteaux » – Dép. de la gare SNCF de Blois : 9h10 et 13h10 pour Chambord et Cheverny - vente des billets à l'office de tourisme : de déb. mai à fin août.

En bateau à voile sur la Loire – *Renseignements et réservation au 02 54 90 41 41 (office de tourisme) - mai-juin et sept. : tlj sf dim. départ : 15h et 16h15 ; juil.-août : tlj sf dim. : départ : 11h, 15h, 16h15.* Vous voguerez en futreau traditionnel entre les ponts Jacques-Gabriel et Charles-de-Gaulle. Vue exceptionnelle du riche patrimoine culturel et naturel blésois - *9 € (enf. 7 €).*

En avion – *Renseignements et réservation au 02 54 56 16 12.* Au départ de l'aérodrome de Blois, un circuit aérien de 30mn à 1h15 vous fera découvrir au choix Sologne ou châteaux de la Loire.

En hélicoptère – *Aérodrome du Breuil-Blois - D 957 dir. Vendôme ☏ 02 54 90 41 41 - renseignements et réservation à l'office du tourisme de Blois.* Découvrez par la voie des airs Blois, Chambord, Villesavin, Cheverny, Chenonceau, Amboise…

En canoë ou en kayak – Divers parcours sur la Loire autour de Blois, locations : *Canoë découverte Val de Loire - 41260 La Chaussée-St-Victor - ☏ 02 54 78 67 48 - www.canoe-decouverte.fr - avr.-oct. 9h-19h.*

Loir-et-Cher Nature – *17 r. Roland-Garros - 41000 Blois - ☏ 02 54 42 53 71.* Cette association propose des sorties « nature » pour observer différents types d'oiseaux.

Événements

Carnaval de Blois en mars, suivant un thème défini chaque année.

Festival de musique « Tous sur le pont » de fin juin à mi-juil.

Bonneval

4 285 BONNEVALAIS
CARTE GÉNÉRALE C1 – CARTE MICHELIN LOCAL 311 E6 – SCHÉMA P. 161 – EURE-ET-LOIR (28)

Créée au Moyen Âge autour de l'abbaye bénédictine St-Florentin, Bonneval campe sur la rive gauche du Loir, entourée de ses murailles et de fossés encore en eau. Loin des fastes déployés par sa grande sœur, la vallée du Loir, plus discrète, recèle pourtant bien des charmes : à Bonneval et dans sa région, les amateurs d'art découvriront les petites églises et leurs fresques médiévales, tandis que promeneurs et pêcheurs profiteront des berges ombragées.

- **Se repérer** – Par la N 10, entre Chartres (28 km au nord) et Châteaudun (15 km au sud).
- **À ne pas manquer** – Les rives de la vallée du Loir ; le décor Renaissance du château de Montigny.
- **Organiser son temps** – Comptez 1h pour la ville ; 1 journée pour les environs.
- **Avec les enfants** – Une promenade en bateau sur les canaux de Bonneval.
- **Pour poursuivre la visite** – Voir aussi Brou, Châteaudun et Illiers-Combray.

Le saviez-vous ?

Bon val ou bonne vallée, les moines savaient habituellement choisir leur lieu de retraite, mais, ici, c'est un seigneur du nom de Bonneval qui créa le monastère. Les rois de France accordèrent de nombreux privilèges aux bénédictins de Bonneval. Parmi d'autres, celui de détenir… des fourches patibulaires (gibets où l'on suspendait les condamnés à mort) à trois piliers de bois ou de pierre.

Se promener

Ancienne abbaye St-Florentin

Occupés par un centre hospitalier, les bâtiments abbatiaux présentent d'intéressants vestiges, en particulier une belle **porte fortifiée★** du 13e s. Le logis abbatial, élevé par René d'Illiers, évêque de Chartres à la fin du 15e s., est une jolie construction à damiers, flanquée de deux tours à mâchicoulis et surmontée de lucarnes.
À l'entrée de la rue des Fossés-St-Jacques, on découvre une bien jolie vue sur le plan d'eau.

Église Notre-Dame

L'édifice, du début du 13e s., est construit dans le pur style gothique chartrain. Belle rosace au-dessus de son chevet plat, élégant triforium courant autour de la nef, boiseries derrière les fonts baptismaux et Christ du 17e s. Du pont voisin, jolies vues encore sur les fossés bordés de lavoirs et les restes des tours d'enceinte.

Un peu à l'ouest de la ville, entre la voie ferrée et la déviation, la porte Boisville (13e s.) constitue le seul témoin de la première enceinte de la cité, ramenée au 15e s. à des dimensions plus restreintes.

Porte St-Roch et tour du Roi

La rue St-Roch, où quelques arcades signalent de vieilles maisons, franchit l'enceinte à la porte St-Roch, flanquée de deux tours rondes. À côté se dresse la tour du Roi, ancien donjon percé de meurtrières et coiffé d'un toit en poivrière.

Aux alentours

Alluyes

7 km au nord-nord-ouest par la D 144. Du **château** (13e s.) subsistent la grosse tour ronde du donjon et une porte fortifiée donnant sur les douves. Sur la rive gauche de la rivière, **église** des 15e et 16e s. Sur le mur gauche de la nef, deux peintures murales gothiques évoquent saint Christophe et le Dict des Trois Morts et des Trois Vifs. La Vierge ouvrante (16e s.), à gauche dans la nef, porte en son sein une figuration de la Trinité et à sa base les armes de Florimond Robertet. *☎ 02 37 47 25 09 (mairie) - visite sur demande.*

Dangeau

9 km à l'ouest par la D 27.

Sur la place, anciennes maisons en brique et pans de bois du 15e s. L'**église St-Pierre** a été édifiée au début du 12e s. par les moines de Marmoutier, dans un style roman très pur. Les contreforts et les encadrements sont en pierre ferrugineuse, appelée ici « grison », ailleurs « roussard »… Sous un porche, le portail sud présente des voussures décorées de rinceaux et de symboles étranges : le signe de la croix apparaît entre un soleil et une lune à faces humaines, l'Avarice est figurée par un démon tenant une bourse, la Luxure par une femme.

Couverte d'un berceau en bois, la nef repose sur des piliers archaïques. Dans les collatéraux, plusieurs statues, dont deux équestres, sont représentatives de l'art religieux populaire du 15 au 17e s. Dans la chapelle des fonts baptismaux, triptyque en marbre de la Passion et de la Résurrection daté de 1536.

Des Rameaux au 1er nov. : tlj 8h-18h ; reste de l'année : dim. 8h-18h.

Circuit de découverte

VALLÉE DU LOIR SUPÉRIEUR★

77 km – comptez une journée.

Nonchalant, volontiers sinueux et capricieux, le Loir vagabonde de l'Île-de-France à l'Anjou ; il arrose un terroir d'aspect tranquille et souriant, encadré par quelques collines aux ondulations légères. Jadis navigable à partir de Château-du-Loir, la rivière n'est plus fréquentée que par les barques des pêcheurs qui apprécient ses eaux poissonneuses, bordées de peupliers frémissants, de saules argentés et de prairies. La fraîcheur de ses rives, la coquetterie des villes et la grâce des villages qu'il traverse évoquent irrésistiblement cette « douce France » chère au cœur des poètes, des peintres… et des pêcheurs !

Quittez Bonneval au sud. Cette route de plateau offre quelques belles vues d'ensemble. En arrivant à **Conie**, on franchit la rivière du même nom dans un cadre ombragé. Plus loin, la route traverse le village de **Moléans**, dominé par son château du 17e s.

Vue reposante sur les eaux calmes du Loir près du joli village de **St-Christophe**, d'où la D 361 mène à Marboué.

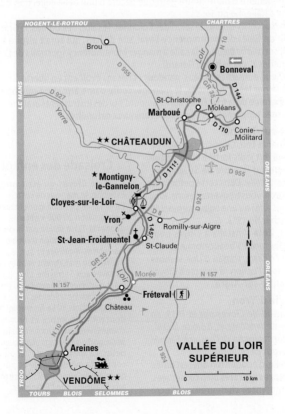

Marboué

Vous trouverez dans cette antique localité gallo-romaine, un haut clocher-porche du 15ᵉ s., terminé par une flèche à crochets, et une petite plage.

Châteaudun★★ *(voir ce nom)*

Montigny-le-Gannelon★

Au loin, on aperçoit la forteresse dominant la vallée du Loir : le nom de Montigny vient en effet de « Mons-Igny », ou « mont du Feu » (pour faire des signaux) ; et si celui de Gannelon évoque le traître qui livra Roland à ses ennemis, il s'agit en fait d'un autre Gannelon, bien plus recommandable, abbé de St-Avit à Châteaudun, qui hérita de la forteresse au 11ᵉ s.

Église – *Lun.-vend. 10h-17h, les w.-ends et j. fériés 14h-17h, demandez la clé au château ou à la mairie.*
Dédiée à saint Gilles et au St-Sauveur, elle abrite la châsse de sainte Félicité.

Le château de Montigny au-dessus du Loir.

S. Sauvignier / MICHELIN

Château★ – *1 av. du Marquis-de-Lévis -* ℘ *02 37 98 30 03 - www. domainedemontigny.com* ♿ *- visite guidée (45mn) juin-sept. : 10h-12h, 14h-18h, w.-end 14h-18h ; de Pâques à fin mai et oct.-1ᵉʳ nov. : dim. et j. fériés 14h-18h - fermé 1ᵉʳ janv., 117 € (enf. 4 €).*
Une enceinte percée de cinq portes donnait accès au château, dont on aborde la façade ouest (appareillage en brique et pierre) par le parc. La tour des Dames et la tour de l'Horloge sont les seuls vestiges de la demeure Renaissance reconstruite de 1475 à 1495 pour Jacques de Renty.
Laissant à gauche le grand escalier Renaissance orné des portraits des maréchaux de Lévis, on pénètre dans le cloître gothique décoré d'une belle collection d'assiettes en faïence italienne du 16ᵉ s.
On visite successivement : le salon des Colonnes, le salon des Dames, le Grand Salon (portrait de Gilles de Montmorency-Laval, sire de Rais, qui aurait inspiré à Charles Perrault son *Barbe bleue,* et la salle à manger Montmorency (portraits de Louis XVIII et de Charles X, par le baron Gérard).
À l'extérieur, autruches, émeus, nandous et faisans évoluent en liberté.
Dissimulé par les frondaisons, le manège, coiffé d'une armature ouvragée en fer contemporaine de la tour Eiffel, abrite aujourd'hui des instruments aratoires anciens, des voitures hippomobiles et quelques animaux naturalisés.

Cloyes-sur-le-Loir

Baigné par le Loir, Cloyes, à la lisière de la Beauce, fut jadis fortifié et constitue une étape sur la route de St-Jacques-de-Compostelle. Dans cette petite ville accueillante, vous trouverez des maisons anciennes ainsi qu'une église surmontée d'un clocher du 15ᵉ s.
En 1883, **Zola** s'installa à Cloyes pour étudier les mœurs beauceronnes avant d'écrire *La Terre,* roman d'une sombre âpreté, dont l'action se déroule à Cloyes et à **Romilly-sur-Aigre**.

Chapelle d'Yron

1 km au sud de Cloyes par la D 35, en direction de Vendôme, et, à droite, la D 8¹ ; entrez dans le jardin de l'hospice. Fermée pour travaux de restauration.
La chapelle, d'époque romane, est ornée de **peintures murales** bien conservées, aux dominantes chaleureuses d'ocre

Croisade des enfants ?

C'est de Cloyes qu'était originaire Estienne, le meneur de cette croisade. En 1212, ce petit berger entraîna à sa suite environ 20 000 « enfants » sensés gagner la Terre sainte par la pureté de leur cœur. L'expédition tourna très mal : les croisés moururent sur les routes, périrent en mer, furent vendus comme esclaves aux Sarrasins. Les plus chanceux rentrèrent. Légende ou histoire ? Si les recherches récentes ne contestent ni l'expédition, ni sa fin tragique, elles doutent du nombre et recadrent la compréhension du mot « enfants », qui se rapporte davantage aux pauvres, aux petits. La spiritualité de l'époque leur confère la même pureté et puissance de prière qu'aux enfants, en se référant aux Béatitudes de l'Évangile.

jaune et rouge. Ces peintures, datées du 12e s., représentent la Flagellation, l'Offrande des Mages, le Baiser de Judas, un abbé (saint Bernard) et, dans l'abside, des Apôtres. Dans l'abside également trône un Christ en majesté du 14e s., aux traits délicats.

Revenez à Cloyes et gagnez la D 8[1] vers Bouche-d'Aigre. La D 145[7] suit le Loir et traverse St-Claude dont l'église pointe sur la colline.

St-Jean-Froidmentel

Une halte est conseillée pour son église et son joli portail gothico-Renaissance.

Revenez sur la rive gauche du Loir, qu'une haie de peupliers sépare de la route.

Entre Morée et Fréteval, des cabanes de pêcheurs alternent avec des maisons plus coquettes, où sont amarrés des bateaux à fond plat.

Fréteval

☞ En bordure du Loir, ce village ne manque pas d'attirer les pêcheurs. Juché sur un éperon, son **château féodal** *(1/4h à pied AR)*, au donjon ruiné, commandait le passage.

Bientôt la route touristique fléchée s'écarte de la rivière, révélant maisons cossues et petites églises.

Areines

Village de la plaine du Loir, Areines était un bourg important à l'époque romaine. Sur la sobre façade de l'**église** (12e s.), Vierge du 14e s. À l'intérieur, bel ensemble de **fresques** aux tonalités pleines de fraîcheur et au dessin gracieux. Les symboles des quatre évangélistes (tétramorphe) encadrent un Christ majestueux : remarquez le lion de saint Marc stylisé à la manière byzantine ; au-dessous, les apôtres portent des auréoles de ce beau bleu céleste, célèbre dans la région. ℘ *02 54 77 22 16 (mairie) - de Pâques au 1er nov.*

Dans la baie centrale, on découvre les saints guerriers, nimbés, et, à la voûte du chœur, l'Agneau adoré par les anges ; sur les côtés, Annonciation et Visitation d'un style élégant, Nativité, assez effacée. Les fresques des parois du chœur paraissent plus récentes, avec un Mariage de la Vierge, à droite.

Bonneval pratique

Adresse utile

Office du tourisme de Bonneval – *2 sq. Westerham - ℘ 02 37 47 55 89 - avr.-sept. : 9h-12h, 14h-18h30 ; reste de l'année : 9h30-12h, 14h-18h ; fermé dim. et lun. ; juil.-août : dim. 10h-12h.*

Se loger

⊖ **La Chesnaye** – ♣♣ - *2 La Chesnaye - 28160 Dangeau - 10,5 km à l'O de Bonneval par D 27 et D 367 - ℘ 02 37 96 72 09 - http:// lachesnayedangeau.free.fr - ☞ - 3 ch. 50/60 € ☲. Ancienne ferme complètement rénovée, entourée d'un agréable jardin arboré agrémenté d'un petit plan d'eau et équipé de jeux pour les enfants. Les chambres sont confortables, calmes et bien aménagées. L'ex-grange abrite un salon-cheminée et une bibliothèque. Accueil des plus charmants.*

⊖⊖ **Hôtel de France** – *3 pl. du Marché-aux-Grains - ℘ 02 37 47 20 53 - 15 avr.-15 sept. : ouv tlj, rest. fermé dim. soir et merc. - ☞ - 5 ch. 64/72 € - ☲ 9,50 € - rest. 29/56 €. En plein centre-ville, ce sympathique hôtel (dont certaines parties datent du 16e s.) compte 5 chambres. On préférera celles qui, parées de colombages, gardent beaucoup de* caractère. Parmi les premiers de la région à avoir obtenu une étoile, le restaurant porte en ses murs une belle collection de photos souvenirs.

Se restaurer

⊖ **Auberge de la Herse** – *2 pl. Leroux - ℘ 02 37 47 21 01 - www.aubergelaherse. com - 10 € déj. - 13,50/39,50 €. Cette auberge appréciée des gens de la région propose une cuisine traditionnelle évoluant avec les saisons. Plusieurs salles à manger dont une très spacieuse ; les autres, plus petites, sont également plus intimes. Décor associant couleurs ensoleillées actuelles et mobilier rustique.*

Sports & Loisirs

Bateaux « Rubans Bleus » – *La Grève - ℘ 06 22 91 63 82 ou office de tourisme 02 37 47 55 89 - avr.-juin et sept. : dim. et j. fériés 14h-19h30 ; juil.-août : 14h-20h. Les Rubans Bleus vous proposent de visiter Bonneval au fil de l'eau, à bord d'un petit bateau électrique (4 à 6 personnes). En naviguant sur les canaux, vous découvrirez sous un angle différent les principaux monuments et sites de la ville. Balades d'une heure ou d'une demi-heure.*

Bourgueil

4 109 BOURGUEILLOIS
CARTE GÉNÉRALE B3 – CARTE MICHELIN LOCAL 317 J5 – SCHÉMA P. 218 –
INDRE-ET-LOIRE (37)

Vous y trouverez des caves dédiées au célèbre vin de Bourgueil dont Rabelais vantait déjà les mérites, mais aussi une fort belle abbaye, un paysage de coteaux parfois escarpés couverts de vignes, de landes et de forêts au nord, quelques jolis villages portuaires sur la Loire plus au sud… et la douceur de vivre de son climat exceptionnel, si cher à l'enfant du pays et acteur Jean Carmet dont la maison natale et le nom jalonnent les rues.

▷ **Se repérer** – Bourgueil s'écarte un peu de la Loire, occupant une position de carrefour sur les D 35 et D 10 entre Langeais (22 km à l'est) et Saumur (30 km à l'ouest), et la D 749 entre Chinon (16 km au sud) et Château-la-Vallière (35 km au nord).

👁 **À ne pas manquer** – L'escalier de l'abbaye St-Pierre.

🕐 **Organiser son temps** – Comptez 1h pour la visite de l'abbaye.

👶 **Pour poursuivre la visite** – Voir aussi Chinon, le château de Gizeux, Langeais et Saumur.

Le saviez-vous ?

👁 Bourgueil, un diminutif du mot bourg, associe son nom à de généreux vins rouges produits par le « breton », cépage particulier à la région et fort ancien : Rabelais (qui s'y connaissait) le cite dans ses œuvres.

👁 Ronsard séjourna souvent à Bourgueil et y connut Marie, qu'il chanta dans les *Amours*.

Visiter

Église
Tlj sf dim. 10h-17h. Un large chœur gothique (13e s.), formé de neuf voûtes bombées à nervures, contraste avec la simplicité de la nef romane.

Halles
En face de l'église, au dos de l'ancienne mairie, belles halles aux arcades de pierre.

Abbaye St-Pierre
À la sortie est de la ville, sur la route de Restigné. 📞 *02 47 97 73 35 - visite guidée (1h) juil.-août : tlj sf mar. 14h-18h ; avr.-juin : w.-end et j. fériés 14h-18h ; Pâques, Pentecôte, 14 juil., 15 août, J. du patrimoine : 10h-18h ; horaires basse saison, se renseigner - 5,30 € (enf. 3,70 €).*
Abbaye de bénédictins fondée à la fin du 10e s., elle fut l'une des plus riches d'Anjou. Son vignoble s'étendait sur tout le coteau, sa forêt jusqu'à la Loire. Aux 13e et 14e s., elle fut fortifiée et ceinte de douves. De cette époque subsiste l'élégant bâtiment des celliers et des grands greniers, qui se dresse au bord de la route. La visite donne accès au bâtiment construit en 1730 : salle à manger ornée de lambris du 18e s., monumental **escalier★** à rampe de fer forgé, vaste salle voûtée du réfectoire. Au 1er étage, les cellules des moines sont transformées en musée : costumes, coiffes et outils du début du 20e s.

Musée Van-Oeveren
Château des Sablons - 📞 *02 47 97 98 99 - www.musee-escrime.com -* ♿ *- visite guidée (1h) juil.-août : tlj sf lun. 14h-18h ; reste de l'année : sur demande - 7 € (enf. 4,50 €).*
Un musée de l'escrime, du duel et de l'arme blanche est installé dans le château des Sablons (19e s.). Belle salle d'armes où le maître des lieux donne ses leçons d'escrime.

Moulin bleu
À 2 km au nord, sur le coteau. Ce moulin **cavier**, du même type que celui de la Herpinière à Turquant, est constitué d'une hucherolle juchée sur un cône en pierre de taille reposant lui-même sur un soubassement voûté. Le tanin obtenu par le broyage de l'écorce de châtaignier alimentait les tanneries de Bourgueil.

De la terrasse, très beau **point de vue** sur la vallée de la Loire et, au premier plan, sur le vignoble de Bourgueil.

Aux alentours

Restigné
5 km à l'est. Village vigneron à l'écart de la route, son **église** présente une façade à appareil losangé, tandis que, au portail sud, on aperçoit des bêtes fantastiques et Daniel dans la fosse aux lions. À l'intérieur, la nef romane est couverte avec une belle charpente du début du 16e s. à poutres décorées de gueules de monstres.

Les Réaux
4 km au sud.
Construit à la fin du 15e s., ce charmant **château**, entouré de douves alimentées par la Loire, appartint à Gédéon Tallemant des Réaux (1619-1692), auteur des *Historiettes*, chronique de la société française de son temps. Remarquez le pavillon d'entrée flanqué de deux tours à mâchicoulis, où le souci décoratif l'emporte, comme en témoignent l'appareil à damier de brique et de pierre et tout un petit monde d'ornements sculptés avec grâce : lucarnes à coquilles, salamandre au-dessus de la porte d'entrée, soldats-girouettes… *Le château ne se visite pas.*

Chouzé-sur-Loire
7 km au sud-ouest. Sur la levée de la Loire, ce joli village était jadis un port actif : de vastes quais déserts où rouillent quelques anneaux d'amarrage, ainsi qu'un petit **musée des Mariniers**, en ravivent le souvenir. ℘ 02 47 95 10 10 (mairie) - de mi-juin à mi-sept. : vend., w.-end et j. fériés 15h-18h ; avr-mai : sur réserv. 8 j. av. ; reste de l'année sur demande - possibilité de visite guidée (1h) - 2,20 € (enf. 1,10 €).
Dans la rue de l'Église, voyez le charmant **manoir** du 15e s. où mourut Marie d'Harcourt, épouse de Dunois, le célèbre Bâtard d'Orléans.

Varennes-sur-Loire
15 km au sud-ouest. De l'ancien quai sur les bords de Loire, très beau **point de vue** sur le château de Montsoreau en face, et, en amont, sur le confluent avec la Vienne. Le chemin de halage offre une excellente occasion de promenade.

Brain-sur-Allonnes
10 km au nord-ouest. Des fouilles entreprises sous une maison du 14e s. ont permis d'exhumer le **site médiéval de la Cave peinte**. ℘ 02 41 52 87 40 - de déb. mai à déb. sept. : 10h-12h, 14h-18h ; de déb. sept. à fin avr. : w.-end 10h-12h, 14h-18h, sem. sur demande - possibilité de visite guidée (1h) - fermé lun. et j. fériés - 2,50 € (enf. 1 €).
De superbes carreaux de faïence vernissée sont exposés dans le **musée** attenant.
12 pl. du Commerce - ℘ 02 41 52 87 40 - avr.-sept. : 9h-12h, 14h-18h, dim. 10h-12h ; reste de l'année : sur RV - fermé lun. et j. fériés - 5 € (enf. 2,50 €).

Bourgueil pratique

Voir aussi l'encadré pratique de Chinon.

Adresse utile
Office de tourisme du pays de Bourgueil – 16 pl. de l'Église - 37140 Bourgueil - ℘ 02 47 97 91 39 - www.ot-bourgueil.fr - de mi-mai à mi-sept. : mar.-sam. 9h-13h, 14h-18h30, dim. et j. fériés 10h-12h30, lun. 15h-17h30 ; fermé 23 déc.-2 janv., 1er Mai, 1er nov.

Se loger
⌂ **Logis de la Croix des Pierres** – 15 r. Croix-des-Pierres - 37140 Restigné - ℘ 02 47 97 33 49 - galbrun.marc@wanadoo.fr - ⚲ - 3 ch. 45/48 € ☕ - repas 19 €. Installées dans l'enceinte d'une exploitation viticole, ces chambres bénéficient d'une entrée indépendante et d'une agréable salle de séjour. Équipement sanitaire et tenue d'ensemble très corrects. Table d'hôte, orientée terroir, et accompagnée de vins de la propriété. Prix raisonnables.

⌂ **Le Moulin de Touvois** – Rte de Gizeux - 5 km au N de Bourgueil par D 749 - ⚲ - 5 ch. 52/58 € ☕ - repas 20 €. Les chambres de cet ancien moulin du 17e s. restent de dimensions modestes, mais on sera séduit par le charme unique des lieux. Sur l'arrière du bâtiment, la passerelle conduit à une petite île avec une piscine. On pourra aussi découvrir les vignobles des alentours, lors d'une promenade à cheval.

Se restaurer
⌂ **La Rose de Pindare** – 4 pl. Hublin - ℘ 02 47 97 70 50 - fermé 25-31 mars, 18 juin-5 juil., 24-30 nov. et 5-20 janv. - 14,50/35 €. L'enseigne rend hommage à Pierre de Ronsard qui publia des textes sous ce pseudonyme (anagramme de son nom) et séjourna maintes fois à Bourgueil.

La cuisine classique du chef, élaborée avec les produits du terroir, est servie dans un cadre élégant : poutres apparentes, belle cheminée et tables joliment dressées.

Faire une pause

Fabrice Metry – *3 pl. des Halles -* ℘ *02 47 97 72 11 - tlj sf lun. 8h-19h30, dim. 7h30-13h, 14h30-18h - fermé 2 sem. en fév., 1 sem. en sept. et 1er janv.* Halte sympathique pour prendre un thé ou un café et déguster la fameuse galette bourgueilloise (gâteau brioché fourré à la crème vanillée). Le cadre est lumineux et tous les produits (chocolats, glaces, pâtisseries) sont faits maison.

Que rapporter

Maison Audebert et Fils – *20 av. Jean-Causeret -* ℘ *02 47 97 70 06 - www.audebert.fr - 8h-12h, 14h-18h, w.-end sur RV - fermé 1er janv. et 25 déc.* Cette maison familiale qui existe depuis 1839 exploite aujourd'hui 42 ha de vignes. Découvrez les différents crus AOC issus du seul cépage cabernet franc : la cuvée Sur le Fruit, élaborée à partir de vignes ayant moins de 15 ans, les Perruches, le vignoble de la Contrie, le Domaine du Grand Clos ou encore les vins de garde Les Marquises et le Clos Sénéchal.

Maison des vins de Bourgueil Jean-Carmet – *18 pl. de l'Église -* ℘ *02 47 97 92 20 - mdv.bourgueil@wanadoo.fr - 15 mai-15 sept. : tlj sf dim. et lun. 10h-12h30, 15h-19h ; de mi-sept. à mi-mai : vend. 14h-18h, sam. 10h-12h, 14h-18h.* Cette demeure du 15e s. située en plein centre historique appartenait à Jean Carmet. Elle abrite depuis 1992 la Maison des vins de Bourgueil et représente environ 170 viticulteurs produisant l'AOC bourgueil. Des initiations à la dégustation y sont régulièrement organisées.

Bourgueil.

Domaine Olivier – *La Forcine - 37140 St-Nicolas-de-Bourgueil -* ℘ *02 47 97 75 32 - domaineolivier.com - tlj sf dim. 8h-12h, 14h-19h.* Le propriétaire de cette exploitation cultive ses 30 ha en culture raisonnée et produit trois crus d'appellation contrôlée saint-nicolas-de-bourgueil : le Domaine Olivier élevé en cuve, le Clos Lourioux vieilli en fûts de chêne et la cuvée du Mont des Olivier, élaborée avec la récolte de vignes plantées en forêt.

Château de **Brézé**★★

CARTE GÉNÉRALE B3 – CARTE MICHELIN LOCAL 317 I5 – MAINE-ET-LOIRE (49)

De loin, rien ne distingue cette élégante demeure de ses prestigieux voisins de la vallée de la Loire, si ce n'est la mer de vignes qui l'entoure. C'est en découvrant ses douves sèches, les plus profondes d'Europe, hautes de 18 m et larges de 13 m, percées de surprenantes ouvertures, que l'on cherchera à percevoir son incroyable secret : plus d'un kilomètre de souterrains recelant caves, pressoir, fournil, celliers… mais aussi la plus importante forteresse souterraine connue à ce jour avec d'importants logis de garnison ! En bref, un château pas comme les autres !

- ▶ **Se repérer** – À 10 km au sud de Saumur. Ne ratez pas l'entrée, située dans un renfoncement entre deux murs, au cœur du village.

- 👁 **À ne pas manquer** – La ville souterraine cachée sous le château ; les appartements de Mgr de Dreux-Brézé ; le pigeonnier.

- 🕐 **Organiser son temps** – Comptez 2h pour le château, 1h15 pour la seule visite des souterrains.

- 👥 **Avec les enfants** – Le parcours-découverte « Sur la piste de l'enfant Roy » et le spectacle des cathédrales d'images.

- 🕯 **Pour poursuivre la visite** – Voir aussi Chinon, Doué-la-Fontaine, l'abbaye de Fontevraud, Montreuil-Bellay et Saumur.

L'impressionnante architecture de tuffeau cache un surprenant ensemble souterrain.

S. Sauvignier / MICHELIN

Comprendre

Longues lignées – *Briseum terra*, terre de Bacchus en l'honneur de son vignoble réputé, devient Brézay en 1105-1115, puis Brézé à partir de 1160. Ce fief, important dès le 12e s., donne son nom à ses seigneurs, qui sont à l'origine de la forteresse du 11e s. Leurs successeurs, les Maillé-Brézé, construisent le logis Renaissance. En 1615, la terre de Brézé est érigée en marquisat par Louis XIII, afin de récompenser le maréchal Urbain de Maillé-Brézé, grand amiral de France, pour ses bons et loyaux services. La même année, Urbain se marie ; son beau-frère est le futur cardinal de Richelieu. Claire, fille d'Urbain, épouse un des plus brillants militaires de son époque, le Grand Condé.
Participant à la Fronde contre Mazarin, le Grand Condé se refugie à Brézé avec son armée avant de l'échanger, en 1682, contre le domaine de la Galissonnière, propriété des Dreux. La famille s'appellera dorénavant Dreux-Brézé, elle habite toujours le château.

Visiter

📞 02 41 51 60 15 - www.chateaudebreze.com - visite guidée (château 45mn) avr.-sept. : 10h-18h30 ; oct.-déc. et fév.-mars : tlj sf lun. 14h-18h, w.-end et j. fériés 10h-18h - possibilité de visite guidée souterrains (1h45) - fermé janv., 24-25 déc. - château et souterrains 14 € (6-14 ans 6,15 €, souterrains seuls 8,15 €).

Château★

Retranché derrière ses douves sèches exceptionnellement profondes, l'élégant château Renaissance, remanié en 1824 par l'architecte angevin Hodé, déploie son corps de logis, sa galerie et son bâtiment d'entrée, protégé par deux grosses tours rondes, autour d'une cour dont le quatrième côté forme terrasse.

La vue panoramique depuis les toits permet de distinguer les différentes campagnes de construction. La visite des appartements révèle un beau mobilier et un décor classé du 19e s., dont la grande galerie qui, par une belle restauration a retrouvé ses couleurs d'origine ; la chambre et le cabinet de Mgr de Dreux-Brézé, évêque de Moulins, reflètent l'art de vivre de toute une époque. Le château abrite aussi une collection d'armes.

Ensemble troglodytique★★

Pour la visite de plus de 1 km de souterrains et d'escaliers, une bonne paire de chaussures ainsi qu'un vêtement chaud sont conseillés.

👥 Une porte discrète donnant sur la cour d'honneur, une galerie creusée au 15e s. qui s'enfonce dans la roche, et voilà le visiteur plongé dans un vaste réseau souterrain empreint d'histoire et de mystère. Sa richesse et sa complexité tiennent à la juxtaposition et au recoupement des roches médiévales, des carrières de pierre utilisées pour la construction du château, des caves pour l'exploitation du vignoble et des différentes utilisations de ces espaces au cours des siècles.

Roche de Brézé★ – Situé sous le château, cet habitat seigneurial, premier secret dévoilé, est attesté par les textes dès le 9e s. : les salles, creusées dans la roche, se développent autour d'un puits de jour qui les éclaire par d'étroites ouvertures évasées vers l'intérieur, ouvrant au-dessus du plafond rocheux. On y pénétrait, à l'origine, par un étroit couloir coudé, bien défendu. La présence de silos de bonne taille, destinés à conserver les récoltes dues au seigneur, confirme la puissance du propriétaire.

Depuis ce site, un couloir mène au chemin de ronde souterrain. Percé de meurtrières qui donnent dans les douves, il a été creusé par Gilles de Maillé-Brézé vers 1448 afin de rendre son château invulnérable. Il débouche dans les fossés par un pont-levis qui enjambe une fosse.

De l'autre côté des fossés, un nouveau réseau de caves abrite les cinq immenses salles utilisées par les quelque 500 hommes de troupe du Grand Condé. Situées à côté de la **magnanerie** et du fournil, elles ont été reconverties en celliers et pressoir.

Fournil souterrain★ – Accessible par un étroit escalier aménagé dans la roche, il frappe par ses belles ouvertures mais aussi par l'importance de sa cheminée et de son four à pâtisserie. La chaleur dégagée par les fours de la boulangerie permettait à la fois le levage plus rapide et contrôlé de la pâte à pain dans la pièce carrelée au-dessus, et la culture du ver à soie dans la magnanerie. Remarquez les imposantes étagères taillées dans la roche. En face, la chambre du mitron est une niche aménagée en mezzanine dans la paroi.

Pressoir et celliers – La salle du pressoir, de grandes dimensions, était à l'usage des seigneurs pour le pressage des fameux vins blancs de Brézé. Pour plus de facilité, la vendange tombait directement dans le pressoir depuis un puits, creusé dans le plafond rocheux, qui débouchait au milieu des vignes. Ensuite, le jus était acheminé dans les cuves par des canaux aménagés dans la roche à même le sol. Ce dispositif servait encore en 1976. Dans les pièces suivantes étaient stockées les barriques.

Cathédrales d'images★ – Les trois derniers celliers accueillent un spectacle visuel et musical sur le thème de « La Loire en héritage », qui prend possession des parois et vous entraîne dans son monde fascinant.

Parc

Les 20 ha du parc à l'anglaise permettent de belles promenades.

Pigeonnier★ – Construit en 1550, et situé près de l'entrée du château, il abrite le nombre impressionnant de 3 700 boulins !

Briare

5 994 BRIAROIS
CARTE GÉNÉRALE E2 – CARTE MICHELIN LOCAL N6 – LOIRET (45)

Dans un pays où l'eau est intimement liée à la terre, Briare occupe une position clé au débouché de la liaison Seine-Loire, en limite de Bourgogne. Cette charmante ville dotée d'un port de plaisance bien équipé propose de nombreuses croisières sur le canal. Des escaliers permettent de descendre au niveau de la Loire, de se promener sur les berges et d'admirer la magnifique architecture métallique du célèbre pont-canal, créé par Eiffel.

- **Se repérer** – À 80 km au sud-est d'Orléans et à 10 km au sud-est de Gien par la D 952. Le pont-canal est à moins de 1 km au sud de Briare qu'il relie à St-Firmin-sur-Loire.

- **À ne pas manquer** – L'architecture et le fonctionnement du pont-canal ; la découverte des émaux de Briare.

- **Organiser son temps** – Comptez 2h30 pour la ville et ses environs.

- **Avec les enfants** – En petit train, le circuit commenté de Briare ainsi que les activités nautiques et aquatiques (*voir Briare pratique*).

- **Pour poursuivre la visite** – Voir aussi Gien.

Le saviez-vous ?

Briare est dérivé de *Brivoduro*, que nos savants étymologistes décomposent ainsi : *brivo*, « le pont », et *duro*, « la forteresse », aujourd'hui disparue.

Ici, la Loire franchit le fleuve pour s'unir au canal de Briare.

Ph. Gajic / MICHELIN

Visiter

Pont-canal★★

Commencé en 1890 et inauguré en 1896, cet ouvrage d'art remarquable permet au canal latéral à la Loire de franchir le fleuve pour s'unir au canal de Briare. Stupéfiant spectacle que ce pont… rempli d'eau. La gouttière métallique contenant le canal est formée de plaques assemblées par des millions de rivets. Longue de 662 m, large de 11 m (avec les chemins de halage, parfaits pour une promenade), elle repose sur 15 piles en maçonnerie réalisées par la société Eiffel. Le tirant d'eau est de 2,20 m.

Le canal de Briare, entrepris en 1604 sur l'initiative de Sully par la Compagnie des seigneurs du canal de Loyre en Seine, ne fut terminé qu'en 1642. C'est le premier canal de jonction construit en Europe : long de 57 km, il unit le canal latéral à la Loire au canal du Loing. Le bief de partage des eaux séparant les bassins de la Loire et de la Seine s'étend entre Ouzouer-sur-Trézée et Rogny-les-Sept-Écluses.

Musée de la Mosaïque et des Émaux

Entrée r. des Vergers - ℘ 02 38 31 20 51 - www.coeur-de-france.com/briare-emaux. html - ૬ - juin-sept. : 10h-18h30 ; fév.-mai et oct.-déc. : 14h-18h - fermé 25 déc. - 5 € (7-15 ans 2,50 €), billet groupé avec le musée des Deux Marines et du Pont-Canal (situé en face) 8 €.

Dans l'enceinte de la manufacture encore en activité, ce musée retrace la vertigineuse carrière de **Jean-Félix Bapterosses**, père (en 1844) de la pre-

Jean-Félix Bapterosses

Savant mécanicien et technologue averti, Bapterosses invente de nouveaux procédés et se lance dans la fabrication des perles réalisées tant pour l'Europe que pour l'Afrique et l'Asie. En 1882, sort de sa manufacture la mosaïque appelée plus communément « émaux de Briare » ; pour leur décoration, il fait appel à l'un des précurseurs de l'Art nouveau : Eugène Grasset.

mière machine à fabriquer des boutons de façon « industrielle » : il avait su devancer l'Angleterre dont l'outillage ne pouvait en frapper qu'un seul à la fois. Mais c'est sa création, en 1882, de la mosaïque ou émaux de Briare (céramique d'émail vitrifié teinté dans la masse) qui va faire la renommée de l'entreprise et de la ville tout entière. La résistance du matériau et ses qualité décoratives tant pour l'intérieur que pour l'extérieur hissent l'entreprise Bapterosses parmi les premiers fabricants français dans les années 1960. Les céramiques habillent les aéroports d'Orly, de Roissy, la station Châtelet à Paris, la mosquée de Hassan II à Casablanca. Avant la guerre en Irak, jusqu'à 70 % de la production partent à l'étranger. C'est cette épopée que présente le musée, avec une stupéfiante variété de boutons, perles, fresques en mosaïque et documents d'archives. Pour compléter cette visite, allez voir, sur la place du centre-ville de Briare, l'église dont le sol est tapissé de mosaïques aux motifs inspirés par la Loire.

Musée des Deux Marines et du Pont-Canal

58 bd Buyser - ℘ 02 38 31 28 27 - www.coeur-de-france.com/briare-marine.html - ૬ juin-sept. 10h-12h30, 14h-18h30, mars-mai et de déb. oct. à mi-nov. 14h-18h - 5 € (enf. 4 €) billet groupé avec le musée de la Mosaïque et des Émaux (situé en face) 8 €.

L'histoire, la tradition, le savoir-faire et les techniques des deux marines : celle du canal et celle de la Loire sont ici expliquées. Objets, maquettes et films retracent l'évolution de la batellerie, son rôle crucial dans le développement des échanges et du commerce, et racontent la création du canal de Briare avec la construction du pont-canal. Un aquarium rassemble les poissons de la Loire.

Aux alentours

Châtillon-sur-Loire

5 km au sud par la D 50.

Une promenade à pied dans cette ancienne place forte protestante révèle les belles façades de maisons du 15e au 18e s. et les ruines du château Gaillard (12e s.)

Écluse et gares d'eau de Mantelot – *Venant de Briare, tournez à gauche juste avant de traverser le pont.*

Entre 1838 et 1896, l'écluse permettait aux bateaux navigant sur l'ancien canal de franchir la Loire. Aujourd'hui, ce site classé offre un beau point de vue sur le fleuve, des aires de jeux et de pique-nique, la possibilité de promenades à pied, à vélo ou en gabare sur la Loire.

Briare pratique

Adresse utile

Office de tourisme – *1 pl. Charles-de-Gaulle - 45250 Briare -* ℰ *02 38 31 24 51 - www.briare-le-canal.com - de mi-juil. à mi-août : 10h-12h, 14h-18h ; de déb. avr. à mi-juil. et de mi-août à fin sept. : 10h-12h, 14h-18h, dim. et j. fériés 10h-12h ; reste de l'année : mar.-sam. 10h-12h, 14h-17h, lun. 14h-17h, fermé j. fériés.*

Visite

Le Petit Train – *Pont-Canal -* ℰ *02 38 37 11 94 - avr.-juin : dim. et j. fériés, juil.-août : tlj, sept.-15 oct. : dim.* Partant du célèbre pont-canal, ce petit train propose une visite commentée de Briare et de ses environs. Un circuit de 45 minutes pour tout connaître de la ville fleurie, des écluses pittoresques et des déversoirs du canal.

Se loger

⊜⊜ **Hôtel Le Nuage** – *R. Briare - 45230 La Bussière -* ℰ *02 38 35 90 73 - www.lenuage.com - fermé 24 déc.-2 janv. -* 🅿 *- 15 ch. 52 € -* ⊊ *8,50 € - rest. 24/28 €.* Établissement récent de type motel situé aux portes du village. Chambres pratiques et joliment aménagées. Détente assurée par la salle de fitness. Plats classiques et grillades servis

⊜ **Chambre d'hôte Mᵐᵉ François-Ducluzeau - Domaine de La Thiau** – *Rte de Gien, lieu-dit la Thiau -* ℰ *02 38 38 20 92 - http://lathiau.club.fr -* ⊟ *- 3 ch. plus une suite 43/60 €* ⊊. Cette belle maison de maître du 18ᵉ s. se dresse au milieu d'un vaste parc arboré, entre autres, d'un magnifique cèdre. Ses chambres possèdent un charme suranné : tapisseries fleuries, toiles de Jouy, meubles anciens… Sur place, location de vélos, tennis et proximité du GR 3.

Se restaurer

⊜⊜ **Le P'tit Saint-Trop** – *5 r. Tissier, au port de plaisance -* ℰ *02 38 37 00 31 - le-petit-saint-trop@wanadoo.fr - fermé 2 sem. en janv. et 2 sem. en oct. - 16/43 €.* Après avoir bourlingué de par le monde pendant 20 ans, le chef cuisinier a choisi de poser ses valises du côté du port de plaisance. Il

ne lui aura pas fallu longtemps pour « remettre à flots » ce restaurant avec une carte brasserie traditionnelle. Jolie fresque représentant le port de St-Tropez dans une des salles.

Que rapporter

Chocolats Chimères – *Pont-canal -* ℰ *02 38 37 10 58 - rousselrv@aol.com - hiver : 10h-12h30, 14h30-18h30 ; été : 10h-19h - fermé dim. et lun.* Installée au tout début du pont-canal, cette jolie boutique propose un choix varié de confiseries. Quand vient l'été, il est possible de déguster une glace, pratiquement les pieds dans l'eau, tout en profitant de l'atmosphère paisible du canal.

Sports & Loisirs

Station Locations Loisirs – 👥 *- port de plaisance -* ℰ *02 38 37 10 90 - stationlocation@aol.com - fermé nov.-mars.* On connaît par cœur les pédalos, canoës et autres kayaks que l'on trouve traditionnellement au bord des plans d'eau. Alors, découvrez vite les étranges engins flottants proposés ici (vélo d'eau, navyglisseur ou cycloglisseur, etc.) pour une balade d'une heure ou d'une demi-heure sur les bords de Loire.

Centre aquatique – *R. des Prés-Gris -* ℰ *02 48 31 26 87.* Ouvert toute l'année, le centre aquatique des Prés Gris accueille petits et grands dans son bassin sportif avec toboggan et pataugeoire. Activités variées (leçons de natation, aquafitness, bébés nageurs…) et espace balnéo pour se détendre dans le sauna ou le Jacuzzi.

Les Bateaux Touristiques – *Port de plaisance -* ℰ *02 38 37 12 75 - promenade avec passage du pont-canal : 6,80 € (1h30). Croisière-déjeuner : 35 € (3h30), croisière-dîner : 36 € (3h15) - fermé nov.-mars.* Embarquez à bord de l'un des 3 bateaux-mouches construits spécialement pour emprunter les canaux de Briare. Plusieurs formules (circuits simples ou croisières-repas) comprenant, bien entendu, un passage par le pont-canal, cette construction unique au monde qui enjambe la Loire.

Château de **Brissac**★★

CARTE GÉNÉRALE B3 – CARTE MICHELIN LOCAL 317 G4 – SCHÉMA P. 377 –
MAINE-ET-LOIRE (49)

Dominant la vallée de l'Aubance, active région viticole, le château trône au milieu de son parc, planté de superbes cèdres. Avec son style mi-médiéval, mi-Louis XIII, il écrase par sa démesure : c'est un des châteaux de la Loire les plus imposants. On y vit pourtant, et sans doute fort bien, puisque depuis cinq siècles, cette auguste demeure n'a jamais changé de main.

- **Se repérer** – À 15 km au sud d'Angers, en direction de Doué-la-Fontaine.

- **À ne pas manquer** – Les meubles et tapisseries ; l'escalier Louis XIII ; le décor de la chambre Mortemart ; le bas-relief de la chapelle ; le souterrain en eau.

- **Organiser son temps** – Comptez 1h30 pour la visite guidée du château.

- **Avec les enfants** – Le parcours-découverte « Sur la piste de l'enfant Roy », les animations de Pâques et de Noël.

- **Pour poursuivre la visite** – Voir aussi Angers, Doué-la-Fontaine, la vallée du Layon et le château de Serrant.

Comprendre

D'un château à l'autre – Si le château surprend tellement à première vue, c'est parce qu'il n'est pas tel qu'il a été voulu. C'est Pierre de Brézé, qui fut ministre de Charles VII puis de Louis XI, qui élève vers 1455 le premier château, médiéval. Ce château, racheté en 1502 par René de Cossé, fut endommagé par les guerres de Religion. Le petit-fils de René, **Charles de Cossé**, comte de Brissac, en hérite. En 1594, en tant que gouverneur de Paris et l'un des chefs de la Ligue (parti catholique soutenant les

Brissac, un château tout en hauteur.

Studio 3bs / MICHELIN

Guises), il remet les clés de la capitale à Henri IV. Le roi reconnaissant lui octroie le titre de duc ; il entreprend alors d'importants travaux sensés transformer l'édifice en un second château, tout autre. Les plans sont signés par Jacques Corbineau, l'architecte de la citadelle de Port-Louis à Lorient. La mort du duc (1621) interrompt l'entreprise, laissant l'édifice en son état actuel.

Visiter

02 41 91 22 21 - www.brissac.net - &. - visite guidée (45mn) juil.-août : 10h-18h30 (dernière visite 17h45) ; avr.-juin et sept.-oct. : tlj sf mar. 10h15-12h15, 14h-18h ; nov.-déc. et fév.-mars : tlj sf lun. et mar. 14h-16h45 (dernière entrée 30mn av. fermeture) - fermé 25 et 31 déc. - 8,50 € (7-14 ans 4,50 €, 15-18 ans 7,50 €).

Le château de Brissac surprend par son élévation (48 m de hauteur) et par l'enchevêtrement des deux constructions, aux styles très tranchés. La façade principale est encadrée de deux tours rondes à toit conique, cerclées de mâchicoulis gracieusement sculptés, restes du château médiéval. À l'intérieur, les **plafonds** à la française, souvent rehaussés de sculptures, ont conservé leurs peintures du 17e s. ; les **tapisseries** et le **mobilier** sont superbes. Au rez-de-chaussée, le salon des Maréchaux relie par une série de portraits les Cossé-Brissac à la famille royale, celui au **pastel** du 8e duc de Brissac est dû à Élisabeth Vigée-Lebrun (1755-1842). Dans la salle à manger, un immense tableau représente le château parisien de Bercy et son parc (disparu) tandis que le Grand Salon accueille un beau **mobilier** du 18e s. et des lustres en cristal de Venise.

Un **escalier Louis XIII**★★ mène au 1er étage : s'y succèdent la salle des Gardes, la chambre où Louis XIII et sa mère, Marie de Médicis, se réconcilièrent provisoirement en 1620, la chambre des Chasses aux murs tendus de magnifiques tapisseries des Flandres (16ᵉ s.) et la chambre Mortemart, avec ses tapisseries de Bruxelles du 17ᵉ s. et son lit monumental sculpté pour le mariage de Diane de Cossé-Brissac et du prince de Ligne en 1888. Par la galerie des tableaux, où l'on note le célèbre portrait de la veuve Clicquot et deux tableaux de l'école de Vélasquez, on accède à la chapelle qui abrite un **bas-relief★** en marbre de David d'Angers ainsi que des stalles très ouvragées, de style Renaissance italienne.

> ## Le château en chiffres
>
> 2 étapes de construction signent l'architecture de ce château atypique. Ses 7 étages et 48 m de haut font de lui le plus haut château de France, dont les 204 fenêtres donnent sur un parc de 70 ha. Depuis cinq siècles il appartient à la famille de Cossé-Brissac, dont le descendant actuel est le 13ᵉ duc.

Au 2ᵉ étage, on pénètre dans le théâtre aux somptueuses dorures et draperies rouges : c'est Jeanne Say (marquise de Brissac puis vicomtesse de Trédern), à la belle voix de soprano, qui le fit construire en 1883 dans le style des théâtres du 17ᵉ s.

En redescendant, on admire les cuisines, les caves fortifiées du 15ᵉ s. avec les meurtrières-bouches à feu de la forteresse médiévale initiale, ainsi que le cellier : chaque année, les vignes du château donnent plus de 15 000 bouteilles d'anjou-villages.

En sortant du château, ne manquez pas l'exceptionnel **souterrain** en eau de 237 m, conçu au 18ᵉ s. pour parer les crues de l'Aubance. Une promenade dans le parc à l'anglaise donne le recul nécessaire à l'appréciation de l'architecture atypique du château. Un sentier passe devant les anciennes écuries (1883) et monte jusqu'au surprenant mausolée (19ᵉ s.).

Aux alentours

Centre de découverte du milieu aquatique et de la pêche

Par la D 748, au sud de Brissac-Quincé, suivez le fléchage. 🕿 *02 41 91 24 25 -* 🔍 *- juil.-août : lun.-vend. 14h-18h - 5,60 € (enf. 3,60 €).*

Ce centre, situé au bord de l'étang **Montayer**, permet la découverte de la rivière et des actions menées par les pêcheurs pour la préserver. Outre les poissons du bassin de la Loire, vous pourrez observer l'élevage des brochets, de l'écloserie au bassin de grossissement.

Un parcours botanique présente la végétation caractéristique des berges et des zones humides.

Château de Brissac pratique

🔍 Voir aussi l'encadré pratique d'Angers.

Adresse utile

Office du tourisme de Brissac Loire Aubance – *8 pl. de la République - 49320 Brissac-Quincé -* 🕿 *02 41 91 21 50 - www.ot-brissac-loire-aubance.fr - mai-sept. : tlj et j. fériés 10h-12h30, 14h-18h, dim. 10h-13h ; de déb. oct. à fin avr. : lun.-merc. et vend. 14h-17h, jeu. 10h-12h30, 14h-17h, sam. 9h30-12h30, vac. scol. zone A : lun.-vend. 10h-12h30, 14h-17h, sam. 9h30-12h30 - fermé j. fériés.*

Se loger

👁 **Bon à savoir** – Le château de Brissac propose des chambres et suites haut de gamme. *Voir tableau p. 29.*

🛏 **Chambre d'hôte La Pichonnière** – *49320 Charcé-St-Ellier-sur-Aubance -* 🕿 *02 41 91 29 37 -* 🍽 *- 4 ch. 45/55 €* 🍴*.* Dans l'enceinte d'une exploitation orientée vers la floriculture, ce site se pare des plus belles couleurs entre mai et août. Outre le superbe gîte, 4 chambres sont à disposition, dont une, au rez-de-chaussée, avec accès direct. Une halte sympathique, à deux pas de Brissac et de son célèbre château.

🛏 **Chambre d'hôte Le Moulin de Clabeau** – *Clabeau - 49320 Vauchrétien - 3 km au NO de Brissac-Quincé par D 123 et lieu-dit la Frémonière -* 🕿 *02 41 91 22 09 -* 🍽 *- 3 ch. 58 €* 🍴*.* Appartenant à la même famille depuis 1537, cet ancien moulin à eau compte 3 chambres très simples mais décorées avec goût. Un superbe salon, à l'étage, plein de caractère avec ses charpentes d'origine. Dégustation des vins de la propriété et vente de produits locaux, en saison, dans la petite boutique.

Se restaurer

🍽 **Le Haut Tertre** – *1 pl. du Tertre - 49320 Brissac-Quincé -* 🕿 *02 41 91 79 95 -*

lehautertre@wanadoo.fr - fermé dim. soir - formule déj. 6,90 € - 12/40 €. Dans ce petit restaurant, à la fois sobre et élégant, vous serez bien accueilli. La convivialité et la proximité du château de Brissac en font une étape idéale pour se restaurer sans se ruiner. Cuisine de produits frais.

⊜ **Le Petit Manoir** – *12 r. Armand-Brousse - 49610 St-Melaine-sur-Aubance - ℰ 02 41 45 33 32 - fermé le soir sf vend. et sam. - réserv. conseillée - 10 € déj. - 16,60 €.* Après un récent changement de propriétaires, ce restaurant au cœur du village a rapidement acquis une solide réputation auprès des habitants de la région. Il faut donc s'attendre à trouver salle comble le midi en semaine. Une décoration assez quelconque, mais une cuisine goûteuse pour un prix très doux.

Faire une pause

Salon de thé Le Pavillon des Cèdres – *Dans le parc du château de Brissac - avr.-oct.* Pour une agréable pause dans un cadre exceptionnel. Possibilité de repas de midi en juil.-août.

Brou

3 713 BROUTAINS
CARTE GÉNÉRALE C1 – CARTE MICHELIN LOCAL 311 C6 – EURE-ET-LOIR (28)

Brou, surnommée « la Noble », aujourd'hui encore très fréquentée par la région entière pour son marché (une tradition qui remonte au 12ᵉ s. !), commande l'harmonieux pays du Faux-Perche, aux douces collines boisées. Villages, églises et châteaux parsèment les petites routes vallonnées, au fil des paisibles Ozanne, Yerre ou Thironne.

- ▶ **Se repérer** – À 22 km au nord-ouest de Châteaudun, 40 km au sud de Chartres et 45 km à l'est de La Ferté-Bernard. Il est facile de rayonner depuis Brou dans une campagne très verdoyante.

- 👁 **À ne pas manquer** – Les belles maisons du 16ᵉ s., les paysages du Faux-Perche, les remarquables boiseries de l'église d'Yèvres.

- 🕐 **Organiser son temps** – Réservez votre mercredi matin pour un marché gastronomique sur la place des Halles. Comptez 30mn pour la ville, une demi-journée pour le circuit.

- 👪 **Avec les enfants** – Le parc de loisirs tout proche qui permet une variété d'activités en été et les jardins de Thiron-Gardais.

- 👍 **Pour poursuivre la visite** – Voir aussi Bonneval, Châteaudun, Illiers-Combray et La Ferté-Bernard.

Se promener

Place des Halles
À l'angle de la rue de la Tête-Noire, une maison ancienne, à encorbellement, date du début du 16ᵉ s. ; ses colombages de bois portent des motifs sculptés. Près de la place, rue des Changes, autre maison du 16ᵉ s., à façade courbe : le poteau

Le saviez-vous ?

Gloire locale, et non des moindres, Florimond Robertet fut ministre des Finances de trois rois : Charles VIII, Louis XII et François Iᵉʳ.

cornier décoré d'un saint Jacques et d'un pèlerin rappelle la position de Brou sur le chemin de Chartres à St-Jacques-de-Compostelle.
Quelques vieilles rues ont conservé leur nom d'origine : de la Bouverie, des Changes, du Dauphin…

Église de Yèvres
1,5 km à l'est - visite accompagnée sur demande au ℰ 02 37 47 01 13 (mairie).
Elle date en majeure partie des 15ᵉ et 16ᵉ s. L'élégant portail Renaissance de la façade est encadré de pilastres sculptés portant les instruments de la Passion et surmonté d'un double fronton. L'intérieur a conservé de remarquables **boiseries★** classiques : la chaire, ornée des effigies des Vertus, le retable du maître-autel, les autels latéraux, un aigle-lutrin. La chapelle des fonts baptismaux (beau plafond en bois sculpté) est close par une superbe porte à panneaux sculptés évoquant le martyre de sainte Barbe et le baptême du Christ. Dans la sacristie, boiseries Louis XIII et collection de vases sacrés des 18ᵉ et 19ᵉ s.

Circuit de découverte

LE FAUX-PERCHE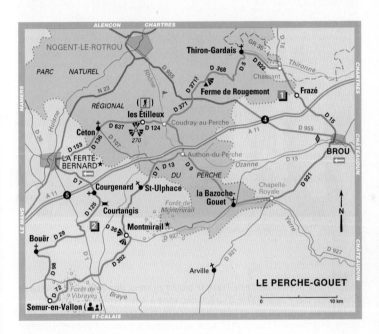

65 km – une demi-journée.

La partie orientale du Perche-Gouët *(voir p. 245)*, dite aussi **Faux-Perche**, bien que bordant les limites de la Beauce, se distingue de celle-ci par la dispersion des habitats, l'abondance des haies vives et des arbres et présente encore un paysage vallonné. Les fermes, nommées ici « borderies », et que l'on trouve, parfois, au détour des chemins creux, pratiquent l'élevage des bovins et surtout celui des vaches laitières qui a supplanté l'élevage du cheval de trait percheron à robe gris pommelé, noire ou aubère. Les cours d'eau, Ozanne, Yerre ou Braye, coulent vers le Loir ; seule la Rhône rejoint l'Huisne à Nogent-le-Rotrou.

Prenez la D 921 via Chapelle-Royale pour rejoindre La Bazoche-Gouet. Vous pénétrez ici dans le Parc naturel régional du Perche.

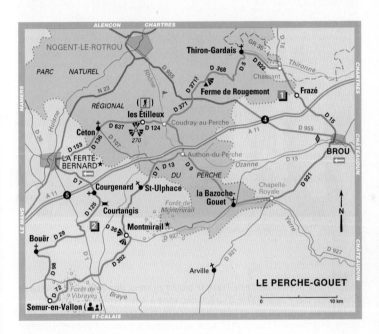

La Bazoche-Gouet

L'**église**, du 12ᵉ ou 13ᵉ s., a été modifiée au début du 16ᵉ s. par l'adjonction de baies flamboyantes et de bas-côtés : celui du sud est remarquable ; beau portail aux colonnes spiralées supportant des niches. À l'intérieur *(accès par le passage protégé)*, la tour carrée sur laquelle repose le clocher est du 16ᵉ s. ; les vitraux Renaissance garnissant les baies du chœur ont été offerts par les Bourbons-Conti, seigneurs du lieu. Ils évoquent la Passion, d'après des gravures allemandes. Remarquez le réalisme des expressions et des détails.

Prenez la D 9 direction Nogent-le-Rotrou puis, environ 5 km après Authon-du-Perche, prenez sur la droite la D 371 en direction de Vichères. À Vichères, prenez la direction La Gaudaine.

Ferme de Rougemont

De la D 371³, à hauteur de cette ferme, se dégage un immense **point de vue** sur le bassin de l'Ozanne.

Thiron-Gardais

Bordant la Thironne et l'étang des Moines, la localité s'est groupée près de l'abbaye fondée par saint Bernard en 1114. L'abbaye de Tiron (sans h comme on l'écrivait alors) prit un vigoureux essor aux 12ᵉ et 13ᵉ s. Au 16ᵉ s., Charles de Ronsard, frère du poète, et le Chartrain Philippe Desportes, poète lui-même, en furent abbés. En 1629, les bénédictins de St-Maur s'y installèrent. L'église est une ancienne **abbatiale** encore très vaste bien que le chœur se soit effondré en 1817. Quelques bâtiments du 17ᵉ s., constituant le collège, ont été préservés. En entrant, à gauche, pierre tombale gravée de Jean II de Chartres, abbé de Tiron au 13ᵉ s. ; le long de la nef, stalles des moines du 14ᵉ s.

👥 Derrière l'église, on pénètre par l'ancienne grange aux dîmes, qui abrite désormais le Domaine de l'abbaye (office de tourisme), dans les **jardins** de l'abbaye : potager gourmand, jardin des simples, des arômes, de fraîcheur, verger fleuri, roseraie… d'où l'on jouit d'une superbe vue sur l'église. *℘ 02 37 49 49 49 - www.perchethironnais. com - mai-oct. : 9h-12h, 13h-17h30, dim. 14h30-18h30 ; reste de l'année tlj sf dim. 9h-12h, 13h-17h30 - fermé 1ᵉʳ et 11 Nov. et du 24 déc. au 2 janv. - visite guidée sur demande - 3 € (-12 ans gratuit).*

Poursuivez par la D 922 en direction de Brou, via Chassant.

E. Larribère / MICHELIN

Château de Frazé et son élégant châtelet d'entrée.

Frazé

Jadis fortifié et entouré d'eau, Frazé se blottit au creux du vallon de la Foussarde. Charmante place de la Mairie, d'où l'on découvre à la fois l'église et le château.

Le **château**, construit en 1493 sur un plan carré, était protégé par des douves et un étang ; il fut complété aux 16ᵉ et 17ᵉ s. par des communs encadrant un porche d'entrée. Un puits, des jardins, des canaux et des terrasses agrémentent la cour et le parc.

Des bâtiments du château de Frazé subsistent : une tourelle de guetteur, deux tours dont l'une à mâchicoulis, isolée et ceinte d'une cordelière, le châtelet et une intéressante chapelle. *℘ 02 37 29 56 76 -* 🚹 *- de Pâques à fin sept. : dim. et j. fériés 15h-18h - 3 € (enf. 2 €).*

À l'entrée de l'**église**, joli portail Renaissance supporté par trois atlantes.

Regagnez Brou par la D 15.

Brou pratique

Adresse utile

Office du tourisme de Brou – *Chapelle St-Marc, r. de la Chevalerie - 28160 Brou - 📞 02 37 47 01 12 - tlj sf lun. 10h-12h, 15h-18h, dim. 10h30-12h30 ; fermé 30 oct.-4 nov. et j. fériés sf 8 Mai.*

Se loger

☺ **Chambre d'hôte Manoir de Planchette** – *72400 Cormes - 📞 02 43 93 24 75 - manoir.de.planchette@wanadoo.fr - 🍴 - 3 ch. 50/66 € 🛏.* Bercé par la tranquillité de la campagne environnante, ce manoir du 13ᵉ s. et son parc attenant respirent la douceur de vivre. Meubles anciens et murs au lait de chaux teinté ornent les chambres lumineuses et vastes. Un joli kiosque pour les petits-déjeuners ensoleillés et un salon douillet, idéal pour faire une pause.

☺☺ **Hôtel Le Plat d'Étain** – *15 pl. des Halles - 📞 02 37 96 05 65 - 🅿 - 21 ch. 52/74,50 € - 🛏 6,90 € - rest. 16/40 €.* Entièrement rénové en 2003, cet hôtel du centre-ville dispose de 21 chambres (dont 2 pour personnes à mobilité réduite) de grand confort. Mobilier contemporain et salles de bains très bien équipées. Côté restaurant, une cuisine traditionnelle faisant volontiers appel aux produits du terroir.

Se restaurer

☺🍴 **L'Ascalier** – *9 pl. Dauphin - 📞 02 37 96 05 52 - fermé vac. de fév., vac. de Toussaint, dim. soir, lun. soir et mar. - réserv. obligatoire - 17/40 €.* Près des halles de la ville, ce restaurant a plus d'un atout pour vous satisfaire. Une cuisine soignée qui a su rester simple, des prix raisonnables, une terrasse fleurie et un bel escalier du 16ᵉ s. pour gagner la salle à manger de l'étage. Une petite adresse comme on les aime…

Sports & Loisirs

Parc de loisirs – *Rte des Moulins - 28160 Brou - 📞 02 37 47 02 17 - www.parc-loisirs-brou.fr - juil.-août : 10h-19h ; de mi-mai à fin juin : merc. 15h-19h, w.-end 10h-19h - 5 € (-12 ans 3 €, - de 1 m gratuit).* Piscine découverte chauffée, plan d'eau de 28 ha avec petite plage, sports nautiques, tennis, minigolf, pêche…

Chemin de fer touristique de Semur-en-Vallon – *La Gare - 72390 Semur-en-Vallon - 📞 02 43 93 67 86 - http://ccfsv.free.fr - juil.-août : merc. et dim. 14h30-18h30 ; juin et sept. : dim. 14h30-18h30 - 3,50 € (enf. 3 €)* - balade (45mn) à bord d'un vrai petit train d'autrefois circulant sur un réseau à voie étroite de 1,5 km à mi-parcours, visite du Muséotrain.

Château de **Chambord**★★★

CARTE GÉNÉRALE D2 – CARTE MICHELIN LOCAL 318 G6 – LOIR-ET-CHER (41)

Chambord, grandiose folie d'un roi stimulé par ses rêves, son amour de l'art et du faste, est unique. Ce château annonce et dépasse Versailles dans son délire architectural : immense nef blanche délicatement ciselée, navire de haut bord aux 365 cheminées. Ses tours et ses clochetons semblent défier le ciel pour l'éternité.

- **Se repérer** – À 180 km de Paris (par l'A 10, sortie Mer ou Blois), 16 km au nord-ouest de Blois et 25 km au sud-est de Beaugency.

- **À ne pas manquer** – Le célèbre escalier à double révolution ; la vue sur les toits en montant sur les terrasses ; le décor des plafonds à caissons des salles du 2e étage ; le spectacle nocturne ou l'observation des animaux sauvages du parc en saison.

- **Organiser son temps** – Compter 2h pour la visite du château.

- **Avec les enfants** – La visite ludique du château et le parc à vélo (voir Chambord pratique).

- **Pour poursuivre la visite** – Voir aussi Beaugency, Beauregard, Blois, Cheverny et le château de Fougères-sur-Bièvre.

Ph. Gajic / MICHELIN

Les toits de Chambord.

Comprendre

UN PROJET AU LONG COURS

Création grandiose de François Ier et testament de Léonard – Les comtes de Blois avaient élevé un petit château dans ce coin perdu de la giboyeuse forêt de Boulogne. Le jeune François Ier aimait venir y chasser et, dès 1518, ordonna de raser le bâtiment pour le remplacer par un édifice somptueux.

Chambord est l'œuvre personnelle de François Ier. Si le nom de l'architecte ne nous est pas connu avec certitude, sa conception initiale semble bien avoir germé dans l'esprit fécond de Léonard de Vinci. Mais le vieil artiste, installé depuis peu à la cour de France, meurt au printemps 1519, au moment où débutent les travaux. À l'esquisse de Léonard succède donc la maquette d'un autre architecte, le Boccador. Au fur et à mesure du développement du chantier, les plans originels sont modifiés et des sommes considérables sont englouties.

Des travaux gigantesques – Le roi ne lésine pas. En 1527, dans son ardeur, François Ier veut même faire dériver la Loire pour l'amener au pied du château, mais devant l'énormité de la tâche, on détournera simplement le Cosson. Même quand l'argent manque pour payer à l'Espagne la rançon des deux fils du roi, quand le Trésor est à sec, les travaux continuent. Ils ne subissent qu'une interruption, en 1524-1525, lors d'une campagne en Italie soldée par la défaite de Pavie. En 1537, le gros œuvre est terminé. En 1538, le roi commande un logis relié au donjon par un bâtiment de deux étages, et, sur le flanc ouest, une seconde aile, symétrique du logis. L'ensemble mesure 117 m sur 156 m. Dès 1539, le roi, qui se plaisait à dire « Allons chez moi », peut y recevoir Charles Quint. Le visiteur, charmé par l'accueil, puis émerveillé par l'édifice, déclare à son hôte : « Chambord est un abrégé de l'industrie humaine. » En 1545, le logis royal est achevé, mais François Ier, qui logeait jusque-là dans la tour nord-est, ne peut guère en profiter : il meurt deux ans plus tard. Henri II poursuit l'œuvre de son père par la construction de l'aile ouest et de la tour de la chapelle, alors qu'on termine le mur d'enceinte. À sa mort, en 1559, le château reste inachevé.

D'ILLUSTRES HABITANTS

Louis XIV et Molière – François II et Charles IX viennent souvent chasser dans la forêt. Henri III et Henri IV ne se montrent guère à Chambord, mais Louis XIII renoue la chaîne. Louis XIV y fait neuf séjours, entre 1660 et 1685, et ordonne d'importantes restaurations. Molière crée *Monsieur de Pourceaugnac*, écrit au château même en quelques jours. Lully sauve le spectacle, de justesse. À la première de Monsieur de Pourceaugnac, le roi ne se déride pas. Lully, l'auteur de la musique, qui tient un rôle d'apothicaire, a une inspiration : il saute à pieds joints

Le château en chiffres

426 pièces
282 cheminées
77 escaliers
1 800 ouvriers pour le chantier
28 ans pour la 1re série de travaux (donjon et aile royale)
72 jours de présence de François Ier
(3 jours pour le comte de Chambord, 10 ans pour le maréchal de Saxe)
2 000 personnes au maximum pouvaient être logées dans le château.

de la scène sur le clavecin d'accompagnement et passe au travers. Le roi éclate de rire : la pièce est sauvée. Plus tard, *Le Bourgeois gentilhomme* fait passer Molière par de nouvelles transes. À la première, le roi reste de glace. Les courtisans, étrillés dans la pièce, préparent déjà leurs sarcasmes. Mais, après la seconde représentation, Louis XIV félicite l'auteur, et la Cour change ses pointes en compliments.

La vaine gloire du maréchal – Louis XV met le château à la disposition de son beau-père Stanislas Leszczyński, roi détrôné de Pologne. Puis il offre Chambord au maréchal de Saxe avec 40 000 livres de revenus, en récompense de sa victoire à Fontenoy. Fastueux, orgueilleux, violent, le maréchal de Saxe anime le château d'une vie trépidante. Pour satisfaire son goût des armes, il loge deux régiments de cavalerie composés de Tartares, de Valaques et de Martiniquais. Dans le parc, cette troupe étrange monte de vifs chevaux d'Ukraine dressés à accourir quand la trompette sonne. Le maréchal fait régner une discipline de fer : à la moindre incartade, il pend les coupables aux branches d'un vieil orme. Par la contrainte sans doute, plutôt que par la séduction, Maurice de Saxe a obtenu les faveurs d'une célèbre actrice, la Favart, et l'oblige à rester à Chambord. Et, pour distraire l'oiseau en cage, il remonte la scène où joua Molière. Favart, quant à lui, tient le triple rôle de directeur, d'auteur et de mari complaisant. Le maréchal meurt à 54 ans, les uns disent tué en duel par le prince de Conti vengeant son honneur marital ; d'autres accusent un rhume négligé. Glorieux jusque dans la mort, Maurice de Saxe a voulu que, pendant seize jours, les 6 canons qu'il avait placés dans la cour d'honneur tirent tous les quarts d'heure en signe de deuil.

De la Révolution à la Restauration – À la Révolution, le château est victime de nombreux pillages mais se trouve finalement sauvé après avoir été menacé d'être vendu comme bien national et avoir fait l'objet de projets de destruction. En 1809, Napoléon fait de Chambord un majorat en faveur du maréchal Berthier, prince de Wagram, qui se contente de vendre le bois et laisse le domaine à l'abandon. Après sa mort, il est acheté par souscription publique, en 1821, pour le duc de Bordeaux, héritier de la Couronne, qui prendra le nom de comte de Chambord. Victime de l'humidité et de dégradations, le château, classé Monument historique en 1840, est en piteux état. De son exil, le comte de Chambord va s'efforcer de pourvoir à sa restauration.

L'affaire du drapeau blanc (1871-1873) – Henri, comte de Chambord, prétendant légitimiste au trône de France depuis la chute de Charles X, son grand-père, en 1830, est bien près de parvenir à ses fins en 1871. Il s'installe à Chambord où, le 5 juillet, il proclame ses convictions dans un manifeste qui se termine par ces mots : « Henri V ne peut abandonner le drapeau blanc d'Henri IV. » L'effet de cette déclaration est désastreux dans l'opinion : les royalistes perdent les élections partielles. Le comte de Chambord repart en Autriche, « Henri V » ne régnera pas. Il s'éteint en 1883. Le château échoit à son neveu, le duc de Parme. En 1932, l'État le rachète aux héritiers, moyennant 11 millions de francs.

Visiter

1h1/2. L'entrée des visiteurs a lieu par la porte Royale. Il est conseillé de se munir du dépliant (distribué à l'accueil) portant le plan détaillé du château - ☏ 02 54 50 40 00 - www. chambord.org - 14 Juil.- 20 août : 9h-19h30 ; 1er avr.-13 juil. et 21 août-30 sept. : 9h-18h15 ; oct.-mars : 9h-17h15 (dernière entrée 30mn av. fermeture) - possibilité de visite guidée (1h30) - fermé 1er janv., 1er Mai, 25 déc. - 9,5 € en juil.-août, reste de l'année : 8,50 € (-18 ans gratuit).

Le plan de Chambord est d'inspiration féodale : un **donjon** central à quatre tours entouré d'une enceinte constitue à lui seul un véritable château. Mais le « donjon » de Chambord est célèbre pour l'originalité de son plan inspiré des villas toscanes : vestibule en croix desservi par un escalier central. La construction Renaissance n'évoque plus aucun souvenir guerrier : c'est une royale demeure de plaisance, dont les façades, particulièrement imposantes, doivent à l'Italie l'agrément de leurs sculptures et de leurs larges ouvertures. Sont ajoutées au donjon deux ailes : l'une abrite l'appartement royal, l'autre la chapelle.

Les deux vis de l'escalier montent l'une sur l'autre jusqu'aux terrasses.

F. Soreau / MICHELIN

Cour d'honneur

Elle offre une vue sur le donjon, relié aux tours d'angles par des galeries à deux étages et leurs arcades. Une galerie a été plaquée sur la façade lorsque, à la fin du règne de François Ier, furent ajoutés les escaliers extérieurs situés dans les angles des cours.

Escalier à double révolution★★★

Le célèbre escalier occupe le centre de la croix formée par quatre grandes salles de garde. Son architecture, sans nul doute création de Léonard de Vinci, est particulièrement originale : le noyau central, ajouré, permet de s'apercevoir d'une hélice à l'autre. Élevée dans le château, la Grande Mademoiselle, cousine de Louis XIV, raconte comme elle y jouait avec son père… L'escalier était déjà célèbre en son siècle : son dessin fut publié par Palladio, architecte vénitien, en 1570, avec quelques variantes… car il ne l'avait pas vu !

Appartements

Dans les salles du rez-de-chaussée et du 1er étage, vous découvrirez une fabuleuse collection de tapisseries anciennes, flamandes ou françaises. Dans la salle des Soleils, ainsi nommée pour ses volets décorés de soleils rayonnants, sont exposés quatre tableaux de scènes de chasse de Louis-Godefroy Jodin, commandés par le prince Ferdinand-Philippe d'Orléans, rares témoins du décor des Tuileries ayant survécu à leur incendie. Dans l'entrée, une tapisserie représentant la conférence de Scipion et Hannibal, vers 1660. Dans l'une des salles, une présentation audiovisuelle en images de synthèse fournit les explications indispensables sur la construction du château et sur son architecture.

Au **1er étage**, François Ier fit aménager ses appartements dans la tour nord de l'enceinte. Dans sa chambre, tenture et lit de velours brodé d'or (Italie, 16e s.) ; ce serait sur l'un de ses vitraux que le roi grava les mots : « Souvent femme varie, bien fol est qui s'y fie. » Le cabinet de François Ier est couvert d'une voûte ornée de caissons où alternent l'initiale du roi et la salamandre, son emblème ; il a servi d'oratoire à la reine Catherine Opalinska, épouse de Stanislas Leszczyński. La chambre de la reine, dans la tour François-Ier, est ornée de tapisseries de la Manufacture de Paris, dont l'*Histoire de Constantin,* d'après des cartons de Rubens.

Les appartements du roi lui font suite, décorés de tapisseries et de portraits historiques ; ils furent aménagés par Louis XIV. La chambre Royale, ou de Parade, habitée successivement par Louis XIV, Stanislas Leszczyński (beau-père de Louis XV) et le maréchal de Saxe, a conservé ses boiseries Régence ; la pièce voisine, dans l'axe du château, offre une vue superbe sur le parc. Dans la salle des Gardes du roi, se trouve l'un des poêles de faïence commandés par Maurice de Saxe.

Dans l'appartement du dauphin, à l'angle est du château, sont rassemblés des souvenirs du comte de Chambord : tableaux, lit d'apparat, deux statues d'enfants (Henri IV et le duc de Bordeaux, premier et dernier comte de Chambord), mais aussi le petit parc d'artillerie offert au jeune prince ; les pièces-jouets envoyaient des balles capables de percer une muraille.

Au **2e étage**, les **plafonds** à caissons en pierre des salles autour de l'escalier, inhabituels à cette hauteur du bâtiment, sont conçus pour supporter le poids des terrasses. Leur structure est celle de voûtes en berceau en anse de panier. Le riche décor fait alterner le chiffre de François Ier (F) et la salamandre couronnée avalant des flammes ou crachant des gouttes d'eau (pour illustrer sa devise « *nutrisco et extingo* » : je me nourris du bon feu, j'éteins le mauvais feu). Les autres salles sont consacrées au **musée de la Chasse et de l'Art animalier★**. Il s'articule autour de quatre parcours correspondant chacun à l'un des quartiers du donjon. Le premier se rapporte à l'imaginaire de la chasse à travers la mythologie, le deuxième montre les liens entre l'art et la chasse ; les deux autres présentent les pratiques et les traditions de la chasse du 16e au 18e s. Armes, trophées, peintures, tapisseries et gravures illustrent abondamment ces différents thèmes. Parmi les œuvres les plus remarquables, *Diane et ses nymphes* (une collaboration entre Rubens et Jean Breughel), ainsi que des toiles de Snyders, Desportes, Oudry, etc. Une galerie conduit à la **chapelle★** rectangulaire aux vastes proportions, qui occupe la tour ouest. Les chiffres de François Ier, d'Henri II, de Louis XIV et du comte de Chambord, signent les différentes étapes de son édification.

Terrasses★★★

Directement inspirées par des châteaux comme ceux de Mehun-sur-Yèvre ou de Saumur, elles offrent un spectacle unique : lanternes, cheminées, escaliers et lucarnes s'y entremêlent, tous fouillés par le ciseau du sculpteur. Les symboles royaux sont légion : initiales de François Ier, salamandre couronnée, candélabres enflammés, fleurs de lis ainsi que huit niches destinées à des statues. La Cour passait sur les terrasses le plus clair de son temps, suivant le départ et l'arrivée des chasses, les revues militaires, les tournois, les fêtes. En outre, les mille coins et recoins des terrasses favorisaient à merveille l'intrigue et les apartés galants, alors très en vogue…

Notez un détail raffiné : le long des cheminées, des ardoises découpées en losanges, cercles ou carrés forment une sorte de mosaïque rappelant les placages de marbres italiens. Au-dessus des terrasses, l'escalier continue en une seule hélice. Il tourne dans une magnifique **lanterne★** de 32 m.

Salle des carrosses *(accès par la cour)*

Dans l'aile royale a été aménagée, au rez-de-chaussée, la salle des carrosses, où peuvent être admirées les dernières voitures royales commandées par le comte de Chambord. Une salle attenante fait office de dépôt lapidaire, où sont entreposées certaines pierres sculptées lors de la construction et remplacées ultérieurement.

Le parc

☏ 02 54 50 50 40 ou 02 54 50 50 41 - www.chambord.org - *visite libre du parc : 1 000 ha ouverts à la visite à pied, à vélo ou à cheval - observatoires, pistes cyclables, sentiers de randonnée, au rythme des saisons (brame du cerf, etc.) et en compagnie d'un garde forestier.* Aujourd'hui Parc national cynégétique, réserve de chasse depuis 1948, à l'occasion chasse présidentielle, il est immense : 5 500 ha. Le plus long mur de France (32 km) en fait le tour, dont cinq portes donnent sur des routes ouvertes à la circulation automobile. La forêt de chênes et de pins sylvestres est particulièrement giboyeuse.

On dénombre, parmi les animaux adultes, environ 700 cerfs, 600 sangliers, 100 chevreuils, mais aussi 40 mouflons corses. Pour maintenir un équilibre, on y pratique treize battues par an pour les sangliers et le « panneautage » ou capture de cerfs vivants par des panneaux (filets) pour les réintroduire dans d'autres régions. Cent cinquante espèces d'oiseaux, ainsi que des chauves-souris, tritons, et libellules y ont élu domicile. Plus de 650 espèces végétales, dont 150 remarquables, sont répertoriées dans le parc.

🐾 Les promeneurs à pied peuvent suivre l'un des quatre sentiers balisés dans la partie ouest du parc ou le GR 3, tandis que les cavaliers emprunteront les pistes qui leur sont réservées.

À l'intention du public désireux d'observer les hardes de cerfs ou les bandes de sangliers venant « au gagnage » chercher leur nourriture, quatre aires de vision ont été édifiées.

Écuries du maréchal de Saxe

👥 Dans les ruines des anciennes écuries du maréchal de Saxe, un **spectacle d'art équestre** retrace l'histoire du château, de la Renaissance au comte de Chambord. 📞 02 54 20 31 01 - spectacle équestre (45mn) juil.-août : 11h45 et 16h30 ; mai-juin et sept. : tlj sf lun 11h45, w.-end 11h45 et 16h30 - 8,50 € (enf. 6 €).

Aux alentours

Château de Villesavin★

11 km au sud par la D 112 et la D 102 à droite à Bracieux. 📞 02 54 46 42 88 - www.chateauvillesavin.com - ♿ - *visite guidée intérieur (1h15) juin-sept. : 10h-19h ; de mi-fév. à fin mai : 10h-12h30, 14h-19h ; oct.-nov. : 10h-12h30, 14h-18h ; déc. : w.-end et vac. scol. : 10h-12h30, 14h-18h - fermé 25 déc. - 7,50 € (10-18 ans 6,10 €).*

👥 Le nom de Villesavin vient d'une villa (villa Savini), bâtie le long de la voie romaine d'Adrien que suit la route actuelle d'Arian (Adrien). Élevé entre 1527 et 1537 pour Jean Le Breton, seigneur de Villandry, surintendant des travaux de Chambord, ce **château**, de style Renaissance, montre déjà certaines tendances au classicisme. Les combles, ornés de superbes lucarnes italianisantes dans l'alignement des fenêtres, rythment une façade toute simple,

L'importance du colombier était proportionnelle à l'étendue du domaine.

A. Cassaigne / MICHELIN

mais éblouissante de grâce et d'harmonie. Dans la cour d'honneur, belle **vasque** florentine du 16e s., en marbre de Carrare. Quelques salles meublées (16e et 18e s.) exposent des étains. Le château accueille également une importante **collection★** qui évoque le mariage (de 1835 à 1950) : globes de mariage, quenouilles emblématiques, robes de mariées…

Des voitures anciennes sont groupées dans les remises, dont d'intéressantes voitures d'enfants attelées à des chèvres. À gauche du château, le grand colombier du 16e s., aux 1 500 alvéoles, est admirablement conservé : son échelle tournante est encore intacte. Considérez son importance, sachant que chaque boulin (case, pour un couple d'oiseaux) représentait un arpent de terre (soit 513 ha ici). Dans le parc évoluent diverses races de chevaux de trait et d'ânes français.

Pour les enfants, des animations sont organisées l'été, notamment un parcours en sous-bois qui les conduit jusqu'au (gentil) fantôme de Villesavin.

Chasses royales

Le parc du château offre un magnifique territoire de chasse. À sa grande époque, Chambord possédait 300 faucons. Les meutes royales, très nombreuses, font l'objet de soins constants. Les rois sont des chasseurs passionnés. Louis XII franchit à cheval des fossés de 5 m. Malgré sa faible constitution, Charles IX courre (en vénerie, poursuivre une bête) dix heures de suite, crève cinq chevaux, souffle du cor au point de rendre le sang et va jusqu'à forcer (épuiser par une longue poursuite) un cerf sans user de chiens.

Château de Chambord pratique

🐾 Voir aussi l'encadré pratique de Blois.

Adresse utile

Office du tourisme de Blois-Pays de Chambord – *23 pl. du Château - 41006 Blois - 🕿 02 54 90 41 41 - www. loiredeschateaux.com - avr.-sept. : 9h-19h, dim. et j. fériés 10h-19h ; oct.-mars : tlj sf dim. 9h30-12h30, 14h-18h, dim. et j. fériés pendant vac. scolaires 10h-16h - fermé 25 déc., 1er janv.*

Se loger

🛏 **Chambre d'hôte La Giraudière** – *256 r. de la Giraudière - 41250 Mont-Près-Chambord - 1,5 km du centre du village par D 514 - 🕿 02 54 70 84 83 - fermé janv.-fév. - 🍴 - 3 ch. 45/50 € 🍵 - repas.* Non loin de la forêt domaniale de Boulogne, ces 3 chambres, aménagées de façon très simple dans une maison d'habitation, offrent une solution d'hébergement de qualité, à prix raisonnable. Joli petit parc fleuri et piscine à disposition. Accueil sympathique de la part des propriétaires, généreux en bons conseils.

🛏 **Chambre d'hôte La Grange aux Herbes** – *4 r. du Pavillon - 41220 Thoury - 🕿 02 54 87 55 79 - www. lagrangeauxherbes.fr - fermé vac. scol. hiver et fév. - 🍴 - 5 ch. et 1 suite 50/70 € 🍵.* Ancienne ferme solognote parfaitement restaurée, ce bâtiment indépendant de la maison des propriétaires donne sur un parc ombragé et un petit étang. Une agréable pièce à vivre avec coin détente et cheminée, ainsi que 4 chambres dont une, romantique, avec son lit à la polonaise. Prêt de vélos pour visiter Chambord.

🛏🛏🛏 **Hôtel Grand St-Michel** – *Pl. St-Michel - 41250 Chambord - 🕿 02 54 20 31 31 - www.saintmichel-chambord.com - fermé 12 nov.-20 déc. et merc. de déc. à mars - 🅿 - 39 ch. 88/98 € - 🍵 8 € - rest. 21/35 €.* Cette bâtisse régionale en face du château profite du calme de son magnifique parc. Seul le brame des cerfs risque de troubler votre sommeil. Quelques chambres ont vue sur la splendide demeure seigneuriale. Grande salle à manger avec verrière et vaste cheminée.

Se restaurer

🍴 **La Table d'Armelle** – *8 pl. de l'Hôtel-de-Ville - 41250 Bracieux - 🕿 02 54 46 03 53 - réserv. conseillée en saison - 9/15 €.* Quand une petite affaire familiale sans prétention, tenue par la petite-fille, la mère et la grand-mère, bichonne ses clients avec des crêpes et des salades savoureuses, ça finit toujours par se savoir. Réservation vivement conseillée en saison, pour ne pas passer à côté d'une adresse aussi sympathique.

🍴🍴 **Auberge du Bon Terroir** – *20 r. du 8-Mai - 41500 Muides-sur-Loire - 🕿 02 54 87 59 24 - fermé 2-15 janv., 25 nov.-15 déc., dim. soir du 15 sept. au 1er juin, lun. et mar. sf le soir en juil.-août - 22 € déj. - 30/53 €.* Sommelier de son état, Monsieur s'occupe des vins tandis que Madame concocte sa fricassée d'escargots aux champignons nappés d'une crème au vouvray, son filet de canard de Barbarie rôti au vinaigre de framboise ou sa crème brûlée à la vanille Bourbon et pépites de nougatine. Gourmandise et bien-être au rendez-vous.

Sports & Loisirs

Location de bicyclettes – *Embarcadère - 41250 Chambord - 🕿 02 54 33 37 54 - de fin mars au 11 Nov. : 10h-tombée de la nuit.* Découvrez le domaine de Chambord, ses belles allées forestières…

Canotage – *Pont St-Michel - 41250 Chambord - 🕿 02 54 33 37 54 - de fin mars au 11 Nov. : 10h-tombée de la nuit.* Une promenade en barque ou en bateau électrique sur le Cosson et sur le grand canal permet la découverte du château selon les grandes perspectives voulues par Louis XIV.

Observation des animaux – Pour épier les animaux sauvages, les périodes idéales sont le printemps et l'époque du brame (du 15 septembre au 15 octobre), au lever et au coucher du soleil. Plusieurs sorties sont organisées. *🕿 02 54 50 40 00.*

Événements

Les métamorphoses de Chambord – parcours-spectacle nocturne – *41250 Chambord - 🕿 02 54 50 40 00 - www. chambord.org - juil.-août.* Tous les soirs à la tombée de la nuit, la façade s'illumine pour faire apparaître la somptueuse architecture du château, rehaussée de jeux de lumière inédits évoquant la forêt voisine - *gratuit.*

Château-Gontier

11 131 CASTROGONTÉRIENS
CARTE GÉNÉRALE A2 – CARTE MICHELIN LOCAL 310 E8 – MAYENNE (53)

Aux confins de la Bretagne et du Maine, Château-Gontier borde la Mayenne, offrant une excellente base de départ pour suivre la rivière jusqu'à Angers. La Mayenne, bordée par ses falaises et ses villages perchés, a su renouer avec d'antiques traditions de batellerie, pour le plus grand bonheur des promeneurs, pêcheurs et autres marins d'eau douce.

- **Se repérer** – À 31 km au sud de Laval, 51 km au nord d'Angers, 59 km à l'ouest de La Flèche.

- **À ne pas manquer** – L'intérieur roman de l'église St-Jean-Baptiste ; le manoir de la Touche du couvent des Ursulines ; les manifestations équestres en saison.

- **Organiser son temps** – Comptez 1h30 pour la visite de la ville, 1 journée pour les environs.

- **Avec les enfants** – Une promenade le long de la Mayenne sur le chemin de halage (85 km de coulée verte préservée entre Laval et Daon) au nord de la ville, les animaux du refuge de l'Arche.

- **Pour poursuivre la visite** – Voir aussi Angers, Craon, Sablé et Segré.

Comprendre

C'est l'intendant de Foulques III Nerra *(voir p. 65)*, Gontier, qui donna son nom à la ville. Foulques, séduit par l'emplacement stratégique de l'éperon rocheux où s'étaient établis des moines de l'abbaye bénédictine St-Aubin d'Angers à la fin du 10e s., y avait fait construire une forteresse pour défendre l'accès à son comté. Au 13e s., sur les terres de l'abbaye, l'élargissement du domaine – entouré de 2,4 km de remparts et de quatre portes – donne naissance à la petite ville. Le château sera détruit par la guerre de Cent Ans et l'enceinte rasée par Richelieu. Le développement de la tannerie, de la filature et du tissage ainsi qu'un actif commerce fluvial entre Laval et Angers font longtemps la prospérité de la cité. La bourgeoisie et la noblesse édifient un beau patrimoine architectural. Aujourd'hui encore, le marché aux veaux et la foire aux oies font la réputation de Château-Gontier.

Le saviez-vous ?

Deux noms de Castrogontériens sont restés dans l'Histoire : Jean Bourré, trésorier de Louis XI, et Pierre-Mathurin Mercier, chef dans les troupes vendéennes contre-révolutionnaires. Ce dernier était fils d'un aubergiste, et vit le jour rue Trouvée. L'armée vendéenne passa à Château-Gontier en octobre 1793, Mercier y était aux côtés de son ami breton Cadoudal.

Se promener

La ville se divise en deux quartiers : la haute ville, rive droite, aux rues étroites et accidentées, que sépare un vallon emprunté par la Grande-Rue, et le faubourg autour de l'hôpital St-Julien, rive gauche.

LA HAUTE VILLE

Visite : 1h30. Départ de la place St-Jean.

Jardin du Bout-du-Monde

Aménagé dans les jardins du prieuré, vous n'y verrez certes pas la fin de la Terre, mais une glacière et de jolies échappées sur la Mayenne et la rive gauche.

Point de vue

En contrebas de l'église St-Jean-Baptiste, on profitera des terrasses établies sur les anciens remparts et plantées de grands ormes pour contempler la rive opposée.

Église St-Jean-Baptiste★

02 43 70 42 74 (office de tourisme) - 8h-19h - possibilité de visite guidée lors de la visite de la ville.

C'est une des plus anciennes églises de Mayenne construite en silex et roussard (ou grison) par les bénédictins de l'abbaye St-Aubin d'Angers. Elle frappe par la force et la pureté de son **intérieur roman★**. De lumineux vitraux modernes éclairent la nef, qui s'ouvre sur les bas-côtés par de grandes arcades reposant sur des piliers irrégulièrement espacés. Dans le transept, fresques du 12e s. : la création des oiseaux, des animaux domestiques, d'Adam et Ève, et l'arche de Noé. Dans la chapelle St-Benoît, on reconnaît les Rois mages. La belle crypte à trois nefs est couverte de voûtes d'arêtes.

En descendant vers la place St-Just, jetez un coup d'œil sur la montée du Vieux-Collège. Poursuivant par la montée St-Just, on débouche dans la Grande-Rue.

À l'angle de la rue de la Harelle, observez la maison à pans de bois du 15e s. et, en face, l'ancien grenier à sel en tuffeau avec sa tourelle (16e s.).

Remontez la Grande-Rue, prenez à gauche la rue de Thionville, puis, à droite, la rue d'Enfer.

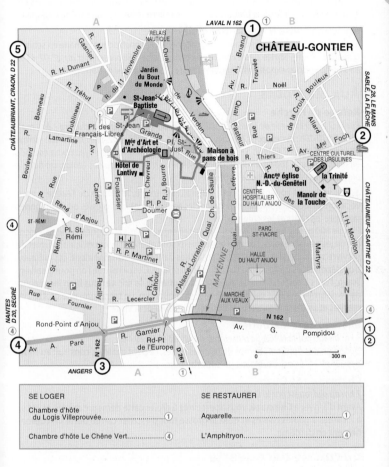

SE LOGER		SE RESTAURER	
Chambre d'hôte du Logis Villeprouvée	①	Aquarelle	①
Chambre d'hôte Le Chêne Vert	④	L'Amphitryon	④

Cette rue pavée est bordée par le soubassement de l'église St-Jean-l'Évangéliste.

La rue de Lierru, à droite, mène à la rue Jean-Bourré.

Hôtel Fouquet

Ce bel hôtel (17e s.), abrite le **musée d'Art et Archéologie**. Il rassemble, outre des antiquités gréco-romaines, quelques peintures et sculptures. *Visite pour les groupes uniquement.*

Remontez la rue du Musée (élégante tourelle à l'angle de la rue Bruchemotte), jusqu'à la rue Chevreul.

Hôtel de Lantivy

Au n° 26. Intéressante façade du 16e s.

La rue René-Homo à gauche, puis, à droite, les rues Fouassier et de l'Allemandier ramènent sur la place St-Jean.

LE FAUBOURG

Visite : 2h30. Ce quartier est massé sur la rive gauche de la Mayenne, à partir du quai Pierre-de-Coubertin : il offre un excellent point de vue sur la haute ville.

Couvent des Ursulines

Entrée pl. André-Counord - visite guidée (2h) possible - rens. ☎ *02 43 70 42 74 (office de tourisme, situé au RdC du couvent).* L'origine du couvent remonte à 1634, lorsque la population de Château-Gontier requit, pour l'éducation des jeunes filles, l'aide des religieuses ursulines. Celles-ci sollicitèrent Pierre et Gilles Corbineau, architectes réputés de Laval, pour édifier progressivement l'ensemble monumental qui abrite aujourd'hui un centre culturel.

Le **manoir de la Touche★** est le bâtiment initial de l'école tenue par les ursulines (15e s.). Remarquez sa belle tour d'escalier à vis hors œuvre.

L'**église de la Trinité**, de style jésuite, date de cette époque à la différence de la salle gothique (15e s.) autrefois bibliothèque. Le **théâtre** (1999) est une scène nationale.

Ancienne église N.-D.-du-Genêteil

R. du Gén.-Lemonnier. Jadis chapelle du collège, cette construction romane en schiste, d'aspect sévère, abrite des expositions temporaires. Se renseigner au ☎ *02 43 07 88 96 -* ♿ *- pdt les expositions temporaires : tlj sf lun. et mar. 14h-19h - gratuit.*

Aux alentours

Refuge de l'Arche

Par la D 267 à la sortie de la ville. ☎ *02 43 07 24 38 - www.refuge-arche.org -* ♿ *- mai-août : 9h30-19h ; avr. et sept. : 10h-19h ; mars et oct. : 10h-18h ; nov.-fév. : 13h30-18h - fermé 1er janv., 25 déc. - 7 € (enf. 5 €).* Les enfants trouveront une aire de jeux bien équipée en téléphériques, toboggans et autres girolines. En cas de mauvais temps, un hall de pique-nique, clos, permet de s'abriter.

Ni vraiment zoo, ni tout à fait hôpital vétérinaire, le refuge de l'Arche a pour vocation de recueillir, soigner et protéger les animaux malades, blessés ou abandonnés (excepté les chats et les chiens).

Plus de 800 pensionnaires (sur 14 ha) sont hébergés, nourris et soignés, principalement par de jeunes bénévoles. Lorsque les animaux sont guéris, et si leur état leur permet de survivre seuls dans la nature, ils sont relâchés dans leur environnement. Les animaux trop dépendants de l'homme sont gardés au refuge. C'est ainsi que l'on pourra saluer : Tsavo, l'ours à collier, Djina, la tigresse, ou Namanga, la lionne, tous bien incapables de se débrouiller en… val de Mayenne ! Un aquarium, un terrarium, une grotte aux reptiles et une grande volière (4 000 m^2) complètent la visite.

Château de la Maroutière

3 km au sud par la N 162. Se renseigner au ☎ *02 43 07 20 44.*

Doté d'un des derniers champs de courses privés, ce petit château, construit au cours des 13e et 14e s., est situé dans un superbe parc.

Château de St-Ouen

7 km au sud-ouest par la D 20.

Avant d'arriver à **Chemazé**, vous apercevrez à droite cette demeure des 15e et 16e s., à lucarnes à gâbles ciselés et dont la grosse tour d'escalier carrée porte un couronnement en diadème.

Circuit de découverte

VALLÉE DE LA MAYENNE★

80 km – comptez une journée.

L'abrupt de la vallée n'a pas permis l'établissement des maisons sur les berges, ce qui a préservé leur caractère sauvage ; mais la route décrite traverse des villages établis sur le haut du coteau, avec leurs constructions basses en pierre rousse blotties sous un toit d'ardoise. Le parcours ménage bien des vues sur la rivière, au passage des ponts parfois : mieux, n'hésitez pas à vous engager sur les chemins qui mènent aux rives, face à un moulin ou à un château isolé. Sinueuse, encaissée entre des rives couvertes de forêts, la Mayenne a été canalisée au 19e s. Elle est coupée, entre Laval et Angers, de 39 écluses et se prête admirablement à la navigation de plaisance *(voir Château-Gontier pratique).*

Sortez de Château-Gontier par la D 22, au sud.

Daon

Bien placée sur le coteau qui domine la Mayenne, Daon (prononcez « dan »), où naquit l'abbé Bernier qui négocia la paix entre chouans et républicains, conserve un manoir du 16e s.

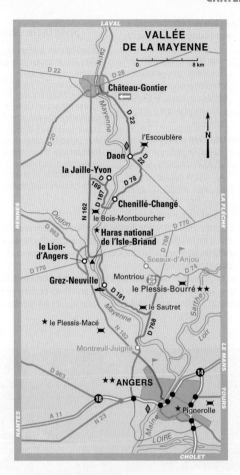

À Daon, prenez à l'est la D 213, puis deux fois à gauche.

Une longue allée de tilleuls et de platanes mène droit au joli **manoir de l'Escoublère** (16ᵉ s.) entouré de douves.

Après Daon, sur la D 22, tournez à droite dans la D 190 vers Marigné.

Chenillé-Changé

C'est l'un des plus charmants villages du Segréen avec son **moulin à eau fortifié** datant du début du siècle et toujours en activité : voyez les larges traînées de farine qui recouvrent par endroits ses parois de schiste. ℘ 02 41 95 10 83 - www.maine-anjou-rivieres.com - mai-sept. : 10h-12h, 14h30-18h30, dim. et j. fériés 15h-18h ; mars-avr. et oct. : lun.-sam. 14h30-18h - 3,20 € (4-9 ans 1,50 €).

De vieilles maisons, une église du 11ᵉ s. et une **base de tourisme fluvial** avec ses « pénichettes » amarrées le long des rives ombragées attendent paisiblement promeneurs et plaisanciers.

Traversez la rivière vers Chambellay, puis prenez à droite la D 187.

La Jaille-Yvon

Perché sur sa falaise, ce village domine la rivière. Du chevet de l'église, le panorama se développe sur la vallée couverte de cultures et de prairies.

De la nationale, on aperçoit à gauche, peu après la route de Chambellay, les imposants bâtiments (15ᵉ-17ᵉ s.) du **château du Bois-Montbourcher**, entouré de bois et de pelouses, en bordure d'un vaste étang.

Le Lion-d'Angers

Agréablement situé au bord de l'Oudon, ce centre d'élevage, notamment de chevaux de demi-sang, organise courses et concours hippiques célèbres dans tout l'Anjou.

Église St-Martin – *Clés à l'office de tourisme en échange d'une pièce d'identité.*

Beau portail préroman et nef à voûte de bois romane. À l'intérieur, des peintures murales du 16ᵉ s. représentent le démon vomissant les péchés capitaux, le Christ en croix et saint Christophe, ainsi qu'un Ecce homo en diptyque.

Haras national du Lion d'Angers★ – *1 km à l'est du Lion-d'Angers, domaine de l'Isle-Briand. ℰ 02 41 18 05 05 - www.lelion-hn.com - ⅋ - visite guidée (1h) de déb. avr. à mi-sept. : dép. 10h30, 14h30 et 16h - 5,50 € (8-16 ans 2,50 €).*

🚶🚶 En 1974, les haras nationaux, trop à l'étroit dans le centre-ville d'Angers, furent transférés au domaine de l'Isle-Briand où ils bénéficient d'installations ultramodernes ; quelque 55 chevaux sélectionnés vivent ici. On visite les bâtiments de stockage du foin et de germination de l'avoine, la sellerie, la forge et le manège.

Les boxes sont groupés par catégorie de chevaux : cob normand, trait breton ou percheron, anglo-arabe, pur-sang, selle français, trotteurs et poneys.

Les anciens « cracks » y finissent paisiblement leurs jours en reproducteurs. La vie de château !

Spectacle équestre

Chaque année, le 3ᵉ week-end d'octobre a lieu le « Mondial du Lion », concours complet international d'équitation. En quoi ce concours est-il « complet » ? La manifestation n'a rien à voir avec une course hippique. Comme un véritable spectacle équestre, elle réunit de nombreux amateurs d'équitation autour d'un parcours complexe et créatif, permettant aux chevaux et à leur cavalier de déployer leurs talents en saut, souplesse, rapidité et précision. Une vingtaine de pays sont représentés.

La conduite d'attelage, ici aux haras du Lion, est une discipline spectaculaire.

A. Laurioux / Haras national du Lion-d'Angers

Grez-Neuville

Au cœur du bassin de la Maine, ce sympathique village étale ses pentes douces au long de la rivière, où se reflète son clocher d'ardoise ; c'est une base de départ de **croisières fluviales** sur la Mayenne et l'Oudon.

Continuez sur la D 191 qui domine la rivière, parfois en balcon.

La route passe au pied de l'imposant **château du Sautret**, bordé de douves sèches.

À Feneu, prenez à gauche la D 768 en direction de Sablé. À 4,5 km prenez à gauche la D 74 vers Sceaux-d'Anjou ; Montriou est indiqué à gauche.

Parc et jardin du château de Montriou

ℰ 02 41 93 30 11 - www.chateau-de-montriou.com - de déb. juin à mi-oct. : tlj sf lun. 14h-19h ; de fin mars à fin mai : w.-end et j. fériés 14h-18h ; reste de l'année sur demande - 4,50 € (-12 ans gratuit).

🚶🚶 C'est surtout pour son étonnante collection de cucurbitacées (courges, courgettes, citrouilles, gourdes, coloquintes), qui envahissent jusqu'aux pergolas et retombent en spectaculaires stalactites végétales, que l'on connaît Montriou. Ne manquez pas pour autant le séquoia gigantea – le plus gros arbre du Maine-et-Loire, avec 9,40 m de circonférence –, le potager, le coup d'œil sur le château (15ᵉ et 19ᵉ s.) et la jolie chapelle (15ᵉ s.).

Reprenez la D 768 à droite, en direction de Feneu. À Feneu, continuez à droite sur la D 768 qui franchit la rivière et monte à Montreuil-Juigné, pour entrez dans Angers par la N 162.

Château-Gontier pratique

Adresse utile

Office de tourisme du Sud-Mayenne – *Couvent des Ursulines, pl. André-Counord - BP 20402 - 53204 Château-Gontier - ℘ 02 43 70 42 74 - www.sudmayenne. com - avr.-sept. : 9h30-12h30, 14h-18h, dim. et j. fériés 10h-12h30, 14h-18h ; reste de l'année : lun.-vend. 9h30-12h30, 14h-18h, fermé j. fériés.*

Visites

Petit train – *℘ 02 43 70 37 83 - avr.- oct. : départ quai St-Fiacre.* Visite commentée de la ville en 1h15.

Marché aux veaux – *Parc St-Fiacre - ℘ 02 43 70 42 74 - www.sud-mayenne.com.* Le jeudi matin, au parc St-Fiacre, se tient l'un des plus grands marchés aux veaux d'Europe. Visite organisée de mai à septembre (renseignements et inscription à l'office de tourisme).

Se loger

⊖ **Chambre d'hôte du Logis Villeprouvée –** *Rte du Bignon-du-Maine - 53170 Ruillé-Froid-Fonds - ℘ 02 43 07 71 62 - christ.davenel@wanadoo.fr - ✍ 🄿 - 4 ch. 47 € ⊇ - repas 13 €.* Cet ancien prieuré du 14ᵉ s. rénové au 17ᵉ s. recèle un bel intérieur de style médiéval. Les chambres, spacieuses, s'agrémentent d'un lit à baldaquin et de bibelots anciens. À table, plats traditionnels préparés par le patron, ex-sommelier.

⊖⊖ **Chambre d'hôte Le Chêne Vert –** *Rte de Nantes - 2 km du centre-ville par D 20 - ℘ 02 43 07 90 48 ou 06 81 84 48 66 - www.chateau-chene-vert.com - 5 ch. 65 € ⊇ - repas 23 €.* Un accueil charmant vous attend dans ce magnifique château de la fin du 18ᵉ s. Une décoration intérieure tout en délicatesse jusque dans les 5 chambres, parmi lesquelles la

Queen Elizabeth et la Rose ont un petit air de perle rare. Table d'hôte accompagnée de vin de la propriété familiale du Bordelais. Superbe !

Se restaurer

⊖⊖ **Aquarelle –** *2 r. Félix-Marchand - 53200 St-Fort - ℘ 02 43 70 15 44 - www. restaurant-laquarelle-53.com - fermé 12-22 fév., 26-28 mars, 1ᵉʳ-7 oct., 26 nov.- 2 déc., merc. midi de mai à sept., dim. soir, mar. soir et merc. d'oct. à avr. - formule déj. 13 € - 18/55 €.* Cette adresse occupe une maison dont le jardin est en partie aménagé en village de montagne miniature, animé et fleuri. Ce n'est pourtant pas pour lui que les clients se pressent en terrasse ou dans la salle à manger aux tons verts, mais plutôt pour l'accueil attentionné ou la cuisine au goût du jour du chef.

⊖⊖ **L'Amphitryon –** *2 rte Daon - 53200 Coudray - 7 km au SE par D 22 - ℘ 02 43 70 46 46 - lamphitryon@wanadoo.fr - fermé 29 avr.-3 mai, 3-19 juil., 25 oct.-5 nov., 23-27 déc., 11 fév.-1ᵉʳ mars, dim. soir, lun. et mar. - 17/26 €.* Il règne une agréable atmosphère bourgeoise dans cette maison du 19ᵉ s. située face à l'église du village. Tables joliment dressées ; cuisine mi-traditionnelle, mi-terroir.

Que rapporter

Marché – Chaque jeudi matin.

Sports & Loisirs

Balades – À pied, à vélo, à cheval ou à poney, baladez-vous le long de la Mayenne. Une dizaine de circuits vous sont proposés par l'office de tourisme.

Le Duc des Chauvières – *Parc St-Fiacre - 53200 Château-Gontier - ℘ 02 43 70 37 83.* Bateau-restaurant-promenade.

Château-Renault

5 538 CASTELRENAUDINS
CARTE GÉNÉRALE C2 – CARTE MICHELIN LOCAL 317 O3 – INDRE-ET-LOIRE (37)

En limite du Loir-et-Cher, Château-Renault, porte de la Touraine, enjambe la Brenne et le Gault. Cette ancienne cité du cuir connut un essor industriel au 19e s. La rue principale décrit une large courbe pour descendre au niveau des berges. De ses terrasses ombragées au pied du donjon, ce bourg paisible vous réserve une jolie vue sur ses deux petites rivières et leurs vallées.

◗ **Se repérer** – Entre Tours (28 km au sud) et Vendôme (25 km au nord) par la N 10.

◉ **À ne pas manquer** – La vue sur la ville depuis les terrasses du château.

◷ **Organiser son temps** – Comptez 1h30 pour la ville et ses alentours.

♨ **Pour poursuivre la visite** – Voir aussi Amboise, Blois, le château de Chaumont-sur-Loire, Lavardin, Tours et Vendôme.

Visiter

Musée du Cuir et de la Tannerie

Installé dans l'une des anciennes tanneries, le musée présente les étapes du tannage (collection de machines de corroierie). À la fin du 19e s., la ville comptait seize tanneries. Au 20e s., la concurrence américaine et le manque de compétitivité des entreprises entraînent la fermeture de la dernière tannerie en 1966. ℘ 02 47 56 03 59 - visite guidée (1h30, avec vidéo) de mi-mai à fin sept. : tlj sf lun., 14h-18h (dernière entrée 30mn av. fermeture) ; fermé 14 Juil. et reste de l'année - 3,80 € (-10 ans gratuit).

Château

Par une porte du 14e s., on accède aux terrasses plantées de tilleuls, avec une jolie **vue★** sur la ville. Le **donjon** du 12e s. est découronné ; la mairie occupe les murs du château édifié au 17e s.

Aux alentours

St-Laurent-en-Gâtines

9 km à l'ouest. Ce curieux bâtiment massif et élevé, en brique et pierre, longtemps appelé « la Grand'Maison », constituait le logis des abbés de Marmoutier, propriétaires du bourg. Construit au 15e s., il fut transformé en église au 19e s. : la tourelle d'escalier polygonale fut prolongée d'une flèche et, sur le côté, furent percées les deux grandes baies flamboyantes.

Le saviez-vous ?

◉ Renault, fils de Geoffroi de Château-Gontier, fonda la ville en 1066.
◉ Sous Louis XIV, le marquis de Château-Renault, grand pourfendeur de corsaires, de Hollandais et d'Anglais, fut vice-amiral et maréchal de France.
◉ Sous Louis XVI, l'amiral comte d'Estaing s'illustra aux Indes et aux Antilles. Ce Castelrenaudin fut guillotiné à Paris en 1793, malgré ses idées progressistes.
◉ En 1873, naissait à Château-Renault le « peintre paysan » André Bauchant.

Château-Renault pratique

♨ Voir aussi l'encadré pratique de Tours.

Adresse utile

Office de tourisme – 32 pl. Jean-Jaurès - BP 60, 37110 Château-Renault - ℘ 02 47 56 22 22 - juin-sept. : tlj sf dim. et j. fériés 9h-12h, 14h-18h ; reste de l'année : mar., jeu., vend. 9h-12h, 14h-18h, lun. 14h-18h, merc. et sam. 9h-12h - fermé du 25 déc. au 1er janv.

Se loger et se restaurer

⊖ **Soft Hôtel** – 6 r. du Petit-Versailles - ℘ 02 47 29 50 41 - www.soft-hotel.com - ▣ - 15 ch. 45 € - ⊑ 6 € - rest. 12/28 €. Donnant sur un parc verdoyant avec piscine, cet hôtel à un prix accessible propose des chambres de confort actuel,

avec mobilier contemporain, TV, chaînes satellite et téléphone. Jolie salle à manger avec coin salon pour une petite pause. Parking fermé et surveillé.

⊖ **Chambre d'hôte La Maréchalerie** – Hameau le Sentier - 37110 Monthodon - 7 km à l'O de Château-Renault par D 54 - ℘ 02 47 29 61 66 - www.lamarechalerie. fr - ⊭ - 6 ch. dont 1 suite 38 € ⊑ - repas 14 €. Cet ancien atelier de maréchal-ferrant a conservé beaucoup de caractère avec ses colombages et ses poutres apparentes. Les 5 chambres disposent de mobilier et de décoration différents mais toujours du même confort avec douche et WC privatifs. Table d'hôte le week-end seulement. Rapport qualité-prix excellent.

Châteaudun ★★

14 54315 378 DUNOIS
CARTE GÉNÉRALE C2 – CARTE MICHELIN LOCAL 311 D7 – EURE-ET-LOIR (28)

Ne vous fiez pas à la modeste impression de votre arrivée sur la ville : la haute forteresse vous ménage une surprise quand vous en découvrez l'intérieur, harmonieux assemblage de gothique et de Renaissance. La ville haute et le faubourg St-Jean dominent la vallée du Loir au point de contact de la Beauce et du Perche. La petite cité descend jusqu'en bord de rivière par ses venelles tortueuses au tracé moyenâgeux. Laissez-la vous compter son passé héroïque de patrie du comte de Dunois, le Bâtard d'Orléans…

- **Se repérer** – À 130 km au sud-ouest de Paris, entre Chartres (45 km au nord) et Vendôme (40 km au sud-ouest par la N 10).

- **À ne pas manquer** – Le donjon ; les statues du 15ᵉ s. et les escaliers du château ; la belle église de la Madeleine ; la collection ornithologique du musée des Beaux-Arts et d'Histoire naturelle.

- **Organiser son temps** – L'été, réservez votre dîner médiéval au château. Comptez 2h pour la ville, 1h pour les alentours.

- **Avec les enfants** – Les parcours découverte du château, le moulin de Frouville, une balade à cheval ou en canoë *(voir Chateaudun pratique)*.

- **Pour poursuivre la visite** – Voir aussi Beaugency, Bonneval, Brou, Montdoubleau, Orléans, Meung-sur-Loire, Vendôme et le château de Talcy.

Comprendre

La ville de Dunois – En gaulois, *dun* signifiait « forteresse ». Ce *dun* a généré le nom de famille de Dunois. Châteaudun est donc, fort logiquement, la ville du « château de Dunois ». Propriété des comtes de Blois à partir du 10ᵉ s., Châteaudun fut vendue au 10ᵉ s. à Louis d'Orléans, frère de Charles VI, puis, par succession, échut au poète Charles d'Orléans. Celui-ci l'offrit à son demi-frère Jean, dont sont issus les Orléans-Longueville – possesseurs du comté jusqu'à la fin du 17ᵉ s.

La ville des alexandrins – À Châteaudun naquit au 12ᵉ s. le poète Lambert le Tors ; il fut l'un des auteurs du *Roman d'Alexandre*, poème héroïque de 22 000 vers inspiré de la légende

À Dodun, Châteaudun reconnaissante

Le Dunois Dodun, parti de rien, devint contrôleur des Finances sous la Régence. Rigaud fit son portrait en 1724 ; Bullet lui construisit en 1727 un magnifique hôtel rue de Richelieu, à Paris ; le château et le marquisat d'Herbault devinrent sa propriété. Mais Dodun racheta cette prospérité trop vite acquise par une grande générosité lorsque Châteaudun brûla en 1723. Son intervention au Conseil du roi facilita la reconstruction de la cité, réalisée par Jules Hardouin, contrôleur des Bâtiments et neveu de Jules Hardouin-Mansart, auquel on doit le plan géométrique d'une partie de la ville.

d'Alexandre le Grand, fort apprécié au Moyen Âge. Ses vers de 12 pieds reçurent par la suite le qualificatif d'alexandrins si chers à la littérature classique, de Corneille à Victor Hugo…

Dunois, le Bâtard d'Orléans (1402-1468) – Le beau Dunois, fidèle compagnon de Jeanne d'Arc, était le fils naturel de Louis Iᵉʳ d'Orléans et de Mariette d'Enghien. Élevé par **Valentine Visconti**, femme légitime de Louis d'Orléans, qui l'aimait autant que ses propres enfants, Dunois, dès l'âge de 15 ans, combattit les Anglais et cela durant des décennies. En 1429, il anime la défense d'Orléans et délivre Montargis. Il participe à tous les actes de la grande épopée de Jeanne d'Arc : Jargeau, Beaugency, Reims, Paris… Comblé d'honneurs à la fin de sa vie, il fonde la Ste-Chapelle et se retire en 1457 à Châteaudun où il reçoit le poète François Villon. Dunois repose dans l'église N.-D.-de-Cléry *(voir ce nom)*. Lettré et cultivé, il était, dit le chroniqueur Jean Cartier, « un des plus beaux parleurs qui fust de la langue de France ».

Elle renaît de ses cendres – Le 18 octobre 1870, les Prussiens attaquèrent Châteaudun avec 12 000 hommes et 24 canons. 300 gardes nationaux dunois et 600 francs-tireurs se retranchèrent derrière les barricades et résistèrent toute la journée, malgré un bombardement intense de midi jusqu'au soir ; mais, écrasés par le nombre, ils durent faire retraite. Les Allemands mirent le feu à la ville, 263 maisons brûlèrent. La devise *Extincta revivisco* (« Je renais de mes cendres ») fut depuis lors adoptée.

Visiter

Le château★★

Comptez 1h - ☎ 02 37 94 02 90 - mai-août : 10h-13h, 14h-18h ; sept.-avr. : 10h-12h30, 14h-17h30 (dernière entrée 1h av. fermeture) - fermé 1ᵉʳ janv., 1ᵉʳ Mai, 25 déc. - 6,50 € (-18 ans gratuit, 18-25 ans 4,50 €).

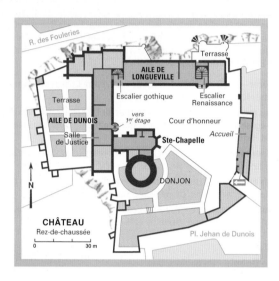

Campé sur son promontoire qui plonge à pic dans le Loir, il offre l'aspect d'une austère et imprenable forteresse ; mais, passé la cour intérieure, tout change, et c'est une luxueuse demeure seigneuriale qui apparaît.

Le donjon, haut de 31 m sans la toiture, date du 12ᵉ s. ; c'est un des premiers donjons ronds, mais aussi l'un des plus imposants et des mieux conservés.

Dans les **sous-sols** qui s'étendent sous l'aile de Dunois *(entrée au pied de l'escalier gothique)*, deux belles salles contiguës et voûtées en croisées d'ogives servaient de cuisines ; elles possèdent chacune une double cheminée sur toute la largeur de la pièce. Au nord, de petites pièces jadis occupées par des gardes communiquent avec des cachots exigus, parfois voûtés d'ogives.

Sainte-Chapelle – Cette construction gracieuse, élevée au 15ᵉ s. pour Dunois, possède un clocher carré et deux oratoires flanquant la nef et le chœur, qui se termine par une abside à trois pans. La chapelle haute, couverte d'un lambris en berceau brisé, était réservée aux serviteurs ; la chapelle basse est voûtée d'ogives.

Dans l'oratoire sud, sur la peinture murale (vers 1500) représentant le Jugement dernier, on reconnaît Dunois. Le bel ensemble de quinze **statues★★** polychromes offre un remarquable exemple de la sculpture des ateliers de la Loire à la fin du 15ᵉ s. On remarque en particulier : sainte Marie l'Égyptienne, sainte Radegonde et son sceptre, sainte Apolline et les tenailles qui lui arrachèrent les dents, sainte Barbe et sa tour, sainte Catherine tenant la roue et l'épée de son martyre, sainte Marthe et le dragon qu'elle foule aux pieds…

Sainte Marie l'Égyptienne, vêtue de ses longs cheveux ondulés.

B. Kaufmann / MICHELIN

Les trois escaliers

Ils marquent l'évolution des styles du château. Le plus ancien (1460) et traditionnel s'inscrit dans la tourelle qui jouxte la chapelle et permet l'accès aux différents étages de l'**aile Dunois**. La construction du second, seulement une dizaine d'années plus tard, constitue une innovation. Situé à l'angle de l'aile Dunois et de l'aile Longueville, ce superbe **escalier gothique flamboyant★** se trouve à la fois encastré dans l'œuvre et ouvert sur l'extérieur par de larges baies au niveau des paliers. Véritable dentelle de pierre, il se termine en fleur de lis et constitue une habile transition entre l'escalier de l'aile Dunois et l'**escalier Renaissance★** situé à l'extrémité est du bâtiment. Ce dernier, élaboré dès 1510, s'apparente au deuxième auquel s'ajoutent une abondance de motifs de la Renaissance italienne (angelots, candélabres, médaillons), et préfigure l'escalier de François Ier au château de Blois.

Aile de Dunois *(ouest)* – Bâtie vers 1460, son aménagement dénote le besoin de confort qui suivit les troubles de la guerre de Cent Ans. On y accède par la tour d'escalier saillante et à larges paliers, qui jouxte la chapelle. Les vastes salles de séjour sont couvertes de grosses solives apparentes et tendues de tapisseries, dont, au premier étage, une magnifique suite du 16e s. provenant des ateliers de Bruxelles et relatant la vie de Moïse. La salle de Justice, où siégeaient le seigneur et son tribunal, fut revêtue au 17e s. de boiseries et peinte aux armes de Louis XIV à l'occasion d'un passage du Roi-Soleil à Châteaudun, avant de servir de tribunal révolutionnaire en 1793.

Aile de Longueville *(nord)* – Parachevant l'œuvre de son père, François Ier de Longueville éleva, à l'angle des deux ailes, le très bel **escalier gothique flamboyant★**. François II de Longueville puis son frère le cardinal d'Orléans poursuivirent, dans les années 1510-1520, cette aile droite dite de Longueville et qui n'a pas été terminée. Au sommet des murs, une corniche à l'italienne soutient une balustrade flamboyante. L'**escalier Renaissance★** est l'un des premiers à intégrer des motifs d'origine italienne. Les pièces du rez-de-chaussée et la galerie Renaissance sont ornées de tapisseries de Paris et d'Amiens (17e s.). Dans la grande salle du 1er étage, coffres sculptés du 16e s. et, en vis-à-vis, monumentales cheminées des styles gothique et Renaissance.

Le jardin médiéval – Situé au pied du donjon, il ordonne soigneusement plantes médicinales, utilitaires et alimentaires que l'on cultivait au Moyen Âge. Roses et lis, fleurs traditionnellement attribuées à la Vierge, composent le carré du jardin de Marie.

Musée des Beaux-Arts et d'Histoire naturelle

☎ 02 37 45 55 36 - juil.-août : 9h30-18h30 ; avr.-juin et sept. : tlj sf mar. 9h30-12h, 13h30-18h ; oct-mars : 9h30-12h, 13h30-17h (dernière entrée 30mn av. fermeture) - fermé 1er janv., 1er Mai, 25 déc. - 3,32 € (-18 ans gratuit).

Ce musée abrite une remarquable **collection★** ornithologique (2 500 oiseaux) d'espèces naturalisées du monde entier. Une salle consacrée à l'archéologie égyptienne expose des objets funéraires provenant de tombes royales (époque thinite : 3100-2700 av. J.-C.) découvertes à Abydos. **Momies** et sarcophages d'époque romaine y sont aussi présentés. L'histoire locale est évoquée par la reconstitution d'un intérieur beauceron, par des souvenirs de la guerre de 1870 et par des objets issus de fouilles aux environs de Châteaudun. Une section d'art asiatique montre des porcelaines de la Compagnie des Indes ainsi que de nombreuses pièces de la collection Wahl-Offroy : armes du Moyen-Orient et d'Extrême-Orient, bijoux chinois, statuaire bouddhique et miniatures islamiques. On y trouve également une salle de peinture avec, entre autres, une série de paysages de l'Eure-et-Loir du 19e s. ainsi qu'un fragment de retable d'un bois polychrome réalisé au 16e s. par les ateliers d'Anvers.

Église St-Valérien

L'édifice (12e s.) est dominé par un haut clocher carré avec flèche de pierre à crochets (15e s.) ; sur le flanc sud, voyez le beau portail roman polylobé.

Chapelle N.-D.-du-Champdé

De cette chapelle de cimetière, détruite à la fin du 19e s., subsiste la façade flamboyante, au décor finement ciselé ; une délicate balustrade, soutenue par des consoles sculptées, court à la base du pignon où se tient la Vierge, patronne de l'édifice.

Grottes du Foulon

35 r. des Fouleries - ☎ 02 37 45 19 60 - www.grottes-du-foulon.net - ♿ - visite guidée (1h) juin-sept. : 10h-12h, 14h-18h ; horaires basse saison, se renseigner - 6 € (enf. 3 €).

Bordant la rue comme les nombreuses autres caves, elles doivent leur nom à l'activité des fouleurs qui, autrefois, assuraient le traitement des peaux. Les grottes, creusées par le Loir, présentent des voûtes tapissées de concrétions de silex, parfois transformées en géodes de calcédoine ou de quartz sous l'effet de la cristallisation.

Église St-Jean-de-la-Chaîne

Sortez au nord-ouest de la ville. Sur la rive droite du Loir, dans le faubourg St-Jean, un portail à accolades (début 16ᵉ s.) donne accès à l'ancien cimetière où se dresse l'église St-Jean, construite principalement au 15ᵉ s. *De Pâques à sept. : sam. 14h-17h.*
En revenant vers Châteaudun, belle vue sur la façade nord du château.

Se promener

VIEILLE VILLE★

La rue du Château, bordée de maisons à encorbellement, aboutit à une charmante placette où l'on remarque deux maisons anciennes (pilastres, poutres et médaillons sculptés).
Elle se poursuit par la rue de la Cuirasserie (bel hôtel à tourelle d'angle du 16ᵉ s.) qui débouche sur la **place Cap-de-la-Madeleine** ; à droite, l'hôtel-Dieu, fondé en 1092, complètement remanié en 1762 ; à gauche, le palais de justice occupe l'ancienne abbaye des Augustins, à l'architecture classique. Au 17ᵉ s., un abbé de Châteaudun fut à l'origine de la fondation de Cap-de-la-Madeleine, ville du Québec.

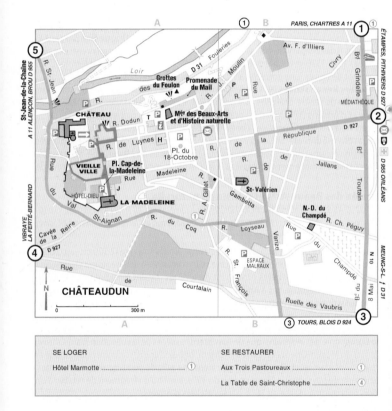

SE LOGER		SE RESTAURER	
Hôtel Marmotte	①	Aux Trois Pastoureaux	①
		La Table de Saint-Christophe	④

Adossée aux remparts, l'**église de la Madeleine★** présente sur sa façade nord une série de pignons pointus, disposition fréquente dans la région. Construite au 12ᵉ s. sur un plan ambitieux, elle ne put être achevée, faute de fonds. Au flanc sud, donnant sur le ravin, s'ouvre un portail roman aux voussures sculptées de figures humaines et d'animaux fantastiques. ℘ 02 37 45 22 46 *(office de tourisme)* - avr.-sept. : 7h30-20h ; oct.-mars : 8h-18h.

Descendre la rue des Huileries jusqu'à la rue de la Porte-d'Abas où, à gauche, près des ruines d'une porte romaine, s'élève la loge aux Portiers, du 16ᵉ s., ornée d'une statue de la Vierge.

Revenez par la rue St-Lubin bordée de belles maisons bourgeoises (n°s 2 et 12).

De retour devant le château, passer sous le porche au début de la rue de Luynes, s'engager dans l'impasse du cloître St-Roch, puis prendre à droite l'étroite et sinueuse venelle des Ribaudes qui débouche sur une petite place au bord du plateau : vous y découvrirez une jolie **vue** sur le Loir et sa vallée. À droite sur la place, beau logis du 15e s. à porte flamboyante et fenêtres à meneaux.

Par la rue Dodun, revenez vers le château.

Promenade du Mail

Le long du promontoire qui domine la vallée, elle a été agrandie et remodelée en jardin public. La **vue**★ s'étend sur les deux bras du Loir, le faubourg St-Jean et les coteaux du Perche.

Aux alentours

Lutz-en-Dunois
7 km à l'est, par la D 955.

Charmante **église** romane à clocher bas et toit en bâtière ; à l'intérieur, ne manquez pas les **peintures murales** du 13e s. aux chaudes tonalités ocre rouge et jaune. Apôtres et saints évêques voisinent avec l'Entrée du Christ à Jérusalem, la Mise au tombeau, la Résurrection du Christ et la Descente aux limbes.

Abbaye du bois de Nottonville
18 km à l'est, par la D 927 jusqu'à Varize, puis suivez le fléchage.

℘ 02 37 96 91 64 (Mme Pousse, ferme de l'Abbaye) - visite guidée (45mn) juil.-août : sur demande (2 j. av.) ; mai-juin et sept.-oct. : w.-end et j. fériés 14h30-18h30 - 3,10 € (7-12 ans 1,60 €).

Prieuré des 11e et 15e s., dépendant des moines bénédictins de Marmoutier. À voir en particulier, la porte fortifiée, le colombier et la grange à charpente carénée.

Moulin de Frouville-Pensier
À 10 km au sud-est : prenez la D 31 en direction d'Ozoir-le-Breuil, et sur la gauche la D 144 vers St-Cloud-en-Dunois.

℘ 02 37 98 70 31 - De Pâques à fin sept. : dim. et j. fériés 14h30 -18h30 - 2 €.

Parmi les moulins à vent de la Beauce, c'est le seul en pierre qui ait survécu. Ses origines remontent à 1274 mais, à la suite d'un incendie, il fut reconstruit en 1826. On peut le voir fonctionner et admirer ses meules impressionnantes (1,90 m et 1,30 m de diamètre), l'envergure de ses ailes (21 m) et sa toiture tournant à l'aide d'une queue gouvernail.

Musée de la Bataille du 2 décembre 1870 à Loigny-la-Bataille
34 km à l'ouest par la D 927, direction Janville, Pithiviers. À la sortie d'Orgères-en-Beauce, prenez à droite la petite D 39 - entrée par l'église-mémorial.

℘ 02 37 99 74 96 - du 1er dim. d'avr. au 2e dim. de déc. : dim. 14h30-17h30 - fermé j. fériés - 4 €.

La date ne vous rappelle rien ? C'est bien naturel, et pourtant… Le 2 décembre 1870 vit ici périr 9 000 hommes, marquant le village dans son nom et par cette église-mémorial néoromane, accolée au musée. Dans la crypte se trouvent les tombeaux des généraux de Charette et de Sonis ; dans la nef, les tableaux de Lionel Royer illustrent la nuit de la bataille contre l'armée prussienne. Les ossements de soldats (1 200 Français et une soixantaine de Prussiens) sont rassemblés dans un ossuaire. Le musée présente une collection unique d'objets, d'armes et d'uniformes de la guerre de 1870.

Château de Villeprévost
Tillay-le-Péneux, à 34 km à l'ouest par la D 927, direction Janville, Pithiviers. 3 km après Orgères-en-Beauce, prenez à droite la petite D 118 via Tanon.

℘ 02 37 99 45 17 - de Pâques à mi-oct. : w.-end et j. fériés 13h-19h - tarifs, se renseigner.

Entourée d'un parc à la française dessiné par un élève de Le Nôtre, cette gentilhommière des 17e et 18e s. appartenait à Amand François Fougeron, conseiller du roi et juge de paix d'Orgères. C'est grâce à son intervention que fut arrêtée la redoutable bande des « chauffeurs d'Orgères », plus de 300 malfaiteurs qui terrorisaient la région en brûlant les pieds de leurs victimes ! Leur interrogatoire eut lieu à Villeprévost, dans le salon du château. Le beau colombier du 16e s. contient les terribles masques mortuaires des condamnés.

Châteaudun pratique

Adresse utile

Office du tourisme de Châteaudun – *1 r. de Luynes, 28200 Châteaudun -* 📞 *02 37 45 22 46 - www.ville-chateaudun.com - lun.-sam. : 9h-12h30, 14h-18h30 ; mi-juin-mi-sept. : dim. 10h-13h ; fermé j. fériés.*

Visite

Nocturnes – *Juil-août : 21h - sur réservation à l'office de tourisme - 2 €.* Visites animées de la ville.

Se loger

🍴 **Hôtel Marmotte** – *Les Garennes RN 10 -* 📞 *02 37 45 78 78 -* ☐ *- 50 ch. 37 € -* ☐ *5,30 € - rest. 12,50/15,50 €.* Le centre-ville compte peu d'établissements corrects, ce qui rend intéressant cet hôtel-restaurant géré de façon assez traditionnelle. Des chambres très classiques, avec un équipement convenable (douche, WC, TV et téléphone) et un mobilier contemporain. Des prix abordables pour une étape en ville.

Se restaurer

🍴🍴 **Aux Trois Pastoureaux** – *31 r. André-Gillet -* 📞 *02 37 45 74 40 - www.aux-trois-pastoureaux.com - fermé 25 juil.-7 août, merc. midi, dim. soir et lun. - 20/43 €.* Le mariage des styles Art déco et rustique caractérise le cadre confortable de cette maison connue comme étant la plus ancienne auberge de Châteaudun. Plats au goût du jour.

🍴🍴 **La Table de Saint-Christophe** – *3 pl. St-Ouen - 28200 St-Christophe -* 📞 *02 37 66 30 26 - www.table-saint-christophe.fr - 18,50/28,50 €.* Sa situation au bord du Loir donne à ce restaurant à la terrasse fleurie des airs de guinguette d'un autre temps, mais c'est sa carte séduisante qui attire aussi les connaisseurs. Une cuisine régionale, qui offre une place de choix aux plats de poissons. Il est vivement conseillé de réserver en été ou le week-end.

Sports & Loisirs

Centre équestre Dunois – 👥 *- Chemin de St-Martin -* 📞 *02 37 66 00 00 - www.centre-equestre-dunois.com.* Outre les activités habituellement proposées par ce genre d'établissement, on pourra également partir à la découverte de la région à dos de cheval ou de poney. Des randonnées pouvant durer plusieurs jours avec étapes en gîte, à la ferme ou en camping. De quoi ravir petits et grands.

Club Canoë Kayak – *Les Grands Moulins -* 📞 *02 37 45 53 63.* Pour découvrir tous les charmes de la vallée du Loir, rien de tel qu'une promenade en canoë ou en kayak. Deux circuits possibles, commençant à Bonneval ou à St-Christophe, avec un transport assuré jusqu'au point de départ. La rivière, assez calme, offre une descente agréable, même pour les plus jeunes.

Châteauneuf-sur-Loire

7 032 CASTELNEUVIENS
CARTE GÉNÉRALE D2 – CARTE MICHELIN LOCAL 318 K4 – LOIRET (45)

De l'antique « château neuf » construit par les premiers Capétiens, autrefois l'un des plus beaux de Loire, ne subsistent que quelques vestiges. Lot de consolation : une promenade dans son beau parc, ou sur les quais, et surtout, le long du charmant canal d'Orléans, dont une partie est ouverte à la navigation.

- ▶ **Se repérer** – À 25 km à l'est d'Orléans, sur la rive droite de la Loire. Mais prendre de préférence la petite route qui longe le fleuve, sur la rive gauche.

- 👁 **À ne pas manquer** – La découverte de la marine de Loire ; le mausolée de l'église St-Martial.

- 🕐 **Organiser son temps** – Comptez 1h30 pour la ville, 1h pour les alentours.

- 👪 **Avec les enfants** – Baignade et pêche à l'étang de la Vallée, ou promenade sur les chemins de halage du canal *(voir Châteauneuf-sur-Loire pratique).*

- ⚲ **Pour poursuivre la visite** – Voir aussi Orléans, St-Benoît-sur-Loire, Sully-sur-Loire.

Visiter

Parc du château

Après la Révolution, le château fut vendu à un architecte orléanais qui entreprit sa démolition ; seuls subsistent la rotonde et la galerie (17ᵉ s.), les communs ainsi que les pavillons d'avant-cour, en partie occupés aujourd'hui par la mairie. Le parc, bordé de douves dont la section ouest, en eau, est franchie par une gracieuse passerelle de pierre, est planté d'essences exotiques et de **rhododendrons** géants. Vous en goûterez d'autant mieux couleurs et parfums au moment de la floraison, fin mai ou début juin.

Musée de la Marine de Loire

1 pl. Aristide-Briand - ⌀ *02 38 46 84 46 - www.musees.regioncentre.fr -* ♿ *- avr.-oct. : tlj sf mar. 10h-18h ; nov.-mars : tlj sf mar. 14h-18h (dernière entrée 30mn av. fermeture) - fermé 1ᵉʳ janv., 1ᵉʳ Mai, 25 déc. - 3,50 € (enf. 2 €).*

👪 Installé dans les anciennes écuries du château, cet intéressant petit musée met en valeur l'importance de la Loire au cours des siècles : techniques de la navigation ligérienne, entretien et aménagement du fleuve, transport des marchandises et des voyageurs, rôle économique du bassin. Les collections proviennent essentiellement de dons de descendants de « voituriers par eau » : objets, vêtements, bijoux, outils de charpente et surtout une très belle collection de faïences de Nevers. Une évocation de l'œuvre de Maurice Genevoix conclut logiquement la visite.

Le long des quais, reconstitution de bateaux (toue, gabare, futreau) qui animaient autrefois le fleuve.

Faïence de Nevers du 18ᵉ s., à décor de bateau de Loire.

Musée de la marine de Loire, Châteauneuf sur Loire

Église St-Martial

Construite dans le style gothique à la fin du 16ᵉ s., elle perdit sa nef dans l'incendie de 1940. À l'intérieur, le **mausolée★** de marbre de Louis Phélypeaux de La Vrillière, conseiller de Louis XIV, décédé en 1681. Sculpté en Italie par un disciple du Bernin, cet imposant mausolée de style baroque est encadré de deux squelettes faisant office de cariatides.

Halle St-Pierre

Ce curieux bâtiment aux colonnes de bois, voisin de l'église, est un ancien hangar à bateaux transformé en 1854 en marché aux grains.

Aux alentours

Combreux

13 km au nord-est par la D 10, puis la D 9. Au bord du canal, Combreux se signale, à sa sortie nord sur la D 9, par son spectaculaire **château** de brique à chaînages de pierre (19ᵉ s.), entouré de douves.

Étang de la Vallée★

2 km à l'ouest de Combreux.

L'étang-réservoir du canal d'Orléans, avec sa presqu'île plantée de sapins, campe en lisière de la forêt d'Orléans dans un site sauvage de bois profonds et d'herbes hautes où poules d'eau et canards se livrent à leurs tranquilles ébats. Des zones sont aménagées pour la pêche et la baignade, tandis que plus loin, des canoës sillonnent l'étang dès les premiers beaux jours. *Minigolf de 18 trous et parc de loisirs. Découverte de la faune et de la flore en bateau promenade : se renseigner au ☎ 02 38 46 82 91.*

Le canal d'Orléans

Construit de 1677 à 1692, le canal d'Orléans relie la Loire au Loing en aval de Montargis sur 78,65 km. Après une intense activité de près de 250 ans (bois et charbon vers Paris), il fut déclassé en 1954. Sa restauration progressive prévoit la remise en état d'une partie des écluses en vue de réhabiliter la navigation de plaisance. De part et d'autre du canal, jalonné de panneaux d'interprétation, le chemin de halage permet de jolies promenades à pied ou à VTT.

Fay-aux-Loges

9 km au nord-ouest par la D 11. Village au bord du canal d'Orléans avec une belle **église** trapue, aux lignes dépouillées (11ᵉ-13ᵉ s.). Derrière l'église, le presbytère occupe une maison forte.

Chécy

15 km à l'ouest par la D 960. Les origines lointaines de ce village remontent aux Celtes de la tribu des Carnutes. Derrière l'église (qui accueillit Jeanne d'Arc à la veille du siège d'Orléans), un petit **musée de la Tonnellerie** et une fermette restaurée rappellent qu'autrefois les Caciens travaillaient surtout la vigne. *Pl. du Cloître - ☎ 02 38 86 95 93 - www.checy.fr - juin.-sept. : tlj sf lun. et mar. 14h30-18h ; mai et oct. : w.-end et j. fériés 14h30-18h - possibilité de visite guidée (1h) - fermé 1ᵉʳ Mai - 2,50 € (8-16 ans 1 €).*

Châteauneuf-sur-Loire pratique

Voir aussi l'encadré pratique d'Orléans.

Adresse utile

Office de tourisme – *3 pl. A.-Briand - 45110 Châteauneuf-sur-Loire - ☏ 02 38 58 44 79 - juil.-août : 9h30-12h30, 14h-19h, dim. et j. fériés 9h30-12h30 ; sept. : lun.-sam. 9h30-12h30, 14h-19h ; fermé du 23 déc. au 2 janv. et j. fériés ; horaires basse saison, se renseigner.*

Se loger

Chambre d'hôte Cervina – *28 rte de Châteauneuf - 45110 Germigny-des-Prés - 3 km au SE de Châteauneuf par D 60 - ☏ 02 38 58 21 15 - marie.kopp@free.fr - ⚹ - 5 ch. 39/50 € ⏛.* Bon accueil et convivialité comptent parmi les atouts de cette maison bâtie au 19e s. Pas de luxe inutile dans les petites chambres ; deux d'entre elles sont mansardées, les trois autres se situent en rez-de-jardin. En été, repas servis sous la tonnelle ; barbecue. Table d'hôte assurée en hiver. Cuisine à disposition toute l'année.

Chambre d'hôte Les Saules – *18 r. des Jardins-du-Couloir - 45460 Bray-en-Val - ☏ 02 38 29 08 90 ou 06 72 47 07 73 - fermé 10 j. en mars et 10 j. en oct. - ⚹ - 4 ch. 49/59 € ⏛.* Accueil sympathique et ambiance conviviale vous attendent dans cette ancienne fermette surplombant une propriété de 3 ha. Parmi les 4 chambres, on optera plus volontiers pour celle se trouvant dans la petite maison en retrait. Billard, piano et bibliothèque à disposition. Petits-déjeuners très consistants.

Chambre d'hôte M. et Mme Bouin Ferme de la Borde – *6 chemin de la Borde - 45730 St-Benoît-sur-Loire - ☏ 02 38 35 70 53 - www.fermedeleborde.com - ⚹ - 6 ch. 49/55 € ⏛ - repas 18 €.* Venez découvrir les charmes de la vie agricole dans cette ferme en activité. La table d'hôte, riche des saveurs du potager, offre une place de choix à la fameuse andouille de Jargeau. Côté hébergement, confort et propreté dans chacune des 6 chambres, dont une spécialement étudiée pour personnes à mobilité réduite.

Hostellerie du Château – *4 rte de Paris - 45600 Sully-sur-Loire - ☏ 02 38 36 24 44 - www.hostellerie-du-chateau.fr - 🅿 - 42 ch. 59/64 € - ⏛ 8,50 € - rest. 25/42 €.* Construction récente abritant des chambres fonctionnelles assez plaisantes et très bien tenues ; la moitié a vue sur le château de Sully. Atmosphère un brin « British » dans la confortable salle à manger habillée de boiseries. Table traditionnelle.

Chambre d'hôte La Ferme du Grand Chesnoy – *Lieu-dit Grand-Chesnoy - 45260 Chailly-en-Gâtinais - 8,5 km au N de Lorris par D 44 rte de Bellegarde et rte secondaire à droite - ☏ 02 38 96 27 67 - fermé déc.-mars - ⚹ - réserv. obligatoire en hiver - 4 ch. 65 € ⏛.* Une immense propriété composée de bois, champs et étangs entoure cette ferme bordée par le canal d'Orléans. Les chambres, aménagées dans une tour de 1896, ont gardé l'esprit campagnard. Le jardin et son pigeonnier sont charmants. Tennis et sentiers de randonnée.

Se restaurer

La Bonne Étoile – *1 r. de la Poste - 45460 Les Bordes - ☏ 02 38 35 52 15 - fermé 22-28 août, 1er-7 fév., mar. soir, dim. soir et lun. - 15/34 €.* Engageante petite auberge champêtre au bord d'une route passagère. La salle à manger, au décor rustique et coloré, est très chaleureuse. Cuisine traditionnelle.

Le Grand St-Benoît – *7 pl. St-André - 45730 St-Benoît-sur-Loire - ☏ 02 38 35 11 92 - www.hoteldulabrador.fr - fermé 28 août-7 sept., 19 déc.-11 janv., sam. midi, dim. soir et lun. - 23/45 €.* Maison régionale à la façade pimpante, au centre du village. Salle à manger aux poutres apparentes ou terrasse sur une place piétonne. Cuisine au goût du jour, bien tournée et à prix raisonnables.

Sports & Loisirs

Détente en famille – *45450 Fay-aux-Loges.* Des zones sont aménagées pour la pêche et la baignade, tandis que plus loin, des canoës sillonnent l'étang dès les premiers beaux jours. Minigolf de 18 trous et parc de loisirs. Découverte de la faune et de la flore en bateau promenade : *se renseigner au ☏ 02 38 46 82 91.*

Bon à savoir – Pour les canoës, l'accès au canal est facilité par les passes contournant les écluses.

L'Oussance – *45450 Fay-aux-Loges - ☏ 02 38 46 82 91 - canal.orleans@ wanadoo.fr - dép. 15h30 - fermé nov.-mars et mar. - 8,30 € (enf. 3,30 €).* Cette société vous propose d'agréables promenades en bateau sur le canal d'Orléans. Vous pourrez y découvrir la faune et la flore régionales particulièrement riches entre la Loire et le canal.

Balades à pied ou à VTT – Plusieurs circuits de promenade à pied ou à VTT en forêt ou le long du canal d'Orléans sont disponibles à l'office de tourisme.

Château de **Chaumont-sur-Loire**★★

CARTE GÉNÉRALE C3 –
CARTE MICHELIN LOCAL 318 E7 – SCHÉMA P. 155 – LOIR-ET-CHER (41)

Puissant, trapu, encore très féodal d'inspiration, avec ses grands balcons sculptés, son élégante tour d'escalier et sa somptueuse salle du Conseil, Chaumont annonce déjà Blois et Chenonceau. Dans le parc, chaque année, le très couru Festival international des jardins attire des milliers de visiteurs.

- ▶ **Se repérer** – À mi-chemin entre Amboise (20 km au sud) et Blois (17 km au nord), le château domine le village étiré sur la rive gauche de la Loire.
- 👁 **À ne pas manquer** – L'architecture du château ; les majoliques de la salle du Conseil ; les belles écuries ; le Festival des jardins en saison.
- 🕓 **Organiser son temps** – Comptez 1h30 pour le château, les communs et le parc, 1h pour le Festival des jardins.
- 👥 **Avec les enfants** – Les cuisines odorantes et « vivantes » du château.
- 🌿 **Pour poursuivre la visite** – Voir aussi Amboise, Blois, le château de Fougères-sur-Bièvre, Montrichard.

La quatrième aile du château fut rasée au 18ᵉ s., formant une terrasse ouverte sur la Loire.

Comprendre

De la forteresse au château d'agrément – C'est à la fin du 10ᵉ s. que les comtes de Blois décident d'édifier une forteresse à Chaumont (*Calvus mons*, ou mont chauve), pour se protéger des attaques répétées de Foulques III Nerra *(voir p. 65)*. À la faveur d'un mariage, le château devient propriété de la famille d'Amboise pendant cinq siècles.

En 1465, Louis XI, reprochant à Pierre d'Amboise de s'être rallié à ses opposants de la Ligue, ordonne sa destruction. Mais bientôt la famille d'Amboise est rétablie dans ses fonctions, et entre 1469 et 1481, Pierre et Charles Iᵉʳ édifient les ailes nord (aujourd'hui disparue) et ouest. Charles II d'Amboise réalise les ailes sud et est entre 1498 et 1511. De l'Italie, où ils se sont illustrés lors des guerres, les Amboise ont rapporté le goût des arts, et ils introduisent avec précocité les premiers éléments de la Renaissance dans cette deuxième phase de reconstruction. Une frise des C entrelacés de Charles de Chaumont-Amboise et de ses armes parlantes – une montagne qui brûle, « chaud mont » – court sur les façades extérieures.

En 1560, Catherine de Médicis, veuve d'Henri II, n'acquiert le château que pour se venger de **Diane de Poitiers**, la favorite du défunt roi. Elle oblige Diane à lui céder sa résidence préférée, Chenonceau *(voir ce nom)*, en échange de Chaumont. Mais Diane n'y séjournera jamais et terminera ses jours dans son château d'Anet.

Devenu propriétaire en 1750, **Jacques Donatien Le Ray**, constatant le mauvais état de l'aile nord, décide sa destruction et crée ainsi une terrasse sur la Loire. Intendant des Invalides et devenu citoyen américain, il réussit pendant la Révolution à protéger le château.

En 1810, exilée par Napoléon, **Mme de Staël** passe quelque temps à Chaumont. Elle y travaille, entourée de sa « cour », où l'on compte Benjamin Constant et Mme Récamier. À ses hôtes qui lui vantent le paysage de la Loire, Mme de Staël répond mélancoliquement : « Oui, ce spectacle est admirable, mais combien je lui préfère mon ruisseau de la rue du Bac. »

En 1875, le château est racheté par **Mlle Say**, héritière des sucriers du même nom, qui épouse le prince Amédée de Broglie. Pendant vingt-cinq ans, le couple entreprend de restaurer Chaumont, le meuble et le décore de nombreux objets d'art. Le prince, qui confie la création du parc au paysagiste Henri Duchêne, fait construire de somptueuses écuries et réalise une « ferme modèle » alimentée par une usine hydroélectrique. La princesse donne des fêtes éblouissantes, avant finalement de se retirer, ruinée, à Paris et de céder le château à l'État en 1938.

Visiter

Parc

📞 02 54 51 26 26 - ♿ - de la 2e sem. de mai à mi-sept. : de 9h à la tombée de la nuit ; de déb. avr. à la 1re sem. de mai et de mi-sept. à fin sept. : 10h-18h ; oct.-mars : 10h-17h - fermé 1er janv., 1er et 11 Nov., 25 déc. - gratuit.

La montée à pied prend une dizaine de minutes, agréable promenade qui traverse le beau parc paysager conçu par Henri Duchêne à la fin du 19e s. Les allées serpentent à travers cèdres du Liban, séquoias et tilleuls.

De la terrasse, s'ouvre une **vue★** superbe sur le grand fleuve et sa vallée, les berges et ses eaux lumineuses.

Bâtiments

La façade extérieure ouest, la plus ancienne, offre un aspect sévère, avec son appareil militaire. Les deux autres façades, tout en conservant une apparence féodale, ont subi l'influence de la Renaissance. Devant chaque mâchicoulis du châtelet et de l'aile est, repérez l'emblème sculpté de Diane de Poitiers : 2 D entrelacés, ou bien le cor, l'arc et le carquois, attributs de Diane chasseresse. Elle avait elle-même fait refaire cette partie du chemin de ronde.

Au-dessus de la porte d'entrée, sont sculptées les armes de France avec les initiales de Louis XII et d'Anne de Bretagne, sur un champ de fleurs de lis et d'hermines, en hommage aux souverains régnants.

Appartements

📞 02 54 51 26 26 - www.monum.fr - de la 2e sem. de mai à mi-sept. : 9h30-18h30 ; de déb. avr. à la 1re sem. de mai et de mi-sept. à fin sept. : 10h30-17h30 ; oct.-mars : 10h-12h30, 13h30-17h (dernière entrée 30mn av. fermeture) - possibilité de visite guidée (1h) - fermé 1er janv., 1er Mai, 1er et 11 Nov., 25 déc. - 6,50 € (-18 ans gratuit).

Ils comprennent entre autres : les chambres des deux rivales, Catherine de Médicis et Diane de Poitiers, celle de Ruggieri, et la salle du Conseil pavée de fabuleuses **majoliques★** (scènes de chasse), céramiques espagnoles du 17e s., achetées à Palerme par le prince de Broglie ; une remarquable série de 7 tapisseries tendues mur à mur, pour chaque jour de la semaine, dites « aux Planètes » (Bruxelles, 16e s.) ; et dans la bibliothèque, une belle collection de **médaillons★** en terre cuite exécutés par Nini au 18e s. Cet artiste italien, graveur sur verre et céramiste, avait son atelier dans les écuries.

On a fait de cette salle le cabinet de Ruggieri, l'astrologue de la reine, et, de la tour, l'observatoire d'où Catherine et son maître en cabale interrogeaient les astres.

C'est à Chaumont que la reine aurait lu dans l'avenir le sombre destin qui attendait ses trois fils François II, Charles IX et Henri III, ainsi que l'avènement des Bourbons avec Henri IV. C'est du moins ce que dit la légende créée au 19e s., autour de Catherine de Médicis, Ruggieri et Nostradamus.

Vous pouvez enfin gagner le sous-sol du château, où l'on visite les cuisines du 19e s. récemment restaurées.

L'éléphant de Chaumont

En 1906, mourait au Jardin d'acclimatation à Paris un célèbre éléphant. Offert à la princesse de Broglie par le maharadja de Kapurthala, l'animal avait finalement pris froid dans les écuries de Chaumont. Il faisait pourtant grande impression lors de ses promenades dans le parc.

Écuries★

♿ - *mêmes conditions de visite que les appartements. Des promenades en voiture à cheval sont organisées par les écuries du domaine de Chaumont.*

Leurs dimensions et leur luxe donnent une idée de la place que tenait, dans les familles princières, la plus noble conquête de l'homme. Construites en 1877 par le prince de Broglie, elles étaient éclairées à l'électricité dès 1906. Dans la deuxième cour, où est installé un petit centre équestre, on recevait les chevaux et les équipages des invités, soigneusement séparés des « résidents » pour des raisons prophylactiques ; dans un angle, curieuse tour à double toit, ancien four du céramiste Nini transformé en manège pour les enfants du château.

A. Cassaigne / MICHELIN

Le Festival renouvelle entièrement ses jardins pour chaque thème annuel.

Festival international des jardins

Entrée et parking par le haut de la ville : dans Chaumont, au feu tricolore, suivez dir. Montrichard, puis tournez à droite au 1ᵉʳ carrefour, en direction de l'école - ☎ 02 54 20 99 22 - www.chaumont-jardin.com - de fin avr. à mi-oct. : de 9h30 à la tombée de la nuit - possibilité de visite guidée (1h15) - 9 € (enf. 3,50 €).

Tous les ans, trente paysagistes imaginent et créent trente variations végétales différentes, sur trente parcelles. Une passerelle en faux rondins de bois, un escalier creusé dans un arbre en… ciment : vous voilà introduit, non sans humour, dans un merveilleux monde végétal. Ni parc paysager ni jardin botanique, c'est un lieu unique, esthétisant, éphémère, à l'affût des modes, où s'exprime une créativité débridée dans l'art des jardins, de l'horticulture et des paysages.

Inauguré pour la première fois en 1992, le festival annuel tend à faire découvrir au grand public des créations contemporaines, introduisant parmi les végétaux des matières minérales, synthétiques ou recyclées ou inaugurant des techniques de culture audacieuses, telles que les murs « végétalisés ». Tous les ans, les œuvres de l'année précédente sont démontées et un thème nouveau est soumis aux paysagistes internationaux sélectionnés sur concours. Chacun rivalise d'imagination et d'innovation dans l'aménagement de la parcelle de terre (environ 250 m²) qui lui est attribuée.

Dans la ferme du château, le **Conservatoire international des parcs et jardins et du paysage** *(ne se visite pas)* propose des ateliers thématiques permettant d'acquérir des connaissances complémentaires en botanique et en jardinage. Une école de paysage et des enseignements universitaires complètent ce dispositif.

Chaumont pratique

♿ Voir aussi les encadrés pratiques d'Amboise, de Blois.

Adresse utile

Office de tourisme – *R. du Mar.-Leclerc - 41150 Chaumont-sur-Loire - ☎ 02 54 20 91 73 - www.chaumontsurloire.info - juin-août : 9h30-12h30, 13h30-19h ; mai : tlj sf dim. 9h30-12h30, 13h30-19h (avr. 17h30) ; reste de l'année se renseigner - fermé du 23 déc. à fin janv.*

Château de **Chenonceau**★★★

CARTE GÉNÉRALE C3 – CARTE MICHELIN LOCAL 317 P5 – SCHÉMA P. 155 –
INDRE-ET-LOIRE (37)

Féerique passerelle de pierre blanche, Chenonceau déploie son image en miroir : aérienne, lumineuse et délicate, ou aquatique, tremblante et rêveuse. « Son calme n'a rien d'ennuyeux et sa mélancolie n'a pas d'amertume », écrivait Flaubert. Moins historique que Blois, bien plus discret que Chambord, presque gracile aux côtés d'Angers ou de Chinon, plus comparable enfin à Azay-le-Rideau, c'est le plus charmant de tous les châteaux de la Loire, celui dont vous garderez le souvenir le plus ému, le « château des Dames »…

- **Se repérer** – À 14 km au sud d'Amboise, Chenonceau enjambe le Cher dans un cadre naturel où se mêlent harmonieusement les eaux, les jardins et les frondaisons.

  En train – Quelques trains de la ligne Tours-Vierzon desservent Chenonceaux. Compter 25mn au départ de Tours. La gare de Chenonceaux est à 200 m de l'entrée du château. L'aller-retour est possible dans la journée.

- **À ne pas manquer** – L'exceptionnelle visite des jardins illuminés la nuit ; les appartements des célèbres dames du château ; le Cabinet vert ; la Grande Galerie.

- **Organiser son temps** – Comptez 2h pour le site, autant pour les environs.

- **Avec les enfants** – Le labyrinthe, le musée de Cires, le parc aux ânes ou l'aire de jeux pour les plus jeunes, la découverte du château avec la fiche-jeu « Sur la piste de l'enfant Roy » ou avec un iPod pour les plus grands.

- **Pour poursuivre la visite** – Voir aussi Amboise, Loches, Montrichard, et Tours.

> ### X ou pas x ?
> L'origine du nom de Chenonceau est pour le moins hasardeuse… Un ablatif pluriel de *cellis* qui expliquerait le « ceaux » ; quant au Chenon… évoque-t-il une ancienne chênaie ? Le mystère reste entier. Une chose est sûre en revanche : Chenonceaux, commune, comporte un x ; le château n'en a pas.

Comprendre

UN CHÂTEAU DE DAMES

Catherine Briçonnet, la bâtisseuse – En 1512, Thomas Bohier, intendant des Finances de François Ier, achète Chenonceau pour 12 400 livres. Il fait immédiatement raser les bâtiments anciens, manoir et moulin, à l'exception du donjon. Très absorbé par sa charge et souvent à la suite des armées dans le Milanais, il ne peut diriger les travaux de construction de sa nouvelle résidence. C'est donc sa femme, Catherine, qui les surveille et en devient l'âme. On sent d'ailleurs, dans le site choisi pour l'édifice et dans sa conception, cette influence féminine qui le singularise.
Sur la porte du château, se lisent les initiales « TBK » (Thomas Bohier et Katherine), avec la devise : « S'il vient à point, me souviendra. » Peut-être doit-on comprendre que si l'édifice est mené à bien, il gardera le souvenir de celui qui l'a bâti. Le château est achevé en 1521, mais Bohier et sa femme n'eurent guère le temps d'en profiter puisqu'ils meurent en 1524 et 1526. Quelques années plus tard, il apparut que Bohier était redevable de fortes sommes au Trésor (on imagine sans peine où l'argent avait été… investi). Pour payer la dette de son père, Antoine Bohier cède, en 1535, le château à François Ier, qui l'utilise comme rendez-vous de chasse.

Diane de Poitiers, la toujours belle – En 1547, quand Henri II monte sur le trône, il offre Chenonceau à Diane de Poitiers. Veuve de Louis de Brézé, pour lequel elle a fait élever un splendide tombeau dans la cathédrale de Rouen, Diane porte toujours les couleurs de deuil : noir et blanc. Son emprise sur le jeune Henri II est si forte qu'elle les lui fait adopter, sans compter toutes les faveurs dont elle bénéficie, au grand dam de la reine, reléguée et humiliée. Diane a pourtant dix-neuf ans de plus que lui, soit 32 ans. Elle restera longtemps extrêmement séduisante. « Je l'ai vue, écrira plus tard un contemporain, en l'âge de 70 ans [en fait, elle mourut à 67 ans], aussi belle de face et aussi aimable comme en l'âge de 30 ans. Et surtout, elle avait une très grande blancheur et sans se farder aucunement. »
Habile gestionnaire, Diane entend rentabiliser son domaine foncier et sa châtellenie : elle s'intéresse aux travaux agricoles, à la vente du vin, aux revenus fiscaux et à tout ce qui peut rapporter bon et bel argent. Elle trouve d'abondantes ressources dans l'impôt de 20 livres par cloche, dont elle reçoit une bonne part, ce qui fait dire à

F. Soreau / MICHELIN

Le château de Chenonceau campé sur les deux piles de l'ancien moulin, dans le lit du Cher.

Rabelais ce mot terrible : « Le roi a pendu toutes les cloches du royaume au col de sa jument. » Mais elle est aussi femme de goût, et projette un pont reliant le château à ses jardins aménagés sur l'autre rive du Cher.

La mort d'Henri II, tué en 1559 lors d'un tournoi, remet tout en cause : Catherine de Médicis, reine patiente et dissimulée, avait accepté le « partage » ; régente, elle savoure sa vengeance. Sachant Diane très attachée à Chenonceau, elle frappe au point sensible en l'obligeant à le lui céder en échange de Chaumont. L'ex-favorite doit se soumettre : elle quitte les rives du Cher, mais pour se retirer au château d'Anet, où elle meurt sept ans plus tard.

Catherine de Médicis, la fastueuse – Avec le goût des arts, Catherine de Médicis a celui du faste : Chenonceau satisfera l'un et l'autre. Elle a confié presque certainement le projet à Jean Bullant. Le pont est doté d'une galerie à double étage, et de vastes communs sont bâtis. Surtout, les fêtes se succèdent : il y a celle de l'entrée de François II et de Marie Stuart, puis celle de **Charles IX**, plus brillante encore. Repas, danses, mascarades, feux d'artifice, combat naval sur le Cher : rien ne manque aux réjouissances.

Louise de Lorraine, l'inconsolable – Catherine a légué Chenonceau à sa belle-fille, Louise de Lorraine, femme d'Henri III. Après l'assassinat du roi par Jacques Clément, Louise se retire au château, prend le deuil en blanc selon l'étiquette royale et le garde jusqu'à la fin de sa vie, d'où le nom de « reine blanche » ou « dame blanche » qui lui fut donné. Elle vit ainsi onze ans, priant souvent dans sa chambre ornée d'un sombre décor funèbre.

Après Louise de Lorraine, Chenonceau échoit à sa nièce, Françoise de Lorraine, épouse de César de Vendôme, le fils d'Henri IV et de Gabrielle d'Estrées qui avaient eux-mêmes séjourné ici en 1598.

Mme Dupin, amie des Lettres et de Jean-Jacques Rousseau – En 1733, le fermier général Dupin en devient propriétaire. Son épouse y tient un salon où défilent toutes les célébrités de l'époque. Jean-Jacques Rousseau est nommé précepteur du fils de Mme Dupin. Le fameux traité d'éducation *Émile* est justement rédigé à son usage. Dans les *Confessions*, le philosophe parle avec chaleur de cet heureux temps : « On s'amusait beaucoup dans ce beau lieu, on y faisait très bonne chère, j'y devins gras comme un moine. » Entourée de l'affection des villageois, grâce à quoi la demeure traverse la Révolution sans dommage, Mme Dupin vieillit ici et, selon son vœu, fut enterrée dans le parc.

Le château est actuellement la propriété de la famille Menier.

Visiter

📞 0 820 20 90 90 - www.chenonceau.com - juil.-août et w.-end de Pâques, 1er et 8 Mai, Ascension et Pentecôte : 9h-20h ; juin et sept. : 9h-19h30 ; de mi-mars à fin mai : 9h-19h ; oct. : 9h-18h30 ; du 28 oct. au 4 nov. : 9h-18h ; du 10 fév. au 15 mars : 9h30-18h ; du 1er janv. au 9 fév. et de déb. nov. à fin déc. : 9h-17h - 9,50 € château et jardins (7-18 ans 7,50 €). Accès au château jusqu'à 30mn après fermeture de la billeterie - l'été, nocturne (21h30-23h) dans les jardins 5 € (-7 ans gratuit) - aires de pique-nique le long des douves.

L'arrivée

À l'approche du château, après être passé entre deux sphinx, on aperçoit, à droite, les communs élevés sur les plans de Philibert Delorme (musée de Cires, self-service et orangerie, fort élégamment transformée en restaurant et salon de thé). Franchissant un pont, on rejoint une terrasse entourée de douves. À gauche s'étend le jardin de Diane de Poitiers ; à droite, celui de Catherine de Médicis, bordé par les grands arbres du parc. Sur la terrasse se dresse le **donjon** du château des Marques, qui possédaient la seigneurie au 15e s.

Le château

Il se compose d'un corps de logis carré, avec des tourelles aux angles. À gauche, en saillie, se trouvent la librairie et la chapelle. Sur le pont du Cher s'élève la galerie à deux étages de Catherine de Médicis. Sa masse, d'une sobriété déjà classique, contraste avec la partie plus ancienne et la fait apparaître comme une construction annexe.

Rez-de-chaussée – Couvert d'une voûte d'ogives, le vestibule dessert les quatre principales pièces du rez-de-chaussée.

À gauche, la salle des Gardes écossais d'Henri II, pavée de majoliques et ornée de tapisseries flamandes du 16e s. ; la chapelle attenante abrite un fin bas-relief en marbre représentant une *Vierge à l'Enfant*, du 16e s.

Dans la chambre de Diane de Poitiers, magnifique cheminée sculptée par Jean Goujon, et émouvante *Vierge à l'Enfant*, attribuée à Murillo. Dans le **Cabinet vert★★** de Catherine de Médicis, une surprenante tapisserie de Bruxelles (16e s.), des œuvres de Jordaens et du Tintoret *(La Reine de Saba recevant Salomon)*. Le plafond du 16e s. est un exemple unique au château de peinture à la tonalité verte appliquée sur des feuilles d'étain. La petite pièce attenante qui donne sur le Cher servait de librairie à Catherine de Médicis ; elle a conservé son magnifique plafond à caissons datant de 1525 (chêne sculpté).

La **Grande Galerie★** sur le Cher, longue de 60 m, au dallage noir et blanc, fut transformée en infirmerie militaire pendant la Première Guerre mondiale et coupée par la ligne de démarcation entre 1940 et 1942. À l'extrémité de la galerie, un pont-levis, levé chaque soir, donne accès aux espaces boisés de la rive gauche du Cher et au tombeau de Mme Dupin.

Dans la **chambre de François Ier**, on remarque l'imposante cheminée Renaissance et plusieurs toiles remarquables.

> ### Quelques trésors
>
> Dans la **chambre de François Ier**, *Les Trois Grâces* de Van Loo, *Diane de Poitiers en chasseresse* du Primatice, un superbe meuble italien (16e s.) incrusté de nacre et d'ivoire. Dans le **salon** au magnifique plafond à la française, des œuvres de Rubens *(Jésus et saint Jean-Baptiste)*, de Nattier *(Mme Dupin)*, et un portrait de Louis XIV, par Rigaud, dans un cadre somptueux.

1er étage – On y accède par un superbe **escalier à rampe droite**, perpendiculaire au vestibule, qui fut, en France, une innovation pour l'époque. Du vestibule (scènes de chasse), on pénètre dans les chambres de Gabrielle d'Estrées, **des Cinq Reines★**, de Catherine de Médicis, puis dans celle de César de Vendôme.

La chambre de César de Vendôme est ornée de tapisseries de Bruxelles (17e s.).

Ph. Gajic / MICHELIN

2e étage – La chambre de Louise de Lorraine, veuve inconsolable du roi Henri III, impressionne par son décor funèbre. Les meubles de sa chambre sont tendus de velours noir, les rideaux sont en damas noir ; le plafond, d'origine, porte des couronnes d'épines et des cordelières peintes en blanc sur fond noir.

Sous les combles était installé le petit couvent des Capucines, avec son pont-levis qui se relevait le soir pour séparer les nonnes des hôtes du château.

Cuisines★ – Aménagées dans les deux piles creuses du château, dans le lit même de la rivière, elles comprennent l'office, le garde-manger, la boucherie, la cuisine proprement dite et le réfectoire du personnel.

Du haut du pont qui permet d'accéder à la cuisine, jeter un coup d'œil sur le petit port qui servait à approvisionner le château. Il aurait aussi servi de cadre aux bains de Diane de Poitiers.

Musée de Cires

⌖ 0 820 209 090 - www.chenonceau.com - ♿ *- mêmes conditions de visite que le château - 11 € château, jardins et musée de Cires (7-18 ans 9 €).*

Dans le bâtiment des Dômes (bâtiment des communs ainsi nommé d'après sa toiture), 15 scènes évoquent la vie du château et les personnalités qui l'ont fréquenté. Parmi les personnes évoquées, les places d'honneur reviennent à ces dames les châtelaines.

Les jardins★★

Les bords du Cher et les jardins offrent un décor de rêve et d'excellents points de vue sur le château. La majestueuse allée de platanes qui débouche sur l'esplanade du château est l'axe qui sépare en deux les élégants jardins à la française, innovation de Diane de Poitiers et parfaite illustration des jardins de la Renaissance *(voir p. 84)*.

Jardin de Diane de Poitiers – Formés par le croisement d'allées perpendiculaires et d'allées en diagonale, huit triangles de gazon accueillent le dessin sinueux de santolines au feuillage gris. La structure de ce parterre est demeurée inchangée depuis sa création. En 1551, Diane de Poitiers avait décidé la réalisation d'un véritable jardin. On dut surrélever le sol et constituer une terrasse à l'abri des crues du Cher, renforcée par une maçonnerie, entourée de fossés profonds et accessible au nord-ouest par une passerelle. Inspiré des jardins italiens et de leurs agencements hydrauliques, ce carré présentait en son centre une fontaine d'où s'échappait un jet de 6 m de haut (restitué aujourd'hui). Fleurs (rosiers, lis, violettes) mais aussi légumes (oignons, poireaux, choux, artichauts tout juste arrivés en France), arbres fruitiers et fraisiers y composaient des motifs géométriques. Aujourd'hui, au printemps et à l'automne, les plates-bandes reçoivent plus de 30 000 plants de fleurs.

Jardin de Catherine de Médicis – Sur 5 500 m², cinq panneaux de gazon bordés de lavande et de rosiers tige entourent un bassin circulaire. Les boules de buis rythment les allées. Deux fois par an, les plates-bandes accueillent environ 10 000 plants de fleurs. À Chenonceau, Catherine de Médicis organisa de somptueuses fêtes royales et travailla avec passion au développement du jardin.

Jardin vert – Situé devant l'orangerie et conçu par Bernard Palissy pour Catherine de Médicis, il déroule son tapis de pelouse au pied de grands arbres.

Labyrinthe – Sur plus de 1 ha, les ifs taillés sur 1,30 m de haut composent un labyrinthe circulaire. Cinq entrées sont proposées mais deux chemins seulement permettent d'accéder à la gloriette centrale. L'ensemble est une reconstitution de ce qui se faisait à l'époque de Catherine de Médicis.

Potager – Derrière la ferme du 16e s., le potager produit aussi beaucoup de fleurs (soigneusement étiquetées) et permet de créer chaque semaine jusqu'à 150 remarquables bouquets pour le château.

Circuit de découverte

LA VALLÉE DU CHER

Circuit de 60 km – comptez 2h. Quittez Chenonceaux en direction de Montrichard, franchissez le Cher, puis prenez à droite la N 76 vers Tours.

Bléré

À l'entrée de la ville, place de la République, s'élève un élégant monument au décor sculpté à l'italienne avec un soin particulier. Il s'agit de la **chapelle funéraire** de Guillaume de Saigne, trésorier de l'artillerie royale sous François Ier. Érigée en 1526, elle est le seul vestige du cimetière qui s'élevait jadis à cet endroit.

Au-delà de Bléré, poursuivez sur la N 76 et à 1 km environ avant d'entrer dans Azay-sur-Cher, tournez à droite.

Château de Leugny

℘ 02 47 50 41 10 - de mi-juil. à mi-août : 10h-12h, 14h-18h ; juin et sept. : w.-end 10h-12h, 14h-18h - fermé lun. de Pentecôte - 2,50 € (enf. 1,50 €).

Dominant le Cher, cet élégant bâtiment aurait été construit par André Portier, élève de Gabriel, pour son usage personnel. À l'intérieur, mobilier d'époque Louis XVI.

Reprenez la N 76 en direction de Tours.

Véretz

Serrées entre le Cher et le coteau, les maisons et l'église de Véretz se prolongent sur la droite par les allées d'arbres et les terrasses du parc du château, où se promenèrent l'abbé de Rancé (1626-1700), futur réformateur de la Trappe, l'abbé d'Effiat et Mme de Sévigné, la princesse de Conti et le badin poète qu'était l'abbé de Grécourt. Le jeune Voltaire fit également un séjour au château de Véretz. Sur la place du village se dresse un monument à la mémoire de **Paul-Louis Courier**. Originaire de Luynes, cet officier (1772-1825) servit sous l'Empire. En 1816, il acheta, près de Véretz, la Chavonnière, maison de vigneron où il s'installa avec son épouse. De là, il harcelait le gouvernement de pamphlets mordants et spirituels, parmi lesquels le fameux *Un tyranneau de village sous la Restauration*. Bourré de talent, mais détesté à cause de son tempérament emporté, il fut assassiné, en 1825, dans la forêt de Larçay, dans des conditions mystérieuses.

Prenez la D 85 à droite jusqu'à Montlouis.

Montlouis-sur-Loire

Entre Loire et Cher, Montlouis s'étage sur des pentes de tuffeau creusées de caves. Les vignes, bien exposées au sud, produisent un vin blanc fruité – sec, effervescent ou pétillant – issu du seul chenin, ou pineau de la Loire. À côté de son église aux modillons aux figures grotesques, vous verrez l'hôtel Renaissance (aujourd'hui presbytère) aux lucarnes ornées de coquilles.

Maison de la Loire – *Quai A.-Baillet -* ℘ *02 47 50 97 52 - http://maisonloire.free. fr - mar.-sam. 14h-18h - fermé j. fériés - 3 € (enf. 2,50 €).* Elle propose des expositions sur la faune et la flore ligériennes, mais aussi animations et sorties découverte.

Quittez Montlouis en direction d'Amboise, puis tournez à droite vers la Bourdaisière.

La Bourdaisière

25 r. de la Bourdaisière - 37270 Montlouis-sur-Loire - ℘ 02 47 45 16 31 - www.chateaulabourdaisiere.com - ⚑ - visite guidée (45mn) mai-sept. : 10h-19h ; de déb. avr. au 1er Mai et de déb. oct à mi-nov. : 10h-12h,

La Bourdaisière (très remanié entre le 14e s. et le 20e s.) fut la demeure de Philibert Babou.

14h-18h (de mi-oct. à mi-nov. : parc uniquement) - 6,50 € (-7 ans gratuit) - visite libre du parc et du potager). On peut visiter quelques pièces du château, les communs, les jardins et le **potager★**, où les gourmets ne manqueront sous aucun prétexte son Conservatoire de la... tomate, avec plus de 400 espèces différentes !

Par la D 40 dirigez-vous vers St-Martin-le-Beau.

Galantes Babou

Au 16e s. régnaient sur Montlouis les Babou de La Bourdaisière, turbulente famille dont la résidence principale se trouvait sur le coteau du Cher, au château de la Bourdaisière, construit vers 1520 par Philibert Babou, grand argentier de François Ier. Là vécut Marie Babou, femme de Philibert, dite « la belle Babou » : d'humeur fort galante, elle se vantait d'avoir « connu », au sens biblique du mot, François Ier, Charles Quint et bien d'autres. La belle Gabrielle, fille d'Antoine d'Estrées et de Françoise Babou, née en 1573, bénéficia aussi des faveurs royales : elle fut aimée d'Henri IV et, quand elle trépassa, la consolatrice du Vert Galant fut encore une Babou !

St-Martin-le-Beau

L'**église** présente un beau portail roman finement sculpté.

Prenez la direction Lussault-sur-Loire par la D 283 et suivez le fléchage.

Aquarium du Val de Loire★

Voir p. 106 (Amboise).

Regagnez St-Martin-le-Beau, puis Chenonceaux par la D 40.

Château de Chenonceau pratique

& Voir aussi l'encadré pratique de Blois.

Adresses utiles

Office du tourisme de Montlouis – 3 pl. François-Mitterrand - 37270 Montlouis-sur-Loire - ☎ 02 47 45 00 16 - 15 juin-15 sept. : 9h-18h, jeu. et vend. 9h-13h, 14h-18h, dim. 9h30-13h30 ; reste de l'année : 9h-12h30, 14h-17h30, fermé dim., 1er janv., 1er Mai, 25 déc.

Office du tourisme de Chenonceaux – 1 r. Bretonneau - 37150 Chenonceaux - ☎ 02 47 23 94 45 - juil.-août : tlj sf dim. 10h-12h30, 14h30-18h30, j. fériés 14h-18h ; horaires basse saison, se renseigner - fermé du 23 déc. au 2 janv., 1er Mai, 1er nov., 11 Nov.

Expositions

Art contemporain – Chaque année la galerie Médicis abrite, en saison estivale, une exposition consacrée à des artistes contemporains : Enzo Cucchi, Pierre Lesieur, Miquel Barcelo, Alexis Fassianos, Weisbuch…

Se loger

⌂ **Chambre d'hôte La Marmittière** – 22 vallée de Mesvres - 37150 Civray-de-Touraine - 4 km à l'O de Chenonceaux par D 40 et rte secondaire - ☎ 02 47 23 51 04 - marmittiere.chez-alice.fr - fermé 15 nov.-15 mars - ⌦ - réserv. obligatoire - 3 ch. 50/56 € - ⌷ - repas 23 €. Cette belle demeure en tuffeau était, au 17e s., propriété d'un vigneron. Ses chambres, aménagées dans une dépendance en pierre, sont décorées dans un style design aux tons colorés. À table, produits biologiques.

⌂⌂ **Hôtel La Roseraie** – 7 r. Bretonneau - 37150 Chenonceaux - ☎ 02 47 23 90 09 - www.charmingroseraie.com - fermé 13 nov.-28 fév. - ⅁ - 17 ch. 60/99 € - ⌷ 10 € - rest. 24/39 €. Située à 5mn du château, bâtisse régionale tapissée de vigne vierge. Les chambres, diversement meublées, sont parfois agrémentées de toile de Jouy. Les repas sont servis en terrasse à la belle saison, ou auprès de la cheminée en hiver. Jardin arboré avec piscine d'été chauffée.

⌂⌂ **Prieuré de la Chaise** – 8 r. du Prieuré, lieu-dit la Chaise - 41400 St-Georges-sur-Cher - 2 km au S de St-Georges-sur-Cher par D 27ᴬ - ☎ 02 54 32 59 77 - www.prieuredelachaise.com - ⌦ - 6 ch. 60/120 € - ⌷. Impossible de résister au charme de ce prieuré du 16e s. et de sa chapelle du 12e s., dressés au milieu des vignes. Les chambres sont d'un raffinement extrême : tuffeau, tomettes, cheminée, tapisseries et meubles anciens… Une des dépendances abrite un musée du vigneron.

Se restaurer

⌐ **L'Orangerie** – Château de Chenonceau - 37150 Chenonceaux - ☎ 02 47 23 91 97 - www.chenonceau.com - fermé de mi-nov. à mi-mars - 12/32,50 €. Installé dans l'enceinte du château, ce restaurant accueille les visiteurs avec une carte traditionnelle et des menus variés. Service en terrasse sur des tables rondes de 2 à 6 personnes, ou dans la superbe salle dotée d'une mise en place soignée. Fait aussi self-service à prix abordable et salon de thé l'après-midi.

Loisirs

Croisière – Dép. promenade simple 16h (12h30 et 19h30 avec restauration) - de déb. avr. à fin oct. à l'embarcadère de Chisseaux : sur réservation - croisière simple (1h15) 9,25 € (4-12 ans 6 €), croisière avec restauration (2h30) à partir de 36,50 €. Croisière commentée avec passage sous le château de Chenonceau.

En soirée

Nocturne à Chenonceau – 37150 Chenonceaux - ☎ 0 820 209 090 - www.chenonceau.com - tous les w.-ends de juin et tous les soirs en juil.-août : 21h30-23h00 - 5 € (-7 ans gratuit). Profitez de cette nocturne pour flâner dans les jardins et sur le domaine mis en lumière par Pierre Bideau sur une musique de Corelli.

Que rapporter

Cave des Dômes – Au château - 37150 Chenonceaux - ☎ 02 47 23 90 07. Dans cette cave aménagée au sein des anciens communs appelés « bâtiments des Dômes », prenez le temps de déguster quelques vins de la région.

Château de **Cheverny**★★★

CARTE GÉNÉRALE C3 – CARTE MICHELIN LOCAL 318 F7 – LOIR-ET-CHER (41)

Remarquable exemple de classicisme 17e s., Cheverny frappe d'emblée par la blancheur de sa pierre et par ses proportions harmonieuses, fondées sur un jeu rigoureux de symétries, parfaitement inscrit dans un parterre de pelouses. Mais celui que la Grande Mademoiselle surnommait « le palais enchanté » vous émerveillera plus encore par son intérieur : lambris peints, plafonds à caissons, tapisseries d'une grande fraîcheur et tableaux de maîtres, le tout somptueusement meublé, dans un état de conservation parfait.

◐ **Se repérer** – À 17 km au sud de Blois par la D 765 qui conduit à Romorantin, Cheverny borde sa forêt et les étangs de Sologne. Il est préférable d'arriver par la D 102 : vous apercevrez le château de très loin, encadré par ses splendides rideaux de feuillage. Dans le joli village fleuri, près de l'entrée du château, vous remarquerez l'église à caquetoir, caractéristique en Sologne.

👁 **À ne pas manquer** – Les somptueux décors de la chambre du roi ; les portraits du Grand Salon ; l'horloge Louis XV.

🕐 **Organiser son temps** – Comptez 1h30 pour la visite du château et de ses dépendances. Par beau temps prévoyez en plus une promenade et même un pique-nique (aire aménagée) dans le très beau parc.

👫 **Avec les enfants** – L'exposition permanente des aventures de Tintin « Les secrets de Moulinsart » ; le repas des chiens de meute.

👍 **Pour poursuivre la visite** – Voir aussi le château de Beauregard, le château de Chambord, le château de Fougères-sur-Bièvre.

Le saviez-vous ?

Les Hurault de Vibraye possèdent Cheverny. La famille est présente sur les lieux dès 1338 et ne les a pratiquement pas quittés depuis la construction de l'actuel château.

Visiter

Visite : 45mn - ☏ 02 54 79 96 29 - www.chateau-cheverny.com - juil.-août : 9h15-18h45 ; avr.-juin et sept. : 9h15-18h15 ; oct. et mars : 9h30-17h ; nov.-fév. : 9h45-17h - « Soupe des chiens » de déb. avr. à mi-sept. : 17h ; de mi-sept. à fin mars : tlj sf mar., w.-end et j. fériés 15h - 6,50 € château et parc, 11,50 € château et exposition permanente, 11,20 € château et découverte insolite du parc et du canal.

CHÂTEAU

Bâti d'un seul jet de 1624 à 1634 par le comte Hurault de Cheverny, le château présente une rare unité de style, dans son architecture comme dans sa décoration. L'ordonnance symétrique et l'harmonie de la façade (en pierre de Bourré) sont caractéristiques du style classique Louis XIII : deux parties médianes flanquent l'étroit corps central et

Cheverny, c'est Moulinsart bien sûr, le château du capitaine Haddock dans Tintin.

sont cantonnées de gros pavillons à dômes carrés que surmontent des campaniles ajourés ; à l'étage, entre les fenêtres, des niches ovales abritent les bustes des empereurs romains ; au-dessus de la porte d'entrée, le blason des Hurault est entouré des colliers de l'ordre du St-Esprit et de St-Michel.

La visite de l'intérieur révèle un éblouissant décor de sculptures, dorures, marbres, lambris polychromes, tableaux et meubles somptueux.

Salle à manger – À droite du vestibule, elle a conservé son plafond à la française décoré par le peintre blésois Jean Mosnier (1600-1656), également auteur des petits panneaux muraux contant l'histoire de Don Quichotte, et ses tentures murales en cuir de Cordoue marquées aux armes des Hurault.

La salle d'armes est la plus vaste pièce du château.

Appartements privés de l'aile ouest – On y accède par le grand escalier d'honneur, à rampe droite (riche décoration sculptée). Les appartements comprennent une suite de huit chambres et salons, tous magnifiquement meublés.

Salle d'armes★ – C'est la plus vaste pièce du château : le plafond à la française, les lambris bas à motifs floraux, les volets intérieurs sont peints par Mosnier, comme le tableau de la cheminée de bois doré figurant la mort d'Adonis. En face de celle-ci, la superbe tapisserie des Gobelins (17ᵉ s.), l'**Enlèvement d'Hélène★★**, surprend par la fraîcheur de ses coloris. Les armes de la collection datent des 15ᵉ, 16ᵉ et 17ᵉ s.

Chambre du Roi★★ – La plus éclatante au plafond divisé en caissons à l'italienne, peint par Mosnier et rehaussé d'or, comme la cheminée Renaissance ornée d'atlantes, d'angelots et de motifs végétaux ; au mur, des tapisseries des ateliers de Paris, de 1640, d'après Simon Vouet (sur le thème des travaux d'Ulysse), lambris bas décorés de tableautins. Contre le mur, un lit à baldaquin somptueux recouvert de soieries persanes brodées de fleurs, de 1550.

Grand Salon★★ – *Retour au rez-de-chaussée.* Dans l'antichambre, remarquable tapisserie aux tonalités rouges et bleues : *Le Retour des pêcheurs*, d'après Teniers (la suite figure au salon des Tapisseries). Le Grand Salon, meublé 17ᵉ et 18ᵉ s. et orné de tableaux, présente un plafond entièrement revêtu, comme les lambris des murs, d'un décor peint rehaussé de dorures. De part et d'autre du miroir, le portrait de Cosme de Médicis attribué au Titien, celui de Jeanne d'Aragon (atelier de Raphaël), et, sur la cheminée, une bien gracieuse Marie-Johanne de Saumery, comtesse de Cheverny, par Mignard.

Galerie, Petit Salon, bibliothèque – La **galerie** contient de nombreux tableaux (portrait par Miguel Oñate, autoportrait de Rigaud) et de très beaux fauteuils Régence : arrêtez-vous devant les trois **portraits de François Clouet★★**, petits chefs-d'œuvre. Des peintures des 16ᵉ, 17ᵉ et 18ᵉ s. ornent également le **Petit Salon**. La **bibliothèque**, remarquable pour ses boiseries et son superbe parquet, renferme de belles reliures.

Salon des Tapisseries – Dans le Petit Salon, cinq tapisseries des Flandres du 17ᵉ s., scènes de jeux au village, d'après Teniers. Comme la précédente, cette pièce a un mobilier d'époque Louis XIV et Louis XV (en particulier : la commode Boulle en marqueterie d'écaille et de cuivre).

L'extraordinaire **horloge★★**, « régulateur » Louis XV, dont les bois sont ornés de bronze ciselé par Caffieri, marque, invariablement, depuis plus de deux siècles, la date, le jour, l'heure, les minutes, les secondes et… les phases de la Lune.

PARC

Possibilité de visite en voiture ou bateau électrique. Le domaine dispose d'un vaste parc de 100 ha très bien entretenu. Vous y découvrirez séquoias, cyprès chauves, pins (douglas, laricios ou sylvestres) et cèdres plusieurs fois centenaires.

À l'arrière du château, un **jardin contemporain** élaboré avec la collaboration de la Brigade des jardiniers fleurit jusqu'à l'orangerie.

L'orangerie – À 200 m en sortant du château par le perron nord, magnifique bâtiment du début du 18ᵉ s. Il est réservé aux réceptions et, l'été, aux expositions.

Les communs – 👤👤 Près de la grille d'entrée du château, l'**ancienne forge** abrite l'exposition permanente ludique « Les secrets de Moulinsart », pour présenter Cheverny revisité par Hergé dans les aventures de Tintin.

À quelque distance du château, le **chenil★** est occupé par la plus grande meute privée de France : 90 chiens, issus du croisement du fox-hound britannique et du poitevin français. L'heure du repas *(17h)* est toujours un grand moment qui révèle l'organisation et la hiérarchie de la meute. Attention à ne pas les exciter, car les combats et les blessures sont vite arrivés.

Dans le **potager** de 2 000 m², arbres fruitiers, légumes et rangs de vigne disputent l'espace aux fleurs, destinées à la décoration du château.

À côté, la **salle de chasse** expose quelques bois de cerfs et tableaux de vénerie.

Aux alentours

Château de Troussay

3,5 km à l'ouest en longeant le parc de Cheverny jusqu'à la D 52 ; prenez à gauche, puis la 1ʳᵉ route à droite. 📞 02 54 44 29 07 ou 01 45 04 21 58 - ♿ *- visite guidée (35mn) juil.-août : 10h-18h30 ; avr.-juin et sept. : 10h30-12h30, 14h-18h ; oct. : w.-end. et j. fériés 10h30-12h30, 14h-17h30 - 5,50 € (7-14 ans 4 €).*

Gentilhommière Renaissance, Troussay appartint au 19ᵉ s. à l'historien Louis de La Saussaye. Celui-ci la restaura en l'enrichissant d'éléments décoratifs qui provenaient de monuments de la région, menacés de disparition, en particulier sur la façade arrière, la sculpture sur pierre d'un **porc-épic**, emblème de Louis XII et, à l'intérieur, la belle **porte★** de la chapelle ornée de rinceaux. Remarquez le carrelage Louis XII du rez-de-chaussée, les vitraux Renaissance provenant de l'hôtel de Guise à Blois, et, au plafond du Petit Salon, les grisailles représentant des sarabandes d'amours, attribuées au peintre Jean Mosnier. La demeure, toujours habitée, est décorée de beaux meubles d'époque (16ᵉ, 17ᵉ et 18ᵉ s.).

Les dépendances qui encadrent la cour d'honneur abritent un petit **musée** évoquant la vie domestique et agricole de la Sologne d'antan.

Château de Cheverny pratique

Adresses utiles

Office de tourisme – *12 r. du Chêne-des-Dames - 41700 Cheverny -* 📞 *02 54 79 95 63 - périodes et horaires d'ouverture, se renseigner.*

Office du tourisme de Blois-Pays de Chambord – *23 pl. du Château - 41006 Blois -* 📞 *02 54 90 41 41 - www.loiredeschateaux.com - avr.-sept. : 9h-19h, dim. et j. fériés 10h-19h ; oct.-mars : tlj sf dim. 9h30-12h30, 14h-18h, dim. et j. fériés pendant vac. scolaires 10h-16h - fermé 25 déc., 1ᵉʳ janv.*

Se loger

⌕ **Hôtel St-Hubert** – *41700 Cour-Cheverny -* 📞 *02 54 79 96 60 - www.hotel-sthubert.com -* 🅿 *- 21 ch. 46/57 € -* 🍽 *8 € - rest. 20/38 €.* Cet hôtel proche du centre-ville abrite des chambres à l'atmosphère agréablement provinciale ; certaines, rénovées, sont fraîches et plaisantes. Salon-cheminée. Vaste salle de restaurant lambrissée. Cuisine traditionnelle et gibier en saison.

⌕ **Chambre d'hôte Le Béguinage** – *41700 Cour-Cheverny -* 📞 *02 54 79 29 92 -*

www.lebeguinage.fr.st - fermé janv. - 6 ch. 52/95 € ⚬. Le très joli parc arboré et son étang ne sont pas les seuls trésors de cette belle maison basse tapissée de vigne vierge. Les chambres sont spacieuses et élégantes, avec parquet ou tomettes au sol, poutres apparentes, cheminée et grands lits. Côté loisirs, possibilité de vol en montgolfière au-dessus de la Loire, location de vélos (plus de 300 km de circuits à parcourir !).

⚬⚬ **Chambre d'hôte La Rabouillière** – *Chemin de Marçon - 41700 Contres - 10 km au S de Cheverny par D 102 et rte secondaire -* 🕾 *02 54 79 05 14 - www. larabouillere.com - 5 ch. 50/65 €* ⚬. Cette belle longère solognote est en fait une pure reconstitution ! Bâtie à partir de matériaux anciens glanés dans les fermes voisines, on jurerait qu'elle est authentique ! Chambres sobrement meublées. Petit-déjeuner servi près du feu en hiver ou dans le jardin en été. Promenade à l'ombre des chênes autour de l'étang.

⚬⚬ **Chambre d'hôte Le Clos Bigot** – *41120 Chitenay - 8 km à l'E de Cheverny puis à 2 km au SE de Chitenay dir. Contres puis chemin -* 🕾 *02 54 44 21 28 - www.gites-cheverny.com -* ☒ *- 3 ch. et 1 suite 60/88 €* ⚬. Cette maison en pierre du 17ᵉ s., d'un calme olympien, abrite trois chambres logées sous les combles et un appartement complété d'un pigeonnier (16ᵉ s.) superbement aménagé en salle de bains. Le salon, garni de meubles anciens, invite à venir s'installer près de la cheminée.

Se restaurer

⚬⚬ **La Rousselière** – *41700 Cour-Cheverny - au S par D 102 -* 🕾 *02 54 79 23 02 - contact@golf-cheverny.com - fermé 1ᵉʳ janv. et 25 déc. et le soir du 15 sept. au 15 juin - 15/29,90 €.* Ce restaurant, placé en bordure de green, est bien connu des golfeurs qui viennent s'y attabler entre deux swings. Belles tonalités douces, crème et orangée, dans la salle à manger sous charpente apparente. Terrasse face à un petit étang. Cuisine traditionnelle.

⚬⚬ **La Ferme de la Pinsardière** – *41700 Contres - 12 km au S de Cheverny dir. Romorantin puis D 99 et rte secondaire -* 🕾 *02 54 98 77 21 - fermé vac. de Noël au 20 janv., merc. soir, jeu. soir, dim. soir, lun. et mar. - réserv. obligatoire - 20/26 €.* Le chemin menant à cette jolie fermette solognote retirée du monde est heureusement bien fléché. Le lieu, connu pour ses viandes rôties à la broche, est très plaisant, et la terrasse face à un petit

étang invite à s'attarder. Service impeccable.

⚬⚬ **La Botte d'Asperges** – *41700 Contres -* 🕾 *02 54 79 50 49 - fermé 2-15 janv., 24-27 déc., dim. soir et lun. - 16 € déj. - 22/29 €.* Colombages, poutres apparentes et fresque murale figurant un étang solognot président au chaleureux décor rustique de ce restaurant. La carte privilégie des recettes éprouvées comme le filet de rascasse au beurre battu, le faux-filet à la fleur de sel ou la souris d'agneau relevée d'un caramel au vin rouge.

Que rapporter

Domaine Le Portail – *41700 Cheverny -* 🕾 *02 54 79 91 25 - www.leportail-cadoux. fr.st - tlj sf dim. 8h-12h, 14h-19h.* Un caveau de vente et de dégustation accueille les visiteurs dans ce domaine de 35 ha situé à deux pas du château de Cheverny. Installés dans un ancien monastère, Michel Cadoux et son épouse produisent des vins blancs, rouges et rosés AOC cour-cheverny, cheverny et crémant de Loire. Passionnés par leur métier, ils vous reçoivent tous les jours et avec le sourire.

Domaine Philippe Tessier – *3 voie de la Rue-Colin - 41700 Cheverny -* 🕾 *02 54 44 23 82 - domaine.ph.tessier@wanadoo.fr - tlj sf dim. sur RV - fermé 15 déc.-2 janv., 10-25 août et j. fériés.* Domaine viticole de 20 ha situé à 4 km de Cheverny, dans un hameau baptisé la Rue-Colin. Philippe Tessier y produit un surprenant cour-cheverny blanc à l'arôme discret et fin, strictement issu du cépage romorantin, des cheverny rouges et rosés ainsi qu'un délicat crémant de Loire.

Gillet Contres, maître légumier en Val de Loire – *5 av. des Platanes - 8 km au S de Cheverny - 41700 Contres -* 🕾 *02 54 79 53 05 - www.gillet-contres.fr - tlj sf w.-end 8h30-12h, 13h30-17h - fermé 2 sem. en août et j. fériés.* Depuis 1908, ce maître légumier hors pair cultive, sélectionne et conditionne dès la récolte une large gamme de légumes. L'asperge blanche du Val de Loire compte parmi les spécialités de la maison. Ses conserves se retrouvent dans les meilleures épiceries fines, mais aussi à la boutique de l'usine (vente par carton de six unités).

Sports & Loisirs

Vénerie – Le château de Troussay a maintenu bien vivantes les traditions de vénerie et, chaque année, de l'automne à Pâques, des « laisser-courre » (poursuite de l'animal chassé) célèbres se déroulent dans les bois environnants.

Chinon★★

8 716 CHINONAIS – CARTE GÉNÉRALE B3 –
CARTE MICHELIN LOCAL 317 J5 – SCHÉMAS P. 218 ET 414 – INDRE-ET-LOIRE (37)

Forteresse médiévale bien impressionnante, Chinon déploie sous le ciel de Touraine ses immenses ruines romantiques. À ses pieds, la petite ville étire ses ruelles, ses places et ses quais tout au long de la Vienne : une vallée riche de culture et d'histoire, un pays de coteaux et de vignobles dorés, dont le climat exceptionnel a favorisé l'essor d'un grand vin.

▶ **Se repérer** – À 45 km à l'ouest de Tours et à 33 km à l'est de Saumur. Venant de Tours (D 751), vous aurez l'impression d'être écrasé par les murailles du fort du Coudray, sur votre gauche. Mieux vaut aborder Chinon par la rive sud de la Vienne, venant de L'Île-Bouchard (D 761) : vous y découvrirez l'immense ruine dans toute son ampleur, dominant la ville et ses quais.

🅿 **Se garer** – L'été, Chinon et ses rues authentiques moyenâgeuses sont impraticables en voiture. Stationnez sur les quais ou dans un des 2 parkings près de l'entrée du château.

👁 **À ne pas manquer** – Le très médiéval quartier du Grand Carroi ; la forteresse et la vue depuis le haut des tours ; le point de vue sur Chinon depuis la rive gauche de la Vienne.

🕓 **Organiser son temps** – Comptez 2h pour la ville ; 1 journée pour les alentours.

👫 **Avec les enfants** – Le parcours-découverte « Sur la piste de l'enfant Roy » au château, les animations de la Maison de la rivière et de l'écomusée du Véron, les automates du musée du Vin, les contes de fées revus par les jardins du Rivau et la culture des champignons au Saut-aux-Loups.

♿ **Pour poursuivre la visite** – Voir aussi le château d'Azay-le-Rideau, Bourgueil, le château de Langeais, le château d'Ussé, Richelieu, Saumur.

Chansonnette

« Chinon, Chinon, Chinon,/Petite ville, grand renom/Assise sur pierre ancienne,/Au haut le bois, au pied la Vienne », chantait Rabelais.

Comprendre

Des Plantagenêts aux Valois – Castrum gallo-romain, puis forteresse des comtes de Blois, Chinon passe au 11e s. aux mains de leurs ennemis, les comtes d'Anjou. **Henri II Plantagenêt**, qui construisit l'essentiel du château actuel, devint en 1154 roi d'Angleterre et mourut à Chinon le 6 juillet 1189. Son fils cadet, **Jean sans Terre** (car sans héritage), s'empare du royaume à la mort de son frère aîné, Richard Cœur de Lion : il ordonne l'assassinat de son neveu Arthur de Bretagne et, dans la foulée, enlève la fiancée du comte de la Marche, Isabelle d'Angoulême, pour l'épouser à Chinon (30 août 1200). Mécontents de l'attitude de leur suzerain, les barons du Poitou font appel contre lui auprès de la Cour royale de Paris. Mais Jean refuse de se rendre au procès : ses fiefs français sont confisqués. Il n'est plus que roi d'Angleterre, et Philippe Auguste reconquiert une à une toutes ses places fortes en France ; en 1205, après un an de siège, Chinon passe au domaine royal. Jean sans Terre cherche une revanche : en 1213, il participe à la coalition anglo-germanique contre **Philippe Auguste**, défaite à la bataille de Bouvines. Il est définitivement vaincu l'année suivante par le futur Louis VIII à la bataille de La Roche-aux-Moines, près d'Angers. Le traité de Chinon du 18 septembre 1214 consacre la défaite anglaise. Jean sans Terre meurt deux ans plus tard à Newark, de la dysenterie.

La cour du « roi de Bourges » – Lorsque **Charles VII**, en 1427, installe sa cour à Chinon, la France est dans une situation critique. Henri VI, roi d'Angleterre, est aussi « roi de Paris » ; Charles VII n'est que le « roi de Bourges ». L'année suivante, il y réunit les états généraux des provinces du Centre et du Sud, encore soumises à son autorité. Les états votent 400 000 livres pour organiser la défense d'Orléans, assiégé par les Anglais. En 1429, Jeanne d'Arc intervient…

Jeanne d'Arc, Dieu et son roi – Jeanne, escortée de six hommes d'armes, a entrepris le voyage de Lorraine à Chinon *(voir p. 66)*. Quand la petite paysanne de 18 ans est introduite dans le palais, on essaie de lui faire perdre contenance. Dans la grande salle illuminée, 300 gentilshommes en riches costumes sont réunis, parmi lesquels se dissimule le roi. Mais Jeanne, qui ne l'a pourtant jamais vu, reconnaît Charles VII et lui embrasse les genoux : « Gentil dauphin, lui dit-elle, j'ai nom Jehanne la Pucelle.

Le Roi des Cieux vous mande par moi que vous serez sacré et couronné en la ville de Reims et vous serez lieutenant du Roi des Cieux qui est roi de France. » Torturé de doutes sur sa naissance, il se sent bien près d'être convaincu lorsqu'elle lui déclare : « Je te dis, de la part de Messire le Christ, que tu es héritier de France et vrai fils de roi. » Les témoins attesteront qu'après un entretien secret avec Charles VII, celui-ci jusqu'alors peu sûr de lui et inquiet, réapparaîtra radieux et convaincu grâce à un « signe » que Jehanne refusera de révéler lors de son procès.

Cependant, l'entourage de Charles VII conduit la jeune fille à comparaître à Poitiers devant des docteurs et théologiens qui la soumettent à de multiples interrogatoires pendant trois semaines. Sa naïveté, ses vives réparties, sa foi inébranlable triomphent des plus sceptiques. Des matrones attestent de sa virginité, ce qui vient crédibiliser sa mission spirituelle. Reconnue « envoyée de Dieu », elle retourne à Chinon, où elle obtient un équipement et des hommes d'armes : le 20 avril 1429, elle part accomplir son miraculeux et tragique destin.

Se promener

LE VIEUX CHINON★★

Visite : 45mn. Prévoyez des chaussures confortables pour apprécier le charme des rues pavées.

Jadis entouré de murailles qui lui valaient le nom de « ville fort », le vieux Chinon serre ses toits pointus et ses ruelles tortueuses entre les quais de la Vienne et l'escarpement du château. Le quartier a conservé de nombreuses maisons médiévales : façades à pans de bois aux encorbellements sculptés, pignons de pierre flanqués de tourelles.

Partez de la rue Haute-St-Maurice, axe de la vieille ville (le chemin qui débute par quelques marches face au square Pépin mène à l'entrée du château).

Église St-Maurice

(12ᵉ-16ᵉ s.). Voûtes d'ogives très bombées de pur style angevin et clefs historiées sur la nef et dans le chœur.

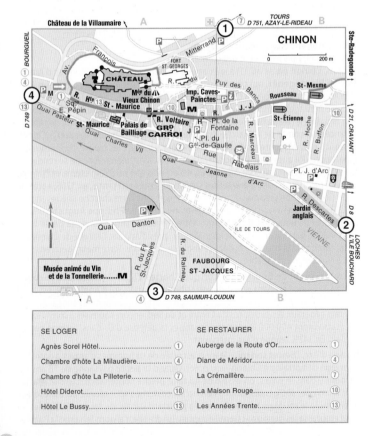

Palais du Bailliage
Au n° 73 r. Haute-St-Maurice. Occupé par l'hôtellerie Gargantua, voyez la façade sud sur la rue Jacques-Cœur, sa jolie tourelle en encorbellement et son pignon bordé de choux frisés.

Grand Carroi★★
Carroi : carrefour. Ses dimensions paraissent bien étriquées pour mériter ce nom ; pourtant, c'était au Moyen Âge le centre de la ville, au croisement de la rue Haute-St-Maurice et de la rue du Grand-Carroi.
Les plus jolies **maisons** du quartier s'y côtoient : au n° 48, l'**hôtel du Gouverneur** (17e s.), dont le large portail de pierre ouvre sur une cour aux gracieuses arcades d'où part un escalier à double volée ; une autre maison à colombages au n° 45, demeure de la mère (intendante) des compagnons, ornée de statues-colonnes ; au n° 44, l'**hôtel des États généraux** (15e-16e s.), beau bâtiment de pierre qui abrite le musée du Vieux Chinon ; au n° 38, la **maison Rouge** (14e s.).

Hôtel Torterue-de-Langardière
Construit au 18e s., il présente une façade classique aux beaux balcons de fer forgé. Ici s'amorce la rue Jeanne-d'Arc qui monte jusqu'au château ; une plaque y désigne le puits où, selon la tradition, la Pucelle aurait posé le pied pour descendre de cheval à son arrivée à Chinon.
Remarquez au n° 19 de la rue Voltaire une maison à pans de bois du 14e s., au n° 81 l'hôtel Bodard de la Jacopière remodelé au 16e s. et au n° 82 l'hôtel de la Maîtrise des eaux et forêts au décor fin Renaissance.

Impasse des Caves-Painctes
Cette ruelle ouvre une percée vers le coteau : au fond se trouvent les **caves painctes** où Rabelais, familier des lieux, raconte que Pantagruel but maint verre de vin frais ; leurs peintures ont disparu, mais ces anciennes carrières sont toujours un temple de la Dive Bouteille, puisque s'y tiennent les intronisations solennelles à la confrérie des « bons entonneurs rabelaisiens ». **Visite des caves painctes** – *Secrétariat de la Confrérie - imp. des Caves-Painctes - 37500 Chinon -* 🕾 *02 47 93 30 44 - juil.-août : tlj sf lun. - 4 visites par j., dégustation gratuite.*

Rue Jean-Jacques-Rousseau
Elle s'inscrit dans le prolongement de la rue Haute-St-Maurice, après avoir traversé la place de la Fontaine. On y rencontre encore quelques façades médiévales, en particulier aux nos 71 et 73 du carrefour du Puy-des-Bancs.

Église St-Étienne
Un beau portail gothique flamboyant, finement ciselé, porte les armes de son bâtisseur, Philippe de Commines (1480), gouverneur de Chinon.

Collégiale St-Mexme
🕾 *02 47 93 17 85 (office de tourisme) - visite guidée sur demande.* Cet édifice (10e-11e s.), dont il ne reste que la nef et le narthex, dresse encore sur la place Ste-Mexme deux tours imposantes.
Accès à pied (10mn de marche) par le raidillon qui s'amorce au nord-est de l'église St-Mexme et débouche sur le chemin pittoresque qui surplombe la vallée (accès en voiture par l'est de la ville, rue de Roche-Faucon, puis rue du Coteau-de-Ste-Radegonde).

Chapelle Ste-Radegonde
Coteau de Ste-Radegonde - 🕾 *02 47 93 18 12 - www.chinon-histoire.org - visite guidée (1h) juil.-août : 10h-18h ; reste de l'année : sur demande - 2 € (enf. 1,50 €).*
Le coteau de Ste-Radegonde s'accroche à la falaise, creusée d'habitations troglodytiques. Un portail roman marque l'entrée de la chapelle. Au 6e s., Jean l'ermite avait établi sa cellule dans une grotte du coteau ; **Radegonde**, épouse du roi Clotaire Ier, vint le consulter sur son intention de fonder le monastère Ste-Croix à Poitiers. Plus tard, cette cellule fut agrandie en chapelle, et l'on y plaça le tombeau de l'ermite. Sur la droite, une fresque romane du 13e s. figure une chasse royale.
À voir également : la **cave demeurante**, communiquant avec la chapelle, et le **musée des Arts et Traditions populaires**.
Revenez sur vos pas jusqu'à la rue Haute-St-Maurice pour la visite du château.

LES QUAIS
On peut rejoindre les quais et emprunter les rampes pavées qui mènent aux berges, avec leurs herbes hautes, leurs flottilles de plates (longues barques goudronnées) et de… canards. Le **jardin anglais** et ses palmiers témoignent de la douceur du climat

en Val de Loire. En traversant le pont de pierre du 12e s. on accède au faubourg St-Jacques d'où l'on bénéficie d'un **point de vue★** sur la ville et le château.

Visiter

Le château★★

Comptez 1h - ℰ 02 47 93 13 45 - www.monuments-touraine.fr - avr.-sept. : 9h-19h ; oct.-mars : 9h30-17h - possibilité de visite guidée (45mn) - fermé 1er janv., 25 déc. - 3 € (-12 ans gratuit). D'importants travaux de rénovation sont en cours jusqu'à fin 2008. Certaines parties du château sont momentanément fermées au public.

Vaste chantier !

Une remise en cohérence des trois ouvrages qui composent le château de Chinon : c'est l'objectif du programme de restauration de 14 millions d'euros en cours de réalisation jusqu'en 2008. L'entrée principale de la forteresse est désormais prévue au fort St-Georges qui doit être doté d'un bâtiment

Accédez au château par la route de Tours, qui passe au pied des puissantes murailles du flanc nord. Au passage, remarquez les reconstitutions d'engins de siège : baliste (ou pierrière) et trébuchet, utilisés lors des conflits jusqu'au 14e s.

Bâtie sur un éperon du plateau de Chinon qui avance vers la Vienne, cette vaste **forteresse** (400 m sur 70 m) date pour l'essentiel de l'époque d'Henri II Plantagenêt (12e s.). Elle était formée de trois constructions séparées par de profondes douves sèches.

Abandonné par la Cour après le 15e s., racheté au 17e s. par le cardinal de Richelieu, le château fut peu à peu démantelé, jusqu'à ce que l'infatigable Prosper Mérimée engage une action de sauvegarde.

Le fort St-Georges – À l'est, aujourd'hui démantelé, il protégeait le côté vulnérable du château, accessible par le plateau.

Le château du Milieu – Franchissant un premier fossé, on pénètre dans le château du Milieu par la haute **tour de l'Horloge**, curieusement plate (5 m d'épaisseur), du 14e s. Du haut de son clocheton, la Marie-Javelle sonne les heures depuis 1399, tandis que, dans les salles, le **musée Jeanne-d'Arc** évoque les grandes étapes de la vie de la sainte (diaporama, commentaires audio, représentation de son épopée dans l'imagerie du 19e s. et du début 20e s.).

On visite librement les jardins et les tours de l'enceinte, notamment la **tour des Chiens**. Des courtines sud, **vues★★** superbes sur les toits d'ardoise du vieux Chinon, la Vienne et sa vallée verdoyante, entrecoupée de peupliers.

Le fort du Coudray – À l'ouest des jardins, un second pont sur les douves mène au fort qui occupe la pointe de l'éperon. À droite du pont, le donjon du Coudray fut élevé par Philippe Auguste au début du 13e s. ; en 1308, Philippe le Bel y fit enfermer des Templiers : on distingue encore les graffitis gravés dans la pierre par les prisonniers. On y découvre aussi pigeonnier, souterrain, glacière et puits d'eau. La tour du Moulin (12e s.) marque l'extrémité ouest de la forteresse.

Logis royaux – Au premier étage se trouvait la grande salle où fut reçue Jeanne d'Arc ; seule la cheminée subsiste.

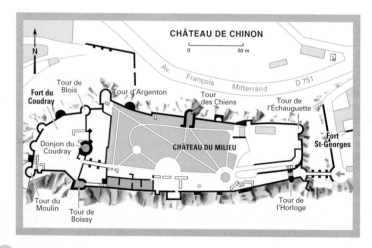

Au rez-de-chaussée, dans la salle des Gardes, voyez la tapisserie des Flandres (16ᵉ s.), *Chasse à l'ours dans un parc* ; dans les cuisines, deux tapisseries des Flandres du 17ᵉ s., *Noces de Thétis et Pelée* et *Jugement de Pâris,* une belle tapisserie d'Aubusson (17ᵉ s.), La *Reconnaissance du Dauphin par Jeanne d'Arc* et une belle Charité polychrome de saint Martin (15ᵉ s.). Une maquette du château et un diaporama expliquent l'évolution du château au cours des siècles.

Musée animé du Vin et de la Tonnellerie

℘ 02 47 93 25 63 - avr.-sept. : 10h-22h - 4,50 € (enf. 3,50 €) - dégustation de vin et de Fouée au confit de vin de Chinon gratuite.

Dans ce musée animé par des automates grandeur nature, Rabelais et ses disciples vous initient aux travaux de la vigne, à la vinification et à la fabrication des barriques.

Musée d'Art et d'Histoire

44 r. Haute-St-Maurice - ℘ 02 47 93 18 12 - www.chinon-histoire.org - mai-sept. : tlj 14h-18h - 3,5 €.

Il occupe l'hôtel des États généraux, où Richard Cœur de Lion, blessé au siège de Châlus, serait venu expirer en 1199 et où se réunirent, en 1428, les états généraux convoqués par Charles VII pour lui donner les moyens de poursuivre la guerre contre les Anglais. Le rez-de-chaussée réserve une place importante aux collections archéologiques et de statuaire médiévale. Il contient aussi la **chape de St-Mexme★** (12ᵉ s.), la plus grande étoffe arabe en soie conservée en Europe. La salle d'honneur du 1ᵉʳ étage contient un portrait en pied de Rabelais par Delacroix, celle du 2ᵉ étage, à la charpente en forme de carène, abrite les collections de la société d'histoire locale.

Maison de la rivière

12 quai Pasteur - ℘ 02 47 95 93 15 - www.cpie-val-de-loire.org - ♿ - juil.-août : tlj sf lun. 10h-12h30, 14h-17h30, w.-end et j. fériés 15h-17h30 - 3 € (enf. 2 €).

Ce musée de la batellerie, situé au bord de la Vienne, retrace l'histoire de la marine de Loire… jusqu'à l'atelier reconstitué d'un charpentier fluvial ! Il dispose d'une collection de maquettes de bateaux ligériens. De nombreuses animations et activités sont proposées : et si la pêche m'était contée à l'école de pêche, la vie du cours d'eau au fil d'une descente en canoë-kayak, et le futreau, embarcation traditionnelle, lors d'une minicroisière sur la Vienne… *Contactez la Maison de la rivière.*

Aux alentours

Le Jardin d'Elsie

1-5 rte de Huismes - ℘ 02 47 98 07 58 - www.elsiederaedt.com - visites guidées sur demande - 5 €.

À la sortie nord-ouest de la ville, non loin du château, près d'un millier de plantes vivaces, arbustes et arbres rares ont envahi le jardin de 1 ha d'une demeure du 19ᵉ s. Mais ce sont principalement les roses anciennes, plus de 300 variétés ne nécessitant pas de traitement, qui occupent et embaument l'espace structuré en une dizaine de cabinets de verdure. Pour admirer ces roses, la période idéale de visite se situe entre le 20 mai et le début de l'été.

Centre nucléaire de production d'électricité de Chinon

Visites individuelles suspendues en raison des mesures de sécurité du plan Vigipirate.
12 km au nord-ouest en direction de Bourgueil. Sur la commune d'Avoine, Électricité de France a mis en service, en 1963, EDF1, première centrale nucléaire française. Le relais de la production d'électricité est pris, sur le même site, par quatre unités de 900 MW, chacune satisfaisant 40 % des besoins des Pays-de-la-Loire, de la Bretagne et de la région Centre.

Écomusée du Véron

10 km au nord-ouest en direction de Candes-St-Martin - 80 rte de Candes - 37420 Savigny-en-Véron. ℘ 02 47 58 09 05 - avr.-sept. : tlj sf mar. 10h-12h30, 14h-18h, w.-end 10h-12h30, 14h-19h ; reste de l'année : tlj sf mar. 9h-12h30, 14h-18h, w.-end 14h-19h - fermé 1ᵉʳ Mai, 1ᵉʳ et 11 Nov. et du 23 déc. à début janv. - 3,5 € (enf. 2 €, - 6 ans gratuit).

À l'ouest de Chinon, la presqu'île du Véron se tient à la confluence de la Loire et de la Vienne. Au fil des pièces, l'écomusée propose de découvrir les diverses facettes de la vie rurale locale au 19ᵉ s. : l'exploitation de la vigne, ses outils et l'élaboration du vin, une exceptionnelle collection de coiffes et la présentation de l'habitat sujet aux crues, l'élevage des races ovines et de la chèvre poitevine, l'apiculture… avant de partir à la rencontre des différents animaux de la ferme.

Circuits de découverte

AU PAYS DE RABELAIS★ 1

25 km par le sud de Chinon. La route file jusqu'à St-Lazare où vous prenez à droite la D 751ᴱ, ancienne chaussée romaine ; 3 km plus loin, tournez à gauche dans la D 759, puis à droite dans la D 24 que prolonge la D 117.

La Devinière

📞 *02 47 95 91 18 - juil.-août : 10h-19h ; avr.-juin et sept. : tlj sf mar. 10h-12h30, 14h-18h ; oct.-mars : tlj sf mar. 10h-12h30, 14h-17h - possibilité de visite guidée (1h) - fermé 1ᵉʳ janv., 25 déc. - 4,50 € (12-18 ans 3 €).* Dans cette charmante métairie, vous visiterez la chambre de Rabelais, ainsi que le musée illustrant sa vie et son œuvre.

Rejoignez la D 117 et prenez à droite.

On aperçoit en face, de l'autre côté de la vallée, le beau **château du Coudray-Montpensier** (15ᵉ s.) aux multiples toitures, qui fut restauré par Pierre Latécoère dans les années 1930.

Seuilly-Coteaux

L'abbaye est au cœur ce long village-rue bordé d'habitations troglodytiques. C'est ici que fut élevé le jeune Rabelais ; dans **Gargantua**, il situe là le couvent de frère Jean des Entommeures, « bien fendu de gueule, bien avantagé en nez, beau dépêcheur d'heures, beau débrideur de messes, beau décrotteur de vigiles ».

De l'abbaye de Seuilly subsistent quelques bâtiments visibles de l'extérieur : la grange dîmière (12ᵉ s. et 13ᵉ s.) où est installée aujourd'hui la Maison de pays, la salle capitulaire (11ᵉ s. et 12ᵉ s.), la salle du pressoir (11ᵉ s.), le chauffoir (15ᵉ s.). D'agréables jardins entourent cet ensemble : le jardin de lin, en référence au *Tiers Livre* où Rabelais décrit

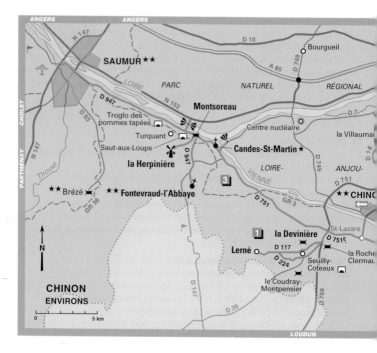

les techniques liées au traitement du lin, le jardin des quatre humeurs ou jardin des hellébores (vouées à purger le corps et l'âme) et le jardin des vignes oubliées (cépages anciens). *Site ouvert tte l'année pour visite libre des jardins, dépliant explicatif gratuit à la Maison de pays -* 📞 *02 47 95 83 28 - www.cpie-val-de-loire.org - de mi-avr. à fin sept. : tlj sf lun. 10h30-12h30, 14h30-18h.*

Lerné

Joli village de tuffeau blond, d'où Rabelais fait partir les fouaciers qui vont vendre leurs fouaces à Chinon. Une altercation avec les bergers déclenche la guerre picrocholine entre Picrochole, roi de Lerné, et Grandgousier, père de Gargantua.

François Rabelais

Fils d'un avocat de Chinon, c'est à la Devinière que naquit, vers 1494, **François Rabelais**. Après une jeunesse studieuse, il devint moine, se passionna pour le grec et fréquenta les humanistes.

Puis il prit l'habit de prêtre séculier, étudia la médecine à Montpellier, devint un médecin réputé, protégé par des « grands » comme le cardinal Jean Du Bellay et son frère, le gouverneur du Piémont ; c'est le cardinal qui, en 1551, procura à Rabelais la cure de Meudon et ses bénéfices.

Avec la publication du *Pantagruel* en 1532, l'écrivain présente dès lors un visage volontiers gaillard, choisissant la farce bouffonne et tous les registres du comique pour faire entendre sa voix singulière, forte et poétique.

Picroboule, Centre historique de la boule de fort

1 rte de Thizay - ℘ *02 47 95 85 88 - www.picroboule-37.com - mai-sept. : 10h-19h ; de déb. oct. à mi-déc. et du 2 janv. à fin avr. : tlj sf lun. 10h-12h, 14h-18h - 4 € (enf. 3 €).*

La boule de fort *(voir p. 36)* est un jeu spécifique à l'Anjou et à la Touraine depuis trois siècles. Il compte aujourd'hui 50 000 pratiquants réunis en plus de 390 sociétés. Avec écrans, bornes sonores et simulateurs, c'est l'histoire et les règles du jeu que le centre de Lerné vous invite à découvrir. Une vitre sans tain permet d'assister aux parties de la société voisine, sans déconcentrer les joueurs.

Retournant vers Chinon, la D 224 traverse Seuilly-Bourg, en bas du coteau, découvrant le **château de la Roche-Clermault**, pris d'assaut par Picrochole et ses gens dans le livre de Rabelais.

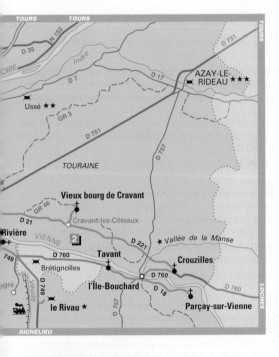

VALLÉE DE LA VIENNE★ ②

Circuit de 65 km – environ 3h30. Quittez Chinon à l'est par la rue Diderot et la D 21.

La route, sinueuse, longe sur sa gauche le coteau calcaire et ses vignobles, la Vienne, ses îles et ses haies de peupliers apparaissant parfois, plus bas au sud. Paysage empreint de charme et de douceur, à découvrir au printemps ou à l'automne en particulier.

Vieux bourg de Cravant

1 km au nord de Cravant-les-Côteaux. De déb. mars au 11 Nov. : de 9h au coucher du soleil ; reste de l'année : w.-end 9h-18h - 3 €. L'**église** *(désaffectée)* du vieux bourg offre un rare spécimen d'architecture carolingienne (début 10e s.). Dans la chapelle ajoutée au

Le chinon, grand vin, grand renom

L'aire d'appellation chinon s'étend sur près de 2 000 ha (de Savigny-en-Véron à Crouzilles) répartis sur 19 communes viticoles en bordure de la Vienne, qui constituent à elles seules le nœud économique de la région. En rouge, le chinon est produit essentiellement avec un seul cépage : le cabernet franc. Il exprime des arômes de fraise des bois et de violette. Vin de garde, voire de très grande garde, suivant les millésimes, il peut être bu néanmoins dès sa jeunesse, aux alentours de Pâques. Les rosés sont élégants, et les blancs se distinguent par leurs arômes floraux. Un nombre considérable d'exploitations ouvrent leurs caves aux visiteurs, avec vente et dégustation.
Syndicat des vins de Chinon, impasse des Caves-Painctes, 📞 *02 47 93 30 44.*

15e s., restes d'une fresque naïve représentant ses donateurs, qui seraient Georges de La Trémoille, ministre de Charles VII, Catherine de L'Île-Bouchard, sa femme, et leurs enfants. Petit musée lapidaire. 📞 *06 07 04 43 34 - de mi-fév. à mi-nov. : 9h à la tombée de la nuit ; reste de l'année : w.-end 9h à la tombée de la nuit - 3 €.*

Suivez la D 21 jusqu'à Panzoult, puis la D 221 vers Crouzilles.

Crouzilles

Construite au 12e s., couverte au siècle suivant de voûtes angevines, l'**église** surprend par ses statues insérées dans la construction. Dans l'abside centrale notamment, on reconnaît saint Pierre, saint Jean l'Évangéliste, saint Paul et, dans l'angle sud-est du croisillon droit, le « beau Dieu de Crouzilles ».

Par la D 760 gagnez L'Île-Bouchard.

L'Île-Bouchard *(voir ce nom)*

La route passe devant l'église St-Gilles, puis traverse la Vienne pour gagner l'autre partie du bourg.

De L'Île-Bouchard, sur la rive gauche, prenez la D 18 vers Parçay-sur-Vienne.

Parçay-sur-Vienne

L'**église**, du 12e s., présente un beau portail roman, aux voussures décorées de visages barbus (les **Barbus de Parçay** »), de rinceaux et de palmettes, et encadré de deux arcatures aveugles. Un appareil en « écailles de poisson », très décoratif, surmonte l'ensemble.
À l'intérieur, les chapiteaux du chœur sont ornés des animaux fantastiques de l'Apocalypse de saint Jean, grotesques figures vociférantes. *Sur demande au* 📞 *02 47 58 54 57 (mairie) - 9h-12h, 14h-17h.*

Revenez à L'Île-Bouchard et poursuivez sur la rive gauche par la D 760.

Tavant

Coquette **église** romane, à voir surtout pour ses **fresques**★ du 12e s. Dans la crypte, les personnages atteignent une puissance d'expression et un réalisme rares pour l'époque. 📞 *02 47 58 58 01 (mairie) - visite guidée (ttes les 45mn) avr.-sept. : tlj sf lun. et mar. 10h-12h30, 13h30-18h ; mars et oct.-nov. : tlj sf w.-end 10h-12h30, 13h30-18h.*

Plus loin, sur la gauche, la D 760 longe le **château de Brétignolles** (15e s.), dont on aperçoit la façade juste avant d'arriver à Anché.

2 km environ après Anché, Rivière est indiqué sur la droite.

Rivière

L'**église** Notre-Dame (11e s.-12e s.), à quelques mètres des berges de la Vienne, serait le plus ancien sanctuaire marial de Touraine. Un premier lieu de culte avait été bâti au 3e s. Saint Martin s'y rend en pèlerinage ainsi que Jeanne d'Arc sur le chemin de Chinon. Sous le porche à trois arcades, on remarque à droite une fresque romane illustrant la résurrection de Lazare. À l'intérieur, les fresques néogothiques sont du 19e s. Le plan de l'édifice est inhabituel ; deux escaliers latéraux conduisent au chœur surélevé sous lequel on découvre une crypte à demi enterrée, composée de trois petites chapelles qui abritent la statue de N.-D. de Rivière et des gisants de pierre, sépulture des seigneurs de Basché (16e s.).

À la sortie du village, reprenez la D 760 à gauche, puis la D 749 à droite, vers Richelieu.

Château et jardins du Rivau★

Le Coudray - 37120 Lémeré. 📞 *02 47 95 77 47 - www.chateaudurivau.com - juil.-août : 10h-19h ; juin et sept. : tlj sf mar. 10h-12h30, 14h-19h ; mai et oct. : tlj sf lun. et mar. 14h-19h - possibilité de visite guidée (1h30) - 8 € (5-16 ans 6 €).*

👥 Élevé au 13e s., fortifié au 15e s. par Pierre de Beauvau, chambellan de Charles VII, le Rivau a fière allure. Douves sèches, pont-levis, donjon, pigeonnier, rien ne manque à ce château dont les proportions harmonieuses annoncent la Renaissance.

Les jardins★ mêlent avec fantaisie références savantes à l'histoire et options résolument modernes autour du thème des contes de fées. La partie historique, recréée à partir de documents du 15e s., évoque à la fois la fin de l'époque médiévale et le début de la période humaniste par une succession de tableaux (tapis mille-fleurs, jardin secret, verger de paradis… sans oublier le potager de Gargantua en hommage à François Rabelais). Le jardin d'Aliénor d'Aquitaine (les philtres d'amour) met en scène des plantes à effet magique, qu'elles soient douées d'un effet maléfique ou bénéfique. Vous perdrez ensuite, sans grand risque, votre sentier à partir du Chemin du petit poucet, vers des constructions de pots de fleurs, branches fantômatique, labyrinthe, tronc-cabane, « forêt qui court » et autres extrapolations parfois clownesques, propres à plaire aux enfants.

Revenez à Chinon par la D 749 au sud.

Magnifiquement situé, le château de Montsoreau compose avec la Loire un superbe décor.

LA LOIRE SAUMUROISE★★★ 3

Itinéraire de 38 km – environ 3h. Quittez Chinon par le sud du plan, puis prenez à droite la D 751 vers Saumur.

Peu avant l'entrée de Candes, franchir à droite le pont sur la Vienne pour apprécier ce superbe **site★**, au confluent de la Loire et de la Vienne.

Revenez sur la rive gauche.

Candes-St-Martin★

Dominant Loire et Vienne conjuguées en un cours majestueux, qui s'étale à présent large comme un estuaire, Candes dresse son église élégante et trapue, bâtie sur le lieu où mourut saint Martin en 397.

Collégiale★ – L'édifice a été construit aux 12e et 13e s. et muni de défenses au 15e s. La façade sur la route frappe par son mélange d'architecture militaire et de riche décoration. Voyez les nervures retombant en gerbe sur le pilier central du porche.

À l'intérieur, les voûtes angevines reposent sur des piles élancées ; l'ensemble, très lumineux, donne une impression de grande légèreté.

Par le petit chemin qui se détache à droite de l'église, vous rejoindrez *(1/4h à pied AR)* le sommet du coteau : un très beau **panorama** sur le confluent vous récompensera largement de ce petit effort. On peut prolonger la visite par une promenade en prenant la rue St-Martin en contrebas de l'église, puis la rue du Bas (berges et rampe pavée).

Montsoreau

Le bourg doit sa notoriété au château, planté en bordure de Loire, qu'il domine de son impressionnante muraille.

Château – ☎ 02 41 67 12 60 - www.chateau-montsoreau.com - juin-sept. : 10h-19h ; horaires basse saison, se renseigner ; fermé déc.-janv. - 8,10 € (enf. 5 €).

La façade, autrefois baignée par le fleuve, offre une architecture militaire d'aspect imposant. Dans la cour, le château se fait plus aimable, avec les deux tours d'escaliers dont l'une (construite vers 1530) offre une belle ornementation de la première Renaissance française. De salle en salle, un parcours audiovisuel permanent, « **Les imaginaires de Loire★** », vous propose une promenade féerique à travers les paysages et l'histoire de la Loire angevine, la légende du château de Montsoreau… jouant sur une scénographie tournée vers l'émotion et le rêve.

La Dame de Montsoreau

L'héroïne du roman d'Alexandre Dumas avait pour amant le beau Bussy d'Amboise, attiré dans un traquenard et assassiné par son mari au château de la Coutancière (sur la rive sud). Malgré ce drame, elle n'en vécut pas moins en fort bonne harmonie avec son époux, et ce durant plus de quarante ans…

Fontevraud-l'Abbaye★★ *(voir ce nom)*

Revenez à Montsoreau.

Du pont, belle vue en amont sur Candes et Montsoreau, en aval en direction de Saumur dont on distingue le château. Continuer sur la D 947, bordée d'habitations troglodytiques et de blanches maisons Renaissance.

Les villages vignerons se succèdent, étirés entre la route et le coteau calcaire troué de caves et d'anciennes carrières, souvent converties en champignonnières.

Champignonnière du Saut-aux-Loups

À la sortie de Montsoreau, sur le coteau de la Maumenière. ℘ 02 41 51 70 30 - www.troglo-sautauxloups.com - ৬ - *juil.-août : 10h-18h30 ; mars-juin et de déb. sept. à mi-nov. : 10h-12h, 14h15-18h - possibilité de visite guidée (1h) - 5,5 € (6-14 ans 4 €). Restaurant et vente sur place.*
👥 Vous pourrez non seulement y suivre les différents stades de culture du champignon et découvrir certaines variétés peu répandues (le pied-bleu à la discrète odeur d'anis, les pleurotes de couleur jaune ou rose, *Salmoneo straminens* dont la forme et la couleur font penser à des fleurs…) mais aussi y déguster, en saison, les délicieuses « galipettes ». Ces grands champignons, ramassés bien mûrs et cuits dans des fours à pain, devraient leur nom au fait que, arrivés à un certain stade de vieillissement, ils tombent par terre entraînés par leur propre poids, effectuant ainsi une sorte de… galipette.

Sur le coteau, les vignes donnent naissance à un vin blanc, sec ou demi-sec, à un rosé de cabernet, dit cabernet-de-saumur, et à un vin rouge d'une très agréable fraîcheur, connu sous l'appellation de saumur-champigny.

La silhouette du **moulin de la Herpinière**, de type cavier, se détache sur les collines entre Montsoreau et Turquant. Attesté dès 1514, il est encore en état de marche.

Pommes tapées

Épluchés, placés dans des paniers plats en osier appelés « rondeaux », les fruits sont ensuite séchés pendant cinq jours dans des fours en tuffeau, puis aplatis pour garantir leur conservation pendant plusieurs mois. On les déguste alors comme des fruits secs préparés avec un bon vin rouge de pays aromatisé de cannelle. Cette technique de conservation des pommes, qui existait déjà à la Révolution et qui cessa d'être pratiquée à l'aube de 1914, connut son apogée aux alentours de 1880 lorsque les vignerons, contraints d'abandonner leurs vignes détruites par le phylloxéra, se reconvertirent dans cette activité. Des machines à éplucher et à taper les pommes permirent de faire passer la production artisanale à un stade industriel. Des tonnes de pommes tapées furent ainsi exportées en Belgique, en Grande-Bretagne, en Suède…
On retrouve dans l'histoire du Val de Loire une méthode similaire de conservation des fruits à Rivarennes, non loin d'Ussé, où la fabrication des « poires tapées » fut également une véritable industrie.

Turquant

Troglo des pommes tapées – *Au Val-Hulin.* ℘ 02 41 51 48 30 - ৬ - *changement de propriétaire : horaires et tarifs susceptibles de modification - visite guidée (1h).*
Dans cette cave particulièrement vaste et décorée d'outils d'autrefois, on a ressuscité la production des pommes tapées, élément incontournable du patrimoine local.

Aux mille et un casse-tête du monde entier – *Pl. St-Aubin à Turquant. ℘ 02 41 51 71 91 - mai-sept. : w.-end et j. fériés 14h-19h, sem. sur demande ; reste de l'année : sur demande - 3,50 € (- 10 ans gratuit).*

Joueurs invétérés, attablez-vous et cherchez la solution des mille et un casse-tête que contient ce musée, premier du genre !

Continuez sur la D 947 avant de longer l'imposante église de N.-D.-des-Ardilliers et d'entrer dans Saumur (voir ce nom).

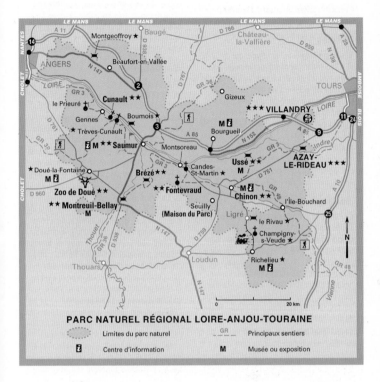

PARC NATUREL RÉGIONAL LOIRE-ANJOU-TOURAINE

Découvrir

LE PARC NATUREL RÉGIONAL LOIRE-ANJOU-TOURAINE

Maison du Parc - 7 r. Jehanne-d'Arc - 49730 Montsoreau - ℘ 02 41 53 66 00 - www. parc-loire-anjou-touraine.fr

Les parcs naturels régionaux diffèrent des parcs nationaux par leur conception et leur destination. Ce sont des zones habitées, choisies pour être l'objet d'aménagements et de terrains d'activités propres à développer l'économie (création de coopératives, promotion de l'artisanat), à protéger le patrimoine naturel et culturel (musées, architecture…), et à initier les gens à la nature.

Le Parc naturel régional est géré par un organisme (syndicat mixte, association…) comprenant des élus locaux, des propriétaires, des représentants d'associations, etc. Une charte établie avec l'accord des habitants définit ses limites et son programme.

Créé en 1996, le **Parc naturel régional Loire-Anjou-Touraine** comprend 136 communes des départements de l'Indre-et-Loire (région Centre) et Maine-et-Loire (région Pays-de-la-Loire), et s'étend sur 235 000 ha.

L'entité géographique s'articule autour de la Loire et de ses confluences avec l'Indre, la Vienne et le Thouet. Le patrimoine naturel est donc typique d'un paysage de territoire de confluences : vallées, bocages, bois et landes.

Chinon pratique

Adresses utiles

Office du tourisme du pays de Chinon – *Pl. Hofheim - BP 141- 37500 Chinon - ℰ 02 47 93 17 85 - www.chinon.com - maisept. : 10h-19h ; oct.-avr. : 10h-12h, 14h-18h sf dim. et j. fériés.*

Point d'accueil au pied du château – *Juil.-août : 11h-18h.*

Visites

Visite guidée – *Se renseigner au ℰ 02 47 93 17 85 (office de tourisme) - www.vpah. culture.fr. De Pâques à sept., Chinon, qui porte le label Ville d'art et d'histoire, propose des visites-découverte (1h30) animées par des guides-conférenciers agréés par le ministère de la Culture et de la Communication.*

Train touristique – *ℰ 06 17 42 48 40 - visite guidée (40mn) de la ville de Chinon juil.-août : depuis l'hôtel de ville 14h30-18h15, depuis le camping 14h50-18h35.*

Se loger

☺ **Chambre d'hôte La Milaudière** – *5 r. St-Martin - 37500 Ligré - 8 km au SE de Chinon dir. L'Île-Bouchard par D 749 puis D 29 - ℰ 02 47 98 37 53 - www.milaudiere. com - ⊠ - 7 ch. 45/60 € - ⊠. L'accueil charmant, les chambres décorées avec goût et l'agréable salon agrémenté d'un vieux four à pain font de cette ferme du 18e s. en pierre blanche une étape de choix dans la contrée de Chinon.*

☺☺ **Hôtel Diderot** – *4 r. Buffon - ℰ 02 47 93 18 87 - www.hoteldiderot.com - P - 27 ch. 51/71 € - ⊠ 7 €. Dans les murs d'une belle demeure du 18e s., chambres simples rehaussées de quelques meubles anciens. Les petits-déjeuners agrémentés de confitures maison sont servis dans une jolie salle rustique.*

☺☺ **Agnès Sorel Hôtel** – *4 quai Pasteur - ℰ 02 47 93 04 37 - www.agnes-sorel.com - 10 ch. 58/98 € - ⊠ 8 €. Sur les rives de la Vienne, non loin du centre-ville, hôtel à l'atmosphère conviviale et à l'accueil charmant abritant un hébergement coloré et rénové. De l'autre côté de la rue, un bâtiment annexe dispose de cinq chambres modernes et plaisantes. Vous pourrez aussi louer un vélo et réserver un panier pique-nique pour une randonnée.*

☺☺ **Hôtel Le Bussy** – *4 r. Jeanne-d'Arc - 49730 Montsoreau - ℰ 02 41 38 11 11 - www.hotel-lebussy.fr - fermé déc.-janv. et merc. sf mai-sept. - P - 12 ch. 50/65 € - ⊠ 8,50 €. L'enseigne de cette maison du 18e s. évoque le souvenir de Bussy d'Amboise, amant de la Dame de Monsoreau. Les croisées de la plupart des chambres, garnies de meubles Louis-Philippe, ouvrent sur le château et la Loire. Petit-déjeuner dans une salle troglodytique ou dans le jardin fleuri. Accueil très aimable.*

☺☺ **Chambre d'hôte La Pilleterie** – *8 rte de Chinon, D 16 - 37420 Huismes - 6 km au N de Chinon - ℰ 02 47 95 58 07 - www. lapilleterie.com - ⊠ - 4 ch. 60/70 € - ⊠. Cette propriété située en pleine campagne est un bonheur pour qui recherche le calme absolu. Chambres de style rustique, très agréables à vivre. Le domaine est aussi celui des moutons, oies et autres animaux de la ferme réunis dans un enclos pour la grande joie des enfants.*

Se restaurer

☺ **La Maison Rouge** – *38 r. Voltaire - ℰ 02 47 98 43 65 - fermé 5 sem. en hiver - 14,50/25 €. Dans le quartier médiéval, cette maison à colombages abrite un restaurant, où vous pourrez déguster de copieuses assiettes rabelaisiennes (assortiment de spécialités régionales), et un bar à vin proposant 16 variétés de vin au verre à accompagner d'une sélection de fromages AOC.*

☺☺ **La Crémaillère** – *22 r. du Commerce - ℰ 02 47 98 47 15 - fermé merc. - formule déj. 8 € - 12/25,50 €. Ce petit restaurant tout en longueur est pour le moins original : salle tout bois compartimentée en boxes, frisette, murs peints à motif floral… on se croirait dans un chalet savoyard ! Sympathique petite terrasse pour l'été. Cuisine traditionnelle et vins au verre.*

☺☺ **Auberge de la Route d'Or** – *2 pl. de l'Église - 37500 Candes-St-Martin - 16 km au NO de Chinon par D 751 - ℰ 02 47 95 81 10 - routedor@clubinternet.fr - fermé 8 nov.- 11 fév., mar. soir sf juil.-août et merc. - 15 € déj. - 21/33 €. Cette petite auberge proche de la collégiale a conservé ses murs du 17e s. Halte sympathique dans l'intimité d'une salle à manger réchauffée par une cheminée ou, aux beaux jours, sur une terrasse aménagée en espalier. Cuisine inspirée par le terroir.*

☺☺ **Diane de Méridor** – *12 quai Philippe-de-Commines - 49730 Montsoreau - ℰ 02 41 51 71 76 - dianedemeridor@wanadoo.fr - fermé mar. et merc. sf le midi de juil. à sept. - 22/60 €. Cette maison ancienne en tuffeau située sur les bords de la Loire constitue une sympathique étape gourmande pour savourer une cuisine mi-traditionnelle, mi-régionale privilégiant produits frais et poissons du fleuve. La salle à manger offre un chaleureux cadre rustique.*

☺☺☺ **Les Années Trente** – *78 r. Voltaire - ℰ 02 47 93 37 18 - lebeaucharles@wanadoo.fr - fermé 1er-15 janv., 10-20 juin, 15-30 nov., mar. de Toussaint à Pâques et merc. - 26/38 €. Ce restaurant occupe une maison du 14e s. située entre le musée du Vieux Chinon et celui du Vin et de la Tonnellerie. Musique jazzy, mobilier et bibelots des années 1930 donnent le ton à cette salle à manger. Accueil chaleureux et prix raisonnables.*

Dégustation

Plusieurs fois par an (janv., juin, sept., déc.) ont lieu des chapitres d'intronisation des Bons Entonneurs rabelaisiens au cours de dîners de gala avec animation – à condition de réserver suffisamment tôt, il est tout à fait possible de participer à ces réjouissances rabelaisiennes !

Que rapporter

Marché à l'ancienne – *3ᵉ sem. d'août.*
La Cave Montplaisir – *Quai Pasteur -
ℰ 02 47 93 20 75 - 15 mars-15 juin et 16 sept.-15 nov. : tlj sf le merc. 10h30-12h30, 14h30-18h ; 16 juin-15 sept. : tlj 10h-19h30.* Cette immense cave (2 500 m²) appartient à 3 viticulteurs de la région. La visite de son dédale de galeries creusées dans le tuffeau et abritant bouteilles, barriques et foudres vous incitera sûrement à vous attarder au comptoir de dégustation pour découvrir les vins de Chinon, blanc, rouge ou rosé.

Caves Plouzeau – *94 r. Haute-St-Maurice - ℰ 02 47 93 32 11 - www.plouzeau.com - avr.-sept. : tlj sf dim. et lun. 11h-13h, 15h-19h.* On peut encore voir le puits d'extraction des pierres de cette cave (1 500 m²) creusée au 12ᵉ s. sous le château pour servir à sa construction. Dégustation libre d'une sélection de vins de Chinon et de Touraine issus de raisins de l'agriculture biologique.

Événements

Salon des vins – *Avr.*
Chinon en jazz – *1ᵉʳ w.-end de juin.*
Estivalrock – *Dernier w.-end de juin.*
Courses hippiques – *Dernier dim. et lun. précédant le 14 Juil., et le 15 août sur l'hippodrome de Grigny.*
4 Jeudis Jazz – *Juil.-août.*

Cholet

54 200 CHOLETAIS
CARTE GÉNÉRALE A3 – CARTE MICHELIN LOCAL 317 D6 – MAINE-ET-LOIRE (49)

Même si le bocage aux haies et sentiers préservés, les étangs paisibles, les parcs et les châteaux n'en laissent rien percevoir au premier regard, le souvenir des terribles guerres vendéennes, de leurs massacres et de leurs incendies demeure inscrit dans la mémoire vivante des Mauges et de Cholet. Pourtant, la ville s'est si bien relevée qu'elle est aujourd'hui le premier centre industriel français pour la chaussure et pour la mode enfantine.

▶ **Se repérer** – À 70 km d'Angers (au sud-ouest) comme de Nantes (au sud-est) et à 120 km au nord-ouest de Poitiers.

👁 **À ne pas manquer** – L'histoire du mouchoir rouge de Cholet ; le souvenir des guerres de Vendée rendu présent par les vitraux des Mauges ; le parc oriental de Maulévrier.

🕐 **Organiser son temps** – Comptez 2h pour la ville, 1 journée pour les environs.

👥 **Avec les enfants** – Le tissage et le jardin des plantes utiles au musée du Textile, les démonstrations de la Maison du potier, l'évocation des métiers anciens à St-Laurent-de-la-Plaine, les sports de plein air *(voir Cholet pratique)*.

👍 **Pour poursuivre la visite** – Voir aussi Angers, le château de Brissac, Doué-la-Fontaine, Fontevraud-l'Abbaye, Saumur.

Comprendre

Vendéens contre bleus – Des bâtiments élevés avant la Révolution, il ne reste presque rien à Cholet, tant la ville a souffert des guerres de Vendée. Dès le début de l'insurrection paysanne, elle est prise par les blancs (14 mars 1793) qui s'y rassemblent avant de marcher victorieusement sur Saumur et Angers. Mais, le 17 octobre, l'armée de Kléber la reprend après un combat sanglant qui oppose 40 000 Vendéens à 25 000 bleus : « Combat de tigres contre des lions », s'exclame le vainqueur ; 10 000 morts restèrent sur le terrain. Soixante à quatre-vingt mille hommes, femmes et enfants, poussés par la panique, franchissent la Loire : cet épisode, connu sous le nom de la **Virée de Galerne**, tourne au drame. Les survivants sont massacrés par milliers, fusillés ou noyés dans la Loire. Le général **Westermann**, dans une lettre devenue célèbre, écrit à la Convention : « Il n'y a plus de Vendée, elle est morte sous notre sabre libre… J'ai écrasé les enfants sous les pieds des chevaux et massacré les femmes. Je n'ai pas un prisonnier à me reprocher. »

Le 10 mars 1794, Stofflet se rend maître de la ville après un corps à corps avec les bleus, mais, quelques jours plus tard, les « colonnes infernales » du général Turreau mettent Cholet à feu et à sang. Le 18 mars, Stofflet revient, bientôt chassé par le général Cordellier ; la ville en sort ruinée.

Les mouchoirs de Cholet – Le tissage est une vieille tradition de Cholet où, dès l'an 1000, on cultivait et filait le chanvre et le lin. Au 16ᵉ s., le mouchoir, importé d'Italie, fait son apparition en France. Au siècle suivant, l'usage se répand de blanchir la toile : les fabricants obtiennent le fameux « blanc de Cholet » en exposant leurs tissus sur des prairies verdoyantes au sol argileux et bien humide. Au 18ᵉ s., les toiles de Cholet font partie des cargaisons de produits manufacturés que les armateurs de Nantes et de La Rochelle échangent sur les côtes d'Afrique contre des esclaves, eux-mêmes revendus aux Antilles contre du rhum rapporté en France : c'est le « commerce triangulaire ». La ruine de la ville lors des guerres de Vendée n'entame pas pour autant Cholet qui reconstruit ses métiers et, avec ténacité, développe son industrie textile

Le saviez-vous ?

L'emblème de la ville, le mouchoir rouge, est né en 1900 d'une chanson (voir p. 91) de Théodore Botrel au théâtre de Cholet, lors d'un concert dont il était l'invité vedette. Le « barde breton » de l'époque, auteur de la célèbre « Paimpolaise », déclenche l'enthousiasme. Le succès est tel qu'un industriel local tisse aussitôt quelques mouchoirs rouges (une nouveauté car ils étaient traditionnellement blancs ou à carreaux), les envoie à Botrel qui les offre à ses fans lors de ses représentations en France et à l'étranger… ainsi l'étoffe écarlate, sang et lin allait devenir, au delà des frontières, le symbole de Cholet.

durant tout le 19ᵉ s. Faut-il alors s'étonner que de Cholet la « blanche » (royaliste), soit née la grande « promo » du blanc, au mois de janvier, « promo » reprise par toutes les grandes surfaces de France ? Quoi qu'il en soit, aujourd'hui, le linge de maison (table, literie) de haut de gamme, en coton, lin ou métis (mélange de lin et coton), demeure réputé, et le secteur de la confection du Choletais est l'un des principaux centres français.

Se promener

Comptez 30mn.

Au cœur de la cité, dans le quartier Notre-Dame, la place Rougé, la rue du Devau et son prolongement, le parvis et la rue Jean-Paul II, piétonne, conservent quelques maisons aux beaux balcons de fer forgé du 18ᵉ s., vestiges de l'époque prospère du textile.

Place Rougé – C'est sur cette place qu'éclata la première insurrection à Cholet, le 4 mars 1793.

En remontant la **rue du Devau**, remarquez de beaux hôtels particuliers, notamment au n° 27, devenu Maison des sciences et techniques.

En revenant sur vos pas jusqu'à l'église Notre-Dame, de style néogothique (1854-1885), et son parvis Jean-Paul-II, vous vous trouvez à l'ancien Carrefour des Toiles et centre d'affaires de la ville.

Tournez à gauche dans la **rue des Vieux-Greniers**, pour découvrir, dans un renfoncement au n° 41, le plus ancien bâtiment de Cholet, la **tour du Grenier à sel** (16ᵉ s.). Dans cette tour carrée à pans coupés et échauguette d'angle, on conservait le sel soumis à l'impôt de la gabelle.

Revenez sur vos pas et empruntez, à gauche, la **rue Jean-Paul-II**. Au n° 22, dans ce bel immeuble primé pour la qualité de sa restauration en 1969, habitait Louis Denis, libraire et imprimeur sous la Révolution, condamné à deux ans de prison pour avoir diffusé des feuillets hostiles à celle-ci. À la libération de Cholet, il présidera l'administration de la ville.

La belle perspective de la rue conduit à un majestueux portail de granit du 17ᵉ s. qui ouvre sur l'agréable **jardin du Mail**, dont les allées de tilleuls entourent le palais de justice (1870). C'est sur ce promontoire que se trouvait l'ancien château du 11ᵉ s., dont ne subsistent que quelques ruines des murailles.

En contrebas, vous pourrez traverser l'avenue de l'Abreuvoir pour vous rendre au musée d'Art et d'Histoire.

Visiter

Musée d'Art et d'Histoire★

27 av. de l'Abreuvoir - ℘ 02 41 49 29 00 - www.ville-cholet.fr - ♿ - merc., w.-end et j. fériés 10h-12h, 14h-18h, jeu. et vend. 14h-18h - fermé 1ᵉʳ janv., 1ᵉʳ Mai, 25 déc. - 3,40 € (enf. gratuit), gratuit sam. (oct.-mai).

Installé dans un bâtiment en face de l'hôtel de ville, il présente deux galeries distinctes : la galerie d'Histoire et la galerie d'Art.

La galerie d'Histoire évoque principalement Cholet en 1793, puis les guerres de Vendée (1793-1796, 1815, 1832), et les tragiques événements qui ravagèrent la ville et la région pendant la tourmente postrévolutionnaire (cartes, tableaux, armes, objets usuels…). Dans la rotonde sont exposés les portraits en pied de quelques généraux vendéens, dont Henri de La Rochejaquelein, par Pierre Guérin, et Cathelineau, tableaux commandés par le roi Louis XVIII pour la salle des Gardes du château de St-Cloud.

La galerie d'Art – Le 18ᵉ s. est représenté par des œuvres du Choletais Pierre-Charles Trémolières (1703-1739), de Carle Van Loo, Hallé, Nattier, de Troy, Coypel, de Loutherbourg. Des sculptures d'Hippolyte Maindron et des peintures de Troyon, Diaz de la Peña, Maufra illustrent le 19ᵉ s. Pour le 20ᵉ s., l'« abstraction géométrique » domine : autour de Morellet, œuvres de Vasarely, Gorin, Nemours, Herbin, Claisse, Valmier, Honegger et Magnelli.

Musée du Textile

R. du Dr-Roux - ℘ 02 41 75 25 40 - www.museedutextile.com - ♿ - merc., w.-end et j. fériés 10h-12h, 14h-18h, jeu. et vend. 14h-18h - possibilité de visite guidée (1h30) - fermé 1ᵉʳ janv., 1ᵉʳ Mai, 25 déc. - 1,70 € (enf. gratuit), gratuit sam. (oct.-mai).

Situé au nord-ouest de Cholet, en direction de Beaupréau, ce musée a été aménagé dans le cadre de la blanchisserie de la rivière Sauvageau, remarquable exemple du patrimoine industriel du 19ᵉ s.

La visite débute dans un bâtiment moderne, inspiré du Crystal Palace de Londres, où quatre métiers à tisser (en état de marche) illustrent l'évolution des techniques jusqu'en 1910. On pénètre ensuite dans la salle de la Machine à vapeur où sont évoqués les fourneaux et l'énorme machinerie, aujourd'hui disparue. Les salles suivantes retracent l'histoire du textile. Découvrez au « jardin textile » les plantes utiles à la fabrication et à la teinture des tissus.

Un des quatre métiers à tisser (en état de fonctionnement) du musée du Textile.

Aux alentours

Château du Coudray-Montbault

À 25 km à l'est par la D 960. Sur les ruines du château du 13ᵉ s. cernées de douves furent édifiés le corps de bâtiment et les deux grosses tours rondes (16ᵉ s.) en pierre et brique losangée de vert *(ne se visite pas)*. Dans le parc, les vestiges de la chapelle abritent un gisant et une Mise au tombeau.

Maulévrier

À 13 km au sud-est par la D 20. Son nom daterait de l'époque mérovingienne et signifierait « mauvais lévrier ». **Foulques Nerra** y construisit en 1036 le premier château et y établit une baronnie qui, sous Louis XIV, revint au frère de Colbert, puis à ses descendants jusqu'en 1895. Une stèle érigée dans le parc rappelle la mémoire du chef vendéen **Stofflet**, qui fut garde-chasse ici, en 1774.

Détruit en partie à la Révolution, le château fut rebâti au 19e s. sur le plan originel. À la fin du siècle, un industriel choletais l'acquit et fit appel pour le restaurer à l'architecte **Alexandre Marcel** qui entreprit d'aménager le parc.

Le pont rouge permet d'accéder aux îles de la Grue et de la Tortue, symboles de Paradis.

Parc oriental de Maulévrier★

À 13 km au sud-est par la D 20. ☎ *02 41 55 50 14 - www.parc-oriental.com - juil.-août : 10h30-19h30 ; mars-juin et et déb. sept. à mi-nov. : tlj sf lun. 14h-18h, dim. et j. fériés 14h-19h (dernière entrée 1h av. fermeture) - 5,50 € (12-18 ans 4,50 €). La visite du parc est particulièrement recommandée entre le 15 avr. et le 15 mai, et entre le 15 oct. et le 15 nov. Certains soirs d'été, visite du « Jardin de nuit ».*

🍃 Dominé par les terrasses du château Colbert, ce parc de 28 ha fut créé de 1899 à 1910. Conçu comme un décor changeant au fil des saisons, ce paysage japonais concrétise, autour d'un paisible lac, toute la symbolique du cheminement de la vie et l'évolution des éléments vivants, du lever au coucher du soleil, de la naissance à la mort. Au centre, le pont rouge permet d'accéder aux îles de la « Grue » et de la « Tortue », symboles de Paradis. En suivant le sentier autour de l'étang ponctué de lanternes japonaises, on découvre, parmi les arbres taillés « en nuages » selon la méthode japonaise, quelques essences exotiques (érables du Japon, *Magnolia stellata, Cryptomeria,* cerisiers à fleurs, aucubas...), et des éléments architecturaux appropriés : pagode, temple, statue de Bouddha... Le Temple khmer est utilisé pour le culte bouddhiste. Au sortir des allées assombries de conifères, exposition de bonsaïs et atelier *raku* (poterie).

Alexandre Marcel

Architecte parisien, Alexandre Marcel (1860-1928) participe à la restauration de nombreux bâtiments avant de se faire connaître par des réalisations remarquables : Grands Thermes de Châtelguyon, un palais fastueux pour le maharadjah de Kapurthala, plusieurs hôtels particuliers à Paris et Cholet.

Son goût pour l'Orient lui fait réaliser « La Pagode », rue de Babylone à Paris, et le conduit à participer à plusieurs expositions internationales. Lors de l'Exposition universelle de 1900, il conçoit le « Panorama du tour du monde », palais destiné à la Compagnie des messageries maritimes, et le pavillon du Cambodge à l'intérieur duquel il reproduit des parties du temple d'Angkor Vat. Ces différentes réalisations lui valurent d'être remarqué par le roi Léopold II de Belgique qui lui demanda de reconstruire, dans le parc de Laeken, la Tour japonaise et le Pavillon chinois.

Forêt de Maulévrier

À 21 km à l'est. Le long de la D 196, entre Chanteloup-les-Bois et Yzernay, vous verrez un romantique **cimetière des Martyrs**, à l'ombre de ses grands chênes.

La forêt de Maulévrier, alors presque impénétrable cachait lors des guerres de Vendée le quartier général de **Stofflet**, où étaient soignés les blancs blessés au combat. Le 25 mars 1794, guidés par un traître, surviennent les bleus qui y massacrent 1 200 réfugiés ; deux jours plus tard, les Vendéens se vengent par un second massacre. La chapelle commémorative, ornée des statues de Stofflet et de Cathelineau, isolée dans la forêt, ne résonne plus que du chant des oiseaux.

Lac de Ribou

À 3,5 km au sud-est. 🏊🏊 Planche à voile, pêche, aviron, voile, etc., tous les sports nautiques, ou presque, ont leur place sur ce vaste plan d'eau artificiel entouré de collines, dont les pentes gazonnées permettent également de pratiquer golf, tir à l'arc ou équitation ; un camping y est aménagé.

Lac du Verdon

À 5 km au sud-est. Situé juste en amont du lac de Ribou, ce plan d'eau de 280 ha, importante réserve ornithologique, constitue un vrai paradis pour les milliers d'oiseaux migrateurs qui y font étape.

Circuit de découverte

LES MAUGES ET LEURS VITRAUX HISTORIQUES

163 km – environ une journée.

Tout au sud de l'Anjou, aux confins de la Vendée et du Poitou, les Mauges constituent un territoire à part, silencieux et secret, limité au nord par la Loire, à l'est par le Layon, au sud et à l'ouest par les départements de Vendée et des Deux-Sèvres.

> ## Églises accueillantes
>
> Intéressantes par leurs vitraux, leur architecture ou leur mobilier, elles se regroupent sous cette appellation pour garantir un accès facile, un feuillet d'explications et le fleurissement du site. Le *Guide d'interprétation églises accueillantes des Mauges*, comprenant leurs horaires d'ouverture, est disponible dans les offices de tourisme et auprès du CPIE ☎ 02 41 71 77 30.

Dans cette région verdoyante, couverte de bocages et vouée à l'élevage, le bétail de race durham-mancelle engraisse paisiblement, avant d'affluer aux foires de Chemillé et de Cholet, deuxième marché aux bovins de France.

De grandes routes rectilignes furent tracées sous la Révolution et sous l'Empire pour des raisons stratégiques et militaires, coupant comme des saignées le lacis des chemins creux propices aux embuscades, où se déroulèrent bien des épisodes des guerres de Vendée ; les moulins que vous apercevez encore, dressant sur les hauteurs leur armature de bois, permettaient aux blancs de communiquer par signaux, quand le fameux cri des chouans ne suffisait plus.

De très nombreuses églises ayant été brûlées et détruites, le grand effort de reconstruction de la deuxième moitié du 19ᵉ s. conduit les curés de paroisses, aidés par des donateurs, à commander des vitraux significatifs pour l'histoire locale et pour la foi chrétienne. Accompagnés généralement d'une légende explicative sur le vitrail même, ils racontent les hauts faits des héros vendéens, des généraux aux plus humbles paroissiens et témoignent le plus souvent d'événements locaux tragiques. Ces compositions, que l'on découvre notamment à Chanzeaux, Chemillé, Montilliers, Le Pin-en-Mauges, La Salle-de-Vihiers, Vihiers, St-Laurent-de-la-Plaine, et plus au nord, à La Chapelle-St-Florent ainsi qu'au Marillais, ont pour la plupart été réalisés par des maîtres verriers locaux, parmi lesquels Clamens, Bordereau et Meignen.

Quittez Cholet par la D 752 au nord-ouest.

Beaupréau

Petite ville aux rues en pente, bâtie sur une butte au bord de l'Èvre, Beaupréau *(ne prononcez pas le « é »)* fut en 1793 l'un des quartiers généraux des Vendéens ; leur chef, d'Elbée, possédait à St-Martin (faubourg de la ville) un manoir qui abrite aujourd'hui la bibliothèque. Malgré les incendies, Beaupréau a conservé son **château**, dont on aperçoit la façade depuis la rive gauche de la rivière : il présente encore une entrée pleine de caractère, où deux grosses tours encadrent un pavillon du 17ᵉ s. dont la toiture pyramidale est flanquée de deux petites coupoles d'ardoise. Incendiée en 1793, l'église Notre-Dame fut reconstruite entre 1854 et 1863 dans un style néogothique. Deux verrières (1865) sont consacrées aux héros des guerres de Vendée. Dans la chapelle des monuments aux morts, un vitrail représente l'abbé Noël Pinot à l'échafaud. Celui-ci a été béatifié en 1926. *Continuez sur la D 752 et tournez à gauche sur la D 17.*

Le Fuilet

Dispersé en multiples hameaux (les Challonges, Bellevue, les Recoins, etc.), Le Fuilet occupe un site où la qualité de la terre, une excellente argile, a favorisé l'implantation de nombreuses briqueteries et poteries aux produits divers (poteries d'ornement, horticoles ou artistiques).

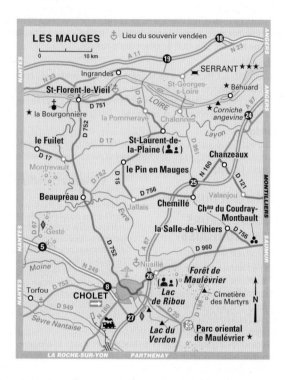

La Maison du potier – 👥👤 *2 r. des Recoins -* 📞 *02 41 70 90 21 - lun.-vend. : 10h-12h, 13h30-17h30 (18h juil.-août), un dim. par mois animations - fermé janv. et j. fériés - 4,50 € (7-12 ans 3 €).* L'histoire du travail de l'argile est accompagnée de démonstrations.

Revenez sur vos pas jusqu'à St-Pierre-Montlimart pour prendre la D 752 à gauche.

St-Florent-le-Vieil

C'est là que prit naissance le soulèvement de la Vendée angevine, c'est aussi là que mourut Cathelineau le 14 juillet et que Bonchamps, blessé à mort, gracia 5 000 prisonniers républicains enfermés dans l'église. 👉 Voir p. 123.

Église abbatiale – Les vitraux historiques sont situés dans le chœur, à gauche, et représentent principalement le soulèvement du 12 mars 1793, la mort de Cathelineau, les prisonniers au champ des martyrs, les adieux du curé Robin, la paix de St-Florent.

Prenez la D 751 jusqu'au Mesnil-en-Vallée. Environ 1 km après le bourg, tournez à droite pour gagner la Pommeraye, puis la D 131. Avant d'arriver à St-Laurent-de-la-Plaine, arrêtez-vous à la chapelle sur la gauche.

Clamens, Bordereau et Meignen, maîtres verriers

Il faut attendre presque un siècle pour voir apparaître les premiers vitraux « vendéens », d'abord isolés. C'est avec Jean Clamens, maître verrier à Angers, que commence en 1883 une vague de création sur le sujet. Le maître verrier travaille sur commande des prêtres et de l'évêché. Il s'adjoint le concours du portraitiste René-Victor Livache. Le soucis du détail, la finesse du trait, la délicatesse des coloris caractérise l'œuvre des deux artistes qui travaillent sur de grandes pièces de verre. Ils vont rapidement faire école auprès de leurs confrères, concurrents et successeurs, comme Bordereau et Meignen. Dans les années 1930, les perspectives s'effacent, le dessin se stylise et à partir de 1940, on opte pour une expression symbolique, un trait plus lourd et des coloris plus violents.

Chapelle N.-D.-de-la-Charité

Deux beaux vitraux illustrent le pèlerinage de Cathelineau en ce lieu, et l'apparition de la Vierge dans un chêne à l'origine de cet ancien lieu de culte. Non loin, à l'extérieur, la croix indique l'emplacement du chêne détruit par les bleus le 29 août 1791. La moitié des habitants de St-Laurent-de-la-Plaine moururent dans les prisons d'Angers et au champ des martyrs d'Avrillé.

La Cité des métiers de tradition★ – 📞 02 41 78 24 08 - ♿ - juin-sept. : tlj sf lun. 14h30-18h30, dim. et j. fériés 15h-19h ; avr.-mai : w.-end et j. fériés 14h30-18h - 5,70 € (enf. 3,20 €).
👥 Cette riche collection d'outils et de machines d'autrefois a été rassemblée grâce à la volonté et la ténacité de quelques habitants du village. Elle est présentée dans un ensemble de bâtiments formant hameau, dont l'ancien presbytère du 18ᵉ s. est l'une des deux seules maisons qui ont survécu au passage de la « colonne infernale » en 1794. Dans la salle d'accueil, un escalier en dentelle de pierre, copie de l'escalier du Mont-St-Michel, ainsi qu'une cheminée monumentale, ont été réalisés par le chantier-école de la Cité. Une grange magnifiquement charpentée (18ᵉ s.) abrite la **rue des Échoppes** : cave de tisserand, sabotier, huilier, forgeron, cirier, repasseuse, tonnelier. Plus de 70 métiers sont représentés, illustrés par des milliers d'objets issus de toute provenance (métiers à tisser, scie des Vosges, roue à aubes).

Prenez à l'ouest la D 17 jusqu'à Bourgneuf-en-Mauges, puis tournez à gauche par la D 762.

Autres lieux du souvenir vendéen

Avrillé : la chapelle du champ des martyrs (2000 entre janv. et avr. 1794), vitraux historiques de Clamens.

Près de Cholet : croix érigée sur la route de Nuaillé, à l'endroit où tomba La Rochejaquelein (29 janvier 1794).

Maulévrier : la pyramide de Stofflet et le cimetière des martyrs.

Notre-Dame du Marillais : champ des martyrs du 25 mars 1794 ; dans l'église, vitrail des martyrs du Marillais.

Près de Torfou, au carrefour de la N 149 et de la D 753 : une colonne rappelle la victoire vendéenne contre l'armée de Mayence (19 septembre 1793).

Vihiers : l'église et son vitrail du « Saut de Santerre », racontant la fuite du général devant les blancs et le saut à cheval qui l'épargna.

Yzernay : la chapelle de la Musse et la chapelle du cimetière des martyrs.

Le Pin-en-Mauges

La statue de l'enfant du pays, Jacques Cathelineau, trône au centre de la bourgade. Derrière elle, l'église St-Pavin, de style néogothique (1893), renferme une exceptionnelle collection de 15 **vitraux★** historiques, œuvre de Jean Clamens (de 1896 à 1899). C'est toute l'histoire des guerres de Vendée qui se trouve ici résumée, mettant en scène ses généraux, et principalement Cathelineau, dit « le saint de l'Anjou ». Dans le transept nord, son tombeau (une partie des ossements repose à St-Florent-le-Vieil) est l'œuvre du Choletais Biron, qui le campe un sabre à la main.

À la sortie sud prenez la D 15 pour Jallais que vous traverse, continuez par la D 756.

Chemillé

Important centre d'élevage et de production de plantes médicinales, la petite ville s'étire dans le vallon de l'Hyrôme. En juillet 1793, elle fut le théâtre de violents combats entre les blancs et les bleus : c'est le « grand choc de Chemillé », au terme duquel 400 bleus faits prisonniers échappèrent à la mort grâce à l'intervention du général d'Elbée.

L'**église St-Pierre** (12ᵉ s.), fortement restaurée au début du 20ᵉ s., elle possède un beau vitrail (1917), œuvre de Jean Clamens, qui évoque l'épisode du « **Pater des Vendéens** » : d'Elbée fait réciter le Notre-Père à ses soldats pressés de tuer leurs prisonniers et, les incitant ainsi à « pardonner les offenses », obtient d'eux qu'ils les épargnent. Une exposition permanente y explique « la Vendée chemilloise ».

L'**église Notre-Dame** « l'ancienne » *(désaffectée)* est coiffée d'un audacieux **clocher** roman, orné à la base d'arcatures aveugles et de deux étages de baies abondamment décorées. De belles fresques des 12ᵉ, 15ᵉ et 19ᵉ s. sont visibles à l'intérieur lors des rares jours d'ouverture.

Le **Jardin des plantes médicinales et aromatiques**, situé dans les jardins de la mairie, présente plus de 300 espèces de plantes utilisées en pharmacie. À découvrir, ou redécouvrir, la camomille, l'indigo, la garance des teinturiers *(Rubia tinctoria)* ou la gaude *(Reseda luteola)* à teinte jaune. L'Albarel, un centre de documentation et d'expositions temporaires, qui est aussi office de tourisme, complète utilement cette agréable promenade.

De la citadelle subsiste, place du Château, une porte appareillée en « rucher d'abeilles » (13ᵉ s.).

À la sortie nord, prenez la N 160 vers Angers. Après l'Espérance, tournez à droite.

Chanzeaux

En descendant dans la verdoyante vallée de l'Hyrôme, petit incursion dans le pays du Loir-Layon, on aperçoit d'abord, au détour du grand virage qui précède la bourgade, l'élégant château du 16ᵉ s. L'église incendiée en 1794 et reconstruite au 19ᵉ s. est accolée au clocher du 13ᵉ s. C'est dans ce clocher que le 9 avril 1795, dix femmes et dix-huit hommes dont un prêtre se réfugièrent et résistèrent pendant cinq heures, jusqu'à ce que les bleus y mettent le feu. Dans l'église, à la base de ce clocher, un vitrail de Clamens représente cette tragédie. Elle s'ajoutait aux précédents massacres de la commune de Chanzeaux, qui perdit plus de la moitié de sa population pendant la Révolution (environ 700 victimes). Plusieurs autres verrières modernes (1955) évoquent les hauts faits des guerres de Vendée. Les grandes fresques de Livache sur le mur nord de la nef, illustrent avec sobriété le jugement et la marche des femmes et des vieillards vers leur lieu d'exécution, le 25 janvier 1794.

Pendant l'assaut de l'église à Chanzeaux, une balle a traversé le calice et tué le prêtre officiant.

À la sortie sud, suivez la D 121 jusqu'à Valanjou, puis la D 84. Après le lieu-dit la Commerie, tournez à droite et empruntez la D 169 pour gagner Montilliers.

Montilliers

L'église (1900) a été reconstruite autour du chœur et du clocher du 11ᵉ s. et possède de très belles verrières, dont celle dite « du massacre du Moulin de la Reine », par Clamens. Lors de ce massacre, seuls deux enfants furent épargnés par les bleus.

À la sortie sud, prenez la D 748, traversez Vihiers et prenez la D 960 en direction de Cholet sur 3 km environ. Tournez à droite sur la D 756 en direction de Chemillé.

La Salle-de-Vihiers

Vous revoilà dans les Mauges. C'est dans le transept sud de l'église St-Martin (fin 19ᵉ s.) que l'on découvre des vitraux historiques. En 1794, une trentaine de femmes et d'enfants de la commune furent tués par une colonne infernale du général Turreau.

À la sortie sud, prenez la D 171 jusqu'à Coron, puis à droite la D 960 pour regagner Cholet.

Cholet pratique

Adresse utile

Office de tourisme du Choletais – *14 av. Maudet - BP 636 - 49306 Cholet Cedex -* 📞 *02 41 49 80 00 - www.ot-cholet.fr - juil.- août : 10h-19h, dim. et j. fériés 10h-13h, 14h30-17h ; basse saison : se renseigner, fermé 1er janv., 1er Mai, 25 déc.*

Musée du Textile, mouchoirs.

Se loger

🛏 **Chambre d'hôte Le Clos du Marais** – *6 chemin du Marais - 49120 Chemillé -* 📞 *02 41 30 08 04 ou 06 62 00 12 77 - poireauhelene@aol.com - 🚭 - 5 ch. 48 € ⬜.* Derrière les murs de cette grande bâtisse sur les hauteurs de Chemillé se cache un intérieur superbe, alliant volumes amples et décoration riche. Aménagées sur la mezzanine, les 5 chambres portent joliment des noms de plantes médicinales. Dehors, le parc, son étang et les jardins d'eau viennent parfaire le cadre.

🛏 **Chambre d'hôte Parfum d'Ici et d'Ailleurs** – *La Foy Moreau - 49450 La Renaudière - 12 km à l'E de Cholet par N 249 sortie n° 5 puis panneau -* 📞 *02 41 30 85 20 - www.lafoymoreau.com - 🚭 - 4 ch. 48 € ⬜ - repas 15 €.* Reconvertie en maison d'hôte, cette exploitation agricole a gardé un aspect authentique dans un environnement fleuri. Chambres « d'ici », décorées dans un style rustique, et « d'ailleurs », respectivement inspirées de la fougue ibérique ou de la sérénité extrême-orientale. Viandes de production maison en table d'hôte.

🛏🍴 **Hôtel du Parc** – *4 av. A.-Manceau -* 📞 *02 41 62 65 45 - hotel.parc. cholet@wanadoo.fr - fermé 20 déc.-2 janv. - 46 ch. 54/85 € - ⬜ 7,50 €.* Cet hôtel des années 1970 proche de la patinoire rendra service aux voyageurs de passage. Il propose en effet des chambres récemment rénovées, insonorisées et bien tenues. Accueil chaleureux.

Se restaurer

🍴 **Belvédère** – *Lac de Ribou - 4 km au SE de Cholet par D 600 -* 📞 *02 41 75 68 00 - www.lebelvedere.fr - fermé fév. - 15 € déj. - 22/70 €.* Cette bâtisse récente dominant le lac de Ribou jouit d'un environnement verdoyant. Salle à manger actuelle, agréable terrasse ouverte sur la nature et cuisine traditionnelle. Les chambres, spacieuses et claires, sont dotées d'un mobilier en rotin peint.

🍴 **Au Passé Simple** – *181 r. Nationale -* 📞 *02 41 75 90 06 - fermé 17 août- 6 sept., dim. soir, mar. midi et lun. - 18 € déj. - 25/50 €.* Ce restaurant tenu par un chef de talent qui a fait ses classes chez plusieurs grands noms de la gastronomie française propose ici de savoureuses recettes inventives et un joli choix de vins régionaux. Le décor, quant à lui, panache agréablement moderne et ancien.

🍴 **L'Ourdissoir** – *40 r. St-Bonaventure -* 📞 *02 41 58 55 18 - ourdissoir@wanadoo.fr - fermé 19 fév.-1er mars, 18 juil.-10 août, dim. soir et merc. - 15 € déj. - 25/40 €.* Ce restaurant situé au cœur de la ville du mouchoir abrite deux agrestes salles à manger dont l'une fut un atelier de tisserands. Beaux murs en pierre et poutres apparentes servent de cadre à une cuisine actuelle.

Que rapporter

👁 **Bon à savoir** – Si la boutique du musée du Textile reste le seul site où sont tissés les fameux mouchoirs rouges de Cholet, on pourra aussi trouver ces derniers dans le magasin « La Bonne Toile de Cholet », au 2 av. Gambetta, dans le centre-ville.

Les halles couvertes – *Tlj sf dim. et lun. 6h-13h30.*

Famille Mary – *À la Ruche-de-Beau-Rivage - 10 km au NO de Cholet par D 158 - 49450 St-André-de-la-Marche -* 📞 *02 41 55 35 79 - www.famillemary.fr - tlj sf w.-end 8h-12h30 et 13h30-18h30.* Les Mary proposent un parcours d'initiation sur la vie des abeilles installé sur les vestiges d'un moulin à eau du 16e s. Ils possèdent plus de 2 000 ruches dont ils extraient 25 variétés de miel : acacia, tilleul, trèfle blanc, etc. Confiseries, gelée royale, pain d'épice, cosmétiques également en vente à la boutique.

Sports & Loisirs

CISPA – *Port de Ribou -* 📞 *02 41 49 80 60 - www.cholet-sports-loisirs.com - tlj sf w.-end - fermé 25 déc.-1er janv.* Derrière ces initiales se cache le Centre d'initiation aux sports de plein air. Il est aménagé sur les berges du lac de Ribou situé à la périphérie de Cholet. Location de dériveurs, planches à voile, canoës-kayaks ; tennis, tir à l'arc, golf, escalade et VTC.

Hôtel de Ville de Cholet

Basilique de **Cléry-Saint-André** ★

CARTE GÉNÉRALE D2 – CARTE MICHELIN LOCAL 318 H5 – LOIRET (45)

Cléry-St-André, outre son destin singulier qui la fit passer d'humble chapelle au statut éminent de basilique (avec un pèlerinage encore très suivi de nos jours), offre deux intérêts. Le premier, son architecture, d'une sobre élégance ; le second, plus anecdotique peut-être, mais bien révélateur d'une certaine conception de la mort : le crâne de Louis XI…

- ▶ **Se repérer** – Venant d'Orléans (à 13 km au nord-est), empruntez plutôt la rive gauche de la Loire, la D 951. Vous verrez ainsi se découper à l'horizon la silhouette de la basilique, au beau milieu de ses prairies. De Meung-sur-Loire (4 km à l'ouest), il vous suffit presque de traverser la Loire.

- 👁 **À ne pas manquer** – Le décor gothique de la chapelle St-Jacques.

- 🕐 **Organiser son temps** – Comptez 45mn.

- ✆ **Pour poursuivre la visite** – Voir aussi Beaugency, La Ferté-St-Aubin, Meung-sur-Loire et Orléans.

Comprendre

Cléry et la Vierge – En 1280, des laboureurs installent dans une chapelle une statue de la Vierge trouvée dans un buisson. Le culte s'étend bientôt dans toute la région et la chapelle, trop petite pour contenir la foule des pèlerins, devient église… mais elle est détruite en 1428 par l'Anglais Salisbury en marche vers Orléans. Charles VII et Dunois fournissent les premiers fonds pour sa reconstruction, cependant c'est à **Louis XI**, surtout, que la basilique doit l'essentiel de sa splendeur. En effet, alors qu'il est encore dauphin, lors du siège de Dieppe, celui-ci fait un vœu : s'il est victorieux, il offre à N.-D.-de-Cléry son pesant d'argent. Exaucé, Louis XI tient sa promesse. Devenu roi, il se voue à la Vierge, et son attachement à Cléry s'en trouve renforcé. Il s'y fera inhumer.

Visiter

LA BASILIQUE★

Possibilité de visite guidée (45mn environ) - ✆ 02 38 45 94 33.

N.-D.-de-Cléry fut édifiée au 15e s., sauf la tour-clocher (14e s.) accolée au flanc gauche de l'église qui, seule, a échappé à la destruction anglaise.

Entrez par le transept.

L'intérieur est sobre, parfaitement homogène, d'une extrême clarté et d'une élégance un peu froide : grandes arcades, haut mur nu dans lequel sont percées les fenêtres… Mais il faut l'imaginer paré de ses tapisseries, comme le voulait l'usage de l'époque.

Cénotaphe de Louis XI

Dans le côté gauche de la nef, il est orienté vers l'autel de la Vierge, en position oblique par rapport à l'axe de l'édifice. Il fut commandé du vivant de Louis XI à un orfèvre de Tours. La statue du roi (en marbre), œuvre du sculpteur orléanais Bourdin (1622), remplace la statue primitive en bronze, fondue par les huguenots.

Caveau de Louis XI

Les ossements de Louis XI et ceux de sa femme, Charlotte de Savoie, sont encore dans le caveau qui ouvre sur la nef près du cénotaphe. Les deux crânes, sciés pour l'embaumement, sont déposés dans une vitrine. Remarquez la litre (ornement funèbre) qui fait le tour. À côté du caveau royal, sous une dalle, se trouve enterré Tanguy Du Châtel, tué au cours d'un siège en préservant la vie de Louis XI. À droite de la nef, une dalle recouvre l'urne qui contient le cœur de Charles VIII.

Chapelle St-Jacques★

Bas-côté droit. Elle fut élevée pour servir de tombeau à Gilles de Pontbriand, doyen de l'église, et à son frère. Sa riche décoration gothique rappelle que Cléry se trouvait sur le chemin de St-Jacques-de-Compostelle : voûte semée de cordelières, de bourdons et de besaces. Remarquez les deux superbes statues en bois : *Saint Jacques en costume de pèlerin* (16e s.), *Saint Sébastien* (17e s.), et une belle Vierge en pierre (16e s.). La grille de bois qui ferme la chapelle, de style breton, fut offerte par Louis XIII en 1622.

Basilique de Cléry-St-André.

Chapelle de Dunois – *2ᵉ porte à gauche de la chapelle St-Jacques.* Bâtie en 1464 sur le flanc méridional de l'église. Dunois et sa famille y reposent.

Chœur – Sur le maître-autel du 19ᵉ s., statue en bois de N.-D. de Cléry. À la fenêtre haute centrale, un beau vitrail, seul vestige du 16ᵉ s., représente Henri III instituant l'ordre du Saint-Esprit.

Les sièges des stalles offertes par Henri II sont sculptés de masques humains très variés et, plus étonnant encore dans un tel lieu, les initiales entrelacées du donateur et de sa favorite, Diane de Poitiers *(sur les jouées de la deuxième rangée des stalles de droite).*

Sacristie et oratoire de Louis XI – Dans la 2ᵉ travée du déambulatoire, à droite, belle porte de la sacristie, de style gothique flamboyant. Au-dessus, une ouverture donne sur un oratoire d'où Louis XI suivait l'office; on y accède par un escalier à vis depuis la sacristie.

La **maison** qu'habitait Louis XI pendant ses séjours à Cléry se trouve au sud de l'église, face à l'entrée du transept.

Craon

4 659 CRAONNAIS
CARTE GÉNÉRALE A2 – CARTE MICHELIN LOCAL 310 D7 – MAYENNE (53)

L'un des plus beaux exemples d'architecture Louis XVI, Craon (dites « cran ») respire le calme et la sérénité. Ses jardins, son parc à l'anglaise en bordure de rivière, sa vieille ville aux maisons à pans de bois accentuent encore ce sentiment de paix qu'on souhaiterait presque éternel.

- **Se repérer** – À 30 km au sud de Laval et 19 km à l'ouest de Château-Gontier, situés aux limites de la Mayenne et de la Bretagne, les abords de Craon offrent des paysages tranquilles et doucement vallonnés.

- **À ne pas manquer** – La visite du château ; en septembre, les célèbres courses hippiques internationales de plat, trot et obstacles.

- **Organiser son temps** – Comptez 1h15 pour la ville, au moins 2h pour les alentours.

- **Avec les enfants** – Les randonnées dans des sites protégés, « randonnées fraîcheur » ou sorties « vélo-familles » en été *(voir l'encadré Craon pratique)*.

- **Pour poursuivre la visite** – Voir aussi Château-Gontier, Pouancé et Segré.

Visiter

Vieille ville

Craon conserve, dans ses rues étroites, de belles demeures anciennes à pans de bois, notamment dans la Grande-Rue, l'une des plus vieilles. À voir aussi : le grenier à sel, cour des Onguents, et les halles, place du Pilori.

Château★

02 43 06 11 02 - www.chateaudecraon.com - possibilité de visite guidée du château (45mn) juil.-août : tlj sf sam. 13h-19h - visite libre parc et potager ( ) avr.-oct. : tlj sf sam. 13h-19h - 7 € château (enf. 5 €), 5 € parc (enf. 3,50 €).

Construit vers 1770 pour le marquis d'Armaillé. Cet élégant château en pierre blanche de la Loire décline une superbe façade au fronton curviligne et aux baies soulignées de guirlandes Louis XVI. L'élévation sur cour offre un aspect néoclassique plus rigoureux. Au cours de la visite, vous traversez plusieurs salons du 18e s. au mobilier Louis XVI et aux belles boiseries. Dans le vestibule, voyez l'admirable rampe en fer forgé.

L'agréable **jardin** à la française, qui entoure le château, et le beau **parc** à l'anglaise (42 ha), où serpente l'Oudon invitent à la promenade sur 5 km d'allées. Une signalétique permet d'identifier de nombreux arbres. Ne manquez pas non plus les « fabriques », le jardin potager avec ses serres du 19e s., le pigeonnier, la chapelle, le four à pain, le lavoir-buanderie, où l'on pratiquait autrefois la « buée » (la grande lessive à la cendre de bois), et la glacière, construite au 19e s., pièce enterrée où l'on faisait provision de glace et de neige tassée en hiver, pour servir de chambre froide en été.

S. Sauvignier / MICHELIN

Le château fut construit à la fin du 18e s., en tuffeau.

Aux alentours

Cossé-le-Vivien
12 km au nord. À la sortie sud-est, prenez la D 126.

Musée Robert-Tatin★ – *La Frénouse - 53230 Cossé-le-Vivien -* ✆ *02 43 98 80 89 -* ♿ *- avr.-sept. : 10h-19h ; oct.-mars : 14h-18h (dernière entrée 1h av. fermeture) - possibilité de visite guidée (1h) - fermé janv., 25 déc. - musée 5,60 € (enf. 2,60 €), maison et musée 7,20 € (enf. 4,60 €).*

En 1962, **Robert Tatin** (1902-1983), peintre et céramiste, bâtit au lieu-dit la Frénouse un ensemble architectural insolite qui est devenu un musée. Par une allée bordée d'étranges statues menant à la porte des Géants et au Dragon, on pénètre dans le module proprement dit. Trois monuments principaux en ciment armé polychrome (Notre-Dame-Tout-le-Monde, porte de la Lune, porte du Soleil) se reflètent dans un bassin cruciforme, jalonné par les douze mois de l'année. L'architecture, la peinture et la céramique s'inspirent d'un parcours initiatique et symbolique.

Un artiste inclassable

Art brut ? Art naïf ? Art primitif ? Impossible d'associer vraiment Robert Tatin à un mouvement ou une école. C'est l'univers d'un autodidacte qui, sous une forme naïve et visionnaire, a amalgamé des apports orientaux, précolombiens et même celtiques, en leur conférant un caractère universel pour réaliser « un pont entre l'Orient et l'Occident ». Mieux vaut pour lui citer les œuvres de diverses époques et cultures auxquelles il se réfère : les monstres de pierre et l'option pour un site naturel du Bois sacré de Bomarzo (16ᵉ s.) près de Rome, l'architecture modelée sur les formes de la nature du Catalan Antoni Gaudí, le choix des matériaux et la technique du Brésilien Oscar Niemeyer, le Jardin des Tarots et les sculptures monumentales de la plasticienne contemporaine Niki de Saint-Phalle…

A. le Bot / PHOTONONSTOP

Jeanne d'Arc, vue par Robert Tatin.

Renazé
10 km au sud-ouest.

Importante cité ardoisière, notamment au début du 20ᵉ s., Renazé a produit jusqu'en 1975 une ardoise de qualité au grain très fin. D'anciens « perreyeurs » font revivre cette activité traditionnelle au **musée de l'Ardoise** aménagé sur le site de Longchamp. Outillage léger et lourd, reconstitution de « tue-vents », démonstrations de « fente » et diaporama *(15mn)* vous font pénétrer dans le sombre univers de l'exploitation en sous-sol qui, peu à peu, a remplacé l'extraction à ciel ouvert. ✆ *02 43 06 41 74 -* ♿ *- visite guidée (2h) juil.-août : tlj sf lun. et mar. 14h-17h30 ; mai-juin et sept.-oct. : jeu., vend., dim. et j. fériés 14h-17h30 - 4 € (enf. 2,50 €).*

Château de Mortiercrolles
11 km au sud-est par la D 25 et un chemin à gauche après St-Quentin-les-Anges.
Visite guidée (1h) de la dernière sem. de juil. à fin août : 15h30 et 16h30 ; visite libre (intérieur de l'enceinte) 13h30-18h - 6 € (-5 ans gratuit), visite libre 2 € (-5 ans gratuit).

Bel édifice construit, à la fin du 15ᵉ s., par Pierre de Rohan, maréchal de Gié. De larges douves entourent l'enceinte à quatre tours d'angle, que commande un remarquable **châtelet★** à chaînages de brique et de tuffeau. Dans la cour à droite, le logis seigneurial est orné de superbes lucarnes à gâbles. Au fond, l'élégante chapelle : remarquez la jolie porte latérale Renaissance et la piscine décorée de ravissantes coquilles.

Craon pratique

♿ Voir aussi l'encadré pratique de Château-Gontier.

Adresse utile

Office du tourisme Sud Mayenne – *Pl. André-Counord - 53204 Château-Gontier - ☎ 02 43 70 42 74 - www.sud-mayenne.com – avr.-sept. : 9h30-12h30, 14h-18h, dim. et j. fériés 10h-12h30, 14h-17h30, fermé 1ᵉʳ janv. et 25 déc. ; horaires basse saison, se renseigner.*

Se loger

👁 **Bon à savoir** – Le château de Craon propose de très belles chambres d'hôte *(voir p. 29)* - www.chateaudecraon.com

Loisirs

Randonnées – 200 km de circuits ont été aménagés pour des randonnées dans des sites protégés. L'été, l'office de tourisme propose des « randonnées fraîcheur » et des sorties « vélo-familles » les vendredis soir en juillet et août.

Événements

En sept., courses hippiques. L'hippodrome a les meilleurs parcours d'obstacles de tout l'Ouest.

Descartes

4 019 DESCAROIS
CARTE GÉNÉRALE C4 – CARTE MICHELIN LOCAL 317 N7 – INDRE-ET-LOIRE (37)

Descartes étale ses petites maisons tout au long de sa rue principale, entre la Creuse et le coteau. Point de passage entre les vallées verdoyantes de la Touraine et les paysages du Poitou où la tuile domine déjà, la petite cité offre l'occasion de redécouvrir le philosophe dont on dit qu'il forgea l'esprit français, et qui passa ici sa prime enfance.

▶ **Se repérer** – Au sud de la Touraine, à la limite de l'Indre-et-Loire et de la Vienne, Descartes est à 58 km au sud de Tours, 50 km à l'est de Chinon et 31 km à l'ouest de Loches.

👁 **À ne pas manquer** – Le musée Descartes.

🕐 **Organiser son temps** – Comptez 1h pour la ville et les alentours.

♿ **Pour poursuivre la visite** – Voir aussi Chinon, Le Grand-Pressigny, L'Île-Bouchard, Loches, Richelieu, Ste-Maure-de-Touraine, Tours.

Le saviez-vous ?

En 1802, la ville s'appelait La Haye-Descartes, et ce n'est qu'en 1967 qu'elle prit le nom de Descartes.

Comprendre

Descartes (1596-1650) et la pensée moderne – Dans la ville qui porte aujourd'hui son nom (elle s'appelait alors La Haye) fut baptisé en 1596 René Descartes (d'ailleurs peut-être né à… Châtellerault, distant de 25 km). Il y vit peu de temps : après ses jeunes années passées dans la maison familiale, puis des études chez les jésuites à La Flèche, il devient militaire, s'installe en Hollande pendant vingt ans (1629-1649) avant d'être appelé à Stockholm par la reine Christine de Suède. Son œuvre majeure, le *Discours de la méthode*, est écrite en français (au lieu du latin jusque-là employé pour tous les ouvrages philosophiques) afin d'être accessible à tous. Parue en 1637, elle connaît un grand retentissement vers le milieu du siècle. Esprit systématique et rigoureux, Descartes s'intéresse aux mathématiques (il est le père de la géométrie analytique), aux sciences physiques, à la logique ; il met au point une « méthode » de raisonnement pour établir une vérité par l'évidence et la déduction.

Il marque profondément la pensée française en rompant avec la scolastique, philosophie dominante depuis le Moyen Âge. C'est lui qui énonce le célèbre « **Je pense, donc je suis.** » La phrase est révolutionnaire pour deux principales raisons : parce qu'elle énonce comme point de départ un doute essentiel (s'il faut démontrer que « je suis », c'est que je n'existe peut-être pas) et parce qu'elle ne conclut à l'existence que grâce au doute lui-même (le doute, la pensée existent, donc l'homme aussi). Pour Descartes, ce raisonnement aboutit à la démonstration de l'existence de l'âme et de Dieu. Mais ses successeurs utilisent sa méthode pour remettre en cause toute autorité et conclure que tout peut et doit être soumis à la raison. Ainsi fondée sur le doute systématique, la philosophie cartésienne du 17e s. a engendré la pensée des modernes (Voltaire, Diderot), mais aussi annoncé l'existentialisme du philosophe Jean-Paul Sartre, trois siècles plus tard.

Visiter

Musée Descartes

29 r. Descartes - ℰ 02 47 59 79 19 - www.ville-descartes.fr - ♿ - de mi-mars à mi-nov. : 14h-18h - 4,5 € (enf. 1,30 €) - visites guidées seulement.
La maison d'enfance du philosophe se distingue sur la rue par deux fenêtres gothiques en accolade. À l'intérieur, une muséographie moderne tente de traduire par des cartes, tableaux anciens, illustrations et puzzle, la vie et la pensée du philosophe. Un agréable jardinet entoure la maison.

Aux alentours

Château du Châtelier

Par la D 100, 10 km à l'est. Imposant bâtiment barrant la vallée du Brignon, l'austère château a gardé de ses fortifications médiévales ses belles douves à pont-levis et, à l'est de l'enceinte, un impressionnant donjon à bec.

Ferrière-Larçon

Par la D 100, 16 km à l'est. Parmi les pittoresques maisons à toit de tuiles disséminées dans le vallon, l'**église** présente une architecture très intéressante, alliant une étroite nef romane (12e s.) à un large chœur gothique (13e s.), haut et lumineux. À la jonction des deux parties, beau clocher roman flanqué de quatre clochetons d'angle.

Descartes pratique

♿ Voir aussi l'encadré pratique du Grand-Pressigny.

Adresse utile

Office de tourisme – *Pl. Blaise-Pascal - 37160 Descartes - ℰ 02 47 92 42 20 - de mi-juin à mi-sept. : mar.-sam. et j. fériés 9h-12h, 14h-18h, lun. 14h-17h - horaires basse saison, se renseigner.*

Se loger

⌂ **Chambre d'hôte La Grenouillère** – *17 r. de la Grenouillère - 86220 Dangé-St-Romain - 8,5 km au SO de Descartes par D 58 - ℰ 05 49 86 48 68 - lagrenouillere86@aol.com -✉- 5 ch. 42/48 € ⌷ - repas 20 €.* À l'écart du village, cette ancienne ferme du 19e s. respire le calme et la douceur de vivre. Ses 5 chambres, dont 2 indépendantes, ont chacune une identité particulière. La table d'hôte propose quelques recettes maison avec, au dessert, une spécialité locale : le broyé du Poitou. Balades en barque sur l'étang.

Se restaurer

⌂ **Moderne** – *15 r. Descartes - ℰ 02 47 59 72 11 - hotel.moderne.fb@wanadoo.fr - fermé 25 nov.-10 déc., 23 fév.-11 mars, sam. midi et vend. de sept. à avr., lun. midi de mai à sept. et dim. soir - 13/33 €.* Restaurant de style rustique proche de la maison natale de René Descartes, aujourd'hui musée. L'été, terrasse dressée dans le petit jardin. Cuisine traditionnelle.

⌂ **Auberge de Lilette** – *À Lilette - 3 km à l'O de Descartes par D 58 et D 5 - ℰ 02 47 59 72 22 - auberge.lilette@wanadoo.fr - fermé vend. soir, sam. midi et dim. soir - 11,50 € déj. - 17/33 €.* Modeste salle à manger accessible par le bar-tabac du village. Les tables y sont bien espacées et la carte présente des plats à dominante régionale.

Doué-la-Fontaine★

7 450 DOUESSINS
CARTE GÉNÉRALE B3 – CARTE MICHELIN LOCAL 317 H5 – SCHÉMA P. 277 –
MAINE-ET-LOIRE (49)

Bâtie sur un morceau de gruyère, troué de caves et de maisons troglodytiques, dont certaines offrent quelques exemples passionnants et mystérieux d'un habitat maintenant délaissé, Doué-la-Fontaine est surtout dédiée au culte des roses, comme en témoignent ses parcs et ses jardins consacrés à la « reine des fleurs ».

▶ **Se repérer** – À 20 km au sud-ouest de Saumur, en lisière du Poitou, « Doué-la-méridionale » s'entoure de nombreuses pépinières et cultures florales.

👁 **À ne pas manquer** – Le zoo et son site troglodytique exceptionnel ; les collections des Chemins de la rose.

🕐 **Organiser son temps** – Comptez 1/2 journée pour la ville et ses environs.

👪 **Avec les enfants** – Les animations à heure fixe avec les animaux du zoo, les constructions troglodytiques de Richemenier et de Forges, les étranges visages sculptés de Dénezé.

👌 **Pour poursuivre la visite** – Voir aussi Angers, le château de Brézé, le château de Brissac, Cholet, Montreuil-Bellay, Saumur.

> ### Le saviez-vous ?
> 👁 Louis le Pieux aimait résider à Doué. Il y aurait appris la mort de son père Charlemagne.
> 👁 Le baron Foullon (1715-1789), contrôleur général des Finances de Louis XVI, a laissé de nombreux souvenirs à travers la ville et contribué à son développement économique en y lançant, avec son jardinier, la culture des roses.

Comprendre

Les caves demeurantes – Doué et ses alentours occupent un plateau crayeux creusé en multiples cavités soit pour en extraire la pierre, soit pour y loger, soit encore à usage de resserre, de cave à vin, de hangar, d'étable, etc. Insoupçonnables de la rue, ces caves demeurantes sont creusées non pas à flanc de coteau comme dans les vallées de la Loire ou de ses affluents, mais sous le sol même, autour d'une fosse formant cour intérieure. Certaines façades ressemblent à la silhouette d'une bouteille ; c'est la forme caractéristique que prend une carrière de falun lors de son exploitation.
Si certaines sont encore habitées, d'autres, acquises par la ville, ont été transformées en salles de spectacle ou d'exposition.

Visiter

Maisons anciennes

Outre ses maisons troglodytiques *(rue des Perrières et rue d'Anjou)*, Doué conserve de vieilles demeures à tourelles et escaliers extérieurs.
À la sortie de la ville, sur la route de Saumur, **beau moulin** à vent, ultime survivant de ceux qui couvraient par centaines les coteaux de la région.

Arènes

📞 02 41 59 20 49 - www.ot-douelafontaine.fr - visite libre de l'extérieur - possibilité de visite guidée (40mn) juil.-août.
Situées rue des Arènes, dans le quartier de **Douces**, ce sont en réalité d'anciennes carrières à ciel ouvert, où des gradins furent aménagés au 15e s. Des spectacles de théâtre et de musique, des expositions florales s'y déroulent. Au-dessous des gradins, de vastes souterrains furent longtemps habités : cuisines, salles communes. On y enferma des prisonniers vendéens.

Musée aux Anciens Commerces

Écuries Foullon, quartier de Soulanger, direction St-Georges-sur-Layon. 📞 02 41 52 91 58 - ♿ - juil.-août : 10h-19h, lun. 14h-19h ; mai-juin : 10h-12h, 14h-19h, lun. 14h-19h ; avr., sept.- oct. : tlj sf lun. 10h-12h, 14h-18h ; mars et nov. : tlj sf lun. 14h-18h ; 2e quinz. de fév. : vend.-dim. 14h-18h - (dernière entrée 1h av. fermeture) - 6,30 € (enf. 4,20 €).
👪 Dans le cadre remarquable des écuries (seuls vestiges du château) du baron Foullon, deux rues reconstituées mettent en scène une vingtaine de commerces d'autrefois. Au hasard de la promenade, cent ans (1850-1950) d'histoire du négoce de détail sont évoqués. Au fil des boutiques revivent l'apothicaire, le chapelier, le

grainetier, le droguiste, le barbier-perruquier, l'épicier-mercier… et la distillerie qui fabrique de l'eau de rose. Chaque échoppe est minutieusement équipée de tous ses accessoires : présentoirs, comptoir, caisse et devanture.

Zoo de Doué★★

À la sortie de Doué sur la route de Cholet. ℘ 02 41 59 18 58 - www.zoodoue.fr - juil.-août : 9h-19h30 ; des vac. de fév. à fin juin : 9h-19h ; de déb. sept. aux vac. de Toussaint : 10h-18h30 - 15 € (-10 ans 9 €), ticket d'entrée valable toute la journée.

Le zoo occupe un **site★** troglodytique exceptionnel. Les anciennes carrières de pierre coquillière, avec leurs grottes « en cathédrale » et leurs fours à chaux, offrent un cadre hors du commun à une collection de plus de 500 animaux vivant ici en semi-liberté. Acacias, bambous, cascades et aplombs rocheux fournissent de très belles mises en scène pour présenter avec naturel cette sélection d'espèces, pour la plupart menacées, à l'état sauvage. De nombreux affûts photos permettent d'observer les animaux.

Vous passerez ainsi du « canyon aux léopards », vaste carrière qui permet l'observation des panthères des neiges et des léopards du Sri Lanka, à la « crique aux manchots » et sa colonie de surprenants oiseaux marins, ou encore à la « fosse aux charognards », immense volière où vivent une vingtaine de vautours… En été, les nombreuses animations font intervenir les tigres, loutres, gibbons, pandas, hippopotames ou makis. Le zoo s'efforce de reproduire les espèces menacées pour les réintroduire dans leur milieu d'origine, vous pourrez donc observer les « bébés » de la saison. Et pour un voyage dans l'Histoire, la galerie des « faluns » montre la faune telle qu'elle devait être il y a 10 millions d'années sur le site même du parc.

La cave aux Sarcophages

1 r. de la Croix-Mordret, au sud de la route de Montreuil-Bellay. ℘ 02 41 59 24 95 - ♿ - visite guidée (1h) du 2 juin à fin sept. : 14h-19h - 4,20 € (enf. 2,70 €).

De nombreuses fouilles archéologiques plus ou moins récentes ont mis au jour de beaux exemples de sarcophages monolithes mérovingiens. Leurs techniques de fabrication sont peu connues, et le site de Doué qui en a produit plus de 30 000 (5e-6e s.) offre une occasion exceptionnelle de découvrir les secrets et astuces de cette « industrie » jadis florissante.

Watier / Zoo de Doué

Moment très attendu, le repas des manchots est toujours un spectacle.

Maison carolingienne

À la lisière sud de la ville, boulevard du Docteur-Lionet, près de la route d'Argenton-Château. Cette maison forte du 9e s., sans doute résidence d'été de Louis le Pieux, plus tard transformée en donjon, dresse encore ses murs imposants.

Les Chemins de la rose★

Parc de Courcilpleu, D 960, rte de Cholet. ℘ 02 41 59 95 95 - www.cheminsdelarose. com - ♿ - de mi-mai à mi-août : 9h30-19h ; de mi-août à fin sept. : 10h-12h30, 14h-18h30 - possibilité de visite guidée (1h15) - 6 € (5-15 ans 3,50 €).
Les jardiniers prodiguent volontiers des conseils.

Dans un parc récent, sur 4 ha, les roses foisonnent par milliers, issues de plus de 1 300 variétés de rosiers botaniques, anciens et modernes de tous les pays du monde. De la rose de Damas (rapportée par les croisés au 13ᵉ s.) à la rose York-Lancaster de la reine d'Angleterre, les amateurs trouveront ici de quoi embaumer leurs souvenirs pour longtemps.

Les roses, reines de Doué.

Aux alentours

Village troglodytique Rochemenier

À Louresse. 6 km au nord par la D 69 et la D 177. ☎ 02 41 59 18 15 - www.troglodyte. info - avr.-oct. : 9h30-19h ; fév.-mars et nov. : w.-end et j. fériés 14h-18h - 4,80 €. ♟ Le village souterrain de Rochemenier, creusé dans un dépôt de falun, offre un excellent exemple d'habitat troglodytique de plaine. On visite deux fermes troglodytiques (logis et dépendances, 20 salles sur 1 ha), abandonnées depuis 1930 environ.

Maisons troglodytiques de Forges

3,5 km au nord par la D 214. ☎ 02 41 59 00 32 - mai-sept. : 9h30-19h ; de mi-mars à fin avr. et oct. : 9h30-12h30, 14h-18h30 - 5 € (8-17 ans 3 €). ♟ En 1979, des fouilles ont permis de réaménager ce hameau, bel exemple d'une architecture rurale méconnue, occupé jusqu'en 1940 par trois familles. Au même titre que les bories de Provence, ce village troglodytique démontre l'adaptation du paysan à la nature du sol. L'habitat et ses dépendances, creusés sous le niveau du sol autour d'une cour intérieure, s'apparentent ainsi aux habitations troglodytiques du Sud tunisien ; seules les cheminées sortent de terre. Fours et conduits de cheminées sont creusés à même la terre réfractaire, de même que le silo à grains ou la cave à légumes.

Cave aux sculptures de Dénezé-sous-Doué

5,5 km au nord par la D 69 - ☎ 02 41 59 15 40 - visite guidée (1h) avr.-oct. : 10h30-13h, 14h-18h30 - fermé lun. (sf si férié) - 4 € (enf. 2,50 €). ♟ Cette cave *(couvrez-vous, il fait 14 °C)* aux parois sculptées de centaines de figurines insolites a longtemps constitué un mystère. Après une étude des costumes, des instruments de musique et des attitudes, des archéologues l'ont datée du 16ᵉ s. ; elle aurait abrité une communauté secrète de tailleurs de pierre, dont les œuvres figureraient les rites initiatiques. Sur place, les conservateurs vous expliqueront volontiers les scènes représentées.

Doué-la-Fontaine pratique

Adresse utile

Office de tourisme – *30 pl. des Fontaines - 49700 Doué-la-Fontaine - ☎ 02 41 59 20 49- en saison : tlj sf dim. 10h-12h30, 14h-19h ; hors saison : lun.-vend. 9h30-12h30, 14h-18h, sam. 9h-12h30.*

Se loger

⌂ **Hôtel La Saulaie** – *Rte de Montreuil-Bellay - ☎ 02 41 59 96 10 - www. hoteldelasaulaie.com - fermé 22 déc.-7 janv. - 🅿 - 44 ch. 44/55 € - ⊠ 7 €. Après la visite des « caves demeurantes »* alentour, retrouvez la lumière naturelle dans cet établissement récent aux chambres actuelles, colorées et assez spacieuses.

Se restaurer

⌂ **Le Caveau** – *4 bis pl. du Champ-de-Foire - ☎ 02 41 59 98 28 - restaurantlecaveau.fr - fermé 15 j. en janv., mar. et merc. de sept. à mars - 13,50 € déj. - 21,50 € bc. Il faut descendre quelques marches pour rejoindre cet insolite restaurant aménagé dans une ancienne* carrière. On y déguste une cuisine typiquement régionale dont les fouaces (petits pains à garnir de divers ingrédients) et les « galipettes » (gros champignons farcis) préparées devant vous dans un four à bois.

🍴🛏 **France** – 19 pl. Champ-de-Foire - ☎ 02 41 59 12 27 - www.hoteldefrance-doue.com - fermé 26 juin-3 juil., 23 déc.-21 janv., dim. soir et lun. sf juil.-août - 16/38 €. Dans la cité de la rose, salle à manger au décor velouté : murs tendus de tissu bleu, plafond orné de draperies et sièges Louis XVI. Chambres simples, refaites par étapes.

Que rapporter

La Ferme d'Antan - Maison de la rose – 94 rte de Cholet - ☎ 02 41 50 98 79 - www.histoirederose.com - 10h-12h, 14h-19h. Distillerie artisanale aménagée dans une maison centenaire. L'eau de rose étant la spécialité de la maison, vous découvrirez au cours de la visite de vieux alambics et un jardin planté de 3 000 rosiers. Petit écomusée de la ferme (animaux en liberté) et boutique de produits à base de rose.

Événements

Journées de la rose – L'exposition florale, très réputée, se tient chaque année à la mi-juillet dans un site troglodytique exceptionnel où la roche met particulièrement bien en valeur les fleurs. Des concours et nombreuses animations complètent les parcours.

La Ferté-Bernard★

9 239 FERTOIS
CARTE GÉNÉRALE C1 – CARTE MICHELIN LOCAL 310 M5 – SCHÉMA P. 175 – SARTHE (72)

La Ferté-Bernard borde le Perche-Gouët. Ce pays, à l'origine couvert de marais, est traversé par trois rivières : la Sarthe et l'Huisne accompagnée de son affluent, la Même, qui se divisent en plusieurs bras. À La Ferté-Bernard, les canaux de la « Petite Venise de l'Ouest » sinuent au cœur de la cité où les maisons Renaissance, la fontaine et les halles se serrent autour de la superbe et très flamboyante église Notre-Dame-des-Marais.

- ▶ **Se repérer** – À 40 km à l'est du Mans, 90 km au sud-ouest de Chartres, et à 5 km de l'autoroute A 11, aux limites de la Sarthe, de l'Orne et de l'Eure-et-Loir.

- 👁 **À ne pas manquer** – Le décor de Notre-Dame-des-Marais.

- 🕐 **Organiser son temps** – Comptez 1h pour la visite de la vieille ville, 1/2 journée pour les environs.

- 👫 **Avec les enfants** – Embarquez pour une promenade découverte de la ville en canoë ou canot électrique.

- 🕯 **Pour poursuivre la visite** – Voir aussi Montmirail, St-Calais et Thiron-Gardais.

Se promener

Porte St-Julien

Sur la place St-Julien. Construite au 15e s. sous Louis XI, elle se compose d'une porte charretière (par où passaient les charrettes) et d'une porte discrète, dite poterne, flanquées de deux tours rondes défensives. Dans le fossé que franchissait le pont-levis l'Huisne s'écoule.

Maisons anciennes

Au-delà de la porte St-Julien, la rue de l'Huisne conserve quelques maisons Renaissance, notamment celle du n° 15 (atlante). Rue Carnot, plusieurs demeures anciennes, dont une auberge (15e s.), halte sur la route de Compostelle, et une maison (boucherie) décorée d'atlantes peints : un pèlerin guetté par un fou et un Maure grimaçant et, à l'étage, deux personnages lapidant saint Étienne.

Halles

Donnant sur la place de la Lice et sur la rue Carnot, elles furent édifiées en 1535. Belle façade sur la place, avec les lions des Guises à chaque pignon ; le grand toit de tuiles percé de lucarnes est soutenu par une très belle charpente.

La fontaine

Place Carnot. 15e-16e s. En granit, elle est alimentée par une source située dans le faubourg des Guillotières, à partir d'une canalisation qui passe sous l'Huisne.

Chapelle St-Lyphard

Impasse du Château - uniquement pendant les expositions ou dans le cadre d'une visite guidée - ☎ 02 43 71 21 21. À deux pas des halles, cette ancienne chapelle du château, érigée au 12e s. et restaurée en 1980, est devenue aujourd'hui un lieu d'expositions. Au 14e s. Louis d'Orléans et Valentine Visconti y firent aménager le très bel oratoire collatéral. Au fond de l'impasse, remarquez les murs vestiges du château.

> ## Le saviez-vous ?
>
> 👁 Ville forte, née auprès d'un château, ou « ferté », elle adopta le nom du premier seigneur de l'endroit, **Bernard**, dont les descendants tinrent la seigneurie jusqu'au 14e s. Propriété des Guises au 16e s., La Ferté fut vendue en 1642 au cardinal de **Richelieu** ; ses héritiers la conservèrent jusqu'à la Révolution.
>
> 👁 Natif de La Ferté, le poète et dramaturge **Robert Garnier** (1544-1590) est aujourd'hui un peu oublié : pourtant, ses tragédies – dont la plus célèbre, *Les Juives* – annonçaient Racine.

Visiter

Église N.-D.-des-Marais★★

Pl. Sadi-Carnot - possibilité de visite guidée, se renseigner au ☎ 02 43 71 21 21 ou ☎ 02 43 60 72 77.

La nef, le transept et la tour carrée furent bâtis de 1450 à 1500 ; entre 1535 et 1544, Mathurin Delaborde travailla à l'église et, de 1550 à 1590, les frères Viet dirigèrent la construction du chœur (achevé en 1596), dont le décor sculpté extérieur comporte des éléments Renaissance : rinceaux et bustes d'empereurs romains et, sur le chevet, ornementation à l'italienne avec balustrade présentant en lettres décorées de feuilles, d'anges ou d'animaux deux chants à la Vierge : « *Regina Cæli* » et « *Ave Regina Cælorum* ».

Entrez par le portail sud, flamboyant.

Notre-Dame-des-Marais.

Ph. Blondel / MICHELIN

Intérieur – Au revers de la façade ouest, voyez les bénitiers Renaissance originaux et, dans la nef, un buffet d'orgue que soutient un cul-de-lampe flamboyant. D'une élégance recherchée, le chœur s'élève par des arcades élancées (au-dessus de chaque ogive : statuettes sous dais) ; un triforium Renaissance d'un dessin pur et léger, et des fenêtres hautes garnies de lumineuses verrières des 16e et 17e s. La galerie basse repose sur une corniche sculptée de coquilles et de bustes en relief. Ses balustres présentent les statuettes du roi de France et de ses douze pairs. Ne manquez pas les trois **chapelles de l'abside★**. Celle de droite est couverte d'un étonnant plafond à caissons ; ses vitraux sont du 16e s., comme ses délicats cartouches sculptés et sa piscine. Dans la chapelle axiale, les voûtes entre les ogives sont décorées de stalactites et de nids d'abeille (16e s.) ; à gauche, un vitrail Renaissance représente le repas de Béthanie avec Madeleine aux pieds du Sauveur. Dans le collatéral à gauche du chœur, observez le retable où sont figurés les instruments de la Passion. Remarquez l'orgue « en nid d'hirondelle » (début 16e s.), restauré, et ne manquez pas, dans la sacristie, la collection de panneaux d'albâtre polychromes illustrant les Cinq joies de la Vierge (15e s.).

Circuit de découverte

LE PERCHE-GOUËT★ 2

87 km – une demi-journée. Voir carte p. 175.

Le Perche-Gouët, quelquefois appelé Bas-Perche, reçut son nom au 11e s. de Guillaume Gouet qui possédait **cinq baronnies** – Alluyes « la Belle », Brou « la Noble », Bazoche « la Gaillarde », Authon « la Gueuse » et Montmirail « la Superbe » – relevant de l'évêché de Chartres. Entre le Loir et l'Huisne, le Perche-Gouët dessine une sorte de croissant dont le sol, formé de craie marneuse et de bancs de sable ou d'argile, ne porte plus qu'une partie des immenses forêts de jadis, remplacées par des prés et des vergers.

Prenez la D 153, via Cherreau, puis la D 136 pour rejoindre Ceton.

Ceton

L'**église St-Pierre** tient son importance du prieuré de l'ordre de Cluny auquel elle appartint dès 1090. Le clocher roman précède un chœur et une nef gothiques construits du 13e au 16e s.

À l'intérieur, Mise au tombeau (16e s.), d'une naïveté touchante, et belle statuaire.

Empruntez la D 637, en direction de Coudray-au-Perche.

Les Étilleux

Au sud du village, sur la D 13, près d'une fermette, prendre le chemin signalé qui monte au sommet de la butte (270 m ; relais hertzien) : belles vues sur la vallée de l'Ozanne, les collines du Perche et la vallée de l'Huisne.

Rejoignez Coudray-au-Perche (D 124), puis Authon-du-Perche (D 9), pour se rendre à St-Ulphace par la D 13 qui devient ensuite D 7.

St-Ulphace

À mi-pente se détache l'**église** (15e-16e s.) dont la puissante façade s'appuie sur une tour ; portail Renaissance. ✆ 02 43 93 27 06 - dim. 10h-18h.

Poursuivez la D 14.

Montmirail

Montmirail, jadis puissamment fortifiée, occupe un site défensif de premier ordre. Le **château**, construit au 15e s., remanié au 18e s. par la princesse de Conti – fille de Louis XIV et de Mlle de La Vallière – , conserve des souterrains des 11e et 14e s. Outre les cachots, on parcourt les salles d'armes voûtées d'ogives, les appartements de la princesse de Conti, dont le Grand Salon au décor Louis XV.

De la terrasse, on découvre la façade ouest, classique, qui contraste avec les façades sud et est d'allure féodale ; et, surtout, un vaste **panorama★** sur le Perche-Gouët. ✆ 02 43 93 72 71 - visite guidée (40mn) de déb. juil. à mi-août : tlj sf mar. 14h-19h ; mai-juin et de mi-août à mi-sept. : w.-end et j. fériés 14h30-18h30 - 5 € (enf. 3 €).

L'**église** des 12e-16e s. renferme un vitrail du 16e s. dans le chœur et, dans le bas-côté gauche, un sépulcre polychrome du début du 17e s., très réaliste. En face de ce dernier, pierre sculptée où, jusqu'à la Révolution, était renfermé un reliquaire.

Prenez la direction de Vibraye. La D 302, puis les jolies D 72p et D 72, traversent une partie de la forêt de Vibraye.

Semur-en-Vallon

Attrayante bourgade, offrant un plan d'eau aménagé. Au creux d'un vallon, en lisière de la forêt de Vibraye, le **château** du 15e s. est entouré de douves et de tours ; la façade d'entrée, encadrée de tours rondes à lanternons, a été remaniée au 17e s. et est coiffée de beaux toits aigus à la française.

Empruntez la D 98 en direction de Lavaré et à hauteur de Bois-Guinant, ralentissez pour remarquer le beau point de vue sur votre gauche, puis prenez la première à gauche.

Bouër

Ce minuscule village perdu dans les collines qui dominent la vallée de l'Huisne a une **église** coiffée d'un clocher dont la flèche d'ardoises se raccorde à la tour par des volutes. En avant du chœur, deux jolis autels en bois. De l'esplanade, vue sur la vallée de l'Huisne.

Empruntez la D 29 vers Montmirail jusqu'à l'intersection de la D 1 que vous prenez à gauche. À Lamnay, tournez à droite dans la D 125.

Château de Courtangis

Dans le cadre idyllique d'un vallon retiré et planté de grands arbres (hêtres, chênes, frênes) pointent les tourelles, les lucarnes et les toits à la française de ce gracieux manoir du début du 16e s.

Quittez Courtangis en direction de Courgenard (D 36).

Courgenard

Dans ce village fleuri, l'**église** présente une harmonieuse porte Renaissance sculptée de statuettes en bas-relief. Sur le mur droit de la nef, des peintures murales du 16e s. illustrent l'enfer et le *Dict des Trois Morts et des Trois Vifs*. D'un côté, trois cavaliers (les « vifs ») prennent plaisir à la vie, de l'autre, trois morts les interpellent pour leur rappeler la nécessité de penser à leur salut : « Nous avons été ce que vous êtes, vous serez ce que nous sommes. » *W.-end et j. fériés, visite sur demande au ℘ 02 43 93 26 02 (mairie).*

Regagnez La Ferté-Bernard par la D 7.

La Ferté-Bernard pratique

Adresse utile

Office de tourisme – 15 pl. de la Lice, 72400 La Ferté-Bernard - ℘ 02 43 71 21 21 - www.la-ferte-bernard.com - mai-sept. : 9h30-12h30, 14h30-18h30, dim. et j. fériés : 15h-18h ; horaires basse saison, se renseigner.

Se loger et se restaurer

⊖ **Auberge de la Forêt** – 38 r. Gabriel-Goussault - 72320 Vibraye - 16 km au S de La Ferté-Bernard dir. St-Calais puis D 211 - ℘ 02 43 93 60 07 - sarlaubergedela-foret@ wanadoo.fr - fermé 15 janv.-15 fév., dim. soir et lun. - 13/46 € - 7 ch. 54/58 € - ☲ 9 €. Repu et content ! C'est probablement l'impression que vous aurez en sortant de cette auberge après avoir dégusté des plats du terroir. Sur les murs, quelques peintures à vendre. Terrasse d'été. Chambres au cadre actuel.

⊖⊜ **Le Dauphin** – 3 r. d'Huisne - ℘ 02 43 93 00 39 - fermé 5-22 août, dim. soir et lun. - 15/39 €. Sympathique restaurant exploité par un couple aussi aimable que dynamique. L'originale cuisine au goût du jour de David Guimier qui officie au « piano » offre de déguster, entre autres, une lasagne de rascasse aux tagliatelles de légumes ou un filet de cannette laqué à l'oxymel avec pommes tapées et coulis de petits pois.

La Ferté-Saint-Aubin

6 886 FERTÉSIENS
CARTE GÉNÉRALE D2 – CARTE MICHELIN LOCAL 318 I5 – LOIRET (45)

Cette petite ville solognote a conservé dans son vieux quartier quelques maisons traditionnelles en brique et à pans de bois. Sur la rive du Cosson, semée de nénuphars, un superbe château classique dresse ses façades de brique rose parmi les feuillages.

- **Se repérer** – En pleine Sologne, La Ferté se déploie le long de la N 20 à 15 km au sud d'Orléans.

- **À ne pas manquer** – Les écuries et la scellerie.

- **Organiser son temps** – Comptez 1h15 pour l'ensemble du site.

- **Avec les enfants** – Les animations du parc du château et la dégustation de madeleines concoctées dans les cuisines.

- **Pour poursuivre la visite** – Voir aussi Beaugency, le château de Chambord, Gien et Sully-sur-Loire.

Le saviez-vous ?

Plusieurs grandes familles se sont succédé au château, notamment les **Saint-Nectaire** (ou Senneterre) ; le maréchal de **La Ferté**, qui se distingua à Rocroi, grand amateur de chasses et de chevaux, et le maréchal de France Ulrich de **Lowendal**, contemporain du maréchal de Saxe (son ami et voisin de Chambord).

Visiter

Château★

📞 02 38 76 52 72 - avr.-sept. : 10h-19h ; de mi-fév. à fin mars : 14h-18h ; de déb. oct. à mi-nov. : 10h-18h (dernière entrée 45mn av. fermeture) - 8 € (4-16 ans 5 €). Au sous-sol du château, dans les grandes cuisines (17e s.), une animation initie les gourmets aux secrets de fabrication des madeleines au miel que l'on déguste toutes chaudes, à leur sortie du four à bois (les après-midi des dim. et j. fériés et tous les après-midi de juil.-août).

La porte St-Julien a gardé les rainures où se logeaient la herse et les câbles du pont-levis.

S. Sauvignier / MICHELIN

Deux bâtiments identiques (fin 17e s.) délimitent la cour d'honneur : celui de droite abrite une orangerie, celui de gauche de magnifiques **écuries** toujours en activité et la très belle collection de harnachements de la **sellerie**. Bâti sur les bords du Cosson, le château apparaît comme un édifice majestueux, bien que dissymétrique : à gauche, le « petit château » n'a gardé du 16e s. que son appareillage de brique en losanges ; à droite, le « grand château », élevé au milieu du 17e s., impose sa façade classique surmontée de lucarnes sculptées.

À l'intérieur, la salle à manger et le Grand Salon ont conservé leurs meubles du 18e s. ainsi que quelques portraits, dont celui du marquis de La Carte, attribué à Largillière, et celui de Louis XV, à l'âge de 54 ans.

Dans la partie droite du corps de logis, au 1er étage, on visite les chambres d'apparat (17e, 18e et 19e s.), la salle des Gardes couverte d'un beau plafond à la française, et, au sous-sol, les cuisines restaurées d'après archives du 18e s. fonctionnent pour démonstrations et dégustations.

Le parc – Poursuivez la promenade en empruntant la passerelle qui traverse les douves à droite du château. Découvrez **la petite ferme de la gare** et **la gare des années 1930**, exceptionnelle réconstitution avec locomotive à vapeur de 1917 et wagons lits et restaurant de l'ancien Orient-Express.

Le **parc à l'anglaise** et ses îlots enchevêtrés vous conduiront jusqu'à l'**Île enchantée**. Elle abrite des maisons à la taille des enfants, pour jouer à Alice ou à Lancelot et découvrir des jeux, comme les pendules, les anneaux, la quintaine ou encore la marelle géante.

Église St-Aubin
Sa haute tour (12e-16e s.), formant porche, domine la vallée du Cosson.

La Ferté-Saint-Aubin pratique

Voir aussi l'encadré pratique d'Orléans.

Adresse utile

Office de tourisme – R. des Jardins - 45240 La Ferté-St-Aubin - ℰ 02 38 64 67 93 - avr.-sept. : 9h30-12h30, 14h30-18h30, dim. et j. fériés 10h-12h ; reste de l'année : tlj sf lun. et dim. 10h-12h, 14h30-17h30, j. fériés 10h-12h - fermé 1er Mai.

Se loger

Chambre d'hôte La Vieille Forêt – Rte de Jouy-le-Potier - 45240 La Ferté-St-Aubin - 5,5 km au NO de la Ferté-St-Aubin par D 18, rte de Jouy-le-Potier - ℰ 02 38 76 57 20 - www.vieilleforetra@aol.com - fermé vac. de fév. - 2 ch. 41/49 € . Au bout d'un chemin forestier, cette ferme solognote est l'adresse idéale pour les familles et les randonneurs. Ses chambres, logées dans les anciennes écuries, ont opté en règle générale pour le style contemporain. Étang de pêche.

Se restaurer

La Sauvagine – 53 r. du Gén.-Leclerc - ℰ 02 38 76 62 23 - fermé dim. soir et lun. - réserv. conseillée - 10 € déj. - 19/33 €. Une adresse de choix que ce restaurant situé en plein centre-ville. Le décor est assez sobre : nappes vert tendre, lithographies de peintres animaliers et amusante collection de canards en miniature. La cuisine est essentiellement basée sur les produits frais.

Auberge de l'Écu de France – 6 r. du Gén.-Leclerc - ℰ 02 38 64 69 22 - fermé 6-20 fév., merc. et le soir sf vend. et sam. - 22/38 €. Cette maison du 17e s. a conservé sa façade typique à pans de bois et briques en chevrons. Salle à manger rustique et confortable, soigneusement apprêtée. Carte et menus se réfèrent pleinement à la tradition… Il est vrai que les propositions les plus simples sont (souvent) les meilleures.

La Flèche ★

15 241 FLÉCHOIS
CARTE GÉNÉRALE B2 – CARTE MICHELIN LOCAL 310 I8 – SCHÉMA P. 430 – SARTHE (72)

Bien bel édifice que son Prytanée, collège puis lycée militaire qui fit la renommée de la ville dès le 17e s.! Mais La Flèche, c'est aussi la vallée du Loir, sa belle forêt de Chambiers, ses châteaux, ses coquets villages de Bazouges et de Durtal, petit monde secret d'eau et de verdure.

- **Se repérer** – Deux axes traversent la ville : la N 23, véritable voie touristique qui relie Le Mans (55 km au nord-est) à Angers (50 km au sud-ouest), ou Saumur (77 km au sud) par la D 938 ; le Loir, élargi au centre, avec ses bassins et ses petits canaux.

- **À ne pas manquer** – La découverte du célèbre Prytanée ; les boiseries Renaissance de la chapelle N.-D.-des-Vertus.

- **Organiser son temps** – Comptez 1h30 pour la ville, 2h pour les alentours.

- **Avec les enfants** – La visite du parc zoologique du Tertre-Rouge et les loisirs du lac de la Monnerie (voir La Flèche pratique).

- **Pour poursuivre la visite** – Voir aussi Angers, Baugé, le château du Lude, Le Mans et Sablé-sur-Sarthe.

Bibliothèque du Prytanée.

Ph. Blondel / MICHELIN

Visiter

Prytanée national militaire ★

☎ 02 43 48 59 06 en sem. ou 02 43 48 59 36 le w.-end. - du dernier w.-end de juin à l'av.-dernier w.-end d'août : 10h-12h, 14h-18h - 2,50 €, visite guidée 3,50 € (enf. 2 €) - possibilité de visite guidée (1h) sur demande à M. le colonel commandant le Prytanée national militaire - 72208 La Flèche Cedex.

C'est ici que les Brutions (élèves du Prytanée) préparent l'entrée à l'École polytechnique, l'École spéciale militaire de Coëtquidan, l'École navale de Brest, l'École de l'air de Salon-de-Provence et les écoles supérieures d'ingénieurs ou… le baccalauréat. Située sur les lieux mêmes du prestigieux collège des jésuites fondé au 17e s., cette école militaire, établissement public d'enseignement général, regroupe aujourd'hui environ 900 élèves répartis sur les deux quartiers, Henri-IV et Gallieni.

Le portail baroque ouvre sur la cour d'honneur, appelée aussi cour d'Austerlitz, au fond de laquelle s'élève l'hôtel de style Louis XVI, bâti en 1784, affecté au commandement de l'école. L'établissement possède une bibliothèque riche d'environ 45 000 volumes, dont certains datent du 15e s. (ne se visite pas).

Église St-Louis ★

Dans l'enceinte du Prytanée national militaire, mêmes conditions de visite que celui-ci - ☎ 02 43 48 59 06.

Une pépinière de grands hommes

Dès 1625, l'établissement accueillait 1 500 élèves, et les bons pères, forts de leur succès, entamaient un conflit avec le gouverneur de la ville qui voulait leur interdire de pêcher dans leurs douves, conflit connu sous le nom de « guerre des Grenouilles ».

Devenu école militaire après l'expulsion des jésuites en 1762, puis Prytanée militaire en 1808, le collège compta nombre de célébrités parmi ses élèves : Descartes, Borda, les maréchaux Clarke, Pélissier, Bertrand, Gallieni, plusieurs ministres et plus de 2 000 généraux, l'acteur Jean-Claude Brialy, les spationautes Patrick Baudry et Jean-François Clervoy…

Caractéristique du style jésuite par son plan (nef unique) et sa luminosité, elle offre un remarquable exemple de décor baroque, depuis le retable du maître-autel jusqu'au magnifique **buffet d'orgue★** (1640) supporté par une élégante tribune. Nichée dans le croisillon gauche, l'urne de plomb doré, en forme de cœur, contient les cendres des cœurs d'Henri IV et de Marie de Médicis.

Chapelle N.-D.-des-Vertus

Dans l'av. Rhin-et-Danube, dir. Laval, prenez à droite, l'impasse des Vertus. Dans ce charmant édifice roman à portail en plein cintre, remarquez la voûte de bois entièrement revêtue de peintures du 17e s. et les superbes **boiseries★** Renaissance provenant du château du Verger (ne manquez pas le « **guerrier musulman★** » sculpté au revers de la porte à vantaux).

Château des Carmes

Il comporte des bâtiments du 17e s., accolés à un vestige de la forteresse du 15e s., qui surplombe le Loir avec son pignon aigu flanqué de deux tourelles à mâchicoulis.

Le **parc des Carmes** est un agréable jardin public bordé par le Loir ; du pont, belle perspective sur les eaux calmes où se mirent jardin et château.

Aux alentours

Parc zoologique du Tertre-Rouge★

5 km. Quittez La Flèche par la D 306 vers Le Lude et prenez à droite la D 104. Continuez sur 1 km après le 3e passage à niveau. ℘ 02 43 48 19 19 - www.zoo-la-fleche. com - ♿ - *avr.-sept. : 9h30-18h (juil.-août 19h) ; oct.-mars : 10h-12h, 13h30-17h30,*

Dans la chapelle N.-D.-des-Vertus, le « guerrier musulman ».
Ph. Gajic / MICHELIN

vac. scol. 10h-17h30 (dernière entrée 1h av. fermeture) - 16,50 € (enf. 13 €).

👪 Situé en pleine forêt (7 ha), ce zoo renferme des mammifères (fauves, singes, cervidés, éléphants, etc.), de nombreux oiseaux, ainsi que des reptiles hébergés dans deux vivariums (pythons, boas, crocodiles, tortues, etc.). À heures régulières, spectacle d'otaries (un astucieux bassin vitré permet d'observer le jeu des loutres facétieuses, aussi bien sur terre que sous l'eau).

À l'intérieur du parc, le **musée des Sciences naturelles** présente la faune régionale sur des dioramas. Et, pour les amateurs, les 600 animaux de la collection du naturaliste Jacques Bouillault, dans leur milieu naturel reconstitué.

Bazouges-sur-le-Loir

7 km. Quittez La Flèche vers l'ouest et prenez la N 23. Du pont, **vue★** charmante sur la rivière et ses lavoirs, le château et son moulin, l'église, sa tour isolée sur la place, et sur les jardins montant vers les toits de Bazouges. La porte marinière est un souvenir de l'époque où l'on naviguait sur le Loir.

Château – ℘ 02 43 45 32 62 ou 02 43 45 36 85 - *visite guidée (45mn) de mi-juin à mi-sept. : jeu.-dim. et j. fériés 15h-18h ; de Pâques à mi-juin : j. fériés 15h-18h - 3 € (enf. 2 €).*
Au bord du Loir, le château de Bazouges et son moulin seigneurial furent édifiés aux 15e et 16e s. par la famille de Champagne. Deux grosses tours ovales à mâchicoulis

et toits en poivrière encadrent l'entrée. L'une d'elle abrite la chapelle (15e s.) à l'élégante voûte angevine (statues de sainte Barbe et de saint Jean). À voir aussi, la salle des Gardes (imposante cheminée de pierre), les salons du 18e s. et le parc à la française, entouré d'eau, planté d'ifs et de cyprès.

Église – ☏ 02 43 94 88 44 (presbytère) - juil.-août visite guidée sur demande ☏ 02 43 45 33 94. Une solide tour surmonte la croisée du transept (12e s.). La voûte de la nef, en bardeaux de chêne, est peinte de 24 personnages (12 apôtres et 12 anges) que séparent des arbres portant chacun un verset du Credo (début 16e s.).

Durtal

12 km. Quittez La Flèche vers l'ouest et prenez la N 23. Au pied de son château, Durtal et ses berges charmantes, sur le Loir, méritent bien une petite halte.

🚶 La proximité de la **forêt de Chambiers**, au sud, couvrant 1 300 ha, offre l'occasion d'entreprendre d'agréables randonnées à travers chênes et pins, où la « table au roy » et ses larges allées rayonnantes évitent l'usage de la boussole, ou presque. Le champ de courses attire les turfistes de toute la région.

Château – 15 pl. des Terrasses - ☏ 02 41 76 31 37 - visite guidée (45mn) juil.-août : 10h-12h, 14h-18h ; avr.-juin et sept. : dim. et j. fériés 14h-17h - dernière entrée 45mn avant la fermeture - 5 €.

Ce « fort chasteau sur le Loir et autant seigneurial que tout aultre en France » appartient à François de Scépeaux, maréchal de Vieilleville, qui y reçut Henri II, Charles IX et Catherine de Médicis.

L'aile du 15e s. est flanquée de tours rondes à mâchicoulis et toits en poivrière. De la plus élevée (5 étages), vue sur **la vallée du Loir**. La galerie Renaissance, ornée de peintures, domine la rivière. Le pavillon Schömberg, avec bandeaux, cordons et pierre d'angle en bossages vermiculés, est de style préclassique. À l'intérieur, visite de la salle des Gardes, des cuisines, des cachots, de la galerie Renaissance et de la Grande Tour.

Porte Verron – Reste de l'ancienne enceinte du château, cette porte du 15e s. est flanquée de tourelles.

Vue du Vieux Pont – C'est un endroit idéal pour contempler en toute quiétude le cours du Loir, ses moulins, les toits pointus de la ville, et une tour d'enceinte en amont.

La Flèche pratique

Adresse utile

Office de tourisme – Bd Montréal - 72200 La Flèche - ☏ 02 43 94 02 53 - www.tourisme-paysflechois.fr - juin-sept. : 10h-12h30, 14h-18h30, dim. et j. fériés 10h-12h30, 14h-16h ; reste de l'année : mar.-sam. : 10h-12h, 14h-18h, lun. 14h-18h, fermé dim. et j. fériés.

Se loger

😊 **Camping municipal de la Route d'Or** – Sortie S, rte de Saumur et à dr., allée de la Providence, bord du Loir - ☏ 02 43 94 55 90 - camping@ville-lafleche.fr - fermé nov.-avr. - 250 empl. 12,15 €. Ce camping

verdoyant disposé le long du Loir propose d'agréables emplacements ombragés.

😊😊 **Hôtel Le Vert Galant** – 70 Grande-Rue - ☏ 02 43 94 00 51 - www.vghotel.com - 🅿 - 20 ch. 73/76 € - 🍽 9 €. Au centre-ville, non loin du Prytanée, ancien relais de poste du 18e s. entièrement rénové. Mobilier contemporain et équipements dernier cri (Internet, wifi). Petit-déjeuner servi dans une véranda.

Se restaurer

😊 **La Boule d'Or** – 19 av. d'Angers - 49430 Durtal - ☏ 02 41 76 30 20 - fermé dim. soir, mar. soir et merc. - 13,90/28 €. Tout en restant très classique et sans surprise, cet établissement doit sa réputation à une carte de qualité, faisant la part belle aux produits frais. Un décor rustique et entre deux âges, rehaussé de coloris dans les tons de rouge, avec poutres et pierres apparentes. Une adresse à retenir pour sa grande correction.

⊖ **Restaurant des Plantes** – *54 av. d'Angers - 49430 Durtal -* ✆ *02 41 76 41 57 - www.restaurantdesplantes.com - fermé dim. soir, mar. soir et lun. - 12 € déj. - 17/32 €.* Presque caché dans un bâtiment un peu vieillot à la sortie du village, ce restaurant connaît un succès tel qu'il affiche souvent complet. La faute à sa formule du midi avec buffet d'entrées à volonté, plat et fromage ou dessert, faisant le bonheur des gens du voisinage. Pensez donc à réserver et à garder le secret !

⊖⊖ **La Fesse d'Ange** – *Pl. du 8-Mai-1945 -* ✆ *02 43 94 73 60 - www.fesse-dange.com - fermé 19 fév.-4 mars, dim. soir, mar. midi et lun. - 19/38 €.* N'allons pas discuter du sexe des anges : la cuisine traditionnelle est généreuse et les salles à manger présentent un élégant décor égayé de tableaux réalisés par le patron.

⊖⊖ **Le Moulin des Quatre Saisons** – *R. Gallieni -* ✆ *02 43 45 12 12 - camille. constantin@wanadoo.fr - fermé 5-20 janv., vac. de Toussaint, merc. soir, dim. soir et lun. - 22/32 €.* Le chef s'inspire volontiers du cycle des saisons et des arrivages du marché pour élaborer une cuisine traditionnelle rehaussée de saveurs méditerranéennes. Régalez-vous de ses délicieuses préparations dans le cadre rustique de cet ancien moulin, en terrasse au bord du Loir ou dans la spacieuse salle à manger.

Faire une pause

Pâtisserie des Carmes – *24 Grande-Rue -* ✆ *02 43 94 02 11 - tlj sf lun. 9h-19h, sam. 8h-19h, dim. 8h-13h.* Dresser la liste de toutes les douceurs proposées dans cette pâtisserie serait trop long. Sachez seulement que les macarons se déclinent en 18 parfums, que la Fléchoise est un délicieux biscuit aux amandes et aux noisettes garni d'une ganache et que la Charlotte-Valentine reste le gâteau préféré des patrons. Pour déguster sereinement ces gourmandises, attablez-vous dans le salon de thé.

En soirée

Théâtre de la Halle au Blé – *Pl. du 8-Mai 45 -* ✆ *02 43 94 08 99.* Surnommé « la Bonbonnière », ce charmant théâtre à l'italienne inauguré en 1839 accueille encore aujourd'hui spectacles, concerts et expositions.

Que rapporter

Éts Montgolfier – *Rte d'Angers - 49430 Durtal -* ✆ *02 41 18 09 39 - www. montgolfier.fr - tlj sf dim. et j. fériés 9h30-12h, 14h-18h30.* Depuis 1946, cet établissement perpétue la tradition céramique angevine et propose un riche éventail de créations originales. Objets de la table et de la maison, en grès brillant ou satiné, aux coloris variant selon les collections, mais toujours de fabrication artisanale. Vente directe au magasin d'usine.

Sports & Loisirs

Canoë-kayak – ✆ *02 43 45 98 10 - www. canoe-kayak-lafleche.fr - près du camping de la Route d'Or, du 1er juin au 31 août : 10h-12h et 14h-17h, sur réserv. location kayak 6,85 €/h, canoë 9,15 €/h.* Initiation au canoë-kayak, sorties-découverte et parcours libres ou accompagnés pour explorer la vallée du Loir. Formules à la journée ou la demi-journée. Location de matériel.

Lac de la Monnerie – *Rte du Mans -* ✆ *02 43 94 25 50.* Base de loisirs où l'on peut pratiquer de nombreux sports de plage. Stages de voile, planche à voile, Optimist, dériveur, etc. Sentiers pédestres.

Événement

Festival des Affranchis – ✆ *02 43 94 08 99 - 2e w.-end de juil.* En plein cœur de l'été, les comédiens ambulants descendent dans les rues, prennent pour décor les restes d'une fontaine, un puits ancien…

Fontevraud-l'Abbaye★★

1 189 FONTEVRISTES
CARTE GÉNÉRALE B3 – CARTE MICHELIN LOCAL 317 J5 – SCHÉMA P. 218 – MAINE-ET-LOIRE (49)

L'abbaye de Fontevraud, ultime demeure des Plantagenêts, malgré de nombreuses mutilations, reste l'un des plus importants ensembles monastiques subsistant en France. Elle conserve de purs joyaux d'architecture angevine : une superbe abbatiale aux voûtes aériennes, des gisants polychromes et de très impressionnantes cuisines romanes.

▶ **Se repérer** – Entre Saumur (15 km au nord-ouest) et Chinon (18 km à l'est). Mieux vaut aborder Fontevraud par la route de Loudun (19 km au sud, par la D 147). Du rebord du plateau, vous aurez ainsi une vue d'ensemble de l'abbaye, blottie au creux de son vallon, à la frontière de l'Anjou et de la Touraine.

👁 **À ne pas manquer** – L'architecure de l'église abbatiale et des cuisines romanes ; le mobilier de l'église St-Michel.

🕐 **Organiser son temps** – Comptez 2h30 pour l'ensemble du site.

👶 **Pour poursuivre la visite** – Voir aussi Bourgueil, le château de Brézé, Chinon et Saumur.

Comprendre

La fondation de l'abbaye (1101) – L'ordre fontevriste fut fondé par **Robert d'Arbrissel** (vers 1045-1117) qui, après avoir vécu en ermite dans une forêt de la Mayenne, reçut du pape Urbain II la mission de prêcher dans l'Ouest de la France. Entouré de disciples, il choisit cet endroit pour y installer une communauté atypique. L'abbaye se distingue des autres établissements religieux en

Gisants d'Aliénor et d'Henri II.

accueillant, sous cinq bâtiments distincts, des prêtres et frères lais (St-Jean-de-l'Habit), des religieuses contemplatives (Ste-Marie), des lépreux (St-Lazare), des malades (St-Benoît) et des sœurs laies (Ste-Marie-Madeleine). Robert d'Arbrissel avait prévu que cette organisation serait dirigée par une abbesse choisie parmi les veuves. Plus tard, elle fut qualifiée de « chef et générale de l'Ordre ». Cette prééminence féminine a persisté jusqu'à la Révolution.

Un ordre aristocratique – Ce nouvel ordre connaît un rapide succès et prend très vite un caractère aristocratique ; les abbesses, de haute lignée, procurent à l'abbaye des dons importants et de puissantes protections. Les Plantagenêts comblent l'abbaye de bienfaits et choisissent l'église abbatiale pour lieu de sépulture ; une dizaine d'entre eux y furent inhumés. C'est le refuge des reines répudiées, des filles royales ou de grandes familles qui, de gré ou de force, se retirent du monde. Trente-six abbesses, la moitié de sang royal, dont cinq de la maison de Bourbon, s'y succèdent de 1115 à 1789 ; Renée et Louise de Bourbon au 16e s. et, surtout, au 17e s., Jeanne-Baptiste de Bourbon, fille légitimée d'Henri IV, ainsi que la sœur de Mme de Montespan, **Gabrielle de Rochechouart de Mortemart**, firent de l'abbaye un véritable centre spirituel et culturel. Au 18e s., 75 prieurés et environ 100 domaines relevaient de Fontevraud, qui comptait alors encore une centaine de religieuses et 20 frères.

Roi et reine de Fontevraud – La présence de leur gisant au milieu de l'église le dit suffisamment : un lien particulièrement étroit unit le couple d'Aliénor et d'Henri II à Fontevraud. Un couple à la vie mouvementée. Née aux environs de 1122, Aliénor d'Aquitaine est la fille aînée de Guillaume X. Lorsqu'elle épouse en premières noces le futur Louis VII, elle unit au royaume de France un territoire plus important que celui de son époux. Après dix ans de mariage et malgré la naissance de leur deuxième fille, les deux époux se brouillent et obtiennent l'annulation du mariage sous prétexte d'une parenté trop proche (cousinage au 9e degré). Sitôt libre, sitôt convoitée : Aliénor échappe à une tentative d'enlèvement et ne tarde pas à épouser le futur **Henri II**, héritier de la Normandie, de l'Anjou et roi d'Angleterre. Le couple est d'abord heureux, Aliénor met alors au monde huit enfants dont le troisième fils sera **Richard Cœur de Lion** (1157) et le dernier **Jean sans Terre** (1166). Chaque événement heureux est célébré par une donation à l'abbaye de Fontevraud. Mais la brouille s'insinue dans le couple. Accusée de complot contre son époux, Aliénor est même emprisonnée par son mari pendant près de quinze ans. À la mort de ce dernier, en 1189, la reine, libérée par Richard, s'empresse de le faire couronner avant son départ en croisade. Pendant l'absence de son fils, elle assume le pouvoir puis se retire à Fontevraud. Elle approche des 80 ans mais rien n'arrête son énergie, son dernier acte politique est de partir en Castille, où sa fille Aliénor règne aux côtés d'Alphonse VIII, pour ramener sa petite-fille Blanche et l'unir au futur Louis VIII, dont le fils **Saint Louis** réunira l'Aquitaine à la France. Aliénor s'éteint à Fontevraud le 31 mars 1204.

La profanation et le temps de la prison – Après les actes de vandalisme des huguenots en 1562, les révolutionnaires détruisirent entièrement le couvent des moines en 1793. Aussi Napoléon n'eut-il aucun mal à transformer le monastère en prison, situation qui perdura jusqu'en 1963. L'écrivain Genet, condamné pour falsification de papiers et vol, y fut emprisonné. Il livra une évocation poétique de l'abbaye dans *Le Miracle de la rose* : « Je ne chercherai pas à démêler l'essence de sa puissance sur nous : qu'elle la tienne de son passé, de ses abbesses filles de France, de son aspect, de ses murs, de son lieu, du passage de bagnards partant pour Cayenne, des détenus plus méchants qu'ailleurs, de son nom, il n'importe, mais à toutes ces raisons, pour moi, s'ajoute cette autre raison qu'elle fut, lors de mon séjour à la colonie de Mettray, le sanctuaire vers quoi montaient les rêves de mon enfance ».

Catherine de Médicis représentée au pied de la Croix dans l'église St-Michel.

Le centre culturel – Depuis 1975, l'abbaye est investie d'une mission culturelle. Le centre culturel de l'Ouest gère et anime le monument. Il y organise concerts, spectacles, expositions, conférences, colloques et séminaires. L'abbaye est le lieu de résidence pluridisciplinaire de créateurs dans les domaines du patrimoine, de la musique et du multimédia.

Visiter

LE VILLAGE

Église St-Michel★

Agrandie et transformée aux 13e et 15e s., l'église garde de l'édifice du 12e s. une très pure arcade intérieure à colonnettes et une voûte angevine. Elle abrite un ensemble exceptionnel d'**œuvres d'art★**. Le maître-autel, de bois sculpté et doré, fut commandé par l'abbesse Louise de Bourbon-Lavedan en 1621 pour l'église abbatiale. Dans une chapelle latérale, à gauche, se trouvent un crucifix de bois (15e s.), paisible et douloureux, ainsi qu'un expressif Couronnement d'épines (fin 16e s.).

Au goût du jour

Étienne Dumonstier, peintre et ancien valet de chambre à la cour d'Henri II, aurait figuré, dans sa *Crucifixion (église St-Michel, voir illustration ci-dessus)*, la vanité des luttes entre catholiques et protestants, portraiturant les antagonistes au pied de la Croix : on voit Michel de L'Hospital assassiné, Catherine de Médicis (Marie-Madeleine à genoux), Henri II en cavalier romain transperçant le cœur du Christ, et leurs trois fils François II, Charles IX et Henri III. Au premier plan, une religieuse modeste représenterait l'abbesse Louise de Bourbon ; une sainte couronnée figure Marie Stuart, tandis qu'Élisabeth d'Autriche prête ses traits à la Vierge.

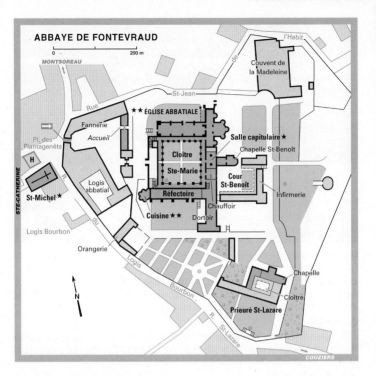

Chapelle Ste-Catherine

Cette chapelle du 13e s. s'élevait jadis au milieu du cimetière ; une lanterne des morts la surmonte.

L'ABBAYE★★

Comptez 2h - ℘ 02 41 51 71 41 - www.abbaye-fontevraud.com - juin-sept. : 9h-18h30 ; avr.-mai et oct. : 10h-18h ; nov.-mars : 10h-17h30 (dernière entrée 30mn av. fermeture) - fermé 1er janv., 1er Mai, 1er et 11 Nov., 25 déc. - hors sais. 6,50 €, sais. 7,90 € (-18 ans gratuit).

Parmi les bâtiments qui bordent la cour d'entrée, dont la plupart datent du 19e s., remarquez sur la gauche la « fannerie », vastes écuries du 18e s., et sur la droite le logis abbatial (17e-18e s.) décoré de guirlandes et de bas-reliefs. L'entrée se situe dans la caserne qui abritait au 19e s. les militaires chargés de garder la prison (au 1er étage, exposition permanente consacrée à l'histoire fontevriste).

Église abbatiale★★

La vaste église du 12e s., divisée, au temps du pénitencier, en plusieurs étages de dortoirs, a retrouvé toute son ampleur et sa pureté originelles. La façade a subi plusieurs remaniements au fil des siècles. Elle présente aujourd'hui une porte romane rétablie au début du 20e s. par l'architecte Lucien Magne, élève de Viollet-le-Duc. À l'intérieur, la large et longue nef (15 x 60 m), aux chapiteaux délicatement sculptés (originaires des Charentes), est coiffée d'une file de quatre coupoles à pendentifs (d'inspiration angoumoise) ; Fontevraud constitue l'exemple le plus septentrional de ce type d'architecture et démontre les liens unissant au 12e s. les possessions aquitaines et angevines de l'empire Plantagenêt. Antérieurs à la nef de quelques décennies, le transept, le **chœur**, et à l'extérieur le **chevet★★**, s'inscrivent dans la grande tradition de l'art roman du 12e s. Ils suivent un modèle tout différent, celui des abbayes bénédictines à déambulatoire et chapelles rayonnantes, où l'abondance de la lumière et la multiplication des lignes verticales – hautes colonnes, arcatures et piliers – s'attachaient à symboliser l'élan vers Dieu. Dans la salle capitulaire, de belles peintures murales du 16e s. illustrent la vie du Christ.

Cloître Ste-Marie ou cloître du Grand-Moutier

Le superbe cloître du couvent des religieuses est couvert de voûtes Renaissance, à l'exception de la galerie méridionale d'inspiration encore gothique.

De la galerie orientale *(animation sonore)*, on pénètre, par une porte richement sculptée, au seuil pavé d'armoiries gravées de la famille des Bourbons, dans la **salle**

Chevet roman de l'église abbatiale à Fontevraud.

capitulaire★ : les peintures murales du 16ᵉ s., dues à l'artiste angevin Thomas Pot, figurent des scènes de la vie du Christ et incluent des représentations de certaines abbesses de Fontevraud (adjonctions tardives pour la plupart).

Chauffoir

Cette pièce, la seule de l'abbaye qui fut chauffée, était utilisée par les religieuses pour des travaux manuels comme la broderie et l'écriture. Au 20ᵉ s., alors que Fontevraud était lieu de réclusion, le chauffoir fut transformé en cuisine.

Cour St-Benoît

Dès les 17ᵉ et 18ᵉ s., elle desservait l'infirmerie de l'abbaye. L'aile nord inclut la **chapelle St-Benoît**, édifiée au 12ᵉ s. dans le style gothique Plantagenêt.

Réfectoire

Belle salle, longue de 45 m, aux murs romans et couverte d'une voûte gothique (1515). La table de l'abbesse se trouvait sur une estrade, à l'extrémité du réfectoire. Du haut d'une chaire, une semainière avait pour charge de lire la Bible aux religieuses qui se devaient de garder un parfait silence. Une **fresque numérique** projetée sur un mur de la salle évoque aujourd'hui l'histoire du lieu.

Cuisines romanes★★

Emblématiques de Fontevraud, les cuisines, qui servaient aussi de fumoir, témoignent par leur beauté et leur ampleur de l'importance de l'abbaye. Il s'agit des plus belles cuisines romanes (12ᵉ s.) parvenues jusqu'à nous. L'ensemble, de forme octogonale, initialement isolé, comporte cinq absidioles (huit à l'origine), chacune abritant un foyer. Le tout est surmonté d'une hotte se prolongeant en une cheminée centrale qui culmine à 27 m. Ces cuisines sont célèbres pour leur toiture de pierre taillée en pointes de diamant, piquée de nombreuses cheminées aménagées en 1904 lors de leur reconstruction par Lucien Magne.

Prieuré St-Lazare

Cet ensemble, qui accueillait jadis les lépreux, abrite aujourd'hui une hôtellerie, tandis que le cloître, de faible dimension, sert de restaurant d'été ; il est possible d'accéder à la chapelle St-Lazare (12ᵉ s.) et au bel escalier à vis du 18ᵉ s. situé dans l'aile ouest du cloître.

Fontevraud-l'Abbaye pratique

♿ Voir aussi l'encadré pratique de Saumur.

Adresse utile

Office du tourisme du Saumurois – Pl. St-Michel, 49590 Fontevraud-l'Abbaye - ℘ 02 41 51 79 45 - www.cote-saumuroise. com - www. saumur-tourisme.com - juin-sept. : 9h30-13h, 14h-19h, dim. et j. fériés 10h-13h, 14h-17h ; horaires basse saison se renseigner ; fermé d'oct. à Pâques.

Visite

Visites conférences – Rens. au ℘ 02 41 51 73 52 - www.abbaye-fontevraud.com

Visites spectacles – ℘ 02 41 40 20 60 ou 02 41 38 18 17 - août : tlj 21h30 - 13 €, 17 €, 20 €. Artistes, comédiens et figurants animent les « Rencontres imaginaires Fontevraud abbaye royale ».

Atelier d'enluminure – À l'abbaye - 1er sept.-14 juil. : tlj sf mar. et merc. 10h-12h, 14h-18h30 ; 15 juil.-31 août : tlj sf mar. 10h30-12h30, 14h-18h30. Jouxtant la chapelle Ste-Catherine, l'atelier-galerie de Richard Leray est un vrai enchantement. Vous pourrez découvrir au cours de votre visite les différentes techniques d'enluminure pratiquées par l'artiste.

Se loger

⊖⊖ **Chambre d'hôte Domaine de Mestré** – 1 km au N de Fontevraud par D 947 dir. Montsoreau - ℘ 02 41 51 72 32 - fontevraud.com - fermé 20 déc.-1er avr. - ⊠ - 12 ch. 70 € - ⊑ 8 € - repas 24 €. Comme les pèlerins de Compostelle, faites de ce domaine l'étape privilégiée de votre séjour dans la vallée des rois. Dormez tranquille et dégustez les produits de cette ancienne ferme de l'abbaye royale

au décor raffiné. Très joli parc planté de cèdres et de tilleuls séculaires.

Se restaurer

⊖ **L'Abbaye Le Délice** – 8 av. des Roches - ℘ 02 41 51 71 04 - fermé 29 juin-7 juil., 25 oct.-3 nov., 14 fév.-4 mars, mar. soir et merc. - 13/27 €. Le décor de ce restaurant bordant la rue principale de Fontevraud semble n'avoir plus bougé depuis des décennies : l'entrée se fait par un pittoresque café et la salle à manger possède un charme suranné. En cuisine, les produits du terroir sont à l'honneur.

⊖⊖⊟ **Prieuré St-Lazare** – R. St-Jean-de-l'Habit - ℘ 02 41 51 73 16 - www.hotelfp-fontevraud.com - fermé 3 janv.-31 mars et 1er nov.-26 déc. - 37/46 €. Havre de paix au cœur des jardins de l'abbaye de Fontevraud, l'ancien prieuré St-Lazare, propice au ressourcement, abrite des chambres monacales. Le petit cloître sert aujourd'hui de cadre au restaurant. La chapelle est, pour sa part, réservée aux banquets. Cuisine au goût du jour.

Château de **Fougères-sur-Bièvre**★

CARTE GÉNÉRALE C3 – CARTE MICHELIN LOCAL 318 F7 – LOIR-ET-CHER (41)

Les castors, hélas, semblent bien avoir délaissé la Bièvre… On se consolera sans trop de peine en visitant ce bourg paisible, entouré de pépinières et de champs d'asperges, où se dresse, avec une grâce austère, le château fort de Pierre de Refuge.

▸ **Se repérer** – À 21 km au sud de Blois, sur la D 52 entre Pontlevoy (10 km) et Cheverny (12 km) ; plus au nord, la Bièvre se jette dans le Beuvron, affluent de la Loire.

◉ **À ne pas manquer** – La galerie à arcades dans la cour d'honneur.

🕐 **Organiser son temps** – Comptez 1h.

👥 **Avec les enfants** – Les expositions pédagogiques, le petit jardin d'inspiration médiévale, la volière et le poulailler du château.

Le saviez-vous ?

La Bièvre, ou « castor » en ancien français, fut sans doute autrefois la villégiature favorite de ces charmants mammifères aquatiques.

🖐 **Pour poursuivre la visite** – Voir aussi les châteaux de Beauregard, de Chaumont-sur-Loire, de Cheverny et Pontlevoy.

Comprendre

Un château féodal à l'époque Renaissance – L'édifice actuel aurait été commencé en 1450, par les deux corps de logis sur la cour, selon le souhait de Jeanne de Faverois, qui avait épousé Jean de Refuge, originaire de Blois. Vers 1475, Pierre de Refuge, son fils, obtient du roi l'autorisation de fortifier son château et élève peu après l'aile nord dont l'aspect défensif n'a guère qu'une valeur symbolique en cette période de paix. Néanmoins, Pierre de Refuge, trésorier de Louis XI, s'attacha ostensiblement à faire de sa demeure un château puissant et défensif, en terrain plat, à une époque où l'on ne construisait plus de châteaux forts. Son petit-fils, Jean de Villebresme, essaya au contraire de lui donner un aspect agréable et confortable. Transformé en filature en 1812, détournant le cours de la Bièvre sous la chapelle, le château fut acquis par l'État en 1932.

La château de Fougères-sur-Bièvre.

A. Cassaigne / MICHELIN

Visiter

👥 *Comptez 30mn -* 📞*/fax 02 54 20 27 18 - de la 2ᵉ sem. de mai à mi-sept. : 9h30-12h, 14h-18h ; de mi-sept. à la 1ʳᵉ sem. de mai : tlj sf mar. 10h-12h, 14h-16h30 - fermé 1ᵉʳ janv., 1ᵉʳ Mai, 1ᵉʳ et 11 Nov., 25 déc. - 5 € (-18 ans gratuit, 18-25 ans 3,50 €).*

Cour d'honneur – Remarquez la jolie tourelle d'escalier de l'angle nord-ouest, avec ses fenêtres décorées de pilastres aux motifs Renaissance. Également, tranchant avec l'ardoise bleutée des toits, le subtil mélange de crépi ocre et de pierre blanche qui réchauffe les murs. L'aile est, édifiée par Jean de Villebresme au début du 16ᵉ s., comporte une élégante **galerie à arcades★** qui s'apparente à celle de Louis XII au château de Blois. Elle conduit à la chapelle abîmée par l'installation de la filature en 1812.

La visite intérieure, sur trois étages, permet d'admirer les vastes proportions des pièces, la **charpente en carène de bateau** du logis seigneurial et celle, conique, des tours. La grande unité de style et la qualité architecturale de l'ensemble du château permettent, dans les salles vides de meubles, de présenter des expositions thématiques qui expliquent l'art de bâtir et les différents métiers du bâtiment.

À l'extérieur, contre la partie est du château, un joli petit **jardin d'inspiration médiévale**, ainsi qu'une volière et un poulailler, ont été créés. De là, on bénéficie d'un point de vue intéressant sur le château et sur l'église St-Éloi toute proche.

Aux alentours

Église St-Éloi – *Juste derrière le château.* Remarquez dans le chœur du début du 12ᵉ s., à la voûte en cul-de-four, huit belles stalles sculptées du 16ᵉ s. Les armes des Villebresme « d'or au dragon de gueules membré d'azur » ornent la clef de voûte de leur chapelle.

Fougères pratique

♿ Voir Chaumont-sur-Loire

Adresse utile

Office du tourisme de Blois-Pays de Chambord – *23 pl. du Château - 41006 Blois -* 📞 *02 54 90 41 41 - www. loiredeschateaux.com - avr.-sept. : 9h-19h, dim. 10h-19h ; oct.-mars : tlj sf dim. 9h30-12h30, 14h-18h, dim. et j. fériés pendant vac. scolaires 10h-16h - fermé 25 déc., 1ᵉʳ janv.*

Gien★

15 332 GIENNOIS
CARTE GÉNÉRALE E2 – CARTE MICHELIN LOCAL 318 M5 – LOIRET (45)

D'aspect volontiers sévère, le doyen des châteaux de la Loire, avec ses jeux subtils de brique rouge et noire, n'en exerce pas moins une séduction indéniable. Et son musée de la Chasse, surtout, devrait enchanter jusqu'aux plus farouches récalcitrants. Quant à la fameuse faïence bleue de Gien, toute de jaune rehaussée, vous en trouverez de superbes exemples dans son musée.

🕞 **Se repérer** – À 67 km à l'est d'Orléans, 45 km au sud de Montargis et 76 km au nord-est de Bourges, Gien est le premier château de la Loire par sa position géographique, en lisière de Sologne. Abordez Gien par la rive gauche et le Vieux Pont : vous aurez alors une excellente vue sur le château et la ville.

👁 **À ne pas manquer** – Les belles collections d'art et d'armes du musée de la Chasse ; la découverte de la faïence de Gien.

🕓 **Organiser son temps** – Compter 2h pour la ville, 1h pour les environs.

👪 **Avec les enfants** – Le parcours-découverte du château proposé dès 7 ans, les ateliers-découverte de la fauconnerie en été, les animations ponctuelles au printemps, à la Toussaint et à Noël, le musée du Cirque et de l'Illusion à Dampierre-en-Burly.

👓 **Pour poursuivre la visite** – Voir aussi Briare et Sully-sur-Loire.

Le saviez-vous ?

👁 C'est ici que se structure en 1410 le parti des Armagnacs soutenant Charles d'Orléans contre les Bourguignons dans la guerre civile, prélude au dernier épisode de la guerre de Cent Ans.

👁 En 1652, pendant la **Fronde**, la révolte armée des grands princes oblige Anne d'Autriche, Mazarin et le jeune Louis XIV à fuir Paris ; ils se réfugient à Gien, tandis que Turenne, à la tête des troupes royales, défait les frondeurs à Bléneau (à l'est de Gien).

A. Cassaigne / MICHELIN

Le château de Gien présente une sobre et longue façade.

Se promener

Du pont (18e s.), belle **vue**★ sur le château, les maisons et la Loire.

Musée international de la Chasse★★

📞 02 38 67 69 69 - juil.-août : 10h-18h ; avr.-juin et sept. : tlj sf mar. 10h-18h ; fév.-mars et oct.-déc. : tlj sf mar. 10h-12h, 14h-17h - fermé 25 déc. et janv. - 5 € (7-15 ans 3,50 €).
Reconstruit peu avant 1500 par Anne de Beaujeu, fille de Louis XI et comtesse de Gien, le **château**★ de brique à toit d'ardoise est sobrement flanqué de quelques

Trompe ou cor de chasse ?

La trompe de chasse est composée de plusieurs tubes coniques en laiton, soudés, dont le dernier se termine par un large pavillon de 38 cm de diamètre. La longueur est invariable : 4,545 m de tube enroulé, généralement sur trois tours et demi, mais le nombre de tours varie selon les modèles (Dampierre, Maricourt, Dauphine ou d'Orléans). Moins recourbé, le cor de chasse envoie le son devant, tandis que la trompe le produit derrière. Le cor est souvent en *mi* bémol, alors que la trompe sonne toujours en *ré*. On compte en France quelque 120 équipages chassant à courre, alors qu'environ dix mille sonneurs pratiquent ces instruments de vénerie sans pour autant « courre » le gros gibier. Le musée de la Chasse et de la Nature en l'hôtel Guénégaud à Paris, le musée du Veneur au château de Montpoupon et le musée international de la Chasse de Gien exposent de très beaux instruments dont les possibilités musicales variées ont inspiré les plus grands compositeurs : Lully, Vivaldi, Rameau, Bach, Mozart…

tourelles. Des dessins géométriques (losanges, damiers, étoiles ou arêtes de poisson) en brique noire vernissée se détachent sur le rouge des murailles pour constituer son unique décoration. À l'intérieur, dans des pièces ornées de plafonds à poutres, l'édifice accueille un passionnant musée dédié à la chasse.

Celui-ci présente un immense panorama des arts et techniques cynégétiques : tapisseries, faïences, tableaux, mais aussi des armes de chasse luxueusement ciselées. Une vitrine expose la fabrication très sophistiquée d'un fusil Damas ; la salle de la Fauconnerie dévoile le symbolisme des couleurs des chaperons de faucons ; la Grande Salle (belle charpente) est consacrée à **François Desportes** (1661-1743) et à **Jean-Baptiste Oudry** (1686-1755), grands peintres animaliers attachés à Louis XIV.

Ne manquez pas les collections de **boutons de vénerie** (uniques, environ 4 000 pièces), de trompes de chasse, les 500 trophées personnels d'un grand chasseur, Claude Hettier de Boislambert, ni les sculptures animalières de Brigaud et de Fath.

De la terrasse du château, **vue★** étendue sur la Loire et sur les toits de tuiles plates de la ville, reconstruite avec ses pignons pointus et ses façades aux losanges de brique.

« Nature morte aux gibiers et aux fleurs », par F. Desportes.

Église Ste-Jeanne-d'Arc

Victime des bombardements de juin 1940, elle fut rebâtie en 1954 au moyen de matériaux nés du feu (brique, verre, céramique et fer forgé) ; elle garde cependant son clocher du 15e s., seul vestige de la collégiale fondée par Anne de Beaujeu. Les dix premiers chapiteaux de terre cuite de la nef, œuvre d'Henri Navarre, représentent la vie de Jeanne d'Arc. On remarquera, outre les vitraux dus à Max Ingrand, le Chemin de croix réalisé par la faïencerie de Gien.

Faïencerie

À la sortie ouest de la ville. Accès par le quai Lenoir ou la rue Paul-Bert. ☏ *02 38 05 21 06 (musée) - www.gien.com - mars-déc. : 9h-12h, 14h-18h, dim. et j. fériés 10h-12h, 14h-18h ; janv.-fév. : 14h-18h, sam. 9h-12h, 14h-18h (dernière entrée 45mn av. fermeture) - fermé 1ᵉʳ janv., 1ᵉʳ Mai, 1ᵉʳ et 11 Nov., 25 déc. - 3,50 € - vidéo.*

Le site de Gien fut choisi en 1821 pour y fonder la faïencerie. Tout y est : la proximité de gisements d'argile et de sable, de bois dans les forêts pour chauffer les fours, et de la Loire pour le transport. Connue surtout par ses services de table et sa faïence d'art, la **manufacture de Gien** créa à la fin du 19ᵉ s. un décor original, le « bleu de Gien », bleu profond rehaussé de dessins jaune d'or. Un **musée** aménagé dans une ancienne cave à pâte (pour la faïence) rassemble 400 pièces, dont certaines, très grandes, ont été réalisées pour l'Exposition universelle de 1900. Une salle d'exposition réunit des modèles actuels.

Musée de la faïencerie, Gien

Réplique d'une pendule éléphant du 19ᵉ s.

L'**usine** se visite exclusivement en groupe *(20 pers. minimum)*.

Aux alentours

St-Brisson-sur-Loire

6 km au sud-est par la D 951. Assis sur un promontoire aux confins de l'Orléanais et du Berry, ce **château** du 12ᵉ s. était autrefois défendu par un donjon et, au sud, par une muraille crénelée, dont il subsiste quelques vestiges. Des copies de machines de guerre du Moyen Âge (pierrière, mangonneau, couillard et cerbatane) sont installées dans les douves. *Démonstrations de tir de mi-juin à mi-sept. : dim. 15h30 et 16h30 ; visite guidée du château de déb. avr. à mi-nov. : tlj sf merc. 10h-12h, 14h-18h.*

L'aile est ainsi que la tour abritant l'escalier ont été remaniées au 19ᵉ s. Visite des caves situées sous l'emplacement de l'ancien château et, à l'intérieur, des pièces conservant les souvenirs des familles d'Estrades et Séguier (lettre de J.-J. Rousseau). ☏ *02 38 36 71 29 - www.coeur-de-france.com - visite guidée (45mn) du 1ᵉʳ sam. d'avr. à mi-nov. : tlj sf merc. 10h-12h, 14h-18h (dernière entrée 30mn av. fermeture) - 4 €.*

Dampierre-en-Burly

13 km au nord-ouest par la D 952. Franchissant la levée entre deux étangs aux rives boisées, vous apercevez les murs du château, restes d'une enceinte jalonnée de tours, et le clocher de l'église. Sur la place, se dresse encore l'un des pavillons d'entrée du château, élégante construction du début du 17ᵉ s., coiffée d'un toit en pyramide.

Musée du Cirque et de l'Illusion – *À la sortie de Dampierre-en-Burly, sur la D 952, à droite - ☏ 02 38 35 67 50 - www.museeducirqueetdelillusion.com - de juin à déb. sept. : 10h-19h ; des vac. de févr. au 31 mai et de déb. sept. au 30 déc. : 10h-12h30, 13h30-18h - fermé 24 et 25 déc.- 6 € (4-13 ans 4,50 €).*

👥 Pour revivre l'étonnante histoire du cirque et découvrir les trucs et astuces des plus grands illusionnistes. Objets, maquettes, collections des étoiles du cirque et attractions variées.

Centre nucléaire de production d'électricité CNPE – *3 km au sud de Dampierre-en-Burly. Centrale nucléaire de Dampierre-en-Burly - BP 18 - 45570 Ouzouer-sur-Loire - se renseigner au ☏ 02 38 29 70 04 (centre d'information au public)- en raison du plan Vigipirate, visite sur demande préalable uniquement. Pièce d'identité exigée à l'entrée.* Vous ne pouvez pas manquer ses quatre gigantesques tours de réfrigération (165 m de haut, 135 m de diamètre à la base)… Ici, comme à Chinon et à St-Laurent-des-Eaux, la centrale utilise l'eau du fleuve pour son circuit de refroidissement. Mis en service en 1980 et 1981, le Centre nucléaire de production d'électricité de Dampierre compte quatre réacteurs à eau pressurisée d'une puissance de 900 MW chacun. Le principe de fonctionnement d'une tranche est présenté au **Centre d'information Henri-Becquerel**, du nom du physicien (1852-1908) dont la famille résidait à Châtillon-Coligny *(à 30 km du site).*

La Bussière

10 km au nord-est par la D 622. Ce village est connu pour le **château des Pêcheurs★**, forteresse rebâtie au 17e s. au bord d'un étang et qui abrite une collection d'œuvres d'art et de matériel ancien sur la pêche. Parc du 17e s. à la française et potager à l'ancienne, soigneusement étiqueté, cultivé depuis le 18e s. *(Voir Le Guide Vert Bourgogne).*

Gien pratique

Adresse utile

Office de tourisme – *Pl. Jean-Jaurès - 45501 Gien - ☎ 02 38 67 25 28 - juil.-août : 9h30-18h30, dim. et j. fériés 10h-12h ; juin et sept. : tlj sf dim. 9h30-12h30, 14h-18h ; oct.- mai : tlj sf dim. 9h30-12h, 14h-18h - fermé j. fériés sf 14 Juil. et 15 août.*

Se loger

⊜⊜ **Chambre d'hôte Le Domaine de Ste-Barbe** – *Ste-Barbe - 45500 Nevoy - 4 km au NO de Gien dir. Lorris, prendre 2e rte à gauche après le passage à niveau, suivre le fléchage - ☎ 02 38 67 59 53 - www.sainte-barbe.net - fermé 20 déc.-6 janv. - ⊠ - 4 ch. 65 € ⊠.* Cette agréable demeure aurait pu être celle de votre grand-mère. Tomettes, tissus fleuris, bibelots, meubles anciens et autres baldaquins ornent ses chambres coquettes ouvrant sur le jardin. Petite maison solognote pour prolonger le séjour, en gîte.

⊜⊜ **Hôtel Anne de Beaujeu** – *10 rte de Bourges, par D 941 - ☎ 02 38 29 39 39 - hotel.a.beaujeu@wanadoo.fr - ℙ - 30 ch. 49/56 € - ⊠ 8 €.* Proche du Vieux Pont qui enjambe la Loire, cet hôtel est un peu excentré. Chambres fonctionnelles au mobilier contemporain. Préférez celles sur l'arrière, plus calmes et desservies par un ascenseur.

Se restaurer

⊜⊜ **Le Régency** – *6 quai Lenoir - ☎ 02 38 67 04 96 - fermé 1er-15 juil., 23 déc.-2 janv., dim. soir, mar. soir et merc. - 16/25 €.* En centre-ville, face au vieux pont de pierre qui enjambe la Loire, ce petit restaurant vous réservera un accueil sympathique. Cuisine simple et savoureuse.

⊜⊜ **La Poularde** – *13 quai de Nice - ☎ 02 38 67 36 05 - fermé 21 déc.-3 janv., dim. soir et lun. sauf le soir de mars à oct. - 20/60 €.* En bordure du fleuve, cuisine traditionnelle servie dans une élégante salle à manger : tableaux, tapisseries anciennes, vaisselle de Gien et argenterie.

Que rapporter

Faïencerie de Gien – *78 pl. de la Victoire - ☎ 02 38 67 00 05 - tlj sf dim. 9h-12h, 14h-18h.* Sur le site de la faïencerie, magasin d'usine proposant à des prix très attractifs des services de table et objets divers classés fin de série ou second choix.

Gizeux

427 GIZELLOIS
CARTE GÉNÉRALE B3 – CARTE MICHELIN LOCAL 317 K4 – INDRE-ET-LOIRE (37)

Un petit village tout simple, à l'orée des landes de St-Martin, cerné de forêts de pins et d'étangs. À deux pas de l'église, une majestueuse avenue bordée de platanes vous guide jusqu'à son château Renaissance, étonnant d'équilibre et d'harmonie.

- ▶ **Se repérer** – Situé à 13 km au nord de Bourgueil, à 21 km au sud-ouest de Château-la-Vallière et à 50 km à l'ouest de Tours, Gizeux occupe le centre d'une vaste région boisée qu'on appelait autrefois la Sologne tourangelle.

- 👁 **À ne pas manquer** – Les fresques de la galerie des Châteaux ; le groupe statuaire de la famille Du Bellay dans l'église de Gizeux.

- 🕐 **Organiser son temps** – Comptez 1h pour la ville, 1h30 pour les alentours.

- 👪 **Avec les enfants** – La visite du château contée par un comédien ou celle « Sur la piste de l'enfant Roy », les activités spécifiques les merc. en juil.-août.

- 🔆 **Pour poursuivre la visite** – Voir aussi Baugé, Bourgueil, Langeais et le château d'Ussé.

> ### Le saviez-vous ?
>
> Fief de la très illustre famille Du Bellay, princes d'Yvetot, de 1330 environ à 1661, le château est habité par une seule et même famille gizelloise, les Contades-Gizeux, depuis 1786.

Visiter

Château

📞 *02 47 96 50 92 - www.chateaudegizeux. com - visite guidée (45mn) mai-sept. : 10h-18h, dim. et j. fériés 14h-18h ; avr. et oct. 14h-17h - 7 € (enf. 3 €).*

👪 Le corps de logis principal, avec ses deux ailes en retour d'équerre, a remplacé vers 1560 la forteresse primitive, dont la tour à mâchicoulis située à l'avant de la cour d'honneur reste le seul vestige. La **salle François-Ier** est décorée de peintures sur bois exécutées par des artistes italiens. Un bel ensemble mobilier Louis XV occupe les pièces d'habitation. Dans la **galerie des Châteaux★** (400 m^2), des fresques, probablement réalisées dans les années 1680, représentent des châteaux royaux (Chambord, Fontainebleau, Vincennes, Versailles...).

D'intéressants communs avec des écuries, construits au milieu du 18e s., prolongent au nord le château.

Église

À la sortie est du village. C'est dans cette église, autrefois chapelle du château, que l'on peut admirer, sculptés dans le marbre blanc par Nicolas Guillain en 1630, les remarquables **orants★** (statues agenouillées) de la famille Du Bellay. À droite, René Du Bellay (cousin issu de germain du poète Joachim Du Bellay), mort en 1611, est représenté en armure aux côtés de son épouse Marie vêtue d'une robe à col ouvert avec bonnet de l'époque de Catherine de Médicis. À gauche, Martin Du Bellay, fils du précédent, et son épouse, portent la fraise, grand col plissé.

Aux alentours

Parçay-les-Pins

6 km au nord, par la D 15 et la D 86. Le **musée Jules-Desbois** rassemble un bel ensemble des sculptures de l'ami et praticien de Rodin. Les œuvres, d'une grande sensualité (*Léda et le cygne*), sont bien mises en valeur dans cette ancienne demeure agricole de Parçay. *1 pl. Jules-Desbois - 📞 02 41 82 28 80 - ♿ - de mi-juin à mi-sept. : tlj sf lun. 11h-13h, 14h30-18h ; de déb. avr. à mi-juin et de mi-sept. au 1er nov. : w.-end et j. fériés 14h30-18h - 4 € (-18 ans gratuit).*

Vernoil

10 km à l'ouest, par la D 215 et la D 206. L'**église** a fière allure avec son clocher massif aux lignes épurées. À sa droite, en pénétrant dans la cour, on découvre la solide tourelle octogonale et les fenêtres à meneaux de l'ancien logis du prieur.

Vernantes

2 km à l'ouest de Vernoil. Un beau clocher (12e s.) coiffé d'une flèche de pierre signale l'**église** dont il ne reste que le chœur. La nef, détruite par la foudre au 19e s., a été remplacée par un simple porche.

Blou

18,5 km à l'ouest ; au-delà de Vernantes, prenez la D 206.

L'**église** romane (12e s.), épaulée de lourds contreforts, garde, au transept nord, des fragments du 11e s. appareillés en losange. Le clocher carré, du 13e s., est encastré sur la croisée du transept. *De Pâques au 1er nov. : 8h-19h - reste de l'année : clé disponible au café en face de l'église tlj sf dim.*

Gizeux pratique

♯ Voir aussi l'encadré pratique de Bourgueil.

Adresse utile

Office du tourisme du pays de Bourgueil – *16 pl. de l'Église - 37140 Bourgueil -* ☎ *02 47 97 91 39 - www.ot-bourgueil.fr - de mi-mai à mi-sept. : mar.-sam. 9h-13h, 14h-18h30, dim. et j. fériés 10h-12h30, lun. 15h-17h30 ; horaires basse saison, se renseigner - fermé 23 déc.-2 janv., 1er Mai, 1er nov.*

Se loger

☏☏ **Chambre d'hôte La Butte de l'Épine** – *37340 Continvoir - 2 km à l'E de Gizeux par D 15 -* ☎ *02 47 96 62 25 - www.labutte-de-lepine.com - fermé 15 déc.-31 janv. -* ≠ *- 3 ch. 60 € ⊆. Charmante demeure d'inspiration 16e et 17e s.,* reconstituée à partir de matériaux anciens. Salle des petits-déjeuners et salon sont aménagés dans une pièce agrémentée de meubles de diverses époques et d'une grande cheminée. Les chambres, impeccables, ressemblent à des bonbonnières. Parc très fleuri.

Loisirs

Train historique du lac de Rillé – *À 8,5 km au NE -* ☎ */fax 02 47 96 42 91 - www.trains-fr.org/aecfm. Promenade le long du lac de Rillé à bord d'un train ancien : locomotives de 1913 et 1918, wagons et voitures-voyageurs de 1890 à 1910 - trains à vapeur mai-sept. : dim. et j. fériés 14h30-18h (1re sem. d'août 15h15-17h30) - trains Diesel de mi-juil. à mi-août : certains sam. - train spécial : sur demande.*

Le Grand-Pressigny

1 119 PRESSIGNOIS
CARTE GÉNÉRALE C4 – CARTE MICHELIN LOCAL 317 N7 – INDRE-ET-LOIRE (37)

Face au confluent bordé de peupleraies de la Claise et de l'Aigronne, entre les belles forêts des Courtis ou du Grand-Pressigny et les prairies de la plaine, le bourg s'étage aux confins de la Touraine et du Poitou. Dans ce lieu habité dès la préhistoire, on a retrouvé les traces d'une véritable « industrie » du silex, exportatrice jusqu'en Suisse ! Les vestiges d'un superbe château, en partie Renaissance et aménagé par les princes de Savoie, abritent un musée qui vous en apprendra long sur vos ancêtres du Néolithique.

- ► **Se repérer** – À 70 km au sud de Tours, Le Grand-Pressigny est à 33 km de Loches (au nord-est) comme de Ste-Maure-de-Touraine (au nord-ouest).

- 👁 **À ne pas manquer** – L'exploitation des silex présentée par le musée de la Préhistoire.

- 🕐 **Organiser son temps** – Comptez 1h30 pour la ville et ses alentours.

- ♣ **Pour poursuivre le voyage** – Voir aussi Descartes, Loches et Ste-Maure-de-Touraine.

Comprendre

Des silex voyageurs – Le Grand-Pressigny est célèbre auprès des préhistoriens pour son importante exploitation à la fin du Néolithique (3500 à 2100 av. J.-C.) d'un silex très homogène, d'un blond cireux. À partir de « livres de beurre » (blocs de silex ayant la forme des mottes de beurre), les lointains ancêtres des Pressignois taillaient de grandes lames outils de près de 40 cm de long. La découverte de silex taillés pressigniens non seulement dans le Centre mais aussi en Bretagne et jusqu'en Suisse et aux Pays-Bas, révèle l'étendue de l'exportation de ces lames.

Château du Grand-Pressigny et tour Vironne.

Visiter

Une petite rue bien en pente, à travers les maisons anciennes du bourg, mène droit au château.

Le château★

☎ 02 47 94 90 20 - *château et musée fermés jusqu'à fin 2008, pour travaux d'extension et réalisation d'une nouvelle muséographie.*

Les restes de la forteresse médiévale de Guillaume de Pressigny, enceinte flanquée de tours, porte fortifiée et donjon de la fin du 12e s., servent d'écrin à une élégante galerie Renaissance, due aux travaux d'embellissement d'Honorat de Savoie. Son portique ouvre sur la cour d'honneur aménagée en jardin à la française ; ne manquez pas l'étonnant nymphée, fausse grotte sculptée ornée de coquilles.

Destinée à desservir le corps de logis et un grand pavillon détruit au 19e s., la **tour Vironne** est l'un des derniers vestiges de la luxueuse demeure Renaissance d'Honorat de Savoie, marquis de Villars. Admirez les consoles sculptées de feuilles d'acanthe qui soutiennent sa terrasse. Depuis celle-ci, beau panorama sur toute la vallée.

Le **musée départemental de Préhistoire**, créé en 1912 dans la galerie Renaissance, présente la préhistoire à travers les découvertes faites sur les grands sites de Touraine, les grandes périodes et les progrès accomplis par nos ancêtres dans le travail de la pierre. La section de paléontologie comprend une collection de fossiles trouvés dans la région, notamment dans les dépôts de la mer des Faluns.

Aux alentours

La Celle-Guenand

8,5 km au nord-est par la D 13. Dans ce village, harmonieuse église, dont le portail roman a des voussures finement sculptées de masques et de figures fantastiques.

Le Grand-Pressigny pratique

♿ Voir aussi l'encadré pratique de Descartes.

Adresse utile

Office du tourisme Touraine du Sud – 37350 - Le Grand-Pressigny - ☎ 02 47 94 96 82 - *de mi-juin à mi-sept. : 9h30-12h30, 13h30-18h, w.-end 10h-12h30, 15h-18h ; reste de l'année : tlj sf w.-end et j. fériés.*

Se loger

⊖ **Chambre d'hôte Chez Laudrice** – *2 rte de Barrou* - ☎ 02 47 91 03 02 ou 06 74 36 15 71 - ⊟ - *3 ch. 50 €* ⊑ - *repas 20 €.* Le café de la gare n'existe plus depuis quelque temps, mais le bâtiment a été réaménagé afin d'y créer 3 chambres d'hôte. D'une certaine simplicité et décorées sans surcharge, on s'y sent vite à son aise, d'autant que chacune dispose d'une douche « balnéo ». Table d'hôte, sur réservation, à base de productions locales.

L'Île-Bouchard

1 764 BOUCHARDAIS
CARTE GÉNÉRALE C3 – CARTE MICHELIN LOCAL 317 L6 – INDRE-ET-LOIRE (37)

L'Île-Bouchard a conservé de son passé fluvial une solide tradition de pêche, avec ses barques noires, les plates, amarrées aux berges des deux bras de la Vienne. C'est également la vallée de la Manse que vous découvrirez ici, un paysage miraculeusement préservé, au fil de petites routes sinueuses, bordées de moulins et de prairies.

- **Se repérer** – C'est à mi-chemin entre Chinon (15 km à l'ouest) et Ste-Maure-de-Touraine (15 km à l'est) que se situe L'Île-Bouchard. Arrivant au nord par la D 757 venant d'Azay-le-Rideau et Tours (49 km), vous embrasserez d'un seul coup d'œil les rives ombragées de la Vienne, le bourg, son île et son église.

- **À ne pas manquer** – Les chapiteaux du chœur roman du prieuré-St-Léonard ; la charmante vallée de Courtineau ; la belle cathèdre de l'église St-Maurice.

- **Organiser son temps** – Comptez 1h pour la ville, 2h pour les environs.

- **Pour poursuivre la visite** – Voir aussi le château d'Azay-le-Rideau, Chinon, Richelieu et Ste-Maure-de-Touraine.

Comprendre

De l'île au Cardinal – Le premier seigneur connu, Bouchard Ier, édifia au 9e s. sur l'île allongée dans le cours de la Vienne une forteresse. C'est lui donne son nom au lieu. Quelque huit siècles plus tard, le cardinal de Richelieu est installé à proximité. Il achète la baronnie de L'Île-Bouchard et fait démanteler la forteresse (il n'en restera que quelques pierres), comme toutes celles qui, autour de sa ville, et dans un rayon plutôt vaste, pouvaient lui porter ombrage. Ses descendants restèrent propriétaires de la baronnie jusqu'à la Révolution.

Apparitions de la Vierge – Depuis 2001, L'Île-Bouchard est reconnue par l'Église comme un lieu de pèlerinage à Notre-Dame de la Prière. La Vierge serait en effet apparue dans l'église St-Gilles à quatre fillettes, chaque jour entre le 8 et le 14 décembre 1947, en demandant de prier pour la France. Chose rare, le lieu a été reconnu du vivant des « voyantes ».

Visiter

Prieuré-St-Léonard

À la lisière sud de la ville, signalé.

De l'**église prieurale** qui se dressait sur les premières pentes du coteau, seul subsiste un superbe chœur roman (11e s.) à déambulatoire et chapelles rayonnantes.

Sur les remarquables **chapiteaux**★ historiés, découvrez, de gauche à droite, un résumé imagé des Évangiles :

1er pilier : Annonciation et Visitation, Nativité, Adoration des bergers, Adoration des Mages.

2e pilier : Présentation au Temple, Massacre des Innocents, Fuite en Égypte, Baptême du Christ.

3e pilier : Cène, Baiser de Judas, Crucifixion.

4e pilier : Entrée de Jésus à Jérusalem, Descente aux limbes, Décollation de saint Jean-Baptiste.

Le chœur roman de l'église prieurale.

Église St-Maurice

À l'angle de la rue de la République et de la rue de Châteaudun. Terminé par une belle flèche de pierre ornée de sculptures ajourées, le haut clocher octogonal date de 1480. Les nefs, de style transition flamboyant-Renaissance, reposent sur des piliers ornés de médaillons Renaissance. Dans le chœur, belle **cathèdre**★ (siège à haut dossier) du

début du 16e s., ornée de gracieuses sculptures Renaissance (Annonciation, Nativité, Fuite en Égypte) ; les auteurs se sont représentés sur les jouées.
À côté de l'église, manoir du début du 17e s. avec lucarne à fronton.

Église St-Gilles

Sur la rive droite de la Vienne, le long de la D 760, cette église des 11e-12e s. a été agrandie d'un chœur gothique au 15e s. Deux beaux **portails romans**, sans tympan, présentent un décor géométrique et végétal remarquable. La tour romane, à la croisée du transept, est supportée par une coupole sur trompes. Une plaque commémore les apparitions de 1947.

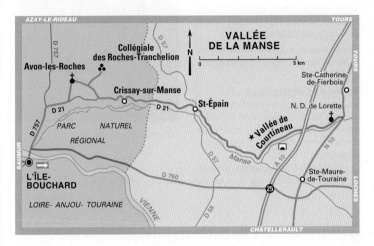

Circuit de découverte

VALLÉE DE LA MANSE★

27 km – environ 2h.

Modeste affluent de la Vienne, la Manse traverse une ravissante campagne, où coteaux, petits champs, prairies coupées de haies, de peupliers ou de saules, fermes et moulins à eau semblent vibrer dans une douce lumière, bien à l'écart des grandes routes.

Quittez L'Île-Bouchard par la D 757 au nord.

Avon-les-Roches

L'**église** (12e-13e s.) se signale par la flèche de pierre qui coiffe le croisillon droit du transept. Remarquez les trois arcades de son porche, ainsi que la porte voisine, décorées d'archivoltes et de chapiteaux délicatement sculptés ; sous le porche à gauche, une inscription raconte la mort de Charles le Téméraire. *Sur demande au ☎ 02 47 58 54 07 (mairie).*

Prenez la direction de Crissay sur 1 km, puis à gauche vers les Roches-Tranchelion.

Collégiale des Roches-Tranchelion

Les ruines de cette collégiale gothique, fondée en 1527, surgissent d'un fouillis de verdure au creux d'un vallon. Perchées sur une éminence dominant le hameau et la campagne environnante, l'élégante façade couverte de sculptures délicates, ses voûtes et sa rosace, comme suspendues dans le ciel, témoignent d'une grandeur disparue. Remarquez le personnage assis au-dessus de la grande baie sous l'arc triomphal, et, de chaque côté, le décor Renaissance de pilastres et de médaillons représentant les seigneurs du lieu.

Crissay-sur-Manse

À l'entrée de l'un des « Plus Beaux Villages de France » se dressent les ruines imposantes du château (15e s.), en partie troglodytique. En contrebas, on voit la flèche de pierre effilée de l'église construite au début du 16e s.
Dans ce village parfaitement préservé, les vieilles maisons en tuffeau, à tourelles carrées (15e s.), fenêtres à meneaux et jardins secrets, s'étagent à flanc de coteau.

St-Épain

Surprenant tableau, hors du temps, que cette **église** (12e-13e et 15e s.) coiffée d'une tour carrée et la **porte fortifiée** qui la jouxte ; au-dessus de l'arcade, une fenêtre à meneaux et un étage en encorbellement correspondent à l'**hôtel de la Prévôté** ; passez sous la porte pour voir sa façade extérieure, flanquée d'une tour ronde.

De l'autre côté de la Grand-Rue, une maison à échauguette marque l'angle de la route de Ste-Maure.

Suivez la route de Ste-Maure, le long de la Manse. Après le viaduc, prenez à gauche.

Vallée de Courtineau★

Une petite route serpente entre le ruisseau en contrebas, caché parmi les prés et les haies de peupliers, et la falaise creusée de nombreuses demeures troglodytiques.

La chapelle **N.-D.-de-Lorette**, oratoire

S. Sauvignier / MICHELIN

Scène bucolique dans la vallée de la Manse.

du 15e s., en partie creusée dans la falaise, dore sa pierre blanche au soleil, sous les chênes.

L'Île-Bouchard pratique

Adresse utile

Office du tourisme du Bouchardais – *16 pl. Bouchard - 37220 L'Île-Bouchard - o.t.b@wanadoo.fr - vac. de Pâques et juin-août : renseignements et horaires au ℘ 02 47 58 67 75.*

Se loger

⊜⊜ **Chambre et table d'hôte Les Bournais** – *37220 Theneuil - 3 km au S de L'Île-Bouchard par D 757 - ℘ 02 47 95 29 61 - www.lesbournais.net - ⊟ - 4 ch. 60 € ⊑ - repas 20 €.* Les chambres sont aménagées dans les anciennes écuries de cette ferme implantée au beau milieu des champs, sur un domaine de 5 ha. Décoration actuelle et mobilier contemporain, ancien et rustique composent un cadre plein de charme. Promenades à cheval et atelier de peinture (meubles et objets).

⊜⊜ **Chambre d'hôte Domaine de Beauséjour** – *37220 Panzoult - 5 km au NO de L'Île-Bouchard par D 757 puis D 21 dir.*

Chinon - ℘ 02 47 58 64 64 - www.domainedebeausejour.com - 3 ch. 77/85 € ⊑. Charme et quiétude au cœur de ce domaine viticole de 27 ha. Vous aimerez le vignoble chinonais tant loué par Rabelais, la piscine d'été et les jolies chambres aménagées dans cette maison de caractère. Sous vos fenêtres, les grappes se préparent à devenir « divin breuvage ». Visite des caves suivie d'une dégustation.

Se restaurer

⊜⊜ **Ferme-auberge Le Moulin de Saussaye** – *℘ 02 47 58 50 44 - www.moulindesaussaye.com - réserv. obligatoire - 18/28 € - 5 ch. 53 € ⊑.* Ce moulin à eau, toujours en activité, propose une cuisine traditionnelle préparée avec les produits de l'exploitation. Aux beaux jours, les tables sont dressées au bord de la rivière, au milieu de la verdure. Cinq chambres d'hôte, pêche sur place et camping à la ferme.

Illiers-Combray

3 226 ISLÉRIENS
CARTE GÉNÉRALE C1 – CARTE MICHELIN LOCAL 311 D6 – EURE-ET-LOIR (28)

L'histoire de la commune d'Illiers est marquée par de célèbres personnages tels Geoffroy, vicomte de Châteaudun, ou Florent d'Illiers, qui s'illustra lors du siège d'Orléans aux côtés de Jeanne d'Arc. Mais depuis 1971, centenaire de la naissance de Marcel Proust et date à laquelle on ajouta à la bourgade son nom de roman, c'est par les yeux de cet enfant du pays qu'il faut découvrir Illiers-Combray.

- **Se repérer** – À 24 km au sud-ouest de Chartres, à 28 km au nord-ouest de Châteaudun, et 55 km au nord-est de La Ferté-Bernard. Dans la vallée naissante du Loir, Illiers joue un rôle de ville-marché entre la Beauce et le Perche.

- **À ne pas manquer** – Le souvenir de Macel Proust dans l'ensemble des sites.

- **Organiser son temps** – Comptez 1h30.

- **Pour poursuivre la visite** – Voir aussi Bonneval, Brou, Châteaudun et La-Ferté-Bernard.

Comprendre

Le Combray de Marcel Proust – « Vue de loin, ce n'est qu'une église, résumant la ville, la représentant, parlant d'elle et pour elle aux lointains, et, quand on approche, tenant serrés autour de sa haute mante sombre, comme une pastoure ses brebis, les dos laineux et gris des maisons rassemblées… » : c'est ainsi que le grand romancier Marcel Proust (1871-1922) décrit Illiers, qu'il rebaptise Combray dans *À la recherche du temps perdu*. Illiers est en effet la ville natale du docteur Proust, père de l'écrivain, et Marcel y passait ses vacances enfant. Les impressions vécues par le jeune Marcel à Illiers, ressenties bien des années plus tard au travers de la célébrissime madeleine trempée dans le thé, feront naître « l'édifice immense du souvenir ». Au détour des lieux ou objets qu'il connut, on se surprend à vouloir débusquer quelque indice du « côté de chez Swann », bourgeois, tourné vers la Beauce riche de blé, et de l'aristocratique « côté de Guermantes », orienté vers le Perche et ses chevaux.

Visiter

Maison de tante Léonie

4 r. du Dr-Proust - ☎ *02 37 24 30 97 - http://perso.wanadoo.fr/marcelproust/- visite guidée (1h) juil.-août : tlj sf lun. 11h, 14h30 et 16h ; de mi-janv. à fin juin et de déb. sept. à mi-déc. : tlj sf lun. 14h30 et 16h - fermé 1ᵉʳ Mai, 1ᵉʳ et 11 Nov. - 5 €* (-12 ans gratuit).

La demeure de Jules Amiot, oncle de l'écrivain, conserve certaines pièces (salle à manger, cuisine) évoquées dans *La Recherche*. Les chambres sont reconstituées d'après les textes. Le musée, consacré à la vie, au roman et à l'entourage de l'écrivain, rassemble des portraits, des souvenirs et des photographies de Paul Nadar.

Pré Catelan

Au sud d'Illiers, le long de la D 149.

Une « serpentine », un pigeonnier, un pavillon et quelques beaux arbres agrémentent cette promenade au bord du Loir. Ce jardin, dessiné par Jules Amiot, est évoqué par Proust dans *Jean Santeuil* : « Le père de M. Santeuil avait de l'autre côté de la ville un immense jardin qui, s'étendant d'abord en terre-plein devant le cours du Loir, s'élevait peu à peu, ici par de lentes montées, là par des escaliers de pierres conduisant à une grotte artificielle, jusqu'au niveau des plaines élevées qui commencent la Beauce et sur lesquelles il s'ouvrait par une porte à claire-voie. »

Illiers-Combray pratique

♿ Voir aussi Brou.

Adresse utile

Office de tourisme – *5 r. Henri-Germond - 28120 Illiers-Combray -* ☎ *02 37 24 24 00 - mars-oct. : tlj sf lun. 10h30-12h, 14h30-17h30 ; reste de l'année : vend. et sam. : 10h-12h30, 14h30-17h - fermé de mi-déc. à mi-janv.*

Château de **Langeais**★★

CARTE GÉNÉRALE C3 – CARTE MICHELIN LOCAL 317 L5 – SCHÉMA P. 414 –
INDRE-ET-LOIRE (37)

Forteresse massive et austère, avec ses hautes murailles, ses grosses tours poin-
tues, son chemin de ronde à mâchicoulis et son pont-levis, Langeais a traversé
les siècles sans une ride et semble tout droit sorti de nos jeux d'enfance… Quant
à son intérieur, il réunit de véritables trésors, meubles anciens et tapisseries
somptueusement colorées, qui vous baigneront dans l'atmosphère authentique
du 15e s. et de la Renaissance.

- ▶ **Se repérer** – Située le long de la Loire, entre Tours (30 km à l'est) et Saumur (N 152)
(43 km à l'ouest), serrée au pied de la forêt, la ville semble blottie autour de son
château. Belle vue des murailles, de la Loire et de ses bancs de sable en arrivant
par la très jolie D 16 sur la rive gauche.

- 👁 **À ne pas manquer** – Le mobilier et les tapisseries du château.

- 🕐 **Organiser son temps** – Comptez 1h30.

- 👥 **Avec les enfants** – Voir l'abaissement
et la levée du pont-levis à l'ouverture
et à la fermeture du château, suivre la
visite « Sur la piste de l'enfant Roy ».

- 🕯 **Pour poursuivre la visite** – Voir
aussi le château d'Azay-le-Rideau,
Bourgueil, Chinon, le château d'Ussé,
les jardins et château de Villandry.

Le saviez-vous ?

Langeais serait issu du nom d'un peuple
celte : les Lingones. Au 6e s., Grégoire de
Tours mentionne Langeais sous le terme
d'*Alingaria*, soit « l'eau qui sauve ».

Comprendre

De la forteresse à la résidence de plaisance – C'est l'omniprésent Foulques III Nerra
qui fit construire, à la fin du 10e s., le **donjon** en pierre (ses ruines se dressent encore
dans le parc), qui serait le plus ancien de France. En 1465, Louis XI commanda à Jehan
Bourré, son contrôleur des Finances *(voir château du Plessis-Bourré)*, l'édification du
château actuel. La forteresse médiévale devait protéger la Touraine des attaques du
duc de Bretagne. Paradoxe de l'histoire, c'est ici que le rattachement de la Bretagne
au royaume de France sera finalement signé en 1491… par un mariage, celui d'**Anne
de Bretagne** et de Charles VIII. En 1490, âgée d'à peine 14 ans, Anne de Bretagne
avait été mariée par procuration à Maximilien d'Autriche : pour valider l'union, le
représentant du souverain avait passé symboliquement la jambe sous les draps
du lit de la belle Anne. Mais ce premier mariage est déclaré nul, au profit du roi de
France Charles VIII qui épouse secrètement, à l'aube du 6 décembre 1491 à Langeais
l'héritière la plus convoitée d'Europe. La Bretagne est unie à la France, et le contrat
de mariage prévoit que si le roi meurt, Anne devra épouser son successeur, ce qui
adviendra six ans plus tard à l'avènement de Louis XII. Quant au château, c'est au
retour de la campagne d'Italie de Charles VIII que son décor et son jardin prendront
les atours de la Renaissance. À partir de 1886, le château sera restauré et meublé par
un amateur d'art éclairé, Jacques Siegfried. Il le donnera ensuite à l'Institut de France
qui en a la garde depuis 1904.

Visiter

Visite : 1h - 📞 *02 47 96 72 60 - www.chateaulangeais.com - juil.-août : 9h-19h ; avr.-juin,
sept.-oct. et jusqu'au 12 nov. : 9h30-18h30 ; du 13 nov. à fin janv. : 10h-17h ; fév.-mars :
9h30-17h30 - possibilité de visite guidée (1h) - 7,20 € (10-17 ans 4 €).*

Construit très vite, cas peu ordinaire, et épargné par les remaniements postérieurs,
chose plus rare encore, Langeais reste l'un des plus intéressants châteaux du Val
de Loire, grâce au travail patient de Jacques Siegfried, son dernier propriétaire, qui
chercha à en reconstituer le mobilier d'origine jusqu'au moindre détail.

Côté ville, on se trouve devant une forteresse féodale, massive, presque écrasante :
hauts murs, grosses tours rondes, chemin de ronde à créneaux et mâchicoulis, et
pont-levis (à contrepoids) enjambant les anciennes douves.

La façade intérieure, en revanche, évoque davantage un manoir, avec ses fenêtres à
meneaux et ses lucarnes au gâble décoré de « choux rampants », vignes ou feuilles
de chêne, comme les portes des tourelles d'escalier. Les bâtiments formant deux ailes
en équerre bordent les jardins et le parc, étagé en terrasses jusqu'au donjon.

Les appartements★★★ – Richement meublé (certains éléments de décor, panneaux et tapisseries en particulier, comptent parmi les plus beaux d'Europe), Langeais nous replonge dans l'atmosphère de la vie seigneuriale au début de la Renaissance. On admire de splendides **tapisseries**, des Flandres pour la plupart, notamment des mille-fleurs et la suite des *Neuf Preux* ; observez les entrelacs de K et de A (initiales de Charles VIII et d'Anne de Bretagne).

Parmi de nombreux trésors, vous verrez : au rez-de-chaussée, dans la salle du Banquet, une **cheminée** monumentale (début 16e s.) au décor exceptionnel. Son manteau de pierre est taillé en forme de château, avec tours et chemin de ronde où apparaissent des personnages.

Au 1er étage, dans la chambre de Parement, l'un des premiers lits à colonnettes, une remarquable tapisserie du Christ en croix, entre saint Jean et la Vierge (Bruxelles, 16e s.), une crédence sculptée et un bahut gothiques ; dans la chambre de Retrait, un grand coffre de noyer sculpté du 15e s. et trois tapisseries aux aristoloches (plantes grimpantes à fleurs jaunes) du 16e s. La salle du Mariage conserve le coffre d'Anne de Bretagne et une très belle scénographie restitue la célébration de son mariage secret avec Charles VIII.

Au 2e étage : dans la chambre de la Dame, aux tapisseries mille-fleurs (fin 15e s.), une des premières armoires Renaissance ; dans la chambre des Enfants, une horloge du 17e s. à une seule aiguille et deux tapisseries du 16e s. Enfin, au 3e étage, un cabinet d'art sacré réunit des œuvres autrefois dispersées dans le château et d'autres provenant de la réserve. La grande salle des Preux, ornée d'une voûte en carène aux ogives de châtaignier, tient son nom de la suite des *Neuf Preux*, ensemble unique en France de sept tapisseries des années 1520-1540.

Forteresse sévère à l'extérieur, Langeais présente aussi une belle façade Renaissance.

Du chemin de ronde couvert qui longe toute la façade sur 130 m, vous surplombez la Loire et les toits de la petite ville. En redescendant au 2e étage, on aboutit à la chambre aux Carreaux verts, qui abrite deux rares tapisseries dites du Saint-Sacrement (début 16e s.), et à la salle de Luini dans laquelle la **fresque de la Nativité** (1522) de Bernardino Luini laisse apparaître l'influence de Léonard de Vinci. Un petit cabinet des faïences présente de nombreux exemples de la faïence de Langeais (19e s.).

Aux alentours

Église St-Jean-Baptiste

À Langeais. C'est l'une des premières églises rurales de Touraine puisque sa fondation, par saint Martin, remonte au 4e s. Remarquez dans une chapelle nord la **Vierge à l'Enfant★** bourguignonne en terre cuite (17e s.).

Cinq-Mars-la-Pile

5 km à l'est par la N 152.
Le village tire son nom d'un curieux monument de brique en forme de tour, ou de **pile**, qui se trouve sur le coteau un peu à l'est de la localité. Cette construction carrée

de 5 m de côté, haute de 30 m, est terminée par quatre petites pyramides. Selon toute vraisemblance, il s'agit d'un mausolée gallo-romain du milieu du 2ᵉ s. apr. J.-C.

Château – ☎ 02 47 96 40 49 ou 01 45 48 75 21 - &. - de déb. juil. à mi-sept. : tlj sf mar. 11h-20h ; avr.-juin et de mi-sept. au 31 oct. : w.-end 11h-18h - 4 € (enf. 2 €).

Deux tours rondes signalent sur le coteau les vestiges du château féodal où naquit Henri d'Effiat, marquis de Cinq-Mars. Convaincu d'avoir conspiré contre Richelieu, le célèbre favori de Louis XIII fut décapité à Lyon en 1642 à l'âge de 22 ans, et son château fut démantelé.

Les tours (13ᵉ s.) comprennent chacune trois salles superposées voûtées sur huit branches d'ogives ; du sommet, vue étendue sur la vallée de la Loire.

Profitez du **parc★**, romantique à souhait. Plantés sur la rocaille et luttant contre la sècheresse, les grands résineux composent avec les sentiers sinueux, le labyrinthe échappant à la taille, les ruines et les douves sèches (beau ruissellement de jasmin d'hiver) des paysages de gravures.

St-Étienne-de-Chigny

8,5 km au nord-est par la N 152, puis à gauche la D 76 et, encore à gauche, la D 126 vers Vieux-Bourg.

À l'écart du village qui borde la levée de la Loire, Vieux-Bourg regroupe dans la vallée de la Bresme quelques maisons anciennes aux pignons aigus.

L'**église★** a été construite en 1542 sous les auspices de Jean Binet, maître d'hôtel de François Iᵉʳ et maire de Tours, dont les armes figurent à l'extérieur et à l'intérieur, formant litre. La nef est couverte d'une remarquable **charpente** à entraits sculptés d'énormes masques grotesques et, dans le chœur, d'un Jonas dans le ventre de la baleine. Au chevet, une **verrière** du 16ᵉ s. représente la Crucifixion entre les donateurs, Jean Binet et Jeanne de La Lande, son épouse. Dans le bras nord du transept : Vierge à l'Enfant, peinture de l'école française du 16ᵉ s., et peinture murale représentant le pape saint Clément, patron des bateliers. Fonts baptismaux du 16ᵉ s. avec bénitier.

☎ 02 47 55 69 63 - juin-sept. : 10h-18h, dim. sur demande - possibilité de visite guidée sur demande.

Château de Champchevrier★

12 km au nord par la D 15, puis la D 34 ; prenez à droite à la sortie de Cléré-les-Pins. ☎ 02 47 24 93 93 - www.chateau-champchevrier.com - visite guidée (45mn) de mi-juin au 3ᵉ dim. de sept. : 10h-18h, dim. et j. fériés 14h-18h - 7,50 € (7-18 ans 5 €).

Occupant un site très anciennement connu comme lieu fortifié, l'édifice actuel, qui a succédé au 16ᵉ s. à la forteresse primitive, a été remanié aux 17ᵉ s. et 18ᵉ s. Singulier exemple d'enracinement géographique et social, la même famille l'habite depuis 1728.

Des douves de la fin du 17ᵉ s. entourent le château.

À l'**intérieur**, beaux meubles d'époque Régence, dont certains sont encore recouverts de leurs tapisseries d'origine, tissées à Beauvais (couleurs remarquablement conservées). Les boiseries du grand escalier, à caissons polychromes, proviennent du château de **Richelieu**, démoli en 1805. Les pièces de service (lingerie, cuisine…) offrent des témoignages intéressants de la vie de tous les jours dans une grande demeure familiale.

La suite de **tapisseries★**, dite des *Amours des dieux,* fut exécutée d'après des cartons de Simon Vouet par la Manufacture royale d'Amiens ; tons très variés, d'une rare fraîcheur.

Champchevrier, placé au cœur d'un pays forestier jadis hanté par les loups, abrite le plus vieil équipage de France (1804). À travers trophées et collections, il entretient cette tradition de vénerie et conserve un chenil où s'ébattent environ 70 sympathiques et solides chiens de meute anglo-français, spécialisés dans la chasse au cerf.

Château de Langeais pratique

& Voir aussi l'encadré pratique d'Azay-le-Rideau et Villandry.

Adresse utile

Office de tourisme – *Pl. du 14-Juillet - 37130 Langeais -* ☎ *02 47 96 58 22 - de mi-juin à mi-sept. : 9h30-19h, dim. et j. fériés 10h-12h30, 15h30-18h ; de mi-sept. à Pâques : 9h30-12h30, 14h-17h30, dim., 1er et 11 Nov. 10h-12h30 ; reste de l'année : tlj sf dim. et j. fériés 9h30-12h30, 14h-18h - fermé 25 déc., 1er janv., 1er Mai.*

Se loger

〉 **Chambre d'hôte La Meulière** – *10 r. de la Gare - 37130 Cinq-Mars-la-Pile - 5 km au NO de Langeais par N 152 et N2 152 -* ☎ *02 47 96 53 63 - www.lameuliere.free.fr -* 📷 *- 3 ch. 39/53 €* 🍵. Cette belle demeure du 19e s. a l'avantage d'être située tout près de la gare sans en subir les désagréments. Ses chambres, colorées, bien insonorisées et garnies de meubles de style, sont desservies par un bel escalier. Les petits-déjeuners ont pour cadre une plaisante salle à manger bourgeoise. Agréable jardin.

〉〉 **Chambre d'hôte Anne de Bretagne** – *27 r. Anne-de-Bretagne -* ☎ *02 47 96 08 52 ou 06 88 82 86 18 - d.santens@laposte.net -* 📷 *- 4 ch. 58 €* 🍵. On ne reste pas insensible au charme de cette maison de maître du 19e s. située au cœur du village. Ses 4 chambres, aux étages, offrent un confort appréciable. À l'arrière, le petit jardin arboré et orné de fleurs donne envie de flâner en toute tranquillité. Porcelaine et argenterie accompagnent les petits-déjeuners.

〉〉🍵 **Chambre d'hôte Le Vieux Château** – *Rte de Gizeux - 37340 Hommes - 20 km au N de Langeais par D 57 -* ☎ *02 47 24 95 13 - www.le-vieux-chateau-de-hommes.com - réserv. conseillée - 5 ch. 85/115 €* 🍵 *- repas 28 €*. Très agréable étape que ce petit château du 15e s. isolé en pleine campagne. Les quatre chambres aménagées dans l'ancienne grange à dîme sont équipées d'un beau mobilier ; la cinquième, occupant une tourelle, est parfaite pour un séjour romantique. Beau domaine de 170 ha, piscine, randonnées et pêche sur place. Vélos à disposition.

Se restaurer

〉 **Le Pont-Levis** – *12 r. Charles-VIII (au pied du château) -* ☎ *02 47 96 82 23 - lepontlevis@wanadoo.fr - fermé nov.-Pâques, lun. et le soir sf sam. - réserv. obligatoire - 11 € déj. - 13,90/21,50 €*. Ce restaurant, jadis relais de poste, jouit d'une situation privilégiée, à l'ombre du château et en bordure d'une petite rivière envahie par les nénuphars. Décor sans façon et cuisine d'esprit brasserie, servie dans une ambiance à la bonne franquette.

Lavardin ★

649 LAVARDINOIS
CARTE GÉNÉRALE C2 – CARTE MICHELIN LOCAL 318 C5 – SCHÉMA P. 431 – LOIR-ET-CHER (41)

Peintres ou photographes amateurs, Lavardin vous offre un sujet de choix : comme dans une gravure romantique, les ruines de son château féodal, juchées sur leur promontoire, dominent l'un des plus charmants villages de France, avec son gracieux pont gothique et ses berges ombragées.

- ▶ **Se repérer** – À 22 km au sud-ouest de Vendôme (D 917 ou N 10 et D 108) et à 2,5 km de Montoire-sur-le-Loir, Lavardin occupe la rive gauche du Loir. Belle vue du château depuis la petite route de St-Arnoult.

- 👁 **À ne pas manquer** – L'église St-Genest et ses peintures murales.

- 🕐 **Organiser son temps** – Comptez 1h30 pour la ville et ses alentours, plus si vous optez pour une visite guidée.

- 🕯 **Pour poursuivre la visite** – Voir aussi Château-Renault, Montoire-sur-le-Loir, St-Calais et Vendôme.

Le saviez-vous ?

👁 Les Celtes occupaient déjà ce promontoire, nommé par les Romains *Labardinus*.
👁 Propriété des comtes de Vendôme, la forteresse connut bien des misères : successivement assiégée par Henri II Plantagenêt et Richard Cœur de Lion, puis par la Ligue, le prince de Conti… elle fut en fin de compte démantelée par les troupes d'Henri IV.

Se promener

Maisons anciennes

L'une, du 15ᵉ s., à pans de bois, l'autre, dite de Florent Tissard, Renaissance avec un oratoire en encorbellement, des lucarnes à meneaux et pilastres, et une loggia sur cour.

Dans la **mairie**, deux belles salles du 11ᵉ s. avec des voûtes du 15ᵉ s., celle du rez-de-chaussée servant de salle d'exposition. *📞 02 54 85 07 74 - www.lavardin.net - mar., merc. et vend. 8h30-12h, 16h-19h.*

Depuis le **pont** du 13ᵉ s., jolie perspective sur les rives verdoyantes du Loir.

🐛 Ne quittez pas le village sans jeter un coup d'œil sur les habitations troglodytiques. Un chemin, derrière l'église, grimpe à mi-coteau et longe quelques habitations creusées dans la roche.

Château

📞 02 54 85 07 74 ou 06 81 86 12 80 - de déb. juin à mi-sept. : tlj sf lun. 11h-12h, 15h-18h ; mai : w.-end et j. fériés 11h-12h, 15h-18h - 3 € (-14 ans 1 €).

Ce château, principale place forte des comtes de Vendôme au Moyen Âge, joua dès le 12ᵉ s. un rôle important dans l'histoire militaire en raison de sa position entre les domaines de la France capétienne et les possessions des rois angevins.

Par la Grand-Rue, qui longe le front sud du château, empruntez la passerelle du châtelet. Bien que très endommagées, ses ruines impressionnantes permettent encore de se faire une bonne idée des trois enceintes successives, du châtelet (12e-15e s.) et du donjon rectangulaire (11e s.) de 26 m de haut, renforcé au siècle suivant de tours d'égale hauteur. La dernière enceinte, la chemise, est la mieux conservée.

Le donjon de Lavardin surplombe un pont gothique.

Église St-Genest★
Cet édifice de style roman primitif est précédé d'un clocher-porche carré. Dans les murs ont été remployés des bas-reliefs ; ceux de l'abside représentent les signes du zodiaque.

Intérieur – Les trois vaisseaux de l'église sont séparés par des piles carrées à impostes délicatement sculptées au début du 12e s. En passant sous l'arc triomphal, on accède au chœur terminé par une abside en cul-de-four : de curieux piliers romans, vestiges probables d'un édifice antérieur, portent des chapiteaux inachevés, sur lesquels on voit des animaux fantastiques. Dans le bas-côté nord : ravissantes colonnettes romanes, torsadées.

Les nombreuses **peintures murales★** ont été exécutées du 12e au 16e s. ; les plus anciennes, stylisées et majestueuses, ont pour sujets le Baptême du Christ et l'Arbre de Jessé. Celles du chœur et de l'abside présentent un ensemble bien conservé : scènes de la Passion, à droite, et le Lavement des pieds, à gauche, encadrant un Christ en majesté escorté des symboles évangéliques.

Dans l'absidiole de droite, un saint Christophe et un savoureux Jugement dernier (15e s.) où sont décrits le paradis *(en haut)* et l'enfer ; sur les piliers de la nef et des bas-côtés, des effigies (16e s.) de saints vénérés dans la région ; remarquez le Martyre de sainte Marguerite sur le mur du bas-côté droit, la Crucifixion de saint Pierre sur un pilier du côté gauche de la nef, ainsi que la Messe de saint Grégoire.

Aux alentours

Jardin du Plessis-Sasnières
6 km au sud-est par la D 108.
℘ 02 54 82 92 34 - de Pâques au 1er nov. : tlj sf mar. et merc. 10h-18h - visite guidée sur demande préalable (1h30) - 7 € (-18 ans gratuit).
Charmant domaine planté d'arbres et d'arbustes, avec un bel étang creusé au pied d'un coteau et un vaste potager. Riche en essences diverses, ce jardin à l'anglaise est à visiter de préférence au printemps et en été pour ses magnolias et ses rosiers, ou à l'automne pour les couleurs somptueuses de ses feuillages.

Lavardin pratique

& Voir aussi l'encadré pratique de Vendôme.

Adresse utile

Office du tourisme de Montoire – *16 pl. Clemenceau - 41800 Montoire - ☎ 02 54 85 23 30 - avr.-sept. : 10h-12h, 15h-19h, dim. et j. fériés 11h-13h ; oct.-mars : 10h-12h, 15h-17h sf dim. et lun.*

Visite

Visite guidée (1h30) de l'église et du village sur demande à l'office de tourisme.

Se restaurer

⊜⊜ **Le Cheval Rouge** – *1 pl. Foch - 41800 Montoire-sur-le-Loir - ☎ 02 54 85 07 05 - www.le-cheval-rouge.com - fermé 25 janv.-8 fév., 29 mars-5 avr., 30 août-6 sept.,*

23 nov.-7 déc., mar. soir, vend. midi et merc. - 18/35 €. Le temps semble s'être arrêté dans cet ancien relais de poste situé au centre du bourg. Les salles à manger présentent un cadre patiné. Cuisine classique.

⊜⊜⊜ **Le Relais d'Antan** – *6 pl. du Capit.-Vigneau - ☎ 02 54 86 61 33 - fermé 15 fév.-8 mars, 27 sept.-20 oct., dim. soir sf de juin à août, lun. et mar. - 26/35 €. Ce pittoresque bourg abrite une auberge rustique se distinguant par son cadre sympathique (terrasse au bord du Loir, fresques néomédiévales en salle) et ses recettes au goût du jour bien tournées comme les lasagnes de langoustines au parmesan, les rognons de veau au porto, etc.*

Vallée du **Layon**

CARTE GÉNÉRALE B3 – CARTE MICHELIN LOCAL 317 E/H-4/6 – MAINE-ET-LOIRE (49)

Il coule, il coule, le Layon… Sa rivière d'abord, canalisée sous Louis XVI, qui occupe une riante région de vignobles, de cultures fruitières (noyers, pêchers, pruniers…), avec ses coteaux couronnés de moulins et ses villages vignerons aux cimetières plantés de cyprès. Son vin blanc moelleux ensuite, qui coule à petites doses, entre gorge et palais, dans la vallée des papilles…

▶ **Se repérer** – Le Layon, qui prend sa source aux confins du Poitou, serpente longuement avant de se jeter dans la Loire, en aval d'Angers.

👁 **À ne pas manquer** – Les paysages de la corniche angevine ; la dégustation sur place de coteaux-du-layon (*voir Vallée du Layon pratique*).

🕐 **Organiser son temps** – Comptez 3h30 pour l'ensemble du circuit.

👪 **Avec les enfants** – Bisonland aux Cerqueux-sous-Passavant, les jeux du musée de la Vigne et du Vin d'Anjou.

& **Pour poursuivre la visite** – Voir aussi Angers, le château de Brissac, Doué-la-Fontaine, Saumur.

Un nectar doré

Vin blanc moelleux, fin et délicat, le coteaux-du-layon est produit par le cépage chenin blanc (ou pineau de la Loire), vendangé tard en septembre, lorsque le grain commence à se couvrir de pourriture noble. Deux crus sont réputés : le **bonnezeaux** et le **quarts-de-chaume**, excellents vins de garde.

Circuit de découverte

DU HAUT LAYON AUX COTEAUX DU LAYON

72 km.

Les Cerqueux-sous-Passavant

👪 Dans le parc du château (19e s.) des Landes, **Bisonland** offre une terre d'accueil inattendue aux bisons d'Amérique et aux daims. Plusieurs habitations (tipis, lodge et autres wigwams, ainsi qu'un campement « Tatanka ») spécifiques de différentes tribus indiennes ont même été reconstituées. Artisanat indien et vente… de viande de bison (à consommer avec modération). ☎ 02 41 59 58 02 - & - juil.-août : 10h-19h, w.-end et j. fériés 14h-19h - possibilité de visite guidée (2h) - 5,50 € (-10 ans gratuit, maximum 2 entrées gratuites pour 2 entrées adultes).

Prenez la direction de Cléré-sur-Layon (D 54). À l'entrée de la localité, tournez à gauche vers Passavant.

Passavant-sur-Layon

Dans cet agréable village, au bord d'un étang formé par le Layon, voyez les imposants vestiges du château.

Suivez la direction de Nueil-sur-Layon ; tournez à droite après l'église dans la D 77, puis, après le pont sur le Layon, prenez à gauche vers Doué-la-Fontaine.

À Passavant, le paysage est encore poitevin avec ses haies, ses chemins creux, ses fermes à toit de tuiles romaines. Des **vignobles** couvrent les pentes bien exposées et, à Nueil, les ardoises apparaissent.

À la sortie des Verchers, prenez à gauche vers Concourson.

Dominant le Layon, la route traverse une belle et douce campagne, offrant après Concourson une vue étendue sur la vallée.

Après St-Georges, continuez vers Brigné, puis à gauche vers Martigné-Briand.

Martigné-Briand

Village vigneron entourant un château très endommagé par les guerres de Vendée. L'édifice, construit au début du 16e s., présente sur sa façade nord des baies vitrées ornées de motifs flamboyants.

Sur la D 748 vers Aubigné, tournez à droite vers Villeneuve-la-Barre.

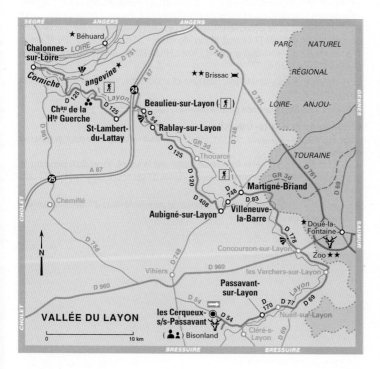

Villeneuve-la-Barre

Traversant ce village fleuri, la route mène au **monastère des Bénédictines** : beau bâtiment à la cour accueillante ; demandez à voir la chapelle, d'un dépouillement très moderne, aménagée dans une ancienne grange et ornée de vitraux blancs aux dessins abstraits.

Aubigné-sur-Layon

Bourg pittoresque conservant de belles demeures. À côté de l'église (11e s.) s'élève une porte fortifiée où subsistent les traces de la herse et du pont-levis.

Quittez Aubigné vers Faveraye-Mâchelles, et prenez à droite la D 120 ; après avoir coupé la D 24, on rejoint la D 125 vers Rablay.

Rablay-sur-Layon

Bourg vigneron bien abrité. Dans la Grande-Rue, la maison de la Dîme (15e s.), à encorbellement, est bâtie en brique et pans de bois. Un bâtiment du 17e s. accueille des échoppes d'artistes.

On traverse le Layon par la D 54 avant de longer une sorte de cirque tapissé de vignes ; du plateau, vue étendue sur la vallée.

Beaulieu-sur-Layon

Cette petite cité vigneronne dominant les coteaux du Layon *(table d'orientation)* conserve quelques maisons à la Mansart, en particulier la mairie, installée dans l'ancienne demeure du régisseur de l'abbesse du Ronceray. Voyez dans l'**église** les fresques du 13ᵉ s.

🐾 Une ancienne ligne de chemin de fer aménagée en sentier de randonnée pédestre longe le Layon sur 25 km. Avis aux amateurs de balades champêtres et de déjeuners sur l'herbe.

La grande route descend dans une vallée aux parois creusées de caves et de carrières. Au lieu-dit Pont-Barré, joli coup d'œil sur le cours resserré du Layon et sur un pont médiéval ruiné, témoin, le 19 septembre 1793, d'un violent combat entre les blancs et les bleus.

Rejoignez la N 160 et suivez-la vers le sud.

St-Lambert-du-Lattay

👥 **Musée de la Vigne et du Vin d'Anjou** – Installé dans les celliers de la Coudraye, ce petit musée évoque l'univers du vigneron angevin. Outils de vignerons et de tonneliers, illustrations, collection de pressoirs. Ne manquez pas la salle appelée « l'imaginaire du vin ». Vous y aurez à exercer votre nez, vos yeux et vos papilles… Un jeu d'observation et de découverte baptisé « Les Clefs du musée » a été spécialement conçu pour les enfants (7-14 ans). *Pl. des Vignerons - ☎ 02 41 78 42 75 - du 1ᵉʳ avr. au 11 Nov. : 9h-12h30, 14h-17h30, w.-end et j. fériés 14h30-18h30 - possibilité de visite guidée (1h30) - 5 € (enf. 3,30 €).*

La route de St-Aubin-de-Luigné, sinueuse et accidentée, court dans les vignes du quarts-de-chaume.

Peu avant St-Aubin, tournez à gauche dans la D 106, puis bientôt à droite.

Château de la Haute-Guerche

☎ 02 41 78 41 48 - juil.-août : 9h-12h, 14h-18h - gratuit - visite guidée pour groupes sur demande.

Bâtie sous Charles VII, cette forteresse dominant la vallée, incendiée pendant les guerres de Vendée, ne dresse plus que les ruines de ses tours. Large vue sur la campagne.

Revenez à St-Aubin pour gagner Chaudefonds et prendre la route d'Ardenay qui rejoint la **corniche angevine★**.

Vallée du Layon pratique

Adresse utile

Office du tourisme Loire Layon – *Pl. de l'Hôtel-de-Ville - 49290 Chalonnes-sur-Loire -* $\mathscr{C}$ *02 41 78 26 21 - www.tourisme-loire-layon.com - mai-sept. : 10h-13h, 14h30-18h30, dim. 10h-13h ; oct.-avr. : mar.-vend. 10h-13h, 14h-17h, lun. 14h-17h, sam. 10h-13h - fermé 1er janv., Pâques, 1er Mai, 1er nov., 11 Nov., 25 déc.*

Se loger

Chai de la Paleine – *10 pl. Jules-Raimbault - 49260 Le Puy-Notre-Dame -* $\mathscr{C}$ *02 41 38 28 25 - www.relais-du-bien-etre.com - 10 ch. 48/69 € -* ☐ *5 €.* Les chambres sont installées dans l'ancien chai du château de la Paleine. Elles sont confortables, joliment personnalisées et parfois mansardées. Beau parc et petit musée de la Soie. Détail original : vous pourrez prendre votre petit-déjeuner à l'intérieur de deux superbes foudres centenaires.

Chambre d'hôte Le Clos des 3 Rois – *13 r. Jacques-Du-Bellay - 49380 Thouarcé -* $\mathscr{C}$ *02 41 66 34 04 ou 06 99 91 95 20 - www.closdes3rois.fr - 5 ch. 58/73 € ☐.* Dans une propriété de 1845, au cœur du village, cette ancienne maison de notaire compte 5 chambres totalement indépendantes, de part et d'autre de l'habitation principale. Chacune bénéficie d'une décoration personnalisée, une vraie réussite. Soirées dégustation, dont une spéciale vin nouveau, le dernier week-end de novembre.

Chambre d'hôte Troglodyte de la Fosse – *Meigné-sous-Doué - 49700 Forges -* $\mathscr{C}$ *02 41 50 90 09 - www.chambrehote.com -* ☒ *- 5 ch. 58/68 € ☐.* Il règne une ambiance artistique dans cette jolie maison rénovée : toutes les pièces sont décorées de tableaux, objets et luminaires en verre réalisés par la maîtresse des lieux. Les chambres sont plaisantes et trois d'entre elles donnent sur la piscine logée dans la cour intérieure.

Se restaurer

Le Bignon – *37 r. de la Belle-Angevine - 49750 St-Lambert-du-Lattay -* $\mathscr{C}$ *02 41 78 41 15 - lebignon@club-internet.fr - fermé 2 sem. en janv. et 2 sem. fin août - 12,90/27 €.* La carte de ce restaurant, volontairement courte et axée sur les grillades au feu de bois, est complétée par une ardoise de suggestions du jour mitonnées en fonction du marché. Côté cadre, vous aurez le choix entre la coquette salle à manger rustique et la jolie terrasse ombragée.

Le Relais de Martigné – *Rte de Vihiers - 49540 Martigné-Briand -* $\mathscr{C}$ *02 41 59 42 14 - fermé le soir sf vend. et sam. - 10 € déj. - 15,50/28,50 €.* Lors de votre découverte de la vallée et de sa production viticole, vous pouvez faire étape dans ce modeste restaurant. Vous ne serez pas séduit par son décor, mais la cuisine, simple, rallie tous les suffrages, d'autant que les prix sont fort raisonnables. Terrasse.

Le Moulin du Chapitre – *Au Moulin du Chapitre - 49750 Chanzeaux -* $\mathscr{C}$ *02 41 74 01 42 - fermé fév.-mi-mars, et rest. dim. soir, mar. soir et merc. soir sf juil.-août - 18/47 € - 11 ch. 60/110 € ☐.* Vous apprécierez la tranquillité de ce hameau construit autour de son moulin à eau, entre bois et prairies. L'auberge et sa cuisine traditionnelle vous feront découvrir le parfum des plantes aromatiques locales dans un cadre rustique. Vaste choix d'hébergement, chambres, gîtes et appartements, avec vue sur le bief.

Le Relais de Bonnezeaux – *Rte d'Angers - 49380 Thouarcé -* $\mathscr{C}$ *02 41 54 08 33 - www.cuisineries-gourmandes.com - fermé 1er-21 janv., mar. soir, dim. soir et lun. - 18/53 €.* Sur la Route des vins, restaurant aménagé dans une ex-gare de campagne. Les tables de la véranda profitent de la vue sur les vignes. Cuisine traditionnelle et crus locaux.

Que rapporter

Domaine Sauveroy – *Rte de Cholet - 49750 St-Lambert-du-Lattay -* $\mathscr{C}$ *02 41 78 30 59 - www.terre-net.fr/domainesauveroy - tlj sf dim. 9h-12h, 14h-18h - fermé j. fériés.* Monsieur Cailleau a repris l'exploitation familiale de 28 ha constituée au début du 19e s. Il produit un vin de qualité élevé dans le plein respect de l'environnement et élabore des cuvées prestigieuses comme l'anjou blanc Clos des Sables, le coteaux-du-layon Cuvée Nectar ou le cru anjou-villages Cuvée Andécaves. La gentillesse et l'enthousiasme des patrons font de ce domaine une adresse rare.

Loches★★

6 328 LOCHOIS
CARTE GÉNÉRALE C3 – CARTE MICHELIN LOCAL 317 O6 – INDRE-ET-LOIRE (37)

La petite cité authentiquement médiévale, serrée autour de ses remparts, s'étage au long d'une colline abrupte, dominant la charmante vallée de l'Indre, toute de calme et de verdure. Une vaste forêt vallonnée entoure encore la ville. Puissante forteresse militaire, puis séjour royal et palais Renaissance, Loches est d'abord le château d'une femme : Agnès Sorel, favorite de Charles VII, la « Dame de Beauté », dont vous retrouverez les traits gravés dans l'albâtre d'un gracieux gisant.

- **Se repérer** – À 44 km au sud-est de Tours par la N 143, au sud d'Amboise (36 km) et de Chenonceaux (26 km). Pour avoir une vue d'ensemble de la forteresse, de l'église St-Ours, de la façade sud du château, son logis neuf et son logis vieux, gagnez le jardin public, en bordure de l'Indre.

- **À ne pas manquer** – Le gisant d'Agnès Sorel ; le château et son tryptique peint par Jean Fouquet ; le donjon et la cage de Louis XI ; la dégustation de macarons de Cormery.

- **Organiser son temps** – Comptez 1/2 journée pour la ville, 1h30 pour ses environs.

- **Avec les enfants** – Le jeu de piste de l'enfant Roy pour la visite de la cité médiévale, les ateliers pédagogiques pour 6-12 ans organisés par l'office de tourisme en été.

- **Pour poursuivre la visite** – Voir aussi le château de Chenonceau, Descartes, Montrésor et Ste-Maure-de-Touraine.

Comprendre

Une forteresse de mille ans – La forte position naturelle de Loches a été utilisée depuis au moins le 6e s. : Grégoire de Tours mentionne dans son *Histoire des Francs* la présence, à cette époque, d'une forteresse dominant un monastère et une bourgade. Du 10e au 13e s., Loches appartient aux comtes d'Anjou, qui remodèlent la forteresse en installant un palais résidentiel et un château à motte à l'extrémité du promontoire. Henri II Plantagenêt en renforce encore les défenses. À sa mort, en 1189, son fils Richard Cœur de Lion prend possession des lieux avant de partir en croisade accompagné de Philippe Auguste. Mais Philippe Auguste abandonne Richard en Orient, lors de la 3e croisade, et rentre hâtivement en France en 1191 où il intrigue avec Jean sans Terre, qui accepte de lui livrer la forteresse en 1193. Richard enfin libre – il avait été retenu captif en Autriche – accourt et enlève, par surprise, le château l'année suivante, en moins de trois heures, exploit dont retentirent les chroniques du temps. Richard mort, Philippe Auguste prend sa revanche, mais avec moins de brio : le siège dure un an (1205). Donné à Dreu V, Loches est racheté en 1249 par Saint Louis et devient résidence royale.

Illustres dames – Trois femmes illustres ont marqué la ville : Jeanne d'Arc, Agnès Sorel (1422-1450) et Anne de Bretagne. En 1429, après sa victoire à Orléans, **Jeanne d'Arc** y retrouve Charles VII pour le décider à prendre la route de Reims et du sacre. **Agnès Sorel** *(voir p. 69)* abandonne la cour de Chinon où le Dauphin, futur Louis XI, lui crée mille difficultés, pour vivre à Loches. Elle meurt le 9 février 1450 à Jumièges où elle a rejoint Charles VII en campagne. Sa dépouille est ramenée à Loches et placée dans l'église St-Ours, selon ses dernières volontés. Les chanoines demandent alors à Louis XI qu'on déplace son tombeau au château. Celui-ci accepte, à condition que les donations, faites par Agnès Sorel

La Dame de Beauté

Châtelaine de Beauté (Beauté-sur-Marne, domaine près de Paris que lui offrit Charles VII en 1444 et qui lui valut son surnom), **Agnès Sorel** est née au château de Fromenteau en Touraine en 1422. Détestée par le futur Louis XI, la favorite emmène son roi à Loches en 1449. La rancune du dauphin l'a-t-elle poursuivie jusque dans sa fuite ? L'année suivante, Agnès Sorel meurt de flux de ventre alors qu'elle était enceinte. Ses restes ont fait l'objet d'analyses récentes. Si les recherches ont révélé son âge (environ 28 ans), le mystère des raisons de sa mort reste entier : un ver parasite et une dose mortelle de mercure étaient présents dans ses intestins. Mais le mercure était à l'époque utilisé comme médicament. La question devient donc : erreur de dosage médical ou empoisonnement volontaire ?

aux chanoines, suivent le même chemin. Les scrupules des chanoines s'envolent aussitôt…

Anne de Bretagne (1477-1514), femme lettrée et de grand caractère, marque de son empreinte le nouveau logis royal de Loches, dont elle apprécie le calme. Elle est la seule reine qui, après avoir contracté par procuration un premier mariage dans sa jeunesse, épouse successivement deux rois de France, Charles VIII (1491) et Louis XII (1499). Ces mariages prépareront la réunion du duché de Bretagne au royaume de France.

Collégiale St-Ours à Loches.

Découvrir

LA CITÉ MÉDIÉVALE★★

Loches est un peu à l'image de Chinon : une fois dans le centre, inutile de chercher le moindre bâtiment moderne. Tout ici ou presque est resté figé aux temps du 15e s. et de la Renaissance, sauf les commerces bien sûr, et les nombreux étals qui animent le bas de la ville aux jours de marché.

Laissez la voiture sur le mail Droulin. Visite : 3h. L'enceinte de la cité médiévale (12e s.) mesure plus d'un kilomètre et n'est percée que de deux portes.

Porte Royale★

La porte Royale, puissamment fortifiée, a été flanquée de deux tours au 13e s. On y voit encore les saignées servant au pont-levis et les mâchicoulis.

Passez la porte Royale, et prenez à gauche la rue Lansyer.

Au n° 1, la **maison Lansyer**, demeure familiale du peintre Emmanuel Lansyer (1835-1893), semble accrochée aux remparts en plein cœur de la cité royale. Ami du poète José Maria de Heredia, élève de Viollet-le-Duc et de Gustave Courbet, il fut influencé par les paysagistes de l'école de Barbizon. Outre les tableaux du peintre (paysages, portraits), le musée conserve ses intéressantes collections d'**art japonais** et de gravures (Canaletto, Millet, Hugo, Corot…). ☎ 02 47 59 05 45 - www.loches-tourainecotesud. com - juin-août : 10h-12h30, 13h30-18h ; fév.-mai, sept.-oct. et de mi-déc. à fin déc. : 10h30-12h30, 14h30-17h - fermé 25 déc. - 3 €.

Collégiale St-Ours★

La collégiale Notre-Dame, devenue église paroissiale en 1802, est dédiée à saint Ours, évangélisateur du Lochois au 5e s. Le porche de type angevin abrite un **portail roman** richement orné, sculpté d'animaux étranges, dont la partie haute, très mutilée, est consacrée à l'Adoration des Mages. À l'entrée, le bénitier est creusé dans la colonne d'un temple gallo-romain.

La nef est couverte par les célèbres **dubes**, édifiées par le prieur Thomas Pactius au 12e s. Ces deux pyramides octogonales, dressées entre les tours, sont d'un type habituellement employé pour les clochers, les cuisines ou les lavabos monastiques. Les « dubes » sont l'appellation ancienne des couvercles de fonts baptismaux de forme conique.

Le **gisant d'Agnès Sorel★**, sculpté dans l'albâtre, semble éclairé d'une grâce intérieure, paisible et poétique : deux anges soutiennent la tête d'Agnès, qu'un demi-sourire illumine, tandis que deux agneaux – rappel de son prénom et symbole de douceur – couchent à ses pieds. Les visages expressifs sont encadrés de chevelures onduleuses, les vêtements sont traités en fins drapés. Du gisant émanent douceur et paix, tant par l'expression des visages et la grâce des postures que par le remarquable traitement de détail des chevelures et drapés. Pendant la Révolution, des soldats prirent la favorite pour une sainte, tailladèrent la statue, profanèrent son tombeau et dispersèrent ses restes. Le monument fut restauré à Paris sous le Premier Empire. Les restes, dont la tête, sont rassemblés sous le monument.

B. Kaufmann / MICHELIN

Gisant d'Agnès Sorel.

En sortant de l'église, gagnez le château à main droite.

Château★★

☎ 02 47 59 01 32 - avr.-sept. : 9h-19h ; oct.-mars : 9h30-17h - fermé 1er janv., 25 déc. - billet couplé avec donjon 7 € (12-18 ans 4,50 €).

La visite commence par la **tour Agnès-Sorel**, du 13e s., connue sous le nom de « tour de la Belle-Agnès ».

Logis royaux – Depuis la terrasse est *(belle vue sur Loches et la vallée de l'Indre)*, on réalise que l'édifice comprend deux parties, bâties à des époques différentes. La plus ancienne et la plus haute accuse le besoin de sécurité des châteaux forts : quatre tourelles sont engagées dans le mur et un chemin de ronde les relie, à la base du toit. Ce vieux logis (14e s.) a été prolongé sous Charles VIII et Louis XII par une demeure de plaisance, le nouveau logis, où se manifeste l'art gothique flamboyant.

On pénètre dans le **vieux logis** par la chambre de retrait de Charles VII. Dans cette grande salle (vaste cheminée), les 3 et 5 juin 1429, Jeanne d'Arc pressa Charles VII de se rendre à Reims.

Dans la même salle, une *Vierge à l'Enfant*, entourée d'anges bleus et rouges, que **Fouquet** a peinte sous les traits d'Agnès Sorel (original à Anvers ; la coiffure à front dénudé réclamant une épilation des cheveux jusqu'à mi-crâne avait été mise à la mode à Venise).

Un peu plus loin, magnifique « **tryptique** »★ (retable en trois parties) attribué à l'école de Jean Fouquet (15e s.) : Crucifixion, Portement de croix, Déposition, font éclater une symphonie de verts, de rouges et de bleus, où la Vierge évanouie et le Christ crachant son sang stupéfient par leur réalisme tragique. L'**oratoire** d'Anne de Bretagne est une pièce minuscule, finement ornée de l'hermine bretonne et de la cordelière de saint François. Œuvre de pur style gothique flamboyant, il était à l'origine polychrome : fond azur, hermines d'argent, cordelières dorées.

Gagnez le donjon à travers les rues de la cité médiévale.

Les cages de Louis XI (fin du 15e s.)

Les cages étaient constituées d'un treillis de bois couvert de fer. Les plus « confortables » mesuraient 2 m sur toutes les faces. Mais il y avait un modèle plus aplati, où le détenu ne pouvait se tenir que couché ou assis. La légende voudrait que le prisonnier n'en sorte jamais ; il semble en fait que ces cages étaient utilisées surtout la nuit, ou pour le transport des prisonniers. Le cardinal **Jean Balue** (ou La Balue), à qui est attribuée leur invention, eut d'ailleurs à la connaître. Il était très en grâce auprès de Louis XI qui le comblait d'honneurs, mais il complota avec son ennemi le duc de Bourgogne. Démasqué en 1469, il fut emprisonné à Loches jusqu'en 1480 et vécut encore onze ans après sa libération.

Donjon★★

☎ 02 47 59 01 32 - avr.-sept. : 9h-19h ; oct.-mars : 9h30-17h - fermé 1er janv., 25 déc. - billet couplé avec château 7 € (12-18 ans 4,50 €).

Élevé au 11e s. par Foulques Nerra pour défendre au sud le côté vulnérable de la forteresse, le donjon est une puissante construction carrée qui forme avec ses annexes, la tour ronde et le Martelet, un ensemble imposant. À l'intérieur, les planchers des trois étages ont disparu, mais on distingue encore sur les murailles trois séries de cheminées et de baies. L'escalier *(160 marches)* qui conduit au sommet (37 m) permet de découvrir une belle vue sur la ville, la vallée de l'Indre et la forêt de Loches. Avant de monter, on remarquera, sur la gauche, une pièce renfermant une reconstitution de la célèbre « cage de Louis XI ». À l'extérieur, ne pas manquer le petit jardin d'inspiration médiévale qui réunit plantes aromatiques et potagères, fleurs et fruits anciens.

Tour ronde – Elle fut construite au 15e s., ainsi que le Martelet, pour compléter les fortifications. À gauche, on remarquera, dans le pavillon d'entrée, le cachot de Philippe de Commines. 102 marches mènent à la terrasse, avec vue sur les douves et les alentours.

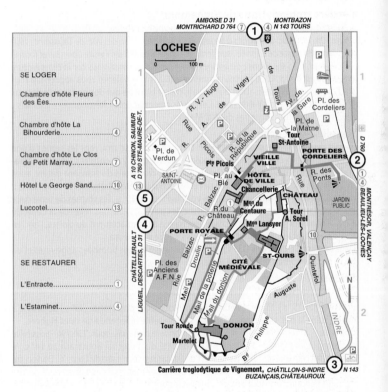

Carrière troglodytique de Vignemont, *CHÂTILLON-S-INDRE*
BUZANÇAIS, CHÂTEAUROUX

Martelet – Cet édifice constitué par plusieurs étages de souterrains renferme les cachots les plus impressionnants. Le premier est celui de **Sforza**, dit le More, duc de Milan, fait prisonnier par Louis XII. Ludovic Sforza expia pendant quatre ans, à Loches, ses roueries et ses traîtrises. Celui qui fut l'un des protecteurs de Léonard de Vinci a couvert son cachot de peintures et d'inscriptions. Gravés dans la pierre, on a longtemps pu lire ces mots (maintenant effacés) qui, en un pareil lieu, ne surprendront personne : « Celui qui n'est pas contan. »

Au-dessous, éclairé par un rai de lumière, le cachot où les évêques d'Autun et du Puy, compromis dans la rébellion du connétable de Bourbon contre François Ier, eurent tout loisir de creuser dans la muraille un petit autel et un chemin de croix symbolique.

À la base du Martelet s'ouvrent d'anciennes galeries souterraines de carrières qui, au 16e s., desservaient les caponnières, petits ouvrages fortifiés flanquant les remparts.

En sortant du Martelet, rejoignez la porte Royale et prenez la rue du Château pour flâner dans la vieille ville qui s'est constituée à la base de la forteresse.

LA VIEILLE VILLE★

À l'intérieur de la seconde enceinte, les rues se faufilent parmi les maisons de tuffeau. On passe devant la **chancellerie**, d'époque Henri II, décorée de colonnes cannelées, de pilastres et de jolies grilles de balcon en fer forgé. À côté, la maison du Centaure tient son nom du bas-relief (situé à hauteur du 2e étage) de sa façade, où l'on voit l'enlèvement de Déjanire par le centaure Nessus. Plus loin à gauche, accolée à l'**hôtel de ville★**, gracieux édifice Renaissance aux balcons fleuris, la **porte Picois**, du 15e s., est couronnée de mâchicoulis. De là, gagner la **tour St-Antoine**, l'un des rares beffrois du centre de la France (16e s.). Au bout de la Grande-Rue, la **porte des Cordeliers★**, de la fin du 15e s., seule conservée avec la porte Picois des quatre portes de l'enceinte de la ville, était la principale entrée de Loches, où arrivait la route d'Espagne. Passez sous la porte pour voir sa façade côté rivière, flanquée d'échauguettes et bordée de mâchicoulis. Puis traversez le pont et promenez-vous dans le jardin public d'où l'on a une bonne vue sur la cité médiévale.

Aux alentours

Carrière troglodytique de Vignemont

À 600 m au sud dir. Perrusson, parking de la piscine municipale. ℘ 02 47 91 54 54 - juil.-août : 10h-19h ; vac. de Pâques à fin juin et de déb. sept. à fin sept. à fin des vac. de Toussaint : 10h-12h, 14h-18h ; reste de l'année : sur demande au moins 24h av. - visite libre (livret fourni) 7,75 €, (enf. 6,25 €). Prenez de bonnes chaussures et couvrez-vous car la température intérieure est de 13 °C. Le parcours aménagé (600 m de galerie) vous apprendra tout sur l'extraction et l'utilisation du tuffeau, pierre blanche qui donne tant d'éclat aux châteaux et villages du Val de Loire. L'exposition permanente « Résonances minérales » révèle les sculptures sonores de Will Menter.

Beaulieu-lès-Loches

1 km à l'est, sur la rive droite de l'Indre. Dans ce village se trouvent les ruines d'une abbaye, fondée vers l'an 1000 par Foulques Nerra qui s'y fit enterrer. L'**église abbatiale** garde son majestueux clocher roman. Les croisillons du transept datent aussi de l'époque romane, tandis que la nef et le chœur ont été rebâtis au 15e s., après leur destruction par les Anglais en 1412. À voir : la Pietà du 15e s., les statues de terre cuite du 18e s. dans le chœur et, dans la sacristie, les portraits et le bas-relief de la Cène, du 17e s. À droite de l'église, sur la place aménagée à l'emplacement du cloître, l'ancien **logis abbatial** est flanqué d'une curieuse chaire extérieure.

Dans l'**église St-Laurent** (13e s.), trois belles nefs à voûtes bombées angevines et un beau clocher roman ont résisté au temps.

Bridoré

14 km au sud-est par la N 143 et la D 241 à droite.

Église – (fin 15e s.). Elle est dédiée à saint Roch dont une statue (15e s.) se dresse à droite, dans la nef. Un bas-relief du 16e s. représente la légende de saint Hubert.

Château – *℘ 02 47 94 72 63 - www.chateau-bridore.com - juil.-août : 13h-19h - possibilité de visite guidée (45mn) - 5 € (enf. 3 €).* Propriété du maréchal Boucicaut au 14e s., le château fut remanié au 15e s. par Imbert de Bastarnay, secrétaire de Louis XI. Dans cette intéressante forteresse féodale très bien conservée, ne manquez pas d'observer le porche d'entrée, flanqué d'une tour à mâchicoulis, et le donjon-porche à lucarne et échauguettes latérales coiffées de poivrières ; le logis seigneurial est accolé au donjon.

Circuit de découverte

VALLÉE DE L'INDRE★

27 km au nord-ouest par les N 143 et D 17 - environ 1h.

De Chambourg-sur-Indre à Esvres, la D 17 longe l'Indre bordée de moulins, de vieilles églises, de villages paresseusement endormis sous les tilleuls ou les saules, quelques barques amarrées çà et là parmi les joncs.

Azay-sur-Indre

Au confluent de l'Indre et de l'Indrois, Azay se blottit au pied du parc de son château, dont La Fayette fut propriétaire.

Reignac-sur-Indre

Du pont sur l'Indre, sur la route de Cigogné, on aperçoit le moulin de Reignac, au centre d'un bassin semé de bosquets.

Prenez la D 58 vers la N 143 jusqu'au lieu-dit Café-Brûlé.

Cormery

Réputée pour ses macarons, Cormery étire en bordure de l'Indre ses rives pittoresques, jalonnées d'auberges. Près du pont subsiste un **moulin** qui se cache sous de grands saules pleureurs, tandis qu'en aval la rivière baigne le vieux lavoir.

Ancienne abbaye – ℘ 02 47 91 82 82 - visite guidée sur demande juil.-août - 3,70 € *(-10 ans gratuit)*. Fondée en 791, cette abbaye bénédictine fut supprimée 1 000 ans plus tard, pendant la Révolution, et ses bâtiments, vendus comme biens nationaux, furent en grande partie détruits. Aujourd'hui, les vestiges épars dans le village bâti sur le site abandonné par les moines et une maquette représentant l'édifice aux 14e et 15e s. permettent d'imaginer l'ampleur de l'édifice.

La rue de l'Abbaye passe sous une haute tour ruinée, la **tour St-Paul**, massif clocher-porche du 11e s. orné, sous ses baies supérieures, d'un curieux appareil en écailles et en losanges et de bas-reliefs romans. La tour marquait l'entrée de l'église dont la rue occupe aujourd'hui l'axe. À son pied, le **logis du prieur** (15e s.) est desservi par une élégante tour d'escalier. La petite rue à gauche mène aux restes du cloître d'où l'on aperçoit les belles arcades du **réfectoire** (13e s.). Sur la gauche, la gracieuse chapelle gothique de l'abbé constitue un des seuls vestiges de l'église ; elle était autrefois reliée au **logis abbatial** qui se voit toujours sur la place, avec son appentis à colombages et sa tourelle.

Église N.-D.-du-Fougeray – Dominant la vallée, cet édifice roman (12e s.) à influences poitevines renferme une majestueuse abside à trois absidioles épaulées par des contreforts-colonnes.

Dans le cimetière, en face de l'église, autel et lanterne des morts du 12e s.

Traversez l'Indre et suivez la N 143 vers Tours sur 1 km, puis reprenez à gauche la D 17 jusqu'à Esvres.

Loches pratique

Adresse utile

Office du tourisme du Lochois – *Pl. de la Marne - 37600 Loches - ℘ 02 47 91 82 82 - www.loches-tourainecotesud.com - 9h30-12h30, 13h30-18h30, dim. et j. fériés 10h-12h30, 13h-18h - fermé 25 déc., 1er janv.*

Visite

Visite guidée – *Se renseigner au ℘ 02 47 91 82 82 (office de tourisme) - www.loches-tourainecotesud.com.* Loches, qui porte le label Ville d'art et d'histoire, propose des visites-découverte (2h) animées par des guides-conférenciers agréés par le ministère de la Culture et de la Communication en juil. et août : lun. et sam. 15h-17h ; visites nocturnes : mar. 21h30-23h30 (juil.), 21h-23h (août).

Se loger

⊜ **Hôtel Le George Sand** – *39 r. Quintefol - ℘ 02 47 59 39 74 - www.hotelrestaurant-georgesand.com - fermé fév. et vac. de Toussaint - 19 ch. 38/120 € - ⊇ 8 € - rest. 18/73 €.* Cette demeure du 15e s. postée sur les berges de l'Indre ne manque pas d'atouts, à commencer par le bel escalier à vis en pierre menant aux chambres rustiques. Plaisant restaurant (poutres et cheminée) et délicieuse terrasse couverte dominant la rivière.

⊜ **Luccotel** – *12 r. des Lézards - ℘ 02 47 91 30 30 - www.luccotel.com - fermé 18 déc.-10 janv. - 🅿 - 69 ch. 44/68 € - ⊇ 13 € - rest. 18/42 €.* Établissement fonctionnel rénové dans des couleurs assez vives. Les chambres du dernier étage sont agencées

en duplex. Copieux buffet de petits-déjeuners. Lumineuse salle à manger moderne dotée d'une charpente apparente ; cuisine traditionnelle à prix sages.

⊜ **Chambre d'hôte La Bihourderie** – *37310 Azay-sur-Indre - 11 km au N de Loches par N 143 puis chemin à droite - ℘ 02 47 92 58 58 - www.labihourderie.com - ⇥ - 4 ch. 45 € ⊇ - repas 20 €.* Malgré la relative proximité de la N 143, cette maison typique du Lochois bénéficie du calme de sa situation au milieu des champs. La terrasse richement fleurie dispose d'un salon d'été en teck. Belles chambres personnalisées, arrangées avec goût. Cuisine régionale variant selon les saisons et les produits du marché.

⊜ **Chambre d'hôte Fleurs des Ées** – *13 chemin du Clos-Garnier - 37600 Ferrière-sur-Beaulieu - 4 km à l'E de Loches par D 760 - ℘ 02 47 92 79 60 - johane. gombert@wanadoo.fr - ⇥ - 5 ch. + 1 gîte 45/50 € ⊇.* À deux pas de la cité médiévale de Loches, cette ancienne ferme restaurée vous accueille en lisière de forêt. En plus des 5 chambres disponibles (dont la Lotus et sa décoration asiatique) vous pourrez séjourner dans un gîte, idéal pour une famille. Jardin et piscine entourée de verdure sur l'arrière de la maison.

⊜⊜ **Chambre d'hôte Le Clos du Petit Marray** – *37310 Chambourg-sur-Indre - 5 km au N de Loches par N 143 dir. Tours - ℘ 02 47 92 50 67 - http://petit.marray.free. fr - ⇥ - 4 ch. 52/62 € ⊇.* Cette grande maison d'hôte située en pleine campagne abrite des chambres spacieuses et joliment décorées. Petits-déjeuners servis dans une salle lumineuse donnant sur le jardin.

Se restaurer

L'Entracte – *4 r. du Château - ☎ 02 47 94 05 70 - 10/22 €*. Atmosphère de bouchon lyonnais en ce restaurant situé dans une pittoresque ruelle proche du château ; les plats, inscrits sur de grandes ardoises, sont néanmoins bien d'ici.

L'Estaminet – *14 r. de l'Abbaye - 37600 Beaulieu-lès-Loches - ☎ 02 47 59 35 47 - fermé vac. de fév. et dim. - 11/17 €*. Sur une jolie place arborée, au pied d'une abbaye du 11ᵉ s., ce vrai troquet de campagne vous accueille dans un coquet décor « rétro » (comptoir en zinc, percolateur des années 1920). Vous goûterez une généreuse cuisine familiale dans la petite salle ou en terrasse.

Que rapporter

Marchés nocturnes – *2ᵉ jeu. de juil. et 2ᵉ jeu. d'août : marché nocturne de 18h à 0h.*
Macarons de Cormery – *16 r. Montrésor - 37320 Cormery - ☎ 02 47 43 40 25 - tlj sf mar. 7h-13h, 15h30-20h.* Les rumeurs les plus folles courent autour des origines du macaron de Cormery. Même sa fabrication

s'entoure de secrets et de mystères. La seule certitude associée à son goût inimitable est donc l'adresse où on pourra se procurer ce petit trésor : à la maison Pochet, et nulle part ailleurs.

Macarons de Cormery.

S. Sauvignier / MICHELIN

Événements

Fête des fous – Fête médiévale : *le 1ᵉʳ dim. suivant le 14 Juil.*
Féerie nocturne – Spectacle nocturne dans toute la citadelle : *en août (sf dernière semaine) : merc., vend. et sam.*

Lorris★

2 674 LORRIÇOIS
CARTE GÉNÉRALE E2 – CARTE MICHELIN LOCAL 318 M4 – LOIRET (45)

Cette petite ville provinciale, où le « Roman de la Rose » a ouvert ses pétales, a marqué notre histoire par l'établissement des « coutumes de Lorris », premier essai de libertés municipales octroyées par le roi. Elle a conservé quelques édifices anciens, dont une très belle église.

- ▶ **Se repérer** – À l'extrémité est de la forêt d'Orléans, on découvre Lorris par les petites routes, à mi-chemin entre Montargis (20 km au nord-est) et Châteauneuf-sur-Loire (22 km à l'ouest).

- 👁 **À ne pas manquer** – Le buffet d'orgue et les stalles de l'église Notre-Dame.

- 🕐 **Organiser son temps** – Comptez 2h pour la cité et ses alentours.

- 👶 **Pour poursuivre la visite** – Voir aussi Gien, St-Benoît-sur-Loire, Châteauneuf-sur-Loire et Sully-sur-Loire.

Visiter

Musée départemental de la Résistance et de la Déportation

Esplanade Charles-de-Gaulle - ☎ 02 38 94 84 19 - ♿ - avr.-oct. : 10h-12h, 14h-18h, dim. et j. fériés 14h-18h ; nov.-mars : tlj sf lun. et mar. 14h-18h - possibilité de visite guidée (1h) - fermé du déb. des vac. de Noël au 3 janv. - 4 € (7-18 ans 1 €).
Dans l'ancienne gare rénovée, bien intégrée dans son cadre verdoyant, ce musée relate l'histoire de la Seconde

Le saviez-vous ?

👁 Résidence de chasse des rois capétiens, Lorris fut aussi fréquentée par Philippe Auguste, Blanche de Castille et Saint Louis.

👁 C'est ici que naquit, vers 1215, Guillaume de Lorris, auteur de la première partie, la plus courtoise, du *Roman de la Rose (voir p. 306).*

Guerre mondiale et ses conséquences dans la région. La chronologie des faits, depuis les causes profondes de la guerre jusqu'à la Libération, est abondamment illustrée par des documents, des dioramas (exode des réfugiés, reconstitution d'un camp de résistants dans la forêt), des mannequins en armes, des maquettes et d'autres objets divers.

Église Notre-Dame★

Cet édifice est remarquable par son architecture (12ᵉ-13ᵉ s.) d'une grande pureté et par ses **statues**. Derrière le beau portail roman s'ouvre une nef gothique lumineuse où vous observerez, suspendus très haut, une **tribune** et un **buffet d'orgue★** sculptés, de 1501. Dans le chœur, sur les **stalles★** (fin 15ᵉ s.) sont figurés les prophètes et les sibylles, des scènes de la *Légende dorée*, du Nouveau Testament ou de la vie familière. Au-dessus de l'ancien autel apparaissent deux anges du 18ᵉ s. Dans le déambulatoire, statues polychromes, et belle Vierge d'albâtre (fin 15ᵉ s.) près des fonts baptismaux. Un **musée** consacré à l'orgue et aux instruments anciens est installé sous les combles de l'église.

Le buffet d'orgue de Lorris.

Place du Martroi

Sur la vaste place, le long de la rue principale, donnent l'**hôtel de ville** du 16ᵉ s. en brique à chaînages de pierre et lucarnes ouvragées, et, dans l'angle opposé, de belles **halles** à charpente de chêne (1542).

Aux alentours

Le **canal d'Orléans**, dont l'activité la plus intense se situe au 18ᵉ s., fut déclassé en 1954. D'importants travaux de restauration sont aujourd'hui entrepris pour une exploitation touristique de certains parcours.

Grignon

À 5 km à l'ouest, par la D 44 puis prenez à gauche au Coudroy sur la D 444.

On pourra s'accorder une halte dans ce hameau à l'ambiance champêtre, auprès de ses trois écluses.

La route traverse **Vieilles-Maisons** à l'église coquette, précédée d'un porche à pans de bois.

Étang des Bois

À 5 km au sud-ouest, par la D 88.

Entouré de bois de chênes, de hêtres et de châtaigniers, cet étang est très fréquenté en saison (pêche, baignade, pédalos).

Château du **Lude**★★

CARTE GÉNÉRALE B2 – CARTE MICHELIN LOCAL 310 J9 – SCHÉMA P. 430 – SARTHE (72)

Magnifique château campé en bordure du Loir, Le Lude offre plusieurs visages, comme les masques changeants d'un carnaval : médiéval et gothique avec ses grosses tours rondes, Renaissance italienne par son aménagement, ses lucarnes et ses médaillons, Louis XVI avec son harmonieuse façade côté rivière. Tapisseries, boiseries, peintures exceptionnelles et mobilier de somptueuse facture éblouissent le visiteur, au moins autant que le superbe parc qui domine et borde le Loir.

- ▶ **Se repérer** – Dans une région boisée aux confins du Maine et de l'Anjou, à mi-chemin entre La Flèche (20 km au nord-ouest) et Château-la-Vallière (16 km au sud-est), sur la D 959. Le château se tient légèrement en retrait du bourg, encadré de douves sèches et de jardins à la française, face au Loir.

- 👁 **À ne pas manquer** – Les diverses animations organisées par le château (voir Le Lude pratique).

- 🕐 **Organiser son temps** – Comptez 2h pour le château et son parc, 1/2 journée pour les environs.

- 👪 **Avec les enfants** – Les ateliers pour enfants lors du Week-end des jardiniers.

- 🥾 **Pour poursuivre la visite** – Voir aussi Château-la-Vallière, La Flèche, Le Mans et Saumur.

Comprendre

Mille ans d'histoire – À la forteresse des comtes d'Anjou du 11e s. succéda aux 13e et 14e s. un château fort qui résista à plusieurs assauts des Anglais avant d'être pris en 1425, puis reconquis deux ans plus tard par Ambroise de Loré, Beaumanoir et Gilles de Rais.

En 1457, le château est acquis par Jean de Daillon, ami d'enfance de Louis XI. Son fils fait bâtir le bâtiment actuel sur les fondations de l'ancienne forteresse : le plan reste carré, de grosses tours cantonnent les angles, mais les baies largement ouvertes et la décoration raffinée en font une demeure de plaisance au goût du jour. Remanié à la Renaissance, par Jean Gendrot, maître d'œuvre du roi René, puis au 18e s., il resta dès lors entre les mains d'une même famille jusqu'à aujourd'hui, la plus belle partie de son mobilier survivant même à la Révolution. Quelques hôtes prestigieux y séjournèrent, dont Henri IV, Louis XIII et Madame de Sévigné.

> ### Le saviez-vous ?
> Les noms de *Luz* ou *Ludus,* attestés pour le site vers le 8e s., se rattacheraient probablement au latin *lucus*, bois.

Visiter

Le château

📞 02 43 94 60 09 - www.lelude.com - ♿ - château : visite guidée (45mn) - de mi-juin à fin août : tlj 14h30-18h ; du 1er avr. à mi-juin et en sept : tlj sf merc. 14h30-18h - château et jardins 6 € (enf. 3,40 €), jardins seuls : 10h-12h30, 14h-18h, 4,60 € (enf. 2,30 €).

Passé le portail d'entrée s'ouvre la cour en U du château (début 17e s.), fermée à la fin du 18e s. par un portique à trois arcades.

Les façades – À droite, du côté du parc, s'étend la façade François Ier aux tours rondes encore médiévales, comme à Chambord, mais d'esprit Renaissance par ses baies encadrées de pilastres, ses lucarnes surmontées de frontons, ses médaillons et son abondant décor sculpté. Côté Loir, au contraire, la façade Louis XVI, en tuffeau, présente des lignes classiques, sobres, équilibrées, animées par l'avant-corps central coiffé d'un fronton.

Enfin, l'aile nord (visible de la rue du Pont) présente la façade la plus ancienne, début 16e s., remaniée au 19e s. pour ajouter les balcons de pierre et la statue équestre de Jean de Daillon.

L'intérieur – Dans l'aile Louis-XII, on découvre la grande bibliothèque (19e s.) du duc de Bouillon, qui abrite 2 000 ouvrages, et la salle des fêtes restaurée dans le style des 15e et 16e s. La visite se poursuit par le beau salon ovale de style Louis XVI, à boiseries et glaces d'angle, la chambre à coucher du 18e s., et l'oratoire décoré de splendides peintures murales des ateliers du Primatice (15e s.), représentant des scènes de la

A. Cassaigne / MICHELIN

Le château du Lude, un château aux multiples visages.

Bible et des *Triomphes* de Pétrarque ; le tout sous un plafond somptueusement décoré dans le style grotesque italien. Dans l'aile François-Iᵉʳ, voyez la petite bibliothèque ornée d'une tapisserie des Gobelins du 17ᵉ s. et la salle à manger aux profondes embrasures révélant l'épaisseur des murs de la **forteresse** ; la vaste cheminée porte la salamandre et l'hermine, et les murs s'ornent de trois tapisseries des Flandres, dont une rare verdure au perroquet rouge.

Dans l'ancienne forteresse, sous le parterre de l'éperon, le souterrain et la salle des Gardes (13ᵉ s.) sont accessibles de l'extérieur.

Les jardins – Créés au 17ᵉ s., ils ont été transformés à la fin du 19ᵉ s. par le paysagiste Édouard André qui élabora le parc à l'anglaise et éloigna le potager du château. On y distingue :

L'**Éperon**, situé devant la façade Louis XVI. Redessiné en 1997, il présente un labyrinthe de buis et une roseraie (rosiers chinois, hybrides de moschata, roses thé…) agrémentée de vivaces. Les murs des anciennes fortifications y sont signifiés par des haies d'ifs.

Le **jardin bas**, qui s'étend le long de la rivière sur plus de 200 m. Son dessin à la française est constitué de grands bassins entourés d'ifs en topiaire ordonnés sur un parterre de verdure. Des arbustes à floraison parfumée et de grands rosiers s'abritent au pied du mur de soutènement de la terrasse.

Le **jardin de la source**, qui rassemble ses buissons et vivaces autour du kiosque d'inspiration chinoise. Enfouie sous une grotte, la source rejoint le Loir près de l'ancien embarcadère.

Le **parc**, qui invite à la promenade sous les hêtres pourpres. Un chemin conduit au château d'eau qui permettait l'irrigation des jardins par l'eau pompée dans le Loir.

Le **potager** centenaire, que l'on aperçoit derrière les grilles. *Accessible pour la fête du jardin et un week-end par mois en été.*

Maison des Architectes
3 r. du Marché-au-Fil, près de l'entrée du château.
Construite au 16ᵉ s. par les architectes du château, elle présente les ornements de la seconde Renaissance : fenêtres à meneaux, pilastres à chapiteaux corinthiens décorés de cercles et de losanges, frise soulignant l'étage *(ne se visite pas).*

Circuit de découverte

À LA RECHERCHE DE LA CROIX D'ANJOU
Circuit de 28 km – environ 1h30. Quittez Le Lude au sud par la D 257.

Genneteil
L'**église** romane, au clocher à tourelle d'escalier du 13ᵉ s., s'ouvre par un beau portail du 11ᵉ s. aux voussures sculptées des signes du zodiaque et de visages humains. Dans la chapelle, au fond, à gauche, fresques romanes (12ᵉ s.). Sur la voûte, procession de Vierges sages et de Vierges folles tournées vers la Vierge à l'Enfant, Présentation au Temple et médaillon avec le Christ bénissant.

Poursuivez vers l'est par la D 138 jusqu'à Chigné.

Chigné

Église fortifiée (12ᵉ et 15ᵉ s.), flanquée d'une tour ronde. Remarquez, au-dessus du portail, la ligne de modillons sculptés et les sculptures primitives engagées dans la construction, aujourd'hui très altérées.

Prenez par les Quatre-Chemins vers La Boissière.

La Boissière

Au nom de La Boissière s'attache le souvenir d'une précieuse relique : la **croix d'Anjou**. Les bâtiments de l'**abbaye de la Boissière** ont été transformés en château au 18ᵉ s. L'église abbatiale du 12ᵉ s. est maintenant réduite au chœur qui renferme des gisants gothiques et un retable. 📞 02 41 89 55 52 - *visite guidée (30mn) sur demande de mi-juil. à fin août : 10h-12h, 15h-18h ; Pâques : 10h-12h, 15h-17h - gratuit.*

Chapelle de la Vraie-Croix – Cette chapelle du 13ᵉ s., située sur le chemin de Dénezé, présente trois travées de voûtes bombées à l'angevine.

Revenez vers Le Lude par la D 767 ; à la Croix-Beauchêne, prenez la D 138 à droite.

Broc

La jolie **église** de Broc (mais pas de brique…) couronne le village de son clocher roman trapu.

À l'intérieur, au fond d'une large nef voûtée d'ogives à liernes et tiercerons, l'abside romane a conservé des restes de fresques du 13ᵉ s. : Christ en majesté, Annonciation et Vierge en majesté. Sur le mur de la nef, très beau Christ en croix, en bois sculpté, d'époque Louis XIII.

Revenez au Lude par la Croix-Beauchêne et, à droite, la D 307.

La croix d'Anjou

Rapportée d'Orient au 13ᵉ s. par un croisé, la croix d'Anjou fut cédée aux cisterciens de la Boissière qui construisirent une chapelle pour l'abriter. Conservée au château d'Angers pendant la guerre de Cent Ans, elle revint à la Boissière vers 1456 et y resta jusqu'en 1790, avant d'être transférée à Baugé.

Château du Lude pratique

♿ Voir aussi La Flèche.

Adresse utile

Office du tourisme du Bassin ludois – *Pl. François-de-Nicolaÿ - 72800 Le Lude -* 📞 *02 43 94 62 20 - juil.-août : 10h-13h, 14h-18h30, dim. et j. fériés 10h-13h ; horaires basse saison, se renseigner.*

Se restaurer

🍴 **La Renaissance** – *2 av. de la Libération - 72800 Le Lude -* 📞 *02 43 94 63 10 - lelude. renaissance@wanadoo.fr - fermé vac. de fév., 31 juil.-7 août, vac. de Toussaint, dim. soir et lun. - 13,50/35 €.* Faites une halte à deux pas du château, dans ce restaurant servant une cuisine au goût du jour. Salle à manger moderne et terrasse dressée dans la cour en été.

Événements

Les fêtes du Lude : Salon d'arts plastiques – *8 juil.-16 août, à l'hôtel de ville.*

Week-end des jardiniers – *1ᵉʳ w.-end de juin.* Ateliers de jardinage, expovente de plantes, conférences, expositions, animations dans la cuisine du château.

Nuit découverte chauve-souris – *27 août, à l'ancienne gare.*

Journées musicales gourmandes – *Un w.-end par mois en été.* Découverte du château et de ses jardins avec récitals de musique dans les salons. Dans la cuisine, préparation de confitures à l'ancienne avec fruits, fleurs et légumes du potager, qui se visite à cette occasion.

Le Mans★★

145 300 MANCEAUX (AGGLOMÉRATION : 194 825)
CARTE GÉNÉRALE B2 – CARTE MICHELIN LOCAL 310 K6 – SARTHE (72)

Le Mans, capitale du Maine, satisfait tous les appétits : pour les gourmets, ses « rilles, rillons et rillettes mancelles », ses reinettes parfumées, ses poulets (de Loué) et ses gélines ; pour les amateurs d'art, sa cathédrale grandiose avec son chevet, ses portails, ses vitraux, ses voûtes et ses tombeaux ; pour les promeneurs, sa vieille ville, ses ruelles et ses quais en bordure de Sarthe ; enfin, pour les fous de vitesse, son célèbre circuit et sa mythique ligne droite des Hunaudières.

- **Se repérer** – Autoroute (A 11) et TGV (54mn de Paris) relient cette première grande ville de l'Ouest à ses (presque) voisines Paris (190 km) et Rennes (150 km). La Cité Plantagenêt (vieux Mans) borde la rive gauche de la Sarthe, au cœur de la ville, adossée à la colline.

- **Se garer** – Venant de l'A 11, prendre la sortie Le Mans-nord, puis direction centre-ville, traverser la Sarthe et se garer sur les parkings des quais, au pied de l'enceinte gallo-romaine. Quelques marches vous conduisent au cœur du vieux Mans.

- **À ne pas manquer** – La visite de la Cité Plantagenêt ; la cathédrale St-Julien ; les voitures de course du musée de la Sarthe.

- **Organiser son temps** – Pour avoir une place assise aux 24 Heures du Mans, réservez bien à l'avance *(voir Le Mans pratique)*. Prévoyez des jumelles pour observer les splendides vitraux de la cathédrale et comptez 1/2 journée pour la ville, autant pour les environs.

- **Avec les enfants** – L'Arche de la nature et Spaycific'Zoo *(voir Le Mans pratique)*.

- **Pour poursuivre la visite** – Voir aussi La Ferté-Bernard, La Flèche, le château du Lude, St-Calais et Sablé-sur-Sarthe.

Cité des Plantegenêts et ses élégantes boutiques.

Comprendre

HEURS ET MALHEURS DU MANS

Il y a 6 000 ans vivait déjà une peuplade sur la colline bordant la Sarthe. La tribu gauloise des Cenomanni en avait fait sa capitale, qui évolua de Celmans en *Vindinium*, qui s'entoure de remparts au 4e s., pour résister aux invasions barbares.

Les Plantagenêts – Geoffroy Plantagenêt, comte d'Anjou, puis duc de Normandie et comte du Maine par son mariage avec Mathilde, petite-fille de Guillaume le Conquérant, est inhumé à sa mort (1151) dans la cathédrale. Son fils Henri, roi d'Angleterre en 1154, fait construire l'hôpital Coëffort ; retiré au Mans, sa ville natale, il en est délogé par son fils Richard Cœur de Lion, époux de la reine **Bérengère**. C'est à elle que Philippe Auguste donne le comté du Maine qu'il a reconquis sur Jean sans Terre, frère puîné de Richard ; Bérengère fonde l'abbaye de l'Épau, où elle se fera enterrée. Le comté est, par la suite, offert par Saint Louis à son frère Charles. Charles d'Anjou, puis sa famille, résident pendant près de cent ans au Mans.

Charles le Fol

Pendant l'été 1392, le roi **Charles VI** lance une expédition contre le duc de Bretagne, favorable aux Anglais. Le 5 août, le roi sort du Mans et chevauche avec sa troupe en direction de l'ouest, lorsque, soudain, en approchant d'une léproserie, un vieillard aussi défiguré que déguenillé se dresse sur son passage et lui crie : « Ne va pas plus loin, noble roi, tu es trahi ! » Cet incident impressionne Charles, qui continue sa route. Peu après, lors d'une pause, sous un soleil écrasant, un homme d'armes fait tomber sa lance, qui heurte un casque dans le silence. Charles tressaille. Pris de fureur, se croyant attaqué, il tire son épée et hurle : « Je suis livré à mes ennemis ! » Il tue quatre hommes et part au grand galop sur son cheval emballé ; un chevalier parvient à sauter en selle derrière lui et à le maîtriser. On le couche sur un chariot en l'attachant, puis on le conduit au Mans, persuadé qu'il va mourir. Cet accès de folie fut lourd de conséquences, en pleine guerre de Cent Ans. Le royaume, privé de maître, livré aux rivalités des princes, s'affaiblit, et Le Mans retombe sous la domination anglaise jusqu'en 1448.

Le Roman comique – Le chapitre épiscopal du Mans connut quelques fort singuliers titulaires ; après Arnoul Gréban, auteur du *Mystère de la Passion* (vers 1450) en 30 000 vers, après Ronsard, chanoine en 1560, et Jacques Pelletier, ami de Ronsard, Paul Scarron entre en scène. Chanoine au Mans, abbé à petit collet (qui n'avait du clerc que l'habit), non ordonné, rimailleur, **Scarron** (1610-1660) est en 1636 un joyeux luron pourvu d'une excellente santé, d'une prébende et d'une maison canoniale près de la cathédrale. Mais notre chanoine doit acquitter la « rigoureuse », c'est-à-dire séjourner au Mans de temps à autre. Quel ennui pour un coureur de « ruelles », même s'il raffole de poulardes et de vin d'Yvré. En 1638, une paralysie le rend impotent à moins de 30 ans, victime d'une drogue de charlatan. Deux consolatrices adoucissent son mal : l'une, Marie de Hautefort, jadis aimée de Louis XIII et exilée au Mans, lui offre son amitié ; l'autre, sa muse, lui inspire *Le Roman comique*, œuvre burlesque contant les aventures d'une troupe de comédiens ambulants dans la ville du Mans et ses environs. En 1652, Scarron épouse **Françoise d'Aubigné**. La petite-fille du grand poète protestant Agrippa d'Aubigné disait : « J'aime mieux épouser un cul-de-jatte que le couvent. » Devenue veuve, elle fut élevée au rang de marquise de Maintenon avant d'épouser secrètement Louis XIV (1683), sur qui elle exerça une influence profonde.

À la pointe du progrès – Sous l'Ancien Régime, Le Mans possédait des fabriques de bougies et d'importantes manufactures d'étamines (étoffes de laine teintes en noir et destinées aux ecclésiastiques ou aux gens de robe), des tanneries et des ateliers transformant en toile le chanvre produit dans la région. Une douzaine de négociants de la ville contrôlaient alors 2 000 métiers répartis dans les campagnes, qui produisaient 18 000 pièces dont les deux tiers étaient destinés à l'exportation. Dans la seconde moitié du 19e s., la ville devint un centre industriel de premier ordre.

Le berceau de l'automobile française – Le Manceau Amédée Bollée (1844-1917), fondeur de cloches, contribua aux premiers pas de l'automobile. Il acheva sa première voiture, *L'Obéissante*, en 1873. Plus tard, Bollée construisit *La Mancelle* dont l'unique moteur était, pour la première fois, placé en avant sous un capot et comportait un axe de transmission longitudinal ; dans cette voiture, il promena l'empereur d'Autriche François-Joseph. Amédée Bollée fils (1867-1926) se consacra surtout à la voiture de sport avec ses « torpilleurs » (1899) sur pneus Michelin, qui frôlaient la vitesse faramineuse de 100 km/h. En 1908, son frère Léon invita Wilbur Wright à venir tenter, aux Hunaudières, une des premières expériences d'aéroplane. À quelqu'un qui demandait comment volait sa drôle de machine, le flegmatique Américain répondit : « Comme un oiseau. » Après la Première Guerre mondiale, Amédée Bollée entreprit la fabrication de segments de piston empêchant les remontées d'huile ; cette production constituait la principale activité des établissements Bollée. Sur le **circuit de la Sarthe**, le 27 juin 1906, le premier prix est remporté par Szisz sur un véhicule Renault équipé de jantes amovibles Michelin. L'année 1936 voit Louis Renault installer sa première usine décentralisée au sud du Mans, dans la plaine d'Arnage.

Se promener

LA CITÉ PLANTAGENÊT (Vieux Mans)★★ (E)

Visite : 1h. Se renseigner sur les horaires et lieu de dép. au ☎ 02 43 28 17 22 (office de tourisme) ou au 02 43 47 47 47 (Franck Miot) - visite guidée juil.-août.

Place et quinconces des Jacobins

Célèbre par sa vue sur le chevet de la cathédrale, la place des Jacobins a été tracée à l'emplacement du couvent du même nom. À l'entrée du tunnel qui scinde la vieille ville, monument à Wilbur Wright par Paul Landowski.

Montez les escaliers en suivant à pied l'itinéraire indiqué sur le plan.

Place St-Michel (E)

Sur cette paisible place s'élève, au n° 1, la **maison de Scarron (E N²)**, de style Renaissance, que le chanoine-écrivain habita. Le presbytère, au n° 1 bis, a conservé une tourelle d'escalier du 15e s.

Maison des Deux-Amis (E N³)

Maison du Pilier-Rouge.

Nᵒˢ 18-20 r. de la Reine-Bérengère. Ce vaste bâtiment construit vers 1425 fut habité au 17e s. par Nicolas Denizot, poète et peintre, ami de Ronsard et de Du Bellay. On voit sur la façade deux personnages se tenant la main et supportant un écu, d'où le nom de la maison.

Franchissant la saignée de la rue Wilbur-Wright, percée pour les besoins de la circulation (elle coupe en deux la colline), on arrive face à la **maison du Pilier-Rouge** demeure à pans de bois dont le poteau cornier supporte un chapiteau à tête de mort. Au fond de la place, à l'entrée de la Grande-Rue à droite, la maison du Pilier-Vert, et, plus loin, l'**hôtel Rouxelin-d'Arcy** (16e s.) **(E B)**.

Revenez au Pilier-Rouge, et tournez à droite dans la rue qui porte son nom. Vous déboucherez sur la place du Hallai puis, par la rue du même nom, sur la place St-Pierre, bordée de maisons à colombages.

Hôtel de ville (E)

Il fut construit vers 1760 dans les murs de l'ancien palais des comtes du Maine. S'engager dans l'escalier menant à l'avenue de Rostov-sur-le-Don : on découvre le flanc sud-est du rempart de la vieille ville ; de part et d'autre de l'escalier se détachent une tour et l'ancienne collégiale **St-Pierre-la-Cour** (du 14e s.) devenue salle d'exposition et de concerts. *Se renseigner au ☎ 02 43 47 38 51 - visite lors des expositions juil.-août : 10h-12h30, 14h-18h30 ; sept.-juin : 9h-12h, 14h-18h, dim. 10h-12h, 14h-18h - fermé lun. et certains j. fériés.*

Hôtel de Vignolles (E)

16e s. Il apparaît à l'entrée de la rue de l'Écrevisse, couronné de hauts toits à la française.

Maison d'Adam et Ève (E)

N° 71 de la Grande-Rue. En fait d'Adam et Ève, il s'agirait plutôt d'Ariane et Bacchus. On reconnaît Bacchus à son thyrse (son attribut : un bâton entouré de feuilles de vigne). Cette superbe maison Renaissance fut bâtie pour Jehan de l'Espine, médecin astrologue. Au coin de la **rue St-Honoré**, un fût de colonne, enseigne d'un serrurier, est décoré de clefs. Des maisons à pans de bois bordent la rue. Au n° 86 de la Grande-Rue, face à la rue St-Honoré, s'ouvre la pittoresque cour d'Assé ; descendez la rue, qui longe de beaux hôtels classiques. *Prenez à droite la rue St-Pavin-de-la-Cité, plus populaire. Après un passage couvert, empruntez la rue Bouquet.*

À l'angle de la rue de Vaux, une niche du 15e s. abrite une sainte Madeleine ; l'hôtel de Vaux (n° 12) date du milieu du 16e s. Plus loin, à gauche : perspective sur l'escalier de la grande poterne, pratiquée dans le mur romain.

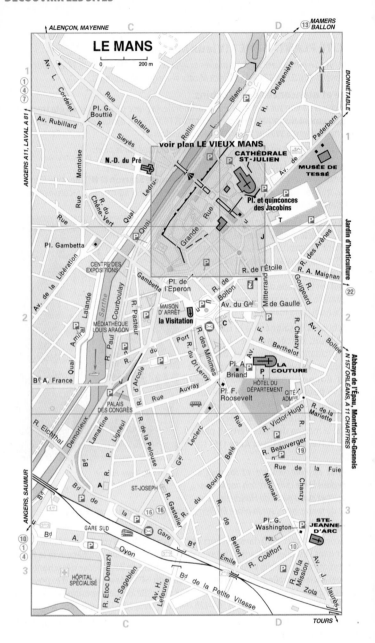

Reprenez la rue de Vaux en sens inverse.

Au n° 4, hôtel de Tucé-Lavardin.

Le fossé de la rue Wilbur-Wright franchi, remontez l'escalier et continuez par la rue des Chanoines.

Au n° 26, maison canoniale St-Jacques, construite vers 1560.

Maison de la Tourelle (E N¹)

Devant le parvis de la cathédrale, gracieuse maison Renaissance aux fenêtres et lucarnes décorées de délicats rinceaux. Elle doit son nom à la tourelle suspendue qu'elle porte à l'angle de l'escalier des Pans-de-Gorron.

Hôtel du Grabatoire (E)

De l'autre côté de l'escalier, face au portail roman de la cathédrale, cet hôtel du 16ᵉ s. remplace un bâtiment destiné à recevoir les chanoines malades ; il abrite aujourd'hui l'évêché. À sa droite s'élève la maison du Pèlerin, décorée de coquilles Saint-Jacques.

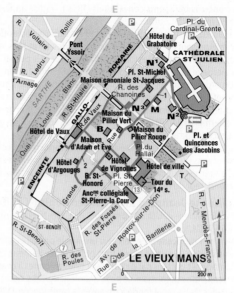

LE VIEUX MANS

AUTRES QUARTIERS

Pont Yssoir (E)

Vue sur la cathédrale, la vieille ville, l'**enceinte gallo-romaine**★ habilement restaurée et dont le mortier rose fit du Mans l'une des quatre villes rouges de France (avec Bourges, Limoges et Lyon). Construite à la fin du 3ᵉ s., elle arbore encore un périmètre de 1 300 m! Belle vue aussi, près de la Sarthe, sur une promenade qui a englobé quelques restes de fortifications médiévales.

Après avoir traversé la Sarthe, gagnez à pied la belle église romane N.-D.-du-Pré.

Église N.-D.-du-Pré (C1)

📞 02 43 28 52 69 - juil.-sept. : merc.-dim. 15h-18h ; oct.-juin : mar.-dim. 15h-18h.
C'est l'ancienne église abbatiale des bénédictines de St-Julien-du-Pré. À l'intérieur, chapiteaux et chœur romans.

Jardin d'horticulture (hors plan)

R. de l'Éventail. Alphand, architecte-paysagiste des Buttes-Chaumont, du parc Montsouris et du bois de Boulogne à Paris, dessina, en 1851, ce beau jardin (5 ha), pour partie à la française et pour partie à l'anglaise, agrémenté de rocailles et d'un ruisseau en cascades.

Église de la Visitation (C2)

Pl. de la République. Construite d'après les plans d'une religieuse, cette ancienne chapelle de couvent du 18ᵉ s. se trouve désormais en plein centre animé du Mans. Remarquez le décor classique de son portique à colonnes corinthiennes et sa porte rocaille. L'intérieur, de la même époque, attend des travaux de restauration.

Église N.-D.-de-la-Couture★ (D2)

22 r. Berthelot. St-Pierre-de-la-Couture (culture) devait son nom aux champs qui l'environnaient ; par la suite, le terme a curieusement glissé pour désigner le culte religieux. Aujourd'hui située en pleine ville, à côté de la préfecture installée dans ses anciens bâtiments conventuels (18e s.), l'église appartenait au 10e s. à l'abbaye St-Pierre-de-la-Couture.

La façade constitue l'aboutissement de quatre siècles de travaux : les deux tours gothiques sont de la fin du 13e s., le porche des 13e et 14e s. et la haute verrière du 14e s. Les apôtres terrassant les forces du Mal encadrent le portail ; au tympan, le Christ, entre la Vierge et saint Jean, préside au Jugement dernier. Dans la cour céleste, rangés en bon ordre, les anges, les patriarches, les prophètes, les martyrs et les vierges.

La nef, très large, élevée à la fin du 12e s. en style Plantagenêt, est éclairée par d'élégantes baies géminées. Face à la chaire, ravissante **Vierge★★** en marbre blanc (1571), de Germain Pilon. Des panneaux peints au 16e s. par un abbé de la Couture ornent les arcades de la nef.

La crypte du 10e s., remaniée en 1838, comporte des colonnes et des chapiteaux préromans ou gallo-romains ; un chapiteau antique renversé sert de base à un pilier. À l'entrée est exposé le suaire oriental (6e ou 7e s.) de saint Bertrand, évêque du Mans et fondateur du monastère en 616.

Église Ste-Jeanne-d'Arc★ (ancien hôpital Coëffort) (D3)

Pl. de la Mission - de déb. mai à mi-sept. : dim. 15h-18h - autres jours, sur demande ℘ 02 43 84 69 55 (M. le curé).

Derrière une façade unie percée d'un simple portail en plein cintre et de baies géminées s'ouvre une vaste salle à trois nefs d'égale hauteur, coiffées d'élégantes voûtes Plantagenêt portées par de hautes et fines colonnes à chapiteaux sculptés. Avant de devenir église paroissiale, ce beau bâtiment du 12e s. fut à l'origine la grande salle des Malades de l'hôpital fondé ici, d'après la tradition, en 1180 par Henri II Plantagenêt, époux d'Aliénor, en expiation du meurtre de son chancelier **Thomas Becket**.

Visiter

Cathédrale St-Julien★★ (E)

Visite : 1h. Prévoyez une paire de jumelles pour identifier sur les vitraux les détails et les figures hiératiques ou farouches des apôtres, évêques, saints et donateurs.

Dédié au premier évêque du Mans, St-Julien dresse fièrement au-dessus de la place des Jacobins son **chevet★★★** gothique, admirable par son système enveloppant d'arcs-boutants à double volée qui crée une dynamique d'une rare rigueur. L'édifice actuel comprend une nef romane, un chœur gothique et un transept rayonnant flanqué d'une tour.

Concert d'anges pour la Vierge en la cathédrale du Mans.

G. Mousse / Ville du Mans

Extérieur – Sur la charmante place St-Michel, le porche sud abrite un superbe **portail★★** du 12e s., contemporain du Portail royal de Chartres, et jadis appelé « Pierre au lait ». Ce nom est sans doute une déformation de « la pierre lée » (ou levée) désignant le menhir dressé à l'angle de la façade principale. La tradition veut que l'on plante son pouce dans le « nombril du Mans » pour témoigner d'avoir visité la ville. De chaque côté du portail s'alignent de hiératiques statues-colonnes : aux piédroits, les saints Pierre et Paul et, dans les ébrasements, Salomon et la reine de Saba, un prophète

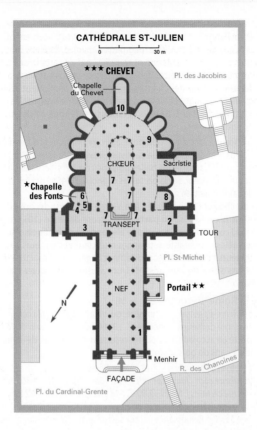

CATHÉDRALE ST-JULIEN

0   30 m

★★★ **CHEVET**

Pl. des Jacobins

Chapelle
du Chevet

10

9

CHŒUR   Sacristie

★**Chapelle
des Fonts**

7 7

7   7

6   7   8

5
4

7

3   TRANSEPT   2   TOUR

Pl. St-Michel

NEF   **Portail ★★**

N

1

Menhir

R. des Chanoines

FAÇADE

Pl. du Cardinal-Grente

et une sibylle, les ancêtres du Christ. Les apôtres occupent les niches du linteau ; le Christ trône au tympan, entouré des symboles évangéliques et encensé par les anges de la première voussure. Dans les autres voussures, on reconnaît l'Annonciation, la Visitation, la Nativité, la Présentation au Temple, le Massacre des Innocents, le Baptême du Christ…

À droite du porche, perspective sur le transept ajouré d'immenses baies et sur la tour (12e-14e s.) haute de 64 m.

Sur la place du Cardinal-Grente, bordée de demeures Renaissance, s'élève la façade principale, de style roman archaïque. On reconnaît nettement le pignon du 11e s., encastré dans celui qui fut ajouté au siècle suivant, quand on construisit les voûtes. Placer ici le plan de la cathédrale

Intérieur – Le vaisseau roman repose sur de grandes arcades (11e s.), renforcées par des arcs brisés. Les chapiteaux, majestueux et d'une grande finesse dans le détail, soutiennent des voûtes bombées. Dans le bas de la nef, huit vitraux romans, dont le plus connu est celui de l'Ascension **(1)**. La grande baie de la façade évoque la légende de saint Julien.

Transept – 14e-15e s. Tout ajouré par son triforium et ses immenses verrières, il contraste avec la nef par sa légèreté et l'audace de son élévation. Dans le croisillon droit, on remarque le buffet d'orgue **(2)** du 16e s. Dans le croisillon gauche, une grande baie et une rose superposées sont garnies de vitraux du 15e s. Trois panneaux de tapisserie **(3)** du 16e s. décrivent la légende de saint Julien.

Dans la chapelle des fonts, qui donne sur le croisillon nord, se font face deux remarquables **tombeaux★★** Renaissance. Celui de gauche **(4)**, œuvre du sculpteur Francesco Laurana, fut élevé pour Charles IV d'Anjou, comte du Maine, frère du roi René d'Anjou ; le gisant repose, à la mode italienne, sur un sarcophage antique ; réaliste, le visage est dessiné avec une extrême finesse. À droite, le magnifique monument **(5)** à la mémoire de Guillaume Du Bellay, cousin du poète, le représente tenant son épée et un livre, accoudé à la manière antique sur un sarcophage qu'orne une ravissante frise de divinités nautiques. Le tombeau du cardinal Grente a été élevé en 1965 **(6)**.

Chœur – 13ᵉ s. Entouré d'un double déambulatoire à chapelles rayonnantes et haut de 34 m (N.-D. de Paris : 35 m), il déploie une ampleur, un élancement qui le placent parmi les plus beaux de France. D'une magnifique envolée, il s'élève sur deux étages séparés par une galerie de circulation et terminés par des arcs brisés très pointus, d'influence normande. Aux fenêtres hautes du chœur et du premier déambulatoire, comme aux fenêtres basses des chapelles rayonnantes, flamboient les **vitraux★★** du 13ᵉ s., à dominantes rouges et bleues. La célèbre suite de **tapisseries** du 16ᵉ s. **(7)**, consacrée à l'histoire des saints Gervais et Protais, est tendue au-dessus des stalles de la même époque.

Pourtour du chœur – Dans la 1ʳᵉ chapelle à droite, Mise au tombeau **(8)** en terre cuite du 17ᵉ s. Plus loin, la porte de la sacristie provient du jubé (17ᵉ s.) qui fermait jadis le chœur ; dans la sacristie, les belles boiseries du 16ᵉ s. servaient à l'origine de dossiers aux stalles du chœur. Sur la porte des chanoines (14ᵉ s.) qui fait suite, tympan avec effigie de saint Julien **(9)**.

La **chapelle du chevet** (13ᵉ s.) dédiée à la Vierge Marie est décorée d'un très bel ensemble de vitraux du 13ᵉ s., en particulier l'Arbre de Jessé **(10)**. Un **ensemble pictural★** (14ᵉ s.) couvre les voûtes : d'une élégance et d'une finesse rares, il représente le concert céleste. Quarante-sept anges musiciens et chanteurs, rayonnants de lumière, de couleurs et d'harmonie, proclament la gloire de la sainte Vierge. Parmi les 27 instruments de musique représentés, un rarissime « échiquier », ancêtre (très) lointain du piano.

Maison de la Reine-Bérengère★ (E M)

Nº 9 de la r. de la Reine-Bérengère. Bérengère, qui vivait au 13ᵉ s., n'a certainement pas connu cette élégante demeure édifiée vers… 1460 pour un échevin du Mans. Elle est ornée d'une porte en accolade, de poutres reposant sur des culs-de-lampe historiés et d'une façade à pans de bois sculptés.

Musée de la Reine-Bérengère – *7-13 r. de la Reine-Bérengère -* ✆ *02 43 47 38 51 - www.lemanstourisme.com - juin-sept. : tlj sf lun. 10h-12h30, 14h-18h30 ; oct.-mai : tlj sf lun. 14h-18h - fermé certains j. fériés - 2,80 € (-18 ans gratuit), dim. 1/2 tarif.*

La maison de la Reine-Bérengère abrite un musée d'**histoire et d'ethnographie**. Au rez-de-chaussée, la salle Renaissance est consacrée au mobilier régional. Au 1ᵉʳ étage, les poteries vernissées de la Sarthe étonnent par leur verve populaire, leur fantaisie et la fraîcheur de leurs tons à dominantes de jaune, de vert et de brun prodigués sur des statuettes, retables, chaufferettes, pots ou épis de faîtage. Au 2ᵉ étage, peintres sarthois du 19ᵉ s. (Hervé-Mathé, Dugasseau, Gizard…).

Au nº 7 de la rue de la Reine-Bérengère, sur la façade élevée vers 1530, statues de sainte Catherine et de sainte Barbe.

Musée de Tessé★ (D1)

2 av. de Paderborn - ✆ *02 43 47 38 51 - www.lemanstourisme.com -* ♿ *- juil.-août : tlj sf lun. 10h-12h30, 14h-18h30 ; sept.-juin : 9h-12h, 14h-18h, dim. 10h-12h, 14h-18h, fermé lun. et certains j. fériés (se renseigner) - 4 € (-18 ans gratuit).*

Cet ancien évêché bâti au 19ᵉ s., à l'emplacement de l'hôtel de la famille de Tessé, contient une riche collection de peintures anciennes et d'archéologie.

Rez-de-chaussée – À gauche, une petite salle contient une superbe plaque de cuivre en émail champlevé, dite **émail Plantagenêt★** (12ᵉ s.). Pièce unique provenant de la cathédrale où elle ornait son tombeau aujourd'hui disparu, elle représente Geoffroy Plantagenêt, comte d'Anjou et du Maine de 1129 à 1151, duc de Normandie en 1144, et père du futur roi d'Angleterre Henri II.

La peinture italienne occupe ici une place privilégiée : belle série de retables à fond d'or des 14ᵉ et 15ᵉ s., délicieuse figure de sainte aux yeux bridés par le Siennois Pietro Lorenzetti, deux panneaux de coffre de mariage par le Florentin Pesellino, ainsi qu'une attachante Vierge d'humilité allaitant l'Enfant Jésus.

Dans la salle Renaissance, les panneaux du maître de Vivoin proviennent d'un retable (vers 1470) du prieuré de Vivoin (Sarthe).

La peinture classique est superbement représentée : Philippe de Champaigne (la célèbre *Vanité*, exposée dans la salle de Tessé), Georges de La Tour *(Saint François en extase)* et une *Réunion de buveurs* de Nicolas Tournier *(dans l'entrée)*. Dans la salle du 18ᵉ s., somptueux meuble-bibliothèque de Bernard Van Risenburgh.

Sous-sol – Les **collections égyptiennes** comportent, entre les reconstitutions des tombes de Néfertari (première femme de Ramsès II) et de Sennefer (maire de Thèbes), de belles collections : momie (750 av. J.-C.), barque (1950 av. J.-C.), objets funéraires, bijoux…

1er étage – Écoles du nord avec Van Utrecht, Kalf *(Grande nature morte aux armures)*, de nombreuses bambochades (scènes de genre) et des paysages. Une salle entière est consacrée au *Roman comique* de Scarron : outre un portrait de l'auteur, des tableaux de Coulom, des gravures d'Oudry et de Pater illustrent les aventures burlesques créées par cet esprit brillant et plein de verve.

Le **2e étage** est réservé aux expositions temporaires.

Musée Vert – Véron-de-Forbonnais

Au sud-est, 204 av. Jean-Jaurès - ☎ 02 43 47 39 94 - www.ville-lemans.fr - ♿ - tlj sf sam. 9h-12h, 14h-18h, dim. 14h-18h - fermé 1er janv., lun. de Pâques, 1er Mai, 14 juil., 15 août, 1er nov. et 25 déc. - 2,80 € (-18 ans gratuit), dim. 1/2 tarif.

Ce riche musée accueille dans une ancienne école du 19e s. les collections de minéralogie, de paléontologie, d'entomologie, de botanique et d'ornithologie. Deux salles sont réservées aux enfants.

Découvrir

CIRCUITS AUTOMOBILES DE VITESSE

Au sud du Mans, entre la N 138 et la D 139.

Circuit des 24 Heures

Long de 13,6 km, il s'amorce au virage du Tertre-Rouge sur la N 138. La route, large de 10 m environ, est jalonnée de repères kilométriques. Les courbes en S de la route privée, les virages en épingle à cheveux de Mulsanne et d'Arnage constituent les points les plus marquants du parcours, théâtre des « 24 Heures ». Depuis 1972, le tracé permet au public de suivre la course sur 4 km. Le spectacle est inoubliable, vu des tribunes ou des prés et des bois de pins qui jalonnent le circuit ; le vrombissement des moteurs, le sifflement des bolides lancés à plus de 350 km/h sur les Hunaudières, les odeurs de gaz brûlés se mêlant aux senteurs des résineux, et, la nuit, les faisceaux des phares, attirent chaque année des milliers d'amateurs.

Quelques grandes dates des « 24 Heures »

1923 – Première édition des 24 Heures remportée par Lagache et Léonard sur une Chenard et Walcker ; 2 209,536 km à la moyenne de 92,064 km/h.

1971 – Sur le circuit de 13,469 km, H. Marko et G. Van Lennep parcourent 5 335,313 km sur Porsche 917 à la moyenne de 222,304 km/h ; Siffert effectuant, sur Porsche 917 également, le meilleur tour à la moyenne de 243,905 km/h.

1991 – Le circuit est doté de nouvelles installations le plaçant au premier rang des réalisations de ce type. La firme Mazda (première victoire d'une firme japonaise et d'un moteur rotatif) entre dans l'histoire.

1993 – Victoire historique de Peugeot : 3 voitures au départ, 3 voitures à l'arrivée, 3 voitures aux 3 premières places ! Avec, en prime, le nouveau record de la distance sur le circuit : 5 100 km à 213,358 km/h de moyenne.

1998 – Le Britannique Alan McNish, les Français Laurent Aïello et Stéphane Ortelli savourent la 16e victoire de Porsche sur le circuit de la Sarthe. Leur GT1 a parcouru 351 tours (4 723,78 km) à la vitesse moyenne de 199,32 km/h.

2006 – 7e victoire consécutive pour Audi qui innove avec, pour la première fois, un moteur Diesel.

Les 24 Heures du Mans – Gustave Singher et Georges Durand lancèrent en 1923 la première épreuve d'endurance du Mans qui allait devenir un événement sportif de retentissement mondial, et un banc d'essai formidable pour l'automobile de série.

Les difficultés du circuit et la durée de la course mettent à l'épreuve la solidité des machines et l'endurance des pilotes. Le circuit a été considérablement amélioré depuis le tragique accident survenu en 1955 à la Mercedes de Levegh (83 morts et 100 blessés).

L'Automobile-Club de l'Ouest organise également, chaque année, les 24 Heures du Mans moto, les 24 Heures du Mans camions et, régulièrement, le Grand Prix de France moto.

À l'entrée principale du circuit, sur la D 139, un souterrain donne accès au circuit permanent Bugatti et au musée de l'Automobile.

Circuit permanent Bugatti

Se renseigner au 📞 02 43 40 24 04 - www.lemans.org - 9h-18h - fermé vac. de Noël - il existe des plates-formes pour personnes à mobilité réduite, permettant une vue sur la piste - école de pilotage (stages de pilotage pour tous) 📞 02 43 40 24 32 - 9h-12h, 14h-18h, fermée j. de compétition.

Outre son école de pilotage, ce circuit (4,430 km) constitue un banc d'essais permanent utilisé par les écuries auto et moto de compétition dans le cadre de séances d'essais privés.

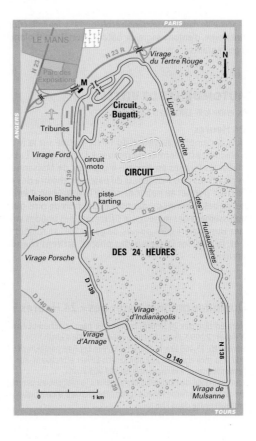

Musée automobile de la Sarthe★★

Accès par l'entrée principale du circuit (D 139 au nord de la D 921) - pl. Luigi-Chinetti - 📞 02 43 72 72 24 - www.museeauto24h.sarthe.com - & - juin-août : 10h-19h ; sept.-mai : 10h-18h ; janv. : w.-end 10h-18h (dernière entrée 1h av. fermeture) - fermé 1er janv., 25 déc. - 8 € (7-11 ans 2 €).

Reconstruit en 1991, il présente **140 véhicules** dans un décor résolument moderne et pédagogique. Faisant appel à la vidéo et aux jeux interactifs, des maquettes animées et des vitrines retracent la saga de l'automobile depuis plus d'un siècle. Plusieurs **voitures victorieuses** : la Bentley de 1924, la Ferrari de 1949, la Matra de 1974, la Rondeau de 1983, la Jaguar de 1988, la Mazda de 1991, la Peugeot de 1992 constituent une partie de cette collection exceptionnelle.

Silence ! On tourne !

Lors des 24 Heures du Mans 1970, l'acteur **Steve McQueen** est la vedette du film *Le Mans*. Ses assureurs (prudents) lui interdirent de prendre place à bord d'un bolide. Les scènes de course furent réalisées par des pilotes officiellement inscrits dans l'épreuve, sur une Porsche équipée de trois caméras.

Les 24 Heures du Mans, une course d'endurance terrible pour les voitures et les pilotes.

Aux alentours

Abbaye de l'Épau★

4 km à l'est par l'av. Léon-Bollée et à droite la rocade passant au-dessus de la voie ferrée, puis suivez les flèches - rte de Changé. ℰ 02 43 84 22 29 - www.epau.org - 9h30-12h, 14h-18h (dernière entrée 20mn av. fermeture) ; horaires basse saison, se renseigner - possibilité de visite guidée (1h à 1h30) de mi-juin à fin sept. : w.-end et j. fériés 15h (réservation sur place 30mn av. la visite) - fermé 1er janv., 25 déc. - 2,30 € (enf. 1,50 €), visite guidée 4 € (enf. 2 €).

Cette ancienne **abbaye cistercienne** se dresse dans un site champêtre au bord de l'Huisne. Elle fut fondée en 1229 par la **reine Bérengère** (veuve de Richard Cœur de Lion), qui y termina ses jours. Incendiée pendant la guerre de Cent Ans, l'abbaye fut en partie reconstruite à partir de 1400.

Autour du cloître s'ordonnent les bâtiments monastiques. À droite, l'aile du **réfectoire** avec les arcatures du lavabo. En face, le bâtiment des moines, comprenant à droite le **scriptorium**, et à gauche la **salle capitulaire** ; le premier étage abrite le **dortoir**, couvert d'une voûte de bois.

À gauche se trouve l'**église**, construite aux 13e et 14e s., et reprise au début du 15e s. : de cette époque date l'immense verrière du chœur, délicatement sculptée ; remarquez son chevet plat et les trois chapelles orientées qui ouvrent sur chaque bras du transept ; dans le bras droit, à l'entrée de la sacristie, les chapiteaux carrés sont décorés de feuilles d'eau.

L'abbaye sert de cadre au **Festival de l'Épau**, festival de musique classique fort apprécié des mélomanes.

Montfort-le-Gesnois

15 km à l'est du Mans par l'avenue Léon-Bollée et la N 23, puis la D 83 à gauche.

Proche de **Connerré**, petite ville célèbre pour ses rillettes, Montfort, issue de la fusion de Pont-de-Gennes et de Montfort-le-Rotrou, occupe un site paisible développé à partir du pont romain. Le **pont** du 15e s., étroit et coudé, paré de blocs de grès, franchit l'Huisne élargie coulant au milieu des arbres. Vue sur l'église St-Gilles du 13e s., le moulin couvert de vigne vierge et environné de saules pleureurs, le barrage où culbutent les flots de la rivière.

Bois de Loudon

18 km à l'est/sud-est par l'avenue Jean-Jaurès, la D 304, puis à gauche la D 145^E et, encore à gauche, la D 145.

Plusieurs chemins forestiers s'engagent dans ce bois de résineux au sol sablonneux, couvert en septembre d'un somptueux manteau de bruyères.

Les jardins du manoir de la Massonnière★

35 km à l'ouest, à St-Christophe-en-Champagne, par l'A 11, sortie 9 Le Mans-sud, puis la D 22 - ℰ 02 43 88 61 26 ou 01 34 73 27 89 - juin-sept. : vend. et w.-end 13h-19h (dernière entrée 30mn av. fermeture), autres jours sur demande ; mai : sur demande - 4,50 € (-15 ans gratuit).

Autour d'un séduisant manoir des 15e et 17e s., ces jardins, inspirés par les impressionnistes, déploient couleurs, parfums et topiaires, arbres et arbustes taillés en pièces d'échecs. Jardins de vivaces, fruitier, à la française, potager et parc à l'anglaise communiquent en une remarquable harmonie.

Jardins du Mirail

23 km à l'ouest, à Crannes-en-Champagne, par l'A 11, sortie 9 Le Mans-sud, puis la D 22. ℘ 02 43 88 05 50 ou 06 85 94 18 70 - de déb. juin à déb. sept. : merc.-dim. 13h-19h - 4 € (-15 ans accompagnés gratuit).

Créés en 1987, les jardins du Mirail entourent un château du 16e s. édifié à flanc de coteau. Une élégante perspective répartit les chambres de verdure abritant les vivaces et une centaine de variétés de rosiers.

Circuit de découverte

FLÂNERIES EN VALLÉE DE LA SARTHE

73 km – environ 3h.

Parmi les beaux paysages du Maine angevin, la Sarthe déroule paisiblement ses méandres. La rivière, navigable à partir du Mans, est doublée de canaux latéraux. Les bois alternent avec les prairies et les cultures de céréales, de pommes de terre, de primeurs.

Sortez du Mans au sud-ouest par la N 23.

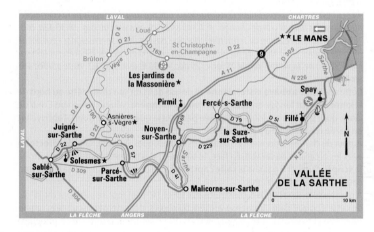

Spay

10 km par la N 23 et la D 51.

Dans cette **église** romane (9e-12e s.), voyez le beau retable (1773) et la très élégante Vierge à l'Enfant, du 14e s., ainsi qu'une précieuse pyxide (petite boîte sphérique en métal précieux dans laquelle on plaçait l'eucharistie) de 1621.

Rejoignez Fillé par la D 51.

Fillé

Au bord de la Sarthe, l'**église** abrite une grande Vierge peinte de la fin du 16e s. qui a pris son aspect vernissé lors de l'incendie d'août 1944. *Sur demande au ℘ 02 43 87 14 10.*

La Suze-sur-Sarthe

Du pont, beau coup d'œil sur la Sarthe, les restes du château (15e s.) et l'église.

Quittez La Suze par la D 79 qui se dirige, à travers bois, vers Fercé.

Fercé-sur-Sarthe

Jolie vue en traversant le pont, suivie d'une autre en continuant la route qui monte à l'église.

Revenez jusqu'à la Sarthe pour prendre à droite après le pont en direction de St-Jean-du-Bois.

La D 229 passe ensuite devant le château de la Houssaye, de style « troubadour », offrant quelques échappées sur la Sarthe, avant l'arrivée à Noyen.

Noyen-sur-Sarthe
Ce village s'étage sur les bords de la Sarthe, large en cet endroit et doublée par un canal. Du pont, très jolie **vue** sur le barrage, le moulin, l' « île des peupliers », un fouillis de jardinets et de toits, la plage et une seconde île.

Pirmil
4 km au nord de Noyen, par la D 69.
L'**église** romane, épaulée de contreforts, possède des chapiteaux finement sculptés. Aux retombées des voûtes d'ogives : saint Étienne, saint Michel, un évêque, un prêtre et… une tête grotesque.

Malicorne-sur-Sarthe
Malicorne baigne ses pierres au ras de l'eau. Du pont, vue charmante sur un moulin et les rives plantées de peupliers.
L'**église**, du 11ᵉ s., abrite le gisant d'un seigneur de Chaource, une Pietà *(croisillon droit)* et, sur le mur gauche de la nef, une jolie piscine (petite cuve destinée à recevoir l'eau qui a servi aux sacrements) du 16ᵉ s.
Non loin de la rivière, dans un beau parc, le **château** avec tourelles et toits à la Mansart (17ᵉ s.), appartenait à la marquise de Lavardin. Mᵐᵉ de Sévigné aimait y résider.
Malicorne Espace Faïence – 24 r. Victor-Hugo - ☎ 02 43 48 07 17 - www.espacefaience.fr - ♿ - de Pâques au 1ᵉʳ nov. : 10h-19h ; reste de l'année : tlj sf mar. 10h-12h30, 14h30-18h30 - fermé 25 déc. et du 1ᵉʳ janv. à mi-février - 6 € (7-16 ans 3 €).
Consacré à la prestigieuse spécialité locale, cet espace est implanté sur le site de l'ancienne manufacture Chardon dont certains bâtiments ont été rénovés ; l'art de la faïence – ses usages et ses créations – y est évoqué à l'aide d'une intéressante mise en scène muséographique et d'ateliers qui permettent d'apprécier le savoir-faire des potiers.
À la sortie est du bourg vers Mézeray, les **Faïenceries d'art** sont encore en activité ; elle produisent encore les « ajourés » de Malicorne – fameux pichets à secret – et surtout des reproductions de faïences anciennes. *18 r. Bernard-Palissy - ☎ 02 43 94 81 18 - www.faiencerie-malicorne.com - ♿ - visite guidée (45mn) ateliers et musée avr.-sept. : tlj sf lun. et dim. 9h-11h, 14h-16h45, sam. 9h-11h, 14h-15h45 - 4 €.*
Prenez la D 8 vers Parcé, puis à droite vers Dureil par un petit chemin champêtre ; en retrouvant la D 8, la route offre de belles échappées sur la Sarthe.

Parcé-sur-Sarthe
Ravissant petit bourg avec son moulin au bord de la rivière, Parcé s'étage autour d'un clocher roman. À l'entrée du village, le cimetière, piqueté de cyprès, encadre sa chapelle surmontée d'un clocher-pignon.
Franchissez la rivière et, après le canal, tournez à gauche dans la D 57.
À la sortie d'Avoise, remarquez à gauche la Perrigne de Cry, manoir du 16ᵉ s. *(propriété privée)* surplombant la rivière.
Prenez ensuite à gauche vers Juigné.

Juigné-sur-Sarthe
Son promontoire verrouille la vallée de la Sarthe. Cette localité recèle des maisons des 16ᵉ et 17ᵉ s. et le château du 18ᵉ s. des marquis de Juigné. De la place de l'église, vue plongeante sur la Sarthe et l'abbaye de Solesmes.

Solesmes *(voir Sablé)*
Par la D 22, qui longe le canal et d'anciennes carrières de marbre, gagnez Sablé.

Le Mans pratique

Adresse utile
Office de tourisme – *Hôtel des Ursulines - r. de l'Étoile - 72000 Le Mans -* ☎ *02 43 28 17 22 - www.lemanstourisme.com - juil.-août : 9h-18h, dim. et j. fériés 10h-12h30, 14h30-17h ; avr.-juin et sept. : 9h-18h, sam. 9h-12h, 14h-18h, dim. 10h-12h ; horaires basse saison, se renseigner - fermé 1ᵉʳ janv., 1ᵉʳ Mai, 1ᵉʳ nov., 25 déc.*

Visite
Visite guidée – Le Mans, qui porte le label Ville d'art et d'histoire, propose des visites-découverte animées par des guides-conférenciers agréés par le ministère de la Culture et de la Communication. *Se renseigner à l'office de tourisme - www.vpah.culture.fr*

Se loger

☺ **Hôtel-Motel Papéa** – *RN 314 - Bener - 72530 Yvré-l'Évêque - ℘ 02 43 89 64 09 - www.hotelpapea.com - fermé 1 sem. en août et 24 déc.-1ᵉʳ janv. -* 🅿 *- 21 ch. 30/52 € -* ⚏ *5 €.* Ceux qui recherchent un hébergement un peu atypique apprécieront cet établissement – à mi-chemin entre le camping et le motel – constitué de 21 chalets disséminés dans un parc arboré de 2 ha. Aménagements intérieurs fonctionnels, terrasse et abri pour les voitures... Idéal pour les familles.

☺ **Chambre d'hôte La Truffière** – *Lieu-dit la Truffière - 72430 Asnières-sur-Vègre - 2 km au NE d'Asnières-sur-Vesgre par D 190 puis à droite - ℘ 02 43 95 12 16 - www.truffiere.com -* ⌦ *- 3 ch. 38/42 €* ⚏ *- repas 16 €.* En plus des 3 chambres et du gîte trouvant leur place dans les annexes de l'habitation principale, cette ferme avicole et céréalière bénéficie d'un superbe espace au bord de la rivière. Plusieurs embarcations à disposition, ainsi qu'une aire de jeux pour les enfants. Cuisine traditionnelle et terroir, région oblige.

☺ **Chambre d'hôte Mᵐᵉ Bordeau** – *Le Monet - 72190 Coulaines - 5 km au N du Mans dir. Mamers puis Ballon par D 300 - ℘ 02 43 82 25 50 -* ⌦ *- 4 ch. 40/50 €* ⚏. La campagne à quelques kilomètres de la ville. Cette petite maison de pays entièrement rénovée a gardé son cachet d'origine, à l'image des chambres au solide mobilier rustique. Vous y aimerez aussi le jardin soigné et arboré.

☺ **Chambre d'hôte La Ferme Chauvet** – *« Chauvet » - 72430 Chantenay-Villedieu - 3 km à l'E de Chantenay-Villedieu par D 35 puis petite rte à droite - ℘ 02 43 95 77 57 - http://perso.wanadoo.fr/chauvet.hotes -* ⌦ *- 5 ch. 42 €* ⚏ *- repas 18 €.* Avec ces espaces fleuris et le petit bassin, ses poissons rouges et ses plantes aquatiques, on aurait presque du mal à se croire à la ferme. Les 5 chambres, dont 3 indépendants avec chacune une petite terrasse, offrent tout le confort à un prix dérisoire. Table d'hôte familiale servie sous la véranda toute neuve.

☺ **Chambre d'hôte Le Fresne** – *Le Fresne - 72300 Solesmes - ℘ 02 43 95 92 55 - www.lefresne.com -* ⌦ *- 3 ch. 45 €* ⚏ *- repas 20 €.* Retrouvez les plaisirs de la vie à la ferme au cœur de 130 ha de champs et de verdure. Les chambres, pleines de caractère, ont été aménagées de plain-pied dans un bâtiment annexe. Mise en valeur par un service en faïence de Malicorne, la table d'hôte doit aussi sa saveur aux produits de l'exploitation. Jolie piscine.

☺ **Chambre d'hôte Le Petit Pont** – *3 r. du Petit-Pont - 72230 Moncé-en-Belin - 11 km au S du Mans par D 147 dir. Arnage, puis D 307 - ℘ 02 43 42 03 32 - 6 ch. 50/60 €* ⚏ *- repas 15/20 €.* Charmant accueil en cette maison située sur une ancienne exploitation agricole. Les chambres, réservées aux non-fumeurs, occupent presque toutes un bâtiment indépendant. Elles sont simples mais bien équipées.

☺☺ **Hôtel L'Escale** – *72 r. Chanzy - ℘ 02 43 50 40 00 - escale.hotel@wanadoo.fr - fermé 20-31 déc. et dim. -* 🅿 *- 44 ch. 49/58 € -* ⚏ *7 €.* Le confort de cet hôtel traditionnel reste modeste, cependant la plupart des chambres – à la tenue méticuleuse – ont bénéficié d'une petite cure de jouvence.

☺☺ **Hôtel Émeraude** – *18 r. Gastelier - ℘ 02 43 24 87 46 - emeraudehotel@wanadoo.fr - fermé 26 juil.-17 août et 21 déc.-5 janv. - 33 ch. 68/75 € -* ⚏ *12 €.* Cet hôtel proche de la gare abrite des chambres rénovées, égayées de tons pastel. Aux beaux jours, petit-déjeuner proposé dans la cour intérieure fleurie. Accueil chaleureux.

Se restaurer

☺ **La Ciboulette** – *14 r. Vieille-Porte - ℘ 02 43 24 65 67 - ciboulettelemans@aol.com - fermé 22 janv.-6 fév., 1ᵉʳ-8 Mai, 1ᵉʳ-15 août, lun. midi, sam. midi et dim. - 14,50 € déj. - 20/29 €.* Couleur rouge dominante et mobilier d'esprit bistrot composent le cadre feutré de ce restaurant installé dans une maison médiévale du vieux Mans. Cuisine au goût du jour.

☺ **Auberge du Rallye** – *13 r. des Gesleries - 72210 Fillé-sur-Sarthe - 12 km au S du Mans par D 147ᴱ, D 23 dir. Allonnes puis D 51 - ℘ 02 43 87 40 40 - fermé dim. soir, mar. soir et merc. - réserv. obligatoire le w.-end - formule déj. 9,50 € - 19/38 €.* Une adresse idéale pour se restaurer dans un cadre contemporain décoré avec goût, à l'écart du tumulte de la ville. Le chef prépare une appétissante cuisine du marché, escortée d'un menu du jour que vous dégusterez, aux beaux jours, sur l'agréable terrasse ombragée.

☺ **Le Saint-Lô** – *97 av. du Gén.-Leclerc - ℘ 02 43 24 71 81 - fermé 30 juil.-17 août, dim. soir et sam. - 15/30 €.* Agréable salle à manger contemporaine aux couleurs chatoyantes, appétissante cuisine traditionnelle faisant parfois preuve d'originalité, accueil souriant et attentif et prix très honnêtes : ce restaurant du quartier de la gare est très prisé des Manceaux.

☺☺ **Le Fontainebleau** – *12 pl. St-Pierre - ℘ 02 43 14 25 74 - fermé 25 fév.-5 mars, 20 sept.-8 oct. et mar. - 18/40 €.* Ce restaurant du vieux Mans occupe des murs plus que séculaires, puisqu'ils datent de 1720. Sympathique salle à manger rustique et agréable terrasse d'été dressée face à la mairie. Recettes traditionnelles sensibles au rythme des saisons.

☺☺ **La Rascasse** – *6 r. de la Mission - ℘ 02 43 84 45 91 - raoulj@club-internet.fr - fermé 1ᵉʳ-22 août, 20-26 fév., sam. midi, jeu. midi et merc. - 19/55 €.* Deux salles à

Ville du Mans

Nuit des Chimères sur l'enceinte romaine.

manger voisines de l'église Ste-Jeanne-d'Arc : l'une garnie d'un mobilier de style Art déco ; l'autre, refaite et agrémentée d'une cheminée.

⊜⊜ **La Botte d'Asperges** – 72230 Guécelard - 18 km au S du Mans par N 23 - ℘ 02 43 87 29 61 - fermé 5-20 mars, 30 juil.-21 août, dim. soir et lun. sf j. fériés - 16/48 €. Cet ancien relais de poste borde la nationale. Fresques et tableaux à motifs floraux décorent la salle à manger aux tables soigneusement dressées. Cuisine traditionnelle.

Faire une pause

La Panetière – 32 av. François-Mitterrand - ℘ 02 43 24 93 90 - lun.-sam. 7h-20h - fermé 3 sem. en août. On cuit toute la journée les différents pains dans le four à bois visible depuis la boutique. La flûte Gana, le pain de campagne et le seigle long ou en boule sont particulièrement prisés des clients. Les pains aux abricots, aux figues ou aux noisettes et les viennoiseries maison peuvent se déguster dans l'espace restauration.

En soirée

La Nuit des Chimères – *Rens. à l'office de tourisme ℘ 02 43 28 17 22.* Les soirs d'été, un parcours gratuit met en lumière la Cité Plantagenêt. Monstres médiévaux ou anges musiciens extraits de fresques du 14e s. sont projetés sur les murs de la Cité.

Que rapporter

Marché des Jacobins – *Vend. et dim. matin.*

À la Rouelle de Veau – 15 r. du Dr-Leroy - ℘ 02 43 28 30 45 - lun. 8h-12h30, mar.-sam. 8h-12h45, 15h-19h15 - fermé 1 sem. en juin et 2 sem. en juil. Dans leur magasin typique des années 1950, M. et Mme Harel proposent des charcuteries traditionnelles maison : boudin noir, andouillette, langue de bœuf, saucisses, rillons, etc. Le produit phare ? Les rillettes, bien sûr, présentées sous forme de pains aux morceaux maigres plus ou moins gros afin de satisfaire les goûts de chacun.

Reignier – 19 r. de Bolton - ℘ 02 43 24 02 15 - www.warain-reignier.com (vente en ligne) - tlj sf dim. et lun. 9h-19h - fermé

j. fériés. Sur deux étages et 400 m², la maison Reignier propose des grands crus (60 000 bouteilles en cave), des thés et des cafés maison haut de gamme, de l'épicerie fine et des spécialités régionales.

Sports & Loisirs

L'Arche de la nature – 16 av. François-Mitterrand, immeuble Condorcet - ℘ 02 43 50 38 45 - www. arche-nature.org - ferme de la Prairie 9h-17h30 ; maison de l'eau : dim. apr.-midi et merc. apr.-midi 14h-18h ; mars-nov. : visite du parc en calèches tractées par des percherons. Un concentré de nature sarthoise vous attend dans ce domaine de 450 ha où l'on a recréé tous les paysages représentatifs de la région : rivières, forêts, bocage, etc. Nombreuses activités de découverte et sportives : randonnée pédestre, VTT, parcours santé…

Le « Lutin Suzerain » – R. du Port - 72210 La-Suze-sur-Sarthe - ℘ 02 43 84 13 13 www. le-lutin-suzerain.com. Bateau promenade.

Spaycific'Zoo – 72700 Spay - ℘ 02 43 21 33 02 - www.zoospay.com - avr.-sept. : 10h-20h ; oct.-mars : merc. et w.-end 13h30-17h30, sf vac. scol. zone A : tlj 10h-18h - fermé vac. scol. de Noël zone A - 8,90 € (enf. 5,90 €). Deux sites en un : un parc paysager de 6 ha avec plus de 500 oiseaux et des mammifères présentés dans de grands espaces et Spaycific'zoo : structure couverte et chauffée, des espèces étonnantes présentées de façon originale, de la fourmi au tatou.

Promenade à poney – 👫 - ℘ 02 43 28 17 22. Le dimanche, faites résonner les pavés des ruelles du vieux Mans du pas de votre monture : Rendez-vous : square du Bois, au-dessus du tunnel.

Ligne des Ducs/chemin de fer à vapeur de la Sarthe – TRANSVAP - ℘/fax 02 43 89 00 37 - juil.-août : dim. et j. fériés, autorails anciens (départ à 10h45 et 11h45) et train à vapeur (départ à 15h) - de Beillé (28 km au NE) à Bonnétable.

Événements

👁 **Bon à savoir** – Pour les **24 Heures du Mans auto**, les plus populaires, les réservations pour les places assises (de 58 à 95 €, en sus de l'entrée) ou les places de camping commencent un an à l'avance. Si vous n'avez pas réservé, vous pourrez toujours assister à la course (61 €, valable 1 sem. pour les entraînements et visites d'écuries ; gratuit - 16 ans). Chaque année, un service de logement chez l'habitant est mis en place par l'office de tourisme pour l'occasion.

24 Heures du Mans – *Pour les motos : courant avr. ; pour les autos : courant juin ; pour les camions : courant oct. - réservation auprès de l'office de tourisme.*

Grand Prix de France moto – *Mai.*

Le Mans Classic – *Juil. des années paires.* Course d'automobiles ayant concouru entre 1923 et 1979.

Meung-sur-Loire★

6 254 MAGDUNOIS
CARTE GÉNÉRALE D2 – CARTE MICHELIN LOCAL 318 H5 – SCHÉMA P. 331 – LOIRET (45)

L'ancien siège des évêques d'Orléans, une des plus vieilles forteresses de la Loire, dresse ses tours austères, ses toits d'ardoise et ses belles pierres grises dans un cadre romantique de marronniers et de petits jardins. Mais la visite de ses greniers ou souterrains risque d'inquiéter les âmes sensibles… Alors, quelques pas dans le village ? Longer ses étroites rues tortueuses, passer par la vieille halle, sous la porte d'Amont, c'est suivre aussi les Mauves, petit ruisseau dont les bras multiples clapotent, gargouillent et bruissent gaiement entre les maisons.

- **Se repérer** – En aval d'Orléans (14 km) et en amont de Blois (43 km) le **bourg** s'étend sur un coteau, entre la Loire qui baigne le mail et la N 152 qui court sur le plateau.

- **À ne pas manquer** – La chapelle et les souterrains du château ; l'extraordinaire variété des houx aux Prés de Culands.

- **Organiser son temps** – Comptez 2h pour la ville et ses alentours.

- **Avec les enfants** – La visite du château, ses greniers et souterrains.

- **Pour poursuivre la visite** – Voir aussi Beaugency, la basilique de Cléry-St-André et le château de Talcy.

> ### Le saviez-vous ?
>
> ● Pour une affaire de vol, Villon fut incarcéré et soumis à la terrible question à Meung en 1461. Il dut sa libération à un poème, que Louis XI avait cru écrit à son intention.
>
> ● Le peintre Ingres tint quelque temps résidence à Meung, ainsi que les romanciers Alexandre Dumas et, plus tard, Georges Simenon.

Comprendre

Son nom vient de *Magdunense*, c'est-à-dire : marché *(magos)* protégé par une forteresse *(dunum)*. Siège des 59 évêques et cardinaux d'Orléans, Meung fut le théâtre d'affrontements sanglants pendant la guerre de Cent Ans, notamment en raison de son pont sur la Loire, point d'accès stratégique : pris par les Anglais en 1428 (mort de Lord Salisbury), le château fut repris par Jeanne d'Arc le 15 juin 1429.

Les roses de Meung – Trois roses fleurissent le blason de Meung-sur-Loire, en hommage au *Roman de la Rose*, plus grand succès littéraire de son époque. Jean Chopinel dit **de Meung**, naquit à Meung. Vers 1280, il ajouta 18 000 vers aux 4 000 que comptait déjà le *Roman de la Rose* écrit une quarantaine d'années auparavant par **Guillaume de Lorris**. Cette seconde partie s'éloigne de l'élégance courtoise mise en scène dans l'œuvre d'origine. Trois siècles plus tard, en dépit d'une rude querelle littéraire avec l'université de Paris, l'écrivain Christine de Pisan (biographe de Charles V), montre comment l'augmentation du poème par Jean de Meung ne fait que traduire les changements de la société. Son réquisitoire contre les femmes, leur coquetterie et leur ruse s'inspire bien plus de la culture grecque en pleine renaissance, que du *fin amor* médiéval.

Visiter

Collégiale St-Liphard★

Ce sobre édifice, élevé du 11e au 13e s., comporte un puissant clocher à flèche de pierre, un chevet semi-circulaire et un transept original, aux extrémités arrondies formant un trèfle. Derrière le chevet, vous aurez une bonne vue sur l'église et le château.

Château★

℘ 02 38 44 36 47 - www.chateaudemeung.com - mars-oct. : 10h-19h ; nov.-fév. : w.-end et j. fériés 14h-18h ; vac. scol. de fév. : 14h-18h - fermé 1er janv., 25 déc. - 7 € (5-16 ans 4 €).

On l'appelle le « château aux deux visages ». Le premier, qui frappe d'entrée le visiteur, est celui d'une austère et puissante forteresse des 12e et 13e s. qui a compté Jeanne d'Arc, Charles VII et François Ier parmi ses hôtes les plus prestigieux… On retrouve ces parties médiévales dans la visite, notamment dans la salle des gardes qui est plutôt une salle d'apparat voûtée d'ogives, dans le hall d'entrée qui a conservé des boiseries du 14e s., ou dans la belle **chapelle (12e s.)** cachée dans les souterrains, remarquable pour sa voûte en palmier.

Son deuxième visage est plus riant, plus opulent, et il le doit également aux évêques d'Orléans qui ont profondément remanié leur domaine au 18e s. La façade au crépi rosé, côté jardin, illustre bien cette période fastueuse. La chapelle **(18e s.)** est ornée de très belles boiseries et d'une intéressante statuaire d'époque. Les prélats avaient aussi beaucoup de savoir-vivre comme en témoignent les riches décors de la salle à manger, du salon de musique ou de la bibliothèque. Mais il faut découvrir leur exceptionnelle **salle de bains★**, entourée de petites pièces de détente chauffées, pour mesurer leur sens du raffinement et du confort.

Après des heures difficiles, la disparition de son mobilier d'époque et d'importants éléments de décor, le château semble aujourd'hui sauvé par son classement d'urgence et la passion de ses propriétaires qui le restaurent, le meublent et l'habitent. Une trentaine de pièces sont ouvertes à la visite et des effets spéciaux hantent greniers et souterrains. Une promenade dans le parc complète agréablement la visite.

Aux alentours

Jardins de Roquelin

À Meung-sur-Loire, en dir. de Cléry-St-André, traversez le pont et immédiatement à gauche, suivez le fléchage (sur 500 m) - ☏ 06 70 95 37 70 - www.lesjardinsderoquelin.com - de fin avr. à mi-juil. et de déb. sept. à mi-oct. : tlj sf mar. 10h-18h (mar. fériés ouvert) - 5 € (-18 ans gratuit). Le jardin de 1 ha de cette pépinière réunit pergolas couvertes de roses anciennes, potager, bassin de plantes aquatiques, plessis d'inspiration médiévale et jardin à l'anglaise.

Arboretum des Prés de Culands – Conservatoire national d'Ilex

À environ 2 km du centre de Meung-sur-Loire en direction d'Orléans/La Nivelle - l'arboretum se trouve derrière le moulin de la Nivelle. ☏ 02 38 63 10 49 - http://mapage.noos. fr/ilex/ - visite guidée avr.-sept. : sur demande.

De petits canaux découpent ce site romantique en îlots plantés d'arbres. Le lieu est connu pour sa collection de **400 variétés de houx** (*Ilex* en latin). La première surprise est de les découvrir (en automne et en hiver) avec des graines noires, jaunes, blanches ou rouges, parsemées sur l'arbre ou serrées en grosses grappes. La seconde surprise vaut en toute saison : les houx peuvent transformer leur joli feuillage étoilé et piquant en longues feuilles à peine dentées des châtaigniers, ou en celles parfaitement lisses des camélias, des lauriers palmes, ou même en discret feuillage rond et serré : c'est un vrai camouflage d'espèce ! Un petit critère complémentaire pour apprécier la collection : comme le buis, le houx pousse très lentement. Les arbres de haute taille sont donc très, très vieux. Les sous-bois abritent aussi des clématites (grimpante) et une collection d'érables.

Mondoubleau

1 608 MONDOUBLOTIERS
CARTE GÉNÉRALE C2 – CARTE MICHELIN LOCAL 318 C4 – LOIR-ET-CHER (41)

Les ruines du donjon en grès « roussard », bizarrement penché, dominent ce village, où quelques pans de murailles se dressent encore parmi les maisons et leurs jardins. Aux alentours, églises gracieuses et vestiges des templiers jalonnent un itinéraire paisible, bien à l'écart des foules estivales.

- **Se repérer** – Entre La Ferté-Bernard (30 km au nord-ouest) et Vendôme (25 km au sud-est. Arrivant de l'ouest par la D 86 (entre Orléans (90 km à l'est) et Le Mans (60 km à l'ouest) N 157), vous découvrirez Mondoubleau, ses maisons et ses jardins accrochés à flanc de coteau. Les ruines du château, du haut de leur butte, dominent la route de Cormenon.

- **À ne pas manquer** – La découverte des ordres de chevalerie à la commanderie.

- **Organiser son temps** – Comptez 3h pour le circuit.

- **Avec les enfants** – Les animations de la commanderie d'Arville.

- **Pour poursuivre la visite** – Voir aussi Châteaudun, La Ferté-Bernard, St-Calais et Vendôme.

Découvrir

La forteresse

02 54 80 77 08 - visite guidée (dép. Maison du Perche, pl. du marché) juin-août : sam. 15h, tlj sur demande à partir de 4 pers. - 3,50 € (enf. 1,60 €).
Autour de l'an 1000, Hugues Doubleau construit une puissante forteresse en pierre et roussard dominée par un donjon de 33 m de haut. De cet important château fort du Perche vendômois ne restent plus qu'une moitié de donjon, la maison du Gouverneur, dite aussi maison Courcillon (15e s.), et la maison baronniale (16e s.).

Circuit de découverte

AUTOUR DE MONDOUBLEAU

Circuit de 50 km.

Château de St-Agil

02 54 80 94 02 - extérieurs et tour des douves : tlj sf dim. et j. fériés 10h-12h, 14h-17h - gratuit.
Intéressant manoir, entouré de douves. Une partie de l'édifice, qui date du 13e s., fut remaniée en 1720. Son joli pavillon d'entrée (16e s.) est encadré de tours dont l'appareil de brique rouge et noire dessine un réseau de losanges ; des mâchicoulis supportent un chemin de ronde et des toits en poivrière ; le corps central est surmonté par une lucarne dont le médaillon figure Antoine de La Vove, seigneur du lieu.
Le parc, tracé par J. Hardouin-Mansart, fut transformé à l'anglaise en 1872 ; il a gardé ses vieux tilleuls, plantés en 1720 ; remarquez la belle glacière du 16e s.

Commanderie d'Arville

Rte des Templiers - 02 54 80 75 41 - www.commanderie-arville.com - visite libre ou audioguidée (2h) du Centre d'histoire des ordres de chevalerie et des bâtiments - juin-août : 10h-12h30, 13h30-18h30 ; avr.-mai et sept.-oct. : 10h-12h, 13h30-17h30 ; mars et nov. : 13h30-17h30 - fermé merc. sf juil.-août - 9 € (audioguide : suppl. 2 €).

Construite en **roussard**, la commanderie créée par les templiers, auxquels succédèrent les chevaliers de St-Jean-de-

Le saviez-vous ?

Le **roussard**, appelé aussi grison, est un grès composé de grains de silex reliés entre eux par une pâte ferrugineuse compacte. Au contact de l'humidité de l'air ambiant, le fer s'oxyde et la pierre prend une teinte rouille plus ou moins nuancée. Il a donné son nom à une délicieuse pâtisserie locale !

Jérusalem, est un bel édifice qui s'intègre dans un cadre paisible et harmonieux. La chapelle, du 12e s., est précédée par un clocher-pignon relié à une tour en silex faisant partie des murailles. La porte d'entrée (fin 15e s.) comporte deux tourelles en brique à curieux toits de lattes de châtaignier en forme d'éteignoir. Également restaurés, une belle grange dîmière et le pigeonnier. Depuis peu, un **Centre d'histoire des ordres de la chevalerie** évoque l'épopée des croisades. Des images,

Les templiers

Cet ordre militaire et religieux fut fondé en 1119 au temple de Jérusalem. Ses membres, vêtus d'un manteau blanc à croix rouge, étaient chargés d'assurer la sécurité des routes et la protection des pèlerins. À cet effet, ils édifièrent, sur les principaux itinéraires, des commanderies fortifiées qui leur servirent de **banques** au 13e s. Les chevaliers et (riches) pèlerins qui partaient pour la croisade laissaient une somme d'argent dans une maison du Temple et, en échange de leur reçu, touchaient l'équivalent (ou presque) à leur arrivée en Terre sainte. Mais le voyage comportait quelques risques, et tous ne parvenaient pas forcément à bon port… Amenés à prêter des fonds aux papes, aux rois et aux princes, les templiers acquirent une richesse et une influence considérables. Au début du 14e s., l'ordre des Templiers compte 15 000 chevaliers et 9 000 commanderies. Il a sa juridiction particulière, ne paie pas d'impôts et relève de la seule autorité du pape. Cette richesse et cette indépendance, en lui créant de nombreux ennemis, causeront sa perte. En 1307, Philippe le Bel obtient du pape que les templiers soient traduits devant des tribunaux spéciaux ; il fait arrêter, le même jour dans toute la France, tous les membres de l'ordre. Le grand maître Jacques de Molay et 140 dignitaires sont emprisonnés dans le château de Chinon. L'année suivante, ils sont transférés à Paris. À la suite d'un procès où ils sont accusés d'avoir renié le Christ en crachant sur la Croix dans les cérémonies d'initiation, 54 d'entre eux, y compris Jacques de Molay, sont brûlés vifs.

des sons et même des odeurs (badiane, anis…) reconstituent le monde des croisés, d'Arville à Jérusalem en passant par Gênes. Le petit jardin médiéval et ses quatre carrés évoquant les quatre éléments cultive plantes médicinales, potagères, des champs et utilitaires. Quelques haies champêtres composent un chemin botanique le long de la rivière.

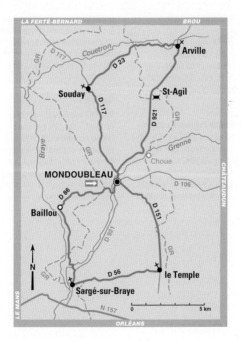

Souday

La nef de l'**église** se prolonge par un intéressant chœur à deux étages, du 16e s. Deux escaliers bordés de rampes en fer forgé, posées en 1838, montent au chœur supérieur, garni de vitraux Renaissance (Passion et Résurrection du Christ). Dans la crypte (11e s.), élégantes voûtes d'ogives retombant sur des colonnes sans chapiteaux. Le croisillon droit est orné de peintures du 16e s. représentant saint Joseph, saint Joachim et quatre scènes de la vie de saint Jean-Baptiste ; sur la voûte figurent les symboles des quatre évangélistes. ☎ 02 54 80 93 18 (mairie) - 9h-18h - possibilité de visite guidée sur demande.

Par la D 117, rejoignez Mondoubleau, puis suivez à droite la D 86 en direction de St-Calais.

Baillou

Sympathique village assis en contrebas d'un grand château des 16e et 17e s. Isolée sur une butte, la ravissante **église** (début du 16e s.) présente un portail Renaissance avec pilastres à rinceaux, surmontés des figures d'Adam et Ève. À l'intérieur, dans le croisillon gauche, un savoureux retable sculpté (1618) évoque la mort de la Vierge entourée des apôtres et du curé donateur, Gaultier. *Sur demande au ℰ 02 54 80 81 67 (Ginette Hémon), ou ℰ 02 54 80 77 08 (office de tourisme) pour visite guidée.*

Prenez au sud la direction Savigny-sur-Braye.

Sargé-sur-Braye

Dans l'**église** St-Martin des 12e et 16e s., aux lambris peints en 1549, ont été dégagées d'intéressantes peintures murales du 16e s. dans la nef (Pietà, saint Martin) et du 14e s. dans le chœur (Christ en majesté, et *Travaux des mois* : remarquez le Janus à trois visages symbolisant janvier). *Sur demande à la mairie ℰ 02 54 72 73 17 - mai-sept. : 8h-18h.*

À l'est, la D 56 rejoint Le Temple.

Le Temple

De la commanderie des templiers il reste une église du 13e s., au clocher trapu et au chevet plat, nichée dans un joli paysage au bord d'une mare.

Au nord, la D 151 vous ramène à Mondoubleau.

Mondoubleau pratique

♿ Voir aussi Vendôme.

Adresse utile

Maison du Perche – *2 r. Bizieux - 41170 Mondoubleau - ℰ 02 54 80 77 08 - tlj sf dim. 9h30-12h30, 15h-18h, merc. 10h-12h - j. fériés, se renseigner.*

Se loger

⌂ **Chambre d'hôte Peyron-Gaubert** – *Carrefour de l'Ormeau - ℰ 02 54 80 93 76 - www.carrefour-de-lormeau.com - fermé oct.-mars - ⊟ - 5 ch. 43/48 € - ⊑ - repas 22 €.* Le propriétaire, également ébéniste et artiste, a réalisé les meubles en bois massif, les dessins et les collages qui emplissent sa belle maison du 17e s. Découvrez sa salle d'exposition avant de gagner votre chambre personnalisée. Table d'hôte (repas végétarien à la demande) et joli jardin… Un lieu insolite et séduisant.

Loisirs

Marché médiéval – *41170 Arville - ℰ 02 54 80 75 41 - 10h-19h.* Le marché se déroule à la commanderie d'Arville chaque dimanche et lundi de Pentecôte. Ambiance moyenâgeuse, artisanat d'art, animations (archers, danseurs, jongleurs, cracheurs de feu, etc.) et gastronomie « comme autrefois ».

Montoire-sur-le-Loir

4 275 MONTOIRIENS
CARTE GÉNÉRALE C2 – CARTE MICHELIN LOCAL 318 C5 – SCHÉMA P. 431 –
LOIRE-ET-CHER (41)

Montoire est baignée par le Loir, qui serpente parmi les vignobles. Les ruines du château des comtes de Vendôme dominent le coteau sud. De Montoire, on se réjouira de ne pas seulement retenir la gare « historique », tristement célèbre, mais aussi les vieilles maisons, le ravissant pont sur le Loir et l'adorable chapelle St-Gilles, ornée de fresques aux superbes couleurs.

- **Se repérer** – À 20 km à l'ouest de Vendôme et 19 km au nord de Château-Renault. Préférez l'arrivée par la D 108 et la petite route qui, venant de Lavardin, longe la rive gauche de la rivière.

- **À ne pas manquer** – Les fresques de la chapelle St-Gilles.

- **Organiser son temps** – Comptez 1h15 pour la ville.

- **Pour poursuivre la visite** – Voir aussi Château-Renault, Lavardin, Mondoubleau, St-Calais et Vendôme.

Comprendre

Sur le chemin de St-Jacques – Une *montoire* était tout simplement une montée, une colline, en (très) ancien français : allusion au coteau qui domine le village. Quant au prieuré St-Gilles, il fut fondé au 7e s. Au 9e s., un *missus dominicus* de Charles le Chauve construit un fort (perché sur la *montoire*) destiné à le protéger des incursions normandes. Les pèlerins se dirigeant vers Tours pour prier sur le tombeau de saint Martin faisaient étape à Montoire, qui se trouvait sur l'un des itinéraires de St-Jacques-de-Compostelle. Les maladreries de Montoire et de Troo furent édifiées à cette époque (12e s.).

L'entrevue de Montoire – Mi-octobre 1940, des convois de soldats allemands firent irruption dans la région et des batteries antiaériennes se postèrent sur les collines. Des patrouilles perquisitionnèrent chez les Montoiriens et installèrent des chevaux de frise sur les routes. L'électricité et le téléphone furent coupés, des cheminots allemands remplacèrent les employés de la SNCF, les habitants des maisons bordant la voie ferrée reçurent l'ordre de fermer leurs volets et de ne plus sortir. Une escadrille de Messerschmitt effraya le bétail dans les champs, deux trains blindés hérissés de canons sillonnèrent la ligne de Vendôme à Tours, Bordeaux, Hendaye (*via* Château-Renault).

Le 22 octobre, Hitler reçut Pierre Laval en gare de Montoire ; en cas d'alerte, son train pouvait gagner le tunnel tout proche de St-Rimay. Le surlendemain (24) se déroula la fameuse entrevue entre le Führer et le maréchal Pétain, au cours de laquelle le mot allemand *Zusammenarbeit* (travail en commun) fut traduit par le mot « collaboration », de sombre mémoire.

Se promener

Château

Il dresse sur un éperon rocheux son donjon à contreforts du 11e s., précédé par une enceinte.

Pont

Vue★ ravissante sur le Loir qui coule entre des saules pleureurs et de vieilles maisons couvertes de glycines.

Maisons Renaissance

Sur la place Clemenceau, deux d'entre elles sont accolées ; la plus grande, avec ses meneaux et ses lucarnes, est aussi la plus ancienne. Rue St-Oustrille, remarquez la maison du « Jeu de quilles » (en référence aux colonnes de sa façade), à l'étonnante souche de cheminée. Rue St-Laurent, façade de l'hôpital Antoine-Moreau (16e s.).

Chapelle St-Gilles★

Empruntez la clé à l'office de tourisme ou au Café de la Paix - 3 € - en saison, visite guidée à 11h et 15h sur demande à l'office de tourisme - ✆ 02 54 85 23 30 - 4 €.
La porte de l'enclos s'ouvre, par une pelouse semée d'ifs, sur l'abside d'une gracieuse chapelle romane, dépendant d'un prieuré bénédictin dont **Ronsard** fut titulaire.

C'est de St-Gilles que Ronsard partit en octobre 1585 pour ses prieurés de Ste-Madeleine de Croixval et Cosme, près de Tours, où il devait expirer deux mois plus tard.

Des **fresques**★★ décorent les trois absides qui, disposées en trèfle, forment le chœur et le transept. Les voûtes des culs-de-four portent chacune un Christ d'époque différente. Le plus ancien (1er quart du 12e s.) est celui de l'abside principale : assis sur l'arc-en-ciel, il porte le livre aux sept sceaux et est entouré de quatre anges et des quatre animaux symboles des évangélistes.

Au croisillon sud, le Christ majestueux (1180) tend les clefs à saint Pierre (effacé) ; il reflète une influence byzantine (plis du vêtement serrés et symétriques). Enfin, le Christ entre les apôtres (début 13e s.), au croisillon nord, évoque la Pentecôte : les attitudes plus tourmentées, les blancs, les ocres et les bleus des nimbes marquent la naissance de l'école locale. Très

S. Sauvignier / MICHELIN

Dans l'abside principale de la chapelle St-Gilles, le Christ de l'Apocalypse.

belles peintures également sur les arcs de croisée, en particulier à l'ouest, le *Combat des Vertus et des Vices.*

Gare – musée des Rencontres

Arrivant par l'est de la ville, la gare historique se trouve sur la droite dans l'avenue de la République, au fond d'un parking - ℘ *02 54 85 23 30 ou 02 54 85 33 42 - ᓂ - avr.-août : tlj sf lun. et mar. 10h-12h, 14h-18h ; sept.-oct. : merc., jeu., vend., sam. 14h-18h - 4 € (-12 ans gratuit).*

Lieu de la fameuse entrevue du 24 octobre 1940 ; le musée des Rencontres évoque l'événement à travers une maquette géante commentée, des photos et séquences filmées d'époque.

Musikenfête

Espace de l'Europe, quartier Marescot - ℘ *02 54 85 28 95 ou 02 5485 35 16 - mars-sept. : tlj sf lun. 10h-12h, 14h-18h ; oct.-déc. : tlj sf lun. 14h-18h - 5,60 € (-14 ans 4 €).*

Dans ce musée-spectacle des musiques traditionnelles, 500 instruments sont mis en scène. Images vidéo et casques audio permettent de les voir et de les entendre. Une nef musicale, réalisée par un musicien français, invite le visiteur à exercer ses talents.

Montoire-sur-le-Loir pratique

ᓂ Voir aussi l'encadré pratique de Vendôme.

Adresse utile

Office de tourisme – *16 pl. Clemenceau - 41800 Montoire -* ℘ *02 54 85 23 30 - avr.-sept. : 10h-12h, 15h-19h, dim. et j. fériés 11h-13h ; oct.-mars : 10h-12h, 15h-17h sf dim. et lun.*

Événements

Le festival **Musiques-sur-Loir** qui régale vos oreilles la 2e sem. de juil. est suivi par le **Festival international de folklore** (danse et musique) où couleurs et exotisme envahissent la rue pendant les huit jours qui précèdent le 15 août.

Montrésor ★

395 MONTRÉSORIENS
CARTE GÉNÉRALE C3 – CARTE MICHELIN LOCAL 317 Q6 – INDRE-ET-LOIRE (37)

Au cœur des gâtines tourangelles, l'Indrois baigne ce village de caractère, son château Renaissance et son église gothique, mais sa fraîche vallée cache encore bien d'autres merveilles, petites et grandes, comme la remarquable Pietà de Nouans ou la chartreuse du Liget. Un village pour les amoureux, en somme…

- ▶ **Se repérer** – À 25 km à l'est de Loches et 23 km au sud de Montrichard. C'est par la route de Loches *(rive gauche)* que vous aurez le plus beau point de vue sur le site et son château. Jolies routes également venant de Genillé (D 10) ou Nouans-les-Fontaines (D 760).

- 👁 **À ne pas manquer** – Le château ; la Pietà de Jean Fouquet et son commentaire enregistré à Nouans-les-Fontaines.

- 🕐 **Organiser son temps** – Comptez 45mn pour la visite libre du château ; 2h pour la découverte de la vallée de l'Indre.

- 👪 **Avec les enfants** – Les activités sportives proposées au lac de Chemillé.

- 🕯 **Pour poursuivre la visite** – Voir aussi Loches, Montrichard et St-Aignan.

Comprendre

Quel trésor ? – Ce nom évocateur a généré des interprétations plus ou moins fantaisistes. L'explication la plus amusante est celle d'un preux chevalier et de son écuyer qui auraient vu un petit lézard couvert de poussière d'or trottiner sur les rochers… Intrigués, les deux hommes fouillent le coteau et découvrent dans une grotte un trésor magnifique. La réalité est tout autre. L'un des premiers seigneurs des lieux était trésorier du chapitre de la cathédrale de Tours, et l'endroit s'appelait tout naturellement *mons thesauri*, c'est-à-dire le mont du Trésorier qui, avec le temps, s'est mué en Montrésor.

Le château de Montrésor domine le cours de l'Indrois.

A. Cassaigne / MICHELIN

Se promener

Dans le bourg, remarquez les halles en bois (halle aux Cardeux) et, le long de la rue principale, le beau logis dit du Chancelier (16ᵉ s.), à échauguettes d'angle, occupé par la mairie. La rue Branicki, qui passe le pont menant du château à l'église, est bordée de plusieurs vieilles demeures dont certaines troglodytiques. Sur la route de Beaumont-Village, vous aurez une vue plongeante sur le château.

Le saviez-vous ?

Le plus illustre personnage du lieu est **Imbert de Bastarnay,** seigneur de Montrésor en 1493, conseiller de plusieurs rois de France et grand-père de Diane de Poitiers. En 1849, le **comte Xavier Branicki** achète le château, qu'il restaure et aménage de fond en comble. Émigré polonais, il accompagna le prince Louis-Napoléon à Constantinople, lors de la guerre de Crimée. Grand financier du Second Empire, il fut l'un des créateurs du Crédit foncier de France (1852).

Château★

☎ 02 47 92 60 04 - de déb. avr. à mi-nov. et vac. de fév. : 10h-18h30 ; reste de l'année : w.-end 14h-18h - 7 € (10-17 ans 5 €).

De la forteresse construite au 11ᵉ s. par Foulques Nerra, on distingue l'enceinte dont il reste de puissants murs jalonnés de tours ruinées ; au centre de l'enceinte, entouré d'un petit parc romantique, se dresse intact le château résidentiel élevé au début du 16ᵉ s. ; sur la façade sud, fenêtres à meneaux, lucarnes à gâble et deux tours à mâchicoulis dominent l'Indrois.

Du rebord de l'enceinte, surplombant la rivière, jolie **vue** sur la vallée et les maisons du bourg.

Intérieur – Depuis le 19ᵉ s., l'ameublement est resté tel que l'a laissé le comte Branicki : trophées de chasse à l'entrée, tableaux de peintres français et polonais, grands bas-reliefs en bois représentant les batailles du roi de Pologne Jean III Sobieski contre les Ottomans (17ᵉ s.), un boudoir orné de primitifs italiens, et de belles pièces d'orfèvrerie ayant appartenu aux rois de Pologne.

Église

Bâtie de 1519 à 1541 dans le style gothique (portail Renaissance), cette collégiale fut fondée par Imbert de Bastarnay. Placé au bas de la nef, le **tombeau des Bastarnay★** porte trois gisants de marbre blanc, le seigneur, son épouse et leur fils, sur un socle décoré des statues des douze apôtres. De la même époque, deux vitraux et les stalles Renaissance, décorées de médaillons et de miséricordes sculptés. Ne manquez pas dans la chapelle du chœur, à gauche, l'Annonciation (17ᵉ s.) de Philippe de Champaigne.

La Corroirie, dépendance fortifiée de l'abbaye du Liget.

Aux alentours

La Corroirie

À 5 km sur la D 760 en direction de Loches. Au creux d'un vallon, apparaît sur la droite, derrière un rideau d'arbres, la silhouette de cette dépendance de l'abbaye, fortifiée au 15ᵉ s. Vers l'ouest se distingue nettement sa porte fortifiée, tour carrée à pont-levis et garnie de mâchicoulis.

Chartreuse du Liget
À 6 km sur la D 760. ℘ 02 47 92 60 02 - 9h-12h, 14h-18h - possibilité de visite guidée (20mn) - 0,50 €.

Un peu plus loin, à l'orée de la forêt de Loches, se dresse, sur la gauche, au bord de la route, le grand mur de la **chartreuse du Liget** ; son majestueux **portail★** du 18ᵉ s. est encadré de communs. L'ampleur impressionnante des bâtiments et la disposition des vestiges donnent une idée de la richesse de l'abbaye avant la Révolution. Fondée à la fin du 12ᵉ s. par Henri II Plantagenêt – roi d'Angleterre – en expiation, dit-on, du meurtre de l'archevêque Thomas Becket – elle fut vendue comme bien national à la fin du 18ᵉ s. et démantelée.

Descendre l'allée centrale.

Devant la maison, sur la gauche, se dressent les ruines de l'église (12ᵉ s.) de style angevin, derrière laquelle subsiste un côté du grand cloître construit en 1787 : sur le mur des cellules, on aperçoit les guichets par où les religieux recevaient leur repas.

Chapelle St-Jean-du-Liget
À 7 km, sur la D 760 prenez le 1ᵉʳ chemin à gauche après avoir dépassé la chartreuse. Visite sur demande au ℘ 02 47 92 60 02.

Curieuse petite chapelle circulaire (12ᵉ s.), isolée en plein champ, où se seraient installés les premiers religieux à la fondation de la chartreuse ; à l'intérieur subsistent de belles fresques romanes, qui sont comme une catéchèse : Dieu s'est fait homme (Arbre de Jessé, la généalogie de Jésus) grâce à une femme (Nativité, Présentation au Temple) et nous a sauvé par sa mort (Crucifixion) et sa résurrection (Saintes femmes au tombeau). La Dormition associe la Vierge au dessein divin. Remarquez les couleurs douces et la sérénité des figures.

Circuit de découverte

VALLÉE DE L'INDROIS★

33 km – environ 2h.

L'Indrois, affluent de l'Indre, a creusé son lit sinueux dans l'argile et la craie de la gâtine de Montrésor. Tout au long de cette vallée aux rives verdoyantes et remarquablement préservées, arbres fruitiers ou vignobles jalonnent les coteaux.

Nouans-les-Fontaines
L'église (13ᵉ s.) de ce village renferme un chef-d'œuvre de l'art primitif : une **Descente de Croix★★**, appelée aussi Pietà de Nouans, grande peinture sur bois (2,36 m sur 1,47 m) dressée derrière le maître-autel. Œuvre de Jean Fouquet, cette Descente de Croix est l'un des plus magnifiques exemples de l'art français de la fin du 15ᵉ s. : les couleurs volontairement neutres, les expressions résignées des personnages et la majesté de leurs attitudes lui confèrent une résonance intemporelle. *Un intéressant commentaire enregistré, payant, peut accompagner votre visite.*

Coulangé
À l'entrée du hameau, en allant vers Montrésor, s'élève le clocher de l'ancienne église paroissiale (12ᵉ s.). Un peu plus loin, de l'autre côté de la rivière, tour ronde et vestige de muraille.

👥 *La D 10 offre ensuite de jolies vues, notamment sur le lac de Chemillé, où il est possible de se baigner, faire du pédalo, pêcher, etc.*

Genillé
Au-delà de Montrésor, par la D 10, Genillé s'étage entre la rivière et le château (fin 15ᵉ s.) à tours d'angle et colombier. Dans l'église, élégant chœur gothique du 16ᵉ s.

St-Quentin-sur-Indrois
À la sortie de ce village magnifiquement situé sur la vallée, la D 10 offre une très belle vue, à gauche, sur la forêt de Loches, avant de rejoindre la vallée de l'Indre à Azay-sur-Indre.

Azay-sur-Indre *(voir Loches)*

Montrésor pratique

♿ Voir aussi Loches.

Adresse utile

Office du tourisme Val d'Indrois-Montrésor – 43 Grande-Rue - 37460 Montrésor - ℘ 02 47 92 70 71 - www.tourisme-valdindrois-montresor.com - de mi-janv. au 24 déc. - horaires d'ouverture, se renseigner.

Montreuil-Bellay★

4 112 MONTREUILLOIS
CARTE GÉNÉRALE B3 – CARTE MICHELIN LOCAL 317 I6 – MAINE-ET-LOIRE (49)

Au bord du Thouet, qui se jette dans la Loire à Saumur, Montreuil-Bellay occupe un **site★** exceptionnel, au contact de l'Anjou et du Poitou. Avec ses berges verdoyantes, ses vieilles ruelles, ses maisons anciennes, son enceinte, son austère château et ses portes fortifiées, Montreuil-Bellay a su conserver un authentique cachet médiéval.

- ▶ **Se repérer** – À 15 km au sud de Saumur (N 147) et 10 km au sud-est de Doué-la-Fontaine. Belles vues sur le château et son église à partir du pont et de la rive gauche de la rivière.

- 👁 **À ne pas manquer** – La rare barbacane et la cuisine médiévale du château ; l'architecture de la collégiale du Puy-Notre-Dame.

- 🕐 **Organiser son temps** – Comptez 2h.

- 👥 **Avec les enfants** – Les démonstrations de traitement de la soie au Puy-Notre-Dame.

- 🕯 **Pour poursuivre la visite** – Voir aussi le château de Brézé, Doué-la-Fontaine, Fontevraud-l'Abbaye et Saumur.

Comprendre

La ville des Bellay – En 1025, le comte d'Anjou Foulques Nerra donne la place à son orgueilleux vassal Berlay, qui en fait une puissante forteresse. Le nom de la ville dérive peut-être de *mons rivuli*, promontoire au-dessus de la rivière, ou de *monasterium*, en référence à un petit monastère, et plus sûrement des Berlay, nom qui évolua en Bellay. Cent ans plus tard, la famille, à l'abri de ses épaisses murailles, ne se prive pas de cabaler contre son suzerain. En 1151, Giraud II Berlay ne capitule devant Geoffroy Plantagenêt qu'au bout d'un an de siège ; le comte d'Anjou détruit alors le donjon qu'il venait de réduire grâce à une véritable bombe incendiaire : un récipient rempli d'huile, scellé, chauffé à incandescence et projeté par un mangonneau.

Lorsque les Plantagenêts deviennent rois d'Angleterre et principaux ennemis du roi de France, les Berlay prennent parti pour leur suzerain direct. Choix malencontreux : Philippe Auguste en profite pour assiéger la forteresse et la démanteler.

Une ardente duchesse – La duchesse de Longueville (1619-1679), sœur de Condé et grande instigatrice de la Fronde, fut exilée par Louis XIV à Montreuil. Un jour, la belle, scandaleuse et toujours ardente poussa son cheval jusqu'au sommet de l'escalier en colimaçon. Mais pour redescendre, ce fut une autre histoire : il fallut endormir la bête affolée. La duchesse finit ses jours trépidants… chez les carmélites.

Découvrir

Château★★

L'extérieur – Devant l'entrée du château s'étend la sympathique place des Ormeaux *(où il est conseillé de se garer)*. La **barbacane**, juste avant les douves, est un vestige du château primitif : elle servait à en protéger l'entrée en recevant les premiers assauts et en y répondant. Ce type de construction, détruit par l'ennemi ou devenu obsolète au fil des siècles, est aujourd'hui fort rare.

Au-delà et sitôt franchie la porte fortifiée apparaît la gracieuse résidence construite au 15e s.

De la cour du château formant terrasse, belles vues sur l'église, le château et le parc qui descend par paliers jusqu'à la rivière.

L'intérieur – ✆ 02 41 52 33 06 - www.chateau-de-montreuil-bellay.fr - visite guidée (1h) juil.-août : 10h-18h30 ; avr.-juin et sept.-oct. : tlj sf mar. 10h-12h, 14h-18h - 7,50 € (enf. 4 €).

La **cuisine médiévale** à plan carré, voûtes d'ogives et cheminée centrale du même type que celle de Fontevraud, remaniée au 15e s., est en parfait état. Potager (18e s.), fourneau à sept foyers chauffé aux braises et batterie de cuisine en cuivre.

Le **logis des chanoines** (15e s.) possède quatre tourelles d'escalier à toit conique qui desservent quatre logis indépendants réservés aux chanoines, comprenant un cellier, des chambres à l'étage et une étuve – sorte de sauna – réservée aux seigneurs.

Dans la **cave voûtée** fut fondée la confrérie des Sacavins. Instituée en 1904 par le propriétaire d'alors, Georges de Grandmaison, la confrérie avait pour mission de faire connaître le vin d'Anjou. Le pressoir à vin, où les grappes étaient directement versées depuis la cour par une trappe, servait encore au début du 20ᵉ s.

Le **château neuf** fut construit au 15ᵉ s. Sa belle tourelle d'escalier est ornée de fenêtres à meneaux aux fausses balustrades délicatement sculptées.

Les pièces habitables, hautes de 7 m, sont meublées ; observez en particulier la salle à manger aux poutres peintes et l'**oratoire** couvert de fresques de la fin du 15ᵉ s. À voir également, la chambre de la **duchesse de Longueville**, le Grand Salon (tapisserie de Bruxelles, armoire marquetée) et le petit salon de musique, avec un splendide bureau du célèbre ébéniste Boulle (1642-1732), en marqueterie de cuivre et d'écaille de tortue.

Le château vu depuis les rives du Thouet.

Collégiale Notre-Dame

Ancienne chapelle du château, construite de 1472 à 1484 et pour le service de laquelle fut fondé un chapitre de quatorze chanoines, elle étonne par son architecture rigoureuse et la puissance de ses contreforts. Dans la nef unique décorée d'une litre funéraire, bandeau noir aux armes seigneuriales. Remarquez, à gauche, l'oratoire privé du seigneur.

Se promener

En sortant du château, prenez à droite la rue du Marché puis la rue du Tertre.

Les Nobis

Sans avoir à franchir la rue qui longe les agréables jardins aménagés sur la rive droite du Thouet, les ruines de l'église St-Pierre (11ᵉ s.), incendiée par les huguenots au 16ᵉ s., se dressent presque dissimulées sous les arbres. Belle abside romane aux chapiteaux sculptés. À côté subsistent les deux ailes du cloître du prieuré des Nobis (17ᵉ s.).

Remontez par les escaliers St-Pierre et poursuivez à droite.

Maison Dovalle

69 r. Dovalle. Cette demeure date du 16ᵉ s. Sa façade a été remaniée au 18ᵉ s. Le logis doit son nom au poète romantique **Charles Dovalle** (1807-1829), mort en duel, dont l'œuvre posthume fut publiée sous le titre *Le Sylphe*. Mais seule la préface de Victor Hugo lui a survécu.

Si l'on poursuit sur la rue Dovalle, on atteint rapidement à gauche les splendides vestiges d'une longue section de **muraille médiévale★**. Par un chemin herbu, on rejoint ainsi la **porte St-Jean** du 15ᵉ s., qui s'ouvre entre deux tours à bossages.

Entrer dans la rue principale, rue Nationale (fermée à l'autre extrémité du bourg par la porte Nouvelle).

Aux alentours

Ancienne abbaye d'Asnières

7,5 km au nord-ouest par la D 761 et à droite vers Cizay. ℘ 02 41 67 04 70 - visite guidée (30mn) sur demande juil.-août : tlj sf mar. 14h-i8h30.
Ces ruines romantiques, au nord de la forêt de Cizay, constituaient jadis un important **monastère** fondé au 12ᵉ s. Projetant ses voûtes gracieuses, délicatement nervurées, le **chœur★** offre, avec celui de l'église St-Serge d'Angers, le plus parfait spécimen de l'art gothique angevin. Dans la chapelle de l'abbé, beau Christ du 14ᵉ s.

Le Puy-Notre-Dame

7 km à l'ouest par la D 77. Au Moyen Âge, on venait de toute la France y vénérer la ceinture de la Vierge, relique rapportée de Jérusalem au 12ᵉ s. Saint Louis et Louis XI s'y rendirent en pélerinage. Au 13ᵉ s., la vaste **collégiale★** actuelle, avec son clocher à flèche de pierre, orné d'une baie moulurée où niche une très belle statue de la **Vierge** (16ᵉ s.), remplace l'église d'une taille plus modeste.
À l'intérieur, les trois nefs de même hauteur s'élancent avec majesté ; dans le chœur gothique particulièrement orné, remarquez le tracé des liernes *(voir p. 74)* auxquelles s'ajoutent des nervures supplémentaires, les tiercerons ; derrière le maître-autel, intéressantes stalles sculptées du 16ᵉ s.
Musée de la Soie vivante – 👥 Situé au cœur du village, ce musée invite à découvrir les mystères du cocon. Démonstration du dévidage d'un cocon et tissage de la soie sur un métier Jacquard. *10 r. Jules-Raimbault - ℘ 02 41 38 28 25 - ♿ - visite guidée (1h15) mai-oct. : 10h-12h, 14h-18h, lun. et dim. 14h-18h - 4,50 € (enf. 3 €).*

Montreuil-Bellay pratique

Adresse utile

Office de tourisme – *Pl. du Concorde - 49260 Montreuil-Bellay - ℘ 02 41 52 32 39 - www.ville-montreuil-bellay.fr - de mi-juin à fin août : 9h30-13h, 14h-19h, dim. et j. fériés 10h-13h, 14h-17h ; horaires basse saison, se renseigner ; fermé nov.-fév.*

Se loger

⊖ **Camping Les Nobis** – *Les Nobis - ℘ 02 41 52 33 66 - campinglesnobis@ yahoo.fr - ouv. 25 mars-16 oct. - réserv. conseillée - 165 empl. 21 € - restauration.* Au pied des remparts du château, ce terrain verdoyant de 4 ha bénéficie d'une situation agréable sur les bords du Thouet. Location de mobile homes, nombreuses animations en été.

⊖⊖ **Demeure des Petits Augustins** – *Pl. des Augustins - ℘ 02 41 52 33 88 - www.les-petits-augustins.com - fermé nov.-mars - 3 ch. 58 € ⌷.* Cet hôtel particulier du 17ᵉ s. inscrit aux Monuments historiques constitue une étape élégante au cœur de Montreuil-Bellay. Calme et mobilier ancien dans les chambres.

Se restaurer

⊖ **Hostellerie Saint-Jean** – *432 r. Nationale - ℘ 02 41 52 30 41 - fermé vac. de fév., dim. soir et lun. - 14,50/38 €.* Ce restaurant convivial aménagé dans une maison du 16ᵉ s. séduira les becs-fins amateurs d'histoire. Sa décoration champêtre quelque peu médiévale et ses menus classiques à prix doux cultivent en effet une atmosphère qui n'est pas sans évoquer celle du château à ses heures les plus gourmandes.

⊖⊖ **La Grange à Dîme** – *R. du Château - ℘ 02 41 50 97 24 - fermé vend. de nov. à mars - réserv. conseillée - 20 €.* Coiffée d'une très belle charpente en carène de bateau renversée, cette grange à dîme du 15ᵉ s. offre un cadre de choix pour goûter les fouées, petits pains cuits au feu de bois à garnir de savoureuses spécialités de la région.

Que rapporter

Champignonnière St-Maur - Cave vivante du champignon – *1 r. du Château, Sanziers - 49260 Le Puy-Notre-Dame - ℘ 02 41 40 36 47 - http://troglo.champi. free.fr - mars-oct. : 10h-12h, 14h-18h.* Ces ex-carrières de tuffeau (16ᵉ s.) sont aujourd'hui exploitées pour la culture du champignon (pleurotes, champignons de Paris, shii-takés, etc.) et la conservation du vin. Visite de la champignonnière, petit musée évoquant l'histoire de ces caves et la vie troglodyte, chapelle d'images et art populaire du monde souterrain. Vente de champignons frais.

Montrichard ★

3 624 MONTRICHARDAIS
CARTE GÉNÉRALE C3 – CARTE MICHELIN LOCAL 318 E7 – LOIR-ET-CHER (41)

Adossé au pied de sa forêt, Montrichard (prononcez Mont Trichard) domine le Cher, affluent de la Loire. Visiteurs pressés, montez au sommet du donjon : vous découvrirez une petite ville médiévale, aux maisons de tuffeau serrées contre son église, un pont et la très riante vallée du Cher. Évidemment, vous aurez manqué les caves, de mousseux ou de champignons, les vestiges de Thésée, les châteaux du Gué-Péan et de Montpoupon. Mais puisque vous êtes pressés…

- ▶ **Se repérer** – À 35 km au sud de Blois, 45 km à l'est de Tours et 32 km au nord-est de Loches. Si possible, abordez la ville par sa rive gauche et la jolie D 17, venant de Chenonceaux ou de St-Aignan.

- 👁 **À ne pas manquer** – Le panorama depuis le haut du donjon ; la ville souterraine creusée dans la roche à Bourré.

- 🕑 **Organiser son temps** – Comptez 1h pour la ville, 2h pour les environs.

- 👫 **Avec les enfants** – Les reconstitutions miniatures d'une ville souterraine à Bourré et le parcours-découverte « Sur la piste de l'enfant Roy » au château de Montpoupon.

- 🕯 **Pour poursuivre la visite** – Voir aussi Amboise, Blois, le château de Chenonceau, Loches, Montrésor, Pontlevoy et St-Aignan.

Ph. Gajic / MICHELIN

Le donjon carré se dresse sur le rebord du plateau, en surplomb du Cher.

Comprendre

Donjon et fortifications – Montrichard doit son donjon à Foulques Nerra *(voir p. 65)* qui édifia, au début du 11ᵉ s., le premier château en bois et en pierre, pour protéger la vallée du Cher de l'armée des comtes de Blois. En 1188, Philippe Auguste délivre cette place forte ainsi que toute la Touraine, du joug des Anglais. Une enceinte est alors construite autour de la ville. Au 16ᵉ s., les guerres de Religion conduiront au démantèlement du château.

Le triste mariage de Jeanne de France – C'est à Montrichard que Louis XI marie sa fille Jeanne avec le futur Louis XII. La fiancée a 12 ans, elle est laide et contrefaite, et n'inspire guère Louis d'Orléans, que le roi a contraint à ce mariage. Conscient que sa fille ne pourrait avoir d'enfant, Louis XI voulait ainsi éteindre la descendance de la branche d'Orléans, qui avait toujours difficilement accepté l'autorité royale. Mais l'histoire devait déjouer ces calculs machiavéliques : lorsque, en 1498, le fils de Louis XI, Charles VIII, meurt accidentellement à Amboise, il ne laisse pas d'héritier, ses fils étant morts prématurément ; c'est Louis d'Orléans, le plus proche parent du roi, qui portera la couronne sous le nom de Louis XII. Or, selon le testament de Charles VIII, le nouveau roi doit épouser sa veuve, la belle et encore jeune Anne de Bretagne. Aussitôt répudiée, Jeanne se retire à Bourges où elle fonde l'ordre de l'Annonciade.

Se promener

Donjon★

☎ 02 54 32 05 10 - mai-sept. : 10h-19h ; avr. : w.-end et j. fériés 10h-12h, 14h-18h - 5 € (enf. 3 €) - de fin juil. à mi-août : spectacle de légendes et féerie 16h30 - 10 € (7-12 ans 6 €) - spectacle nocturne 22h - 15 € (enf. 8 €). Élevé vers 1010 par Foulques Nerra, rebâti en pierre et renforcé d'une deuxième enceinte en 1109, puis d'une troisième en 1250, le donjon fut rasé à « hauteur d'infamie » (c'est-à-dire abaissé d'environ 4 m) par Henri IV en 1589 pour avoir un temps été aux mains des ligueurs.

Les **musées du donjon** évoquent le passé archéologique et l'histoire de la ville et de ses environs.

Très beau **panorama★★** sur la ville et la vallée du Cher.

Église Ste-Croix

Ancienne chapelle seigneuriale bâtie au pied du donjon, au sommet des Grands Degrés Ste-Croix, dont la façade est ornée de belles arcatures romanes. Ici fut célébré en 1476 le mariage de **Jeanne de France**, fille de Louis XI, et du jeune duc d'Orléans son cousin. L'été : 15h-17h ; basse saison, sur demande au ☎ 02 54 32 00 80 (presbytère).

Maisons anciennes

Les alentours du donjon et de l'église Ste-Croix méritent amplement une promenade, avec leurs maisons médiévales et leurs façades Renaissance. À voir notamment, l'**hôtel d'Effiat**, rue Porte-au-Roi (fin 15e-début 16e s.), qui présente un décor gothique et quelques éléments Renaissance ; il abrita au 16e s. Jacques de Beaune, baron de Semblançay, trésorier d'Anne de Bretagne, puis de Louise de Savoie, mère de François Ier. L'hôtel a gardé le nom de son dernier propriétaire, le marquis d'Effiat, qui en fit don (1719) à la ville pour y installer un hospice.

Ph. Gajic / MICHELIN

À l'angle de la rue du Pont et de la rue Nationale, remarquez la **maison de l'Ave-Maria** ou « maison à trois pignons » (16e s.), aux poutres finement sculptées. En face de celle-ci, les Petits Degrés Ste-Croix mènent à des demeures troglodytiques.

Un peu plus loin, à l'angle de la rue du Prêche, s'élève la façade de pierre de la **maison du Prêche**, du 12e s.

Caves Monmousseau

71 rte de Vierzon - ☎ 02 54 32 35 15 - www.monmousseau.com - ⚐ - visite guidée (45mn) de déb. avr. à mi-nov. : 10h-18h ; reste de l'année : lun.-vend. 10h-12h, 14h-17h - fermé 23 déc.-5 janv. - 2,75 € (12-18 ans 1,22 €).

Maisons anciennes à pans de bois.

Ces caves, réparties dans 15 km de galeries souterraines, présentent les techniques ancestrales, par opposition aux techniques modernes de la méthode de dom Pérignon.

Église N.-D.-de-Nanteuil

Sur la route d'Amboise. Haute église gothique au portail flamboyant, elle a gardé ses absides romanes ornées de chapiteaux sculptés. La nef, étroite et haute, est couverte de voûtes angevines. Remarquez, à gauche de la façade, l'escalier droit qui monte à la chapelle curieusement bâtie par Louis XI à l'étage : à l'intérieur de l'église, un autre escalier y donne accès, tandis que le rez-de-chaussée sert de porche.

La Vierge de Nanteuil fait l'objet d'un pèlerinage très ancien, le lundi de la Pentecôte.

Aux alentours

Depuis l'époque romaine, l'homme a creusé ici d'impressionnantes galeries souterraines dont la pierre (le tuffeau, aussi appelé pierre de Bourré) a été utilisée dans bien des constructions. Les carrières peu à peu abandonnées sont exploitées soit en caves à vin, soit en **champignonnières**.

Bourré
4 km à l'est. La route serpente entre la rive droite du Cher et la falaise.

Caves champignonnières des Roches – *℞ 02 54 32 95 33 - visite guidée (1h) du w.-end de Pâques à mi-nov. : 10h-11h, 15h-17h (en début et fin de saison, se renseigner)- 6 € (-14 ans 4 €) - prévoir vêtements chauds - possibilité de combiner visites champignonnières et ville souterraine (2h) - 10 € (-14 ans 6 €).*
Ces caves se visitent à la lueur de lampes de mineurs. Le visiteur découvre le monde étrange et silencieux de la culture des champignons : à 50 m sous terre s'épanouissent les pleurotes, les shii-takés, les pieds-bleus et les champignons de Paris ; possibilité de dégustation.

La ville souterraine★ – *Champignonnières des Roches. Mêmes conditions de visite que les caves champignonnières des Roches.*
Vivante reproduction d'une place de village avec l'église, la mairie, l'école : un chien pousse une porte, la maîtresse de maison guette à sa fenêtre, sur l'appui, les sabots attendent le promeneur… Le tout figé dans la pierre et dans le temps !

Thésée
10 km à l'est par la D 176. Un peu avant le bourg se dressent, en bordure de route, les importants vestiges de l'antique *Tasciaca*. Située sur la voie romaine de Bourges à Tours, elle tira sa prospérité de la fabrication et du commerce de céramiques entre le 1er et le 3e s. L'ensemble, dit des « Maselles », s'étendait sur les communes actuelles de Thésée et de Pouillé ; il est construit en calcaire tendre du pays et présente un appareillage de petits moellons disposés horizontalement ou en arêtes de poisson, ainsi que des arases et des chaînages d'angle en brique.

Musée archéologique – *Parc du Vaulx-St-Georges - ℞ 02 54 71 00 88 - juil.-août : tlj sf mar. 14h-18h ; du sam. de Pâques à fin juin : w.-end et j. fériés 14h-18h - 3 € (enf. 1,50 €).*
Aménagé dans les locaux de la mairie (ancienne propriété viticole du 18e s., au milieu d'un magnifique parc de 7 ha), il rassemble les produits des fouilles effectuées sur le sanctuaire *(fanum)* et les nombreux fours de potiers mis au jour de part et d'autre du Cher. Ex-voto, statuettes, monnaies, bijoux, fibules, céramiques sigillées ou communes renseignent sur les coutumes religieuses et domestiques des anciens riverains.

Château du Gué-Péan
13 km à l'est par la D 176 puis la D 21. Ne se visite pas.
Retirée dans un vallon aux pentes boisées, cette demeure de plaisance bâtie aux 16e et 17e s. a cependant gardé le plan des châteaux féodaux ; ses trois corps de bâtiment, cantonnés de quatre grosses tours rondes, encadrent une cour fermée ; les douves sèches entourent l'ensemble, franchies par un pont de pierre. La décoration est recherchée, comme celle de la plus haute tour (les trois autres sont inachevées), coiffée d'une cloche d'ardoise, aux mâchicoulis délicatement sculptés. Rythmés d'arcades et d'élégantes baies encadrées de pilastres, les ailes et les pavillons sont couronnés de toits à la française.

Château de Montpoupon★
12 km au sud de Montrichard par la D 764 - ℞ 02 47 94 21 15 - www.montpoupon. com - visite guidée (1h) avr.-sept. : 10h-12h, 14h-18h ; oct.-déc. et fév.-mars : w.-end et j. fériés 10h-12h, 14h-16h - fermé 25 déc. - 7 € (7-15 ans 4,50 €).
De la forteresse du 13e s., il ne reste que les tours ; le corps de logis, à fenêtres à meneaux et gâbles de style gothique flamboyant, fut bâti au 15e s. L'ensemble, vu de la route, a fière allure. On visite quelques pièces du logis, dont la belle « chambre du Maréchal », ainsi que l'intérieur du châtelet.

Le **musée du Veneur** recrée la vie quotidienne du gentilhomme-chasseur et tout ce que la vénerie implique : l'entretien de la forêt, l'élevage, les métiers d'art qui gravitent autour de la chasse (facteurs de trompes de chasse, sellerie, maréchalerie, tenues d'équipages, fabrication de boutons de livrée…). L'histoire du Rallye Montpoupon, qui chassa de 1873 à 1949, est largement évoquée.

Les **communs★** offrent un précieux témoignage de la vie dans un château il y a un siècle. Plusieurs appartements sont reconstitués avec des meubles du château. La cuisine, avec son fourneau et sa batterie de cuivre, servait encore en 1978 ; ne manquez pas la **lingerie** avec ses vêtements délicats (19e s.), ornés de dentelles et de fins plissés.

Les **écuries** qui accueillent encore des chevaux conservent quelques voitures à cheval et des harnachements anciens.

Montrichard pratique

Voir aussi l'encadré pratique du château de Chenonceau.

Adresse utile

Office de tourisme – *1 r. du Pont - 41400 Montrichard -* 🕿 *02 54 32 05 10 - www. officetourisme-montrichard.com - juin-sept. : 9h-19h ; avr.-mai : 9h-12h, 14h-18h, dim. 10h-12h ; oct.-mars : lun.-vend. 9h30-12h, 14h30-18h - fermé 1er janv., 25 déc.*

Se loger et se restaurer

⊖⊖ **Hôtel Bellevue** – *24 quai de la République -* 🕿 *02 54 32 06 17 - contact@ hotel-le-bellevue41.com - 29 ch. 72/92 € -* ⊏⊐ *9,50 € - rest. 16/55 €.* Hôtel bien nommé : la plupart des chambres offrent en effet une vue panoramique sur le Cher. Chambres anciennes, en attente d'une rénovation. Au restaurant, belles boiseries, baies vitrées tournées sur la riante vallée et cuisine traditionnelle.

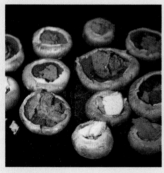

Galipettes farcies.

S. Sauvignier / MICHELIN

⊖⊖ **Chambre d'hôte Manoir de la Salle du Roc** – *69 rte de Vierzon - 41400 Bourré -* 🕿 *02 54 32 73 54 - 5 ch. 60/110 € -* ⊏⊐. Élégant manoir construit à flanc de coteau, entouré d'un parc avec orangerie, bassins, pièces d'eau, statues et roseraie. Les chambres sont somptueuses. À savoir : le propriétaire ouvrira peut-être sa bibliothèque personnelle aux passionnés de littérature…

Sports & Loisirs

Promenade en bateau sur le « Léonard de Vinci » – *Quai du Cher - 41400 Montrichard -* 🕿 *02 54 75 41 53 - www.ldv-bateau.com - juil.-août : dép. à 15h et 17h ; de mi-avr. à mi-oct. : w.-end et j. fériés dép. à 15h et 17h - 9 € (enf. 5,50 €)- durée 1h1/2.* Promenade de Montrichard à Bourré.

France Montgolfières – *24 r. Nationale - 41400 Montrichard -* 🕿 *02 54 32 20 48 - www.france-montgolfière.com.* Lieux de rendez-vous : Chenonceau, Amboise et Loches – remise de diplôme à l'arrivée – possibilité de repas à bord de la nacelle (à l'aube et au crépuscule).

Visite

Distillerie Girardot – *Fraise « Or » - 62 rte de Tours – 41400 Chissay-en-Touraine -* 🕿 *02 54 32 32 05 - magasin ouvert tte l'année - visite guidée (1h) du w.-end de Pâques à fin sept. : 15h-18h - 4,50 €.* Une adresse en or que cette distillerie transmise de père en fils depuis le début du 20e s. La maison produit plus de 15 liqueurs que l'on peut, bien sûr, déguster sur place. À la belle saison, visite des caves de tuffeau avec explication des procédés de fabrication.

Orléans★

112 500 ORLÉANAIS (AGGLOMÉRATION : 263 292)
CARTE GÉNÉRALE D2 – CARTE MICHELIN LOCAL 318 I4 – LOIRET (45)

Avec Tours et Angers, Orléans, capitale régionale du Centre, ancienne capitale de la France médiévale, est l'une des trois grandes villes du Val de Loire. Amateurs de châteaux, vous serez déçus : Orléans n'en possède aucun… mais cette grande ville, marquée par le souvenir de Jeanne d'Arc, son héroïne, vous offrira bien des consolations. À commencer par sa cathédrale, sa vieille ville, la belle rue Royale et ses façades classiques, mais aussi son exceptionnel musée des Beaux-Arts, à voir ou à revoir ; et enfin ses jardins, ses parcs et ses pépinières.

- **Se repérer** – À 1h15 de Paris (130 km) et de Tours (115 km) par l'A 10. Entre la Beauce et la Sologne, elle conserve encore de larges étendues de sa forêt avoisinante.

- **Se garer** – Plusieurs parkings souterrains bien signalés sont accessibles en centre-ville notamment autour de la cathédrale et de la place du Martroi.

- **À ne pas manquer** – Les boiseries de la cathédrale ; les collections du musée des Beaux-Arts ; en saison, les iris du Parc floral ou les magnolias, cornus et bruyères de l'arboretum des Grandes Bruyères.

- **Organiser son temps** – Comptez 1/2 journée pour la ville, un peu plus pour les environs.

- **Avec les enfants** – La visite guidée du musée des Beaux-Arts *(1er dim. du mois à 15h30, sf en été)*, les activités proposées à l'office de tourisme et les loisirs de l'île Charlemagne *(voir Orléans pratique)*.

- **Pour poursuivre la visite** – Voir aussi la basilique de Cléry-St-André, Châteaudun, Châteauneuf-sur-Loire, La Ferté-St-Aubin, Meung-sur-Loire, Pithiviers et la Sologne.

Comprendre

Une capitale – Le pays carnute était considéré par les Gaulois comme le cœur de la Gaule… Chaque année s'y tenait la grande assemblée des druides (rappelez-vous Panoramix, dans *Astérix et les Goths*…). Et c'est fort logiquement à Orléans, ou plutôt *Cenabum*, que fut donné le signal de la révolte contre l'occupation de Jules César, en 52 av. J.-C.

La cité gallo-romaine élevée sur l'emplacement des ruines gauloises fut pillée en juin 451 par les Huns d'Attila, chassés grâce à l'intervention de saint Aignan… et des Romains. En 498, la ville est prise par Clovis. L'importance militaire et religieuse de la ville s'accroît. En 987, Robert le Pieux, fils d'Hugues Capet, y est sacré roi et le comté d'Orléans est rattaché à la couronne. Aux 10e et 11e s., Orléans représente, avec Paris et Chartres, l'un des trois pôles de la monarchie capétienne ; y naît une université dont la notoriété dépasse les frontières.

A. Cassaigne / MICHELIN

Longtemps prospère grâce à la Loire, Orléans est aujourd'hui la capitale de la région Centre.

Un siège mémorable – En pleine guerre de Cent Ans, Orléans joue encore un rôle primordial, avec le **siège de 1428-1429**. Dès le début du 15ᵉ s., la défense d'Orléans est organisée pour parer à toute offensive anglaise. L'enceinte de la ville comprend 34 tours et se divise en six secteurs défendus par six groupes de 50 hommes. Par ailleurs, tous les habitants participent à la défense commune soit en combattant, soit en travaillant à l'entretien des murs et des fossés. Au total, près de 10 000 hommes sont mobilisés sous le commandement du gouverneur de la place, Raoul de **Gaucourt**, et de ses capitaines.

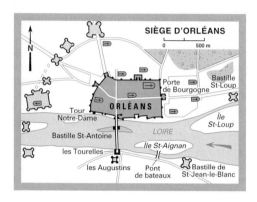

Pendant l'été 1428, le comte de **Salisbury**, commandant l'armée anglaise, a balayé les places fortes françaises se trouvant sur la route de la Loire, coupant ainsi le fleuve en aval d'Orléans. Son armée se compose de 400 **lances** auxquelles s'ajoutent 1 200 archers recrutés en France, soit en tout plus de 5 000 hommes. Au Moyen Âge, le terme « lance » était un collectif qui comprenait l'homme d'armes combattant avec sa lance, le coutillier (soldat armé d'une épée pointue, nommée coutille), le page, le valet ; une lance était ainsi composée de dix cavaliers sans compter les gens de pied. Quatre cents lances formaient donc un corps d'au moins quatre mille hommes.

Les combats débutent le 17 octobre par un pilonnage avec « bombardes et gros canons », mais la ville est encore reliée au sud par un pont enjambant la Loire, défendu par le fort des Tourelles. Le 24 octobre, les Anglais s'en emparent. Alors qu'il inspecte les lieux, Salisbury est mortellement blessé par un boulet de canon parti, croit-on, de la tour Notre-Dame. Les défenseurs renforcent la bastille St-Antoine. Pour se protéger à leur tour, les assiégeants établissent une puissante levée de terre devant les tourelles.

Orléans est désormais à peu près coupée du reste du royaume. Le 8 novembre, le gros des troupes anglaises regagne Meung-sur-Loire, emportant la dépouille de leur chef. Les Orléanais en profitent pour raser les faubourgs afin d'empêcher l'ennemi de s'y abriter. Quant aux assiégeants, ils entourent la place d'une série de tranchées commandées par des fortins. Les deux camps s'installent dans une guerre d'usure ponctuée par des escarmouches devant les portes. Quelques faits d'armes remontent périodiquement le moral des assiégés, comme les prouesses et les ruses d'un redoutable couleuvrinier, Jean de Montesclerc. Deux bombardes, appelées l'une « Rifflart » et l'autre « Montargis », deviennent de véritables vedettes par leur puissance de feu et leur portée. Mais, en février 1429, le ravitaillement commence à manquer, et une partie de la garnison quitte la place. Les Anglais sont bien près de la victoire. Seul Dunois reste optimiste.

Métier : couleuvrinier

Sous Charles VII, les couleuvriniers n'étaient pas des hommes d'armes, mais des artisans qui avaient la charge de ce petit canon à longue portée, très efficace. Les couleuvriniers étaient revêtus d'un haubergeon (petite cotte de mailles descendant à mi-cuisses) à manches, d'un gorgerin et d'une salade ; ils étaient en outre armés d'une dague.

L'intervention de Jeanne d'Arc – Au mois d'avril 1429, Jeanne d'Arc (voir p. 65), partie de Blois avec l'armée royale, n'a pu rejoindre la ville ; les eaux du fleuve sont trop grosses, et l'armée doit rebrousser chemin. La Pucelle continue seule, avec quelques compagnons : le 29 avril, elle fait son entrée par la porte de Bourgogne, acclamée par la foule tandis qu'elle lance son célèbre ultimatum aux Anglais : « Rendez à la Pucelle ci envoyée de par Dieu les clefs de toutes les bonnes villes que vous avez prises et violées en France… Je suis ci venue de par Dieu le roi du Ciel, corps pour corps, pour vous bouter hors de toute France » (cité par Jean Favier).

Le 4 mai, l'armée royale, que Dunois avait rejointe, attaque la bastille St-Loup sans avoir averti Jeanne qui décide une sortie à l'improviste, bannière en tête, et force la victoire. Le 6 au matin, elle commande elle-même l'assaut contre la bastille des Augustins. Là encore, sa hardiesse désarçonne les Anglais en train de talonner les troupes françaises battant en retraite. Cette victoire accroît sa popularité.

Jeanne reprend l'offensive le 7, contre l'avis du gouverneur. S'élançant elle-même en première ligne à l'assaut des Tourelles, elle reçoit un carreau d'arbalète qui lui transperce l'épaule. Dunois propose de remettre l'assaut au lendemain. Mais Jeanne repart de nouveau, son étendard à la main : « Tout est vostre et y entrez ! » s'écrie-t-elle. Galvanisés, les Français déferlent sur la défense anglaise obligée d'abandonner les Tourelles. Au même moment, ceux qui étaient restés à l'intérieur de la ville se ruent sur le pont. La garnison anglaise, repliée dans son fortin, est prise entre deux feux et se rend.

Le 8 mai et le 18 juin… – Le dimanche 8 mai, les Anglais se retirent des dernières bastilles et lèvent le siège : Jeanne, victorieuse, reçoit un triomphe à Orléans. La délivrance d'Orléans par Jeanne d'Arc désorganisait les plans des Anglais qui pensaient que le pont sur la Loire leur permettrait de faire la jonction avec les troupes stationnées dans le Centre et le Sud-Ouest depuis le traité de Brétigny en 1360.

Quelque temps plus tard, le 18 juin, les troupes françaises remportent la bataille de Patay.

Le saviez-vous ?

👁 Jules César l'appelle *Cenabum,* dans ses *Commentaires*, sans que l'on sache d'où vient *cena*. Plus tard, au 3ᵉ s., la cité était connue sous le nom d'*Aurelianum*, la « ville d'Aurélien » sans rapport avec l'empereur du même nom…

👁 L'écrivain **Georges Bataille** (1897-1962), auteur de *L'Expérience intérieure* et *Le Bleu du ciel*, y fut bibliothécaire.

Se promener

Une atmosphère presque « versaillaise » imprègne le cœur de la ville, avec sa vaste place du Martroi, les arcades élégantes de la rue Royale, les façades 18ᵉ s. et 19ᵉ s. de ses immeubles et hôtels particuliers. Mais quelques pas encore vous mèneront dans le vieil Orléans, souvent piétonnier, avec ses ruelles animées et leurs maisons médiévales ou Renaissance, jusqu'en bord de Loire.

Place du Martroi (E1)

C'est un peu le symbole de la ville avec sa statue de Jeanne d'Arc par Foyatier (1855). Son nom viendrait du mot latin *martyretum* qui désignait au 6ᵉ s. l'emplacement d'un cimetière chrétien. Dans le parking souterrain, en empruntant l'accès piétonnier, on peut voir les vestiges de la porte Bannier.

À l'angle ouest de la rue Royale, ancien **pavillon de la Chancellerie (E1 X)**, édifié en 1759 par le duc d'Orléans pour y abriter ses archives.

Hôtel Groslot (hôtel de ville) (E1)

Bâti en 1550 pour le bailli d'Orléans, Jacques Groslot, c'est une vaste demeure Renaissance, en brique rouge et losanges contrastés (agrandissements et remaniements au 19ᵉ s.). Admirez les délicats rinceaux des piliers de l'escalier et les deux portes entourées de cariatides. Logis des rois de passage à Orléans (Charles IX, Henri III et Henri IV), François II y mourut après avoir ouvert en 1560 les états généraux. Il avait 16 ans. Ses salons de style Renaissance sont en visite libre *(sauf samedi et réceptions du maire)*.

Par la rue d'Escures, gagnez à l'arrière le **jardin public** où a été transportée la façade (15ᵉ s.) de la chapelle St-Jacques. En face du jardin public s'alignent les **pavillons d'Escures**, demeures bourgeoises du début du 17ᵉ s.

La **place Ste-Croix (E1)**, bordée de demeures du 17ᵉ s. en brique et pierre sur une rangée d'arcades, fut tracée vers 1840. Au sud de la place, une statue de bronze représente la Loire tenant dans les plis de sa robe de beaux fruits du Val.

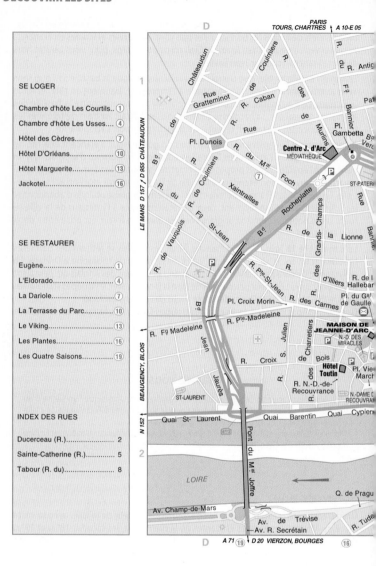

L'**hôtel des Créneaux (E2)** fut hôtel de ville du 16e s. à 1790 (façade du 15e s., ♿ illustration p. 328).

Rue de Bourgogne (E/F2)

Principal axe est-ouest de la cité gallo-romaine, cette rue commerçante a été aménagée pour une grande part en secteur piétonnier. On y remarque de vieilles façades, comme au n° 261, cette maison du 15e s., en pierre et surmontée d'un pignon à colombages. La rue passe devant la **préfecture**, ancien couvent bénédictin du 17e s.

En face, rue Pothier, la façade de la **salle des Thèses (E2)**, en fait la bibliothèque du 15e s., demeure le seul vestige de l'université d'Orléans où, en 1528, **Jean Calvin**, propagateur de la Réforme, étudia le droit.

Collégiale St-Pierre-le-Puellier (E/F2)

La collégiale romane (12e s.), **centre d'exposition** permanent, se dresse dans un vieux quartier aux rues piétonnes - ☎ 02 38 79 24 85 - ♿ - mar.-vend. 10h-12h30, 13h30-18h, w.-end 14h-18h - fermé j. fériés - gratuit.

Port ?

Au temps de Sully, les bords de Loire connaissaient une bruyante animation : Orléans était un grand port de transbordement par où étaient acheminées vers Paris les marchandises venues des Pays de Loire et du Massif central. Le trafic voyageurs, intense, desservait Nantes en six jours.

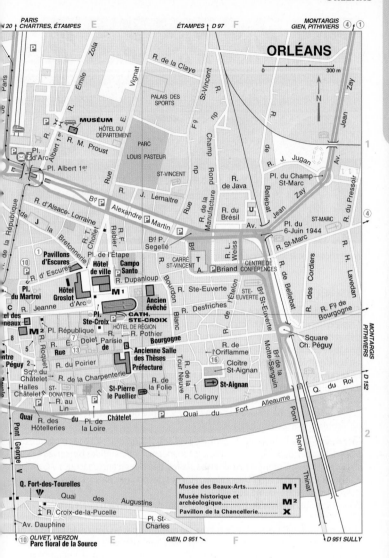

Le **quai du Châtelet (E2)** étire au bord de la Loire sa longue promenade ombragée.

Rue Royale (E)

Bordée d'arcades, cette belle voie fut percée vers 1755, en même temps que l'on construisait dans son prolongement le pont Royal **(pont George-V)**, en remplacement du pont médiéval qui, 100 m en amont, était dans l'axe de la rue Ste-Catherine, rue principale de la ville moyenâgeuse ; il eut un grand rôle lors du siège des Anglais en 1429.

À droite de la maison et des deux façades Renaissance qui lui font suite, passer sous une arche pour pénétrer dans le square Jacques-Boucher. Isolé dans le jardin, le **pavillon Colas-des-Francs**, gracieux bâtiment Renaissance et ancien « comptoir », présente, au rez-de-chaussée, une salle d'archives et, à l'étage, une pièce où l'on entreposait l'argenterie.

Quai Fort-des-Tourelles (E2)

Sur la rive gauche du fleuve. Empruntez le pont George-V. Devant une petite place où se dresse une statue de Jeanne d'Arc, une croix commémorative et une inscription, sur la muraille qui borde la Loire, rappellent qu'à cet emplacement s'élevait au 15e s. le fort des Tourelles. À cet endroit débouchait alors le pont sur le fleuve. Belle **vue★** d'ensemble sur la ville.

Ancien hôtel de ville, l'hôtel des Créneaux se signale par son abondante et riche décoration.

Visiter

Cathédrale Ste-Croix★★ (E1)

Crypte en travaux. La construction, commencée à la fin du 13ᵉ s. et poursuivie jusqu'au début du 16ᵉ s., fut en partie détruite par les protestants en 1586. Henri IV, en témoignage de gratitude pour la ville qui s'était ralliée à lui, entreprit sa reconstruction dans un style gothique composite. Les travaux se poursuivirent aux 18ᵉ et 19ᵉ s.

La **façade** compte trois grands porches surmontés de rosaces, elles-mêmes coiffées d'une galerie ajourée. La pierre y est travaillée avec une extrême finesse ; à la base des tours, les escaliers extérieurs en colimaçon, sculptés à jour, flanquent chaque angle. Le **porche**, de très vastes dimensions, abrite quatre statues gigantesques, qui représentent les évangélistes.

Intérieur – Dans la chapelle du centre de l'abside, magnifique Vierge en marbre de Michel Bourdin (début 17ᵉ s.), sculpteur né à Orléans. De splendides **boiseries★★** du début du 18ᵉ s. décorent le chœur et les stalles. Réalisées d'après Jacques V Gabriel, elles sont l'œuvre de Jules Degoullons, l'un des décorateurs de Versailles et l'auteur des stalles de Notre-Dame de Paris.

Dans la **crypte**, vestiges de trois édifices qui ont précédé la cathédrale actuelle, ainsi que deux sarcophages, dont celui de l'évêque Robert de Courtenay (13ᵉ s.) qui a fourni les éléments les plus précieux du **trésor**. Ne manquez pas les deux médaillons en or (11ᵉ s.) décorés d'émaux cloisonnés de style byzantin, à l'origine plaques d'ornement des gants de l'évêque d'Orléans pour les cérémonies et processions, les objets d'orfèvrerie du 13ᵉ s., les peintures de Claude Vignon et de Jean Jouvenet (17ᵉ s.).

Flanc nord et chevet – Au pignon du croisillon nord, grande rosace portant, au centre de ses rayons, la devise de Louis XIV. À ses pieds, des fouilles ont mis au jour la base des murailles gallo-romaines.

Le **chevet** présente des arcs-boutants très ajourés, avec leur forêt de pinacles. Il est visible du jardin de l'ancien évêché, édifié au 17ᵉ s., devenu bibliothèque municipale.

Campo Santo – À gauche de la moderne école des Beaux-Arts, gracieux portail Renaissance. Sur le flanc nord du même bâtiment, le jardin rectangulaire est bordé de galeries à arcades du 16ᵉ s. (expositions). Il s'agit d'un ancien cimetière, installé ici hors les murs dès le 12ᵉ s.

Musée des Beaux-Arts★★ (E1 M¹)

Pl. Ste-Croix - ℘ 02 38 79 21 55 - www.orleans.fr - tlj sf lun. 9h30-12h15, 13h30-17h45, dim. et j. fériés 14h-18h30 - possibilité de visite guidée (2h30) - fermé 1ᵉʳ janv., lun. de Pâques, 1ᵉʳ et 8 Mai, lun. de Pentecôte, 14 Juil., 1ᵉʳ et 11 Nov., 25 déc. - 3 € (enf. gratuit), 1ᵉʳ dim. du mois : gratuit et visite guidée adaptée aux enfants (dès 6 ans) à 15h30 (sf en été), billet combiné avec le Musée historique et archéologique.

La richesse et la diversité des collections du musée le placent parmi les premières collections publiques françaises. Peintures, sculptures et objets d'art offrent un vaste panorama de la création en Europe du 16ᵉ au 20ᵉ s.

Au **2ᵉ étage**, on a un superbe aperçu des écoles italienne, flamande et hollandaise : œuvres du Corrège (*La Sainte Famille*), du Tintoret (*Portrait d'un Vénitien*), d'Annibal Carrache (*Adoration des bergers*), de Van Dyck (*Tête de vieil homme*), de Téniers et de Ruysdael (*Le Troupeau sur la passerelle*). Quelques peintures allemandes et anglaises complètent ces collections ainsi qu'un superbe *Saint Thomas* par Vélasquez.

Le **1ᵉʳ étage** est consacré à la peinture française des 17ᵉ et 18ᵉ s. Le mouvement de la Contre-Réforme inspire aux artistes de vastes compositions religieuses : *La Salutation angélique* de Jean Restout, la série des Apôtres par Fréminet, le *Triomphe de saint Ignace* par Claude Vignon. Le goût du clair-obscur transparaît dans *Saint Sébastien soigné par Irène*, de l'atelier de Georges de La Tour. L'art du Grand Siècle est encore illustré par l'un des rares tableaux mythologiques des frères Le Nain, *Bacchus et Ariane*, et l'*Astronomie* de La Hire. Provenant du château de Richelieu, un étonnant cycle des *Quatre Éléments* de Claude Deruet, déborde de grâce et de fantaisie. Une **série de portraits** du 18ᵉ s. permet d'admirer Mᵐᵉ de Pompadour par François-Hubert Drouais, *Le Graveur Moyreau* par Nonotte, des œuvres de Largillière ; notes de fraîcheur avec les paysages d'Hubert Robert (*Paysage avec tour en ruine, Le Lavoir*), de Boucher (*Le Moulin de Quiquengrogne à Charenton*) et le surprenant *Singe sculpteur* attribué à Watteau.

Le **cabinet des Pastels** conserve des œuvres du 18ᵉ s. de Charles Coypel, Valade, Nattier, Quentin de La Tour. Ne manquez pas le superbe *Autoportrait aux bésicles* de Chardin.

Les salles du 19ᵉ s., à l'entresol, permettent de suivre l'évolution des styles depuis le néo-classicisme (Guérin, Gérard…) jusqu'à Gauguin, en passant par le romantisme (Delacroix, Cogniet, Dauzats, Huet), le réalisme (l'Orléannais Antigna) et le pré-impressionnisme (Daubigny, Boudin). De nombreuses sculptures complètent ce panorama.

Au sous-sol, la collection d'**art moderne** se distingue par l'importance de la sculpture : Rodin, Maillol, Bourdelle, Malfray, Gaudier-Brzeska. Des peintures de Gromaire, Asselin, Soutine, Kisling ou Kupka rendent compte de l'art au début du 20ᵉ s., tandis que la période contemporaine regroupe des toiles de Hélion, Le Gac, Garouste, Monory, Debré ou Jan Voss.

Une salle est consacrée à Max Jacob et à ses amis Picasso, Marie Laurencin, Roger Toulouse.

Musée historique et archéologique★ (E2 M²)

Pl. Abbé-Desnoyers - ✆ 02 38 79 21 55 - www.musees.regioncentre.fr - juil.-août : tlj sf lun. 9h30-12h15, 13h30-17h45, dim. 14h-18h30 ; mai-juin et sept. : tlj sf lun. 13h30-17h45, dim. 14h-18h30 ; oct.-avr. : merc. 13h30-17h45, dim. 14h-18h30 - possibilité de visite guidée (1h30) - fermé 1ᵉʳ janv., 1ᵉʳ et 8 mai, 14 Juil., 1ᵉʳ et 11 Nov., 25 déc. - 3 € (enf. gratuit), gratuit 1ᵉʳ dim. du mois, billet combiné avec le musée des Beaux-Arts.

Il occupe l'élégant **hôtel Cabu** (1550), à côté d'une autre façade Renaissance.

Au rez-de-chaussée, le **trésor gallo-romain★** de Neuvy-en-Sullias (*31 km à l'est d'Orléans*) probablement enfoui au 3ᵉ s. Cet ensemble exceptionnel, découvert en 1861, se compose de statues expressives, de statuettes à caractère cultuel, de sangliers et d'un cheval en bronze.

Au 1ᵉʳ étage, consacré au Moyen Âge et à la période classique, sculptures provenant de Germigny-des-Prés et de St-Benoît-sur-Loire, pièces anciennes évoquant Jeanne d'Arc (tapisserie allemande du 15ᵉ s., bannière des fêtes de Jeanne d'Arc au 17ᵉ s.) et céramiques.

Le 2ᵉ étage présente un étonnant mobilier de style Renaissance, une salle consacrée à Jeanne d'Arc (peintures et objets décoratifs des 19ᵉ et 20ᵉ s.), une autre consacrée à la marine de Loire.

Centre Charles-Péguy (E2)

11 r. du Tabour - ✆ 02 38 53 20 23 - visite musée et cour intérieure juin-sept. : 14h-18h ; reste de l'année : tlj sf w.-end 14h-18h - fermé j. fériés - 2 € billet combiné avec la maison de Jeanne d'Arc, gratuit 2ᵉ dim. du mois.

Le Centre occupe l'ancien **hôtel Euverte-Hatte**, qui fut élevé sous Louis XII. Remarquez ses fenêtres rectangulaires à meneaux, encadrées de frises gothiques, et, dans la cour, la jolie galerie à arcades Renaissance.

Charles Péguy (1873-1914)

Né à Orléans, Péguy fut le fondateur des *Cahiers de la quinzaine* (1900). Poète et polémiste, il défendit le dreyfusisme, le socialisme humanitaire, le patriotisme, la foi catholique. À plusieurs reprises, il revint sur la vie de Jeanne d'Arc, lui consacrant un long drame en 1897, puis *Le Mystère de la charité de Jeanne d'Arc* (1910), *La Tapisserie de sainte Geneviève et de Jeanne d'Arc* (1912) et *La Tapisserie de Notre-Dame* (1913), son testament littéraire. Péguy fut tué au début de la bataille de la Marne, à Villeroy, le 5 septembre 1914.

La bibliothèque est consacrée à Péguy, son œuvre et son environnement littéraire, politique et sociologique. Le musée expose manuscrits, lettres, photographies, affiches, souvenirs, etc.

Maison de Jeanne d'Arc★ (D2)

3 pl. de Gaulle - 02 38 52 99 89 - www.jeannedarc.com.fr - mai-oct. : tlj sf lun. 10h-12h30, 13h30-18h ; nov.-avr. : tlj sf lun. 13h30-18h - fermé 1er janv., 1er Mai, 1er nov., 25 déc. - 2 € billet combiné avec musée Charles-Péguy, gratuit 2e dim. du mois.

Sa haute façade à colombages tranche sur la place moderne du Général-de-Gaulle, dans ce quartier dévasté par les bombardements de 1940. C'est la copie de la maison de Jacques Boucher, trésorier du duc d'Orléans, où Jeanne fut logée en 1429. Au 1er étage, le montage audiovisuel raconte la levée du siège d'Orléans par Jeanne d'Arc, le 8 mai 1429. Des reconstitutions de costumes de l'époque et de machines de guerre complètent l'exposition.

Centre Jeanne-d'Arc (D1)

Médiathèque d'Orléans, 1 pl. Gambetta - 02 38 65 45 33 - www.jeannedarc.com.fr - tlj sf lun., dim. et j. fériés 10h-12h, 14h-18h - possibilité de visite guidée (15mn), demande préalable recommandée - gratuit.

Ce **centre** met à la disposition de tous, Orléanais ou visiteurs, une cinémathèque, une bibliothèque, des microfilms et une photothèque regroupant tout ce qui a été dit, écrit ou filmé sur Jeanne d'Arc.

Muséum★ (E1)

6 r. Marcel-Proust. 02 38 54 61 05 - 14h-18h - fermé 1er janv., 1er et 8 Mai, 1er nov., 25 déc. - 3 € (-16 ans gratuit), gratuit 3e dim. du mois.

Le Muséum, d'abord à vocation scientifique et culturelle, tient également compte des réalités locales et régionales. Au rez-de-chaussée, des expositions temporaires sont régulièrement organisées. Sur quatre étages, rencontres avec le monde marin, les écosystèmes aquatiques, les reptiles et batraciens, les vertébrés supérieurs, la minéralogie, la géologie, la paléontologie et la botanique (au dernier étage : serres tempérées et tropicales). En même temps, les ateliers scientifiques expliquent différentes techniques (aquariologie, naturalisation, géologie…). Audiovisuel, informatique et bibliothèque sont à la disposition du public.

Hôtel Toutin (D2)

Ne se visite pas.

Construit en 1540 pour Toutin, valet de chambre du fils de François Ier. Dans la courette bordée d'une double galerie d'arcades Renaissance, revêtues de vigne vierge, statue de François Ier.

Aux alentours

Artenay

20 km au nord, par la N 20. À l'entrée de ce gros village beauceron, remarquez le rare moulin-tour à toiture tournante (19e s.).

Musée du Théâtre forain – *Quartier du Paradis - 02 38 80 09 73 - www.musee-theatre-forain.fr - juin-sept. : 10h-12h, 14h-18h ; oct.-mai : 14h-17h - possibilité de visite guidée (1h15) - fermé mar., 2e et 4e w.-end du mois, 1er janv., 1er Mai, 14 Juil., 15 août, 1er et 11 Nov., 25 déc. - 3 € (-18 ans gratuit), gratuit 1er dim. du mois.*

Installé dans une ferme beauceronne, ce musée évoque les théâtres démontables qui sillonnaient les petites villes et les villages au 19e s., et jusqu'au début des années 1970. Des décors, marionnettes, affiches, costumes reconstituent la vie familiale, professionnelle et sociale des comédiens ambulants. Une petite salle de spectacle (130 places) accueille des troupes qui ont conservé l'esprit du théâtre forain. Dans la bergerie, deux salles sont consacrées à la paléontologie locale.

Arboretum des Grandes Bruyères à Ingrannes★

À 30 km à l'est, entre la D 921 et la D 343. 02 38 57 12 61 - de fin mars au 1er nov. : dim. et j. fériés 10h-18h, lun.-sam. sur RV - fermé à Pâques, dern. semaine de juil. et 1re sem. d'août - 10 € (5-12 ans 5 €) - chiens non admis.

Au cœur de la forêt d'Orléans, ce remarquable parc de 5 ha créé en 1972 réunit des plantes issues des trois climats tempérés des hémisphères nord et sud, et dispose ses arbres selon leur origine géographique. Pour préserver le milieu naturel, aucun herbicide, engrais ou moyen chimique n'est utilisé. Cornouillers, magnolias, roses anciennes et bruyères constituent les quatre grandes collections du lieu. Après le jardin à la française, la visite se poursuit dans le vaste parc à l'anglaise aux allées gazonnées sinuant entre les massifs, un lac, un étang, avant de conduire au labyrinthe, au jardin de roses et au potager (culture biologique).

Circuit de découverte

LA LOIRE BLÉSOISE★★

D'Orléans à Blois – 84 km – environ 6h. Sortir d'Orléans par l'avenue Dauphine (sud du plan).
Pépinières et roseraies se succèdent de chaque côté de la route. Franchir le Loiret, entre ses rives boisées.

Olivet

Agréable villégiature campée sur les berges du Loiret (pêche et canotage), bordée de belles résidences et de vieux moulins. La plus grande partie des champs d'Olivet, tout comme les autres faubourgs d'Orléans situés entre Loire et Loiret, est plantée de fleurs (pépinières de rosiers ou de plantes d'ornement).

Promenade des Moulins – *Circuit de 10 km environ depuis le sentier des Prés sur la rive droite du Loiret vers l'ouest, et retour par les sentiers de la rive gauche.*
Treize vieux moulins jalonnent la rivière au long de cette charmante promenade ombragée ; barques et bancs attendent les promeneurs, cygnes et canards sillonnent les eaux tranquilles *(itinéraire et informations disponibles à l'office de tourisme d'Olivet).*
Dans Olivet, prenez la D 14 (vers l'est) qui mène au parc floral de la Source.

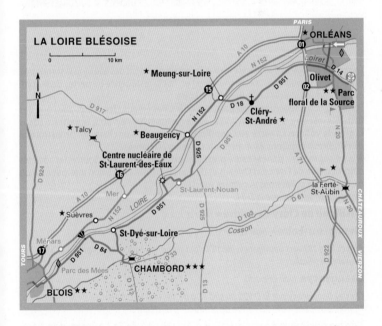

Parc floral de la Source★★

Av. du Parc-Floral - ✆ 02 38 49 30 00 - www.parc-floral-la-source.fr - de la dernière sem. de mars à la 1re sem. d'oct. : 10h-19h ; reste de l'année : 14h-17h (dernière entrée 1h av. fermeture) - fermé 1er janv., 25 déc. - 4 €, parc et serre 6,70 € (6-16 ans 2,50 €, 4,60 €) - petit train de déb. mai à mi-sept. : apr.-midi ttes les h ; reste de l'année : se renseigner - 2 €.
Cette magnifique promenade, agencée sur une superficie de 35 ha, constitue une véritable vitrine de l'horticulture orléanaise, offrant au jardinier amateur une instructive variété de plantations : massifs symétriques, rocailles, bosquets, arbustes persistants, arbustes fleuris.
Au printemps fleurissent les massifs de tulipes, de narcisses, puis les iris, les rhododendrons et les azalées ; un jardin contemporain a été créé pour mettre en valeur l'exceptionnelle **collection d'iris**★ (plus de 900 variétés, dont une partie plantées en dégradé de bleus, comme les flots d'une mer). De mi-juin à mi-juillet floraison des rosiers ; en juillet et août, c'est au tour des plantes estivales ; en septembre a

lieu la seconde floraison des rosiers, avant celle des dahlias et, pour finir, celle des chrysanthèmes, présentés dans le hall des expositions.

Le **miroir**★, bassin semi-circulaire, ménage une belle perspective sur le château et la délicate « broderie Louis XIII » qui orne sa pelouse.

Le jardin des iris offre au printemps une superbe composition.

La **source du Loiret**★ se manifeste par un bouillonnement des eaux (on la surnomme d'ailleurs le « bouillon ») ; cette source est en fait la résurgence de pertes de la Loire qui se produisent près de St-Benoît-sur-Loire.

Parmi les hôtes sédentaires du parc, des grues, des émeus, des daims, ainsi que des flamants roses sur le Loiret. On voit aussi des petits échassiers (ibis, aigrettes…) dans la **grande volière**. La **serre aux papillons** présente dans un charmant jardin tropical de nombreux papillons exotiques aux couleurs éclatantes.

À la mi-septembre, dans le cadre prestigieux du parc floral de la Source, les sociétés d'horticulture de France, d'Orléans et du Loiret organisent le Salon international du fuchsia et des collections végétales spécialisées.

Reprenez en sens inverse la D 14.

Basilique de Cléry-St-André★ *(voir ce nom)*

Meung-sur-Loire★ *(voir ce nom).*

Prenez la N 152 vers Beaugency, bientôt dominé par les tours de la centrale de St-Laurent-des-Eaux.

Beaugency★ *(voir ce nom).*

Quittez Beaugency par la D 925 au sud et, à droite, la D 951. À l'entrée de St-Laurent-Nouan, prenez la route du Centre de production nucléaire.

Centre nucléaire de production d'électricité de St-Laurent-des-Eaux

☏ 02 54 45 84 84 - *une visite commentée du Centre d'information permet de découvrir le nucléaire de manière pédagogique et ludique (panneaux, maquettes, films) - lun.-sam. sur réservation - gratuit.*

Situé sur une presqu'île baignée par la Loire, le CNPE se compose de quatre unités de production. La centrale produit 4 milliards de kWh par an, soit 2,7 % de la production nationale et 90 % de la consommation annuelle des six départements de la région Centre. À proximité sont installées des serres alimentées par les rejets d'eau chaude.

St-Dyé-sur-Loire

La ville garde de son passé florissant : le mur d'enceinte (13e s.) surplombant le quai de la Loire, les maisons basses dans la rue de **Chambord** et de belles demeures (15e, 16e et 17e s.), où résidaient les ouvriers et maîtres d'œuvre. La quantité considérable de matériaux destinée à la construction du château de Chambord transita par le port de St-Dyé.

L'**église** (16ᵉ s.), au puissant clocher-porche, conserve les tombeaux de saint Déodat (ou Dyé, ermite et fondateur de la cité au 6ᵉ s. selon la tradition) et de son compagnon, saint Beaudemir, ainsi que, dans le chœur, une inscription révolutionnaire.

Possibilité de visite guidée de l'église et du village sur demande - ℘ 02 54 81 65 45 (office du tourisme de St-Dyé-sur-Loire)- de Pâques au 1ᵉʳ nov. : tlj sf lun. 10h-12h, 14h-18h - 4 € (-14 ans gratuit)

La **Maison de la Loire**, installée dans l'hôtel Fontenau du 17ᵉ s., abrite l'office de tourisme, des expositions sur le milieu ligérien, dont l'exposition permanente « St-Dyé, port de Chambord » - ℘ 02 54 81 68 07 - tlj sf w.-end 10h-12h, 13h30-17h30 - fermé les 2 dern. sem. de déc. - 2,50 €.

Par la D 112ᴬ, on pénètre dans le domaine de Chambord (vitesse réglementée).

Château de Chambord★★★ *(voir ce nom)*

Par la D 84 et Montlivault, on retrouve la Loire.

Par la route de la levée, très belles **vues★** sur un paysage verdoyant : magnifiques plantations de peupliers, de champs d'asperges, de tulipes et de glaïeuls. Sur la rive nord se profilent le château de Ménars, Blois avec sa basilique, sa cathédrale et son château.

Blois★★ *(voir ce nom)*

Orléans pratique

Adresse utile

Office de tourisme – *2 pl. de l'Étape - 45056 Orléans Cedex 1 - ℘ 02 38 24 05 05 - www.tourisme-orleans.com - juil.-août : 9h-19h, dim. 10h-13h ; juin et sept. : tlj sf dim. 9h-13h, 14h-19h ; avr.-mai : tlj sf dim. 9h30-13h, 14h-18h30 ; reste de l'année : tlj sf dim. 10h-13h, 14h-18h.*

Transport

Circulation – Orléans dispose d'un important réseau de bus et la ligne A de son tramway traverse le centre-ville du nord au sud, reliant la gare de Fleury-les-Aubrais à Orléans-La Source. Le long de cette ligne, des « Parcs relais » permettent de rejoindre le centre-ville après avoir garé son véhicule. Une solution si l'on veut éviter les ralentissements de circulation que peuvent créer les travaux d'aménagement de la ligne B du tram qui, en 2010, reliera d'est en ouest, St-Jean-de-Braye à La Chapelle-St-Mesmin.

Visite

Orléans en petit train – *Se renseigner au ℘ 02 38 24 05 05.* Un petit train touristique circule au cœur de la ville (1h) : dép. pl. Ste-Croix devant la cathédrale.

Visite guidée de la ville – *Se renseigner au ℘ 02 38 24 05 05 - www.tourisme-orleans.com.*

Se loger

⊖ **Chambre d'hôte Les Courtils** – *R. de l'Ave - 45430 Chécy - 10 km à l'E d'Orléans par N 460 - ℘ 02 38 91 32 02 ou 06 88 26 22 14 - www.les-courtils.com -*✉*- 4 ch. 52 € -* ⊑*. Cette ravissante maison de village regarde la Loire. Étoffes fleuries, tons beige et blanc cassé, tomettes solognotes, meubles anciens et modernes*

Tramway d'Orléans.

J. Puyo / Ville d'Orléans

personnalisent les chambres portant des noms de plantes grimpantes. Petit jardin avec terrasse.

⊖⊖ **Hôtel Marguerite** – *14 pl. du Vieux-Marché - ℘ 02 38 53 74 32 - hotel.marguerite@wanadoo.fr - fermé 22-30 déc. - 25 ch. 48/58 € -* ⊑ *6 €. Entrée rénovée, couloirs refaits, insonorisation renforcée et literie neuve : cet hôtel central améliore progressivement son confort. Chambres spacieuses et simples.*

⊖⊖ **Jackotel** – *18 cloître St-Aignan - ℘ 02 38 54 48 48 - fermé dim. midi et j. fériés midi -* 🅿 *- 61 ch. 52/56 € -* ⊑ *6 €. Dans la vieille ville, proche des bords de Loire, cet hôtel profite du calme de la très jolie place du cloître St-Aignan, plantée de marronniers. Les chambres meublées simplement sont confortables et fonctionnelles.*

⊖⊖ **Hôtel d'Orléans** – *6 r. Adolphe-Crespin - ℘ 02 38 53 35 34 - 18 ch. 66/70 € -* ⊑ *7 €. Deux bâtiments disposés autour d'une cour et reliés entre eux par la salle* des petits-déjeuners. Les chambres, sobres et pratiques, sont régulièrement entretenues.

⊖⊜ **Chambre d'hôte Les Usses** – *145 r. du Courtasaule - 45760 Marigny-les-Usages - 12 km au NE d'Orléans dir. Pithiviers par N 152 - ℘ 02 38 75 14 77 - www.france-bonjour.com/marigny/ - ⊞ - 3 ch. 50/55 € - ⊑. Une étape vraiment nature…* Le calme règne dans cette maison paysanne de 1850 entourée d'un charmant jardin. Les chambres au mobilier de bois sont plaisantes et le petit-déjeuner se prend dans l'ancienne écurie habillée de pierre et de bois. Pour prolonger le plaisir, deux gîtes disponibles.

⊖⊜⊟ **Hôtel des Cèdres** – *17 r. Mar.-Foch - ℘ 02 38 62 22 92 - contact@hoteldescedres.com - fermé 24 déc.-4 janv. - 34 ch. 85/92 € - ⊑ 8 €.* Situation paisible pour cet hôtel qui dispose de chambres plus ou moins grandes, rénovées par étapes. La véranda des petits-déjeuners ouvre sur le jardin planté de cèdres.

Se restaurer

⊖ **Le Viking** – *233-235 r. de Bourgogne - ℘ 02 38 53 12 21 - www.viking-resto.com - fermé dim. et lun. - réserv. conseillée le soir - 11,90/39,90 €.* Une adresse incontournable que ce restaurant à la devanture bordeaux proposant une cuisine traditionnelle, crêpes et spécialités de galettes « gastronomiques ». Le cadre est « cosy » et les produits utilisés sont cent pour cent frais.

⊖⊜ **Les Plantes** – *44 r. Tudelle - ℘ 02 38 56 65 55 - fermé 10 j. en fév., août, sam. midi, dim. soir et lun. - réserv. conseillée - 17/41 €.* Pas facile de dénicher ce petit restaurant situé sur la rive gauche de la Loire, à deux pas du pont George-V. L'intérieur est très « cosy » avec ses tons jaune et saumon, ses tableaux et ses photogravures. Au menu : cuisine ligérienne et spécialités de poissons.

⊖⊜ **La Dariole** – *25 r. Étienne-Dolet - ℘ 02 38 77 26 67 - fermé 1er-7 avr., 4-26 août, 23-28 déc., merc. midi, sam. et dim. - réserv. conseillée - 20/32 €.* Cette vieille maison à colombages (15e s.) située à deux pas de la cathédrale abrite une pimpante salle à manger rustique où l'on sert une goûteuse cuisine personnalisée. Petite terrasse d'été sur l'arrière.

⊖⊜ **Eugène** – *24 r. Ste-Anne - ℘ 02 38 53 82 64 - fermé 1er-10 mai, 1er-16 août, 26 déc.-3 janv., sam. midi, lun. et dim. - 23/32 €.* Qu'importe la taille du restaurant lorsque l'assiette est aussi bonne : c'est ce que vous direz après avoir savouré la délicieuse cuisine d'Alain Gérard qui marie avec succès recettes au goût du jour et touches méridionales.

⊖⊜ **La Terrasse du Parc** – *Av. du Parc-Floral - 45100 La Source - ℘ 02 38 25 92 24 - fermé dim. soir, lun. et le soir du 1er nov. au 31 mars - 18/26 €.* Grâce à sa terrasse et aux grandes baies vitrées de sa salle à manger, ce restaurant bénéficie d'une vue privilégiée sur le parc floral. Délicieuse cuisine au goût du jour.

⊖⊜ **L'Eldorado** – *10 r. Marcel-Belot - 45160 Olivet - ℘ 02 38 64 29 74 - eldorado45@wanadoo.fr - fermé vac. de fév., 31 juil.-16 août, lun. et mar. - 24 € déj. - 32/43 €.* La charmante terrasse dressée au bord du Loiret et un joli jardin qui dégringole jusqu'à la rivière sont les deux atouts de cette ex-guinguette. Sobres salles à manger.

⊖⊜⊟ **Les Quatre Saisons** – *351 r. de la Reine-Blanche - 45160 Olivet - ℘ 02 38 66 14 30 - www.les-quatre-saisons.com - fermé dim. soir et lun. - réserv. conseillée en été et le w.-end - formule déj. 28 € - 29/41 € - 7 ch. 75 € - ⊑ 10 €.* Au bord du Loiret, bel établissement bourgeois dont les chambres portent chacune le nom d'un peintre. Au restaurant, les deux barques suspendues au plafond témoignent du passé du lieu, tour à tour guinguette et hangar à bateaux. Cuisine raffinée.

Faire une pause

Les Musardises – *38 r. de la République - ℘ 02 38 53 30 98 - tlj sf dim. apr.-midi et lun. 8h-19h30 - fermé août et 1er janv.* Cette boutique richement décorée vous invite à découvrir ses superbes pâtisseries et sa trentaine de bonbons de chocolat tels le Cyrano ou les Pavés de Loire, pâtes de fruits au coing, à la fraise ou à la griotte. Le nom de certains gâteaux laisse rêveur : entre le Soleil, l'Éclat et le Paradis, difficile de choisir…

Plisson – *4 r. du Tabour - ℘ 02 38 53 59 25 - plisson.patissier@wanadoo.fr - tlj sf dim. 8h-19h30 - fermé 1 sem. en fév., 1 sem. à Pâques et 3 sem. en août.* M. Plisson propose des macarons aux saveurs originales : fraises déglacées au vinaigre d'Orléans, confit de pétales de roses, compotée de poire et de gingembre, etc. Le Loiret gourmand est quant à lui fourré d'une crème de semoule au Cointreau et garni d'abricots poêlés au beurre, de griottes et de pistaches. À découvrir également : belles viennoiseries, énormes meringues…

En soirée

La Chancellerie – *27 pl. du Martroi - ℘ 02 38 53 57 54 - tlj sf dim. 7h-1h.* Café-restaurant de standing tenu par la famille Erta depuis 1957. Spécialité : les bons vins. L'un des deux frères a été Premier Sommelier de France (en 1973-1974). Terrasse sur la place du Martroi. Clientèle d'hommes d'affaires et lieu de rendez-vous des Orléanais.

Que rapporter

Les halles Châtelet – *Pl. du Châtelet - tlj sf dim. apr.-midi et lun. 8h-19h, sam. 7h-19h, dim. et j. fériés 8h30-12h30.*

Pillette – *Espace commercial Émile-Zola - ℘ 02 38 53 83 20 - www.pillettetraiteur. com - mar.- jeu. 9h-12h30 et 16h-19h, vend.-*

sam. 9h-13h et 15h30-19h15, dim. 9h-12h.
L'activité de ce traiteur est essentiellement
tournée vers l'extérieur et les réceptions,
mais il dispose aussi d'une boutique et
d'un espace restauration. Les habitants du
quartier profitent ainsi de son savoir-faire
et ne boudent pas leur plaisir devant les
hors-d'œuvre, terrines, tripes à la mode de
Caen, pâtés en croûte ou foies gras
préparés avec soin par ce Meilleur Ouvrier
de France 1982.

Martin Pouret – *236 fg Bannier - 3 km au
N d'Orléans - 45400 Fleury-les-Aubrais -
℘ 02 38 88 78 49 - www.martin-pouret.
com - tlj sf w.-end 8h-12h, 13h30-17h30 -
fermé j. fériés.* Créée en 1797, Martin Pouret
est la dernière maison en France à
perpétuer la traditionnelle fabrication en
tonneaux du vinaigre de vin d'Orléans et
celle de la moutarde d'Orléans, graines
broyées à la meule de pierre, selon une
recette remontant à 1580.

Sports & Loisirs

Base de loisirs de l'Île-Charlemagne –
*Levée de la Chevauchée - 45650 St-Jean-le-
Blanc - ℘ 02 38 51 92 04 - tlj.* Baignade (de
mai à août), location de planches à voile,
catamarans, dériveurs et kayaks, beach-
ball, water-polo et circuits VTT. Des
plaines de jeux équipées, du basket ou du
minifoot raviront vos enfants. Après
l'effort, vous pourrez vous rafraîchir dans
une des 2 buvettes du site.

Sologne – *℘ 02 38 66 12 58.* Croisère-
promenade (1h30) sur le Loiret, à bord du
*Sologne. Dép. mai-oct. 15h30 ; toute l'année
croisère-déjeuner sur demande à partir de
20 personnes.*

**Maison de la nature et
de l'environnement d'Orléans** – *64 rte
d'Olivet - 45100 Orléans - ℘ 02 38 56
69 84 - www.naturalistes.orleanais@
wanadoo.fr.* Centre de documentation et
expositions permanentes sur la nature et
l'environnement en région Centre. Cette
association s'occupe également de
plusieurs sites dont la réserve naturelle de
l'île de St-Pryvé-St-Mesmin et de la
Maison forestière d'Ouzouer-sur-Loire
(observation en direct du balbuzard
pêcheur). Programme annuel de sorties-
nature (gratuites), stages et conférences.

Pithiviers

9 242 PITHIVÉRIENS
CARTE GÉNÉRALE D1 – CARTE MICHELIN LOCAL 318 K2 – LOIRET (45)

Aux confins de la Beauce et du Gâtinais, Pithiviers doit son activité principale aux produits de cette région céréalière et sucrière (sucrerie de Pithiviers-le-Vieil). Feuilleté ou glacé, le savoureux pithiviers, aux arômes d'amande et de rhum, ne peut laisser indifférent. Mais saviez-vous qu'en cette région de Gâtine, on cultive également le précieux safran, que l'on vendait à la fin du 19e s. dans le monde entier ? Que bien souvent ses parcs, ses châteaux, ses églises même s'ornent de roses ? Qu'un extraordinaire musée se consacre tout entier, salles et jardins, à ressusciter l'histoire des parfums ?

- **Se repérer** – À 43 km au nord-est d'Orléans par la N 152 et 100 km au sud de Paris.

- **À ne pas manquer** – Le fameux « pithiviers », fondant glacé aux amandes décoré de fruits confits ou sa version feuilletée, plus récente ; les petites églises typiques du Pithiverais ; l'architecture du château de Bellegarde ; les jardins de Chamerolles.

- **Organiser son temps** – Comptez 1h pour la visite de la ville, une demi-journée pour la découverte du Pithiverais.

- **Avec les enfants** – La promenade en train à vapeur ; les animations (jeux, contes) au château de Chamerolles pendant les vacances scolaires.

- **Pour poursuivre la visite** – Voir aussi Châteauneuf-sur-Loire et Orléans.

Visiter

Musée des Transports

R. Carnot - ℰ 02 38 30 48 26 - www.trains-fr.org - juin-août : w.-end et j. fériés 14h30-17h ; mai et sept. : dim. et j. fériés 14h30-18h - 7 € (enf. 5 €).

Le musée ferroviaire a pu être aménagé par des bénévoles en préservant le terminus des anciens tramways à vapeur du Loiret. Le réseau à voie de 0,60 m construit en 1892 par Decauville – promoteur de ce type d'écartement – acheminait voyageurs et… betteraves de Pithiviers à Toury (32 km à l'ouest) jusqu'en 1951, puis uniquement des betteraves de 1951 à 1964.

La collection réunit plusieurs locomotives à vapeur (dont sept sont classées aux Monuments historiques), deux tramways électriques et un autorail pétroléo-électrique (1923). La plus ancienne locomotive, une Schneider construite en 1870, est en parfait état de marche.

Les visiteurs sont invités à monter en voiture pour un voyage comme à la Belle Époque, de 4,5 km (on ne fournit plus les betteraves) jusqu'au centre de loisirs de Bellebat.

Musée municipal

7 r. de la Couronne - se renseigner au ℰ 02 38 30 00 64 - www. ville-pithiviers.fr - seult lors des expositions temporaires, musée en cours de rénovation et d'agrandissement.

Le 1er étage, surtout, offre une présentation pour le moins originale, parfumant les souvenirs locaux d'un vent d'exotisme *(salle océanienne)*. Une pièce est consacrée aux hommes illustres de la ville, aux origines plus ou moins légendaires des spécialités gourmandes de Pithiviers, au safran, épice et plante tinctoriale dont le Gâtinais de l'ouest fut jadis l'un des premiers producteurs européens.

Aux alentours

Malesherbes

18 km au nord-est par la N 152. Cette petite ville de la haute vallée de l'Essonne est entièrement cernée de bois. La base publique de plein air et de loisirs de **Buthiers** occupe un cadre de forêt et de rochers de grès, rafraîchi par le voisinage de la rivière.

Château – *ℰ 02 38 34 41 02 - www.chateaudemalesherbes.com - de mi-mars à mi-nov. : w.-end et j. fériés 14h30-18h30 - 8 € (-7 ans 6 €).*

Les tours rondes (14e s.) demeurent les seuls vestiges du château féodal, reconstruit au 15e s. pour le grand amiral de Graville.

La cour – Insoupçonnée de l'extérieur, la cour gazonnée du château donne sur les dépendances : granges dîmières (14e s.), où le grain s'accumulait sur quatre étages de planchers, avec sa tour des Redevances, et le pavillon dit « maison de Chateaubriand » en souvenir des séjours qu'y fit l'écrivain. Le pigeonnier (14ᵉ s.), contenant 2 000 bou-lins, pouvait accueillir 8 000 pigeons. La chapelle date du 15ᵉ s.

Intérieur – Au rez-de-chaussée, dans les différents salons remeublés, flotte encore le souvenir d'une famille paisible, à la veille des tourmentes révolutionnaires. On passe, en fin de visite, dans la chambre d'**Henriette d'Entragues** et dans son ora-toire, voûté d'ogives. Qui était-elle ? Henriette de Balzac d'Entragues avait su ravir le cœur d'Henri IV, le Vert Galant, après la mort de l'adorable Gabrielle d'Estrées. Mais ses humeurs changeantes, volontiers belliqueuses, finirent par lasser le roi, et elle dut se retirer dans son château de Malesherbes, où elle passa son temps à tramer d'obscures intrigues. La chapelle abrite le gisant (sculpté par Pierre Bontemps) de Guillaume d'Entragues, grand-père de la belle Henriette.

Malesherbes

Au 18ᵉ s., le château appartient à Guillaume de Lamoignon, chancelier de France, qui fait élever la façade de brique et de pierre. Son fils, connu sous le nom de Malesherbes, est ministre de Louis XVI ; très tolérant, il favorise l'introduction et la diffusion en France de l'*Encyclopédie*. Retiré des affaires publiques depuis quatre ans, il sollicite en 1792 l'honneur de défendre le roi devant la Convention, assisté de Tronchet et de De Sèze. Son courage lui vaudra plus tard d'être guillotiné, en compagnie de sa fille et de son gendre ; dans la même « charrette », l'une de ses petites-filles, avec son mari le marquis de Chateaubriand, frère aîné de l'écrivain.

Circuit de découverte

LE PITHIVERAIS

95 km – Comptez une demi-journée. Prenez la D 123 vers l'est. Dans cette région, nom-bre de villages gardent de petites églises simples et rustiques, mais charmantes, bâties suivant un plan identique : nef unique, abside semi-circulaire, clocher à toit en bâtière.

Yèvre-le-Châtel

Sur son promontoire, Yèvre domine la Rimarde, petit affluent de l'Essonne. Les rem-parts qui le protègent remontent au début du 13ᵉ s.

Depuis la place triangulaire du bourg, ombragée d'ormes, une porte fortifiée donne accès à la basse cour du château, devenue publique.

Château fort – ☎ 02 38 34 25 91 - avr.-oct. : 14h-18h ; reste de l'année : sur demande - 3 € (enf. 2 €).

La forteresse bâtie pour Philippe Auguste forme un losange flanqué à chaque angle de tours rondes, aux salles hexagonales voûtées d'ogives. Le chemin de ronde est accessible, et les tours nord-ouest et sud offrent de belles **vues** sur la Beauce et le Gâtinais. Au sud, les futaies de la forêt d'Orléans assombrissent l'horizon.

Église St-Lubin – Au sud de la localité, dans le cimetière, apparaît la fine silhouette d'une église gothique. Les vastes dimensions de l'édifice, resté inachevé, ne prenaient pas uniquement en compte les nécessités du culte paroissial, mais sans doute aussi l'exercice du droit d'asile. La perfection, l'élégance et la rapidité certaine de son exécution – premier quart du 13ᵉ s. – laissent supposer une intervention royale.

Gagnez Estouy, et prenez à droite la D 26 qui longe l'Essonne.

Puiseaux

Cet actif centre céréalier du Gâtinais fut un prieuré de l'abbaye parisienne de St-Victor, illustre foyer de théologie médiévale ; il en a conservé les armes. L'**église** (13ᵉ s.) attire de loin l'attention par sa flèche de charpente (65 m) tordue d'un huitième de tour. Le vaisseau, voûté d'ogives, comprend un transept élégant, avec sa rose et son fragment de triforium. À la clef de voûte de la croisée, remarquez les versions jumelées des armes de Puiseaux ; l'une officielle – l'escarboucle de l'abbaye St-Victor (figure héraldique, sorte de roue sans jante dont le moyeu est figuré par une pierre précieuse et dont les huit rayons sont fleurdelysés aux extrémités) –, l'autre fantaisiste : un puits et un seau (armes « parlantes »). Sur le bas-côté droit, une chapelle aménagée en oratoire conserve un très beau **saint sépulcre★** du 16ᵉ s.

Quittez Puiseaux au sud par la D 948, puis la D 28 à droite.

Boësses

Sur une légère hauteur, le village aux rues tortueuses est qualifié au 17e s. d'« espèce de bourg muré ». L'église, entourée d'une esplanade fleurie, est précédée d'un porche évoquant, par son importance, une galerie de cloître.

Prenez à droite la D 123 jusqu'à Givraines, puis à gauche la D 25 vers Boynes.

Boynes

Il est aujourd'hui difficile d'imaginer que Boynes a été pendant près de trois siècles (du 16e au 19e s.) la capitale mondiale du safran. Les mutations agricoles ont entraîné le déclin du safran et de la vigne, mais la ville n'oublie pas son histoire qu'elle présente dans la **Maison du safran**. En octobre, profitez du fleurissement du safran cultivé sur place pour une démonstration de l'épluchage. *21 rte de Pithiviers - ✆ 02 38 33 13 05 ou 02 38 33 10 09 - www.cœur-de-france.com - de déb. avr. au 1er nov. : w.-end et j. fériés 14h30-18h (dernière entrée 30mn av. fermeture) - possibilité de visite guidée (1h30) - 3 € (enf. 1,50 €).*

Prenez la D 950 jusqu'à Beaune-la-Rolande.

Une note épicée

Aujourd'hui, les safraniers du Gâtinais cultivent encore le *Crocus sativus* dont les corolles pourpre violacé enferment les très précieux (20 à 23 € le gramme !) stigmates rouge vermillon ou orangés. La cueillette de 1 000 fleurs prend au moins une heure, et il faut environ 150 000 fleurs pour obtenir 1 kg de safran. Une fois séchés, les filaments colorent et raffinent les mets, pour le plus grand plaisir des gastronomes avertis.

Beaune-la-Rolande

Arrosé par la petite Rolande, Beaune est un marché agricole où la betterave et les céréales ont remplacé le safran et la vigne.

Église – 15e-16e s. Le côté nord de l'édifice offre un élégant ensemble Renaissance avec ses pilastres à médaillons, ses niches, ses portails à frontons ornés de bustes ; remarquez, à gauche, la porte de l'ancien cimetière dont le bandeau vous avertit : « Mourir convient, c'est chose sûre, nul ne revient de pourriture. »

Le vaisseau, aux bas-côtés presque aussi larges et hauts que la nef, rappelle les églises-halles de la fin du gothique germanique. Au bas de la nef latérale gauche, un tableau de Frédéric Bazille, tombé en 1870 à la bataille de Beaune-la-Rolande, représente le mariage mystique de sainte Catherine. Dans la dernière chapelle latérale à gauche, l'autel en bois doré du 17e s. est enrichi de panneaux sculptés, et la statue de saint Vincent de Paul est antérieure aux représentations stéréotypées du 19e s.

Boiscommun

5,5 km au sud-ouest, par la D 9. Deux tours subsistent des remparts, dont quelques restes sont visibles de la promenade circulaire remplaçant les fossés.

On distingue les différentes étapes de construction de l'**église** lorsque change le décor des chapiteaux ou le dessin des fenêtres hautes et des baies du triforium. Au fond du bas-côté droit, au-dessus de la porte de la sacristie, Vierge à l'Enfant, vitrail de la fin du 12e s. En sortant, remarquez la tribune et ses grandes figures de preux peintes (16e s.) : une inscription permet d'identifier Roland.

Bellegarde

Au milieu des champs de blé, des roseraies, des jardins maraîchers, Bellegarde groupe ses maisons crépies autour d'une vaste place.

Château★ – Autour du vieux donjon cantonné d'échauguettes, l'ensemble original, bâti au 14e s. par Nicolas Braque, grand argentier de Charles V, se dresse solitaire sur sa plate-forme entourée de douves. Encadrant la cour d'honneur, les **pavillons** en brique soulignée de pierre étaient destinés aux officiers du château et aux invités du **duc d'Antin**, seigneur du lieu. Fils légitime de Mme de Montespan et surintendant des Bâtiments du roi, le duc d'Antin (1655-1736) fut un courtisan modèle et un mécène réputé. « Il se distingua, écrit Voltaire, par un art singulier, non pas de dire des choses flatteuses, mais d'en faire. » Lorsque Louis XIV, au château de Petit-Bourg, critiqua un rideau de marronniers qui masquait la vue de la chambre royale, le duc fit abattre les arbres pendant la nuit. À Bellegarde, où sa mère fit de fréquents séjours, il édifia, de 1717 à 1727, des bâtiments en brique.

De gauche à droite : le pavillon de la Surintendance, couronné d'un clocheton, la tour Capitaine, grosse tour ronde en brique, le pavillon des Cuisines, le pavillon de la Salamandre, occupé par l'**hôtel de ville**, qui renferme un salon aux belles boiseries

Régence et, de l'autre côté des grilles, le pavillon d'Antin avec toits à la Mansart. *02 38 90 10 03 - tlj sf w.-end et j. fériés, lun.-jeu. 13h15-17h, vend. 13h-16h - gratuit.* Autour des douves est aménagé un agréable **jardin public** planté de rosiers. Longeant la roseraie, une petite route conduit aux écuries ducales *(propriété privée)* dont le fronton est décoré de trois belles têtes de chevaux sculptées par Coysevox.

Ceinturé de douves, le donjon carré du château de Bellegarde est cantonné d'échauguettes.

Église – Le portail central de cet édifice roman présente une ornementation intéressante : les colonnes des piédroits, torsadées ou annelées, supportent des chapiteaux à décoration de végétaux et d'animaux fantastiques. La nef est ornée d'une collection de **tableaux** du 17e s. Sur le mur droit, un *Saint Sébastien* du Bolonais Annibal Carrache et *Saint Jean-Baptiste* sous les traits de Louis XIV enfant, peut-être de Mignard ; dans la chapelle de droite, une *Descente de Croix* attribuée à Le Brun (Louise de La Vallière aurait servi de modèle au personnage féminin de ces deux toiles).

Après avoir traversé, au sud-ouest, le bois de la Madeleine, prenez à droite la D 114.

Chambon-la-Forêt

En lisière de la forêt d'Orléans, joli village fleuri.

Quittez Chambon par la D 109.

Château de Chamerolles★

*45170 Chilleurs-aux-Bois - * *02 38 39 84 66 - www.loiret.com - juil.-août : 10h-18h ; avr.-juin et sept. : tlj sf mar. 10h-18h ; fév.-mars et oct.-déc. : tlj sf mar. 10h-12h, 14h-17h - fermé 25 déc. - 5 € (7-15 ans 3,50 €).*

À l'orée de la forêt d'Orléans, au 15e s., s'installa ici Lancelot Ier (prénommé ainsi en hommage au héros du roman des chevaliers de la Table ronde) Du Lac, qui fit construire le château. Familier des rois Louis XII et François Ier, Lancelot conçut une forteresse encore médiévale offrant peu d'ouvertures sur l'extérieur, mais élégante et confortable à l'intérieur.

Par son alliance avec Louise de Coligny, la famille Du Lac contracta un engagement inconditionnel aux côtés des protestants. De cette époque (1585) date la transformation de la **chapelle** en temple.

La promenade des Parfums★ – Le domaine est placé sous le signe des parfums. L'aile sud abrite une promenade chronologique au pays des senteurs, où vous remonterez le temps à travers une suite de pièces tout entières vouées à la parfumerie, du 16e s. à nos jours. Respirez à fond… et découvrez l'orgue à parfums et la collection de flacons prestigieux (Daum, Lalique, Baccarat) créés pour Guerlain, Lancôme, Roger et Gallet ou Chanel…

Un ponceau enjambant les douves permet de prolonger ce circuit aromatique par le **jardin★** composé de six parterres, minutieusement reconstitués tels qu'ils devaient être à la Renaissance. Chaque élément correspond en tout point aux fonctions du jardin traditionnel de cette époque : apparat, utilité et agrément ; ainsi retrouve-t-on un préau (pré haut), véritable petit salon d'extérieur où chacun pouvait bavarder sur des banquettes de gazon, un parterre de broderie aux motifs de buis, un autre de plantes aromatiques indispensables à l'élaboration des parfums, un labyrinthe, deux potagers plantés exclusivement de légumes, de condiments, d'aromates et d'arbres fruitiers connus en France aux 16e et 17e s.

Faisant suite au miroir (la pièce d'eau), une promenade conduit au kiosque, d'où la vue sur le château est superbe.

Aux Chilleurs-aux-Bois, la N 152 ramène à Pithiviers.

Pithiviers pratique

Adresse utile

Office de tourisme – *1 mail Ouest, maison Les Remparts - 45300 Pithiviers - ℰ 02 38 30 50 02 - www.ville-pithiviers.fr -merc.-sam. 9h-12h, 14h-18h30, mar. 10h-12h, 14h-18h30, lun. 14h-18h - fermé j. fériés et du 24 déc. au 2 janv.*

Se loger

⊜⊜ **Le Relais de la Poste** – *10 mail Ouest - ℰ 02 38 30 40 30 - www.le-relais-de-la-poste.com - 41 ch. 52 € - ⊡ 7 €.* Cette grande bâtisse du centre-ville, jadis relais de poste, abrite des chambres de bonne ampleur, toutes lambrissées et garnies de meubles rustiques. Boiseries blondes et cheminée rendent la salle à manger très chaleureuse ; on y déguste une cuisine traditionnelle.

⊜⊜ **Chambre d'hôte Château de Montliard** – *3 rte de Nesploy - 45340 Montliard - ℰ 02 38 33 71 40 - www.france-bonjour.com/montliard/ - ⊟ - 3 ch. 65/87 € ⊡.* Tout concourt à vous charmer dans ce château du 16e s. entouré de douves et d'un vaste parc arboré. Boiseries, bel escalier de pierre, peintures murales, vitraux et meubles anciens composent un intérieur élégant. Chambres confortables assorties de belles salles de bains.

Se restaurer

⊜⊜ **Ferme-auberge de la Vallée** – *6 r. du Vau - 45300 Estouy - 5 km à l'E de Pithiviers par D 26, rte de Puiseaux - ℰ 02 38 34 25 41 - tessierlolo@aol.com - ⊟ - réserv. obligatoire - 16 €.* Cette ferme-auberge du 19e s. cultive l'accueil et la cuisine du terroir. La salle rustique, aménagée dans l'ancienne étable, a beaucoup de charme. Dans l'assiette, vous ne trouverez que les produits de la ferme : légumes, terrine de lapin, coq au vin… Une adresse authentique.

Plus connu en feuilleté, le pithiviers est également très apprécié glacé.

Faire une pause

Au Péché Mignon – *29-30 pl. du Martroi - ℰ 02 38 30 05 88 - tlj sf lun. 9h-12h30, 15h-19h30 - fermé 3 sem. en fév., 2 sem. en juil. et 10 j. en oct.* Si vous n'avez jamais goûté le célèbre pithiviers (pâte feuilletée à la crème d'amandes), c'est ici qu'il faut venir le déguster. Laissez-vous aussi tenter par sa version fondante, composée de sucre glace, poudre d'amandes et beurre. On attribue également à Pithiviers la « paternité » d'une autre spécialité : un pain d'épice dont la recette daterait de 992… Celui de la maison est une merveille.

Loisirs

Chemin de fer touristique de Pithiviers – *Musée des Transports - se renseigner et réserver à l'office de tourisme.*

Château du **Plessis-Bourré**★★

CARTE GÉNÉRALE B2 – CARTE MICHELIN LOCAL 317 F3 – MAINE-ET-LOIRE (49)

Sa belle pierre blanche doucement irisée sous ses hauts toits d'ardoises bleutées, le Plessis-Bourré déploie une architecture sobre et majestueuse, parfaitement homogène, tout au long de ses larges douves qui, comme un lac paisible, semblent lui avoir conservé une sorte d'innocence primitive… mais trompeuse : au plafond de sa fameuse salle des Gardes, vous découvrirez tout un monde d'images, de symboles et de diableries, témoignage flamboyant d'un art du 15e s. porté à son apogée.

▶ **Se repérer** – À 17 km au nord-est d'Angers, entre les rivières Sarthe et Mayenne, le Plessis-Bourré semble discrètement se cacher dans le Haut-Anjou, à l'écart de toute grande route, au cœur d'un paysage où l'eau est très présente.

👁 **À ne pas manquer** – La sublime salle des Gardes et son plafond en bois peint.

🕐 **Organiser son temps** – Comptez 1h30 pour visiter le site et ses alentours.

🖐 **Pour poursuivre la visite** – Voir aussi Angers, Château-Gontier, le château du Plessis-Macé, Sablé-sur-Sarthe et Segré.

Le château du Plessis-Bourré.

Ph. Gajic / MICHELIN

Comprendre

Ce château et les autres… – Né à Château-Gontier, **Jean Bourré** entra au service du dauphin Louis, fils de Charles VII, pour ne plus le quitter. Bien lui en a pris : Louis XI sacré en 1461, Bourré fut promu secrétaire des Finances et trésorier de France. Inlassable (et richissime) bâtisseur, il fit construire plusieurs châteaux, dont **Langeais**, **Jarzé** et **Vaux**. Jean Bourré, ayant acheté le domaine du Plessis-le-Vent, fit commencer en 1468 les travaux du nouveau château auquel il donna son nom. Au Plessis, il accueillit de nombreux visiteurs, comme l'amiral de Graville, Pierre de Rohan, Louis XI, bien sûr, et Charles VIII.

Visiter

📞 02 41 32 06 72 - www.plessis-bourre.com - visite guidée (1h) juil.-août : 10h-18h ; avr.-juin et sept. : tlj sf merc. 10h-12h, 14h-18h, jeu. 14h-18h ; févr.-mars et oct.-nov. : tlj sf merc. 14h-18h - 9 € (enf. 6 €). Après avoir fait démolir le manoir médiéval du Plessis-le-Vent, Jean Bourré fit construire en cinq ans son château, décoration comprise ! L'unité architecturale est donc parfaite.

Extérieur – Protégé par un châtelet à double pont-levis et quatre tours dont l'une, plus grosse et à mâchicoulis, sert de donjon, le Plessis a conservé ses très larges douves, que franchit un pont de 43 m de longueur ; à la base de l'enceinte, une plate-forme de 3 m de large permettait le tir à boulets rasants. À gauche du châtelet pointe le fin clocher de la chapelle.

Passé la voûte d'entrée, le Plessis se métamorphose en demeure de plaisance avec sa cour spacieuse, ses ailes basses, sa galerie d'arcades, ses tourelles d'escalier et les hautes lucarnes de son logis seigneurial.

Intérieur – Le rez-de-chaussée abrite les lumineuses **salles de réception** (superbe serrure aux armes de France) richement meublées et décorées de mobiliers Louis XIV et Louis XV ; leurs fenêtres donnent sur des paysages de bois et de prairies. Dans l'aile en retour, la salle du Parlement (grande salle à manger aux voûtes ogivales prismatiques) est ornée d'une magnifique cheminée monumentale.

Par un escalier à vis orné de petites sculptures d'inspiration alchimique, on accède à l'énigmatique et sublime salle des Gardes, couverte d'un **plafond★★★** en bois peint à la fin du 15e s. Admirablement préservés (ils furent dissimulés vers 1750, par pudeur sans doute), les caissons contiennent des tableautins où l'on voit des figures allégoriques, comme la Fortune et la Vérité, la Chasteté (licorne) et la Luxure, l'Âne musicien. Parmi les seize tableaux ayant une valeur symbolique liée à l'astrologie et à l'alchimie, remarquez les Deux Béliers (double symbole du sujet terrestre et de l'influx céleste), L'Ourse et les deux singes (l'ourse est l'étoile polaire sur laquelle l'alchimiste règle sa route, le singe assis sur les épaules de la bête figure le sage, tandis que le fou est représenté par l'autre singe qui souffle dans sa trompette) ; quant au Phénix, renaissant de ses cendres, il symboliserait la pierre philosophale. Des scènes humoristiques ou morales montrent le barbier malhabile s'exerçant sur un patient, le présomptueux qui veut tordre le cou à une anguille, la femme cousant le croupion d'une volaille… On demeure stupéfait devant le réalisme très cru de certaines scènes, leur puissance évocatrice, les strophes poétiques qui les accompagnent, la qualité picturale et la fraîcheur exceptionnelle de l'ensemble, tout de rouges, de bleus et d'ors cuivrés.

L'étage est occupé par deux chambres (mobilier Empire et Renaissance, dont un lit espagnol monumental) et la bibliothèque. La chapelle Ste-Anne permet d'accéder à la cour d'honneur.

Jolie promenade aux abords du château transformés en parc.

Aux alentours

Manoir de la Hamonnière

À 9 km au nord par Écuillé - ℰ 02 41 42 01 38 - visite guidée (30mn) sur demande - 1,5 € (enf. gratuit). Cette gentilhommière, bâtie entre 1420 et 1575, reflète l'évolution des styles de la Renaissance. Sa façade sur cour présente sur la droite un sobre corps de logis avec sa tourelle d'escalier, puis vers la gauche une partie Henri III, dont une travée de fenêtres est encadrée de pilastres aux chapiteaux respectant la progression classique des ordres, et une aile basse en équerre où deux colonnes torses soutiennent la lucarne. À l'arrière, un donjon de plaisance, probablement l'ultime adjonction du 16e s., augmenté d'une tourelle d'escalier, se différencie par ses fenêtres en plein cintre.

Le saviez-vous ?

En vieux français, un « plaissié » était un enclos fermé de branches entrelacées puis, par extension, un endroit plus ou moins fortifié, et, enfin, un château.

Château du Plessis-Bourré pratique

♿ Voir aussi les encadrés pratiques d'Angers et de Château-Gontier.

Adresse utile

Angers tourisme – *7 pl. du Président-Kennedy, BP15157 - 49051 Angers - ℰ 02 41 23 50 00 - www.angersloiretourisme.com - mai-sept. : 9h-19h, dim. et j. fériés 10h-18h ; reste de l'année : mar.-sam. 9h-18h, lun. 14h-18h, dim. et j. fériés 10h-13h - fermé 1er janv., 1er Mai, 25 déc.*

Se restaurer

🍴 **La Table d'Anjou** – *16 r. d'Anjou - 49125 Tiercé - ℰ 02 41 42 14 42 - latabledanjou@club-internet.fr - fermé 2-19 janv., 27 juil.-11 août, dim. soir, merc. soir et lun. - 17 € déj. - 24/60 €.* Restaurant situé au centre d'un village voisin de l'élégant château du Plessis-Bourré. Lumineuses et récentes salles à manger de style néorustique, petite terrasse fleurie sur l'arrière et accueil aimable : un tiercé gagnant !

Château du **Plessis-Macé**★

CARTE GÉNÉRALE A2 – CARTE MICHELIN LOCAL 317 E3 – MAINE-ET-LOIRE (49)

Reconstruit après la guerre de Cent Ans par Louis de Beaumont, chambellan de Louis XI, le château forteresse devient demeure de plaisance. Bien à l'abri derrière ses arbres, avec son enceinte jalonnée de tours et son donjon bordé de douves, le Plessis-Macé ne vous révèlera ses charmes qu'« intra-muros ». Surprise…

- ▶ **Se repérer** – À environ 15 km au nord-ouest d'Angers, non loin de la N 162. Le château se cache dans la verdure, un peu à l'écart du village.

- 👁 **À ne pas manquer** – La galerie suspendue du logis seigneurial, les boiseries gothiques de la chapelle.

- 🕐 **Organiser son temps** – Comptez 1h pour la visite guidée du château.

- 👨‍👦 **Avec les enfants** – Le parcours-découverte « Sur la piste de l'enfant Roy ».

- 🔥 **Pour poursuivre la visite** – Voir aussi Angers, Château-Gontier, le château du Plessis-Bourré, Segré et le château de Serrant.

La galerie suspendue accueillait les belles dames pour assister aux joutes et jongleries.

Visiter

📞 *02 41 32 67 93 - www.chateauplessismace.fr - visite guidée (1h) juil.-août : 10h30-19h ; de fin mars à fin juin et de déb. sept. à mi-nov. : tlj sf lun. et mar. 13h30-18h - 5,50 € (7-12 ans 2 €).*

Ce « plessis »-là *(voir p. 342)* fut fondé au 11ᵉ s. par un nommé Macé (déformation de Matthieu) qui laissa son nom au château. Au milieu du 15ᵉ s., Louis de Beaumont, chambellan et favori de Louis XI, reconstruisit le château, qui échut aux Du Bellay et demeura entre leurs mains durant exactement 168 ans.

Il faut pénétrer dans la vaste cour avant de voir apparaître cette demeure de plaisance où le tuffeau blanc, facile à travailler, se mêle au schiste sombre. Le donjon, en ruine, dresse sa masse imposante à l'ouest de l'enceinte.

À droite se trouvent les dépendances avec les écuries, la salle des Gardes ; à gauche se succèdent la chapelle, une originale tourelle d'escalier qui va s'élargissant, et le **logis seigneurial** surmonté de gâbles aigus. La charmante **galerie suspendue**★, véritable dentelle de tuffeau, accueillait les belles dames du temps, qui assistaient de là aux joutes et jongleries. Lui faisant face dans le bâtiment des communs, une seconde loggia était destinée aux serviteurs.

On visite la salle à manger, la grande salle des fêtes, plusieurs chambres, dont celle du roi, et la **chapelle** St-Michel, qui a conservé ses rares **boiseries**★ gothiques du 15ᵉ s., formant deux étages de tribunes ; le premier était réservé au seigneur et aux écuyers, le second aux serviteurs.

Château du Plessis-Macé pratique

♿ Voir aussi les encadrés pratiques d'Angers, de Château-Gontier et du Plessis-Bourré.

Adresse utile

Angers tourisme – 7 pl. du Président-Kennedy - BP15157 - 49051 Angers - ℰ 02 41 23 50 00 - www.angersloiretourisme.com - mai-sept. : 9h-19h, dim. et j. fériés 10h-18h ; reste de l'année : mar.-sam. 9h-18h, lun. 14h-18h, dim. et j. fériés 10h-13h - fermé 1er janv., 1er Mai, 25 déc.

Se loger

⌂ **Chambre d'hôte M. et Mme Brochard** – 10 r. de l'Abattoir - 49 370 St-Clément-de-la-Place - ℰ 02 41 77 31 63 ou 06 73 46 11 69 - ⌧ - 3 ch. 39/42 € - ⌼ - repas 11 €. En plein cœur du village, cette bâtisse du 15e s. fort bien restaurée a des airs de maison de poupée. Des 3 chambres, on préférera la « nuit de noces » et son lit à baldaquin. Petits-déjeuners copieux et table d'hôte familiale, servis dans l'habitation des propriétaires, à deux pas. Organisation de dîners spectacles.

Pontlevoy

1 460 PONTILÉVIENS
CARTE GÉNÉRALE C3 – CARTE MICHELIN LOCAL 318 E7 – LOIR-ET-CHER (41)

On trouve des choses surprenantes dans les rues de Pontlevoy, charmante bourgade d'une région agricole limitrophe de la Sologne : des publicités pour le chocolat, rien que le chocolat, des affiches de vieilles voitures, de vieux camions en vraie tôle, qui prennent le frais l'été venu, et une abbaye transformée au 17e s. en... école militaire.

- **Se repérer** – À 6 km au nord-est de Montrichard et 12 km au sud-est de Chaumont-sur-Loire.

- **À ne pas manquer** – La façade de l'ancienne abbaye et l'escalier des bâtiments conventuels.

- **Organiser son temps** – Comptez 1h pour la visite de l'abbaye.

- **Pour poursuivre la visite** – Voir aussi Amboise, le château de Chaumont-sur-Loire, les châteaux de Chenonceau et de Fougères-sur-Bièvre.

Le saviez-vous ?

👁 D'où vient ce nom ? Pont-levis ? Pont de la famille Levoy ? Eh bien non ! Pont de pierre plutôt *(lapideus)* ou, plus exactement, pont utilisé pour le transport des pierres.

👁 Auguste Poulain, le chocolatier, natif de Pontlevoy, fut également un fort audacieux pionnier en matière de publicité. Dans la ville, une trentaine de panneaux illustrés reflètent la vie à Pontlevoy au début du 20e s. et les débuts de l'automobile à travers la publicité du chocolat Poulain.

Visiter

ANCIENNE ABBAYE★

ℰ 02 54 32 99 39 - www.eurabbey.com (site en anglais seulement) - 9h-19h.
L'ancienne abbaye présente encore quelques beaux bâtiments, deux galeries du cloître du 18e s. ainsi qu'une chapelle des 14e et 15e s. En 1034, en marque de reconnaissance à la Vierge, qui, selon la légende, l'avait préservé d'un naufrage, Gelduin de Chaumont (vassal du comte de Blois) installa ici des bénédictins. Au 17e s., une réforme de la vie monastique devenant indispensable, la communauté fut confiée aux bénédictins de St-Maur et à l'abbé Pierre de Bérulle, qui, en 1644, ouvrirent un collège. Nommé en 1776 École royale militaire, cet établissement ajouta dès lors à son enseignement civil la préparation aux grandes écoles militaires (St-Cyr, Polytechnique...). Les bâtiments furent grandement endommagés durant la Seconde Guerre mondiale. Aujourd'hui, une école y accueille des étudiants américains en sessions d'étude.

Abbatiale – Reconstruite aux 14ᵉ et 15ᵉ s., elle ne comprend que le chœur du grandiose édifice prévu. En 1651 furent ajoutés le grand retable de pierre à colonnes de marbre du maître-autel et celui de la chapelle axiale, où sont inhumés Gelduin et ses premiers descendants.

Bâtiments conventuels – On verra le réfectoire, le remarquable escalier qui mène à l'étage et la majestueuse façade (18ᵉ s.) donnant sur les jardins à la française, rythmée de frontons blasonnés.

Pontlevoy pratique

Adresse utile

Office de tourisme – *Mairie - r. du Col.-Filloux- 41400 Pontlevoy - ℘ 02 54 71 60 70 - se renseigner pour les horaires.*

Se loger et se restaurer

⊖ **Chambre d'hôte Mᵐᵉ Galloux La Ferme des Bordes** – *Rte de Chaumont-sur-Loire, lieu-dit les Bordes - ℘ 02 54 32 51 08 - fermé 15 nov.-fév. - ⌿ - 6 ch. 38 € - ⌑.* Calme et détente garantis dans cette exploitation céréalière, à proximité des châteaux de la Loire les plus réputés. Les 6 chambres (dont une familiale et une suite), aménagées dans un bâtiment indépendant, offrent simplicité et confort actuel. Solides petits-déjeuners avec fromage de chèvre et fruits de saison.

⊖⊖ **Hôtel-restaurant de l'École** – *12 rte de Montrichard - ℘ 02 54 32 50 30 - www.hotelrestaurantdelecole.com - fermé 14 nov.-6 déc., 20 fév.-21 mars, dim. soir et lun. sf juil-août et j. fériés - 🅿 - 11 ch. 51/70 € - ⌑ 10 € - rest. 21/50 €.* Jolie maison ligérienne abritant deux salles rustiques dont une avec cheminée. En été, jardin fleuri où murmure une fontaine. Savoureux plats du terroir. Chambres anciennes.

Événement

Festival de musique de Pontlevoy – *Juil.-août - Rens. au ℘ 02 54 71 60 77.*

Pouancé

3 307 POUANCÉENS
CARTE GÉNÉRALE A2 – CARTE MICHELIN LOCAL 317 B2 – MAINE-ET-LOIRE (49)

Face à l'imposante place forte de Châteaubriant, protégée par une ceinture de bois et d'étangs, Pouancé semble veiller jalousement sur les ruines de son antique forteresse qui, dès 1050, eut pour mission de s'opposer aux incursions de ses voisins !

▶ **Se repérer** – Au sud-ouest de Château-Gontier (40 km) et à 23 km à l'ouest de Segré. La N 171 qui contourne le bourg passe juste au pied des ruines du château.

👁 **À ne pas manquer** – Les courtines du château de Pouancé.

🕐 **Organiser son temps** – Comptez 1h pour la visite du château et 1h pour ses environs.

👫 **Avec les enfants** – La visite des châteaux de Pouancé et de la Motte-Glain.

👣 **Pour poursuivre la visite** – Voir aussi Château-Gontier, Craon et Segré.

Comprendre

Un château et des forges – À la limite de l'Anjou et de la Bretagne, la ville est protégée par sa forteresse depuis le 11ᵉ s. Au gré des successions, le château est tour à tour possédé par Du Guesclin, le connétable de Charles V, le duc Jean de

Le croiriez-vous ?

D'après une étymologie assez ambitieuse (et fort sujette à controverse), Pouancé pourrait avoir constitué, à l'époque de la conquête romaine, un poste très important de César : d'où le nom de *Potentia Cæsaris*, ou « puissance de César ».

Bretagne… Au début du 16ᵉ s. il appartient aux ducs d'Alençon, puis aux Gonzagues et aux Cossé-Brissac. C'est l'un des Cossé, Louis, duc de Brissac, qui créa ici l'un des premiers hauts-fourneaux (1562), offrant à la région une longue période d'activité industrielle. Alimentée par le fer du bassin de Segré, Pouancé a ainsi joué un important rôle économique grâce à ses forges. Durant la Révolution, les bois environnants servirent de repaire aux chouans.

Visiter

Le château

℘ 02 41 92 41 08 (mairie) - visite guidée (1h) de mi-juin à mi-sept. : tlj sf lun. 10h-12h, 14h-18h30, mar. 14h-18h, sam. 13h30-19h, dim. et j. fériés 14h-19h30 - 2 € (enf. 1 €).
En grande partie ruiné, le château est un témoin intéressant de forteresse à enceinte ovale rythmée de tours rondes (13e-15e s.). Il garde encore d'imposantes courtines renforcées par une caponnière de tir (chemin couvert) qu'une poterne relie à une tour tenant lieu de donjon sur le périmètre de défense.

Aux alentours

Menhir de Pierre Frite

5 km au sud par la D 878 jusqu'à La Prévière, puis la D 6, à gauche, et un chemin signalé à droite. Ce menhir, campé au milieu des bois, mesure 6 m de haut.

Château de la Motte-Glain

17 km au sud par la D 878 - ℘ 02 40 55 52 01 - visite guidée (45mn) sur demande (7 j. av.) de mi-juin à mi-sept. : tlj sf mar. 14h30-18h30 - 6 € (enf. 4 €).
Construit en pierre rousse à la fin du 15e s. par **Pierre de Rohan-Guéménée** (conseiller de Louis XI, puis l'un des chefs des armées de Charles VIII et de Louis XII en Italie), ce château à l'architecture puissante renferme un gracieux logis seigneurial. Coquilles St-Jacques et bourdons de pèlerins rappellent qu'il était situé sur la route de Compostelle partant du Mont-St-Michel.
À l'intérieur, mobilier des 15e et 16e s., cheminées Renaissance et trophées de chasse en majorité africains. La chapelle conserve une fresque du début du 16e s. représentant la Crucifixion.

Pouancé pratique

↻ Voir aussi l'encadré pratique de Segré.

Adresse utile

Office de tourisme – *2 bis r. Porte-Angevine - 49420 Pouancé - ℘ 02 41 92 45 86 - de mi-juin à mi-sept. : tlj sf lun. et dim. 10h-12h, 14h-18h - fermé 14 Juil. et 15 août ; reste de l'année : jeu. 10h-12h.*

Se restaurer

⊖⊖ **Ferme-auberge de L'Herberie** – *4 km à l'O de Pouancé dir. Châteaubriant par N 171 puis Rennes par D 3 - ℘ 02 41 92 62 82 - www.ferme-herberie.com - fermé 5-20 fév., 28 juil.-24 août, ouv. vend.-sam. - ⌁ - réserv. obligatoire - 18/37 €.* Élevage de volailles et d'agneaux, souvenirs de voyages, cultures potagères, florales et d'herbes aromatiques, cuisine du terroir et soirées théâtrales : un étonnant cocktail qui fonctionne à merveille dans cette ancienne écurie. Formules avec ou sans spectacle.

Preuilly-sur-Claise

1 293 PRULLIACIENS
CARTE GÉNÉRALE C4 – CARTE MICHELIN LOCAL 317 07 – INDRE-ET-LOIRE (37)

Étagé sur la rive droite de la petite et modeste Claise, presque à la frontière entre la Touraine et le Poitou, Preuilly est entouré d'un paysage de plateaux boisés et de vallées parfois couvertes de vignes. La forêt abrite le plus grand espace animalier de France. Sa forteresse est aujourd'hui en ruine mais l'abbatiale a subsisté ainsi que de nombreuses demeures anciennes.

▶ **Se repérer** – Au sud-est de Descartes (24 km) et à 35 km au sud de Loches, Preuilly-sur-Claise est tout au sud de l'Indre-et-Loire.

🕑 **Organiser son temps** – Comptez 30mn pour visiter Preuilly et son église.

👁 **À ne pas manquer** – L'église bénédictine de l'ancienne abbaye St-Pierre.

🕯 **Pour poursuivre la visite** – Voir aussi Descartes, Le Grand-Pressigny et Loches.

Le saviez-vous ?

👁 Un certain nombre de villes et villages en France s'appellent Preuilly, Prouilly ou Proulieu ; il semblerait que ces noms proviennent tous d'un même nom propre gallo-romain, sans doute courant, Probilius. La référence est ici attestée.

👁 Considérée comme la première baronnie de Touraine, Preuilly a vu défiler nombre d'illustres familles : les Amboise, La Rochefoucauld, César de Vendôme, Gallifet, Breteuil… Cinq églises et une collégiale suffisaient à peine aux besoins des fidèles.

Visiter

Église St-Pierre

Abbatiale bénédictine romane fondée vers l'an 1000, elle associe les influences poitevine et tourangelle. Alors qu'elle avait été remarquablement réparée en 1846 par l'architecte Phidias Vestier, elle a subi des restaurations abusives en 1873, date à laquelle fut élevée la tour.

Près de l'église, hôtels du 17e s., dont l'un a été transformé en hospice (hôtel de La Rallière).

Château de Boussay

4,5 km au sud-ouest. Le château juxtapose des tours à mâchicoulis (15e s.), une aile à la Mansart du 17e s. et une façade du 18e s. ; beau parc à la française.

Preuilly-sur-Claise pratique

Adresses utiles

Office du tourisme de la Touraine du Sud – *Pl. Savoie-Villars - 37350 Le Grand-Pressigny - ☎ 02 47 94 96 82 - www.tourainedusud.com - de mi-juin à mi-sept. : 9h30-12h, 15h-17h ; reste de l'année : lun.-vend. 10h-12h, 14h-17h30.*

Office du tourisme de Preuilly-sur-Claise - *Grande-Rue - 37290 Preuilly-sur-Claise - ☎ 02 47 94 59 43 - juil.-août.*

Se loger et se restaurer

⌂ **Auberge St-Nicolas** – *4 Grande-Rue - ☎ 02 47 94 50 80 - fermé 9 sept.-8 oct., dim. soir et lun. - formule déj. 11 € - 18/39 € - 9 ch. 39/45 € - ⊡ 7 €.* Cette modeste maison du centre-ville a pris quelques couleurs provençales pour égayer son atmosphère. Trois énormes et vieilles poutres dans la salle de restaurant. Quant aux chambres, elles sont simples, presque dépouillées, mais d'une propreté exemplaire.

Richelieu★

2 165 RICHELAIS
CARTE GÉNÉRALE B3 – CARTE MICHELIN LOCAL 317 K6 – INDRE-ET-LOIRE (37)

Conçue, dessinée, bâtie pour satisfaire un cardinal très puissant, tandis que d'un palais de prince il ne reste plus que les vestiges, la cité est demeurée, paisible, pour s'éveiller aux beaux jours de l'été, avec ses fêtes et ses marchés. Et si des châteaux alentour, il ne reste que ruines, la Sainte-Chapelle de Champigny, du moins, vous offre encore le spectacle de ses miraculeux vitraux.

- **Se repérer** – À 20 km au sud de Chinon. En saison, prenez plutôt la déviation poids lourds et la promenade sous les platanes avant de pénétrer dans la ville.

- **À ne pas manquer** – L'étonnante conception symétrique et l'architecture classique de la ville ; les allées et canaux dans le parc du château ; les splendides vitraux de la Ste-Chapelle de Champigny-sur-Veude.

- **Organiser son temps** – Comptez 1h pour la visite de la ville et du parc du château.

- **Avec les enfants** – Possibilité de louer des vélos dans le parc.

- **Pour poursuivre la visite** – Voir aussi Chinon, Descartes, L'Île-Bouchard et Ste-Maure-de-Touraine.

Comprendre

Le cardinal – En 1621, lorsque **Armand Du Plessis** (1585-1642), évêque de Luçon, acquiert Richelieu, il n'y a sur les bords du Mable qu'un village accompagné d'un manoir. Devenu cardinal et surtout Premier ministre, Richelieu charge l'architecte Jacques Lemercier d'établir les plans d'un château neuf et d'un bourg clos de murs construit sous la direction de Pierre et Nicolas Lemercier, frères de Jacques.

Le saviez-vous ?

Sur la frange méridionale de la Touraine, la ville est créée de toutes pièces à partir de 1631 sur la décision du cardinal Armand Jean Du Plessis (famille dont les membres sont seigneurs des lieux). L'homme fort du régime veut loger sa cour près de l'immense château qu'il se fait construire. Le lieu s'appelle alors Riche Loc ; par la suite, il devient Richelieu et le roi érige le fief en duché-pairie.

Ses terres – Autour de la ville, le cardinal constitue une petite principauté, se faisant céder, bon gré mal gré, quantité de châteaux que, par orgueil ou prudence, il met à bas, tout ou partie. Il possédait déjà Bois-le-Vicomte ; il y ajoute Champigny-sur-Veude, L'Île-Bouchard, Cravant, Crissay, Mirebeau, Faye-la-Vineuse, Chinon même, propriété royale, qu'il laisse tomber en ruine. Il poursuit de sa vindicte Loudun dont la forteresse fut détruite après qu'Urbain Grandier, un de ses ennemis, eut péri sur le bûcher.

« *Richelieu à La Rochelle* » par H. Motte (détail).

B. Kaufmann / MICHELIN

Son château et ses collections – C'est un véritable palais rempli d'œuvres d'art. Deux vastes cours encadrées de communs précédaient le château défendu par des douves, des bastions et des guérites. Les appartements, la galerie, les chapelles sont ornés de peintures de Poussin, le Lorrain, Champaigne, Mantegna, Pérugin, Bassan, Caravage, Titien, Jules Romain, Dürer, Rubens, Van Dyck…

Un fabuleux ensemble – Les parterres des jardins, les bords du canal étaient parsemés d'antiques, et les grottes cachaient des pièges hydrauliques, amusement très apprécié à l'époque ; on y planta les premiers peupliers d'Italie. Il faut imaginer le fabuleux ensemble ainsi formé par la ville, le château et son parc : il était considéré au 17e s. comme une merveille. Seul La Fontaine, en 1663, note malicieusement : « Les dedans ont quelques défauts. Le plus grand c'est qu'ils manquent d'hôtes. »

Aujourd'hui – Il ne reste aujourd'hui presque rien de la prestigieuse demeure du Cardinal. La dispersion de ces richesses inouïes commença dès 1727 et s'amplifia après la mise sous séquestre du château en 1792. Après la Révolution, les héritiers de Richelieu le cédèrent à un nommé Boutron qui le démolit pour en vendre les matériaux. Quant à la célèbre collection d'œuvres d'art du Cardinal, elle se découvre au Louvre (les *Esclaves* de Michel-Ange, les Pérugin et une table de marbre) et dans les musées de Tours, Azay-le-Ferron et Poitiers pour quelques antiques et peintures.

Visiter

LA VILLE★

Le « bourg clos », voulu par Richelieu à proximité du château qu'il se faisait construire, constitue par lui-même un monument exemplaire de style Louis XIII, dessiné par Jacques Lemercier. Vivante illustration des traités d'architecture urbaine du 17e s., la ville matérialise le sens de l'ordre, de l'équilibre mesuré, de la régularité, de la symétrie qui annonçait le Grand Siècle. Sur un plan rectangulaire (700 m de long sur 500 m de large), elle est entourée de remparts et de douves.

Les portes monumentales, à refend, ont conservé leurs majestueux pavillons à portails soulignés de bossages, à fronton et hauts toits à la française.

Grande-Rue

Elle traverse Richelieu de part en part. On y remarque de sévères hôtels Louis XIII à parements de tuffeau clair, parmi lesquels celui du Sénéchal (n° 17), qui conserve une élégante cour décorée de bustes d'empereurs romains. À chacune de ses extrémités, une place servait, une fois franchies les portes de la ville, à réguler la circulation !

Place du Marché

Face à l'église Notre-Dame se trouvent les **halles** à la belle charpente de châtaignier du 17e s. couverte d'ardoises.

Église Notre-Dame

Sur la place la plus proche du château, elle est de style classique, en pierre blonde. Sa façade est creusée de niches abritant les évangélistes, et son chœur est flanqué, disposition rare et très baroque, de deux tours terminées par des obélisques. À l'intérieur, superbe maître-autel (18e s.). *Visite guidée par l'office de tourisme.*

Hôtel de ville

☎ 02 47 58 10 13 - visite guidée (30mn) juil.-août : tlj sf mar. 10h-12h, 14h-18h ; sept.-juin : tlj sf mar., w.-end, j. fériés 10h-12h, 14h-16h - 2 €.

Cet ancien palais de justice abrite un **musée** qui présente des documents et œuvres d'art liés au château, au cardinal (objets et tableaux du 17e s.) et à sa famille. Faïence de Langeais.

Parc du château

☎ 02 47 58 10 09 - avr.-oct. : 10h-19h ; nov.-mars : 10h-18h - fermé 1er janv. et 25 déc.

L'immense parc (475 ha) est parcouru d'allées rectilignes, ombragées de marronniers, de platanes et de peupliers d'Italie, en hommage sans doute au passé des lieux.

Des splendeurs du temps subsistent un pavillon à dôme, qui faisait partie des communs, les canaux et, à l'extrémité des parterres *(au sud-est)*, deux pavillons qui servaient d'orangerie et de caves. Un **musée** (maquettes du château, histoire de Richelieu) a été installé dans le pavillon.

L'ancienne porte d'entrée du château se voit toujours sur la D 749 *(au sud-ouest)*.

Musée du Train à vapeur

À la gare de Richelieu, un petit musée rassemble du matériel ancien : locomotion du début du 20e s., voiture-salon (1906) de la compagnie PLM, machine Diesel américaine (vestige du plan Marshall), etc.

Aux alentours

Champigny-sur-Veude★

6 km au nord par la D 749. Dans la vallée de la Veude, Champigny conserve une superbe chapelle collégiale, avec ses admirables vitraux. Magnifique exemple de l'art Renaissance à son apogée, elle faisait partie d'un château, bâti de 1508 à 1543 par Louis de Bourbon et son fils Louis II, puis démoli, sur ordre de Richelieu. Il n'en subsiste que les communs, dont l'ampleur et l'élégance évoquent bien la grandeur du château disparu.

Sainte-Chapelle★ – ℘ 02 47 95 71 46 - juil.-août : 14h30-18h30 - 4 € (-10 ans gratuit) ; horaires basse saison, se renseigner.

La Sainte-Chapelle, ainsi appelée parce qu'elle abritait une parcelle de la vraie Croix, échappa à la destruction grâce à l'intervention du pape Urbain VIII. Louis Ier de Bourbon, qui avait accompagné Charles VIII à Naples, voulut pour sa chapelle un style de transition gothique-Renaissance. Le péristyle, plus tardif, offre un caractère italien prononcé ; son décor sculpté, d'une grande finesse, est à base d'emblèmes de Louis II de Bourbon, tels que L couronnés, ailes (L), lances brisées, bourdons, fleurs et fruits. Une voûte à caissons couvre le porche. Une belle porte en bois du 16e s., dont les panneaux sculptés figurent les vertus cardinales, donne accès à la nef, où l'on remarque, au centre, le priant d'Henri de Bourbon, dernier duc de Montpensier (17e s.), œuvre de Simon Guillain.

Joyaux de la chapelle, les onze fenêtres sont ornées de **vitraux**★★ posés au milieu du 16e s. Ces verrières Renaissance, cadeau de mariage de l'évêque de Langres à sa nièce pour son union avec Louis II de Bourbon (1538), forment de véritables tableaux. Elles représentent, en bas, 34 portraits des Bourbon-Montpensier, au centre, la vie de Saint Louis, en haut, des scènes de la Passion. Éblouissant, incomparable chatoiement des couleurs, en particulier les bleus prune à reflets mordorés.

A. Cassaigne / MICHELIN

Les vitraux de Champigny illustrent, avec force détails, le départ en croisade de Saint Louis.

Faye-la-Vineuse

7 km au sud par D 749 et D 757. Sur une butte jadis plantée de vignes, dominant la vallée formée par un affluent de la Veude, Faye était au Moyen Âge une prospère cité de 11 000 habitants, entourée de murailles. Les guerres de Religion ont ruiné la ville.

L'**église** romane St-Georges était à l'origine une collégiale entourée de cloîtres et de bâtiments conventuels. Quoique fortement restaurée, elle présente encore quelques caractéristiques intéressantes : sa haute croisée du transept à coupole sur pendentifs ; les deux passages latéraux qui font communiquer le transept avec la nef, comme dans les églises berrichonnes ; le chœur très élevé à déambulatoire dont les chapiteaux sont sculptés, outre de nombreux feuillages et animaux fantastiques, de scènes de bataille.

La **crypte**, du 11e s., est inhabituelle par ses grandes dimensions et sa hauteur sous voûte. Remarquez deux chapiteaux sculptés montrant l'Adoration des Mages et un combat de cavaliers. *Visite guidée juil.-août : sam. 15h30 (RV à la collégiale) ; sur demande au ℘ 02 47 95 63 29.*

Abbaye de Bois-Aubry

16 km à l'est par la D 757 puis la D 58 et la D 114 - 10h-18h, dim. et j. fériés 11h30-18h. Comme posée sur un horizon de landes et de pinèdes, la flèche de cette abbaye bénédictine fondée au 12e s. surgit solitaire dans la campagne. Des ruines *(restauration en cours)*, seul le clocher carré du 15e s. est bien conservé. Remarquez le jubé (15e s.) en pierre, de style flamboyant ; aux voûtes de la nef (13e s.), la clef ornée d'un blason sculpté et, dans la salle capitulaire (début 12e s.), les douze chapiteaux sculptés.

Richelieu pratique

ⓗ Voir aussi l'encadré pratique de L'Île-Bouchard.

Adresse utile

Office de tourisme – *7 pl. Louis-XIII - 37120 Richelieu - ℰ 02 47 58 13 62 - www.cc-richelieu.com - de mi-mai à fin sept. : 9h-12h30, 14h-18h ; de déb. avr. à mi-mai et en oct. : 9h-12h30, 14h-17h30 ; nov.-mars : sf merc. 9h-12h30, 14h-17h30 - fermé dim., du 22 déc. au 3 janv. et j. fériés.*

Se loger et se restaurer

☺ **Chambre d'hôte La Prunelière** – *37120 Razines - 7 km au SE de Richelieu par D 749 puis rte à gauche - ℰ 02 47 95 67 38 - http://la-pruneliere.com - ⊁ - 3 ch. 48 € ⊔ - repas 18 €.* Cette ancienne ferme restaurée, à quelques kilomètres de Richelieu, respire la douceur de vivre dans un site calme et reposant. Aménagée dans l'ancien pressoir, la salle à manger offre un cadre de choix à la table d'hôte. Chambres confortables et bien tenues, dont une, la Soleil, parfaite pour une famille.

☺☺ **Hôtel Le Puits Doré** – *24 pl. du Marché - ℰ 02 47 58 16 02 - www.lepuitsdore.fr - 15 ch. 49/55 € - ⊔ 8 € - rest. 13,50/33 €.* Situé sur la place du marché, cet hôtel repris récemment dispose de chambres joliment décorées, toutes différentes. La suite Cardinal, avec salle de bains « balnéo » et lit à la polonaise associe espace et élégance. Le restaurant propose une carte variée et traditionnelle, évoluant au fil des saisons.

☺☺ **Chambre d'hôte Mme Leplatre** – *1 r. Jarry - ℰ 02 47 58 10 42 - ⊁ - 4 ch. 65 € ⊔.* Construite en 1634, à l'époque de la création de la cité, cette maison compte 4 chambres d'hôte. On aura une préférence pour celles qui ont été aménagées en annexe, dont une, originale, est la reconstitution d'une pièce à vivre tourangelle avec lit, cuisine et cheminée dans un même espace. Petits-déjeuners copieux.

Romorantin-Lanthenay

18 350 ROMORANTINAIS
CARTE GÉNÉRALE D3 – CARTE MICHELIN LOCAL 318 H7 – LOIR-ET-CHER (41)

Que d'eau, que de moulins ! Affluent du Cher, la Sauldre et ses petits méandres y chahutent gaiement entre vieilles maisons, églises et hôtels Renaissance. Hors la ville, offrez-vous une charmante promenade en Sologne, à la découverte de ses paysages mélancoliques, forêts de pins, landes, mystérieux et innombrables étangs…

- **Se repérer** – À 40 km au sud-est de Blois et 40 km à l'est de St-Aignan, toutes les routes (ou presque !) de Sologne convergent vers Romorantin.

- **À ne pas manquer** – Les maisons anciennes de la vieille ville ; l'évocation de la vie rurale au musée de Sologne ; les spécialités gastronomiques telles la routie au vin, les daguettes ou le pâté au potiron…

- **Organiser son temps** – Comptez 1h30 pour la ville et ses environs.

- **Avec les enfants** – Les mises en scène et scénettes du musée de Sologne ou, pour les amateurs, les automobiles de Matra.

- **Pour poursuivre la visite** – Voir aussi Blois, le château de Chambord, Cheverny, le château de Fougères-sur-Bièvre, le château du Moulin et St-Aignan.

Comprendre

La ville de François Ier – Au 15e s., Romorantin appartenait aux Valois-Angoulême, et François d'Angoulême, le futur roi de France, y passa une jeunesse pour le moins turbulente. C'est là que naquit, en 1499, sa future épouse, Claude de France, fille de Louis XII. Le roi-chevalier aimait Romorantin : en 1517, il demanda à **Léonard de Vinci** d'établir les plans d'un palais que sa mère, Louise de Savoie, habiterait.

Se promener

Une bonne bûche pour la fête du roi

Le 6 janvier (jour de l'Épiphanie et fête des Rois) 1521, François Ier fit le simulacre d'attaquer l'hôtel St-Pol où régnait un roi de la fève. Les occupants de l'hôtel se défendaient à coups « de pelotes de neige, de pommes et d'œufs », lorsqu'un imprudent jeta par la fenêtre une bûche incandescente qui termina sa course sur le crâne royal. Pour le soigner, ses médecins lui rasèrent la tête ; le roi se laissa alors pousser la barbe, et ses courtisans l'imitèrent aussitôt.

Maisons anciennes

Quelques bien jolies promenades entre les vieux murs, les ponts et les jardins de la vieille ville.

À l'angle de la rue de la Résistance et de la rue du Milieu, l'hôtel de la **Chancellerie**, maison Renaissance à encorbellement, est bâti en brique et pans de bois ; il abritait les sceaux lorsque le roi résidait à Romorantin.

En face, l'**hôtel St-Pol**, en pierre et brique vernissée, est percé de ravissantes baies moulurées. À l'angle des rues du Milieu et de la Pierre, la jolie maison dite du **Carroir doré** présente de remarquables poteaux corniers sculptés : à gauche, une Annonciation et, à droite, un saint Michel terrassant le dragon. *Office de tourisme - place de la Paix - 41200 Romorantin - ☏ 02 54 76 43 89 - &. - visite guidée (1h30) sur demande - 3 € (enf. gratuit).*

Vues des ponts

Sur le bras nord, belle **vue** sur l'ensemble du musée de Sologne et sur l'ancien **château royal** des 15e et 16e s., qui abrite la sous-préfecture. En franchissant le bras sud, on longe de jolies maisons à pans de bois.

Square Ferdinand-Buisson

Agréable jardin public avec ses grands arbres et ses passerelles enjambant les différents bras et biefs de la rivière ; très belle vue sur les rives, en particulier sur le moulin-foulon.

Église St-Étienne

Pl. Jeanne-d'Arc. À la croisée du transept, on remarque le clocher roman aux sculptures délicates. La nef, couverte de voûtes angevines, est prolongée par un chœur sombre dont les puissants piliers romans portent des voûtes angevines ; dans l'arrondi de l'abside, à chaque nervure de la voûte, s'appuie la statue d'un évangéliste.

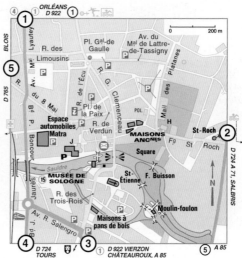

Chapelle St-Roch

Ne se visite pas. À l'entrée du faubourg St-Roch, s'élève un gracieux édifice dont la façade est encadrée de tourelles : les jolies baies en plein cintre sont typiques de la Renaissance.

Visiter

Espace automobiles Matra

17 r. des Capucins - ℘ *02 54 94 55 58 - www.museematra.com - ᪶ - tlj sf mar. 9h-12h, 14h-18h, w.-end et j. fériés 10h-12h, 14h-18h - possibilité de visite guidée (1h30) - fermé 1er janv., 1er Mai, 25 déc. - 4,57 € (6-12 ans 3,05 €).* Dans les locaux d'une usine désaffectée, cet espace se veut la vitrine de Matra, le plus gros employeur de la ville avec ses trois usines où l'on monte la Renault Espace ; la salle des moteurs et prototypes de voitures permet d'aborder les différentes phases de la construction automobile. Exposition de voitures de course, dont la formule 1 championne du monde en 1969.

Le saviez-vous ?

Ru, la petite rivière, et *Morantinus*, un Romain : soit le « ru morantin ». Lanthenay fut accolé plus tard.

Musée de Sologne★

℘ *02 54 95 33 66 - www.museedesologne.com - ᪶ - tlj sf mar. 10h-12h, 14h-18h, dim. et j. fériés 14h-18h - fermé 1er janv., 1er Mai, 25 déc. - 4,50 € (6-18 ans 3 €).*

Le musée est situé au cœur des quartiers anciens, à cheval sur la rivière : lieu exceptionnel, où trois bâtiments sont consacrés aux collections.

Le **moulin du Chapitre** garde extérieurement l'aspect de la minoterie qu'il abritait au 19e s. Vous découvrirez, au fil de ses quatre étages : le milieu naturel, la faune et l'histoire de la Sologne ; le monde des châteaux et le monde rural. Le **moulin de la Ville** présente l'histoire de Romorantin-Lanthenay (notamment le projet de Léonard de Vinci envisageant la création d'une ville nouvelle et d'une résidence royale). La **tour Jacquemart**, le plus vieux bâtiment de Romorantin, abrite des expositions temporaires.

Aux alentours

Lanthenay

4 km au nord de la ville. La chapelle St-Aignan renferme une Vierge entre saint Jean-Baptiste et saint Sébastien, peinture datée de 1523 et attribuée à Timoteo Viti, artiste d'Urbino qui influença Raphaël à ses débuts. Toile du 17e s. figurant le Christ mort entre la Vierge et saint Jean. Statues polychromes (16e s.) en bois, de saint François et sainte Claire.

Mennetou-sur-Cher

20 km au sud-est par la D 922 et la N 76. Bourg médiéval encore entouré de remparts.

Le charme des bords de la Sauldre à Romorantin.

Remparts – Bâtis au début du 13ᵉ s., ils ont conservé trois tours sur les cinq qu'ils comptaient, et trois portes. La porte Bonne-Nouvelle s'appuie sur une tour ronde qui flanquait un prieuré de bénédictines dont il ne reste que l'église. La porte d'En-Bas garde le souvenir du passage de Jeanne d'Arc ; dans son corps de garde, cheminée à hotte, d'origine. La porte d'En-Haut est percée d'une baie géminée.

Maisons anciennes – La Grande-Rue, sinueuse et accidentée, permet de voir la plupart des demeures anciennes de Mennetou : maisons du 13ᵉ s., gothiques, à baies géminées, maisons du 15ᵉ s. à pans de bois et à encorbellement, hôtels du 16ᵉ s. à pilastres.

Romorantin-Lanthenay pratique

Adresse utile

Office de tourisme – *32 pl. de la Paix - 41200 Romorantin-Lanthenay - ℘ 02 54 76 43 89 - www.tourisme-romorantin.com - tlj sf dim. 8h45-12h15, 13h30-18h30 (sam. 18h), lun. 10h-12h15, 14h-18h30 ; dim. (juil.-août) et j. fériés 10h-12h - fermé 1ᵉʳ janv., 1ᵉʳ Mai, 1ᵉʳ et 11 Nov., 25 et 31 déc.*

Se loger

⊖ **Chambre d'hôte Madame Couton-Prod'Homme** – *Nocfond - 41320 Langon - 12,5 km au SE de Romorantin-Lanthenay par D 76 et D 123 - ℘ 02 54 98 16 21 - ⊟ - 4 ch. 50 € - ⌷. L'atmosphère paisible de la campagne solognote vous attend dans cette ancienne fermette restaurée. Chaque chambre a été décorée selon un thème précis, du style Napoléon III aux années 1930. Petits-déjeuners servis dans la salle commune au charme rustique. Agréable parc fleuri, rehaussé d'arbres exotiques.*

⊖ **Hôtel La Pyramide** – *R. de la Pyramide - ℘ 02 54 76 26 34 - lapyramide@wanadoo. fr - fermé 20 déc.-2 janv. - P - 63 ch. 53/68 € - ⌷ 8,50 €. Construction moderne voisine d'un complexe culturel. Chambres fonctionnelles agrémentées de* lambris et de tentures colorées. Lumineuse salle à manger complétée d'une terrasse sur l'arrière du restaurant.

Se restaurer

⊖⊖ **Auberge Le Lanthenay** – *9 r. Notre-Dame-du-Lieu - 2,5 km au N de Romorantin par D 922 - ℘ 02 54 76 09 19 - fermé 14-28 juin, 22 déc.-5 janv., dim. et lun. - réserv. obligatoire - 23/55 €. Étape gourmande réputée à ne pas manquer : sa cuisine traditionnelle, servie dans une salle à manger rustique ou sous la véranda-terrasse, s'avère en effet soignée et proposée à des prix très digestes. Chambres au décor agreste agréablement rajeuni.*

Loisirs

◉ **Bon à savoir** – La situation de la ville au cœur d'une région très boisée en fait un point de départ idéal pour de nombreuses randonnées pédestres ou équestres. Se renseigner à l'office de tourisme ou sur www.tourisme-romorantin.com.

Compagnie du Blanc-Argent – *Gare de Romorantin-Lanthenay - ℘ 02 54 76 06 51.* La ligne dessert, sur voie métrique, 15 gares et haltes entre Salbris (Loir-et-Cher) et Luçay-le-Mâle (Indre).

Sablé-sur-Sarthe

12 716 SABOLIENS
CARTE GÉNÉRALE B2 – CARTE MICHELIN LOCAL 310 G7 – SCHÉMA P. 302 – SARTHE (72)

Au cœur d'une région vallonnée et boisée en lisière du Maine et de l'Anjou, Sablé se visite à pied, en bateau ou en voiture. Sa vieille ville aux belles façades 18e s., sous l'auguste château des Colbert, occupe le confluent de la Vaige, de l'Erve et de la Sarthe. De là, partez en croisière entre les rives ombragées de la Sarthe, gagnez la campagne, à la découverte des peintures d'Asnières, dans la vallée de la Vègre…

◗ **Se repérer** – À mi-chemin entre Le Mans (à 55 km au nord-est) et Angers (62 km au sud-ouest).

◉ **À ne pas manquer** – Les peintures murales d'Asnières-sur-Vègre et d'Auvers-le-Hamon ; les chants grégoriens de l'abbaye de Solesmes.

◔ **Organiser son temps** – Amateurs de chants grégoriens, renseignez-vous sur les horaires des offices. Comptez 30mn pour la ville, 2h30 pour les alentours.

◖ **Pour poursuivre la visite** – Voir aussi Angers, Château-Gontier, La Flèche, Le Mans et le château du Plessis-Bourré.

Le saviez-vous ?

◉ Le sable venu de la Loire a tout naturellement donné son nom à la ville qui en assurait le transit fluvial.
◉ La seigneurie appartenait au 17e s. aux Laval-Bois-Dauphin, marquis de Sablé.
◉ Le « véritable sablé de Sablé » naquit en 1923 avec M. Étienne, pâtissier de la ville, qui prouva son sens de la formule publicitaire. Mais nul ne sait d'où est originaire ce biscuit au beurre et aux œufs.

Se promener

Le château des Colbert – Dominant la ville, il est aujourd'hui occupé par les ateliers de restauration et de reliure de la Bibliothèque nationale de France. Colbert de Torcy le fit construire en 1711. Le neveu du grand Colbert donnait avec cette construction un visage nouveau à Sablé : l'hôpital et de nombreuses maisons datent de cette époque.

L'aménagement de la **place Raphaël-Élizé** a mis en valeur un bel ensemble architectural du 19e s. *(rue Carnot)*.

Le **port**, sur la Sarthe canalisée, recevait autrefois des péniches de sable venant de la Loire. Il accueille aujourd'hui les pénichettes réservées à la location, ainsi que le *Sablésien II (voir Sablé pratique)*.

Aux alentours

Auvers-le-Hamon
8,5 km au nord par la D 24. Dans l'**église**, des **peintures murales** (15e-16e s.), très réalistes, représentent des saints et martyrs vénérés dans la région : à droite, saint Mamès qui tient ses entrailles, saint Martin à cheval, saint Cénéré en cardinal, saint Eutrope, saint André sur sa croix, saint Luc assis sur un bœuf, la Nativité, la Fuite en Égypte ; à gauche, une danse macabre, saint Avertin, sainte Apolline, dont les dents sont arrachées par ses bourreaux, saint Jacques et le sacrifice d'Isaac.

Solesmes
3 km au nord-est en prenant la jolie D 22. Du pont et de la rive droite de la Sarthe, vous aurez une **vue★** impressionnante sur l'abbaye, sombre muraille de 50 m de hauteur construite à la fin du 19e s. en style romano-gothique. Les bâtiments se

Solesmes et ses chants

Fondé en 1010 par un seigneur de Sablé, le prieuré bénédictin de Solesmes, desservi par les moines de St-Pierre-de-la-Couture au Mans, prit rapidement de l'extension. Ruiné à la Révolution, il fut rétabli en 1833 par un prêtre originaire de Sablé, dom Guéranger, et élevé en 1837 au rang d'abbaye-chef d'ordre de la congrégation de France de Saint-Benoît. Le nom de Solesmes est bien sûr lié au mouvement de rénovation du chant grégorien en France. Les **offices** auxquels le public est admis permettent d'apprécier l'exceptionnelle pureté de la liturgie bénédictine.

Ph. Gajic / MICHELIN

La monumentale Mise au tombeau du Christ (1496) de Solesmes, avec une émouvante sainte Madeleine en prière.

reflètent dans les eaux de la rivière ; un prieuré du 18ᵉ s., moins imposant mais plus gracieux, les prolonge.

Abbaye St-Pierre★ – *Seule l'église abbatiale (au fond de la cour d'honneur) est accessible au public.* Cette **église** est constituée d'une nef et d'un transept anciens (11ᵉ-15ᵉ s.), prolongés en 1865 par un chœur couvert de voûtes bombées. Dans le transept, admirables groupes sculptés, les **saints de Solesmes★★** : dans le croisillon nord, « la belle chapelle » du 16ᵉ s., consacrée à la Vierge, renferme un remarquable ensemble sculpté évoquant des épisodes de la vie de la Vierge. Il fait pendant à la *Mise au tombeau* du bras sud, datée de 1496.

Asnières-sur-Vègre★

15 km au nord-est par la D 4 et la D 190. En venant de Poillé par la D 190, jolie perspective sur Asnières, ses vieilles maisons aux hautes toitures, son église et sa demeure dite la « cour d'Asnières ».

Pont – Ouvrage médiéval, en dos d'âne. **Vue★** charmante sur la rivière, le vieux moulin ombragé aux installations encore intactes, et un élégant manoir à lucarnes et tourelle, rive droite.

Près du moulin, le château du Moulin-Vieux date des 17ᵉ et 18ᵉ s.

Église – À l'intérieur, on découvre un superbe ensemble de **peintures murales★** gothiques, plein de fraîcheur naïve, d'audace et d'invention (du 13ᵉ s. dans la nef, du 15ᵉ s. dans le chœur). La plus célèbre se trouve au revers du pignon ouest : elle figure l'enfer. À gauche, le Christ s'apprêtant à délivrer les âmes enfermées dans les limbes attaque à la lance le Cerbère à trois têtes ; au centre, la gueule du Léviathan engloutit des damnés ; enfin, un chaudron, où des démons à tête de chien brassent des réprouvés, parmi lesquels on reconnaît à son béguin la châtelaine, et à sa mitre l'évêque. Le cycle du Nouveau Testament est évoqué sur les parois de la nef et du chœur. Sur le mur gauche de la nef, trois scènes représentent l'Adoration des Mages, la Présentation au Temple et la Fuite en Égypte. Dans le chœur, on reconnaît le Baptême du Christ, la Flagellation et la Crucifixion.

Cour d'Asnières – À quelques pas de l'église, ce grand bâtiment gothique, allongé, a de jolies fenêtres géminées. Les chanoines du Mans, seigneurs d'Asnières, y exerçaient leurs droits seigneuriaux, d'où le nom de « cour ».

St-Denis-d'Anjou

10 km au sud-ouest par la D 309. Dans ce village médiéval, l'**église fortifiée** (12ᵉ s.) et voûtée en carène est ornée de **fresques** (12ᵉ et 15ᵉ s.) découvertes en 1947 ; elles représentent des saints dont saint Christophe, saint Jean-Baptiste, saint Nicolas, saint Gilles, saint Hubert et saint Martin. ☏ 02 43 70 69 09 - visite guidée mai-sept. : jeu. et vend. 15h, w.-end 16h ; reste de l'année sur demande ; août : vend. 21h visite guidée aux flambeaux.

En face de l'église, remarquez la maison des chanoines (15ᵉ s.), actuellement hôtel de ville, et les halles (16ᵉ s.) qui servaient au commerce des vins.

Chapelle de Varennes-Bourreau
10 km au sud par la D 159 - ☎ *02 43 70 69 09 ou 02 43 70 96 10 - possibilité de visite guidée sur demande.* Cette chapelle nichée en bordure de la Sarthe, sous les arbres, abrite de belles peintures murales (12e et 15e s.), dont un Christ bénissant nimbé de sa mandorle (gloire en forme d'amande).

Miré
16 km au sud-ouest par la D 309 puis la D 27. L'église de ce village est couverte d'une voûte de bois en carène que décorent 43 panneaux peints à la fin du 15e s. L'observation de la voûte révèle les évangélistes, les anges portant les instruments de la Passion, Adam et Ève, le Christ, sainte Anne, l'Annonciation, les Apôtres et trois personnages de l'Ancien Testament.

Château de Vaux
3,5 km au nord-ouest de Miré par la D 29 en direction de Bierné. Visite des extérieurs et de la tour des Douves : juil.-août : tlj sf w.-end et j. fériés 13h-19h - gratuit.
Un peu en retrait de la route apparaît la gracieuse silhouette de ce manoir élevé à la fin du 15e s. par **Jean Bourré**, seigneur de Miré. L'édifice a conservé une partie de son enceinte et son élégant corps de bâtiment à tourelle d'escalier et fenêtres à meneaux.

Sablé-sur-Sarthe pratique

Adresse utile
Office de tourisme – *Pl. Raphaël-Élize - 72300 Sablé-sur-Sarthe -* ☎ *02 43 95 00 60 - www.sable-sur-sarthe.fr - juin-sept. : 9h30-12h30, 14h-18h, dim. et j. fériés 10h15-12h15 ; horaires basse saison, se renseigner - fermé 1er janv., 1er Mai, 1er et 11 Nov., 25 déc.*

Visite
Visite guidée aux flambeaux – *À St-Denis-d'Anjou - chaque vend. d'août à 21h -* ☎ *02 43 70 69 09.*

Promenades en calèche – *À St-Denis-d'Anjou - de mai à sept. sur réservation -* ☎ *02 43 70 64 10 (M. Lefebvre).*

Se loger
☺ **Village Vacances Nature et Jardin** – *53290 Bouère - au bourg, sortie S par D 14, rte de St-Denis-d'Anjou, au bord d'un plan d'eau -* ☎ *02 43 06 08 56 - www.paysmeslaygrez.fr -* ✉ *- 11 chalets 235/395 € par sem. pour 6 pers.* Village de 10 chalets en bois implanté au cœur d'un village fleuri et au bord d'un plan d'eau de 2 ha. Chaque chalet dispose d'une cheminée et d'un local privatif permettant de ranger vélos et matériel de pêche.

☺ **Aster** – *Rte de La Flèche -* ☎ *02 43 92 28 96 -* **P** *- 30 ch. 42 € -* ☕ *6 € - rest. 13/15 €.* Hôtel récent proche du centre de Sablé. Les chambres sont fonctionnelles et pourvues de salles de bains bien équipées. Au restaurant, décoration et ambiance provençales et cuisine traditionnelle à prix doux. Accueil aussi professionnel que sympathique.

Se restaurer
☺☕ **Le Martin Pêcheur** – *Rte de Pincé -* ☎ *02 43 95 97 55 - mare.marechal@wanadoo.fr - fermé vac. de fév., dim. soir, lun. soir et mar. soir - 21/47 €.* Entre forêt et rivière, grande bâtisse moderne bordant le parcours d'un golf 27 trous. Plusieurs espaces de restauration : traditionnelle, club-house et salons-bar.

Que rapporter
La Nouvelle Maison du Sablé – *38 r. Raphaël-Elizé -* ☎ *02 43 95 01 72 - mds@lamaisondusable.fr - 9h-12h30, 14h-19h, dim. 10h-13h.* C'est tout le petit monde du sablé qui s'offre à vous dans cette avenante boutique à la façade vert d'eau de style Art déco et aux murs cassis. Le biscuit rond et doré est toujours fabriqué artisanalement selon la recette de 1932 dont la maison est dépositaire. Goûtez également le Croq'Amours, meringue légère aux amandes et noisettes entières, aromatisée au chocolat, au café ou à la vanille.

Sports & Loisirs
Croisières Saboliennes – *Quai National -* ☎ *02 43 95 93 13 - www.sablesien.com - mars-oct.* Les croisières organisées sur le bateau *Sablésien II* (74 personnes maximum) peuvent être accompagnées d'un repas ou même d'un goûter, et leur durée évolue en fonction du parcours choisi… Une façon originale de découvrir les beaux paysages de la Sarthe.

Saint-Aignan ★

3 542 SAINTAIGNANAIS
CARTE GÉNÉRALE C3 – CARTE MICHELIN LOCAL 318 F8 – LOIR-ET-CHER (41)

Illuminée en deux tons, l'arrivée sur la ville endormie est saisissante : la longue et composite façade du château, relayée par la collégiale et son clocher surplombent avec emphase la rive droite du Cher. Dans une région de coteaux et de vignobles, entre forêts et plateaux céréaliers, cette paisible bourgade abrite de belles fresques romanes, quelques rues commerçantes et, à distance juste respectable, les tigres et lions blancs, vautours et gorilles du zoo de Beauval.

- ▶ **Se repérer** – À 17 km à l'est de Montrichard et à 40 km à l'ouest de Romorantin. Pour une meilleure vue d'ensemble, abordez la ville par la D 675 au nord.

- 👁 **À ne pas manquer** – Les superbes fresques de l'église St-Aignan, les lamentins, tigres blancs et autres animaux rares du zoo-parc de Beauval.

- 🕐 **Organiser son temps** – Comptez 45mn pour la ville, 2h pour les alentours.

- 👪 **Avec les enfants** – La visite du zoo-parc de Beauval.

- 🕯 **Pour poursuivre la visite** – Voir aussi Blois, le château de Cheverny, Loches, Montrésor, Montrichard, Romorantin, Selles-sur-Cher et le château de Valencay.

> ### Le saviez-vous ?
>
> Au Moyen Âge, une étymologie fantaisiste faisait de saint Aignan un saint « Teignan », qui passait pour guérir de la teigne, voire de l'eczéma. On disait alors : « Il faut aller à sainct Aignan pour votre teigne. » Mais saint Aignan, évêque, est surtout connu pour avoir aidé Orléans à se débarrasser des Huns en 391.

De superbes fresques, dans l'église basse de St-Aignan, illustrent la légende de saint Gilles.

Se promener

Château

Par l'escalier monumental qui s'amorce face au porche de l'église, on accède à la cour du château (*l'intérieur ne se visite pas*) ; belle vue sur les toits de la ville, où l'orange des tuiles domine, mêlé de quelques ardoises.

Le château comporte deux bâtiments en équerre, principalement du 16ᵉ s. En partie adossés aux restes des fortifications médiévales, ils ferment la cour à l'est. Son gracieux logis Renaissance décoré de croisillons de brique, avec ses fenêtres encadrées de pilastres et ses lucarnes à pignons sculptés, renferme un bel escalier, dans une tourelle octogonale en forme de lanternon.

De la terrasse, on domine le Cher et ses eaux tumultueuses.

Maison de la Prévôté

En quittant l'église, traversez la rue principale Constant-Ragot. 📞 *02 54 75 49 73 ou* 📞 *02 54 71 22 22 (mairie) - mai-sept. : tlj sf lun. 11h-12h30, 16h-19h, w.-end et j. fériés 10h-12h, 15h-18h - gratuit.*
Cet édifice du 15ᵉ s. reçoit des expositions temporaires.
La rue Constant-Ragot conserve deux maisons gothiques et offre le meilleur coup d'œil sur l'élévation du chevet de l'église. N'hésitez pas à vous glisser dans les petites rues et places avoisinantes, jalonnées de vieilles maisons à pans de bois ou en pierre sculptée, du 15ᵉ s.

Visiter

Église St-Aignan★

La collégiale romane date des 11ᵉ et 12ᵉ s. *(voir illustration au chapitre « ABC d'architecture »).* Une tour imposante en surplombe le transept. Passé la tour-porche de l'entrée, on pénètre dans une nef haute et claire aux chapiteaux ciselés avec finesse, avec feuilles d'acanthes et animaux fantastiques. Dans le chœur et le déambulatoire, on reconnaît, parmi les chapiteaux historiés, la Fuite en Égypte *(dans le déambulatoire, au nord)*, le Sacrifice d'Abraham et le roi David *(côté sud)*.

Église basse★★ – *Entrée dans le transept gauche.* Autrefois appelée église St-Jean, ou église des Grottes, elle fut utilisée comme étable ou cellier durant la Révolution. De même plan que le chœur, on y découvre un ensemble de **fresques** (12ᵉ-15ᵉ s.) remarquables : dans le déambulatoire, celle de la chapelle axiale figure saint Jean l'Évangéliste (15ᵉ s.), celle de la chapelle sud illustre la légende de saint Gilles. Un grand Christ en majesté dans une double mandorle (1200) occupe le cul-de-four du chœur et répand ses grâces sur des infirmes prosternés, par l'entremise de saint Pierre et de saint Jacques ; la voûte du carré du transept est décorée d'un Christ du Jugement dernier reposant sur un arc-en-ciel.

Aux alentours

Chapelle St-Lazare

2 km au nord-est sur la rive droite du Cher.
Près de la route, cette chapelle, dominée par un clocher-pignon, faisait partie d'une maladrerie.

Zoo-parc de Beauval★★

👥 *4 km au sud par la D 675.* 📞 *02 54 75 50 00 - www.zoobeauval.com -* ♿ *- de mi-mars à fin oct. : de 9h à la tombée de la nuit ; de déb. nov. à mi-mars : de 10h à la tombée de la nuit - 17 € (3-10 ans 12 €).* 👁 *Bon à savoir : le « tampon de sortie » apposé sur votre main vous permet de déjeuner en ville et de revenir ensuite !*

La descente offre de belles vues sur le vignoble avant d'aborder le parc de Beauval.

À la fois roseraie (2 000 rosiers) et forêt amazonienne dans sa partie la plus ancienne, le parc est un véritable paradis

Lionceau blanc au zoo de Beauval.

d'animaux et de fleurs aménagé sur 22 ha en partie boisés, vallonnés et agrémentés de cours d'eau. Tous les animaux présentés ici sont nés en captivité.

Tout de suite en entrant à droite, la **serre tropicale aux oiseaux★** de 2 000 m² introduit dans l'ambiance luxuriante d'une forêt équatoriale où 600 oiseaux exotiques volent en semi-liberté. Sont rassemblés sur l'ensemble du site près de 2 000 oiseaux. *En quittant les oiseaux, obliquez à droite.*

La **savane africaine** accueille, sur 3 ha, les grands herbivores : girafes, antilopes, zèbres et autruches… *Retournez-vous et descendez quelques marches.*

Voici les **fauves★★**, dont de rarissimes tigres blancs aux yeux bleus, des lions blancs, des panthères noires, des pumas, des hyènes et des lycaons.

Longez les îles au singes, puis la piscine à otaries où se déroulent plusieurs fois par jour les **spectacles★** : de mars à mi-octobre, ces représentations de 30mn permettent d'observer les glissades, plongeons et nages d'un joyeux groupe d'otaries qui n'ont, vous le verrez, pas toujours envie de rentrer en fin de programme ; la trentaine de rapaces impressionnent toujours par leur taille (certains approchent 3 m d'envergure) ou leurs acrobaties.

Plantes, gorilles, oiseaux mais aussi piranhas et rarissimes lamantins, évoluant dans leur piscine-aquarium, ont investi le **complexe tropical★★**.

Gagnez par une passerelle la partie plus récente du zoo, dont les arbres encore jeunes peinent à abriter les éléphants. La **ferme aux animaux nains**, avec ses petites chèvres goulues, permet enfin de toucher des animaux avides de… biscuits. Retour au calme dans la **serre austral-asienne**, où somnolent les koalas face à un aquarium de poissons très colorés. Empruntez à nouveau la passerelle pour gagner la magnifique et spacieuse **serre tropicale des grands singes★**. Athléti-

De très rares lamantins, ici, à Beauval.

ques orangs-outans, gibbons alertes : du ouistiti de 100 g au gorille de 250 kg, plus de 160 singes vivent et se reproduisent au zoo. Ne manquez pas les 400 variétés de **perroquets** (aras, loris, calaos, cacatoès, etc.), les derniers ânes sauvages de Somalie et l'**île des lémuriens** (dans le cadre des programmes européens pour les espèces menacées, le zoo en présente une collection importante) avant de quitter le lieu.

Saint-Aignan pratique

Adresse utile

Office de tourisme – *60 r. Constant-Ragot - 41110 St-Aignan-sur-Cher - ☎ 02 54 75 22 85 - www.tourisme-valdecher-staignan.com - juil.-août : 9h30-12h30, 14h-18h30, dim. 10h-12h, 15h-18h ; juin et sept. : 10h-12h30, 14h-18h30, dim. 10h-12h, 15h-18h ; reste de l'année : tlj sf dim. 10h-12h30, 14h-18h - fermé j. fériés sf Ascension, Pentecôte, 14 juil.-15 août.*

Se loger

Grand Hôtel – *7-9 quai J.-J.-Delorme - ☎ 02 54 75 18 04 - grand.hotel. st.aignan@wanadoo.fr - fermé 12-27 nov., 11 fév.-5 mars, dim. soir, mar. midi et lun. d'oct. à avr. - 20 ch. 46/55 € - ☐ 8 € - rest. 17/36 €.* En bordure du Cher, mais aussi de la route, grande demeure à la façade tapissée de vigne vierge. Chambres simples, souvent avec vue sur la rivière. Plaisante salle à manger : sage décor rustique, lustres en roue de charrette et cheminée. Carte traditionnelle.

Chambre d'hôte Le Sousmont – *66 r. Maurice-Berteaux - ☎ 02 54 75 24 35 - fermé 3-20 août - ⤴ - 4 ch. 60 € ☐.* Cette maison bourgeoise du 19ᵉ s. possède un ravissant petit parc ménageant une belle vue sur le château de St-Aignan. Plaisantes chambres personnalisées dont une installée dans une annexe au fond du jardin. Salon-bibliothèque et jolie salle des petits-déjeuners. Accueil charmant.

Chambre d'hôte Les Aulnaies – *2 r. des Aulnaies - 41110 Mareuil-sur-Cher - ☎ 02 54 75 43 89 ou 06 08 92 28 21 - lesaulnaies@aol.com - ⤴ - 5 ch. 72/95 € - ☐ - repas 25 €.* Entre vignobles et forêt, cette bergerie du 19ᵉ s. fort bien restaurée abrite 5 chambres, toutes à l'étage. Excellente table d'hôte, exaltant les saveurs du terroir, à base de gibier et de produits de saison, servie dans la magnifique salle à manger rustique. Stages de cuisine en demi-pension.

Se restaurer

Chez Constant – *17 pl. de la Paix - ☎ 02 54 75 10 75 - fermé mar. sf juil.-août et lun. sf j. fériés - 7,80/16,80 €.* Un lieu chargé d'histoire que ce restaurant du centre-ville, jadis relais de chasse du Grand-Veneur d'Orléans. Sa façade du 16ᵉ s. est classée. À l'intérieur, agréable salle à manger traversée d'une imposante poutre peinte. Terrasse sous les tilleuls. Cuisine traditionnelle.

Le Crêpiot – *36 r. Constant-Ragot - ☎ 02 54 75 21 39 - le.crepiot.free.fr - fermé vac. de fév., 1 sem. en juin, 2 sem. en sept., lun. et mar. - réserv. le w.-end - 11,80/23,60 €.* C'est à la fois un grill, une crêperie et une saladerie. À vous de choisir le repas que vous dégusterez dans la charmante salle – poutres, chaises en bois, nappes à carreaux, banquettes rouges – ou sur la terrasse, couverte et fleurie en été.

Saint-Benoît-sur-Loire★★

1 876 BÉNÉDICTINS
CARTE GÉNÉRALE D2 – CARTE MICHELIN LOCAL 318 K5 – LOIRET (45)

Éblouissant témoignage d'art et de spiritualité, l'abbaye St-Benoît subjugue par la simple grandeur de ses proportions, la délicate richesse de ses sculptures et la douce lumière dorée qui semble draper voûtes et colonnes. Mais ne négligez pas pour autant la petite église de Germigny-des-Prés, rarissime joyau d'art carolingien, avec sa belle mosaïque d'or et d'argent, lointain rappel de Byzance.

- ▶ **Se repérer** – Entre Gien (32 km au sud-est) et Orléans (36 km à l'ouest). On peut accéder à St-Benoît par la jolie D 60, qui épouse la courbe du fleuve.
- 👁 **À ne pas manquer** – La basilique et son clocher-porche ; la mosaïque de la voûte de l'église de Germigny-des-Prés.
- 🕒 **Organiser son temps** – Comptez 2h pour la basilique et ses alentours.
- 👶 **Pour poursuivre la visite** – Voir aussi Châteauneuf-sur-Loire, Gien, Lorris, Orléans et Sully-sur-Loire.

Comprendre

Les reliques de saint Benoît – Fleury, ancien nom de St-Benoît, tient son appellation d'un gros propriétaire gallo-romain. Une tradition fait du site l'ancien lieu de rassemblement des druides en pays carnute. Vers le milieu du 7e s., une abbaye y est fondée et attire d'importantes donations. Quelques années plus tard, l'abbé de Fleury apprend que le corps de saint Benoît, mort en 547, reste enseveli sous les ruines de l'abbaye du Mont-Cassin en Italie et ordonne de le ramener sur les bords de la Loire. Les précieuses reliques, sources de miracles, de guérisons et de prodiges multiples, ne manquent pas d'attirer les foules et valent un succès croissant à l'abbaye.

L'ami de Charlemagne – Charlemagne donne Fleury à son conseiller et ami, le brillant évêque d'Orléans **Théodulphe**. Celui-ci crée deux écoles monastiques de renom, l'une extérieure pour les prêtres séculiers, l'autre intérieure pour les futurs moines. Le scriptorium de l'abbaye produit de belles copies de livres enluminées. Théodulphe possédait, non loin de Fleury, une villa (domaine rural) dont subsiste l'oratoire : l'église de Germigny. Cette résidence était somptueusement décorée : murs couverts de peintures, sols de marbre, oratoire paré de superbes mosaïques exécutées vers 806. À la mort de Charlemagne, Théodulphe, compromis dans un complot contre Louis Ier le Pieux, tombe en disgrâce ; il est banni et déposé en 818. Il meurt dans une prison à Angers trois ans plus tard. La mort de Théodulphe, les invasions normandes entraînent un recul des études et un malaise dans le fonctionnement du monastère où la discipline se relâche.

Études et livres – Au 10e s. s'opère un redressement spectaculaire. En 930, **Odon**, moine tourangeau devenu abbé de Cluny, impose l'observance clunisienne à Fleury

Chœur de la basilique de St-Benoît-sur-Loire et gisant de Philippe Ier.

A. Cassaigne / MICHELIN

et relance l'école abbatiale. St-Benoît retrouve la prospérité : les écoliers affluent, notamment d'Angleterre, tandis que les rois et les princes offrent dons et protection. L'archevêque de Canterbury, Oda, prend l'habit monastique à St-Benoît.

La fin du 10e s. est dominée par la figure d'**Abbon**. Placé tout enfant au monastère, il complète sa formation à Paris, puis à Reims sous l'illustre Gerbert (qui avait lui-même séjourné à Fleury), et revient vers 975 comme chef des études. Il enrichit la déjà volumineuse **bibliothèque**, développe les études et, sous sa direction (à partir de 988), l'abbaye devient un des tout premiers foyers intellectuels d'Occident, rayonnant en particulier sur l'Ouest de la France et l'Angleterre. Conseiller très influent du roi Robert II, Abbon charge le moine du nom d'Aimoin de rédiger une *Histoire des Francs*, qui servira de base aux *Grandes Chroniques de France*, véritable histoire officielle à travers laquelle perce l'« idéologie » de la monarchie capétienne. Excellent organisateur de la vie monastique, Abbon est assassiné en 1004.

Au début du 11e s., **Gauzlin**, fils naturel d'Hugues Capet et futur archevêque de Bourges, étend le rayonnement artistique de l'abbaye par la confection du riche évangéliaire dit de Gaignières, manuscrit d'apparat fait de parchemin pourpre écrit en or et en argent, œuvre d'un peintre lombard. C'est du 11e s. que datent la crypte, le chœur et le transept de l'église actuelle. La nef ne fut achevée qu'à la fin du 12e s.

Dégâts de la commende, choc de la Réforme – Au 15e s., St-Benoît tombe en commende : les revenus de l'abbaye sont attribués par les rois à des abbés commendataires, souvent laïques, qui sont de simples bénéficiaires, sans rôle actif dans la vie religieuse de la communauté. Les moines ne leur font pas toujours bon accueil. Sous François Ier, ils refusent le cardinal Duprat et se retranchent dans la tour du porche. Le roi doit venir en personne, à la tête d'une armée, les rendre à la raison.

Pendant les guerres de Religion, un de ces abbés, Odet de Châtillon-Coligny, frère de l'amiral de Coligny, se convertit au protestantisme. En 1562, St-Benoît est pillé par les troupes huguenotes de Condé. Le trésor est fondu – la seule châsse d'or qui contenait les reliques du saint pesait 35 livres – , la bibliothèque est vendue et ses précieuses collections, environ 2 000 manuscrits, sont dispersées aux quatre coins de l'Europe. On les retrouve actuellement à Berne, Rome, Leyde, Oxford et Moscou.

Coup de grâce et restauration – La congrégation de St-Maur, introduite à St-Benoît en 1627 par le cardinal de Richelieu, lui donne un nouveau souffle. L'abbaye est supprimée à la Révolution, ses archives sont transférées à Orléans, ses biens dispersés. Au début du Premier Empire, les bâtiments monastiques sont rasés. L'église se délabre, avant d'être restaurée de 1836 à 1923. La vie monastique, bénédictine, a repris en 1944.

Le saviez-vous ?

Le poète **Max Jacob** (1876-1944) avait choisi cette abbaye comme lieu de retraite, avant d'être arrêté par la Gestapo en 1944. Mort au camp de Drancy, il repose dans le cimetière du village. La « Maison Max-Jacob » (office de tourisme) présente une exposition permanente sur la vie et l'œuvre du poète.

Visiter

Basilique★★

☏ 02 38 35 72 43 - www.abbaye-fleury.com - 6h30-22h (fermé 19h-21h de fin oct. à fin mars), hors offices religieux et matin des dim. et j. de fêtes - accueil monastique fermé 1er vend. du mois - visites guidées (1h30) de Pâques au 1er nov. sur demande écrite 1 mois à l'av. (Service des visites, abbaye de Fleury, 45730 St-Benoît-sur-Loire, joindre enveloppe timbrée pour réponse.)

Clocher-porche★★ – Primitivement isolé, c'est un des plus beaux monuments de l'art roman. Sur les chapiteaux de type corinthien en particulier, admirez les plantes stylisées, et notamment de souples feuilles d'acanthe, qui alternent avec des animaux fantastiques, des scènes tirées de l'Apocalypse ou encore des épisodes de la vie du Christ et de la Vierge. À la façade du porche *(2e pilier en partant de la gauche)*, l'un des chapiteaux est signé : « *Umbertus me fecit.* »

Nef – Elle fut rebâtie dans la seconde moitié du 12e s. Avec sa pierre blanche et ses hautes voûtes qui laissent largement pénétrer le jour, elle appartient au premier art gothique et semble baigner dans la lumière. Au revers de la façade, la tribune d'orgue fut ajoutée vers 1700.

Transept – Comme le chœur, il fut terminé en 1107. La coupole construite sur trompes superposées porte le clocher central. À la croisée du transept, voyez les belles stalles datées de 1413, ainsi que les restes d'une clôture du chœur en bois sculpté, offerte en 1635 par Richelieu, abbé commendataire de St-Benoît. Dans le croisillon nord, on vénère la précieuse statue de N.-D.-de-Fleury (albâtre, 14ᵉ s.) ; Max Jacob y venait prier.

Chœur★★ – Le chœur roman, profond, fut édifié de 1065 à 1107 ; remarquez son décor d'arcatures aveugles à chapiteaux sculptés, formant triforium. Le déambulatoire à chapelles rayonnantes est caractéristique d'une église construite pour les foules et les processions ; ce plan se retrouve dans la plupart des églises bénédictines.

Le sol est revêtu de la belle mosaïque venue d'Italie que le cardinal Duprat fit compléter en 1531. Gisant de Philippe Iᵉʳ (4ᵉ capétien), mort en 1108. Son sarcophage se trouve sous l'autel, dans l'axe de la nef.

Crypte★ – Puissant chef-d'œuvre de la seconde moitié du 11ᵉ s., elle conserve sa physionomie primitive. Ses grosses piles rondes forment un double déambulatoire à chapelles rayonnantes autour du large pilier central contenant la châsse, moderne, de saint Benoît, dont les reliques sont vénérées ici depuis le 8ᵉ s.

Ph. Gajic / MICHELIN

Mosaïque de l'abside de l'église de Germigny-des-Prés.

Aux alentours

Église de Germigny-des-Prés★

5,5 km au nord-ouest. Visite guidée sur demande au ☏ 02 38 58 27 97 - 2 € (enf. 1 €).
Rare et précieux témoin de l'art carolingien, la ravissante église de Germigny est l'une des plus vieilles de France, et peut être mise en relation avec la rotonde impériale d'Aix-la-Chapelle, également de plan centré.

L'édifice primitif, dont le plan en croix grecque rappelle, entre autres, la cathédrale arménienne d'Etchmiadzine, comportait quatre absides semblables ; il faut l'imaginer tout orné de mosaïques et de stuc, le sol pavé de marbre et de porphyre. L'abside orientale est la seule qui soit d'origine. Elle a conservé sur sa voûte une remarquable **mosaïque★★**. Celle-ci fut découverte en 1840 : des archéologues, voyant des enfants jouer avec de petits cubes de verre coloré trouvés dans l'église, mirent au jour le chef-d'œuvre jusque-là préservé par un épais badigeon. Composée de 130 000 cubes de verre assemblés, elle représente l'Arche d'alliance, surmontée de deux chérubins, encadrée de deux archanges ; au centre apparaît la main de Dieu. L'emploi de mosaïques d'or et d'argent dans le dessin des archanges rattache cette œuvre à l'art byzantin de Ravenne.

Les arcatures de stucs et les chapiteaux qui la supportent dénotent les influences simultanées des arts ommeyade, mozarabe et lombard.

Au centre, une tour-lanterne carrée aux vitraux d'albâtre translucide (la technique des vitraux de verre n'était pas encore répandue) éclaire l'autel. La nef actuelle, du 15ᵉ s., a fait disparaître la quatrième abside.

Saint-Benoît-sur-Loire pratique

♿ Voir aussi l'encadré pratique de Châteauneuf-sur-Loire.

Adresse utile

Office de tourisme - Maison Max-Jacob – *44 r. Orléanaise - 45730 St-Benoît-sur-Loire - ☎ 02 38 35 79 00 - www.saint-benoit-sur-loire.fr - avr.-sept. : 9h-12h30, 14h-18h, dim. et j. fériés 10h-13h ; horaires basse saison, se renseigner - fermé du 24 déc. au 6 janv., dim. et lun. de Pâques, 1er et 8 Mai, Ascension, dim. et lun. de Pentecôte, 14 Juil., 15 août.*

Se loger

⊖⊖ **Hôtel Labrador** – *7 pl. de l'Abbaye - ☎ 02 38 35 74 38 - hoteldulabrador@*

wanadoo.fr - 🅿 *- 40 ch. 60 € - ☐ 7 €.* Face à la basilique romane, hôtel composé de plusieurs bâtiments de style régional. Les chambres de l'aile récente bénéficient de la tranquillité du jardin. Salon de thé.

Se restaurer

⊖⊖ **Grand St-Benoît** – *7 pl. St-André - ☎ 02 38 35 11 92 - fermé sam. midi, dim. soir et lun. - 17/45 €.* Poutres apparentes et meubles contemporains en salle et terrasse dressée sur une place piétonne du village où repose le poète Max Jacob. Cuisine au goût du jour soignée.

Saint-Calais

3 785 CALAISIENS
CARTE GÉNÉRALE C2 – CARTE MICHELIN LOCAL 310 N7 – SARTHE (72)

À la limite du Maine blanc et du Vendômois, St-Calais, ville d'eaux ? En quelque sorte… N'a-t-elle pas sa petite rivière, l'Anille, ses quais, ses lavoirs moussus, ses arbres et ses jardins fleuris ? Alors, une promenade au clair de lune, par ses ruelles tortueuses, sous son vieux château féodal et ses ruines romantiques ?

▶ **Se repérer** – Entre Le Mans (40 km à l'ouest) et Orléans (94 km à l'est), par la N 157, St-Calais est dominé par les ruines de son château ; cinq ponts traversent sa petite rivière bordée de jardins.

👁 **À ne pas manquer** – La façade de l'église Notre-Dame.

🕐 **Organiser son temps** – Comptez 1h30 pour visiter la ville et ses alentours.

👨‍👦 **Avec les enfants** – En septembre, la Fête du chausson aux pommes.

♿ **Pour poursuivre la visite** – Voir aussi La Ferté-Bernard, Le Mans, Mondoubleau, Montoire-sur-le-Loir et Vendôme.

Le saviez-vous ?

👁 À l'origine de la ville se trouve une abbaye, fondée au 6e s. par un anachorète (moine vivant en solitaire) venu d'Auvergne, **Karilefus**, dont le nom s'est transformé en Calais.

👁 Entre autres célébrités locales, seigneurs du château, **Jean V de Bueil**, compagnon de Jeanne d'Arc, surnommé le « fléau des Anglais », puis **Jeanne d'Albret**, mère d'Henri IV.

Se promener

Déambulez à plaisir le long des **quais de l'Anille**, avec ses lavoirs moussus, son fouillis de jardins et de hautes toitures.

Le quartier de la rive droite est né de l'abbaye bénédictine. Du monastère détruit à la Révolution, seuls subsistent quelques bâtiments du 17e s., occupés par la bibliothèque, le théâtre et le musée.

Église Notre-Dame

Commencée par le chœur en 1425, elle est pour partie de style gothique flamboyant, pour partie Renaissance. Le clocher est surmonté d'une belle flèche de pierre à crochets. La **façade**★ à l'italienne, typique de la seconde Renaissance, a été terminée en 1549. Deux portes jumelées à agrafes, dont les vantaux sont sculptés de scènes de la vie de la Vierge et de cornes d'abondance, s'inscrivent sous un grand arc en plein cintre encadré de pilastres ioniques ; les portails latéraux sont surmontés de frontons curvilignes et de niches.

À l'intérieur, les trois premières travées Renaissance ont des voûtes reposant sur les chapiteaux ioniques des majestueuses colonnes. Une tribune du 17e s., provenant de l'abbaye, soutient un orgue de la même époque. Un retable baroque orne le maître-autel. Dans une armoire forte, à droite du chœur, le suaire de St-Calais est une étoffe byzantine inspirée d'un thème sassanide (Perse, 6e s.).

Aux alentours

Château de Courtanvaux

12 km au sud, par la D 303 jusqu'à Bessé-sur-Braye ; dans Bessé, suivez la signalisation. ℘ 02 43 35 34 43 - www.besse-sur-braye.fr.st - de mi-avr. à déb. oct. : tlj sf lun. 11h-12h, 15h-18h, possibilité de visite guidée (1h) : 11h, 15h, 16h, 17h et 18h - fermé j. de réceptions - 3 € (enf. 2 €) - parc : accès libre tte l'année 9h-19h.

Une allée bordée de platanes mène à la poterne, charmante construction Renaissance. Cachés dans un vallon ombragé, les bâtiments présentent les caractéristiques des 15e et 16e s. : toits élevés, fenêtres à meneaux, lucarnes à fronton aigu. Deux terrasses qui dominent la cour intérieure permettent d'apprécier l'ensemble. Le corps principal, dit « grand château », comprend, au 1er étage, une enfilade de quatre salles (47 m de longueur), dont la décoration fut refaite en 1882.

Ce château fut le siège d'un marquisat illustré par les Louvois et les Montesquiou, en particulier Michel Le Tellier, marquis de **Louvois** (1639-1691), le célèbre ministre de la Guerre de Louis XIV. Le château n'en fut pas moins délaissé pendant près de 150 ans. Le château de Courtanvaux reprit vie en 1815 lorsque, à la chute de Napoléon, s'y retira la **comtesse de Montesquiou**. Elle avait été gouvernante du roi de Rome et le fils de l'Empereur l'appelait affectueusement sa « bonne-maman Quiou ».

Au pied du château, les parterres à la française présentent rosiers, massifs d'annuelles, lavande et ifs taillés en cylindres courts. Tout autour, le **parc** à l'anglaise de 68 ha invite à la promenade et à la détente.

Saint-Calais pratique

♿ Voir aussi l'encadré pratique de Mondoubleau.

Adresse utile

Office du tourisme du pays calaisien – Pl. de l'Hôtel-de-Ville - 72120 St-Calais - ℘ 02 43 35 82 95 - www.payscalaisien. com - mar.-vend. 10h30-12h30, 14h30-18h, sam. 10h-12h30 (et 14h-17h juil.-août) - fermé j. fériés.

Se loger

⊖ **Chambre d'hôte La Vougrerie** – Le Gravier - 41170 Sargé-sur-Braye - 4 km au N de Sargé-sur-Braye par D 921 au lieu-dit le Gravier, et petite rte à droite - ℘ 02 54 72 78 24 - http://vougrerie.free.fr - ⊠ - 3 ch. 42 € ⊠. Cette exploitation agricole nichée en pleine nature offre une agréable vue sur le bocage percheron. Malgré sa construction récente et sa décoration assez simple, l'ensemble dégage une certaine personnalité. Chambres bien

tenues, dont une s'apparentant à une petite suite. Jolie piscine entourée d'arbres.

⊖ **Chambre d'hôte Les Ganeries** – 41170 Sargé-sur-Braye - à 3 km au S de Sargé-sur-Braye par D 921, puis N 157, dir. Épuisay et chemin à droite - ℘ 02 54 72 78 44 - http://lesganeries.free.fr - ⊠ - 4 ch. 43 € ⊠. Aménagées dans un bâtiment indépendant, les 4 très belles chambres vous garantissent un séjour placé sous le signe du repos. Après un petit-déjeuner pris dans la salle à manger rustique, un programme complet d'activités vous attend : promenade, baignade, farniente sur transat. Même les prix sont doux.

Événement

Fête du chausson aux pommes – Chaque année depuis 1581 se tient la Fête du chausson aux pommes, en souvenir de la fin de la peste (*1er w.-end de sept.*).

Saint-Paterne-Racan

1 511 SAINT-PATERNOIS
CARTE GÉNÉRALE C2 – CARTE MICHELIN LOCAL 317 L3 – INDRE-ET-LOIRE (37)

L'Escotais murmure, gargouille au long des lavoirs, caresse les branches des saules pleureurs. Poétique ? Mais c'est bien naturel puisque Honorat de Bueil, marquis de Racan, académicien, poète et ami de Malherbe, choisit ce lieu béni pour y construire sa dernière demeure.

▶ **Se repérer** – Un peu à l'écart de la N 138 entre Tours (30 km au sud-est) et Le Mans (60 km au nord-ouest). On accède à St-Paterne-Racan par de fraîches petites routes qui longent les rives de l'Escotais.

👁 **À ne pas manquer** – Les statues polychromes dans l'église.

🕐 **Organiser son temps** – Comptez 2h30 pour le village et ses alentours.

👪 **Avec les enfants** – Les loisirs de l'étang de Val Joyeux.

🕯 **Pour poursuivre la visite** – Voir aussi la forêt de Bercé, Château-la-Vallière, Le Mans et Tours.

Le saviez-vous ?

Paër, Pair, Patier, Pern, Poix, Pouair, Paternus et Paterno : c'est le même homme. Il est invoqué à Vannes (Morbihan), à Issoudun (Indre), à Avranches (Orne) et à Orléans (Loiret).

Visiter

Église

🎧 02 47 29 30 87 (mairie) - *visite guidée sur demande : dim. 10h-12h, 14h-17h.*
Elle renferme d'intéressantes œuvres d'art qui proviennent en partie de l'abbaye voisine de la Clarté-Dieu. En particulier, à gauche du maître-autel, un groupe (16ᵉ s.) en terre cuite : il s'agit d'une Adoration des Mages, où vous distinguerez, au centre, une ravissante **Vierge à l'Enfant★**. Dans la nef, remarquez les statues polychromes (18ᵉ s.) des docteurs de l'Église (Ambroise, Augustin, Jérôme, Grégoire) et, dans la chapelle sud, un retable *La Vierge du Rosaire* de la même époque, accompagné d'une *Sainte Anne et la Vierge* (terre cuite du 16ᵉ s.).

Vierge à l'Enfant (16ᵉ s.).

Ph. Gajic / MICHELIN

Aux alentours

Château de la Roche-Racan

2 km au sud-est par la D 28. 🎧 *02 47 29 20 02 - visite guidée (45mn) de déb. août à mi-sept. : 9h30-12h30, 14h30-17h30 - 5 € (-12 ans gratuit).*
Une roche porte le château commandant ce rustique vallon de l'Escotais où vécut Honorat de Bueil, seigneur de **Racan** (1589-1670), l'auteur des *Bergeries* et de l'*Ode au Loir débordé*. Le poète fit construire sa demeure vers 1635 par Jacques Gabriel, maître maçon à St-Paterne et membre d'une dynastie d'architectes. L'édifice comprenait un corps de logis flanqué de deux pavillons dont un seul subsiste, surmonté de frontons, tourelle d'angle et décors de cariatides. Les longues terrasses à balustres, disposées sur des arcades à mascarons, s'étagent au-dessus du vallon.
Honorat de Bueil appartenait à la branche cadette d'une famille dont le berceau se trouve à Bueil-en-Touraine. Maître de Boileau, ami de Malherbe, il fit partie de la première Académie française.
À la Roche-Racan, sa vie semble agréablement remplie : « tantôt [il] se promène le long de ses fontaines », tantôt il courre le cerf ou le lièvre, visite l'abbé de la Clarté-Dieu qui l'invite à versifier les psaumes, éduque ses enfants, soutient force procès, fait pousser ses fèves et rebâtit son château.

St-Christophe-sur-le-Nais

2,5 km au nord par la D 6. Sur les pentes du vallon de l'Escotais, ce village recèle une **église** qui comprend deux édifices distincts : la chapelle d'un prieuré (11e-14e s.), et l'église paroissiale avec sa nef et son clocher du 16e s. Au seuil de la nef, un gigantesque saint Christophe accueille le visiteur ; à droite, dans une niche, se trouve un buste-reliquaire du saint. À gauche du chœur, voyez la belle Vierge à l'Enfant (statue du 14e s.). Des médaillons Renaissance décorent les voûtes en bois de l'église.

Neuvy-le-Roi

9 km à l'est par la D 54. L'**église**, des 12e et 16e s., comporte un chœur roman et une nef principale couverte de **voûtes angevines** ; notez, dans le bas-côté nord, le réseau complexe des voûtes à clefs pendantes (16e s.), et, au sud du chœur, l'élégante chapelle seigneuriale, également à clefs pendantes.

Bueil-en-Touraine

8 km au nord-est par la D 72 et la D 5. Dominant la vallée du Long, ce bourg fut le berceau des Bueil, qui donnèrent à la France un amiral, deux maréchaux et le poète Honorat de Bueil, seigneur de **Racan**. Sur la colline se dessine un édifice constitué par la juxtaposition de l'église St-Pierre-aux-Liens *(à gauche)* et de la collégiale St-Michel, fondée à la fin du 14e s. *Église et collégiale actuellement en cours de restauration.*

L'**église St-Pierre-aux-Liens** s'appuie sur une grosse tour carrée inachevée ; un escalier conduit au portail. Ne manquez pas le remarquable **baptistère** de style Renaissance, aux panneaux garnis de statuettes du Christ et des Apôtres. À l'extrémité de la nef, voyez les restes de fresques du début du 16e s. et les statues. Une porte donne accès à la collégiale.

Les Bueil firent construire la **collégiale Sts-Innocents-St-Michel** pour abriter leur tombeau. Dans des enfeus sont déposés les gisants des seigneurs et dames de Bueil, dont la première épouse de Jean V de Bueil, coiffée d'un hennin et vêtue d'un surcot armorié.

La belle Louise de La Vallière

Louise de La Baume Le Blanc, duchesse de La Vallière et de Vaujours (1644-1710), passa son enfance au manoir de La Vallière, près de Reugny, au nord-est de Tours, dans la vallée de la Brenne. Fille d'honneur d'Henriette d'Angleterre, duchesse d'Orléans, cette gracieuse demoiselle conquit à Fontainebleau, en 1662, le cœur du Roi-Soleil, qu'elle sut conserver cinq ans. L'amie de la reine Mme de Motteville écrit d'elle : « Elle était aimable et sa beauté avait de grands agréments par l'éclat de la blancheur et de l'incarnat de son teint, par le bleu de ses yeux, qui avaient beaucoup de douceur, et par la beauté de ses cheveux argentés qui augmentait celle de son visage… Quoi-qu'elle fût un peu boiteuse, elle dansait fort bien. » Après avoir cédé la place à l'altière Montespan, elle se réfugie au Carmel de la rue St-Jacques à Paris : sœur Louise de la Miséricorde y passe les 36 dernières années de sa vie.

Château de Vaujours

17 km au sud-ouest. Les vestiges romantiques du château *(ne se visite pas)* apparaissent précédés par un ouvrage fortifié, une barbacane. Belle enceinte jalonnée de tours rondes dont l'une, à mâchicoulis, subsiste presque entièrement. Dans la cour, vestiges de la chapelle et du logis seigneurial édifiés au 15e s. Louis XI séjourna ici à plusieurs reprises, chez sa sœur naturelle, Jeanne, fille de Charles VII et d'Agnès Sorel. **Louise de La Vallière** ne vint qu'une fois visiter son château, en 1669.

Étang de Val Joyeux

17 km au sud-ouest.

La Fare a formé une vaste nappe d'eau (on s'y baigne et on y pratique même la voile), au pied de la colline agréablement boisée.

Forêt de Château-la-Vallière

17 km au sud-ouest. Autour de Château-la-Vallière, sauf au nord, s'étendent de vastes bois de pins et de chênes, coupés de landes et couvrant près de 3 000 ha. Venez à l'automne, et vous y entendrez peut-être le son du cor, avec les aboiements de la meute…

Saint-Paterne-Racan pratique

Adresses utiles

Office du tourisme de Château-la-Vallière – Pl. d'Armes - 37330 Château-la-Vallière - ☎ 02 47 24 14 31 - juil.-août : lun.-sam. 10h-12h30, 15h-19h, dim. 10h-12h30 - fermé j. fériés ; reste de l'année : s'adresser à Langeais

Office du tourisme de Langeais - Pl. du 14-Juillet - 37130 Langeais - ☎ 02 47 96 58 22 - www.tourisme-langeais.com - de mi-sept. à Pâques : 9h30-12h30, 14h-17h30, dim., 1er et 11 Nov. 10h-12h30 ; de Pâques à mi-juin : tlj sf dim. et j. fériés 9h30-12h30, 14h-18h - fermé 25 déc., 1er janv., 1er Mai.

Se loger

☺ **Chambre d'hôte La Mésange Potière** – 10 r. Juliette-Aveline - 37330 Souvigné - ☎ 02 47 24 54 36 - ⌂ - 4 ch. 45/48 € - ☐. Entourée d'un plaisant espace de verdure, cette belle demeure du 18e s. à la sortie du village abrite 4 chambres, dont 2 suites dans une dépendance. Le salon avec TV et cheminée offre d'agréables moments de détente. En annexe, l'atelier de poterie, où la maîtresse des lieux aime à faire partager sa passion.

☺☺ **Chambre d'hôte Le Clos de Launay** – Rte de Tours - 37330 Souvigné - ☎ 02 47 24 58 91 - www.loisirscampagne.com - ⌂ - 6 ch. 54/56 € - ☐. Rien ne pourrait troubler la quiétude de cette belle maison de construction récente, isolée dans une propriété de 7 ha. Un ensemble confortable et cossu, composé à l'étage de 6 chambres (dont une suite familiale) et d'un salon de détente avec fauteuils et canapés. Jolies promenades autour de l'étang poissonneux.

☺☺ **Chambre d'hôte Domaine de la Bergerie** – 37330 Braye-sur-Maulne - 3 km au N de Château-la-Vallière, dir. Laval - ☎ 02 47 24 90 88 - www.people.freenet.de/bergerie/ - fermé janv.-mi-fév. - ⌂ - 3 ch. et 3 gîtes 75/150 € ☐ - repas 30 €. Au beau milieu d'une immense propriété de 60 ha entre étangs et verdure, ce château du 19e s. vous offrira un séjour inoubliable. Un accueil chaleureux dans le vaste salon, autour d'un bon verre. Table d'hôte préparée à partir de produits du potager, et servie en été sur la terrasse offrant une vue superbe sur le parc.

Se restaurer

☺ **Hôtel-restaurant des Voyageurs** – 37330 Château-la-Vallière - ☎ 02 47 24 04 56 - fermé merc. - formule déj. 10 € - 21/34 €. La partie hôtel souffre d'une protection limitée contre les nuisances sonores de la route nationale. La salle de restaurant, plus engageante que le bar, propose un choix intéressant de formules rapides et peu onéreuses. Belle mise en place et cuisine simple combleront même les plus affamés.

Sainte-Maure-de-Touraine

3 909 SAINT-MAURIENS
CARTE GÉNÉRALE C3 – CARTE MICHELIN LOCAL 317 M6 – INDRE-ET-LOIRE (37)

À Ste-Maure, venez donc le vendredi, jour de marché, sur la place et sous les halles, déguster ses fameux fromages de chèvre, frais, secs, cendrés, roulés autour de leur paille ou en pyramide. Emportez votre butin à déguster plus tard avec un verre de chinon ou de touraine et… en route pour une longue promenade à travers le plateau ou au creux de quelque vallon boisé, semé d'étangs.

- **Se repérer** – Sur la N 10 entre Tours (33 km au nord) et Chatellerault (35 km au sud). La petite ville s'étage sur une butte escarpée qui commande la vallée de la Manse
- **À ne pas manquer** – La crype romane de l'église ; les halles du 17e s. notamment le vendredi matin pour les fromages de chèvre du marché.
- **Organiser son temps** – Comptez 30mn pour Sainte-Maure et 3h pour ses environs.
- **Pour poursuivre la visite** – Voir aussi le château d'Azay-le-Rideau, Chinon, Descartes, Loches et Richelieu.

Le saviez-vous ?

👁 D'origine gallo-romaine, *Arciacum* se développa au 6e s. autour des tombes de sainte Britte (ou Brigide) et de sainte Maure, qui étaient filles jumelles d'un roi d'Écosse. Dans ce pays de chèvres, sainte Maure et sainte Britte étaient invoquées pour la protection… des vaches.

👁 Non, ne cherchez pas ! C'est encore lui, l'incontournable Foulques Nerra, qui édifia le donjon.

Se promener

Église

Elle remonte au 11e s. mais a été dénaturée par une restauration en 1866. Dans l'abside centrale, les deux panneaux peints représentent la Cène (16e s.) et le Christ sur fond d'or ; on y vénère les reliques de sainte Maure. Dans une chapelle à droite du chœur, une exquise Vierge du 16e s. en marbre blanc, de l'école italienne.

Petit musée lapidaire dans la **crypte★** (9e-11e s.) aux curieuses arcatures romanes.

Halles

En haut du bourg, les belles halles du 17e s. furent offertes par les Rohan-Montbazon, seigneurs des lieux de 1492 jusqu'à la Révolution.

Circuit de découverte

LE PLATEAU DE STE-MAURE

Circuit au départ de Ste-Maure, 65 km – environ 3h.

Entaillé par les vallées sinueuses et ombragées de la Manse et de l'Esves, limité par l'Indre, la Creuse et la Vienne, ce plateau est constitué de calcaire que les eaux de ruissellement ont creusé. Il se termine au sud par des « falunières », grèves de sable et de coquillages déposés à l'ère tertiaire par la mer des Faluns, employées jadis pour l'amendement des terres. Prairies à vaches, landes à moutons, pinèdes et petits étangs alternent dans cette région sans aucun relief.

Quittez Ste-Maure par la N 10 en direction de Bordeaux. À hauteur de Draché, tournez à droite sur la D 91.

Maison du souvenir à Maillé

À droite en entrant dans le bourg. 📞 *02 47 65 24 89 - www.maille.fr - merc.-sam. 10h30-13h, 14h-18h, dim. et lun. 14h-18h - fermé 1er janv., 25 déc. - 5,10 € (dès 12 ans 2,60 €).*

Le 25 août 1944, tandis que Paris était libéré, 124 habitants de Maillé, femmes, enfants et vieillards pour la plupart, étaient massacrés par l'armée allemande, le village pilonné et incendié. La Maison du souvenir, qui est aussi un lieu de recherche, présente le « bourg ordinaire » de Maillé avant la guerre, la tragédie et les années qui suivirent, l'entraide internationale et la reconstruction. Objets, photos, documents et films d'époque rendent un témoignage sobre et émouvant aux enfants du village martyr.

Reprenez la D 91 via Draché jusqu'à Sepmes, puis la D 59 sur la droite.

Bournan

Église romane avec une belle abside et une tour, terminée par une flèche à pans.

Ligueil

Petite cité bâtie en pierre blanche, qui a conservé de belles maisons anciennes, notamment la Seigneurie (14ᵉ s.) et la Chancellerie (15ᵉ s.). Ne manquez pas le joli lavoir en bois ouvragé, à l'entrée de la ville en venant de Loches.

Esves-le-Moutier

Sur les bords de l'Esves, bordée de lavoirs, de jardinets et de saules, le village tire son nom d'un prieuré protégé par une enceinte. L'**église** (10ᵉ-12ᵉ s.) est dotée d'une massive tour carrée munie d'échauguettes. À l'intérieur, voyez le retable en bois doré du 17ᵉ s.

Château de Grillemont

Édifié à mi-pente d'un délicieux **vallon**★, dont les fonds sont occupés par des prairies, des cèdres, des séquoias et un étang bordé de hautes herbes, tandis que des massifs de conifères ou de chênes en coiffent les crêtes, ce superbe château est pourvu de grosses tours rondes, bâties sous Charles VII pour Lescoet, capitaine du château de Loches. En 1765, les courtines du 15ᵉ s. furent remplacées par de majestueux bâtiments classiques. Face à l'entrée principale, une large allée bordée d'arbres et d'étangs.

Rejoignez Bossée, et prenez la D 101.

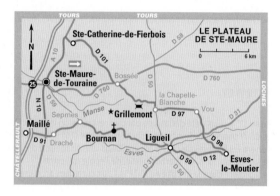

Ste-Catherine-de-Fierbois

Le souvenir de Jeanne d'Arc plane sur ce village un peu à l'écart de la N 10, groupé autour de son église. Sur les indications de la Pucelle, on y découvrit, le 23 avril 1429, une épée marquée de cinq croix que **Charles Martel** aurait placée là, après sa victoire sur les Sarrasins.

L'**église**★ fut reconstruite en 1431 et terminée sous le règne de Charles VIII, dont on repère à plusieurs reprises le blason, associé à celui d'Anne de Bretagne. Restauré en 1859, l'édifice, de style flamboyant, présente un portail intéressant.

Remarquez, suspendue sous une verrière contre le mur de la nef à gauche, une petite *Mise au tombeau* du 15ᵉ s., très réaliste. Dans le croisillon droit, une statue de sainte Catherine (15ᵉ s.) surmonte un autel de même époque, dont le devant est sculpté d'une autre sainte Catherine ; voyez aussi le rare confessionnal flamboyant, aux motifs découpés avec une exceptionnelle finesse

Maison du Dauphin – À la sortie de l'église, à droite, cette demeure datée de 1415 présente une porte à gracieuse accolade fleuronnée, encadrée de deux sphinx. Dans la cour, charmante margelle de puits sculptée.

Rejoignez Ste-Maure-de-Touraine par la N 10.

Sainte-Maure-de-Touraine pratique

♿ Voir aussi l'encadré pratique de Descartes.

Adresse utile

Office de tourisme – Pl. du Château - 37800 Ste-Maure-de-Touraine - ℰ 02 47 65 66 20 - www.tourisme.fr - lun.-vend. 9h-12h, 14h-18h - horaires basse saison, se renseigner - fermé j. fériés.

Se loger

⌂ **Chambre d'hôte La Ferme des Berthiers** – 37800 Sepmes - 6,5 km au SE de Ste-Maure-de-Touraine par D 59 - ✑ - 6 ch. 50 € - repas 22 €. Laissez-vous séduire par le charme de cette ferme tourangelle en tuffeau, avec ses poutres apparentes et ses carrelages en terre cuite. 3 chambres à l'étage et 3 autres aménagées dans les anciennes écuries ou dans le four à pain. Table d'hôte à base de produits de l'exploitation, ou du voisinage. Accueil sympathique.

Se restaurer

⌂ **Le Cheval Blanc** – 55 av. du Gén.-de-Gaulle - ℰ 02 47 65 40 27 - gauvin. claude@wanadoo.fr - fermé jeu. et vend. midi de Pâques à fin sept. et d'oct. à Pâques, vend. et dim. soir - 13/33 € - 10 ch. 39,50 €. Cet ancien relais de poste à la façade peu engageante cache pourtant en ses murs un hôtel-restaurant au style chaleureux, un brin « cosy ». Les 10 chambres, toutes à l'étage, demeurent très correctes. Côté cuisine, on saluera la recherche dans la présentation, mettant en valeur le goût et la qualité des plats.

⌂ **Au Gardon Frit** – 16 pl. de l'Église - 37800 Pouzay - ℰ 02 47 65 21 81 - www.au-

Le fameux fromage de chèvre.

gardon-frit.com - fermé 16-24 janv., 18-26 avr., 19 sept.-4 oct., mar. et merc. sf j. fériés - 12,50 € déj. - 23/37 €. C'est sans façon, mais avec convivialité, que vous serez accueillis sur la terrasse ou dans la salle à manger au décor marin de ce restaurant. Car c'est elle qui est ici à l'honneur, tant à la carte qu'aux menus : toutes les saveurs iodées sont au rendez-vous, pour le plus grand plaisir des amateurs.

⌂⌂ **La Ciboulette** – 78 rte de Chinon - ℰ 02 47 65 84 64 - www.laciboulette.fr - fermé lun. soir, mar. soir et dim. soir d'oct. à mars sf vac. scol. et j. fériés - 17/27 €. Voici une adresse toute simple qui ne manque pas d'atouts : vaste et agréable terrasse sous pergola, salle à manger de bon confort et cuisine classique proposant un vaste choix de plats tels le suprême de poulet fourré au foie gras, le filet de bar au beurre rouge, le carré d'agneau rôti au thym ou encore le matafan.

Saumur★★

29 857 SAUMUROIS
CARTE GÉNÉRALE B2 – CARTE MICHELIN LOCAL 317 I5 – SCHÉMA P. 377 –
MAINE-ET-LOIRE (49)

On la surnomme « la perle de l'Anjou »… Son château, campé sur son coteau de tuffeau et captant le doux soleil de Loire comme une enluminure, ne vous semble-t-il pas échappé des « Très Riches Heures » du duc de Berry ? Saumur, c'est aussi la patrie du cheval où l'on admire les cavaliers du Cadre noir si élégamment vêtus de leurs tuniques noir et or. Et si leurs virtuoses démonstrations équestres vous ont laissé la bouche un peu sèche, bien des caves profondes vous attendent, avec leur célèbre vin mousseux.

- ▶ **Se repérer** – À 65 km au sud-est d'Angers, 32 km au nord-ouest de Chinon et 35 km au sud de Baugé. Saumur est désormais à 1h40 de Paris par le TGV.

- 👁 **À ne pas manquer** – Une des nombreuses manifestations équestres *(voir Saumur pratique)* ; la découverte à pied de la vieille ville ; la coupole de N.-D.-des-Ardilliers ; la découverte des faune et flore de Loire en bateau.

- 🕐 **Organiser son temps** – Comptez 1/2 journée pour la ville, autant pour les alentours.

- 👫 **Avec les enfants** – Le parcours-découverte « Sur la piste de l'enfant Roy » à l'École nationale d'équitation, culture et dégustation au musée du Champignon, les monuments du Val de Loire en miniature à Pierre et Lumière.

- 🕯 **Pour poursuivre la visite** – Voir aussi Baugé, le château de Brézé, le château de Brissac, Chinon et Doué-la-Fontaine.

Comprendre

À l'origine de Saumur, on trouve un monastère fortifié, fondé par Charles le Chauve pour abriter les reliques de saint Florent – qui évangélisa la région au 4e s. –, et bientôt détruit par les Normands. Au 11e s., Saumur fait l'objet de nombreux conflits entre les comtes de Blois et les comtes d'Anjou. En 1203, Philippe Auguste s'en empare. À plusieurs reprises, le château est détruit, puis restauré ou reconstruit. À partir de Saint Louis, Saumur épouse la destinée de la maison d'Anjou *(voir Angers)*.

Saumur, ville protestante – À la fin du 16e s. et au 17e s., la ville atteint son apogée. C'est l'un des grands foyers du protestantisme. Henri III la donne comme « place de sûreté » au roi de Navarre. Le futur Henri IV y installe **Duplessis-Mornay**, grand soldat, fin lettré et fervent réformé. Celui que les catholiques appellent le « pape des huguenots » fonde ici une académie protestante très réputée. En 1611, une assemblée générale des Églises protestantes s'y réunit afin de renforcer leur organisation à la suite de la mort d'Henri IV et du départ de Sully. En 1623, Louis XIII, inquiet du danger protestant, ordonne de démanteler les murailles de la ville. La révocation de l'édit de Nantes (1685) porte un coup fatal à Saumur : de nombreux habitants s'expatrient, le temple est démoli.

L'école équestre du Cadre noir reste indissociable de sa ville d'ancrage.

Le saviez-vous ?

Foulques Nerra est passé par ici, et plus tard Philippe Auguste. Mais c'est au cheval surtout que Saumur doit sa renommée. À partir du 19ᵉ s., quelques illustres personnages s'y sont succédé, comme le **colonel Lhotte**, écuyer en chef du Cadre noir (1864-1870) et père de l'équitation moderne, le maréchal Bugeaud, gouverneur général de l'Algérie (1840-1847), **Charles de Foucauld** (en 1878 et 1879) officier de cavalerie avant d'être ermite en Algérie, le maréchal **Lyautey** et Henry de Bournazel – le « cavalier rouge » – qui s'illustrèrent au Maroc, ou le maréchal Philippe Leclerc de Hauteclocque qui participa à la libération de la France à la tête de la 2ᵉ DB sous le nom de Leclerc.

Se promener

VIEUX QUARTIER★

Entre le château et le pont, les ruelles tortueuses qui sillonnent la vieille ville ont gardé leur tracé moyenâgeux ; à côté de certains quartiers reconstruits dans le style médiéval ou résolument moderne *(au sud de l'église St-Pierre)*, d'autres ont conservé et mis en valeur nombre de façades anciennes.

La rue St-Jean et ses commerces vous mènent jusqu'à la **place St-Pierre**, où voisinent façades à colombages et maisons du 18ᵉ s. aux balcons de fer forgé. Une halle, construite en 1982, s'harmonise avec les maisons alentour.

L'été, les églises St-Pierre, N.-D.-de-Nantilly, la chapelle St-Jean et N.-D.-des-Ardilliers, ouvertes à la visite libre *(8h30-12h, 14h-18h)*, bénéficient aussi certains jours de la semaine de visites guidées gratuites. Un parcours-découverte pour les enfants est également possible à N.-D.-de-Nantilly. *Se renseigner auprès de l'office de tourisme ℘ 02 41 40 20 60.*

Église St-Pierre

Édifice gothique Plantagenêt dont la façade écroulée a été rebâtie au 17ᵉ s. ; elle a conservé au croisillon droit une porte romane aux belles voussures. À l'intérieur, une riche **tapisserie★** de six pièces (16ᵉ s.) illustre dix scènes de la vie de saint Pierre. Restaurée en 1998, elle est présentée de Pâques à la Toussaint. La restauration des grandes orgues permet d'organiser des concerts réguliers.

Hôtel de ville★

La partie gauche, seule, remonte au 16ᵉ s. Autrefois baigné par la Loire, le bâtiment faisait partie de l'enceinte et formait tête de pont : c'est ce qui explique son aspect défensif. Du côté de la cour, l'édifice est finement sculpté, dans le style transition gothique-Renaissance.

Chapelle St-Jean

L'été, les tapisseries de la vie de saint Florent et de saint Florian (16ᵉ s.) sont visibles dans cette chapelle gothique située rue Corneille, entre l'hôtel de ville et le théâtre.

Église N.-D.-de-Nantilly★

Bel édifice roman auquel Louis XI, toujours très dévoué à Notre-Dame, ajouta le bas-côté droit ; son oratoire a servi de chapelle baptismale. Dans le même bas-côté, sur un pilier à gauche, on note l'épitaphe composée par le roi René d'Anjou pour sa nourrice Tiphaine.

Dans l'absidiole à droite du chœur, belle statue vénérée de N.-D.-de-Nantilly, en bois peint du 12ᵉ s.

Le buffet d'orgue, soutenu par des atlantes, date de 1690. Une exceptionnelle collection de 21 tapisseries (15ᵉ s.-18ᵉ s.), objets d'une belle restauration, sont exposées tour à tour pendant l'été et lors des fêtes liturgiques. Parmi elles, 9 tapisseries sur la vie de la Vierge.

Visiter

Le château★★

Visite : 1h1/2 - ℘ 02 41 40 24 40 - www.saumur.fr - visite des extérieurs (château fermé pour travaux jusqu'en 2008) juil.-août : tlj sf lun. 10h-18h ; avr.-juin et sept. 10h-13h, 14h-17h30 - possibilité de visite guidée (30mn) juil.-août : 10h15, 11h15, 12h15, 14h15, 15h, 15h45 et 16h45 - 2 € (-11 ans gratuit).

Au-dessus de la vallée de la Loire, le château se dresse sur une sorte de piédestal formé par les fortifications en étoile du 16ᵉ s. Il n'a pratiquement pas changé depuis sa reconstruction (fin 14ᵉ s.) et a conservé son allure de forteresse, son architecture élancée, gracieuse avec

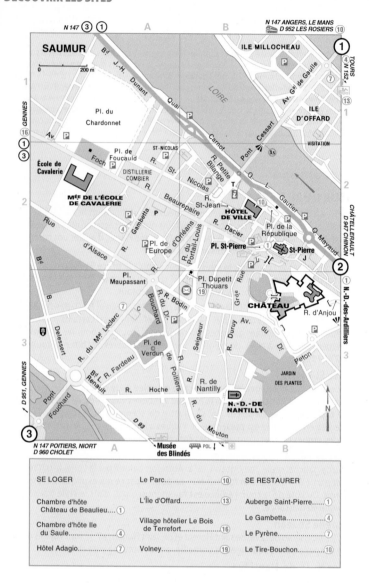

SE LOGER

Chambre d'hôte
Château de Beaulieu.... ①

Chambre d'hôte Ile
du Saule.................... ④

Hôtel Adagio.................. ⑦

Le Parc............................ ⑩

L'Île d'Offard................. ⑬

Village hôtelier Le Bois
de Terrefort................. ⑯

Volney.......................... ⑲

SE RESTAURER

Auberge Saint-Pierre...... ①

Le Gambetta.................. ④

Le Pyrène....................... ⑦

Le Tire-Bouchon............. ⑩

les lignes verticales de ses tours et de leurs toits pointus. À l'intérieur, il abrite un logis de plaisance, dont les fenêtres s'ornent de balustrades richement sculptées.

Remanié au 15ᵉ s. par René d'Anjou, il fut fortifié à la fin du 16ᵉ s. par Duplessis-Mornay. Résidence du gouverneur de Saumur sous Louis XIV et Louis XV, il fut transformé en prison, puis en caserne, avant d'être acheté par la ville en 1906. Depuis, le monument a connu plusieurs campagnes de restauration, la dernière concernant l'extérieur de la tour ouest et de l'aile sud. Les visiteurs peuvent désormais admirer les splendides lucarnes restituées à partir des modèles d'origine.

Depuis la cour du château formant terrasse, beau **panorama**★ sur la ville, les vallées de la Loire et du Thouet.

Depuis le belvédère de la **tour Papegault**, on découvre le plus grand chantier de restauration sur un monument historique. *Entrée 2 €.*

Les travaux occasionnés par la reconstruction du rempart qui s'est effondré en avril 2001 doivent s'achever en 2008. Les deux musées décrits ci-dessous demeureront fermés pendant toute la période des travaux.

Musée d'Arts décoratifs★★ – *Fermé.* Formé en partie par la donation Lair, il présente un bel ensemble d'œuvres d'art du Moyen Âge et de la Renaissance : sculptures sur bois et albâtre, **tapisseries**, meubles, peintures, ornements liturgiques et une importante collection de faïences et de porcelaines tendres françaises des 17ᵉ et 18ᵉ s., complétée de meubles et de tapisseries de la même époque. Parmi les tapisseries des 15ᵉ et 16ᵉ s., un étonnant *Bal des sauvages*, un *Retour de chasse*, le *Sacre de Vespasien* et la *Prise de Jérusalem* (ces deux dernières faisant partie de la tenture de l'*Histoire de Titus*).

Musée du Cheval★ – *Fermé*. Histoire du cheval de selle et de l'équitation à travers les âges et les pays : rares collections de selles, de mors, d'étriers, d'éperons, de belles gravures ayant trait à l'École de cavalerie de Saumur, aux courses et aux pur-sang célèbres ; riches harnachements provenant du monde entier (Asie, Amérique du Nord, Afrique).

École de cavalerie★

Actuellement fermée, l'École de cavalerie doit rouvrir ses portes à l'été 2007, dans de nouveaux locaux. Se renseigner auprès de l'office de tourisme : ✆ *02 41 40 20 60.* En 1763, le régiment des carabiniers de Monsieur, frère du roi, corps d'élite recruté parmi les meilleurs cavaliers de l'armée, fut envoyé à Saumur. C'est pour lui que fut construit, de 1767 à 1770, le bâtiment central actuel dont la prestigieuse entrée se dresse place du Chardonnet.

Musée des Blindés★★

Par le bd Louis-Renault, suivez le fléchage en place - 1043 rte de Fontevraud - ✆ *02 41 83 69 95 - www.musee-des-blindes.asso.fr - &. - mai-sept. : 9h30-18h30 ; oct.-avr. : 10h-17h (dernière entrée 1h av. fermeture) - fermé 1ᵉʳ janv., 25 déc. - 6 € (7-13 ans 3,50 €).*
Ce musée, centre de documentation sur les engins blindés, abrite près de 800 véhicules (chars, engins blindés, pièces d'artillerie) dont une bonne centaine sont en état de marche. Ils proviennent d'une douzaine de pays différents. Le musée permet de suivre l'évolution de l'ABC (arme blindée et cavalerie) depuis 1917 jusqu'à nos jours. Parmi les tanks les plus prestigieux : le Saint-Chamond et le Schneider (les premiers chars français), le FT 17 (FT comme « faible tonnage » ; le Renault FT 17 fut « le char de la victoire » car il prit une large part aux derniers combats de la guerre de 1914-1918), le Somua S 35, le B 1 bis, ainsi que des blindés allemands depuis la « campagne de France » jusqu'à la chute de Berlin (Panzer III et IV, Panther, Tigre). Outre la quasi-intégralité des types de blindés alliés qui débarquèrent le 6 juin 1944, il faut signaler la présence de véhicules de la Forpronu (Force de protection des Nations unies), ainsi que de nombreux chars actuels de différentes nationalités. Importante collection de maquettes.

Église N.-D.-des-Ardilliers★

À la sortie est de la ville sur le quai du Jagueneau, D 947. La dévotion à Notre-Dame-des-Ardilliers s'est développée à partir du règne de François Iᵉʳ, grâce à une **statue miraculeuse** qu'un laboureur aurait découverte en cet endroit au 15ᵉ s. Ce bel édifice agrandi au 17ᵉ s. devint alors l'un des sanctuaires de pèlerinage les plus fréquentés de France, accueillant plus de 10 000 pèlerins par an. La coupole, inspirée de l'architecture italienne, saisit dès l'entrée par son élévation (27 m). C'est à gauche de la nef, dans la chapelle Richelieu, qu'est abritée la célèbre statue.

Aux alentours

Bagneux

Par la sortie sud de Saumur. Au cœur de la région la plus anciennement habitée d'Anjou, Bagneux englobe un vieux village bâti au bord du Thouet.

Musée du Moteur – *18 r. Alphonse-Cailleau ; 2ᵉ rue à gauche après le pont Fouchard -* ✆ *02 41 50 26 10 - mai-sept. : tlj sf lun. 10h-12h30, 14h-18h30, dim. et j. fériés 14h-18h ; horaires basse saison, se renseigner - fermé du 23 déc. à fin janv., 1ᵉʳ et 8 Mai, lun. de Pentecôte - 4,5 €.* Cette collection de moteurs est née de la volonté de passionnés de mécanique, pour la plupart anciens élèves de l'École industrielle de Saumur, soucieux de conserver et de restaurer des moteurs anciens et contemporains. On peut notamment admirer le moteur Viking d'Ariane IV ainsi que de nombreux prototypes.

Revenez sur la rue du Pont-Fouchard et prenez un peu plus loin à gauche, après la mairie, la rue du Dolmen.

Grand Dolmen – *56 r. du Dolmen -* ✆ *02 41 50 23 02 - www.saumur-dolmen.com - &. - juil.-août : 9h-19h ; sept.-oct. et avr.-juin : tlj sf merc. 9h-19h - possibilité de visite guidée (30mn) - 3,50 € (enf. 2 €).* Situé au centre de Bagneux, ce monument mégalithique est l'un des plus remarquables d'Europe. D'une longueur de 20 m et large de 7 m, cette allée couverte est composée de 16 dalles (pesant environ 500 t) verticales soutenant le toit à 3 m de hauteur.

Château de Boumois★

7 km au nord-ouest, sur la rive droite de la Loire, à St-Martin-de-la-Place. 🖉 *02 41 38 43 16 - visite guidée (45mn) juil.-août : tlj sf mar. 10h-12h, 14h-18h (dernière entrée 17h) - 6 € (enf. 3 €).*

Le chemin d'accès conduit à l'entrée principale, près de laquelle s'élève, à gauche, un pigeonnier du 17ᵉ s., qui a conservé son échelle tournante et ses 1 800 boulins (niches à pigeons).

> ### Le saviez-vous ?
>
> C'est à Boumois que naquit, en 1760, Aristide **Dupetit-Thouars**, qui mourut à la bataille d'Aboukir en 1798, sur le banc de quart de son navire, *Le Tonnant*, sans avoir consenti à amener son pavillon.

Sous un appareil féodal extérieur, le château de Boumois (début 16ᵉ s.) dissimule un délicat logis flamboyant et Renaissance. Une enceinte fortifiée, jadis renforcée de douves, protège la cour seigneuriale où l'on pénètre en franchissant un portail monumental.

Flanqué sur la façade extérieure de deux grosses tours à mâchicoulis, le logis seigneurial, construit à la fin du 15ᵉ s., est desservi sur la cour intérieure par une tourelle d'escalier ; sa porte, travaillée de motifs Renaissance très soignés, conserve encore une extraordinaire serrure en fer forgé d'origine.

Dans la grande salle, effigie en marbre de Marguerite de Valois, portrait en pied d'Élisabeth Iʳᵉ d'Angleterre et paravent de Coromandel (Inde), daté de 1663.

La jolie chapelle flamboyante abrite une *Vierge à l'Enfant* de Salviati et un groupe sculpté de la *Sainte Famille* du 15ᵉ s., d'origine bourguignonne.

St-Cyr-en-Bourg

8 km au sud par la D 93.

Cave des Vignerons de Saumur – 🖉 *02 41 53 06 18 - www.cavedesaumur.com - visite guidée (45mn) mai-sept. : 9h30-12h30, 14h-18h30 ; oct.-avr. : tlj sf dim. 9h30-12h30, 14h-18h - fermé 1ᵉʳ janv., 1ᵉʳ et 11 Nov., 25 déc. - 2,50 €.*

Découvrez les secrets de vinification de la méthode traditionnelle au cours de la visite des galeries (creusées dès le 12ᵉ s. pour en extraire le tuffeau) où reposent des millions de bouteilles à l'abri de la lumière. Et terminez par une dégustation des vins d'appellation du Saumurois.

Circuit de découverte

LA LOIRE ANGEVINE

48 km – environ 3h1/2. Quittez Saumur par la D 751.

St-Hilaire-St-Florent

2 km au nord-ouest. Ce long village-rue s'étire entre le coteau et la rive gauche du Thouet. Dans cette commune associée de Saumur, les grands producteurs viticoles fabriquent, selon la méthode traditionnelle, un vin effervescent réputé ; leurs caves, creusées dans la falaise, se succèdent tout au long de la route.

Caves Bouvet-Ladubay – 🖉 *02 41 83 83 83 - www.bouvet-ladubay.fr - ♿ - visite guidée (1h) juin-sept. : 9h-18h, dim. 9h30-18h ; oct.-mai : 9h-12h30, 14h-17h, dim. et j. fériés 9h30-12h30, 14h30-17h - fermé 1ᵉʳ janv., 25 déc. - 1 € (enf. 0,50 €).*

L'un des premiers producteurs de saumur brut dévoile ici toutes les étapes de l'élaboration de ses vins, de la première fermentation à l'étiquetage de ses bouteilles. Une école de dégustation est ouverte aux touristes, amateurs ou sommeliers. Exceptionnelle collection d'étiquettes.

Galerie d'art contemporain Bouvet-Ladubay – 🖉 *02 41 83 83 82 - www.bouvet-ladubay.fr - juil.-août : 10h-12h, 14h-18h, w.-end et j. fériés 14h-18h ; avr.-juin et sept. : 10h-12h, 14h-17h, w.-end et j. fériés 15h-18h - gratuit.*

Composée de neuf salles d'exposition, cette galerie présente des artistes d'aujourd'hui à la recherche de lignes nouvelles dans divers domaines de création (architecture, sculpture, peinture, grands reportages). Un charmant petit théâtre, destiné, à la fin du 19ᵉ s., au personnel de l'entreprise, vient d'être rouvert.

École nationale d'équitation★ – *Se renseigner au Service des visites - ENE - BP 207 - 49411 Saumur Cedex -* 🖉 *02 41 53 50 60 - ♿ - visite guidée de l'école (1h, dép. toutes les 20mn) et entraînement des écuyers (30mn, matin sf août) avr.-sept. : tlj sf lun. et dim. 9h30-11h, 14h-16h - fermé j. fériés - 7,5 € - soirées de gala selon calendrier.*

👥 Implantée en 1972 sur les plateaux de Terrefort et de Verrie, cette école moderne comporte plusieurs unités comprenant chacune un grenier où sont stockés grains et fourrages, un manège pouvant accueillir 1 200 spectateurs assis, et des écuries pour 400 chevaux, avec selleries et salles de douche. Placée sous la tutelle du ministère de la Jeunesse et des Sports, elle est, entre autres, chargée d'assurer le maintien et le rayonnement de l'équitation française. En avril, mai, juin et septembre, la visite « Arts et métiers de l'équitation », permet la rencontre avec un palefrenier-soigneur, un maréchal-ferrant et un écuyer du Cadre noir.

Le **Cadre noir** est installé à Saumur depuis 1984. Élément essentiel de l'école, il présente à travers le monde les aspects les plus variés de l'équitation académique lors de **galas** exceptionnels.

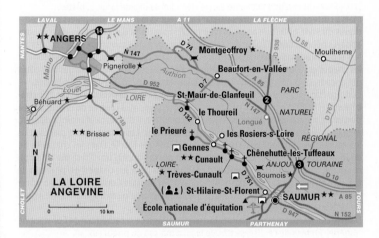

Musée du Champignon – ☎ 02 41 50 31 55 - www.musee-du-champignon.com - ♿ - de déb. fév. à mi-nov. : 10h-19h - possibilité de visite guidée (1h) - 7 € (enf. 4,60 €).

On visite ici une champignonnière en activité (12 tonnes de champignons cultivés par an !) avec présentation des diverses méthodes de culture : celle en meules, la plus ancienne, est remplacée par les techniques plus récentes en caisses de bois, en sacs plastique ou sur blocs de paille et troncs d'arbres. La visite s'achève avec le Muséum des champignons sauvages (plusieurs centaines d'espèces réparties par grandes familles). Possibilité de cueillette et de dégustation.

Parc miniature Pierre et Lumière – ☎ 02 41 50 70 04 - www.pierre-et-lumiere.com - ♿ - de déb. fév. à mi-nov. : 10h-19h ; vac. de Noël : 14h-18h - 7 € (enf. 4,60 €).

La pierre de tuffeau de la vallée de la Loire a servi à la construction des plus beaux monuments de la région. Hommage lui est rendu dans cette carrière souterraine où sont présentées de remarquables sculptures de Pierre Cormant (cathédrale St-Gatien de Tours, abbaye de Fontevraud, etc.) dans leur matériau d'origine ; un parcours pédagogique et envoûtant.

Chênehutte-les-Tuffeaux

Sa jolie **église** romane se dresse au bord de la route à la sortie nord du village ; beau portail roman aux voussures ciselées.

Trèves-Cunault

Blottie au pied d'un donjon du 15ᵉ s., reste d'un château fort, la petite **église★** de Trèves, autrefois chapelle du château, mérite amplement un coup d'œil. À l'intérieur surtout, on est saisi par la beauté de sa large nef romane aux murs rythmés de grandes arcades. À l'entrée du chœur, l'arc triomphal a conservé sa poutre de gloire portant

Champignonnière

Les anciennes carrières de tuffeau qui creusent tout le coteau aux environs de Saumur sont largement utilisées pour la culture des champignons ; elles bénéficient d'une humidité et d'une température (entre 11 et 14 ˚C) constantes. Si la culture en carrière se pratique depuis Napoléon Iᵉʳ, elle est aujourd'hui développée à l'échelon industriel et occupe 800 km de galeries pour une production de l'ordre de 200 000 t par an en Saumurois. Ces résultats représentent quasiment la moitié de la production française. Outre le champignon de Paris, on cultive le pleurote ou le pied-bleu et de nouvelles espèces, telles que le shii-také.

un Christ en croix. Notez la vasque de porphyre aux sculptures primitives, à droite le gisant, et à gauche le tabernacle, haut de 3,50 m, petite tour de pierre finement ajourée de baies flamboyantes.

Église de Cunault★★

Cunault fut fondé en 847 par les moines de Noirmoutier fuyant devant les Normands et qui, dès 862, durent se réfugier à Tournus en Bourgogne. Par la suite, Cunault devint un riche prieuré bénédictin dépendant de l'abbaye de Tournus. Seule l'église nous est parvenue (11e-13e s.).

Extérieurement, l'église n'offre rien qui retienne l'attention, avec son clocher massif (11e s.) couronné d'une flèche de pierre (15e s.) et sa façade large et plate.

Mais à l'intérieur, on demeure saisi par l'ampleur et la hauteur des piliers caractéristiques du style gothique angevin *(voir p. 72)* : construite dans la lignée des grandes abbayes bénédictines, l'église de Cunault fut conçue pour s'ouvrir aux foules qu'attirait, le 8 septembre, son pèlerinage à Notre-Dame ; autour du chœur, le déambulatoire et les chapelles rayonnantes se prêtaient aux processions, comme les larges bas-côtés qui encadrent la nef ; le chœur surélevé permettait aux fidèles de voir l'officiant.

L'édifice frappe par le dépouillement de ses lignes et par la richesse de ses 223 **chapiteaux** (11e-12e s.) finement ouvragés. Deux seulement, à l'entrée du chœur, sont à portée de regard sans jumelles : vous y découvrirez, à droite, neuf moines debout, et, à gauche, saint Philibert accueillant un pêcheur. Les autres, hauts placés sous les voûtes, ne dévoilent pas à distance leur décor très fouillé. Dans les chapelles du déambulatoire, remarquez *(en commençant par la gauche)* une Pietà du 16e s., un chapier en frêne du 16e s. (meuble de rangement pour les chapes) et, plus loin, la très rare **châsse de saint Maxenceul** qui avait évangélisé Cunault au 4e s. (en noyer polychrome du 13e s.). Un beau saint Christophe et quelques fragments subsistent des fresques (15e s.) qui autrefois décoraient l'église.

Dans le clocher se trouvent quatre cloches provenant de la cathédrale de Constantine (Algérie). En face de l'église, se trouve la jolie maison du prieur (16e s.).

Gennes

En bordure de Loire, Gennes s'adosse à un cadre de collines boisées, dont les vallons recèlent de nombreux mégalithes (**dolmen de la Madeleine** au sud, sur la route de Doué). Par ailleurs, la découverte d'un nymphée, d'un aqueduc, de thermes et d'un amphithéâtre laisse supposer l'existence, à l'époque gallo-romaine, d'un sanctuaire réservé au culte des eaux.

Les environs de Gennes offrent une concentration remarquable de vestiges des civilisations passées. Ainsi trouve-t-on ici la plus forte densité de mégalithes (dolmens, menhirs) du département. Les souvenirs gallo-romains sont également très nombreux.

Les cadets de Saumur

Du 18 au 20 juin 1940, 800 officiers élèves de l'École d'application de cavalerie de Saumur, sous le commandement du général Pichon, résistèrent vaillamment entre Gennes et Montsoreau à l'avance des forces allemandes. Leur courage et leur résistance obstinée avec de piètres moyens forcèrent l'admiration de leurs adversaires qui baptisèrent ces jeunes braves les « cadets de Saumur », ce terme n'étant pas employé à l'EAABC.

Amphithéâtre – ✆ 02 41 51 55 04 - juil.-août : tlj sf sam. 10h-18h30 ; avr.-juin et sept. : dim. et j. fériés 15h-18h30 - possibilité de visite guidée (45mn) - fermé 1er janv., 25 déc. - 3,50 € (enf. 1,70 €). Peut-être édifié en vue de spectacles, il aurait servi entre le 1er et le 3e s. et fait toujours l'objet de fouilles. Appuyé à un coteau occupé par les gradins ou *cavea*, il comprend une arène elliptique dont le grand axe mesure 44 m. Un mur en grès ou tuffeau et brique, doublé d'un couloir dallé utilisé pour le drainage, reste bien apparent dans le secteur nord.

Église St-Eusèbe – *Accès à la cour extérieure uniquement.* Campée en surplomb de la Loire, elle n'a conservé que son transept, sa tour du 12e s. et, au nord, une petite porte du 11e s. De la plate-forme du clocher, on pouvait observer un vaste panorama sur Gennes et le Val de Loire, de la centrale nucléaire d'Avoine jusqu'à Longué et Beaufort. Dans l'enclos *(accessible par la cour de l'église)* a été érigé un historial aux cadets de Saumur, tombés lors de la défense de la Loire en juin 1940.

Le Prieuré

6,5 km à l'ouest par la D 751 et, après le lieu-dit le Sale-Village, une route à gauche. Dans un hameau groupé autour de son charmant prieuré, l'**église** (12e et 13e s.) présente une ravissante tour romane carrée et, à l'intérieur, un beau retable du 17e s. en bois polychrome.

Gabares, bancs de sable et multiples méandres…, la Loire est à elle seule une route romantique.

Les Rosiers-sur-Loire
Revenez à Gennes, traversez la Loire, 1 km au nord.
Dans ce village relié à Gennes par un pont suspendu, l'**église** à clocher Renaissance est l'œuvre de l'architecte angevin Jean de l'Espine ; la tourelle d'escalier qui le flanque est percée de jolies fenêtres encadrées de pilastres. Sur la place de l'église, on voit la statue de Jeanne de Laval, seconde femme du roi René d'Anjou.
De retour sur la rive gauche, prenez aussitôt à droite la D 132 qui longe le fleuve.

Le Thoureil
Tranquille et pimpant village, ancien port fluvial très actif d'où l'on exportait les pommes de l'arrière-pays. Dans l'**église**, de chaque côté du chœur, remarquez les belles châsses en bois de la fin du 16e s., toutes ornées de statuettes de saints bénédictins (Maur, Romain…) ou populaires dans la région (Christophe, Jean, Martin, Jacques, Éloi…).

Abbaye de St-Maur-de-Glanfeuil
Face à la Loire, cette ancienne abbaye bénédictine tiendrait son nom d'un ermite angevin qui, au 6e s., fonda un monastère à l'emplacement de la *villa* romaine de Glanfeuil (les « rives feuillues »).
Traversez la Loire par la D 55. À St-Mathurin, prenez la D 952 à droite et, ensuite, la D 7 à gauche.

Beaufort-en-Vallée
Beaufort est dominé par les ruines de son **château**, construit au 14e s. par Guillaume Roger, comte de Beaufort et père du pape Grégoire XI. La tour Jeanne de Laval fut rebâtie au 15e s. par le roi René. Du sommet de la butte, **vue** étendue sur la campagne environnante.
Idéalement situé entre Saumur et Angers, à quelques kilomètres de la Loire, Beaufort possédait, aux 18e et 19e s., l'une des plus importantes manufactures de toile à voiles en France.

Église – Beau clocher édifié par Jean de l'Espine et achevé en 1542, sur le croisillon du 15e s. À l'intérieur, remarquez l'autel en bois sculpté (1617), l'Adoration des bergers du 17e s. et, sous le grand vitrail du transept, en marbre, l'ancien maître-autel.

Musée Joseph-Denais – *5 pl. Notre-Dame - ℰ 02 41 79 74 60 (mairie) - www.cc-beaufort-en-anjou.fr - en cours de rénovation, réouverture prévue en 2010.* Riche, éclectique, insolite, ce musée créé par Joseph Denais (1851-1916) rassemble des collections très variées dans une sorte de palais à l'italienne.
Suivez la N 147, puis la D 74 à droite.

Château de Montgeoffroy★
49630 Mazé. ℰ 02 41 80 60 02 - www. chateauxcountry.com - visite guidée (1h) de mi-juin à mi-sept. : 9h30-18h30 ; de mi-mars à mi-juin et de mi-sept. à mi-nov. : 9h30-12h, 14h30-18h30 - 9 € (enf. 5 €).
Cet élégant château et son harmonieuse façade Louis XV dominent la vallée de l'Authion.

Les deux tours rondes accolées aux ailes, les douves au tracé arrondi qui délimitent la petite cour et la chapelle, sur la droite, sont les seuls vestiges du château primitif élevé au 16ᵉ s.

Le château a conservé intacts son décor et son mobilier d'origine, en particulier l'un des premiers « salons à manger » et une vaste collection de cuivres et d'étains dans la cuisine. Dans la **chapelle Ste-Catherine** (voûte angevine), à voir le superbe vitrail du 16ᵉ s. : anges musiciens et chanteurs y entourent Dieu le Père.

Les **écuries** abritent une collection de voitures hippomobiles.

Dans la magnifique **sellerie** habillée de sapin de Norvège, collection de selles, d'étriers, de mors, de fouets et de cravaches.

Entrez à Angers par la N 147.

Une maison de famille

À l'origine propriété de Geoffroy de Chateaubriand, ancêtre de l'écrivain, le domaine de Montgeoffroy doit sa reconstruction, dès 1772, à l'illustre maréchal de Contades, qui commanda l'armée d'Allemagne pendant la guerre de Sept Ans et fut gouverneur d'Alsace pendant 25 ans. Les plans ont été dessinés par l'architecte parisien Nicolas Barré.

Saumur pratique

Adresse utile

Office du tourisme du Saumurois – *Pl. de la Bilange - BP 241- 49418 Saumur Cedex - ☎ 02 41 40 20 60 - www.saumur-tourisme. com - du 2ᵉ dim. de juin au 4ᵉ dim. d'août : 9h15-19h, dim. 10h30-17h30 ; horaires basse saison, se renseigner - fermé 1ᵉʳ janv., 25 déc.*

Se loger

☺ **Volney** – *1 r. Volney - ☎ 02 41 51 25 41 - www.levolney.com - fermé 15 déc.-2 janv. - 12 ch. 38/58 € - ☐ 6 €.* Une situation centrale, des chambres simples mais coquettes, un bon accueil et un entretien suivi : voici une bonne petite adresse pour découvrir sans trop bourse délier la « perle de l'Anjou ».

☺ **Chambre d'hôte Île du Saule** – *Île du Saule - ☎ 02 41 51 38 31 - ☒ - 4 ch. 42 €.* À la fois proche du centre-ville et encore en pleine campagne, cette petite maison de 1820, tout en tuffeau, respire le calme de la nature environnante. Simples et bien entretenues, les chambres ont toutes une entrée indépendante ainsi qu'une salle d'eau et WC. Un ensemble bien sympathique, à prix raisonnable.

☺ **Camping L'Île d'Offard** – *☎ 02 41 40 30 00 - www.cutloisirs.com - ouv. avr.-sept. - réserv. conseillée - 258 empl. 26 € - restauration.* Occupant une grande partie de l'île d'Offard, cette grosse structure propose une partie hébergement sous forme de dortoirs et chambres avec restauration, ainsi qu'un secteur locatif de 39 mobile homes, disponibles à la nuitée hors saison. Blocs sanitaires impeccables, terrain de camping verdoyant et bien entretenu.

☺☺ **Le Parc** – *Av. des Fusillés - ☎ 02 41 67 17 18 - www.hotelduparc.fr - ☐ - 41 ch. 46/48 € - ☐ 6,50 € - rest. 14 €.* Établissement fonctionnel rénové dans des couleurs assez vives. Les chambres du dernier étage sont agencées en duplex. Copieux buffet de petits-déjeuners. Lumineuse salle à manger moderne dotée d'une charpente apparente ; cuisine traditionnelle à prix sages.

☺☺ **Hôtel Adagio** – *94 av. du Gén.-de-Gaulle - ☎ 02 41 67 45 30 - www. hoteladagio.com - fermé 23 déc.-2 janv. - ☐ - 38 ch. 71/145 € - ☐ 10 €.* Grosse bâtisse régionale située sur une île de la Loire, en face du château. La majorité des chambres de cet hôtel a été rénovée, modernisée et égayée par de chaleureuses étoffes.

☺☺ **Chambre d'hôte Château de Beaulieu** – *98 rte de Montsoreau - ☎ 02 41 50 83 52 - www.chateaudebeaulieu.fr - fermé 15 nov.-15 mars - réserv. obligatoire - 7 ch. 75/130 € - ☐ 9 €.* Ce petit château en tuffeau datant du 18ᵉ s. est classé à l'inventaire des Monuments historiques. Les chambres personnalisées, élégantes et raffinées ont chacune leur nom. Le calme du parc, la piscine chauffée et la qualité de l'accueil ne vous laisseront pas indifférent. Vous ne pourrez qu'être séduit !

☺☺ **Village hôtelier Le Bois de Terrefort** – *Av. de l'École-Nationale-d'Équitation - 49400 St-Hilaire-St-Florent - 2 km à l'O de Saumur par D 751 - ☎ 02 41 50 94 41 - www.villagehotelier.com - ☐ - 13 ch. 49/57 € - ☐ 5 €.* Non loin de Saumur, près de l'École nationale d'équitation, ce village hôtelier met à votre disposition des cottages simples et fonctionnels. Le calme de la campagne et la modestie des prix en font une étape idéale pour les petits budgets.

Se restaurer

☺ **Auberge Saint-Pierre** – *6 pl. St-Pierre - ☎ 02 41 51 26 25 - auberge.st.pierre@ wanadoo.fr - fermé dim. soir et lun. d'oct. à mai - 13,50 € déj. - 14,50/25 €.* Au pied de l'église St-Pierre, maison du 15ᵉ s. dotée d'une jolie façade mariant colombages et brique rouge. Vous pourrez y faire une petite pause gourmande dans un cadre de style bistrot. La cuisine, traditionnelle, a l'élégance d'être proposée à des prix sages.

Le Pyrène – 42 r. du Mar.-Leclerc - *02 41 51 31 45 - fermé dim. soir et lun. - 14,50/38 €*. Sous le patronage de Pyrène, on ne pouvait déguster ici qu'une cuisine inspirée des pays d'Oc et de Catalogne… La salle à manger, récemment rénovée, arbore un cadre résolument contemporain rehaussé d'expositions de tableaux et de céramiques.

Le Tire-Bouchon – 10 pl. de la République - *02 41 67 35 05 - www.tire-bouchon.net - fermé dim. soir en janv.-fév. et mar. - réserv. conseillée - formule déj. 10 € - 17/28 € - 23 ch. 46/88 € - ☐ 7 €*. La cuisine « bistrotière » copieuse et goûteuse, l'ambiance décontractée et le décor soigné – carrelage noir et blanc au sol, mobilier de style bistrot, peintures naïves sur les murs – expliquent le succès de cette petite adresse idéalement située sur les quais longeant la Loire.

Le Gambetta – 12 r. Gambetta - *02 41 67 66 66 - fermé vac. de fév., nov., le dim. sf le midi de mai à sept. et lun. - 24/48 €*. À quelques pas de l'École de cavalerie, deux sobres petites salles à manger et une cour intérieur où l'on dresse la terrasse en été. On y sert à prix doux une cuisine au goût du jour qui jongle avec les saveurs, associant par exemple des palourdes en coques avec de la carotte, de la salade de cordifolle et du raifort.

Faire une pause

La Duchesse Anne – 22 r. Franklin-Roosevelt - *02 41 51 07 50 - www.laduchesseanne.fr - tlj sf lun. 9h-19h15, sam. 8h30-19h30, dim. 8h-13h*. Les créations de ce maître chocolatier s'inspirent souvent de l'histoire de Saumur : le Couscher, praliné aux quatre épices, rend hommage à une figure locale ; le Saumur, les Perles d'Anjou et le Plantagenêt évoquent quant à eux le passé de l'ensemble du Val de Loire… Dans tous les cas, on se régale de ces trouvailles historico-gastronomiques.

Que rapporter

Maison du vin de Saumur – Quai Lucien-Gautier - *02 41 38 45 83 - mdesvins-saumur@vinsvaldeloire.fr - avr.-sept. : 9h30-13h, 14h-19h, dim. 9h30-13h, lun. 14h-19h ; oct.-mars : tlj sf dim. et lun. 10h-13h, 14h-18h30 - fermé de mi-janv. à mi-fév., 1ᵉʳ Mai, 8 Mai et 1ᵉʳ nov*. Mitoyenne de l'office de tourisme, la Maison du vin de Saumur invite à découvrir la production régionale. Plus d'une cinquantaine de crus du Saumurois, d'Anjou et de Touraine sont disponibles. Dégustations commentées, conseils, boutique et bonnes adresses de vignerons.

Chevaux dans la ville.

Distillerie Combier – 48 r. Beaurepaire - *02 41 40 23 00 - www.combier.fr - mai-juin et oct. : merc.-dim. : visite 10h30, 14h30, 16h30 ; juin et sept. : tlj sf mar., visite 10h30, 14h30, 16h, 17h30 ; juil.-août : tlj, visite 10h30, 12h, 14h30, 16h, 17h30 - 3 €*. Découvrez la plus ancienne distillerie du Val de Loire encore en activité, émerveillez-vous devant la salle des alambics aux cuivres rutilants, dégustez et repartez avec la liqueur de votre choix (absinthe, Guigne, Pastis d'Antan, crèmes de fruits…) !

Gratien & Meyer – Rte de Montsoreau - *02 41 83 13 32 - www.gratienmeyer.com - janv.-oct. : boutique 9h30-18h ; visite : 10h, 11h, 14h, 17h ; nov.-mars : boutique et dégustation visite sur RV 10h-17h - fermé 25 déc. et 1ᵉʳ janv*. Des kilomètres de galeries creusées dans le tuffeau accueillent le musée « **Un siècle de fines bulles** » qui présente toutes les étapes de production du Saumur selon la méthode traditionnelle pratiquée au 19ᵉ s.

Les Caves de Louis de Grenelle – 20 r. Marceau - *02 41 50 17 63 - www.louisdegrenelle.fr - sais. : tlj 9h30-18h30 ; hors sais. : tlj sf w.-end 9h30-12h, 13h30-18h - fermé j. fériés*. À 12 m sous terre, dans cette ancienne carrière de tuffeau creusée au 15ᵉ s. en plein cœur de Saumur, se perpétue un savoir-faire ancestral : depuis 1859 s'y élaborent selon la méthode traditionnelle crémants de Loire et saumurs bruts. Quatre millions de bouteilles reposent dans ces caves ! Visite guidée suivie d'une dégustation commentée.

Domaine de la Petite Chapelle – 4 r. des Vignerons - 49400 Souzay-Champigny - *02 41 52 41 11 - tlj sf dim. 8h30-12h, 14h-18h30 - fermé j. fériés*. Ce domaine de 28 ha se trouve au cœur même du terroir saumur-champigny. C'est d'ailleurs au grand-oncle de l'actuel propriétaire que l'on doit cette appellation. Le vin est ici essentiellement produit à partir des cépages cabernet franc, chenin et chardonnay, et élevé dans des caves en tuffeau. Si vous ne deviez goûter qu'un seul cru, optez pour la cuvée des Chaneluzes issue de jeunes vignes.

Cave aux Moines – *Preban - 49350 Chênehutte-les-Tuffeaux -* 📞 *02 41 67 95 64 - mi-juin à mi-sept. : 10h-18h ; Pâques à mi-juin, w.-end et j. fériés : visite de la cave.* Cette galerie creusée dans le tuffeau, longue de 7 km, abrite une champignonnière depuis le début du 20ᵉ s., mais aussi un élevage d'escargots, un caveau de dégustation de vin, un restaurant troglodytique et une discothèque (ouverte seulement en fin de semaine). Champignons de Paris, pleurotes, pieds-bleus ou encore shii-takés sont proposés frais à la boutique.

La Cave des Vignerons de Saumur – *14 rte de Saumoussay - 8 km au S de Saumur, dir. Brézé - 49260 St-Cyr-en-Bourg -* 📞 *02 41 53 06 18 - www.cavedesaumur.com - mai-sept. : 9h30-12h30, 14h-18h30 ; le reste de l'année : tlj sf dim. 9h30-12h30, 14h-18h.* Cette coopérative créée en 1957 compte aujourd'hui 300 vignerons-adhérents et compose une étape idéale pour qui veut découvrir les vins de Saumur. Visite des chais et des caves de mai à septembre – 10 km de galeries creusées dans le tuffeau – suivie d'une dégustation. Les crus vendus ici bénéficient de l'AOC. On recommandera les lieux-dits les Pouches (blanc), la Mouraude (rouge) ou les Poyeux (saumur-champigny).

Gérard Girardeau – *53 r. St-Nicolas -* 📞 *02 41 51 30 33 - http://www.girardeau-traiteur.com - tlj sf lun. 9h-13h, 15h-19h30, dim. 9h-13h - fermé en fév. et 10-17 août.* Cette boutique est l'endroit idéal pour faire provision de produits régionaux : pieds de cochon (récompensés dans plusieurs concours), foies gras, boudins noirs, etc. À la bonne chère s'ajoute quelques bouteilles rares, car le maître des lieux s'annonce volontiers « antiquaire en vins ». Accueil sympathique.

Loisirs

BATEAUX TRADITIONNELS

Le « **Saumur-Loire** » – 📞 *02 41 53 65 35 - www.saumur.fr.* Le seul bateau au départ de Saumur, quai Lucien-Gautier.

Le « **Loire de lumière** » – 📞 *02 41 45 24 24 - www.loiredelumiere.com.* Au départ de St-Clément-des-Levées ou de St-Mathurin-sur-Loire. Balades à la découverte de la faune et de la flore.

L' « **Amarante** » – 📞 *02 47 95 80 85 - www.loireterroir.com.* Au départ de Candes-St-Martin.

Base nautique de Millocheau – 📞 *02 41 51 17 65.*

Événements

Pâques – Concours de voltige international.

Avr.-oct. – Nombreuses présentations commentées, soirées de gala et visite guidée du Cadre noir à l'École nationale d'équitation.

Mai – Journées nationales du livre et du vin ; concours équestre complet international.

Juin – Festival international de musiques militaires (en 2007) ; concours d'attelage international.

Juil. – Carrousel de Saumur ; « Loire en fête ».

Juil. et août – Les Estivales du comité des fêtes.

Août – La Grande Tablée du saumur-champigny.

Sept. – Grande Semaine de Saumur (attelage, dressage, élevage).

Nov. – Salon international de Saumur « Ar(t) Cheval ».

Segré

6 410 SEGRÉENS
CARTE GÉNÉRALE A2 – CARTE MICHELIN LOCAL 317 D2 – MAINE-ET-LOIRE (49)

Une petite ville bleue, ou presque bleue, en bordure de rivière… Dans le Haut-Anjou, aux limites de la Bretagne, Segré occupe une région de bocages vouée à la polyculture et à l'élevage. Ses maisons de schiste et d'ardoises accrochées au coteau, ses quais bruissants et ses vieux ponts de pierre voient encore passer quelques bateaux : ils descendent vers Angers, Nantes peut-être…

- ▶ **Se repérer** – Le tourisme fluvial s'est développé sur l'Oudon, reliant Segré à Laval (45 km au nord) et à Angers (43 km au sud-est).
- 👁 **À ne pas manquer** – Le somptueux décor du château de la Lorie.
- 🕐 **Organiser son temps** – Comptez 1h pour la visite guidée du château de la Lorie, 45mn pour le circuit de la Verzée à l'Oudon.
- 👫 **Avec les enfants** – Les loisirs du domaine de la Petite Couère.
- 👶 **Pour poursuivre la visite** – Voir aussi Angers, Château-Gontier, Craon, les châteaux du Plessis-Bourré, du Plessis-Macé et de Serrant.

Le saviez-vous ?

La ville fit partie du douaire (domaine) de Bérengère de Navarre, la femme de Richard Cœur de Lion. Par la suite, Segré connut bien des infortunes : prise par les Bretons, reprise par les Anglais et partiellement détruite par Henri IV. Segré a donné son nom à un bassin de minerai de fer.

Visiter

Pour contempler à loisir la ville et ses vieux quartiers : le **Vieux Pont** avec son arche en dos d'âne au-dessus de l'Oudon, et la **chapelle St-Joseph**, qui ménage de jolies vues sur la vallée.

Château de la Lorie★

À la sortie est de Segré, par la D 863. 📞 02 41 92 10 04 - www.chateaudelalorie.com - ♿ - visite guidée (1h) de déb. juil. à mi-sept. : tlj sf mar. 10h-12h, 15h-18h - 7 € (enf. 3,50 €).
Tout au bout d'une longue allée voûtée d'arbres, un beau château du 18e s., encadré de jardins à la française. En 1433, le comte d'Arundel fit raser le donjon de la Lorie ; seuls subsistent l'éperon et la motte aménagés en jardin-promenade
Trois bâtiments soulignés de chaînages de tuffeau blanc entourent la cour carrée défendue par des douves sèches. Le corps central, construit au 17e s. par René Le Pelletier, grand prévôt d'Anjou, s'orne au centre d'une statue, *Minerve porteuse de paix*. Les deux ailes en retour et les communs symétriques, ajoutés à la fin du 18e s., confèrent à l'ensemble une allure majestueuse.
À l'intérieur, on découvre une grande galerie aux beaux vases de Chine, le salon de marbre aménagé à la fin du 18e s., la chapelle qui lui fait pendant et la salle à manger avec ses boiseries du 18e s. Pièce la plus originale, le **Grand Salon**, somptueusement paré de marbre de Sablé, a été réalisé par Jean-Sébastien Leysner en 1779.

Le château de la Lorie.

S. Sauvignier / MICHELIN

Aux alentours

Château de Raguin

8,5 km au sud par la D 923, puis la D 183 à gauche à partir de St-Gemmes-d'Andigné. ✆ *02 41 61 40 20 - visite guidée (45mn) juil.-août : 14h-18h - 5,35 € (enf. 3 €).*

Sur l'emplacement de l'ancien château du 15ᵉ s., Guy Du Bellay, fils de Pierre Du Bellay (cousin du poète), fit construire vers 1600 cet édifice de style Renaissance. Maréchal des camps et des armées du roi, Pierre du Bellay avait le goût du faste. C'est à l'occasion du mariage de son fils Antoine, en 1648, qu'il fit lambrisser et peindre entièrement les murs et les plafonds du salon du 1ᵉʳ étage et de la « chambre des Amours ».

Circuit de découverte

DE LA VERZÉE À L'OUDON

Circuit de 21 km – environ 45mn. Quittez Segré au sud par la D 923 vers Candé et, après un passage à niveau, prenez la D 181 à droite.

Le Bourg-d'Iré

8 km à l'ouest par la D 181. Dans le vallon de la Verzée. Du pont, jolie **vue** sur la rivière.

Prenez à droite la D 219. Après avoir traversé Noyant-la-Gravoyère, capitale de l'ardoise fine, rejoignez Nyoiseau par la D 775 en direction de Segré, puis la première route à gauche.

Cette petite route suit une gorge, en partie envahie par les étangs ; à voir notamment, ceux de St-Blaise et de la Corbinière, aménagés dans le cadre d'un parc de loisirs.

Nyoiseau

Ce village (*niosellum*, « petit nid »), perché sur les pentes de la vallée de l'Oudon, conserve les vestiges d'une abbaye bénédictine de femmes, actuellement occupés par une ferme et la mairie. Sur la route de l'Hôtellerie-de-Flée, remarquez un pont gallo-romain.

À la sortie nord de Nyoiseau.

Domaine de la Petite Couère★ – ✆ *02 41 61 06 31 -* ♿ *- de déb. mai à mi-sept. : 10h-19h ; mars-avr. et de mi-sept. à mi-nov. : dim. et j. fériés 10h-19h - 12 € (enf. 5,50 €).*

👥 Lieu de détente et de promenade, ce vaste parc de loisirs (80 ha) offre un éventail de distractions très variées, intelligemment conçues et pour tous les âges.

Dès l'entrée, un **musée du Tracteur et du Matériel rural** présente plus de quatre-vingts modèles de 1910 à 1950, entourés de nombreux autres engins agricoles ; plus loin, exposition d'une quarantaine de voitures anciennes dont un rare phaéton Brasier de 1913.

Au centre du domaine, la **reconstitution** (avec un réel souci d'authenticité) **d'un village du début du 20ᵉ s**. rassemble la mairie, l'école, le café-épicerie, la forge et diverses autres échoppes ou boutiques. Logée dans un grenier du village, une originale collection de machines à laver le linge retrace l'évolution des lessiveuses-essoreuses manuelles de 1880 à 1950.

🚶 Plusieurs sentiers pédestres balisés *(de 1 à 6 km)* sillonnent le domaine d'enclos en enclos. Riche d'une faune de plus de 80 espèces représentées par 400 animaux (émeus, baudets du Poitou, lamas, cerfs, chevaux divers…) vivant en semi-liberté, le parc permet presque toujours leur approche.

Deux petits trains touristiques transportent les visiteurs depuis les nombreuses aires de pique-nique jusqu'à la gare du village *(des casiers sont prévus pour laisser glacières et paniers).*

Segré pratique

Adresse utile

Office de tourisme – 5 r. David-d'Angers - 49500 Segré - ℘ 02 41 92 86 83 - 9h-12h30, 14h30-18h, sam. 9h-12h30, 15h-17h, fermé dim. et j. fériés ; horaires basse saison, se renseigner.

Se loger

⌂ **Chambre d'hôte Les Travaillères** – Lieu-dit les Travaillères - 49220 Le Lion-d'Angers - ℘ 02 41 61 33 56 - ⌷ - 3 ch. 37/39 €. Attendez-vous à beaucoup de calme dans cette ancienne ferme en pleine campagne. Elle compte 3 chambres, dont 2 familiales, aménagées dans un bâtiment indépendant. Salle de séjour avec cheminée, sol en tomette et coin bibliothèque. L'ensemble offre un agréable mélange de confort reposant et de caractère rustique.

⌂ **Chambre d'hôte Les Hauts de Brèges** – Brèges - 49500 Nyoiseau - ℘ 02 41 61 39 07 - www.hauts-de-breges. com - ⌷ - 3 ch. 41 € ⌷ - repas 15 €. Au cœur d'une propriété de 3 ha bordée d'un étang, cette ancienne ferme entièrement restaurée date de la fin du 15e s. La salle à manger-salon, ainsi que les 3 chambres, ont été aménagées dans les anciennes écuries. Beaucoup de caractère pour un résultat tout simplement magnifique. Table d'hôte savoureuse, faite maison.

Selles-sur-Cher

4 775 SELLOIS
CARTE GÉNÉRALE D3 – CARTE MICHELIN LOCAL 318 G8 – LOIR-ET-CHER (41)

D'un côté forteresse austère, de l'autre gracieux château entièrement dédié à la Renaissance italienne, chacun mêle lumières et reflets dans les eaux de larges douves. La ville elle-même occupe les deux rives d'une boucle du Cher.

- **Se repérer** – À 16 km au sud-ouest de Romorantin et à 15 km à l'est de St-Aignan par la N 76 – ou, plus agréable, la D 17 – la ville occupe les deux rives d'une boucle du Cher.

- **Organiser son temps** – Comptez 1h pour la ville et ses alentours.

- **À ne pas manquer** – L'ornementation romane de l'église St-Eusice.

- **Pour poursuivre la visite** – Voir aussi St-Aignan, le château de Fougères, Montrichard, Romorantin et le château de Valencay.

Visiter

Église St-Eusice

Bâtie aux 12e et 15e s., brûlée par Coligny en 1562, elle fut partiellement restaurée au 17e et au 19e s. La façade, presque entièrement romane, réutilise colonnes et chapiteaux d'une église antérieure.

Le **chevet**, de construction soignée, est orné de deux frises romanes de personnages, naïfs au-dessous des fenêtres, plus élégants au-dessus. La frise inférieure représente des scènes du Nouveau Testament, celle du haut, la vie de saint Eusice.

Près du mur nord, les bas-reliefs représentent les travaux des mois ; plus haut et plus à droite, une Visitation, abritée et protégée par la chapelle du croisillon.

Le mur nord, construit à la fin du 13e s., est percé d'une charmante porte aux chapiteaux sculptés, avec cordon de fleurs et de feuilles d'églantier. Dans la crypte, tombeau de saint Eusice, du 6e s.

Le saviez-vous ?

👁 Selles doit son origine à **saint Eusice** ou Eusin qui vivait en ermite (dans sa cellule : d'où Celle, puis Selles). Le roi Childebert, allant faire la guerre en Espagne, se recommanda aux prières du (futur) saint ; victorieux, il voulut lui témoigner sa reconnaissance, mais le trouva mort à son retour. Alors, il fit bâtir une belle église sur son tombeau et fonda l'abbaye de Celles-St-Eusice.

👁 Thibaud le Tricheur serait l'un des créateurs du système de défense de la ville. Jeanne d'Arc s'y est reposée une nuit, Charles VI y réunit les états généraux, et Philippe de Béthune, frère de Sully, acheta le château en 1604.

Vestige d'une forteresse du 13ᵉ s., le château est bordé par le Cher.

Château

Aux vestiges de la sévère forteresse du 13ᵉ s., côté est, s'opposent deux clairs édifices du 17ᵉ s. réunis par un long mur. Quatre ponts franchissent les larges douves en eau.

Aux alentours

Meusnes

6,5 km au sud-ouest par la D 956 vers Valençay, puis à droite la D 17. L'**église** est d'un style roman très pur. L'intérieur comporte, au transept, un arc triomphal surmonté de trois charmantes arcades. De belles statues des 15ᵉ et 16ᵉ s. ont été remises en place. Installé dans la mairie, le petit **musée de la Pierre à fusil** présente cette industrie qui fut florissante dans la région pendant trois siècles. 📞 *02 54 71 00 57 - ♿ - visite guidée (1h) sur demande - 1 €.*

Selles-sur-Cher pratique

♿ Voir aussi les encadrés pratiques de St-Aignan et Valençay.

Adresse utile

Office de tourisme – *26 r. de Sion - 41130 Selles-sur-Cher - 📞 02 54 95 25 44 - www. mairie-selles-sur-cher.fr - otsi.selles.sur. cher@wanadoo.fr - périodes et horaires d'ouverture, se renseigner.*

Se loger

⊖ **Hôtel Le Grand Chêne** – *ZA le Grand-Chêne - 📞 02 54 98 61 70 - hotel. grandchene@wanadoo.fr - 🅿 - 21 ch. 40/51 € - ⊡ 6 €.* Tout près de la RN 76 sans pour autant subir de nuisance sonore, cet hôtel compte 21 chambres (dont une pour personnes à mobilité réduite) de 2 ou 3 personnes. Mobilier contemporain aux tons assortis et salles de bains pour chacune d'entre elles. Un bon compromis pour une étape à petit prix dans la région.

Se restaurer

⊖ **Le Pont de la Sauldre** – *2 r. Nationale, rte de Tours - 📞 02 54 97 48 84 - fermé 1 sem. en fév., 10-17 sept., 2 sem. en nov., 25 déc.-1ᵉʳ janv., dim. soir et lun. - 14,20/30 €.* Repris récemment par un chef qui a fait le tour du monde, ce restaurant propose une cuisine gourmande, aux saveurs méridionales. Un choix conséquent de plats à l'ardoise, servis dans une jolie salle à manger avec vue sur la campagne environnante. Une adresse sympathique, bénéficiant d'une bonne renommée.

Que rapporter

La Fromagerie – *2 r. du Dr-Massacré - 📞 02 54 88 57 60 - tlj sf lun. 9h-12h30, 15h-19h, dim. 9h30-12h.* La fromagerie Jacquin fabrique ses fromages de chèvre de A à Z, de la production à l'affinage, et propose des selles-sur-cher, des pyramides de Valençay, des pouligny-saint-pierre, des crottins de Chavignol ainsi qu'un étonnant bleu de chèvre. Également, belle sélection de vins de Loire.

Château de **Serrant**★★★

CARTE GÉNÉRALE A3 – CARTE MICHELIN LOCAL 317 E4 – SCHÉMA P. 121 –
MAINE-ET-LOIRE (49)

Si, pour certains châteaux, c'est le coup de foudre immédiat, Serrant vous séduira progressivement pour vous laisser une forte impression de totale harmonie, remarquable accord entre la perfection du détail et la beauté d'ensemble. La cour d'honneur, ses balustrades et ses pavillons de schiste, le corps central et ses deux ailes, pierre blanche rythmée de pilastres, les deux tours rondes coiffées de clochetons : tout s'agence sans la moindre lourdeur, dans une parfaite symétrie. Quant à l'intérieur, la richesse et l'état de conservation du mobilier, déposé à Serrant depuis presque quatre siècles, vous permettront de saisir pleinement ce que la « vie de château » signifie.

- ▶ **Se repérer** – À 20 km à l'ouest d'Angers en retrait de la N 23, juste avant St-Georges-sur-Loire. Le château, est entouré de larges douves en eau.

- 👁 **À ne pas manquer** – L'exceptionnelle collection de mobilier de Serrant, classée Monument historique dans sa totalité en novembre 2000 pour sa qualité et sa richesse !

- 🕐 **Organiser son temps** – Comptez 1h pour la visite guidée du château, 1h30 pour les alentours.

- 👶 **Pour poursuivre la visite** – Voir aussi Angers, le château de Brissac, Cholet, la vallée du Layon et le château du Plessis-Macé.

Comprendre

Le château médiéval (dont il ne reste presque plus rien, hormis les douves et les parties en schiste ardoisier) appartenait aux **Serrant**, jusqu'au mariage de Françoise de Serrant avec Jean de Brie au 14e s. Commencé en 1546 par Charles de Brie, le château Renaissance aurait été dessiné, selon une tradition tenace, par Philibert Delorme, architecte de Fontainebleau. Il est plus probable que ce soit l'œuvre de **Jean de l'Espine**, artiste local auteur du clocher central de la cathédrale d'Angers : Serrant, par ses partis pris décoratifs et architecturaux (en particulier son escalier), trahit une parenté certaine avec ce monument. Hercule de Rohan, duc de Montbazon, l'achète en 1596, suivi en 1636 par Guillaume Bautru dont la petite-fille épousa le marquis de Vaubrun, lieutenant-général des armées du roi. Louis XIV, sur la route de Nantes pour arrêter Fouquet, et dont les voitures s'étaient embourbées, y passa la nuit.

Au 18e s., la propriété fut acquise par Antoine Walsh, noble irlandais qui suivit Jacques II Stuart en exil en France et devint armateur à Nantes. Une de ses descendantes ayant épousé en 1830 le **duc de La Trémoille**, le château est entré alors dans le giron de cette grande famille poitevine sans changer de mains depuis.

Visiter

𝒫 02 41 39 13 01 - www.chateau-serrant.net - visite guidée (1h) juil.-août : 9h45-17h15 ; de mi-mars à fin juin et en sept. : tlj sf mar. 9h45-12h, 14h-17h15 ; de déb. oct. à mi-nov. : tlj sf lun. et mar. 9h45-12h, 14h-17h15 - (horaires de fermeture : départ de la dern. visite) - 9,50 € (enf. 6 €).

👶 Voir illustration p. 79. Outre le superbe escalier Renaissance, aux voûtes à caissons sculptés, l'intérieur laisse sous le charme tous ses visiteurs (même les plus prestigieux comme la reine mère Élisabeth d'Angleterre) par ses **appartements★★★** magnifiquement meublés. De somptueuses tapisseries des Flandres et de Bruxelles ornent les grandes pièces d'apparat, voisinant avec des meubles rares comme l'incomparable cabinet d'ébène de Pierre Gole (17e s.) à 33 tiroirs situé dans le Grand Salon. On admire aussi le mobilier des 17e, 18e et début du 19e s. aux prestigieuses signatures de RVLC, Saunier, J.-E. de Saint-Georges, ou le mobilier Empire de Jacob recouvert de tapisseries de Beauvais commandé pour la venue de Napoléon Ier et de Joséphine.

La peinture offre de beaux témoignages des écoles française et italienne et la sculpture de belles surprises, comme le buste de l'impératrice Marie-Louise par Canova *(chambre Empire du 1er étage)* ou les deux nymphes en terre cuite (dryade et hamadryade) par Coysevox dans le somptueux **Grand Salon★★**.

La **bibliothèque**★★★ recèle également des trésors : quelque douze mille volumes (incunables, gravures de Piranèse, 1res éditions des *Fables* de La Fontaine et de l'*Encyclopédie* de Diderot…) habillent harmonieusement ses murs. Remarquez sur certains volumes de la bibliothèque le sceau : une croix potencée formée de quatre T, initiales des principaux fiefs historiques de la famille : Trémoïlle, Thouars, Talmont, Tarente, unis par la couronne royale de Naples à laquelle ils prétendaient. Tout spécialement dans ces deux pièces, la convivialité de l'aménagement, les photos récentes sur les meubles, l'heureux mariage des différents éléments de mobilier et d'objets décoratifs témoignent que Serrant est toujours bien habité et vivant. Le sens du raffinement est perceptible jusque dans les **cuisines** qui présentent un remarquable ensemble de pièces, révélateur de l'art de la table dans les grandes maisons ducales.

Au 1er étage, la bibliothèque se présente à la fois comme un lieu d'étude et un espace convivial grâce à son billard et ses petites tables de jeu.

Pendant la Seconde Guerre mondiale, Serrant fut réquisitionné pour abriter des officiers allemands qui restèrent très respectueux des lieux. L'un d'entre eux peignit quelques scènes de leur quotidien sur les murs des salles basses du château. Donnant sur la cour d'honneur, la **chapelle**★★ élevée par Jules Hardouin-Mansart s'honore du magnifique **tombeau** en marbre blanc, dessiné par Lebrun et sculpté par Coysevox et Collignon, du marquis de Vaubrun tué à la bataille d'Altenheim (1673).

Aux alentours

St-Georges-sur-Loire

2 km à l'ouest par la N 23. Ce village est bâti non loin de la célèbre **coulée de Serrant** où s'élaborent quelques-uns des meilleurs vins blancs de l'Anjou avec les savennières roche-aux-moines. L'**abbaye**, fondée en 1158, fut desservie par des augustins, puis, jusqu'en 1790, par les génovéfains, chanoines réguliers dépendant de l'abbaye Ste-Geneviève à Paris. Dans le majestueux bâtiment abbatial (1684) occupé par la mairie, **escalier** monumental avec une remarquable rampe de fer forgé. L'été, l'ancienne salle capitulaire est affectée aux expositions temporaires. *Juil.-août : tlj sf lun. 11h-12h30, 14h30-18h30 ; reste de l'année : visite sur demande à la mairie ☎ 02 41 72 14 80.*

Jardins du château du Pin

À Champtocé-sur-Loire, 8 km à l'ouest par la N 23. À l'entrée de Champtocé tournez à droite et suivez le fléchage. ☎ 06 11 68 61 81 - du 1er Mai au 2e w.-end d'oct. : w.-end et j. fériés 14h-18h, autres j. sur demande - 5 € (-12 ans gratuit).
Au pied du château (12e-15e s.), les jardins s'étagent sur 14 niveaux et 5 ha. En sortant de l'orangerie, on découvre une collection de grands agrumes, d'avocatiers, de bananiers, de daturas et de lauriers-roses en pots. Autour d'un bassin de nymphéas, une ronde d'ifs est taillée selon un art topiaire sophistiqué. Massifs de vivaces, d'iris, de lavande, de roses jaunes entourent les bassins ou cernent les pelouses. À noter aussi : l'allée de châtaigniers de 700 ans, le potager aux centaines de dahlias et de roses et l'élégante chapelle (18e s.) avec sa pendule du 16e s. en état de marche.

Château de Serrant pratique

♿ Voir aussi l'encadré pratique d'Angers.

Adresse utile

Office du tourisme d'Angers – *7 pl. du Président-Kennedy* - ℘ *02 41 23 50 00* - *www.angersloiretourisme.com - mai-sept. : 9h-19h, dim. et j. fériés 10h-18h ; reste de l'année : mar.-sam. 9h-18h, lun. 14h-18h, dim. et j. fériés 10h-13h - fermé 1er janv., 1er Mai, 25 déc.*

Que rapporter

Clos de la Coulée de Serrant – *Château de la Roche-aux-Moines - 49170 Savennières -* ℘ *02 41 72 22 32 - www.*

coulee-de-serrant.com - tlj sf dim. et j. fériés 9h-12h, 14h-17h45. Plantée au 12e s. par les moines cisterciens, la coulée du Serrant est aussi connue pour son système de viticulture en biodynamie, excluant les engrais chimiques. Les vins AOC produits sur le site font le bonheur des sommeliers du monde entier. Dégustation et vente directe sur place.

Événement

Certains soirs d'été, le château propose une visite guidée et théâtralisée à la lumière de milliers de bougies. *Réserv. obligatoire* ℘ *02 41 39 13 01.*

La Sologne★

CARTE GÉNÉRALE D3 – CARTE MICHELIN LOCAL 318 H/J 5/7 – LOIR-ET-CHER (41), LOIRET (45), CHER (18)

Immense et secrète Sologne… Terre autrefois déshéritée, ses landes de bruyère, ses étangs et ses grands bois mélancoliques sont devenus le paradis des chasseurs, des amoureux de la pêche ou de la randonnée. Photographes, le héron, le butor, le sanglier ou la biche testeront votre patience… Gastronomes, le terroir solognot, avec ses villages colorés de brique, vous réserve bien des plaisirs, entre terrines et tartes Tatin.

- ▶ **Se repérer** – Entre Cher et Loire, la Sologne est limitée à l'est par les collines du Sancerrois, à l'ouest par une ligne reliant Selles-sur-Cher à Cheverny, en passant par Chémery, Thenay et Sambin. Outre ses innombrables étangs, les rivières Cosson, Beuvron, Petite et Grande Sauldre sillonnent le territoire solognot.

- 👁 **À ne pas manquer** – Les bois, étangs et marais solognots ; le château du Moulin en brique losangée.

- 🕐 **Organiser son temps** – Comptez 3 jours.

- 👪 **Avec les enfants** – En saison, les fraises du château du Moulin.

- ♿ **Pour poursuivre la visite** – Voir aussi Blois, Beaugency, La Ferté-St-Aubin, le château de Fougères-sur-Bièvre, St-Aignan et Selles-sur-Cher.

Comprendre

Terre d'eau – Deux hypothèses s'affrontent sur l'origine du nom de la Sologne : l'une rattache Sologne au latin *secale*, seigle, qui a donné *Secalonia*, pour arriver à Sauloigne. L'autre thèse retient une origine préceltique où *sec* désigne l'eau (comme dans *Sequana*, la Seine). On aurait alors de nouveau *Sec-alonia*, puis Salogne, lieu marécageux. Jadis considéré comme un des pays les plus pauvres de France, cette région dévastée par les fièvres a changé de visage sous Napoléon III, qui avait acquis le domaine de Lamotte-Beuvron. Un Comité central de Sologne fit planter des pins sylvestres et des bouleaux, creuser des canaux, construire des routes, curer et assécher les étangs, amender les terres. Les fièvres disparurent, et la population s'accrut : la Sologne prit à peu de chose près son aspect actuel.

Cultures, élevage et chasse en pays solognot – La culture du maïs, qui permet de nourrir les troupeaux tout en offrant un excellent « couvert » au gibier, réconcilie l'agriculteur, l'éleveur et le chasseur. La protection forestière, la tranquillité et la présence de l'eau attirent une faune très diverse, dont la régulation par la chasse reste essentielle pour préserver la forêt des prédations des grands cervidés et des lapins. L'abondance des oiseaux migrateurs fait de la Sologne une région naturelle d'une grande richesse biologique. La production d'asperges occupe une part importante de la production française, et la culture de la fraise, devenue très spécialisée, a su augmenter ses rendements. L'amélioration récente de la gestion piscicole des étangs permet la production de poissons élevés de façon traditionnelle. Brochets, sandres, anguilles, carpes… et, plus récemment, silures font la joie des pêcheurs et des gastronomes.

Circuits de découverte

ENTRE COSSON ET BEUVRON : LES BOIS★ 1

131 km – Comptez une journée. C'est au début de l'automne, lorsque le cuivre des chênes se mêle au vert persistant des pins sylvestres, par-dessus les fougères rousses et les tapis de bruyère mauve, que la Sologne exerce son charme le plus profond, avec ses étangs mélancoliques, tandis que les salves qui signalent la période de la chasse altèrent parfois quelque peu le charme de la région…

Pour mieux apprécier la nature solognote, la balade à pied s'impose. Mais, avec les nombreuses clôtures, interdictions d'accès et autres installations de pièges, il est recommandé de s'en tenir aux sentiers balisés comme le GR 31 et le GR 3ᶜ.

La Ferté-St-Aubin *(voir ce nom)*

Quittez La Ferté au nord-ouest, par l'agréable D 61 en direction de Chambord.

Après Ligny-le-Ribault la D 61 devient alors la D 103 ; après La Ferté-St-Cyr, à Crouy-sur-Cosson, prenez à gauche la D 33.

Au pavillon de **Thoury**, on pénètre dans le domaine de Chambord. Randonneurs et promeneurs sont les bienvenus dans les chemins et layons ouverts à la circulation pédestre. À l'intention des chasseurs d'images désireux d'observer les hardes de cerfs ou les bandes de sangliers venant « au gagnage » chercher leur nourriture, une aire de vision a été aménagée.

Château de Chambord★★★ *(voir ce nom)*

Prenez au sud la D 112 et, au carrefour de Chambord, tournez à gauche puis, au carrefour du Roi-Stanislas empruntez à droite la route forestière en direction de Neuvy.

Neuvy

Neuvy s'élève à l'orée de la forêt de Boulogne, sur la rive droite du Beuvron. Son **église** solitaire, sur la rive opposée, fut partiellement reconstruite en 1525. Elle est entourée d'un cimetière, dans un site agréable près d'une vieille ferme de brique, à pans de bois. Dans la nef, la poutre de gloire supporte des statues du 15ᵉ s. Un tableau du 17ᵉ s. représente le Christ mort soutenu par deux anges. *Sur demande au ☏ 02 54 46 42 69 (secrétariat de mairie).*

Villeny

La **Maison du cerf** dévoile les secrets de ce superbe animal couronné « roi de la forêt ». Pl. de l'Église - ☏ 02 54 98 23 10 - www.coeur-de-france.com - *juil.-août* : 10h-12h, 14h30-18h30 ; vac. scol. : 14h30-18h30 ; reste de l'année : merc., w.-end et j. fériés 14h30-18h30 - fermé lun. et de mi-déc. à mi-fév. - 4,50 € (-7 ans gratuit).

La Ferté-Beauharnais

À l'intérieur de la petite église (16ᵉ s.), voyez les intéressantes stalles sculptées. Dans le bourg, plusieurs demeures anciennes (maison du Carroir, la cour à l'Écu, le relais du Dauphin) méritent une promenade.

Prenez vers l'est la D 923, puis à gauche la D 123.

Chaumont-sur-Tharonne

Cette cité conserve, dans son plan, le témoignage des remparts qui l'entouraient autrefois. Elle occupe un lieu privilégié, sur une butte que couronne une église des 15ᵉ et 16ᵉ s.

Lamotte-Beuvron

Grâce à l'acquisition du château en 1852 par Napoléon III, et suite sans doute à l'ouverture de la gare ferroviaire, ce simple hameau s'est rapidement métamorphosé en véritable capitale de la chasse. Tous les bâtiments publics et la plupart des habitations en brique datent de la période 1860-1870.

La tarte Tatin

Les demoiselles Tatin, aubergistes à Lamotte-Beuvron au 19ᵉ s., ont inventé ce succulent et célèbre dessert, dont voici la recette.

Enduire l'intérieur d'un grand plat d'une belle couche de beurre et d'une couche non moins épaisse de sucre en poudre (on ne lésine pas…). Éplucher et couper en quartiers de belles pommes reinette. Remplir le plat complètement en serrant bien les fruits. Les arroser de beurre fondu. Sucrer un peu et recouvrir le tout d'une couche de pâte brisée, un peu molle et pas trop épaisse. Cuire à four chaud entre 20 et 25mn. Démouler en retournant le plat de façon à avoir les pommes en haut, parfaitement caramélisées. Et le tour est joué…

Souvigny-en-Sologne

Ce sympathique village, typiquement solognot, mérite amplement une halte. Autour de l'église (12ᵉ-16ᵉ s.) précédée de son **caquetoir** (grand porche en charpente qui longe deux façades de l'édifice et qui abrite, à la sortie des offices, les « caquetages » ou conversations des paroissiens), vous remarquerez les maisons à colombages, dont l'ancien presbytère transformé en gîte rural.

Eugène Labiche (1815-1888), auteur de nombreux vaudevilles à succès *(Le Voyage de M. Perrichon, Un chapeau de paille d'Italie),* fut le maire, énergique et entreprenant, de Souvigny de 1868 à 1878.

80 km de chemins ruraux sont balisés aux alentours de la commune *(plan détaillé disponible chez les commerçants).*

L'église de Souvigny s'orne d'un caquetoir, construction originale offrant un abri aux paroissiens.

Ménestreau-en-Villette

Dans ce village, le **domaine du Ciran** (Conservatoire de la faune sauvage de Sologne) est consacré à la Sologne et à ses habitants d'autrefois. Un parcours de découverte, agrémenté d'une vingtaine de vitrines, guide le visiteur. À travers les forêts et les taillis, tout au long des ruisseaux et des étangs, le Ciran offre une multitude de sentiers ; des observatoires ont été aménagés pour permettre des affûts photo, riches en surprises, surtout au lever ou au coucher du soleil (cerfs, chevreuils, sangliers, renards, martres). ℘ 02 38 76 90 93 - www.domaineduciran.com - &. - juil.-août : 10h-12h30, 14h-19h ; avr.-juin et sept. : 10h-12h, 14h-18h ; oct.-mars : tlj sf mar. 10h-12h, 14h-17h - fermé 1ᵉʳ janv., 25 déc. - 5 € (enf. 3,20 €).

La ferme, spécialisée dans l'élevage (bovins et chèvres), produit un excellent fromage. L'exploitation agricole présente un double intérêt économique et écologique : le maintien d'une vie paysanne traditionnelle et la sensibilisation des visiteurs à la fragilité du patrimoine rural.

Le domaine du Ciran organise des stages de plusieurs jours *(avec hébergement)* pour découvrir les richesses de la faune et de la flore solognotes.

ÉTANGS ET MARAIS SOLOGNOTS★ 2

177 km – Comptez une journée et demie.

Romorantin-Lanthenay★ *(voir ce nom)*

Quittez Romorantin par la D 724 à l'est.

Villeherviers

Dans la vallée de la Sauldre, plantée d'asperges, Villeherviers possède une **église** du 13ᵉ s. à voûtes Plantagenêt. *Tlj sf w.-end, ou sur demande au ℘ 02 54 76 07 92 (mairie).*

Selles-St-Denis

Chapelle fermée pour restauration normalement jusqu'à fin 2007.

La **chapelle** St-Genoulph des 12ᵉ et 15ᵉ s., à chapelles latérales et abside de style flamboyant, abrite des peintures murales du 14ᵉ s. retraçant la vie de saint Genoulph.

> ## La vie des étangs
>
> « Vous dirais-je le charme assez mélancolique des étangs de Sologne, dans la région de Saint-Viâtre ? Ils s'allongent interminablement, à la suite les uns des autres, au milieu d'un horizon de pins et de bouleaux. L'angoisse des soirs y sue à grosses gouttes un sang vermeil qui s'étale en larges traînées. La mère cane y enseigne la nage et la méfiance à ses jeunes halbrans […]. Les grenouilles y donnent un concert perpétuel. » **Maurice Constantin-Weyer**, *Le Flâneur sous la tente.*

Salbris

Dans Salbris, carrefour routier et centre d'excursions en forêt, l'**église** St-Georges, en pierre et brique, date des 15ᵉ et 16ᵉ s. Une *Pietà* (16ᵉ s.) occupe le centre du retable du maître-autel. Les chapelles du transept sont remarquables par leurs clefs de voûte aux armes des donateurs et de très jolies sculptures en cul-de-lampe représentant, au sud, les Rois mages et la Vierge à l'Enfant et, au nord, les symboles des quatre évangélistes.

À la sortie nord, sur la N 20, prenez à gauche la D 121 sur 10 km, avant de tourner à droite en direction de St-Viâtre par la D 73.

St-Viâtre

Cette jolie bourgade était jadis le but d'un pèlerinage aux reliques de saint Viâtre, ermite qui se retira ici au 6ᵉ s. et qui aurait, selon la légende, creusé son cercueil dans le tronc d'un tremble. L'**église** présente un remarquable pignon du transept (15ᵉ s.), construit en brique à décor de losanges noirs et bordé de choux rampants. Un puissant clocher-porche abrite l'entrée de l'édifice et son portail du 14ᵉ s. À l'entrée du chœur, le beau lutrin en bois sculpté, du 18ᵉ s., surprend par ses dimensions. Dans le bras droit du transept sont exposés quatre **panneaux peints★** du début du 16ᵉ s. : ils évoquent avec réalisme la vie du Christ et celle de saint Viâtre.

Maison des étangs – ℘ 02 54 88 23 00 - visite guidée (1h). merc. et w.-end 14h-18h - 4,5 € (enf. 2,5 €). Le site, réparti sur deux maisons, présente l'écologie, la faune et la pisciculture en Sologne, ainsi que les vieux métiers.

La Sologne offre aux promeneurs le charme mélancolique de ses étangs.

Reposoir St-Viâtre – Petit édifice en brique, du 15ᵉ s., élevé à l'entrée nord du bourg.

À l'ouest par la D 63, gagnez Vernou-en-Sologne.

Au sud du bourg, le beau château de la Borde *(ne se visite pas)* montre ses baies avec incrustations d'ardoise.

Par Bauzy et la D 60, gagnez Bracieux.

Bracieux

Dans la vallée du Beuvron, à la limite de la Sologne et du Blésois, Bracieux groupe ses maisons autour de sa halle du 16ᵉ s. ; un joli pont enjambe la rivière.

Château de Villesavin★ *(voir Chambord, Aux alentours). À 2 km de Bracieux, par la D 102.*

Château de Cheverny★★★ *(voir ce nom)*

À la sortie de Cheverny, prenez la D 765, puis à gauche la D 78.

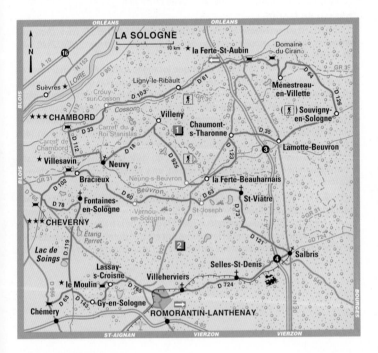

Fontaines-en-Sologne

Datant en majeure partie du 12ᵉ s., l'**église** de Fontaines témoigne de la diffusion du style angevin : chevet plat et nef unique à remarquables voûtes bombées. Elle fut fortifiée au 17ᵉ s. À quelques pas, belles maisons à pans de bois et toits de petites tuiles plates, fréquentes dans la région.

La D 119, au sud, longe l'étang Perret, puis, après Soings-en-Sologne, le lac du même nom. Dans Rougeou, prenez la D 143.

Lac de Soings

Seul lac naturel de Sologne, ses brusques crues et baisses tout aussi soudaines et inexpliquées ont suscité maintes sombres légendes locales. *Domaine privé.*

Continuez sur la D 119. Juste avant Rougeou, prenez la D 63 à droite.

Château de Chémery

12 km au nord-est par la D 675, puis la D 63 à droite, à St-Romain-sur-Cher. ℰ *02 54 71 82 77 - www.chateaudechemery.com - mars-nov. : 11h-18h30 - 6 €.*
Enchevêtrement d'architectures médiévale et Renaissance, ce château des 15ᵉ et 16ᵉ s. fut bâti sur l'emplacement d'une forteresse du 12ᵉ s. À l'intérieur de l'enceinte s'élève un colombier de 1 200 boulins. Après des années d'abandon, le site a retrouvé ses douves et la vie reprend doucement possession des pièces. À l'intérieur, outre la série de gravures sur l'histoire du costume, la restauration fait l'objet d'explications architecturales.

Revenez sur vos pas jusqu'à Rougeou. Dans le village, prenez la D 143 à gauche.

Gy-en-Sologne

Visite d'une maison d'ouvriers solognots, la **locature de la Straize** (16ᵉ s.). ℘ 02 54 83 82 89 - ᨆ - *avr.-oct. : tlj sf mar. et vend. 10h-11h30, 15h-18h - fermé dim. des Rameaux possibilité de visite guidée (1h) sur demande - 4 € (enf. 2,75 €).*

Lassay-sur-Croisne

Village solognot, perdu au beau milieu d'une région de bois et de grands étangs. Quelques demeures en brique et pierre coiffées de longs toits d'ardoises égayent le paysage.

Église St-Denis – *Sur demande à la mairie - le Bourg - ℘ 02 54 83 86 22 - lun. et vend. 9h-12h30, mar. 9h-12h, 14h-18h30.*
Charmante église du 15ᵉ s. ornée d'une belle rosace et surmontée d'une flèche aiguë. Dans le bras gauche du transept, au-dessus du gisant de Philippe Du Moulin, une jolie **fresque** (début 16ᵉ s.) figure saint Christophe ; à droite, l'artiste a représenté l'église de Lassay et, dans le fond à gauche, le château du Moulin.

Château du Moulin★

1,5 km à l'ouest par un chemin longeant la Croisne - ℘ 02 54 83 83 51 - www.chateaux-france.com/chateaudumoulin - visite guidée (1h) avr.-sept. : tlj sf merc. 10h-12h30, 14h-18h - 7,50 € (7-12 ans 4 €).
À la mode du 15ᵉ s., ces bâtiments de brique losangée soulignées de chaînages de pierre ont gardé une allure plus gracieuse que militaire. Le donjon, ou logis seigneurial, percé de grandes fenêtres à meneaux, est meublé dans le style de l'époque. Bâti à l'origine (entre 1480 et 1506), sur le plan carré des forteresses, le château était entouré de murailles renforcées de tours rondes. Son commanditaire était le gentilhomme Philippe du Moulin, qui sauva la vie de Charles VIII à la bataille de Fornoue en 1495 et poursuivit ses loyaux services sous le règne de Louis XII.
Dans le corps d'entrée, à gauche du pont-levis, on visite la cuisine voûtée, avec son énorme cheminée : la roue sur le côté servait, en y faisant courir un petit chien, à faire tourner la broche.

Parc – 👥 En face du château, le **jardin à la française** dessiné par le Dr Carvallo (auteur des jardins de Villandry) se compose de massifs aux dimensions décroissantes visant à créer davantage de profondeur. Tout à la gloire de la fraise, le **potager** cultive des plans de variétés anciennes et les écuries ont été transformées en musée abritant une exposition et un conservatoire de la fraise… *Dégustation en mai-juin et sept.*

La Sologne pratique

Transports

Traversée de la Sologne en petit train – La ligne dessert, sur voie métrique, 15 gares et haltes entre Salbris (Loir-et-Cher) et Luçay-le-Mâle (Indre). *Horaires et tarifs : se renseigner à la compagnie Le Blanc-Argent - gare de Romorantin-Lanthenay* ℘ 02 54 76 06 51.

Se loger

⌒ **Chambre d'hôte Les Atelleries** – *Les Atelleries - 41300 Selles-St-Denis - 21,5 km au NE de Romorantin-Lanthenay par D 724, rte de Marcilly par D 123 et chemin à droite -* ℘ 02 54 96 13 84 - www.lesatelleries.com *- fermé janv. et fév. -* ⊘ *- 3 ch. 40/50 €* ⊡. Les amateurs de chasse apprécient cette ancienne ferme solognote joliment restaurée et située au cœur d'un domaine de 90 ha comprenant bois, friches et étangs. Chambres spacieuses réparties dans deux bâtiments indépendants. Grand salon réchauffé d'une cheminée et cuisine à disposition (le soir).

⌒⌒ **Sauldraie** – *81 av. d'Orléans - 41300 Salbris -* ℘ 02 54 97 17 76 - www.hotellasaudraie.com *- fermé 14-22 mars -* ▣ *- 11 ch. 52/59 € -* ⊡ *9 € - rest. 22/44 €.* Un parc et un petit bois entourent cette grande maison familiale. Les chambres, de styles variés, sont plus simples dans l'annexe. Plaisante salle à manger et véranda très « campagne » tournée vers la nature ; la Sologne, de bois et d'eau, inspire les menus.

⌒⌒ **Parc** – *8 av. d'Orléans - 41300 Salbris -* ℘ 02 54 97 18 53 - www.leparcsalbris.com *- fermé 21 déc.-6 janv. -* ▣ *- 23 ch. 54/94 € -* ⊡ *9,50 € - rest. 24/54 €.* Demeure bourgeoise agrémentée d'un joli parc avec potager. Chambres progressivement rénovées et salons bien agencés. Au restaurant, ambiance rustique, flambées hivernales dans la cheminée et cuisine classique volontiers potagère à la belle saison.

⌒⌒ **Le Petit Clos** – *6 r. de la Folie - 41600 Chaumont-sur-Tharonne -* ℘ 02 54 88 28 17 - petitclos@aol.com *-* ⊘ *- 5 ch. 55/65 €* ⊡. Cette maison en brique, au cœur du village, ouvre sur un jardin clos et fleuri dans lequel une gloriette abritera petits-déjeuners et moments de détente. Garnies de mobilier réalisé par le propriétaire ébéniste, les 5 chambres sont habillées de tissus colorés. Accueil sympathique et accent québécois chantant.

⌒⌒⌒ **Domaine de Valaudran** – *41300 Salbris - 1,5 km au SO de Salbris par D 724 -* ℘ 02 54 97 20 00 - www.hotelvalaudran.com *-* ▣ *- 32 ch. 92/106 € -* ⊡ *13 € - rest. 32/38 €.* Rendez-vous avec le calme et la détente dans cette belle maison de brique adossée à un parc. Une allée

bordée d'arbres vous y conduira. Chambres ouvrant sur la nature. Repas dans la salle à manger charpentée ou en terrasse, près de la piscine chauffée.

Se restaurer

⌒ **Les Copains d'Abord** – *52 av. d'Orléans - 41300 Salbris -* ℘ 02 54 97 24 24 - www.lescopainsdabordasalbris.clan.st *- fermé 1er-13 janv., 6-24 août, dim. et mar. - 9,80/22 €.* Tous les habitants du coin connaissent ce chaleureux bistrot qui entretient avec bonheur la convivialité. On s'y retrouve autour d'une table traditionnelle honnête, et un groupe de jazz vient animer votre repas chaque fin de semaine. Le charme d'une table de copains…

⌒⌒ **Auberge du Cerf** – *3 pl. du 8-Mai - 45240 Ménestreau-en-Villette -* ℘ 02 38 76 90 19 - aubergeducerf@wanadoo.fr *- fermé 2 sem. en hiver, 2 sem. en août, dim. soir, lun. de fév. sf j. fériés et merc. soir - 17,50/48 €.* La belle façade à colombages de cette auberge typiquement solognote attire l'œil. L'intérieur est tout aussi séduisant et notamment la salle du Fournil, d'une authentique rusticité. Dans l'assiette, produits frais exclusivement maison et gibier en saison.

Tarte Tatin.

⌒⌒ **Auberge du Prieuré** – *Au bourg - 41230 Lassay-sur-Croisne - 11 km à l'O de Romorantin-Lanthenay par D 765 puis D 2 -* ℘ 02 54 83 91 91 - fermé 10 j. en mars, 2 sem. en juin, 1 sem. à Noël, dim. soir, mar. soir et merc. - 25/37 €.* Ce restaurant établi dans un ancien presbytère vaut par sa situation face à une charmante église gothique. Poutres, cheminée ornée d'un beau chambranle en bois sculpté et fresques représentant des paysages solognots composent le plaisant décor de la salle à manger. Cuisine traditionnelle.

⌒⌒ **Grenouillère** – *Rte d'Orléans - 41600 Chaumont-sur-Tharonne -* ℘ 02 54 88 50 71 - jeancharles.dartigues@9business.fr *- fermé 16 janv.-1er fév., 27 fév.-15 mars, lun. et mar. - 23 € déj. - 36/40 €.* En lisière de forêt, maison typiquement solognote agrandie par une véranda moderne. Jardin-terrasse et mare… aux grenouilles ? Intérieur rustique. Cuisine actuelle.

😐😐😐 **Tatin** – *5 av. de Vierzon - 41600 Lamotte-Beuvron - ℰ 02 54 88 00 03 - hotel-tatin@wanadoo.fr - fermé 27 fév.-14 mars, 31 juil.-16 août, 24 déc.-9 janv., dim. soir et lun. - 27/52 €.* Cette hôtellerie familiale nichée au cœur de la Sologne abrite des chambres relookées dans le style contemporain et un plaisant jardin. C'est ici-même que les sœurs Tatin inventèrent la fameuse tarte aux pommes caramélisées. Tradition toujours vivante !

Que rapporter ?

Bergeries de Sologne – *Ferme de Jaugeny - 41250 Fontaines-en-Sologne - ℰ 02 54 46 45 61 - www.bergeries-de-sologne.com - visite et dégustation : juil.-août : mar. à partir de 10h45.* Spécialiste de l'élevage de moutons et volailles, cette ferme solognote propose des journées « découverte et gastronomie » (visite de l'exploitation, déjeuner, démonstration de chiens de berger et de tonte de moutons) ou des formules plus courtes. Vente de plats cuisinés en conserve, à base d'agneau de l'élevage.

Frizot – *54 av. de l'Hôtel-de-Ville - 41600 Lamotte-Beuvron - ℰ 02 54 88 08 81 - lun. et jeu.-sam. 8h-12h30, 15h-19h30, mar., merc., vend., dim. 8h-12h30.* La Sologne étant une terre de chasse, ce boucher-charcutier a eu naturellement l'idée de fabriquer un saucisson sec de sanglier. En saison, il réalise également des terrines à base de gibier. Le reste de l'année, il propose du boudin noir aux cèpes, du boudin blanc campagnard, des andouillettes, du saucisson à cuire, du foie gras maison, des rillettes, des rillons régulièrement primés, etc.

Sully-sur-Loire ★

5 907 SULLINOIS
CARTE GÉNÉRALE D2 – CARTE MICHELIN LOCAL 318 L5 – LOIRET (45)

La forteresse qui surveillait le franchissement du fleuve est sans doute un bel exemple d'art militaire. Sully-sur-Loire, pourtant, séduit avant tout par son charme : les reflets du soleil sur ses vieilles pierres, l'ombre et le murmure des grands arbres sur ses douves miroitantes, son petit pont, ses tours coiffées d'ardoise, et enfin, son doux ciel de Loire.

▶ **Se repérer** – Sur la rive gauche de la Loire, à la croisée de plusieurs routes importantes, dont celle de Gien (28 km au sud-est) à Orléans (50 km à l'ouest).

👁 **À ne pas manquer** – La charpente du château.

🕐 **Organiser son temps** – Comptez 45mn pour la visite du château.

👣 **Pour poursuivre la visite** – Voir aussi Châteauneuf-sur-Loire, La Ferté-St-Aubin, Gien, Lorris, Orléans et St-Benoît-sur-Loire.

Comprendre

La détermination de Jeanne d'Arc – En 1429, Sully appartient à Georges de La Trémoille, le favori de Charles VII. Le roi réside au château pendant que Jeanne bat les Anglais à Patay et fait prisonnier leur capitaine, le fameux Talbot.

> ### Le saviez-vous ?
>
> Parmi les Sullinois célèbres, il faut compter Maurice de Sully. Cet évêque de Paris lança la construction de la cathédrale Notre-Dame. Sa mère aurait été bucheronne à Sully.

La Pucelle accourt à Sully et décide enfin l'indolent dauphin à se faire sacrer à Reims. Elle revient au château en 1430 après son échec devant Paris ; mais elle sent la jalousie et l'hostilité de La Trémoille gagner l'esprit du roi. Retenue et presque prisonnière, elle s'évade pour continuer la lutte… et courir vers son destin *(voir p. 65)*.

Sully au travail – En 1602, Maximilien de Béthune, marquis de Rosny, achète le château et la baronnie pour 330 000 livres. Lorsque Henri IV érige le domaine en duché-pairie, Maximilien devient le duc de Sully. Sully a commencé à servir son roi à 12 ans. Grand homme de guerre, maître de l'artillerie, c'est aussi un administrateur consommé. Son action s'étend à tous les domaines : finances, agriculture, industrie, travaux publics. Bourreau de travail, Sully commence sa journée à 3h du matin et surmène les quatre secrétaires qui rédigent ses mémoires. Craignant les indiscrétions, il fait installer une presse dans une tour du château et son ouvrage *Sages et royales économies d'État* est imprimé sur place, bien que portant l'adresse d'un imprimeur… d'Amsterdam.

Le vieux duc aime l'ordre comptable jusqu'à la manie. Un arbre à planter, une table à façonner, un fossé à récurer : tout fait l'objet d'un marché notarié. De caractère difficile, il est souvent en procès, notamment avec l'évêque d'Orléans. Le ministre, duc et pair, protestant de surcroît, refuse ainsi de se plier à une coutume respectée

Le château de Sully conserve les souvenirs de Jeanne d'Arc, Sully et Voltaire.

depuis le Moyen Âge : le châtelain de Sully doit porter le siège de l'évêque le jour de son entrée à Orléans. Il finit par obtenir l'autorisation de se faire remplacer à la cérémonie.

La carrière de Sully prend fin avec l'assassinat d'Henri IV (1610). Le ministre se retire, mais il assure Louis XIII de sa fidélité et encourage ses coreligionnaires à faire de même. Richelieu le fera maréchal de France.

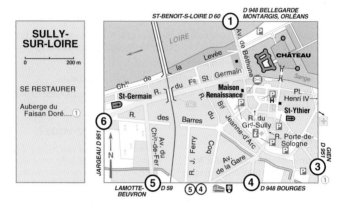

Se promener

Collégiale de St-Ythier

Érigée en 1529, la chapelle N.-D.-de-Pitié s'agrandit en 1605 et devint collégiale de St-Ythier. Elle a conservé deux **vitraux** datant de 1594 et 1596 : dans le bas-côté sud, une légende des pèlerins de St-Jacques ; dans l'abside centrale, un Arbre de Jessé où la Vierge trône avec l'Enfant Jésus sur un lis épanoui. Dans le bas-côté nord, au-dessus de l'autel, remarquez la Pietà du 16e s.

Maison Renaissance

Au-dessus de la façade ornée de médaillons et de pilastres, les lucarnes du toit aux baies géminées sont encadrées de cariatides.

Église St-Germain

Remarquable flèche, de 38 m.

Visiter

Le château★

Comptez 45mn - 🖉 *02 38 36 36 86 - www.loiret.com - avr.-sept. : 10h-18h ; fév.-mars et oct.-déc. : tlj sf lun. 10h-12h, 14h-17h - fermé 25 déc. - 6 € (6-17 ans 4 €) visite guidée (1h) 7 € (6-17 ans 5 €)- réouverture prévue mi-août 2007.*

En partie antérieur à 1360, le château a conservé son allure de forteresse médiévale, ses grosses tours et ses larges douves alimentées en eau par la Sange. Le donjon, construit à la fin du 14e s. par Guy de La Trémoille, fait face à la Loire. La partie haute est équipée de chemins de ronde avec mâchicoulis, meurtrières et arbalétrières qui marquent l'évolution de l'art militaire au cours de la guerre de Cent Ans. Seul le petit château est postérieur ; pavillon d'habitation de Sully, il date du début du 15e s.

La grande salle basse expose six tapisseries, réalisées par les ateliers de Paris, ancêtres des Gobelins, au début du 17e s., qui relatent l'histoire de Psyché, d'après *Les Métamorphoses* (roman appelé parfois *L'Âne d'or*) d'Apulée (2e s.).

La salle d'honneur, autre salle immense au 1er étage (300 m²), constituait au Moyen Âge la salle principale du logis seigneurial ; la justice y était rendue et les festins organisés. Au 17e s., Sully la décore. Aux murs tendus de tissu rouge, sont accrochés les portraits des descendants du premier duc et de son frère Philippe (belle copie du tombeau de Sully et de sa seconde épouse, Rachel de Cochefilet). Voltaire y fit jouer ses pièces.

Dans les embrasures des fenêtres, les ancêtres du grand Sully sont peints en trompe l'œil. Une porte de fer donne accès à l'ancienne salle de manœuvres d'où les gardes actionnaient le pont-levis et la trappe de l'assommoir. De nos jours appelée **oratoire**, cette pièce fut également, au 17e s., le cabinet du Trésor du duc. Voir aussi la chambre du Roi (belles tapisseries du 17e s. et mobilier Louis XIII), dont le lit aux courtines bleu et or trône au centre, en souvenir de la venue du Dauphin futur Louis XIV, pendant la Fronde.

La charpente★★ – Gagnez enfin, au 2e étage, la salle supérieure du donjon et sa **charpente**, l'une des plus belles que nous ait transmises le Moyen Âge. Construite à la fin du 14e s. par les compagnons charpentiers de l'Orléanais, cette charpente longue de 35 m et haute de 15 m, sans ferme (assemblage porteur du faîte) maîtresse, aligne ses chevrons comme une carène de navire avec une

> ## Les amours de Voltaire
>
> Exilé de Paris par le Régent pour des épigrammes trop mordantes, Voltaire passe plusieurs saisons chez le duc de Sully, qui s'entoure de philosophes et de libertins. Voltaire a 22 ans. Sa verve et son esprit font de lui le boute-en-train du château. À l'ombre du parc, dont il a décrit les arbres « découpés par les polissons et les amants », le jeune Arouet noue des intrigues galantes qu'il porte à la scène. On installe pour lui une salle de théâtre où il fait jouer *Œdipe*, puis les *Nuits galantes* et *Artémise* par ses belles amies.

hardiesse stupéfiante. La très bonne conservation de la charpente de Sully tient aux précautions infinies que prirent les charpentiers pour traiter et mettre en œuvre le bois de chêne. Abattus en hiver au décours de la lune, les arbres étaient équarris afin d'en dégager l'aubier et taillés selon le fil du bois. Leur immersion, des mois durant, permettait de purger le bois de sa sève. Ensuite commençait le séchage à l'air, qui durait de longues années, puis les opérations de fumage ou de salage qui garantissaient l'imputrescibilité du matériau. Enfin, il était badigeonné d'une solution à base d'alun (sulfate double d'aluminium et de potassium, généralement appliqué avant la teinture).

Le petit château – Construit quelques années après le donjon, il abrite les appartements du duc de Sully, et notamment sa chambre, dont le plafond à caissons peint agrémente la pièce de devises et de symboles relatifs au titre de grand maître de l'Artillerie (boulets de canon, foudre…). Il rappelle l'attachement du duc à son bon roi Henri.

Château de **Talcy**★

CARTE GÉNÉRALE D2 – CARTE MICHELIN LOCAL 318 F5 – LOIR-ET-CHER (41)

Aux confins du Val de Loire et de la Beauce, Talcy, château des amours de Cassandre, puis de Diane, inspira deux de nos plus grands poètes : Ronsard et d'Aubigné. Pénétrez dans la cour – rien ne semble avoir bougé – de cette gracieuse demeure Renaissance, toute simple avec son puits fleuri de roses, ses pierres chaudes et sa fraîche galerie, où vous entendrez peut-être comme l'écho fragile de doux murmures amoureux.

- ▶ **Se repérer** – Entre Beaugency (18 km à l'est) et Vendôme (36 km à l'ouest).
- 👁 **À ne pas manquer** – Les jardins ; la collection de mobilier.
- 🕐 **Organiser son temps** – Comptez 1h30 pour la visite libre du château et des alentours, davantage si vous profitez de visites théâtralisées, en été.
- 👪 **Avec les enfants** – Visites ludiques sur les thèmes de l'architecture et de la vie quotidienne des habitants.
- 🕯 **Pour poursuivre la visite** – Voir aussi Beaugency, Blois, le château de Chambord, Meung-sur-Loire et Vendôme.

Comprendre

Une dynastie d'égéries – La seigneurie du 13e s. fut achetée en 1517 par un riche Florentin, Bernard Salviati, parent des Médicis. Les Salviati auront marqué l'histoire littéraire par deux femmes célèbres et leurs amours contrariées. Bernard fut le père de Cassandre à qui **Ronsard** (alors moine oblat) a consacré tant de sonnets, et de Jean Salviati dont la fille, Diane, déjà mariée, joua le même rôle d'inspiratrice auprès du jeune poète et soldat protestant, **Agrippa d'Aubigné**. Quant à la fille de Cassandre, mariée à Guillaume de Musset, elle comptera dans sa descendance directe **Alfred de Musset**.

Visiter

☎ 02 54 81 03 01 - juil.-août : 9h30-12h, 14h-18h, w.-end 9h30-18h ; de déb. mai à fin juin et déb. sept. 9h30-12h, 14h-18h, w.-end de Pentecôte 9h30-18h ; sept. et avr. : 10h-12h, 14h-17h, w.-end de Pâques 9h30-18h ; oct.-mars : tlj sf mar. 10h-12h, 14h-17h - possibilité de visite guidée (1h) - fermé 1er janv., 1er Mai, 25 déc. - 5 € (-18 ans gratuit).

Extérieur – Le donjon en partie du 15e s., percé de deux portes (cochère et piétonne), comporte deux tourelles d'angle et une galerie de défense crénelée, d'aspect médiéval quoique datée de 1520.

On est saisi par le charme de la première cour, avec sa gracieuse galerie et son joli puits fleuri d'un rosier ; dans la deuxième cour, voyez le **colombier** (16e s.) dont les 1 500 alvéoles sont admirablement conservées, et le remarquable **pressoir** tricentenaire, en état de marche.

Les **communs** intacts comportent grange, pédiluve, colombier et pressoir.

Les jardins du domaine (7 ha) ont été réhabilités en un beau **verger-conservatoire** qui cultive des variétés anciennes. Les fruits vedettes, la pomme et la poire, s'y étagent en palmettes, croisillons, double trident, U double accolé, etc. magnifiant la vocation initiale de ce grand domaine agricole du 18e s.

Intérieur – Fait exceptionnel, la demeure a conservé intérieurement intacts son aspect et ses meubles des 17e et 18e s. En effet, en abandonnant le château à l'État en 1932, les descendants du pasteur Philippe-Albert Stapfer, ministre des Arts et des Sciences de la République suisse, donnèrent pour condition de conserver dans les lieux le mobilier du château. **Tapisseries** et riche mobilier (Louis XIV, Louis XV, rare collection complète de sièges estampillés du nom de Belet) jalonnent salle des Gardes, office, cuisine, chambres et salons sous des plafonds à la française.

Aux alentours

À moins de 1 km, sur la D 15 en direction de Mer, avant Morée, remarquez le joli **moulin de bois** toujours en état de marche - ☎ 02 54 81 20 45 (mairie de Talcy) - Pâques-sept. : dim. et j. fériés 15h-18h30 - visite guidée - libre partcipation.

Château de Talcy pratique

Adresse utile

Office du tourisme de Blois - *23 pl. du Château - 41006 - ℘ 02 54 90 41 41 www. loiredeschateaux.com - avr.-sept. : 9h-19h, dim. 10h-19h ; oct.-mars : tlj sf dim. 9h30-12h30, 14h-18h, j. fériés pendant vac. scolaires 10h-16h - fermé 25 déc., 1er janv.*

Se loger

⌂ **Chambre d'hôte La Ferme Peschard** – *10 chemin de Paris - 41500 Séris - ℘ 02 54 81 07 83 ou 06 03 17 14 27 - jypeschard@wanadoo.fr - ⌷ - 5 ch. 49 € ☐ - repas 19 €.* Profitez du calme de la campagne dans l'enceinte de cette ferme céréalière. Installées dans un bâtiment indépendant, les 5 belles

chambres bénéficient toutes d'une salle d'eau impeccable. Le salon a été aménagé de façon insolite dans une pièce voûtée du sous-sol. Table d'hôte à base de produits de l'exploitation.

⌂⌂ **Chambre d'hôte Le Clos** – *9 r. Jean-et-Guy-Dutems - 41500 Mer - ℘ 02 54 81 17 36 - mormiche@wanadoo.fr - fermé janv. - ⌷ - 5 ch. 52/72 € ☐.* Peu attirante quand on l'aborde côté rue, cette maison possède pourtant un charme unique avec son petit parc intérieur. Les chambres, situées aux étages pour la plupart, trahissent, par leur mobilier, la passion de la propriétaire pour les brocantes. Disponible aussi, une superbe maisonnette indépendante.

Tours★★

136 500 TOURANGEAUX (AGGLOMÉRATION : 297 631)
CARTE GÉNÉRALE C3 – CARTE MICHELIN LOCAL 317 N4 – SCHÉMA P. 414 –
INDRE-ET-LOIRE (37)

Première ville du Val de Loire, devant Orléans et Angers, capitale de la Touraine et ancienne cité royale, Tours ne conserve pas moins de trois quartiers anciens, parfaitement préservés : le vieux Tours, avec sa place Plumereau et ses maisons médiévales ou Renaissance, le quartier St-Julien au centre, et celui de la cathédrale plus à l'est, avec son archevêché. Longues promenades en perspective, au gré de ses rues commerçantes, piétonnières, de ses petites places secrètes, de ses beaux hôtels et de ses jardins…

▶ **Se repérer** – Tours est à mi-chemin entre Orléans (116 km) et Angers (133 km). La ville historique occupe une situation privilégiée à la rencontre de la Loire et du Cher. Venant de Paris (à 240 km), vous surplomberez la Loire, ses ponts, ses larges étendues d'eau et de sable, et apercevrez les tours de la cathédrale et les toits d'ardoise de la ville.

🅿 **Se garer** – En centre-ville, de nombreux parkings fléchés permettent de stationner près des sites touristiques. Venant par l'A 10, la sortie Tours-centre est à 800 m du centre-ville. L'ouverture à la circulation du périphérique nord-ouest reliant La Riche, Fondettes et St-Cyr-sur-Loire est prévue pour 2010.

👁 **À ne pas manquer** – Le quartier Plumereau et celui de la cathédrale ; les chefs-d'œuvre du musée du Compagnonnage ; les primitifs italiens au musée des Beaux-Arts ; le souvenir de Ronsard au prieuré de St-Cosme.

🕐 **Organiser son temps** – Comptez au moins 1/2 journée pour la ville.

👥 **Avec les enfants** – Le son et lumière de Semblançay *(voir Tours pratique)*, le parcours-découverte « Sur la piste de l'enfant Roy » du musée du Compagnonnage, le fonctionnement des grottes pétrifiantes à Savonnières.

🕯 **Pour poursuivre la visite** – Voir aussi Amboise, le château d'Azay-le-Rideau, Blois, le château de Chenonceau, Langeais, Loche, les jardins et le château de Villandry.

Comprendre

La capitale des Turones – Installés dès le 5e s. av. J.-C. sur les rives et les îles de la Loire, les Turones occupent encore une cité prospère au temps de César. Sous le nom de *Cæsarodunum* ou « Colline de César », elle s'étendait sur une quarantaine d'hectares. Mais les invasions de la fin du 3e s. contraignirent les habitants à se réfugier dans l'actuel quartier de la cathédrale, où se trouvaient les arènes. Ils entourèrent la cité d'une muraille dont on peut voir d'importants restes près du château et, non loin de là, dans la rue des Ursulines. En 375, la ville, qui a repris le nom de Turones, devient siège de la IIIe Lyonnaise, province qui comportait la Touraine, le Maine, l'Anjou et l'Armorique.

La ville de saint Martin (4e s.) – Le plus grand évêque des Gaules fut d'abord légionnaire dans l'armée romaine. Aux portes d'Amiens, le jeune soldat rencontre un mendiant. Il coupe son manteau en deux avec son épée et en donne la moitié au pauvre homme. La nuit suivante, le futur saint Martin, ayant vu en songe le Christ couvert de la moitié de son manteau, se fait baptiser et commence son apostolat. Il fonde à Ligugé, en Poitou, le premier monastère né sur le sol gaulois. En 372, les gens de Tours viennent le supplier de devenir leur évêque. Aux portes de Tours, il crée le monastère de Marmoutier. Saint Martin meurt à Candes en 397. Les moines de Ligugé et ceux de Marmoutier se disputaient la dépouille de saint Martin, mais les Tourangeaux, profitant du sommeil des Poitevins, portent le cadavre dans une barque et regagnent leur ville à toutes rames. Un miracle s'opère alors : sur le passage du corps, et bien que l'on soit en novembre, les arbres verdissent, les plantes fleurissent, les oiseaux chantent : le miracle donnera son nom au retour de chaleur en plein automne, « l'été de la Saint-Martin ».

En 471, on élève une basilique autour de sa sépulture, elle mesure 53 m sur 20 m, possède 120 colonnes, 32 fenêtres dans l'abside et 20 dans la nef.

Un pèlerinage très fréquenté – En 496 (ou 498), **Clovis** vient se recueillir à St-Martin et promet de se faire baptiser s'il remporte la victoire sur les Alamans. De retour en 507 lors de la guerre contre les Wisigoths, il ordonne à son armée de ne pas souiller le territoire de Tours, par respect pour saint Martin. Après sa victoire à Vouillé, non loin de Poitiers, il se rend à la basilique et la comble de présents en remerciement. Pour l'occasion, il revêt les insignes de la dignité de consul que l'empereur d'Orient lui a conférée. De cette époque dateront protections et privilèges accordés par les Mérovingiens au prestigieux sanctuaire.

Depuis longtemps déjà, les foules viennent chercher ici guérison ou aide. La renommée du pèlerinage est accrue par toute une « propagande » relatant les nombreux miracles qui se produisent autour du tombeau. Aux pèlerins ordinaires se mêlent les rois, les princes et les puissants, dont quelques uns ont bien des crimes à se faire pardonner… En outre, le sanctuaire est aussi un lieu d'asile, un refuge inviolable pour les persécutés comme pour les bandits. Le succès du culte martinien enrichit considérablement l'abbaye dont les possessions foncières, fruits de multiples donations, s'étendent jusqu'en Berry et en Bordelais. Bénéficiant de la faveur royale, elle reçoit également le droit de battre monnaie.

Grégoire de Tours, premier historien des Francs – En 563, un diacre de santé précaire, héritier d'une grande famille gallo-romaine arverne, Grégoire, se rend au tombeau de saint Martin. Guéri, il se fixe à Tours où sa piété et sa probité, alliées à la notoriété de sa parenté (il était le petit-neveu de saint Nizier de Lyon), lui valent d'être élu évêque en 573. Grégoire de Tours écrit beaucoup, notamment une *Histoire des Francs* qui est restée la principale (et inépuisable) source de connaissance des temps mérovingiens. Il meurt en 594.

Au cœur du vieux Tours, la place Plumereau.

Le savant Alcuin – À la fin du 8e s., la cité, tout en restant un grand centre religieux, devient, sous l'impulsion d'Alcuin, un foyer intellectuel et artistique. Ce moine, d'origine anglo-saxonne, a été ramené d'Italie par Charlemagne. Le monarque veut relever le niveau des études dans ses États ; il fait ouvrir un grand nombre d'écoles destinées à former un clergé de qualité, capable à son tour d'enseigner aux populations. Dans son palais d'Aix, il s'entoure d'un groupe d'érudits dominé par la figure d'Alcuin, animateur de la « renaissance carolingienne ». Lorsque Alcuin décide de se retirer, Charles lui offre l'abbaye de St-Martin de Tours (796). Celle-ci compte plus de 200 moines mais elle est un peu en somnolence. Le maître entreprend de relever son prestige. Il s'occupe activement de l'école abbatiale, créant deux cycles : l'un élémentaire, l'autre d'étude des sept arts libéraux (grammaire, rhétorique, logique, arithmétique, géométrie, musique et astronomie). Les étudiants y accourent de toute l'Europe.

Alcuin anime également le scriptorium, qui travaille au renouveau de la calligraphie et à la décoration des manuscrits. Par ailleurs, il établit une version révisée de la Vulgate qui s'imposera dans tout le royaume. Il reste en relation étroite avec Charlemagne, qui sollicite ses avis et lui rend visite quelque temps avant le couronnement de décembre 800. Il s'éteint le jour de la Pentecôte 804, âgé sans doute de 75 ans.

Dans le sillage d'Alcuin, Tours reste pendant la première moitié du 9e s. un brillant foyer culturel. En 813, un concile s'y réunit et prescrit aux prêtres de commenter les Écritures en langue romane et non en latin. Le **scriptorium** de St-Martin produit de son côté, dans les années 840, de splendides chefs-d'œuvre : la Bible dite d'Alcuin, la Bible dite de Moûtier-Grandval et la fameuse Bible de Charles le Chauve. Des artistes venus d'Aix puis de Reims renouvellent et enrichissent la technique picturale de l'atelier abbatial.

Les premiers Capétiens – Les invasions normandes atteignent Tours dès 853 : la cathédrale, les abbayes, les églises sont incendiées et détruites. Les reliques de saint Martin doivent être emportées et cachées jusqu'en Auvergne. L'abbaye entre en décadence et passe sous le contrôle des robertiens, abbés laïcs. En 903, à la suite de nouveaux pillages, elle s'entoure d'une enceinte, et un nouveau bourg se forme à l'ouest de la cité, « Châteauneuf » ou « Martinopole ». Contrôlant St-Martin, les robertiens disposent d'un pouvoir temporel immense : parmi les 200 chanoines de l'abbaye sont choisis archevêques, évêques et abbés. L'un des grands vassaux d'**Hugues Capet**, Eudes Ier, comte de Blois et de Tours, obtient de celui-ci, vers 984, l'abbaye voisine de Marmoutier, appelée à prendre un grand essor au 11e s. Le surnom même de « Capet », qui s'applique au roi Hugues à la fin du 10e s., vient d'une allusion à la *cappa* (manteau) de saint Martin, preuve que le succès de la nouvelle dynastie royale doit beaucoup au monastère.

De la maison d'Anjou à celle de France – En 997, un gigantesque incendie détruit Châteauneuf et l'abbaye St-Martin, qui doit être entièrement reconstruite, notamment la basilique de 471. Durant le 11e s., la rivalité entre les maisons de Blois et d'Anjou, dont les domaines s'enchevêtrent en Touraine, se termine par la victoire de la seconde. En 1163, date d'un grand concile tenu par le pape Alexandre III à Tours, la Touraine appartient à l'empire Plantagenêt. Mais en 1205, **Philippe Auguste** s'empare de la ville, qui restera définitivement française. Le 13e s. coïncide avec une période heureuse et prospère, marquée par l'adoption de la monnaie d'argent royale, frappée à Tours, puis dans d'autres villes du royaume, le **denier tournois**, préféré peu à peu au denier parisis.

Ah, la belle Touraine !

Au 13e s., un moine de Marmoutier, Jean, dans son *Éloge de la Touraine*, dresse un portrait des Tourangeaux et de leurs épouses. « Toujours en festin, leurs mets sont des plus recherchés ; ils boivent dans des coupes d'or et d'argent et passent leur temps à jouer aux dés et à chasser l'oiseau. La beauté des femmes est merveilleuse, elles se fardent le visage et portent des vêtements magnifiques. Leurs yeux allument les passions, mais leur chasteté les fait respecter. »

En 1308, Tours accueille les états généraux. Bientôt s'ouvre une période difficile avec l'arrivée de la **peste noire** (1351) et de la guerre de Cent Ans qui oblige la cité, à partir de 1356, à élever une nouvelle enceinte englobant Tours et Châteauneuf. Ballottée entre les appétits des grands féodaux du royaume, la Touraine est érigée en duché pour le futur Charles VII, qui entre solennellement à Tours en 1417. Douze ans plus tard, Jeanne d'Arc y séjourne le temps de faire fabriquer son armure. Charles VII s'y installe en 1444 et signe, le 28 mai, la trêve de Tours avec Henri VI d'Angleterre.

La capitale de Louis XI – Sous **Louis XI**, Tours fait figure de capitale du royaume et se voit dotée d'un maire en 1462. Le roi aime la région et réside au château de Plessis. De nouveau, on y mène une vie facile, tandis que la présence de la Cour attire de nombreux artistes, dont le peintre **Jean Fouquet** (né vers 1420 et mort à Tours entre 1477 et 1481). Le plus réputé des artistes tourangeaux de l'époque est l'auteur, parmi d'autres chefs-d'œuvre, de la Piéta de Nouans-les-Fontaines, de la *Vierge à l'Enfant* du château de Loches et des magnifiques miniatures des *Grandes Chroniques de France* ou des *Antiquités judaïques*. Après la mort de Louis XI en 1483, au château de Plessis, la Cour émigre à Amboise.

Les temps modernes : soieries et guerres de Religion – Louis XI avait favorisé la fabrication de la soie et du drap d'or à Lyon, mais les Lyonnais ne s'étant pas montrés enthousiastes, les ouvriers et les métiers furent transportés en Touraine. Dans ce monde d'artisans, d'intellectuels et d'artistes, la **Réforme** trouva ses premiers adeptes, et Tours devint un des centres les plus actifs de la nouvelle religion. En 1562, les calvinistes s'en prennent à l'abbaye St-Martin. Les catholiques en tirent une vengeance impitoyable ; dix ans avant Paris, la ville connaît sa Saint-Barthélemy : 200 à 300 huguenots sont jetés à la Loire. En mai 1589, Henri III et le parlement de Paris se replient à Tours qui, en la circonstance, retrouve son rôle de capitale du royaume. Dans la seconde moitié du 18e s., la monarchie fait établir, par de grands travaux d'urbanisme, une large voie nord-sud, futur axe de développement de Tours.

Au 19e s., son développement est lent : on construit et on embellit, mais on industrialise peu. Le chemin de fer agit comme stimulant, la gare de St-Pierre-des-Corps entraînant un regain d'activité.

Capitale en temps de guerres – Pour les facilités de communication qu'elle offre, la ville est choisie en septembre 1870 comme **siège du gouvernement de la Défense nationale** ; mais l'avancée des Prussiens, trois mois plus tard, oblige ce dernier à se replier à Bordeaux. En juin 1940, le même scénario se produit, mais en accéléré : à peine installé, le gouvernement doit fuir à Bordeaux. La ville souffre des bombardements et brûle pendant trois jours, du 19 au 21.

En 1944, le déluge de feu recommence. Au total, de 1940 à 1944, 1 543 immeubles ont été détruits et 7 960 endommagés, les quartiers du centre et du bord de la Loire ayant été les plus touchés.

Se promener

LE VIEUX TOURS★★★ 1

Visite : 1h1/2.

La vaste opération de restauration entreprise vers 1970 autour de la place Plumereau, ainsi que l'installation de la faculté des lettres au bord de la Loire, ont fait revivre ce vieux quartier ; ses rues étroites, souvent piétonnes et très commerçantes, en ont fait l'un des principaux centres d'animation de la ville.

Place Plumereau★ (AB/1)

Aménagée en zone piétonne, l'ancien « carroi aux chapeaux », la place « Plum' » est bordée de belles maisons du 15e s. à pans de bois qui alternent avec des façades de pierre. Terrasses de cafés et de restaurants débordent sur la place dès les premiers beaux jours, attirant touristes et étudiants. Avancer jusqu'à l'angle de la rue de la Rôtisserie, marqué d'une vieille façade à croisillons de bois.

Au nord, un passage voûté ouvre sur la charmante **place St-Pierre-le-Puellier** agrémentée de jardins ; des fouilles montrent, entre autres, un bâtiment public gallo-romain (1er s.), des cimetières des 11e et 13e s., ainsi que les fondations de l'église qui a donné son nom à la place, et dont une partie de la nef est encore visible sur un côté de la place et dans la rue Briçonnet. Au nord, un grand porche ogival donne accès à une placette.

Rue du Grand-Marché (A1)

C'est une des plus intéressantes du vieux Tours, avec ses nombreuses façades à colombages garnies de brique ou d'ardoise.

Rue Bretonneau (A1)

Au n° 33, un hôtel du 16e s. présente un beau décor de rinceaux Renaissance ; l'aile nord fut ajoutée vers 1875.

Rue Briçonnet★ (A1)

Elle rassemble tous les styles de maisons tourangelles, depuis la façade romane jusqu'à l'hôtel 18e s. Au n° 35, une maison présente, sur l'étroite rue du Poirier, une façade romane ; au n° 31, façade gothique de la fin du 13e s. ; en face, au n° 32, maison Renaissance aux jolies statuettes en bois. Non loin, une belle **tour d'escalier** marque l'entrée de la place St-Pierre-le-Puellier. Plus au nord, sur la gauche, façade classique au n° 23.

Au n° 16 se trouve la **maison de Tristan (A1)**, belle construction de brique et pierre, au pignon dentelé, de la fin du 15e s. ; dans la cour, un des linteaux de fenêtre porte l'inscription « Prie Dieu pur », belle anagramme de Pierre Dupui qui fit construire l'hôtel.

Rue Paul-Louis-Courier (B1)

Au n° 10 *(dans la cour intérieure)*, le portail d'entrée de l'hôtel Binet (15e-16e s.) est surmonté d'une élégante galerie en bois desservie par deux escaliers en spirale.

Place de Châteauneuf (B1)

Belle vue sur la **tour Charlemagne**, vestige de la **basilique St-Martin**, élevée du 11e au 13e s. sur le tombeau du grand évêque de Tours, après la destruction par les Normands du sanctuaire du 5e s. Saccagé en 1562 par les huguenots, l'édifice fut laissé à l'abandon pendant la Révolution et ses voûtes s'écroulèrent. La nef fut rasée en 1802 pour tracer la rue des Halles. La tour Charlemagne, isolée depuis cette époque, s'est en partie effondrée en 1928. Aujourd'hui restaurée, elle ne manque pas d'allure.

En face, l'ancien **logis des ducs de Touraine** (14e s.) **(B1 N)** abrite la Maison des combattants, tandis que l'**église St-Denis** (fin 15e s.) **(B1 B)** a été aménagée en centre musical. Plus loin sur la rue des Halles s'élève la **tour de l'Horloge (AB1-2)**, qui marquait la façade de la basilique ; elle fut complétée d'un dôme au 19e s.

Nouvelle basilique St-Martin (B1-2)

Nouvelle basilique St-Martin (B1-2) – R. Descartes - ☎ 02 47 05 63 87. Construite de 1886 à 1924 dans le style néobyzantin, elle est l'œuvre de Victor Laloux, architecte tourangeau (1850-1937). La crypte renferme le tombeau de saint Martin, qui fait encore l'objet de pèlerinages importants (surtout le 11 novembre et le dimanche suivant).

Regagnez la place Plumereau par la rue du Change.

QUARTIER DE LA CATHÉDRALE★★ 2

Visite : 2h.

Cathédrale St-Gatien★★ (C1)

St-Gatien a été commencée au milieu du 13e s. et terminée au 16e s., exposant ainsi toute la panoplie du style gothique ; le chevet en montre l'origine, le transept et la nef, l'épanouissement, la façade flamboyante, la fin.

Malgré ce mélange de styles, la façade s'élance de façon très harmonieuse. Une légère asymétrie des détails évite toute monotonie. Assise sur une muraille gallo-romaine, la base des tours est romane comme en témoignent les puissants contreforts latéraux. Le riche décor de la façade a été ajouté au 15e s. : tympans ajourés, archivoltes en feston, gâbles ornementés de feuillages aux portails.

La partie supérieure de la tour nord, du 15e s., est prolongée par un élégant dôme à lanternon de la première Renaissance, tout comme le clocher sud, construit au 16e s. directement sur la tour romane.

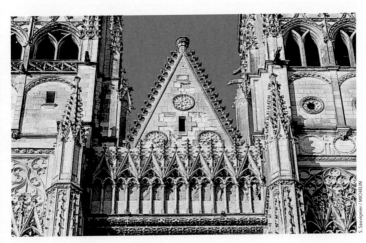

S. Sauvignier / MICHELIN

Le riche décor de la façade de la cathédrale a été ajouté au 15e s.

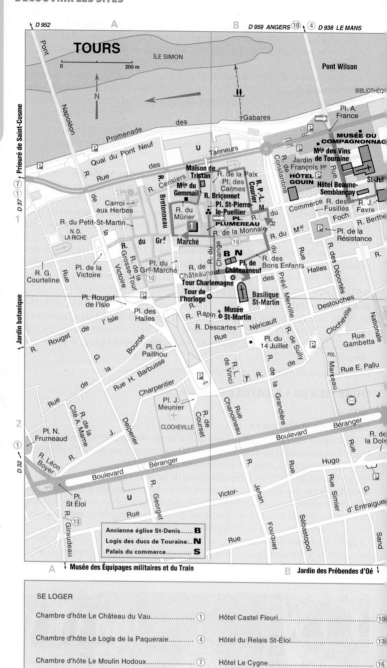

L'**intérieur** de la cathédrale frappe par la pureté de ses lignes.

La nef des 14ᵉ et 15ᵉ s. s'harmonise parfaitement au **chœur** : ce dernier est l'une des plus belles réalisations du 13ᵉ s. et rappelle la fameuse Ste-Chapelle de Paris.

Mais bien sûr, beaucoup n'auront d'yeux que pour les **verrières★★**, légitime orgueil de St-Gatien. Celles du chœur, aux chauds coloris, sont du 13ᵉ s. ; la rose sud du transept, légèrement losangée, et la rose nord, coupée d'une épine de soutènement, du 14ᵉ s. ; les vitraux de la 3ᵉ chapelle latérale sud et la grande rose de la nef, du 15ᵉ s.

Dans la chapelle qui donne sur le croisillon sud, **tombeau★** des enfants de Charles VIII, œuvre gracieuse de l'école de Michel Colombe (16ᵉ s.), édifiée sur un socle finement ouvragé de Jérôme de Fiesole.

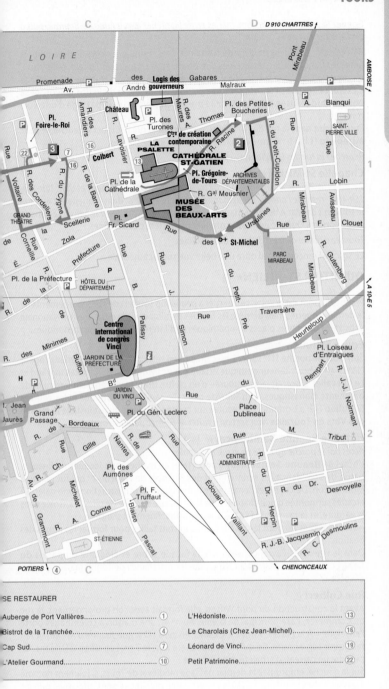

Place Grégoire-de-Tours★ (D1)

Belle vue sur le chevet de la cathédrale et ses arcs-boutants gothiques. À gauche se dresse le pignon médiéval du **palais des Archevêques** (occupé par le musée des Beaux-Arts) : de la tribune Renaissance, on donnait lecture des jugements du tribunal ecclésiastique. Remarquez, sur la rue Manceau, une maison canoniale (15e s.) surmontée de deux lucarnes à gâble et, à l'entrée de la rue Racine, une maison de tuffeau à toit pointu (15e s.), qui abritait la Justice-des-Bains (siège de la juridiction du chapitre métropolitain). Elle est construite sur les vestiges d'un amphithéâtre gallo-romain considérés à tort, sous la Renaissance, comme des thermes.

Gagnez la place des Petites-Boucheries et, de là, prenez la rue Auguste-Blanqui, puis à droite la rue du Petit-Cupidon.

À l'angle de cette rue et de la rue des Ursulines, passez sous une voûte d'immeubles, et pénétrez dans le jardin des archives départementales d'Indre-et-Loire. À cet endroit, on peut voir la partie la mieux conservée de l'enceinte gallo-romaine de l'antique *Cæsarodunum*, avec l'une de ses tours de défense, dite tour du Petit-Cupidon, et sa poterne sud creusée dans la muraille qui devait permettre le passage d'une voie romaine.

Poursuivant dans la rue des Ursulines, gagnez par la rue F.-Clouet à gauche, le **parc Mirabeau** (1 ha) (D1), orné de plusieurs statues intéressantes.

Reprenez la rue des Ursulines.

Chapelle St-Michel (D1)

2 r. du Petit-Pré - ✆ 02 47 66 02 44 - de mi-juin à mi-sept. : tlj sf merc. et dim. 10h-12h, 15h-18h - reste de l'année : sur demande. Chapelle du 17ᵉ s. dans laquelle est évoqué le souvenir de Marie de l'Incarnation, ursuline de Tours partie évangéliser le Canada et qui fonda à Québec en 1639 le premier monastère des ursulines.

Tournez à droite au bout de la rue des Ursulines.

Le square François-Sicard offre une belle vue sur la cathédrale.

QUARTIER ST-JULIEN★ ③

Visite : 1h.

Proche du pont sur la Loire, ce quartier a beaucoup souffert des bombardements de la dernière guerre ; mais derrière les façades rectilignes de la moderne rue Nationale subsistent de petites places sympathiques et d'intéressants vestiges historiques.

Église St-Julien (B1)

Son clocher-porche (11ᵉ s.) se dresse un peu en retrait de la rue, précédant l'église (13ᵉ s.) au sobre intérieur gothique éclairé par des vitraux (1960) de Max Ingrand et Le Chevalier. Elle était jadis entourée d'un cloître (transformé en petit jardin) et de bâtiments monastiques. Il en subsiste une salle capitulaire gothique et les **celliers St-Julien** (12ᵉ s.), grande salle voûtée sur croisée d'ogives, où est installé le **musée des Vins de Touraine** *(voir section « visiter »).* Fermée pour travaux.

Hôtel de Beaune-Semblançay★ (B1)

Accès par le porche au n° 28 de la rue Nationale.

L'hôtel de **Beaune-Semblançay** a appartenu au malheureux Jacques de Beaune, baron de Semblançay et surintendant des Finances de François Iᵉʳ qui fut pendu à Montfaucon. De cet hôtel Renaissance ont échappé aux destructions une galerie à arcades surmontée d'une chapelle, une belle façade décorée de pilastres, isolée dans la verdure, et la ravissante **fontaine de Beaune**, finement sculptée.

Autour, les buis du petit jardin à la française sont taillés pour former les armes des Beaune.

Dans la rue Jules-Favre, on découvre la façade sobre et élégante du **palais du Commerce (B1 S)**, construit au 18ᵉ s. pour les marchands de Tours : la cour est plus décorée.

Rue Colbert (C1)

Avant la construction du pont Wilson, elle formait avec son prolongement, la rue du Commerce, l'axe principal de la ville. Au n° 41, une maison à colombages porte l'enseigne « À la Pucelle Armée ». C'est ici, en avril 1429, que Jeanne d'Arc aurait fait fabriquer son armure. Ce qui ne l'empêchera pas, le 7 mai au siège d'Orléans, de prendre un carreau d'arbalète dans l'épaule.

Sur la gauche, empruntez le dernier passage médiéval de Tours, si joliment nommé « passage du Cœur-Navré » (15ᵉ s.). C'est parce qu'elles se sont affaissées que les maisons du bout du passage se rejoignent en hauteur.

Place Foire-le-Roi (C1)

Là se tenaient les foires franches établies par François Iᵉʳ ; on y jouait aussi des mystères lors de l'entrée des rois à Tours. La place est bordée au nord de maisons à pignons du 15ᵉ s. Au n° 8, un bel hôtel Renaissance ayant appartenu à Philibert Babou de La Bourdaisière *(voir p. 207).*

Retournez vers la rue Colbert.

Tout au long de la rue Colbert et de la rue de la Scellerie, que l'on rejoint par la rue du Cygne, nombreux antiquaires.

Prenez à droite la rue Voltaire, puis revenez sur vos pas jusqu'à la rue Nationale.

JARDINS HISTORIQUES

Direction des parcs et jardins de la ville de Tours - 1 à 3 r. des Minimes - ☎ 02 47 21 62 67 - en règle générale, les jardins sont ouverts au public de 7h45 à 22h en été et de 7h45 à 17h30 en hiver (avr.-mai et sept. : 19h).

Excentré vers l'ouest, le **jardin botanique** (5 ha), le plus ancien de Tours, est conçu comme un jardin d'acclimatation. Un arboretum, un parc animalier, des aires de jeux et une orangerie le complètent. Des travaux prévus jusqu'au printemps 2008 doivent permettre un nouvel accès et une extension.

De style paysager, le **jardin des Prébendes d'Oé** (5 ha), créé par Eugène Bühler en 1874, abrite de beaux arbres d'ornement groupés par essence *(il est éclairé jusqu'à 22h en été)*.

Visiter

Musée du Gemmail (A1)

Entrée au n° 7 de la rue du Mûrier - ☎ 02 47 61 01 19 - www.gemmail.com - de Pâques à mi-oct. : tlj sf lun. 14h-18h30 - possibilité de visite guidée - fermé 1er Mai - 5,50 € (enf. 2 €).

Bel édifice Restauration à colonnes, l'**hôtel Raimbault** (1835) abrite des gemmaux, dont le nom et l'aspect rappellent à la fois la lumière du vitrail et l'éclat des pierres précieuses. 70 pièces y sont exposées, travail de « gemmistes maîtres verriers », coloristes travaillant à partir de cartons. Des gemmaux décorent également la chapelle souterraine du 12e s.

Musée St-Martin (B2)

3 r. Rapin - ☎ 02 47 64 48 87 - www.musees-regioncentre.fr - ♿ - de mi-mars à mi-nov. : tlj sf lun. et mar. 9h30-12h30, 14h-17h30 - fermé 1er Mai, 14 Juil. - 2 € (enf. 1 €).

Installé rue Rapin, dans la chapelle St-Jean (13e s.), ancienne dépendance du cloître St-Martin, ce musée évoque à partir de textes et de gravures les principaux événements de la vie du saint, ainsi que son rayonnement au travers des nombreuses églises qui lui furent consacrées, non seulement en France (où l'on compte près de 4 000 édifices portant son patronyme), mais aussi dans toute l'Europe.

Le musée regroupe également les vestiges préservés lors des démolitions des basiliques successives élevées sur le tombeau de saint Martin (marbres sculptés de la basilique construite vers 470, peintures murales et mosaïques de la basilique romane du 11e s.).

Avant de quitter la rue Rapin, remarquez plusieurs maisons anciennes, notamment celle du n° 6 qui abrite aujourd'hui le Centre d'études supérieures de la Renaissance.

Hôtel Gouin★ (B1)

25 r. du Commerce - ☎ 02 47 66 22 32 - www.monuments-touraine.fr - tlj sf lun. 10h-13h, 14h-18h - possibilité de visite guidée (1h) - fermé 1er janv., 25 déc. - 4,50 € (12-18 ans 3 €).

Incendié en juin 1940, l'hôtel conserve son éblouissante **façade sud★**, sculptée de fins rinceaux Renaissance, et, au nord, sa belle tour d'escalier. Il abrite le **musée** de la Société archéologique de Touraine, consacré à des collections très variées allant des périodes préhistoriques et gallo-romaines jusqu'au 19e s., en passant par le Moyen Âge et la Renaissance. À voir en particulier, dans un beau décor de boiseries du 18e s., les instruments du cabinet de physique du château de Chenonceau, agencé par Dupin de Francueil avec la collaboration de Jean-Jacques Rousseau, pour l'éducation du jeune Dupin : vis d'Archimède, plan incliné, sonnerie à placer sous une cloche sous vide, pompe à vide, etc.

Psalette (cloître St-Gatien)★ (C1)

Accès par la cathédrale St-Gatien - ☎ 02 47 47 05 19 - mai-sept. : 9h30-12h30, 14h-18h, dim. 14h-18h ; avr. : 10h-12h30, 14h-17h30, dim. 14h-17h30 ; oct.-mars : tlj sf lun. et mar. 9h30-12h30, 14h-17h, dim. 14h-17h - possibilité de visite guidée (30mn) - fermé 1er janv., 1er Mai, 25 déc. - 2,80 € (-18 ans gratuit).

C'est dans cet élégant édifice gothico-Renaissance que se retrouvaient les chanoines et la chorale de la cathédrale, la « psalette ». Le cloître comporte trois ailes, appuyées au mur nord de la cathédrale : l'aile ouest, élevée en 1460, est surmontée à l'étage d'une salle de bibliothèque, alors que les ailes nord et est (1508-1524) sont presque totalement couvertes en terrasse.

Un gracieux escalier à vis, Renaissance, mène au scriptorium (1520) précédant la bibliothèque ou « librairie », belle salle voûtée d'ogives où sont exposées des fresques (13e-14e s.) provenant de l'église de Beaumont-Village.

Musée des beaux Arts, Tours

« Christ au jardin des Oliviers », de Mantegna, au musée des Beaux-Arts.

Centre de création contemporaine (D1)

55 r. Marcel-Tribut - ℘ 02 47 66 50 00 - www.ccc-art.com - ⅋ - tlj sf lun. et mar. 14h-18h - visite guidée sur demande (1h) le w.-end - fermé 1er janv. et 25 déc. - gratuit.

Il organise des expositions temporaires consacrées à toutes les formes de l'art contemporain.

Musée des Vins de Touraine (B1)

16 r. Nationale - ℘ 02 47 61 07 93 - tlj sf mar. 9h-12h, 14h-18h (dernière entrée 30mn av. fermeture) - fermé 1er janv., 1er Mai, 14 Juil., 1er et 11 Nov., 25 déc. - 2,80 € (-12 ans gratuit).

Le musée est installé dans les celliers de l'église St-Julien (12e s.). Dans la grande salle voûtée sur croisée d'ogives, l'histoire des vins de Touraine est évoquée à l'aide d'outils, alambics et pressoirs anciens.

Musée du Compagnonnage★★ (B1)

Entrez par un porche, 8 r. Nationale, et une passerelle - ℘ 02 47 61 07 93 - ⅋ - de mi-juin à mi-sept. : 9h-12h30, 14h-18h ; de mi-sept. à mi-juin : tlj sf mar. 9h-12h, 14h-18h (dernière entrée 30mn av. fermeture) - fermé 1er janv., 1er Mai, 14 Juil., 1er et 11 Nov., 25 déc. - 4,80 € (-12 gratuit).

Aménagé dans la salle de l'Hospitalité (11e s.) et dans le **dortoir des moines** (16e s.), au-dessus de la salle capitulaire de l'abbaye St-Julien, ce musée retrace l'histoire, les coutumes et les techniques de ces associations de formation et de défense des artisans. Il présente un ensemble de métiers actuels ou disparus du compagnonnage (tisseurs, cordiers, tourneurs sur bois…), les outils correspondants et les multiples **chefs-d'œuvre** que les **compagnons** (de *compagno*, « celui avec qui on partage son pain ») doivent réaliser pour acquérir leur titre. La qualité des œuvres et les documents historiques exposés sont remarquables.

Musée des Beaux-Arts★★ (C1)

18 pl. François-Sicard - ℘ 02 47 05 68 73 - ⅋ - tlj sf mar. 9h-12h45, 14h-18h - fermé 1er janv., 1er Mai, 14 Juil., 1er et 11 Nov., 25 déc. - 4 € (-13 ans gratuit).

L'ancien **archevêché** (17e-18e s.) à la belle façade classique abrite les collections du musée. Du jardin à la française, on a une **vue** ravissante sur la façade du musée et la cathédrale. Dans la cour d'honneur de l'archevêché, admirez le magnifique et gigantesque cèdre du Liban, planté vers 1804. Haut de 31 m, il présente une envergure de 33 m.

Les salons, garnis de boiseries Louis XVI et de soieries de Tours, exposent des œuvres d'art provenant en partie des châteaux détruits de Richelieu et de Chanteloup, ainsi que des grandes abbayes tourangelles.

Le 1er étage présente un ensemble de toiles d'artistes des 17e et 18e s., parmi lesquels Champaigne, Nattier et Boucher. Aux murs, dans la salle Louis XIII, remarquez la suite très colorée *Les Cinq Sens*, tableaux anonymes exécutés d'après des gravures du Tourangeau **Abraham Bosse** (1602-1676). Une sélection d'œuvres de ce maître de la gravure à l'eau-forte, qui adopta la technique de Jacques Callot, est présentée dans la salle Abraham-Bosse. Véritables petites mises en scène sociales, elles fournissent un précieux témoignage de la vie quotidienne au milieu du 17e s.

L'accès au **rez-de-chaussée** se fait par le 1er étage en empruntant l'escalier Louis XV. On y découvre une magnifique collection de **primitifs italiens★** (en particulier Cecarelli et Veneziano) issue notamment d'un legs du peintre et collectionneur Auguste Linet. Parmi les œuvres du Quattrocento, les superbes *Christ au jardin des Oliviers* et *Résurrection* de Mantegna, ayant appartenu au retable de San Zeno Maggiore de Vérone, méritent une attention particulière.

Le **second étage** est consacré aux 19e et 20e s. : Delacroix, Chassériau, un portrait de Balzac par Boulanger, et une riche collection d'œuvres orientalistes, dominée par les envoûtantes *Femmes d'Alger* d'Eugène Giraud. Une salle est consacrée au peintre contemporain Olivier Debré. Grâce à une dation du musée national d'Art moderne de Paris, son œuvre *Rouge de Loire, Touraine* (1984) est désormais présentée dans l'escalier d'honneur. À voir également, des **céramiques** du Tourangeau Avisseau (19e s.), plats décorés de motifs en relief dans le style des productions de Bernard Palissy. Les faïences de Langeais, appréciées dans toute l'Europe au 19e s., se caractérisent par une grande souplesse des formes due à la finesse de l'argile locale additionnée de kaolin, et par la distinction du décor au platine.

Château (C1)

25 av. André-Malraux - 📞 *02 47 70 88 46.* Longé par la belle promenade ombragée du bord de Loire, le château présente des vestiges hétérogènes. De la forteresse élevée au cours du 13e s., il reste essentiellement la **tour de Guise**, couronnée de mâchicoulis et d'un toit en poivrière ; elle doit son nom au jeune duc de Guise, enfermé dans le château après l'assassinat de son père et qui s'en évada. Le **pavillon de Mars**, construit sous Louis XVI, est flanqué au sud d'une tour ronde du 13e s. Il abrite des expositions temporaires. *Tlj sf lun. 14h-18h - fermé 14 Juil. - gratuit.*

Le long du quai, **logis des Gouverneurs** (15e s.) surmonté de lucarnes à gâble. À sa base et dans son prolongement vers la tour de Guise, la muraille gallo-romaine réapparaît.

Au 2e étage du bâtiment, l'**atelier Histoire de Tours** permet, par la présentation de documents archéologiques et historiques, de maquettes et de montages audiovisuels, de comprendre l'histoire de la ville. *Merc. et sam. 14h-18h - fermé j. fériés - gratuit.*

Musée du Train et des Équipages militaires★ (hors plan)

Au sud, par la rue Giraudeau. Entrée du public à l'angle de la rue du Plat-d'Étain et de la rue Walvein - 📞 *02 47 77 33 07 - lun.-vend. 14h-17h30 - possibilité de visite guidée (1h30) - fermé août - gratuit.*

Le musée est établi dans le pavillon de Condé (dernier vestige de l'abbaye Ste-Marie-de-Beaumont). On y suit l'évolution de « l'arme du train » (du latin *tranare*, traîner), ou tout ce qui est dédié à l'accompagnement des troupes, à travers une dizaine de salles soigneusement aménagées. Au rez-de-chaussée, la salle Empire explique l'organisation en bataillons des premiers éléments du train : Napoléon créa le corps des équipages militaires en 1807 pour pallier l'insuffisance des moyens de transport ; en effet, jusqu'à cette époque, l'administration de guerre faisait appel à des sociétés civiles (les compagnies de charrois) dont les prestations étaient plus ou moins efficaces. La salle Restauration évoque le maréchal Bugeaud et ses « colonnes mobiles » en Algérie ; la salle 1914-1918 rappelle que le service automobile, encore expérimental en 1915, devient efficace en 1916, particulièrement le long de la Voie sacrée de Bar-le-Duc à Verdun. Au premier étage, panorama sur l'arme du train contemporaine avec notamment les salles « Seconde Guerre mondiale », « Guerre d'Indochine » et « Guerre d'Algérie ». Trois salles annexes sont consacrées aux souvenirs du train hippomobile, aux compagnies muletières et aux collections d'insignes de l'arme.

La visite du musée, se prolonge par le **centre Doumenc** qui abrite une quarantaine de véhicules militaires *(en face de l'École d'application du train, rue du Plat-d'Étain, ouvert les jours ouvrables de 14h à 17h, sur demande préalable,* 📞 *02 47 77 33 07).*

Centre international de congrès Vinci (C2)

Ne se visite pas. La création (1993) de Jean Nouvel inaugure à Tours un nouveau style architectural. Extérieurement, le bâtiment présente l'aspect inattendu d'une poupe de car-ferry de cristal. À l'intérieur, trois auditoriums (350, 700 et 2 000 places) suspendus dans le vide – une prouesse technique et une première en France – côtoient plus de 3 500 m² d'espace d'exposition et 22 salles de réunion.

Prieuré de St-Cosme★ (hors plan)

3 km à l'ouest par le quai du Pont-Neuf prolongé par l'av. Proudhon ; suivez ensuite la levée jusqu'au prieuré. 📞 *02 47 37 32 70 - www.monuments-touraine.fr - mai-août : 10h-19h ; de mi-mars à fin avr. et de déb. sept. à mi-oct. : 10h-18h ; de mi-oct. à mi-mars : tlj sf mar.*

10h-12h30, 14h-17h - *possibilité de visite guidée (50mn) - fermé 1er janv., 25 déc. - 4,50 €* *(12-18 ans 3 €).*

Les jardins – Ils forment un havre de paix, avec plus de 200 variétés de rosiers et d'iris, un potager, un verger, des broderies de buis et une pergola ; ses jardins fleuris de mars à octobre offrent un cadre merveilleux aux bâtiments du prieuré qui accueillirent le poète Pierre de Ronsard de 1565 à 1585. Ce dernier est inhumé dans le chœur de l'église ; une dalle fleurie orne son tombeau.

Dans le réfectoire des moines, vaste bâtiment du 12e s., remarquez la chaire du lecteur, ornée de colonnes et de chapiteaux sculptés.

Le **logis du Prieur**, où vécut et mourut Ronsard, est une charmante petite maison du 15e s. ; au temps du poète, un escalier extérieur menait au 1er étage de l'habitation, qui ne comprenait qu'une vaste salle à chaque niveau. Le logis abrite un **Musée lapidaire** ; une collection de dessins, photos et gravures ainsi qu'une projection audiovisuelle évoquent la vie de Ronsard.

Louis XI au Plessis-lès-Tours

Fils de Charles VII et de Marie d'Anjou, **Louis XI** naquit à Bourges en 1423 et accéda au trône en 1461. Les sites d'Amboise, de Loches et de Chinon ne lui plaisant guère, le roi acheta en 1463 à son chambellan de Maillé la terre de Montils. Rebaptisée Plessis, Louis XI y construisit un château simple et sévère, demeure plus digne d'un bourgeois aisé que d'un roi de France. Le monarque y passa pourtant la majeure partie de sa vie.

Soucieux de favoriser l'essor de son royaume après les ravages de la guerre de Cent Ans, il développa les manufactures et le commerce. De tempérament inquiet, d'esprit plus politique que militaire, il sut imposer son autorité au pays, achever la guerre de Cent Ans et régénérer la vie économique du pays. Ses luttes avec le duc de Bourgogne, Charles le Téméraire, se soldèrent par la défaite et la mort du duc, en 1477, et l'annexion d'une partie du duché, en 1482.

Château de Plessis-lès-Tours

À 1 km du prieuré de St-Cosme par l'av. du Prieuré.

Ce modeste bâtiment *(ne se visite pas)* ne représente qu'une petite partie du château construit par Louis XI au 15e s. Les dernières années du roi furent difficiles : redoutant un attentat, s'imaginant avoir la lèpre, il vécut dans la méfiance et la superstition. C'est dans ce contexte que se déclara la trahison du cardinal La Balue. Très en grâce auprès de Louis XI qui le comblait d'honneurs, le cardinal aurait comploté secrètement avec le duc de Bourgogne. Démasqué en 1469, il fut emprisonné à Loches jusqu'en 1480. Louis XI mourut au château du Plessis le 30 août 1483, après vingt-deux ans de règne.

Aux alentours

Grange de Meslay★

10 km au nord-est par la N 10 et une route à droite. 📞 *02 47 29 19 29 - www.meslay. com -* &. *- de Pâques au 1er nov. : w.-end et j. fériés 15h-18h30 - 4 € (enf. 3 €).*

Très bel exemple d'architecture civile du 13e s. avec sa porte d'entrée en plein cintre ornée d'un gâble aigu, elle est couverte d'une charpente du 15e s. reposant sur une quadruple rangée de piliers en cœur de chêne.

Elle sert régulièrement d'auditorium (Festival de la grange de Meslay, longtemps parrainé par le grand pianiste russe Sviatoslav Richter) et abrite des expositions artistiques.

Dolmen de Mettray

10 km au nord-ouest, N 138 et, à droite, la D 76 vers Mettray. Situé à St-Antoine-du-Rocher, au nord de Mettray, sur la rive droite de la Choisille, entouré d'un boqueteau *(accès signalé)*, le beau dolmen de la « Grotte aux Fées » est l'un des monuments mégalithiques les mieux travaillés qui nous soient parvenus. Long de 11 m et haut de 3,70 m, il est composé de douze pierres taillées avec régularité.

Luynes

7 km à l'ouest, N 152 et à droite à Luynes. De la N 152, sur la levée de la Loire, vous aurez une jolie vue du bourg qui escalade le coteau. Nombreuses caves directement creusées dans le roc, et belles **halles** (15e s.) en bois à haut toit de tuiles plates. Remarquez

La grange de Meslay abrite des manifestations artistiques réputées.

aussi plusieurs demeures à pans de bois, notamment, en face de l'église *(rue Paul-Louis-Courier)*, une maison à poteaux corniers sculptés.

Par la D 49 qui grimpe sur le coteau parmi les vignes, belle vue en arrière sur le château dont la silhouette féodale domine le bourg.

Château★ – ℰ 02 47 55 67 55 - *visite guidée (45mn) avr.-sept. : 10h-12h30, 14h-18h - 8,50 € (enf. 4 €).*
Construite sur un éperon rocheux qui surplombe la localité, cette importante forteresse médiévale, transformée au 15ᵉ s., appartenait à un « compère » de Louis XI : Hardouin de Maillé. Depuis le 11ᵉ s., trois familles seulement ont habité ces lieux : les Maillé, les Laval et les Luynes. Aujourd'hui, c'est le 12ᵉ duc de Luynes qui habite le domaine.
Vous découvrirez, à partir de la charmante cour intérieure, un **panorama** unique sur la vallée de la Loire. Le délicat logis en brique et pierre date de Louis XI ; les deux ailes sont du 17ᵉ s. À l'intérieur, riches tapisseries, ainsi que des tableaux et des meubles anciens. Beaux jardins, harmonieusement dessinés.

Montbazon
9 km au sud par la N 10.
Montbazon compte parmi les vingt forteresses élevées par Foulques Nerra. Elle a beaucoup souffert lors des importantes intempéries de 2001.

Les amateurs de panoramas pourront monter à pied jusqu'au **donjon** *(propriété privée)*, dont les vestiges démantelés dominent le bourg. Près de l'hôtel de ville, emprunter la rue des Moulins et, après une porte, un sentier à droite. ℰ 02 47 34 34 10 - *www.donjon-montbazon.net - visite guidée de Pâques au 1ᵉʳ nov. : 10h-12h, 14h-18h – fermé mardi en basse sais. - hors sais. si beau temps w.-end et j. fériés, se renseigner - 3,50 € (8-12 ans 2 €).*

Circuit de découverte

LA LOIRE SAUMUROISE★★★

De Tours à Chinon
61 km – environ 5h.

Quittez Tours à l'ouest par la D 88.

Cette route passe à proximité du **prieuré de St-Cosme★** *(voir section « visiter »)* et suit la levée de la Loire entre des jardins et des potagers. Jolies vues sur les coteaux de la rive droite.

À l'Aireau-des-Bergeons, prenez à gauche.

Savonnières
L'église présente un beau portail roman à décor d'animaux affrontés et de colombes.

Le jardin de la France

« Connaissez-vous cette contrée que l'on a surnommée le jardin de la France, ce pays où l'on respire un air pur dans des plaines verdoyantes arrosées par un grand fleuve ? Si vous avez traversé, dans les mois d'été, la belle Touraine, vous aurez longtemps suivi la Loire paisible avec enchantement, vous aurez regretté de ne pouvoir déterminer, entre les deux rives, celle où vous choisiriez votre demeure, pour y oublier les hommes auprès d'un être aimé. » (Alfred de Vigny, *Cinq-Mars*, 1826.)

Grottes pétrifiantes – *À la sortie de Savonnières, sur la route de Villandry -* ℘ *02 47 50 00 09 - www.grottes-savonnieres.com - visite guidée (1h) avr.-sept. : 9h-18h30 ; fév.-mars et de déb. oct. à mi-nov. : 9h30-12h, 14h-17h30 ; de mi-nov. à mi-déc. : tlj sf jeu. 9h30-12h, 14h-17h30 - 5,60 € (enf. 4,10 €).*

👥 Formées à l'ère secondaire, elles étaient exploitées comme carrière au 12ᵉ s. Partiellement envahies par un lac, elles sont encore actives et l'infiltration d'eau saturée de calcaire donne lentement forme à des stalactites, des gours et quelques draperies. Y sont installés une reconstitution de la faune préhistorique et un musée de la Pétrification, avec des pierres lithographiques et des matrices en cuivre du 19ᵉ s. Une dégustation de vins a lieu au fond des grottes.

Villandry★★★ *(voir ce nom)*

Après Villandry, on quitte le pays des maisons troglodytiques et, par la D 39, on gagne la vallée de l'Indre.

Château d'Azay-le-Rideau★★★ *(voir ce nom)*

La D 17 court entre la rivière, qui se scinde en de nombreux bras, et la forêt de Chinon. Jusqu'à Rigny-Ussé, l'itinéraire serpente entre haies, prairies inondables et boqueteaux, offrant par endroits des échappées sur le fleuve ; du pont sur l'Indre, on découvre le château d'Ussé.

Château d'Ussé★★ *(voir ce nom)*

Après Rigny-Ussé, on traverse le plantureux **Véron**, plaine alluviale (et partiellement inondable) qui avance en pointe jusqu'au confluent de la Loire et de la Vienne : de beaux paysages, d'une grande douceur, et encore relativement bien préservés. D'une grande fertilité, entre prairies et peupleraies, le Véron produit vins, asperges et fruits (des pruniers renommés sont utilisés pour la confection des pruneaux de Tours).

Regagnez Chinon.

Tours pratique

Adresse utile

Office de tourisme – *78-82 r. Bernard-Palissy - 37000 Tours -* ℘ *02 47 70 37 37 - www.ligeris.com - de mi-avr. à mi-oct. : 8h30-19h, dim. 10h-12h30, 14h30-17h ; reste de l'année : 9h-12h30, 13h30-18h, dim. 10h-13h - fermé 1ᵉʳ janv., 25 déc.*

Visite

Visite guidée – Tours, qui porte le label Ville d'art et d'histoire, propose des visites-découverte animées par des guides-conférenciers agréés par le ministère de la Culture. *Se renseigner à l'office de tourisme ou sur www.vpah.culture.fr*

Musées – Une carte multivisites est en vente à l'office de tourisme ainsi qu'à l'entrée de tous les musées municipaux - cette carte valable 1 an à compter de la date d'achat donne accès aux 5 musées municipaux et offre la possibilité de participer à une visite à thème - 7 €.

Petit train touristique – *Parcours commenté à travers la ville en petit train (45mn) avr.-sept. : 10h-12h, 14h-18h, dép. ttes les h face à l'office de tourisme (bd Heurteloup) - 5 € (enf. 2,50 €).*

S'informer

Tours sur Internet : *www.tours.fr, www. ligeris.com.* Le service communication de la ville édite un agenda culturel (mensuel) qui donne le calendrier de toutes les manifestations. Le quotidien régional est *La Nouvelle République du Centre-Ouest.*

Se loger

⊖⊖ **Hôtel Castel Fleuri** – *10-12 r. Groison - 𝄡 02 47 54 50 99 - hotelcastelfleur i@wanadoo.fr - fermé 24 fév.-4 mars, 29 juil.-11 août et dim. -* 🅿 *- 15 ch. 46/52 € - ⊇ 6 €.* Calme, tenue irréprochable, literie neuve et prix sages constituent les points forts des petites chambres du Castel Fleuri, sobre bâtisse située dans un quartier résidentiel.

⊖⊖ **Hôtel Le Cygne** – *6 r. du Cygne - 𝄡 02 47 66 66 41 - hotelcygne. tours@wanadoo.fr - fermé vac. de Noël - 16 ch. 50/73 € - ⊇ 7 €.* Cette bâtisse du 18ᵉ s. serait l'un des plus vieux hôtels de Tours. Choisir les chambres refaites. En hiver, la jolie cheminée du 16ᵉ s. réchauffe le petit salon. Ambiance familiale.

⊖⊖ **Hôtel du Relais St-Éloi** – *8 r. Giraudeau - 𝄡 02 47 38 18 19 - relais-st-eloi2@wanadoo.fr - 56 ch. 67 € - ⊇ 8 € - rest. 22/30 €.* Immeuble récent disposant de petites chambres pratiques ; certaines, avec mezzanine, conviennent particulièrement aux familles. Décor sans fioriture et entretien suivi. Salle à manger au cadre actuel ; en cuisine, on interprète un répertoire traditionnel.

⊖ **Chambre d'hôte Le Moulin Hodoux** – *Le Moulin Hodoux - 37230 Luynes - 14 km à l'O de Tours par N 152 puis rte secondaire - 𝄡 02 47 55 76 27 - www. moulin-hodoux.com - ⊟ - 4 ch. 59 € - ⊇.* Havre de verdure à proximité du château de Luynes, ce moulin à eau des 18ᵉ et 19ᵉ s. dispose de chambres sous les toits, confortables et bien équipées. Dans le très joli jardin, un salon d'été avec barbecue est à votre disposition, sans oublier la piscine.

⊖⊖⊖ **Chambre d'hôte Le Logis de la Paquerie** – *La Paquerie - 37320 St-Branchs - 20 km au SE de Tours par N 143, rte de Châteauroux et, à la sortie de Cormery, D 32 à droite, après le passage à niveau - 𝄡 02 47 26 31 51 - http://perso.wanadoo.fr/ lapaqueraie/ - ⊟ - 4 ch. 90 € - ⊇ - repas 30 €.* Cette accueillante demeure, à la façade tapissée de vigne vierge, s'élève au milieu d'un parc planté de chênes tricentenaires, mais aussi de muriers (Louis XI fut l'instigateur de la soierie à Tours) et de cormiers (500 ans d'âge). Chambres à la fois fonctionnelles, confortables et raffinées. Agréable salon doté de meubles anciens et d'une cheminée. Cuisine bourgeoise mitonnée avec des produits du terroir.

⊖⊖⊖ **Chambre d'hôte Le Château du Vau** – *Face au golf - 37510 Ballan-Miré - 10 km au SO de Tours par rte de Chinon - 𝄡 02 47 67 84 04 - http://www.chez.com/ chateauduvau - 5 ch. 98/110 € - repas 26/42 €.* Un chemin en terre, parfois cahoteux, mène à ce château de 1760 planté au milieu d'un immense parc aux arbres séculaires. Les chambres, au charme raffiné, ouvrent leurs fenêtres sur les prés où paissent les moutons. À table, produits de la ferme.

Se restaurer

⊖ **L'Hédoniste** – *16 r. Lavoisier - 𝄡 02 47 05 20 40 - fermé dim. et lun. - réserv. conseillée - 11,50/45 €.* Le propriétaire de ce restaurant concocte une goûteuse cuisine « bistrotière » à prix raisonnable. Mais les véritables vedettes de l'adresse, ce sont les vins : la carte compte plus de 350 références majoritairement issues du seul Val de Loire. Décor façon cave et accueil charmant.

⊖ **Le Petit Patrimoine** – *58 r. Colbert - 𝄡 02 47 66 05 81 - fermé dim. midi - 13,50/28 €.* La pimpante façade de style bistrot abrite une chaleureuse salle à manger où l'on se retrouve volontiers entre amis pour déguster des plats simples qui sentent bon le terroir : saucisse paysanne pochée au montlouis, petit ragoût de saumon et rillons au beurre d'ambassadeur, filet de brochet à la chinonaise, etc.

⊖ **Bistrot de la Tranchée** – *103 av. Tranchée - 𝄡 02 47 41 09 08 - charles-barrier@yahoo.fr - fermé 5-26 août, dim. et lun. - 12 € déj. - 20/27 €.* Lambris bordeaux, bouteilles de vin, confortables banquettes et ancien four à pizza (vestige de l'ancien restaurant) composent le décor de cet agréable bistrot où l'on sert de bons petits plats typiques du genre.

⊖⊖ **Léonard de Vinci** – *19 r. de la Monnaie - 𝄡 02 47 61 07 88 - www.leonard-de-vinci.info - fermé dim. soir et lun. - réserv. obligatoire le soir - 16/30 €.* Un petit air de Toscane au cœur de la Touraine. La fierté de ce restaurant italien est de ne pas faire de pizzas ! Venez découvrir d'autres saveurs transalpines, en vous attablant au milieu des maquettes des inventions du grand maître de la Renaissance.

⊖⊖ **L'Atelier Gourmand** – *37 r. Étienne-Marcel - 𝄡 02 47 38 59 87 - atelier. gourmand@wanadoo.fr - fermé 15 déc.-5 janv., sam. midi, lun. midi et dim. - 19 €.* Cette petite maison du 15ᵉ s. abrite une chaleureuse salle à manger rustique, avec poutres apparentes et murs peints à l'éponge. Côté cuisine, les gourmets trouveront sans mal de quoi satisfaire leurs papilles parmi les plats savoureux de la carte classique. En été, belle terrasse dressée dans la cour intérieure.

⊖⊖ Le Charolais (Chez Jean-Michel) – *123 r. Colbert -* 𝄐 *02 47 20 80 20 - fermé 27 avr.-13 mai, 10-31 août, 21 déc.-6 janv., sam., dim. et j. fériés - 21/27 €.* Coquet bistrot proposant une carte traditionnelle et un menu du marché à découvrir sur l'ardoise. Intéressante sélection de vins servis au verre, en pots ou à la bouteille, selon votre soif !

⊖⊖ Cap Sud – *88 r. Colbert -* 𝄐 *02 47 05 24 81 - fermé 12 août-7 sept., 24 déc.-8 janv. et w.-end - 16 € déj. - 24/29 €.* Dans un décor simple et chaleureux à dominante jaune et rouge, vous dépayserez vos papilles en goûtant une cuisine aussi ensoleillée que raffinée. Sauté d'épaule d'agneau au citron, pavé de saumon à la mousse de lavande, cuisse de lapin laquée au miel-romarin-lavande : on énoncerait presque les plats « avé l'assent » !

⊖⊖ Auberge de Port Vallières – *N 152 - à Vallières - 37230 Fondettes -* 𝄐 *02 47 42 24 04 - fermé 8 août-1er sept., lun. soir, mar. soir, dim. soir et merc. - 16 € déj. - 23/40 €.* Friture et pied de cochon figurent parmi les spécialités de cette sympathique maison transformée en auberge champêtre sur la levée de la Loire. Décor d'objets chinés.

En soirée

Le Vieux Mûrier – *11 pl. Plumereau -* 𝄐 *02 47 61 04 77 - levieuxmurier@wanadoo.fr - tlj sf lun. 11h-2h, dim. 14h-1h.* Ce café, l'un des plus vieux de la place « Plum' », possède ce petit supplément d'âme qui manque à tant d'établissements modernes. Belle terrasse dressée sur la place aux beaux jours.

Que rapporter

Brocantes – *1er et 3e vend. de chaque mois, r. de Bordeaux ; le 4e dim. de chaque mois, bd Béranger.*

Les Halles centrales – *Pl. Gaston-Pailhou - tlj sf dim. apr.-midi et lun.*

Marchés – Marchés à la ferraille, friperie, brocante pl. de la Victoire, mercredi et samedi matin. Marché aux fleurs bd Béranger, mercredi et samedi 8h-19h. Marché gourmand pl. de la Résistance, 1er vendredi de chaque mois 16h-22h.

Au Vieux Four – *7 pl. des Petites-Boucheries -* 𝄐 *02 47 66 62 33 - www. auvieuxfour-mahou.com - tlj sf dim. et lun. 8h30-13h, 15h-19h30 - fermé j. fériés.* Cette boulangerie-musée vous initiera au secret de la fabrication du pain à l'ancienne.

N'oubliez pas d'en ressortir avec la Fouace de Rabelais, spécialité de l'endroit !

La Chocolatière – *6 r. de la Scellerie -* 𝄐 *02 47 05 66 75 - www.la-chocolatiere. com - tlj sf lun. 9h30-19h, dim. 9h-13h - fermé 1er-15 août.* Le pavé de Tours est l'une des plus emblématiques spécialités de cette maison d'exception. Les pâtisseries et bonbons au chocolat haut de gamme, à l'instar du Macao ou de la Fleur de Guérande, sont joliment mis en valeur dans un cadre très soigné de miroirs, boiseries et meubles luxueux.

La Livre Tournois – *6 r. Nationale -* 𝄐 *02 47 66 99 99 - 9h-18h, dim. 9h-12h.* La spécialité de la maison, c'est bien sûr la livre tournois, délicieux chocolat amer au café et à l'orange, mais vous apprécierez aussi la muscadine, le pruneau farci, le nougat, le sucre d'orge… Dégustation et démonstration de la fabrication des confiseries sur rendez-vous.

Sports & Loisirs

Détours de Loire – *À 50 m à gauche en sortant de la gare - 35 r. Charles-Gille -* 𝄐 *02 47 61 22 23 - www.locationdevelos. com - avr.-oct. : 9h-13h, 14h-19h, dim. et j. fériés 10h-13h, 18h-19h ; hors saison, se renseigner.*

Air Ouest Pilotage – *Aérodrome de Tours-Sorigny - 37250 Sorigny -* 𝄐 *02 47 26 27 50 (Gilbert Gaschet) -* école de pilotage, baptêmes de l'air.

Maison de la Loire d'Indre-et-Loire – *60 quai Albert-Baillet - 37270 Montlouis-sur-Loire -* 𝄐 *02 47 50 97 52.* Expositions, animations, sorties découverte.

Golf de Touraine – *Château de la Touche - 37510 Ballan-Miré -* 𝄐 *02 47 53 20 28 - golf. touraine@wanadoo.fr - de déb. avr. à fin oct. : 9h-18h, w.-end 8h-18h30 ; reste de l'année : 9h-17h30, w.-end 8h30-18h - fermé Noël et 1er janv.* Parcours 18 trous.

Événements

Son et lumière – *Se renseigner au* 𝄐 *02 47 56 66 77 - www.scenofeerie.com - grande fresque historique,* « La Légende de la source », *à Semblançay (15 km au nord de Tours) - spectacle (1h45) à la tombée de la nuit de mi-juin à mi-juil. à mi-août : vend., sam. ; de fin juin à mi-juil. : sam., ouv. des portes 21h - 16 € (4-12 ans 6 €).*

Foire de Tours – *Mai.*

Aucard de Tours – *Mai.* Festival de rock.

Festival de la grange de Meslay – *Fin juin.*

Braderie commerçante – *1er dim. de sept.*

Fêtes musicales de Touraine – *Mars-juin et nov.* Festival international de musique classique.

Troo

301 TROIENS
CARTE GÉNÉRALE C2 – CARTE MICHELIN LOCAL 318 B5 – SCHÉMA P. 431 – LOIR-ET-CHER (41)

Juché sur une colline abrupte au-dessus du Loir, Troo (prononcez « tro ») se signale de loin par la tour de son clocher. Les maisons disposées en étages sont reliées par un enchevêtrement de ruelles, d'escaliers et de mystérieux passages souterrains… En face, vous découvrirez la charmante église St-Jacques-des-Guérets et ses peintures murales aux allures byzantines, d'une exquise fraîcheur.

▶ **Se repérer** – À l'extrémité ouest du Loir-et-Cher, au bord de la D 917, Troo n'est qu'à 26 km à l'ouest de Vendôme et 16 km au sud de St-Calais.

👁 **À ne pas manquer** – Le panorama depuis le sommet de la butte ; les peintures murales (12ᵉ s.) de l'église St-Jacques-des-Guérets.

🕐 **Organiser son temps** – Comptez 1h pour la ville.

👪 **Avec les enfants** – La visite de la grotte pétrifiante.

> **Le saviez-vous ?**
>
> Le sous-sol de tuffeau est creusé d'un labyrinthe de galeries, dites « caforts » (caves fortes), ayant servi de refuge au cours des guerres.

🕯 **Pour poursuivre la visite** – Voir aussi Lavardin, Mondoubleau, Montoire-sur-le-Loir, St-Calais et Vendôme.

Se promener

La butte★
Du sommet de cette motte féodale, **panorama** *(table d'orientation et longue-vue)* sur le cours sinueux du Loir et sa vallée. Vous apercevrez, en face de Troo, la petite église St-Jacques-des-Guérets.

Ancienne collégiale St-Martin
La collégiale, fondée en 1050 et remaniée un siècle plus tard, est dominée par une remarquable tour carrée, percée de baies aux ébrasements garnis de colonnettes, caractéristiques du style angevin. À l'intérieur, des voûtes bombées couvrent la nef et le chœur. Chapiteaux romans historiés, stalles et table de communion du 15ᵉ s. ; remarquez également la statue en bois (16ᵉ s.) de saint Mamès (invoqué pour les maux de ventre).

Grand Puits
Nommé aussi « le Puits qui parle », en raison de son excellent écho ; profond de 45 m, il est protégé par une toiture en bardeaux.

Maladrerie Ste-Catherine
Située sur la D 917, à l'extrémité est de la ville, elle présente de belles arcatures romanes (12ᵉ s.). Elle donnait asile aux pèlerins malades se rendant à St-Martin de Tours et à St-Jacques-de-Compostelle. Une léproserie existait hors les murs, à l'ouest de Troo.

Grotte pétrifiante
39 r. Auguste-Arnault - 📞 *06 88 53 52 69 (mairie) - www.troo.com - juil.-août : tlj sf lun. 10h30-19h ; de mi-avr. à fin juin et de déb. sept. à mi-oct. : tlj sf lun. 10h30-12h30, 14h30-18h30 - possibilité de visite guidée (10mn) - 2 € (-12 ans gratuit).*
👪 La grotte ruisselle encore abondamment, formant stalactites et autres objets pétrifiés.

Église St-Jacques-des-Guérets
Rive gauche du Loir. Elle était desservie par les augustins de l'abbaye St-Georges (St-Martin-des-Bois), située au sud-ouest de Troo.

Fresques de St-Jacques-des-Guérets.

S. Sauvignier / MICHELIN

Les **peintures murales**★ ont été exécutées de 1130 à 1170. Influencées par l'art byzantin, elles ont conservé une grande fraîcheur de coloris. Les plus belles se trouvent dans l'abside. À gauche, la Crucifixion, où des personnages à mi-corps figurent le Soleil et la Lune, et la Résurrection des morts ; à droite, le Christ en majesté, au milieu des symboles évangéliques, et la Cène. Les images de saint Augustin et de saint Georges garnissent les ébrasements de la baie centrale. À la paroi droite de l'abside, on identifie le martyre de saint Jacques, décapité par Hérode, et, au-dessus, le paradis : les élus sont nichés comme des pigeons dans les alvéoles. Sur le mur sud de la nef qui fait suite, on voit en haut le miracle de saint Nicolas : le saint lance trois pièces d'or à trois jeunes filles que leur père allait prostituer ; en bas, la Résurrection de Lazare. Plus loin, vaste et très belle Descente du Christ aux limbes : Jésus délivre Adam et Ève. Le mur gauche de l'église porte des peintures d'époques diverses (12e et 15e s.) : Nativité et Massacre des Innocents.

À voir également, deux statues en bois polychrome (16e s.) : à gauche, dans une niche, saint Jacques dont le socle porte un écusson aux armes de Savoie ; dans le chœur, à gauche, saint Pierre.

Troo pratique

Voir aussi l'encadré pratique de Vendôme.

Adresse utile

Syndicat d'initiative - mairie de Troo – *41800 Troo - ℘ 06 88 53 52 69 - www.troo. com - de mi-avr. à fin sept. : tlj sf lun. 10h30-12h30, 14h30-18h30.*
Voir aussi l'office du tourisme de Montoire.

Se loger

😐😐🛏 **Chambre d'hôte Château de La Voûte** – *℘ 02 54 72 52 52 - www. chateaudelavoute.com - 6 ch. 95/135 € ⌷.* « Chambres avec vue » tel pourrait être le nom de ce château ! Peu importe la chambre que vous choisirez, la vue sur la vallée du Loir vous ravira. Laissez-vous charmer par le raffinement du décor et le romantisme de cette demeure.

Se loger

Train touristique de la vallée du Loir – *41100 Thoré-la-Rochette - ℘ 02 54 72 80 82 (mairie, se renseigner auprès de Claude Germain) - www.tourisme.fr/train-touristique.* Voyage commenté (3h) de Thoré à Troo.

Château d'**Ussé**★★

CARTE GÉNÉRALE B3 –
CARTE MICHELIN LOCAL 317 K5 – SCHÉMA P. 414 – INDRE-ET-LOIRE (37)

Adossée à la falaise où vient mourir la forêt de Chinon, cette impressionnante silhouette blanche, quasi spectrale (le soleil l'effleure à peine), hérissée de tours et de clochetons, s'appuie à une sombre muraille d'arbres. Ses jardins descendent en terrasses jusqu'à l'Indre. Le domaine aurait inspiré, dit-on, Charles Perrault pour sa « Belle au bois dormant ». À juste titre…

- **Se repérer** – Venant d'Azay (14 km à l'ouest), longer l'Indre par la jolie D 17, ou mieux encore, gagner Bréhémont, puis la levée de la Loire parcourue par la D 16, pour franchir l'Indre sur un petit pont de pierre, en face du château : la vue est saisissante.

- **À ne pas manquer** – La chapelle dans le parc ; les tapisseries flamandes de la Grande Galerie ; la salle de jeux du donjon.

- **Organiser son temps** – Comptez 2h pour le château et ses alentours.

- **Avec les enfants** – Le parcours-découverte « Sur la piste de l'enfant Roy ».

- **Pour poursuivre la visite** – Voir aussi le château d'Azay-le-Rideau, Bourgueil, Chinon et le château de Gizeux.

Contrastes de la pierre blanche de tuffeau avec son fond de verdure.

Comprendre

Un site – L'histoire locale rapporte que, de longue date, une forteresse s'élevait en ce lieu. Appartenait-elle à un Gallo-Romain du nom d'Uccius, l'hypothèse n'est pas confirmée.

Une famille – Ussé devient, au 15ᵉ s., la propriété d'une grande famille tourangelle, les Bueil *(voir les alentours de St-Paterne-Racan)*. En 1485, Antoine de Bueil vend Ussé à la famille d'Espinay. On leur doit les corps de logis sur cour et la chapelle du parc. Le château change souvent de propriétaires parmi lesquels il faut compter le gendre de Vauban, Louis Bernin de Valentinay, ami de Charles Perrault. Voltaire aurait écrit ici une partie de la *Henriade*. Chateaubriand y aurait rédigé une partie des *Mémoires d'outre-tombe*. Depuis la fin du 19ᵉ s., le domaine appartient à la famille De Blacas.

Des châteaux – Sorti tout droit d'un conte de fées, l'édifice aux multiples tourelles révèle différentes périodes de construction. Le **château médiéval** est toujours visible dans les façades extérieures construites au 15ᵉ s. et le mâchicoulis portant le chemin de ronde (non couvert à l'origine) qui court essentiellement en bordure des tours. La plus massive, située à l'angle sud-ouest, constitue un véritable donjon. Le **château Renaissance** apparaît dans les bâtiments d'habitation formant initialement un quadrilatère autour de la cour d'honneur. Comme à Chaumont, l'aile nord a été supprimée au 17e s. pour ouvrir la vue, depuis les terrasses, sur les vallées de la Loire et de l'Indre. L'aile ouest, reconstruite par Jacques d'Espinay, porte dans l'ornementation de ses ouvertures tous les atours de la Renaissance italienne. L'aile est demeure gothique, et celle du sud en partie gothique, en partie classique.

Le pavillon Vauban, construit au 17e s., prolonge dans un style classique l'extrémité nord du corps de logis ouest. C'est à cette même époque que l'on réalise les terrasses et les jardins toujours actuels.

Visiter

Sur la rive gauche de l'Indre et au bord de la D 7 qui traverse Ussé. ☎ 02 47 95 54 05 - juil.- août : 9h30-19h ; avr.-juin : 10h-19h ; de mi-fév. à fin mars et de sept. à mi-nov. : 10h-18h (dernière entrée 1h av. fermeture) - 11 € (8-16 ans 3 €).

LES JARDINS

En montant au château, toits et clochetons se dessinent au travers des branches des cèdres du Liban qui auraient été offerts par Chateaubriand à la comtesse de Duras, très éprise du ténébreux écrivain.

Au pied du château, les jardins en terrasse offrent un beau point de vue sur la vallée où se rejoignent l'Indre et la Loire. Ils ont été dessinés par Le Nôtre et achevés en 1664, en même temps que l'orangerie. Un bassin rond central répartit symétriquement les massifs de gazon bordés de fleurs et de broderies de buis. Des orangers et citronniers, dont certains datent d'avant 1789, s'y épanouissent.

Chapelle★ – Isolée dans le parc, elle fut construite de 1520 à 1538. Sur la façade, de pur style Renaissance, les initiales C et L, que l'on retrouve ailleurs et qui constituent un des éléments de la décoration, sont celles des prénoms de Charles d'Espinay, constructeur de la chapelle, et de sa femme, Lucrèce de Pons. À l'intérieur, élancé et lumineux, belles stalles sculptées avec personnages, du 16e s. Dans la chapelle sud, voûtée d'ogives, une bien jolie Vierge en faïence émaillée de Luca Della Robbia.

Tapisserie flamande de la Grande Galerie d'Ussé (détail).

LE CHÂTEAU

Ussé accueille une exposition de costumes d'époque et accessoires de mode, chaque année sur un thème différent.

Salle des Gardes – Cette pièce d'angle est couverte d'un beau plafond en trompe l'œil du 17e s. ; elle abrite une collection d'armes orientales. Dans la pièce attenante, sont rassemblées des porcelaines de Chine et du Japon.

Ancienne chapelle – Transformée en salon, elle renferme un très beau mobilier : bureau Mazarin en bois de citronnier et trois tapisseries de Bruxelles (16e s.), aux couleurs parfaitement conservées.

Grande Galerie – Reliant les ailes est et ouest du château, elle est tendue d'immenses et somptueuses **tapisseries flamandes★** figurant des scènes villageoises d'après Teniers le Jeune (16e s.).

Passé la salle des Trophées de chasse, le grand escalier du 17e s. (belle rampe en fer forgé) conduit aux pièces du 1er étage : bibliothèque et chambre du Roi.

Dans l'antichambre, un exceptionnel cabinet italien du 16e s., aux… 49 tiroirs (à l'intérieur, décor de marqueterie en ébène incrusté de nacre et d'ivoire).

Chambre du Roi – Comme dans toutes les grandes demeures seigneuriales, l'une des pièces du château était destinée au roi, pour le cas où il aurait fait étape à Ussé. Cette chambre, tapissée de soie brodée de motifs chinois (magnifique lit à baldaquin et grand miroir de Venise), n'accueillit jamais le souverain.

Le donjon abrite une très intéressante **salle de jeux★** (dînettes de porcelaine, trains mécaniques, meubles de poupée). Le long du chemin de ronde, l'histoire de *La Belle au bois dormant* est évoquée grâce à des personnages de cire : la princesse Aurore, la fée Carabosse, et, bien sûr, le Prince Charmant…

Aux alentours

Rivarennes

À 5 km de Rigny-Ussé. Le village est connu pour ses poires tapées.

La Poire Tapée à l'Ancienne – *R. de Quinçay -* ℘ *02 47 95 45 19 - www.poires-tapees.com - avr.-sept. : 10h-12h, 14h-19h ; reste de l'année : 10h-12h, 14h-18h.*

Au bord de l'Indre, Rivarennes abrita jadis jusqu'à une bonne soixantaine de fours destinés à la fabrication de la fameuse « poire tapée ». Dans une cave troglodytique dotée d'un vieux four où l'on « déshydrate » encore les différentes variétés de poires (williams, colmar, conférence, etc.), Christine et Yves Herin vous conteront avec passion l'histoire de cette goûteuse spécialité régionale et de son insolite méthode de fabrication. Une dégustation de ce fruit sec, décliné sous plusieurs préparations, clôturera plaisamment la visite.

Les poires tapées de Rivarennes

La méthode est pratiquement la même que pour les pommes tapées : les fruits sont épluchés entiers, puis déshydratés par un séchage de 4 jours dans un four à pain. Lors de cette opération les poires perdent 70 % de leur volume ; on les « tape » ensuite avec un aplatissoir pour en vider l'air. Elles se conservent sèches ou en bocaux.

Pour servir de garniture à des viandes en sauce ou à du gibier, il suffit de les « regonfler » en les faisant tremper dans un bon vin de Chinon, par exemple.

Château d'Ussé pratique

♿ Voir aussi les encadrés pratiques d'Azay-le-Rideau et de Chinon.

Adresse utile

Office du tourisme du pays d'Azay-le-Rideau – *4 r. du Château, BP 5 - 37190 Azay-le-Rideau -* ℘ *02 47 45 44 40 - www.ot-paysazaylerideau.fr - juil.-août : 9h-19h, dim. et j. fériés 10h-18h ; mai-juin et sept. : 9h-13h, 14h-18h, dim. et j. fériés 10h-13h, 14h-17h ; oct.-avr. : tlj sf dim. et j. fériés 9h-13h, 14h-18h - fermé 1er janv. ; 1er Mai, 25 déc.*

Se loger

⌂ **Chambre d'hôte La Buronnière** – *2 rte des Sicots - 37190 Rivarennes -* ℘ *02 47 95 47 61 - www.laburonniere.com -* 🍽 *- 4 ch. 50 €* ☐ *- repas 17 €.* Cette ancienne exploitation viticole à deux pas du château d'Ussé abrite 4 chambres de caractère, associant de façon réussie (quoiqu'un brin atypique) une décoration moderne dans une construction ancienne. La suite familiale, en annexe, a des airs de petit gîte. Cuisine inventive, parfois à thème, en table d'hôte.

Événements

Course aux œufs de Pâques – *Dans les jardins du château - w.-end de Pâques.*

Rendez-vous aux jardins – *Le 1er w.-end de juin.*

Les fameuses poires tapées.

S. Sauvignier / MICHELIN

Château de **Valençay**★★★

CARTE GÉNÉRALE D3 – CARTE MICHELIN LOCAL 323 F4 – INDRE (36)

Inspiré de celui de Chambord, le château de Valençay n'a rien à envier aux proches châteaux de la Loire… Valençay, bâti sur un coteau, est enchâssé entre la forêt de Gâtine et celle de Garsenland. Son architecture aux superbes proportions, un parc aux tracés harmonieux, tout est réuni pour créer un lieu magique et prestigieux dédié à la fête.

- **Se repérer** – À 56 km au sud de Blois et 23 km au sud-est de St-Aignan.
- **À ne pas manquer** – La visite aux chandelles en saison ; les salons au somptueux mobilier Empire et les galeries ; la dégustation du vin et du fromage AOC.
- **Organiser son temps** – Comptez 3h pour le château et de son splendide parc.
- **Avec les enfants** – Les animations du château et le parc, pour ses animaux (cygnes et paons en liberté, mais aussi lamas et kangourous).
- **Pour poursuivre la visite** – Voir aussi Montrésor, Romorantin, St-Aignan et Selles-sur-Cher.

A. Cassaigne / MICHELIN

« Ce lieu est un des plus beaux de la terre et aucun roi ne possède un parc plus pittoresque… »,
selon George Sand.

Comprendre

Un château de financiers – Valençay fut construit vers 1540 par Jacques d'Estampes, châtelain du lieu. Ce seigneur, ayant épousé la fille grassement dotée d'un financier, voulut avoir une demeure digne de sa nouvelle fortune. Le château du 12e s. fut rasé et à sa place s'éleva le somptueux bâtiment actuel.

La finance fut souvent mêlée à l'histoire de Valençay : parmi ses propriétaires successifs, on compte des fermiers généraux et même le fameux **John Law**, dont l'étourdissante aventure bancaire fut un premier et magistral exemple d'inflation.

Charles Maurice de Talleyrand-Périgord, qui avait commencé sa carrière sous Louis XVI comme évêque d'Autun, est ministre des Relations extérieures lorsqu'il achète Valençay en 1803 à la demande de Bonaparte, pour y organiser de somptueuses réceptions en l'honneur des étrangers de marque.

En 1808, l'intrigant et dispendieux prince de Bénévent, bien près de la disgrâce, y accueille Ferdinand d'Espagne, son frère Carlos et son oncle Antoine. Napoléon lui écrit : « Votre mission est assez honorable ; recevoir chez vous trois illustres personnages pour les amuser est tout à fait dans le caractère de la nation et dans celui de votre rang. » Le futur Ferdinand VII resta dans sa cage dorée jusqu'à la chute de l'Empereur en 1814. Quant à Talleyrand, il continua sa longue carrière et se retira enfin en 1834.

Visiter

Le château

📞 02 54 00 10 66 - www.chateau-valencay.com - *juil.-août : 9h30-19h ; juin-sept : 10h-18h ; du 4ᵉ w.-end de mars à fin mai : 10h30-18h ; de déb. oct. à déb. nov. : 10h30-17h30 - 9 € château et spectacle (enf. 6,70 €).*

Le **pavillon d'entrée** est une énorme construction traitée en donjon de plaisance, avec de nombreuses fenêtres, des tourelles inoffensives et de faux mâchicoulis. Le comble aigu est ajouré de hautes lucarnes et surmonté de cheminées monumentales. Cette architecture se retrouve dans les châteaux Renaissance du Val de Loire, mais remarquez ici les premières touches du style classique : des pilastres superposés, aux chapiteaux doriques *(rez-de-chaussée)*, ioniques *(1ᵉʳ étage)* et corinthiens *(2ᵉ étage)*. Le classique s'accuse encore plus dans les toitures des grosses tours d'angle : les dômes prennent la place des toits en poivrière qui sont la règle au 16ᵉ s. sur les bords de la Loire.

Aile ouest

Elle a été ajoutée au 17ᵉ s. et remaniée au 18ᵉ s. Son toit est à la Mansart : mansardes et œils-de-bœuf y alternent.

Vous visiterez au rez-de-chaussée le grand vestibule Louis XVI, la galerie consacrée à la famille Talleyrand-Périgord, le Grand Salon et le salon Bleu qui contiennent de nombreux objets d'art et un somptueux mobilier Empire, dont la célèbre table dite du congrès de Vienne, l'appartement de la duchesse de Dino. La visite de la salle à manger puis de l'office et des cuisines, au sous-sol, permet d'imaginer le faste des réceptions données par Talleyrand avec la participation de son chef de bouche, **Marie-Antoine Carême**. Au 1ᵉʳ étage, après la garde-robe et la chambre du prince de Talleyrand, vous verrez la chambre qu'occupa Ferdinand, prince des Asturies puis roi d'Espagne, l'appartement du duc de Dino et celui de Mme de Bénévent (portrait de la princesse par Mᵐᵉ Vigée-Lebrun), la Grande Galerie (*Diane chasseresse* par Houdon) et l'escalier d'honneur.

Le parc

Dans le beau jardin à la française qui précède le château se promènent en liberté cygnes noirs, canards, paons… Sous les grands arbres du parc, on ira voir daims, lamas et kangourous gardés dans de vastes enclos.

La chambre de la princesse de Bénévent.

Aux alentours

Musée de l'Automobile

12 av. de la Résistance - rte de Blois - 📞 02 54 00 07 74 - www.cc-valencay.fr - ♿ - juil.-août : 10h30-12h30, 13h30-19h30 ; de fin mars à fin juin et de déb. sept. à déb. nov. : 10h30-12h30, 14h-18h - 5 € (7-17 ans 3 €).

Il présente la collection des frères Guignard, petits-fils d'un carrossier de Vatan (Indre) ; cet intéressant ensemble compte plus de 60 voitures anciennes (depuis 1898), parfaitement entretenues et en état de marche, dont la limousine Renault des présidents Poincaré et Millerand (1908). Documents de route de l'automobile d'alors, vieilles cartes et guides Michelin d'avant 1914.

Chabris

14 km au nord-est par la D 4.

D'origine romaine, Chabris, sur les pentes de la rive gauche du Cher, produit des vins et des fromages de chèvre estimés.

L'**église,** dédiée à saint Phalier, solitaire du 5e s. qui mourut à Chabris, est l'objet d'une dévotion fort ancienne (pèlerinage le 3e dimanche de septembre). En contournant son chevet, on remarque de curieuses sculptures, primitives, d'animaux fantastiques, de l'Annonciation, et des sections en appareil losangé qui proviennent d'une église plus ancienne. Celle-ci fut reconstruite au 15e s. : derrière le porche à double arcade et à tribune, admirer son portail gothique aux vantaux sculptés. Dans le chœur, deux panneaux naïfs évoquent la vie et les miracles de saint Phalier, qui donnait la fécondité aux femmes. La **crypte** daterait du 11e s. En forme de « confession », avec un passage et des ouvertures pour vénérer les reliques, elle renferme le sarcophage du saint. *Possibilité de visite guidée. S'adresser au presbytère : ☎ 02 54 40 04 63.*

Valençay pratique

Adresse utile

Office du tourisme du pays de Valençay – *2 av. de la Résistance - 36600 Valençay -* ☎ *02 54 00 04 42 - www.pays-de-valencay.fr - avr.-oct. : tlj ; reste de l'année, tlj sf dim. - fermé 1er janv., 11 Nov., 25 déc. - horaires, se renseigner.*

Se loger

⊖⊖ **Relais du Moulin** – *94 r. Nationale - 36600 Valençay -* ☎ *02 54 00 38 00 - relais. du.moulin@wanadoo.fr - ouv. 8 avr.- 15 nov. -* 🅿 *- 54 ch. 61 € -* ⊆ *7 € - rest. 21/32 €.* Récent complexe hôtelier accolé à une ancienne filature datant de « l'époque Talleyrand ». Chambres fonctionnelles bien insonorisées. La salle à manger moderne et la terrasse donnent sur un jardin bordé par le Nahon. Cuisine traditionnelle.

Se restaurer

⊖ **Le Lion d'Or** – *14 pl. de la Halle - 36600 Valençay -* ☎ *02 54 00 00 87 - fermé janv.- fév. et lun. - 12,50/32,50 € - 9 ch. 38/48 € -* ⊆ *5,50 €.* Cet ancien relais de poste, idéalement situé face à la halle couverte, a récemment bénéficié d'une rénovation. La salle à manger, habillée de boiseries et de meubles dans le style des années 1930, a du charme ; l'été, on appréciera de se sustenter sur la terrasse ombragée.

⊖⊖ **Auberge Saint-Fiacre** – *36600 Veuil - 6 km au S de Valençay par D 15 puis rte secondaire -* ☎ *02 54 40 32 78 - fermé 6-27 janv., 1er-14 sept., dim. soir et lun. sf j. fériés - 20/44 €.* Au centre du village fleuri, cette maison basse du 17e s. a installé sa terrasse sous les marronniers, au bord du ruisseau. Par temps frais, vous apprécierez la chaleur de l'âtre campagnard et de la salle à manger aux grosses poutres apparentes.

Spectacles

Le **château** est le théâtre de nombreuses animations illustrant la vie du célèbre Diable boiteux. Certains après-midi, 3 spectacles différents permettent de revivre l'histoire passionnante du lieu.

Visite nocturne aux chandelles – *L'été,* 2 000 *bougies illuminent château et jardins lors de trois soirées exceptionnelles - 13,50 € (enf. 10 €). Possibilité de dîner à l'orangerie du château, sur réservation.*

Jouez à vous perdre dans le **Grand Labyrinthe de Napoléon**, qui vous propose 2 000 m2 de surprises et d'émotions.

Les plus jeunes pourront découvrir la petite ferme et le château des enfants.

Vendôme★★

17 707 VENDÔMOIS
CARTE GÉNÉRALE C2 – CARTE MICHELIN LOCAL 318 D5 – SCHÉMAS P. 161 ET 431 –
LOIR-ET-CHER (41)

Enserrée par deux bras du Loir, la vieille ville s'adosse au coteau. Avec sa porte d'Eau, sa tour de l'Islette, ses ponts et ses pierres moussues, le vieux Vendôme, petite Venise aux charmes secrets, s'ouvre sur le Loir et sa vallée : paysages de coteaux, de prairies, de peupliers, de lavoirs et de saules ; Ronsard y naquit et chanta ses paisibles beautés.

- ▶ **Se repérer** – À 30 km au nord-ouest de Blois, situé entre Tours (56 km au sud-ouest) et Châteaudun (40 km au nord-est). En train, le TGV met Vendôme à 45mn de Paris.

- 👁 **À ne pas manquer** – La façade et les stalles de l'ancienne abbaye de la Trinité ; la découverte du vieux Vendôme.

- 🕐 **Organiser son temps** – Comptez 2h pour une visite commentée de l'abbaye et du clocher, 2h pour une visite guidée de la ville.

- 👥 **Avec les enfants** – En été, la visite aux flambeaux de la ville le jeudi soir.

- 👟 **Pour poursuivre la visite** – Voir aussi Blois, Lavardin, Montoire-sur-le-Loir et le château de Talcy.

Le saviez-vous ?

La *Vindocinum* gallo-romaine est d'origine celtique : son nom est issu de *vin*, « montagne », en référence à l'abrupt coteau crayeux qui la surplombe.

Comprendre

La cité prend de l'importance avec les comtes Bouchard, puis avec le fils de **Foulques Nerra**, Geoffroy Martel (11ᵉ s.), qui fonde l'abbaye de la Trinité. En 1371, la maison de **Bourbon** hérite de Vendôme, que François Iᵉʳ érige en duché en 1515. En 1589, la ville subit un sac mémorable, dont seule l'église de la Trinité réchappe.

Le Vendômois est donné en apanage à César de Bourbon, fils aîné d'Henri IV et de Gabrielle d'Estrées. César de Vendôme, dit César Monsieur, réside souvent dans son fief. Il conspire pendant la minorité de Louis XIII, puis contre Richelieu ; quatre ans durant il fut enfermé à Vincennes, avant d'être exilé. Enfin, il se rallie à Mazarin avant de mourir en 1665.

Les guerres de Religion qui conduisent au siège de la cité par Henri IV en 1589 entraînent un certain déclin du commerce et la fuite des pelletiers et tanneurs. En 1793, les saccages de la Révolution dépossèdent Vendôme d'une belle partie de ses objets religieux. Moins de deux siècles plus tard, les bombardements de juin 1940 n'épargnent pas la vieille ville. Celle-ci peut néanmoins se targuer aujourd'hui d'un beau patrimoine architectural.

S. Sauvignier / MICHELIN

Tour de l'Islette.

Se promener

En barque ou à pied, vous avez le choix pour découvrir les secrets du vieux Vendôme, ses jardins, ses ponts et ses fameuses portes.

Jardin public

Baigné par le Loir, il offre une vue générale sur Vendôme, la Trinité, la **porte d'Eau** ou arche des Grands-Prés, des 13e et 14e s.

De la place de la Liberté, on découvre la porte d'Eau sous un autre angle ainsi que la **tour de l'Islette**, du 13e s. Ces ouvrages forment avec la porte St-Georges les seuls vestiges des remparts.

Parc Ronsard

Espace vert bien ombragé, il relie l'ancien lycée Ronsard (autrefois collège des Oratoriens où Balzac fut élève, aujourd'hui hôtel de ville), l'hôtel du Saillant de la fin du 15e s. (siège de l'office de tourisme) et la bibliothèque municipale au fonds important.

Bordant le bras du Loir qui traverse le parc, un lavoir du 16e s. à deux étages.

Balzac au collège

Le collège des Oratoriens enregistrait, le 22 juin 1807, l'entrée d'un enfant de 8 ans, Honoré de Balzac. Le futur romancier se montra un élève distrait et indiscipliné. Les collégiens étaient alors soumis à une règle très dure que Balzac lui-même a évoquée : « Une fois entrés, les élèves ne partent du collège qu'à la fin de leurs études… La classique férule de cuir y jouait encore avec horreur son terrible rôle… Les lettres aux parents étaient obligatoires à certains jours, aussi bien que la confession. » Honoré était peu doué pour la draisienne, cet ancêtre du cycle, et subissait les railleries de ses condisciples. Il se faisait constamment mettre au cachot pour pouvoir lire en paix. À ce régime, la vie de collège mina sa santé, et ses parents durent le rappeler à Tours. À son retour, sa grand-mère déclara, consternée : « Voilà comment le collège nous renvoie les jolis enfants que nous lui donnons. »

Chapelle St-Jacques

Halte depuis le 12e s. pour les pèlerins se rendant à St-Jacques-de-Compostelle, elle fut reconstruite au 15e s. Au 16e s., elle fut rattachée au collège des Oratoriens. Elle abrite des expositions temporaires.

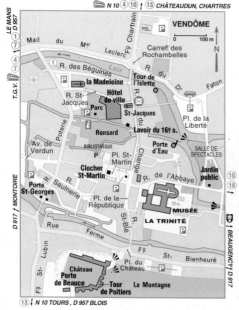

Église de la Madeleine
Tlj sf dim. apr.-midi 9h-19h.
Datée de 1474 ; son clocher est surmonté d'une élégante flèche à crochets.

Place St-Martin
Jusqu'au 19ᵉ s., elle était occupée par l'église St-Martin (15ᵉ-16ᵉ s.) dont seul le **clocher** subsiste aujourd'hui. Chaque heure, le carillon égrène ici aussi, comme à Beaugency, la vieille complainte des bords de Loire, d'abord raillerie du parti bourguignon contre le roi Charles VII, puis chanson populaire : « … que reste-t-il À ce dauphin si gentil, De son royaume ? Orléans, Beaugency, Notre-Dame-de-Cléry, Vendôme, Vendôme… »
La maison à pans de bois (16ᵉ s.), dite du « Grand Saint-Martin », est ornée d'écussons armoriés et de statuettes. Statue du maréchal de **Rochambeau**, qui commanda les troupes royales lors de la guerre d'Amérique.

Porte St-Georges
Protégeant l'entrée de la ville au bord du Loir, elle est encadrée de tours dont le gros œuvre remonte au 14ᵉ s. Mais du pont, elle présente des mâchicoulis et un décor sculpté de dauphins et de médaillons Renaissance, ajoutés au début du 16ᵉ s. par Marie de Luxembourg, duchesse de Vendôme.

Château
Fermé pour travaux. Accès en voiture par le faubourg St-Lubin et Le Temple, hameau qui a succédé à une commanderie de templiers. Situé au sommet de la « montagne » qui domine le Loir, le château en ruine se compose d'une enceinte de terre et de remparts jalonnés de tours rondes à mâchicoulis des 13ᵉ et 14ᵉ s. ; sur la face est, la grosse tour de Poitiers a été reconstruite au 15ᵉ s.

On peut pénétrer par la porte de Beauce (début 17ᵉ s.) à l'intérieur de l'enceinte. Dans un vaste jardin, on voit les vestiges de la collégiale St-Georges, fondée par Agnès de Bourgogne. Antoine de Bourbon et Jeanne d'Albret, parents d'Henri IV, y furent inhumés. *Accès au jardin et aux terrasses - juin-août : 9h-19h ; reste de l'année : de 9h à la tombée de la nuit.*

Promenade de la Montagne
Des terrasses, **vues★** panoramiques sur la vallée du Loir et sur Vendôme.

Visiter

Ancienne abbaye de la Trinité★

Église abbatiale★★ – C'est une remarquable réalisation de l'art gothique flamboyant. On pénètre dans l'enceinte par la rue de l'Abbaye. Remarquez de part et d'autre les baies romanes des greniers de l'abbaye, intégrées dans les habitations actuelles : dès le 14ᵉ s., les moines avaient autorisé les commerçants à y adosser leurs boutiques.
Extérieur – À droite, isolé, s'élève l'harmonieux **clocher** du 12ᵉ s., haut de 80 m. Notez les dimensions croissantes des baies et des arcatures, aveugles au départ, puis de plus en plus ébrasées ; le passage du plan carré à l'octogonal se fait par l'intermédiaire de clochetons d'angle ajourés. À la base des corniches grimacent des masques et des animaux. L'étonnante **façade flamboyante** que l'on a parfois attribuée à Jean de Beauce, auteur du clocher neuf de la cathédrale de Chartres, fouillée et ajourée comme une dentelle, contraste avec la sobre tour romane.

Intérieur – La nef, commencée depuis le transept au milieu du 14ᵉ s., n'a été achevée qu'au début du 16ᵉ s. Le transept, seul vestige de l'édifice du 11ᵉ s., précède le chœur doublé d'un déambulatoire ouvert sur cinq chapelles rayonnantes. Dans le collatéral gauche, dans la chapelle des fonts baptismaux **(1)**, belle cuve Renaissance en marbre blanc, reposant sur un pied sculpté provenant des jardins du château de Blois. Contrairement à la nef, où les retombées des grandes arcades ont perdu leurs chapiteaux (nouvelle esthétique oblige !), la croisée du transept, plus ancienne, a gardé ses chapiteaux primitifs surmontés de statues polychromes (13ᵉ s.) de l'ange et la Vierge de l'Annonciation, de saint Pierre et de saint Eutrope, qui était vénéré dans l'abbatiale. Les voûtes du transept aux jolies clefs historiées ont été refaites au 13ᵉ s., en style angevin. Dans le bras gauche, statues de saint Jean-Baptiste (14ᵉ s.) et de la Vierge (16ᵉ s.).
Le **chœur**, du 14ᵉ s., éclairé par des vitraux de même époque, est garni de belles **stalles★ (2)** de la fin du 15ᵉ s. ; les miséricordes s'agrémentent de scènes naïves racontant la vie de tous les jours à travers les métiers et les signes du zodiaque. En faisant le tour du chœur, on longe la clôture **(3)**, de la première Renaissance. À gauche du maître-autel, le soubassement orné de larmes du monument de la Sainte Larme ; par son guichet, un religieux faisait vénérer la précieuse relique.

Les chapelles du pourtour sont ornées de vitraux des 14ᵉ et 16ᵉ s., très restaurés : le meilleur, représentant le Repas chez Simon, d'après une gravure allemande, se trouve dans la 1ʳᵉ chapelle à gauche de la chapelle axiale. Cette dernière abrite le fameux **vitrail** datant de 1140 appelé *Majesté Notre-Dame* **(4)**.

Bâtiments conventuels – Du cloître (16ᵉ s.), seule subsiste intacte la galerie qui borde l'église. Dans la **salle capitulaire** (14ᵉ s.) ont été mises au jour des peintures murales du 12ᵉ s. relatant des épisodes de la vie du Christ. ✆ 02 54 77 26 13 - tlj sf mar. 10h-18h (sf dim. nov.-mars) - fermé 1ᵉʳ janv., 1ᵉʳ Mai, 25 déc. - gratuit.

Un passage souterrain mène à la façade monumentale de ce bâtiment élevé de 1732 à 1742 ; ses frontons portent les fleurs de lis royales, la devise (« Pax ») et l'emblème (agneau) de l'ordre de Saint-Benoît.

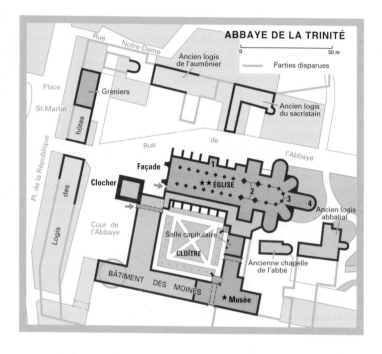

Musée★ – Cour du Cloître - ✆ 02 54 77 26 13 - avr.-oct. : tlj sf mar. 10h-12h, 14h-18h ; nov.-mars : tlj sf dim. 10h-12h, 14h-18h - fermé 1ᵉʳ janv., 1ᵉʳ Mai, 25 déc. - 3 € (-16 ans gratuit).

Ses collections sont disposées dans le bâtiment des moines de la Trinité, desservi par un majestueux escalier.

Le rez-de-chaussée (en travaux) est consacré à la **peinture murale★** dans le Val de Loire et à **l'art religieux★**. Il renferme les vestiges du mausolée de Marie de Luxembourg et de François de Bourbon-Vendôme (16ᵉ s.), quelques fragments des gisants de Catherine et Jean VII de Bourbon, les clefs de voûte du cloître, et un bénitier octogonal, autrefois partie intégrante du monument de la Sainte Larme.

Les étages abritent au 1ᵉʳ des expositions temporaires, au 2ᵉ étage les arts et traditions populaires, des peintures et mobilier du 16ᵉ au 19ᵉ s., dont la harpe de Marie-Antoinette. Le 3ᵉ présente des objets d'art religieux local, dont une reproduction des fresques de l'église de St-Jacques-des-Guérets (12ᵉ et 13ᵉ s.), de belles faïences (Nevers, Delft, Rouen, du 16ᵉ au 19ᵉ s.), des sculptures et peintures du 19ᵉ s. et des paysagistes (Busson, Delpy, Desjobert). **Louis Leygue** (1905-1992), grand prix de Rome en 1931, influencé par le cubisme, s'installa à Vendôme en 1950 ; une sélection de ses œuvres est exposée. Au dernier étage, sections d'archéologie et de sciences naturelles (oiseaux du Vendômois).

Aux alentours

Nourray

12 km au sud par la D 16 et la D 64 à droite à Crucheray. Isolée sur la place, l'**église** (12ᵉ s.) présente au chevet une séries d'arcatures romanes sous ses modillons sculptés ;

Sainte Larme de Vendôme

Par une nuit d'été, Geoffroy Martel, comte d'Anjou, ayant vu en songe la chute de trois lances de feu dans une fontaine, décida de fonder un monastère qui fut dédié, le 31 mai 1040, à la Sainte-Trinité. Desservie par les bénédictins, l'abbaye connut une extension considérable et devint l'une des plus puissantes de France. La pourpre cardinalice était attachée à la charge d'abbé que détint, à la fin du 11ᵉ s., le fameux Geoffroi de Vendôme, ami du pape champenois Urbain II. Jusqu'à la Révolution, la Trinité fut le siège d'un pèlerinage à la sainte Larme (larme que le Christ versa sur le tombeau de Lazare, et que Geoffroy Martel rapporta de Constantinople). Les chevaliers vendômois se ralliaient au cri de « sainte Larme de Vendôme » et, le « vendredi de Lazare », les fidèles venaient vénérer la relique, invoquée pour les maladies… des yeux.

remarquez l'arc polylobé qui orne la fenêtre centrale. À l'intérieur, l'abside est entourée d'arcatures à chapiteaux sculptés. *Sur demande au ☎ 02 54 77 05 38 (mairie).*

Villemardy

14 km au sud-est par la D 957 ; à 9 km, tournez à gauche vers Périgny, r. de l'Abbaye.
L'**église**, dont l'origine remonte au 12ᵉ s., possède une nef unique terminée par un chœur gothique. La décoration intérieure en chêne sculpté est d'une remarquable unité : maître-autel et tabernacle, surmontés d'un retable, sont de style classique, tout comme les deux petits autels symétriques dans la nef. Sur le mur gauche du chœur, une fresque (16ᵉ s.), l'Adoration des Mages, est encadrée de colonnes et d'un fronton en trompe l'œil. *Tlj sf w.-end ou sur demande au ☎ 02 54 23 81 04 (mairie) - 7 r. des Péziers - 41100 Villemardy.*

Rhodon

20 km au sud-est ; prenez la D 917 vers Beaugency, tournez à droite à Noyers. Sur les murs de l'**église** et sur ses voûtes gothiques subsistent d'importantes traces de peintures murales des 14ᵉ et 15ᵉ s. On reconnaît dans l'abside le Christ en majesté, et, sur un arc doubleau de la nef, la représentation des mois de l'année.

Circuits de découverte

VALLÉE DU LOIR, COURS MOYEN★ 1

De Vendôme à La Chartre

78 km – comptez une journée.

Villiers-sur-Loir

Juché au-dessus de la côte vineuse, en face du château de Rochambeau, ne pas manquer son église : très jolies **peintures murales** (16ᵉ s.) avec, sur le mur gauche de la nef, un immense saint Christophe portant l'Enfant Jésus et le Dict des Trois Morts et des Trois Vifs. Stalles du 15ᵉ s.
Prenez vers Thoré et tournez à gauche tout de suite après le pont sur le Loir.

Rochambeau

La route traverse longuement ce village original, à demi troglodytique, aligné au pied de la falaise jusqu'au château où naquit le maréchal de Rochambeau.
Revenez sur la rive droite et prenez à gauche la D 5.

Le Gué-du-Loir

Site verdoyant, où le Loir et son affluent le Boulon ont créé de grasses prairies et des îles cernées de roseaux, de saules, d'aulnes et de peupliers. À l'entrée de la D 5 vers Savigny, on longe le mur d'enceinte du manoir de **Bonaventure**.
Cette demeure devrait son nom à une chapelle dédiée à saint Bonaventure. Antoine de Bourbon-Vendôme y aurait reçu quelques compagnons, dont les poètes de la Pléiade. Selon la tradition, c'est là que fut composée la fameuse chanson des gardes-françaises : *La Bonne Aventure au Gué*. Plus tard, la propriété appartint aux Musset. Le père du poète y naquit. Le manoir vendu, le jeune Alfred venait passer ses vacances non loin, au château de Cogners, chez son parrain Louis de Musset.
Suivez la D 5 vers Savigny, puis prenez la C 13 à droite, à un calvaire.
Par un vallon boisé on atteint le joli village de **Mazangé**, groupé autour de son église au portail gothique.
Revenez au Gué-du-Loir où vous prenez à droite la D 24 vers Montoire. Prenez à droite la D 82 vers Lunay.

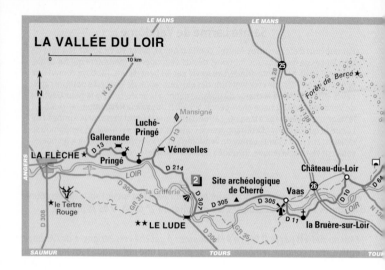

Lunay

Dans son vallon, Lunay enserre une place où subsistent quelques demeures anciennes. La vaste **église** St-Martin, flamboyante, s'ouvre par un joli portail ouvragé très fouillé, à décor de lierre, de pampres, et niches à dais, où s'abrite une charmante Vierge à l'Enfant.

Les Roches-l'Évêque

Le village s'étire entre le Loir et la falaise. Les habitations troglodytiques des Roches-l'Évêque sont bien connues dans la région : fleuries de lilas et de glycines, elles dissimulent leurs poulaillers, hangars ou remises à bois…

Suivez la route fléchée qui traverse le Loir et obliquez vers Lavardin.

Lavardin★ *(voir ce nom). Gagnez Montoire par l'agréable petite route qui longe la rive gauche du Loir.*

Montoire-sur-le-Loir *(voir ce nom)*

La silhouette de **Troo** *(voir ce nom)*, dominée par son église, se détache au loin.

À Sougé, prenez à gauche la route touristique fléchée vers Artins.

Vieux-Bourg d'Artins

Village baigné par le Loir, son **église** présente encore des murs romans, percés de baies flamboyantes et d'un portail en tiers-point.

Après Artins, de la D 10, prenez à droite la route de L'Isle Verte ; 100 m plus loin, prenez à gauche la route verdoyante qui passe devant le château du Pin.

Du pont situé en face du château, on aperçoit en amont l'**Isle Verte** placée au confluent du Loir et « de s'amie la Braye », où Ronsard voulait être enterré. Des files de peupliers, de trembles et de saules sillonnent les prairies, où le génie du poète semble encore flotter.

Le prince des poètes

En 1524, **Pierre de Ronsard**, fils de Louis, naît à la Possonnière. Promis à un brillant avenir dans la carrière des armes ou de la diplomatie, il devient à 12 ans page à la cour de François Ier. Mais à 15 ans, une maladie le laisse à demi sourd. Il se tourne alors vers la poésie et l'étude des auteurs anciens : le Grec Pindare et le Latin Horace deviennent ses modèles. Il excelle dans les sonnets où il chante la beauté de Cassandre Salviati, puis de Marie. Chef de file de la Pléiade, il devient en 1558 poète officiel. Mais torturé par la goutte, il se retire dans ses prieurés de Ste-Madeleine-de-Croixval *(6 km au sud-est de la Possonnière)* et de St-Cosme-lès-Tours où il s'éteint en 1585, laissant parmi une œuvre considérable le frais souvenir de son *Ode à Cassandre* : « Mignonne, allons voir si la rose… »

Bon nombre de sonnets des *Amours* de Ronsard furent mis en musique du vivant même du poète, notamment par **Clément Janequin** et surtout **Antoine de Bertrand**.

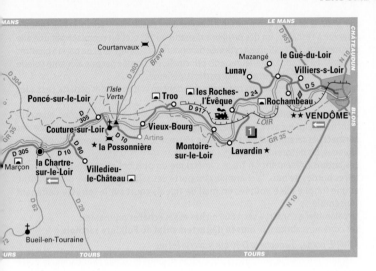

Couture-sur-Loir

Dans l'**église**, chœur gothique à voûtes angevines. La chapelle du Rosaire, à droite, est garnie de boiseries du 17e s. Au bas de la nef, les gisants des parents de Ronsard (remarquez les détails des costumes).

Par la D 57, gagnez le manoir de la Possonnière.

Manoir de la Possonnière★

♷ 02 54 72 40 05 - www.pays-de-ronsard.fr - ᴋ - juil.-août : 10h-19h ; juin et sept. : tlj sf lun. 14h-18h ; de mi-mars à fin mai et de déb. oct. au 11 Nov. : jeu.-dim. et j. fériés 14h-18h - visites guidées à 14h30, 15h30, 16h30 (et 17h30 en juil.-août) sf mar. et merc. en juin et sept. - manoir et jardins 6 € (-12 ans gratuit), jardins seuls 4 € (-12 ans gratuit).

Lorsque Louis de Ronsard, guerrier lettré et père de Pierre, futur grand poète de la Pléiade, revint d'Italie au début du 16e s., il entreprit de faire reconstruire sa gentilhommière à la mode italienne : ce fut la Possonnière, caractérisée par la profusion de devises gravées sur ses murs.

La Possonnière, provenant du mot *posson* (poinçon, mesure de capacité), a parfois été altérée en Poissonnière sous l'influence du blason de la famille. Au sommet de la tourelle, le fronton de la grande lucarne sculptée porte le blason des Ronsard, d'azur à trois ross d'argent (petits gardons du Loir).

Le manoir s'adosse au coteau où vient mourir le bois de Gâtine. Un enclos entoure la demeure. La façade antérieure est percée au rez-de-chaussée de fenêtres à meneaux, encore de style Louis XII, et à l'étage de baies encadrées de pilastres à médaillons, franchement Renaissance. Faisant saillie sur la façade postérieure, une gracieuse tourelle d'escalier est ornée d'un élégant portail à fronton timbré d'un buste.

Au pied de la demeure d'enfance de Pierre de Ronsard, un petit jardin de roses anciennes et modernes – dont la pâle rose-chou nommée « Pierre de Ronsard » – ainsi qu'un potager, offrent un beau point de vue sur la vallée.

Revenez à Couture et laissez la route fléchée pour continuer à suivre la D 57, qui franchit le Loir au pied du coteau boisé que couronne le château de la Flotte.

Poncé-sur-le-Loir

Vous trouverez à Poncé un château Renaissance *(sortie est)*.

Château – *Changement de propriétaire. Se renseigner à la mairie de Poncé-sur-le-*

Le manoir de la Possonnière.

S. Sauvignier / MICHELIN

Loir 📞 *02 43 44 45 32.* Il comportait à l'origine deux pavillons encadrant la tour centrale réservée à l'escalier ; un des pavillons disparut au 18e s. et fut remplacé par une aile plus modeste. L'élévation est rythmée de vigoureuses corniches et de baies à pilastres ioniques. La façade postérieure, jadis principale, est bordée par une élégante galerie à l'italienne formant terrasse à sa partie supérieure.

Jadis précédé sur les **jardins** par une loggia dont on voit encore les départs, l'**escalier Renaissance**★★ est un chef-d'œuvre.

Ses six volées droites sont couvertes de somptueuses voûtes à caissons, en pierre blanche, sculptées avec une finesse, une souplesse, une fantaisie, une science des perspectives rarement atteintes. Plus de 160 motifs, réalistes, allégoriques ou mytho-logiques, les décorent.

Les jardins présentent un tracé symétrique du plus bel effet : au-delà des par-terres bordés de buis, la charmille comporte des salles de verdure, un labyrinthe et une longue allée voûtée ; un mail de tilleuls court sur la terrasse dominant l'ensemble.

Le colombier a conservé ses 1 800 niches et ses échelles tournantes.

Les communs abritent le **musée départemental du Folklore sarthois**.

À Ruillé, prenez à gauche la D 80 qui traverse le Loir.

La route pittoresque, surtout à partir de Tréhet, longe le coteau abondamment percé de caves.

Villedieu-le-Château

Ce village occupe le creux d'un vallon dont les pentes sont percées d'habitations troglodytiques. Ses maisons dispersées dans des jardins fleuris, ses vestiges de remparts et le clocher ruiné du prieuré St-Jean offrent une excellente occasion de promenade.

Revenez à Tréhet où l'on retrouve la route fléchée, à gauche sur la D 10.

La Chartre-sur-le-Loir

À proximité de la forêt de Bercé, les vignobles de Jasnières donnent un vin blanc vieillissant très bien.

VALLÉE DU LOIR, COURS INFÉRIEUR★ 2

De La Chartre à La Flèche

75 km – comptez une journée.

Paysages paisibles entre La Chartre et **Marçon** (vins réputés).

À Marçon, prenez à droite la D 61, qui coupe la plaine du Loir et traverse la rivière au pied du coteau où se découpe la chapelle de Ste-Cécile. Suivez à gauche la D 64 qui longe le coteau percé d'habitations troglodytiques.

Château-du-Loir

Sous le donjon, seul vestige dans le jardin public du château féodal qui donna son nom à la ville, subsistent d'anciennes prisons où passèrent de nombreux prisonniers en route vers le bagne de Cayenne par les ports de Nantes ou de La Rochelle.

L'**église St-Guingalois** conserve, au fond du chœur, une monumentale Pietà du 17e s. en terre cuite et, dans le transept gauche, deux panneaux sur bois de l'école maniériste flamande : la *Nativité* (15e s.) et la *Résurrection* (fin 15e s.).

Crypte romane sous le chœur ; au **presbytère**, beau *Christ aux outrages,* en bois, du 16e s.

Quittez Château-du-Loir par la D 10 vers Château-la-Vallière. Après le pont de Nogent, tournez tout de suite à droite dans le C 2.

La Bruère-sur-Loir

Dans la nef de l'**église**, statues populaires de saint Fiacre tenant sa bêche, saint Roch, saint Sébastien ; gracieuses voûtes Renaissance, très fines, et vitraux du 16e s.

Quittez La Bruère par la D 11 vers Vaas et prenez à droite la D 30.

Vaas

En bordure de Loir, maisons et jardinets, église et lavoirs. Avant d'arriver au pont, ne manquez pas à gauche l'ancien **moulin à blé de Rotrou**. 📞 *02 43 46 70 22 - visite guidée (1h30) juil.-août : 14h30-17h30 ; de Pâques à fin juin et sept.-oct. : dim. et j. fériés 14h30-17h30 - 3,20 € (enf. 1,50 €).* Prairies, pépinières, bois de résineux, fourrés d'ajoncs ou de genêts se succèdent tout au long de la route.

Suivez la D 305, puis tournez à droite au site archéologique.

Site archéologique de Cherré

Cet ensemble gallo-romain des 1er et 2e s. apr. J.-C. comprend un temple, des thermes, deux autres bâtiments et le **théâtre** en grès roussard jointoyé.

On a aussi découvert sous la *cavea* les restes d'une nécropole hallstattienne – période protohistorique s'étendant du 8e au 5e s. av. J.-C.

Par la rive droite du Loir, abordez Le Lude.

Château du Lude★★ *(voir ce nom)*

Prenez la D 307 vers Pontvallain, puis empruntez la 1re route à gauche en direction de Mansigné.

Un joli point de vue se dégage sur la vallée, peu avant d'arriver au château de la Grifferie : arbres fruitiers, champs d'asperges et de maïs.

Prenez à gauche la D 214 vers Luché-Pringé. Après le pont sur l'Aune, quittez un instant la route fléchée pour prendre à droite la D 13.

Manoir de Vénevelles

Ne se visite pas. 15e-17e s. Larges douves, au creux d'un vallon paisible.

Luché-Pringé

L'**église** (13e-16e s.) présente de l'extérieur un aspect curieux et original, avec ses nombreux pignons aux rampants ornés de choux frisés, et les petits personnages musiciens assis au rebord du toit, de part et d'autre de la façade. Au-dessus du portail d'entrée, saint Martin à cheval. En entrant, à droite, remarquable Pietà du début du 16e s., groupe sculpté en noyer. Devant l'église, gracieux prieuré (13e-15e s.) à tourelle octogonale. Le large chœur (13e s.) à chevet plat et voûtes angevines supportées par de hautes et fines colonnes s'inscrit dans la pure tradition du style Plantagenêt.

Pringé

La façade de la petite **église** est percée d'un portail roman à voussures. À l'intérieur, voyez les peintures murales du 16e s. figurant saint Hubert, saint Georges et saint Christophe.

Château de Gallerande

Ne se visite pas. La D 13 longe les douves qui cernent son parc romantique, où grands cèdres, tilleuls et chênes délimitent de vastes pelouses. On peut monter à pied jusqu'à la grille de la cour, d'où l'on a une belle vue de la façade nord-est, cantonnée de tours rondes à mâchicoulis, avec un curieux donjon octogonal.

banquets et séminaires, entretien sans défaut et prix raisonnables : une étape pratique à la périphérie de Vendôme. Points forts du restaurant : le buffet de hors-d'œuvre et le bon choix de viandes.

⊜⊜ **Hôtel Capricorne** – 8 bd de Trémault - ℘ 02 54 80 27 00 - capricorne41@hotmail.com - fermé 20 déc.-12 janv. - 🅿 - 31 ch. 54/55 € - 🖵 7,50 €. La majorité des chambres, peu spacieuses mais bien équipées, ouvrent sur une ravissante cour-jardin. Hébergement plus ancien mais bien tenu dans le bâtiment principal. Plats traditionnels et décor simple à la Folle Blanche. Formules buffets au Resto 7e Art.

⊜⊜ **Chambre d'hôte Le Moulin d'Échoiseau** – Le Gué-du-Loir - 41100 Mazangé - 1 km au S de Mazangé par D 24 au lieu-dit le Gué-du-Loir - ℘ 02 54 72 19 34 - http://perso.wanadoo.fr/moulin-echoiseau - 🖵 - 4 ch. 55/70 € 🖵 - repas 30 €. Vous aurez du mal à oublier le calme de cet ancien moulin, à peine troublé par le ruissellement du bief. Vous garderez le souvenir de cette bâtisse pleine de caractère, de la bibliothèque aux chambres, la saveur de la table d'hôte, gourmande et succulente. Rien de grave, c'est ce qu'on appelle un coup de cœur.

Se restaurer

⊜⊜ **Auberge de la Madeleine** – 6 pl. de la Madeleine - ℘ 02 54 77 20 79 - fermé fév., 8-17 nov. et merc. - 16/37 €. On retient cette adresse du centre-ville en priorité pour son agréable terrasse dressée en bordure du Loir, mais la carte traditionnelle variée et alléchante a aussi de quoi séduire son monde : dos de bar « escalopé » en écailles de chorizo, poêlée de ris de veau aux morilles, etc. Accueil sympathique.

⊜⊜ **Le Petit Bilboquet** – Ancienne rte de Tours - ℘ 02 54 77 16 60 - fermé merc. soir, dim. soir et lun. - réserv. obligatoire le w.-end - 17/34 €. La façade de bois de ce petit restaurant, ancien mess pour officiers, date du 19e s. Dès les beaux jours, deux terrasses vous attendent : agréable sur l'arrière du bâtiment et plus animée sur l'avant. La cuisine bien tournée et le décor jouent la simplicité.

⊜⊜ **Mercator** – Rte de Blois - ℘ 02 54 89 08 08 - www.hotelmercator.fr - 18/25 €. Proche d'un rond-point mais bordé d'espaces verts, hôtel dont les petites chambres sont chaleureuses (mobilier acajou et tissus choisis), modernes et bien entretenues. Au restaurant, cadre contemporain épuré et recettes traditionnelles.

⊜⊜ **La Vallée** – 34 r. Barré-de-St-Venant - ℘ 02 54 77 29 93 - www.restaurant-la-vallee.com - fermé 7-13 mars, 20 juil.-3 août,

26 sept.-9 oct., 2-8 janv., dim. soir, lun. et mar. sf j. fériés - 18 € déj. - 24/42 €. Accueillante maisonnette à l'abri des regards et du bruit. Couleurs ensoleillées et poutres apparentes dans une coquette salle à manger. Carte traditionnelle et saisonnière.

⊜⊜ **Auberge du Val de Loir** – 3 pl. Morand - 72500 Dissay-sous-Courcillon - 5 km au SE de Château-du-Loir sur N 138 - ℘ 02 43 44 09 06 - auberge-val-de-loir@wanadoo.fr - fermé 23 déc.-8 janv., vend. et dim. soir hors sais. - réserv. conseillée - 15,90/45 € - 10 ch. 54 € - 🖵 7 €. Jolie maison gagnée par la vigne vierge abritant un restaurant fréquenté par de nombreux habitués. Les salles à manger, rénovées et colorées, sont complétées, dès les premières chaleurs, par une terrasse ombragée. Appétissante cuisine du terroir. Dix chambres sobres.

⊜⊜ **Auberge du Port des Roches** – Au Port-des-Roches - 72800 Luché-Pringé - 2,5 km à l'E de Luché-Pringé par D 13 puis D 214 - ℘ 02 43 45 44 48 - fermé 28 janv.-10 mars, dim. soir, mar. midi et lun. - 22/44 €. Voilà un petit hôtel sympathique et calme. Pour vos nuits tranquilles, les chambres au décor actuel sont fonctionnelles. Terrasse et jardin au bord du Loir. Plats traditionnels soigneusement concoctés par Thierry Lessourd et servis avec le sourire.

Que rapporter

Verrerie d'art Gérard-Torcheux – 27 r. des Coteaux - 72340 Poncé-sur-le-Loir - ℘ 02 43 79 05 69 - www.torcheux.com - tlj sf dim. mat. et lun. 10h-12h, 14h-18h30 - fermé 10-30 janv. Dans l'atelier, au pied du château, vous pourrez assister à la réalisation de pièces uniques dans la tradition de l'art verrier.

Sports & Loisirs

Plans d'eau de Villiers-sur-Loir – ℘ 02 54 72 90 83. Baignade, promenade, pêche, boules, volley, ping-pong, voile, tir à l'arc...

Événements

Festival international de guitare – 2e sem. d'avr.

Les Promenades photographiques – De mi-juin à fin juil. Dans les rues, les jardins, et de nombreux sites d'exposition.

Concerts gratuits – Juil.-août. En différents points de la ville.

Épos, festival des histoires – ℘ 02 54 72 26 76 - dernière sem. de juil. Salon du livre de contes et des conteurs.

Les Rockomotives – www.rockomotives. com - fin oct. Depuis 15 ans, les acteurs de la musique actuelle s'invitent à Vendôme.

Jardins et château de **Villandry**★★★

CARTE GÉNÉRALE C3 – CARTE MICHELIN LOCAL 317 M4 – SCHÉMA P. 414 –
INDRE-ET-LOIRE (37)

À Villandry, vous retrouverez toute l'atmosphère de la Renaissance, ses tableaux, ses larges et riches tapisseries, leurs coloris francs et leurs broderies, leurs arabesques savamment ouvragées… en plein air, déployés parmi les plus beaux jardins de France. Un somptueux univers végétal, rigoureusement agencé, où le plus simple légume prend l'allure d'une œuvre d'art. Un émerveillement, quand, aux premières heures du soir, le soleil allonge les ombres des haies et des tonnelles, embaumées par les rosiers.

- ▶ **Se repérer** – À 15 km à l'ouest de Tours, Villandry se tient un peu en aval du confluent du Cher et de la Loire.

- 👁 **À ne pas manquer** – Les broderies de buis, fleurs et légumes colorés des jardins ; le point de vue depuis le donjon ; le belvédère ou le chemin de promenade dans les bois ; le plafond *mudéjar* du château.

- 🕐 **Organiser son temps** – De mars à juin, éclatent les couleurs des tulipes et myosotis, puis, jusqu'en novembre, bégonias, lavandes puis toutes les nuances orangées des cucurbitacées les remplacent. Comptez 1h pour le château, 1h pour les jardins.

- 👫 **Avec les enfants** – La visite active et ludique des jardins « sur la piste de l'enfant Roy » ; l'aire de jeux ; le labyrinthe de charmilles.

- 👣 **Pour poursuivre la visite** – Voir aussi le château d'Azay-le-Rideau, le château de Langeais, le prieuré de St-Cosme et Tours.

Le saviez-vous ?

En 1536, **Jean Le Breton**, secrétaire de François Ier, construit le château. Le docteur **Joachim Carvallo**, fondateur de « La Demeure historique », rachète le domaine en 1906. Travaillant à partir de documents du 16e s., il s'emploie patiemment à lui redonner son aspect primitif. Aujourd'hui, son arrière-petit-fils prolonge avec une belle ténacité les efforts de son aïeul.

Se promener

Les jardins★★★

R. Principale - 📞 *02 47 50 02 09 - www.cha-teauvillandry.com - juil.-août : 9h-19h30 ; de fin mars à fin juin et en sept. : 9h-19h ; oct. : 9h-18h30 ; du 1ᵉʳ au 25 mars : 9h-18h ; fév. et de fin oct. à mi-nov. : 9h-17h30 ; janv. à déb. fév. et de mi-nov. à fin déc. : 9h-17h - 5,50 € (8-18 ans 3,50 €).*

Les jardins de Villandry restituent somptueusement l'esprit et la lettre de l'ordonnance architecturale adoptée à la Renaissance, sous l'influence des jardiniers italiens emmenés en France par Charles VIII.

Trois **terrasses** sont superposées : la plus élevée, le **jardin d'eau** avec son beau miroir formant réserve, dans un vaste cloître de tilleuls ; au-dessous s'étend le **jardin d'ornement**, formé de deux salons de buis remplis de fleurs (l'un représentant les allégories de l'Amour, l'autre symbolisant la Musique) et prolongé par des massifs figurant les croix de Malte, du Languedoc et du Pays basque ;

A. Cassaigne / MICHELIN

Au pied du château, un monde végétal pensé, ordonné, cultivé et soigné.

au niveau inférieur, vous pourrez arpenter le **jardin potager décoratif**, section la plus originale du domaine, formant un véritable damier multicolore avec ses neuf carrés plantés géométriquement de légumes et d'arbres fruitiers.

Entre le potager et l'église a été créé un jardin des « simples » consacré, comme nombre de jardins du Moyen Âge, aux herbes aromatiques, médicinales ou condimentaires.

Canaux, fontaines, cascatelles, cloître de vigne, ainsi que la vieille église romane de Villandry, en arrière-plan, fournissent un ravissant fond de décor à ce spectacle toujours changeant.

Le jardin en chiffres

9 ha (jardins et bois)
5 ha cultivés
52 km de buis
250 000 plants de fleurs et de légumes annuels
40 espèces de légumes environ
Rotation triennale des plantations
9 jardiniers à l'année
1 200 charmes
La taille des 1 260 tilleuls mobilise 4 hommes pendant 3 mois.

Meilleurs **points de vue★** à partir des terrasses situées derrière le château ou du haut même du donjon. Essayez également la « Promenade dans les bois » : le chemin surplombe de 30 m l'ensemble des jardins, ainsi que le village. En continuant, faites le tour du jardin d'eau par le sud.

Façade du château vue du potager.

Visiter

Château★★

R. Principale - 📞 *02 47 50 02 09 - www.chateauvillandry.com - juil.-août : 9h-18h30 ; de fin mars à fin juin et sept.-oct. : 9h-18h ; mars : 9h-17h30 ; fév. et de fin oct. à mi-nov. : 9h-17h ; vac. de Noël : 9h30-16h30 - fermé reste de l'année - possibilité de visite guidée (2h) sf en fév., déc. et les dim. de mai à sept. - 8 € château et jardins (8-18 ans 5 €).*

De la forteresse primitive, il reste le donjon, tour carrée englobée dans l'édifice actuel, bâti au 16e s. Trois corps de logis entourent une cour d'honneur ouverte sur la vallée où coulent le Cher et, plus loin, la Loire. Construit à la fin de la Renaissance, Villandry annonce déjà le style classique et sa rigoureuse harmonie.

L'Espagnol Joachim Carvallo a décoré Villandry de meubles espagnols et d'une intéressante collection de tableaux (écoles espagnoles des 16e, 17e et 18e s.).

Après une présentation des évolutions architecturales du château, on accède au Grand Salon orné d'un beau mobilier et de boiseries Louis XV ; on retrouve ce style dans la salle à manger mais avec des couleurs provençales très lumineuses. Un petit détour à la cuisine s'impose ; assez petite, elle a la particularité de ne pas avoir de point d'eau.

Le grand escalier Louis XV à rampe de fer forgé conduit au premier étage où l'on peut visiter une très belle chambre Empire aux couleurs éclatantes. Au fond du couloir, la chambre de Mme Carvallo offre une très belle vue sur les jardins avec, en arrière-plan, l'église et le village ; remarquez dans cette pièce et dans la suivante les superbes parquets d'essences variées, dont sont également pourvues la chambre du Dr Carvallo et la bibliothèque ouvertes à la visite depuis l'été 2006.

Le fameux plafond mudéjar.

De retour à l'escalier, gagner l'autre aile où se trouve la grande galerie de tableaux. Il s'agit la plupart du temps de peinture religieuse espagnole ; on ne peut manquer cependant quelques remarquables exceptions comme un impressionnant Goya représentant une tête décapitée, deux tableaux italiens sur bois du 16e s. (*Saint Paul* et *Saint Jean*), un portrait d'infante de l'école de Vélasquez. La galerie se termine par la salle au **plafond mudéjar★** (13e s.) provenant de Tolède.

Au deuxième étage, deux chambres d'enfant ont été reconstituées. Accéder ensuite à la terrasse du donjon qui offre une large **vue★** sur les jardins étagés, le Cher et la Loire.

Jardins et château de Villandry pratique

♿ Voir aussi les encadrés pratiques d'Azay-le-Rideau et de Langeais.

Adresse utile

Office du tourisme de la Confluence – « Le Potager » - 37510 Villandry - ✆ 02 47 50 12 66 - www.tourisme-en-confluence.com - juil.-août : 10h-19h ; avr.-juin et sept.-oct. : 9h30-12h30, 14h-18h ; horaires basse saison, se renseigner - fermé de mi-déc. à déb. janv.

Se restaurer

⊜⊜ **L'Étape Gourmande - domaine de la Giraudière** – 37510 Villandry - 1 km au S de Villandry par D 121 dir. Druye - ✆ 02 47 50 08 60 - www.letapegourmande.com - fermé 12 nov.-15 mars - réserv. obligatoire le w.-end - 15/30 € - 1 gîte 1 020 € par semaine pour 6 pers. D'abord maison de religieuses, puis métairie du château, la Giraudière est devenue une étape gourmande réputée. Retrouvez les saveurs du terroir à la table de cette magnifique ferme. Boutique de produits régionaux. Visite de l'élevage de chèvres et de la fromagerie.

Angers : villes, curiosités, régions touristiques, noms historiques ou termes faisant l'objet d'une explication.

Les sites isolés (châteaux, abbayes, grottes…) sont répertoriés à leur propre nom.

Nous indiquons par son numéro, entre parenthèses, le département auquel appartient chaque ville ou site. Pour rappel :

18 : Cher
28 : Eure-et-Loir
36 : Indre
37 : Indre-et-Loire
41 : Loir-et-Cher
45 : Loiret
49 : Anjou
53 : Mayenne
72 : Sarthe

INDEX

CARTES ET PLANS

Changement de numération routière !

Sur de nombreux tronçons, les routes nationales passent sous la direction des départements. Leur numérotation est en cours de modification. La mise en place sur le terrain a commencé en 2006 mais devrait se poursuivre sur plusieurs années. De plus, certaines routes n'ont pas encore définitivement trouvé leur statut au moment où nous bouclons la rédaction de ce guide. Nous n'avons donc pas pu reporter systématiquement les changements de numéros sur l'ensemble de nos cartes et de nos textes.

👁 **Bon à savoir** – Dans la majorité des cas, on retrouve le n° de la nationale dans les derniers chiffres du n° de la départementale qui la remplace.
Exemple : N 16 devient D 1016 ou N 51 devient D 951.

Manufacture française des pneumatiques Michelin
Société en commandite par actions au capital de 304 000 000 EUR
Place des Carmes-Déchaux - 63000 Clermont-Ferrand (France)
R.C.S. Clermont-Fd B 855 200 507

Toute reproduction, même partielle et quel qu'en soit le support,
est interdite sans autorisation préalable de l'éditeur.

© Michelin, Propriétaires-éditeurs.
Compograveur : Maury, Malesherbes
Imprimeur : CANALE, Italie
Date d'impression : 02/2008
Imprimé en France
Dépot légal : 03/2007

QUESTIONNAIRE
LE GUIDE VERT

VOTRE AVIS NOUS INTÉRESSE...
TOUTES VOS REMARQUES NOUS AIDERONT À ENRICHIR NOS GUIDES.

Merci de renvoyer ce questionnaire à l'adresse suivante :
MICHELIN
Questionnaire Le Guide Vert
46, avenue de Breteuil
75324 PARIS CEDEX 07

En remerciement,
les 100 premières réponses recevront en cadeau
la carte Local Michelin de leur choix !

VOTRE GUIDE VERT

Titre acheté : ....
Date d'achat : ....
Lieu d'achat *(point de vente et ville)* : ....

VOS HABITUDES D'ACHAT DE GUIDES

1) Aviez-vous déjà acheté un Guide Vert Michelin ?

    O oui   O non

2) Achetez-vous régulièrement des Guides Verts Michelin ?

    O tous les ans   O tous les 2 ans
    O tous les 3 ans   O plus

3) Si oui, quel type de Guides Verts ?
– des Guides Verts sur les régions françaises : lesquelles ? ....
....
– des Guides Verts sur les pays étrangers : lesquels ? ....
....
– Guides Verts Thématiques : lesquels ? ....
....

4) Quelles autres collections de guides touristiques achetez-vous ?
....

5) Quelles autres sources d'information touristique utilisez-vous ?
O Internet : quels sites ? ....
....
O Presse : quels titres ? ....
....
O Brochures des offices de tourisme

VOTRE APPRÉCIATION DU GUIDE

1) Notez votre guide sur 20 : ....

2) Quelles parties avez-vous utilisées ? ....
....

3) Qu'avez-vous aimé dans ce guide ? ....
....

4) Qu'est-ce que vous n'avez pas aimé ? ....
....

5) Avez-vous apprécié ?

	Pas du tout	Peu	Beaucoup	Énormément	Sans réponse
a. La présentation du guide (maquette intérieure, couleurs, photos...)	O	O	O	O	O
b. Les conseils du guide (sites et itinéraires)	O	O	O	O	O
c. L'intérêt des explications sur les sites	O	O	O	O	O
d. Les adresses d'hôtels, de restaurants	O	O	O	O	O
e. Les plans, les cartes	O	O	O	O	O
f. Le détail des informations pratiques (transport, horaires, prix…)	O	O	O	O	O
g. La couverture	O	O	O	O	O

Vos commentaires ....
....

6) Rachèterez-vous un Guide Vert lors de votre prochain voyage ?

O oui   O non

VOUS ÊTES

O Homme   O Femme   Âge : ....

Profession :

O Agriculteur, Exploitant   O Artisan, commerçant, chef d'entreprise

O Cadre ou profession libérale   O Employé   O Enseignant

O Étudiant   O Ouvrier   O Retraité

O Sans activité professionnelle

Nom ....

Prénom ....

Adresse ....
....
....
....

Acceptez-vous d'être contacté dans le cadre d'études sur nos ouvrages ?

O oui   O non

Quelle carte Local Michelin souhaitez-vous recevoir ?

Indiquez le département : ....

Offre proposée aux 100 premières personnes ayant renvoyé un questionnaire complet.
Une seule carte offerte par foyer, dans la limite des stocks disponibles.